本书由南京师范大学教育科学学院资助出版

教育弘道

The Educational Wayfarers

卢乃桂 教育文选

卢乃桂 著

上

南京师范大学出版社
NANJING NORMAL UNIVERSITY PRESS

图书在版编目(CIP)数据

教育弘道:卢乃桂教育文选 / 卢乃桂著. —南京:南京师范大学出版社,2019.9

ISBN 978-7-5651-2762-5

Ⅰ.①教… Ⅱ.①卢… Ⅲ.①教育—中国—文集 Ⅳ.①G52-53

中国版本图书馆 CIP 数据核字(2019)第 211446 号

书　　名	教育弘道——卢乃桂教育文选
作　　者	卢乃桂
策　　划	戴联荣　王　艳
责任编辑	王　艳　徐文娟　傅　琳
出版发行	南京师范大学出版社
地　　址	江苏省南京市玄武区后宰门西村 9 号(邮编:210016)
电　　话	(025)83598919(总编办)　83598412(营销部)　83373872(邮购部)
网　　址	http://press.njnu.edu.cn
电子信箱	nspzbb@njnu.edu.cn
照　　排	南京理工大学印刷照排中心
印　　刷	南京工大印务有限公司
开　　本	787 毫米×960 毫米　1/16
印　　张	49.25
字　　数	686 千
版　　次	2019 年 9 月第 1 版　2019 年 9 月第 1 次印刷
书　　号	ISBN 978-7-5651-2762-5
定　　价	156.00 元

出 版 人　彭志斌

南京师大版图书若有印装问题请与销售商调换

版权所有　侵犯必究

一个学者的教育情怀

我与卢先生相识于1996年,当时我担任南京师范大学副校长,卢先生担任香港中文大学教育学院院长,由于研究领域同为教育,又都从事大学管理工作,双方在工作和专业上就有了越来越多的接触。卢先生当时也常陪同田家炳先生到内地考察捐资助学的项目,尤其涉及内地师范大学田家炳教育书院的捐建项目,他必定热心牵线和亲自选址。南京师范大学田家炳教育书院就是在卢先生的极力推荐下确定的,现在的田家炳大楼地址也是卢先生亲自勘察选定的。

1997年,南京师范大学与香港中文大学联合举办首届世界华人教育大会,我和卢先生作为主办方的负责人,共同参与了这次会议的筹办工作。当年在南京师范大学举办的世界华人教育大会很成功,香港中文大学金耀基校长亲自出席大会,并做大会主题演讲;世界各地众多华人教育学者积极参会,热烈讨论与交流。华人学者的参会论文也被汇编成册,由南京师范大学出版社出版。

1998年,田家炳基金会资助举办学校德育路向研讨会,南京师范大学承办了第一届研讨会,卢先生来南京参会,我和卢先生都在研讨会上做了大会发言。1999年,在武汉华中师范大学举行了第二届学校德育路向研讨会,我与卢先生又在武汉的会议上见面,并在研讨会上进行了学术交流。我深知,正是有了先生的大力支持,这类专题研讨学校德育的学术会议才能够持续举办。

2000年,卢先生任所长的香港教育研究所主办德育方面的国际学术研讨会,我有幸受邀赴香港参会并发言,鲁洁教授作为内地著名学者在会上做了主题演讲。这一次的香港之行,使我结识了许多国际著名的教育学者,包括瑞典的胡森教授,同时也与香港中文大学从事德育研究的刘国强教授等建立了合作研究关系。

2012年,卢先生从香港中文大学退休回到美国居住。2013年,卢先生接受北京师范大学邀请,担任教育学部特聘讲座教授,具体的学术岗位在教师教育研究所。而我从中央教科所所长的岗位上退下来后,也调入北京师范大学工作,先是在联合国农村教育研究中心,后在教师教育研究所。由于卢先生每年的上半年和下半年都要分别到北京师范大学教师教育研究所工作,我与卢先生的交往也从偶尔在学术会议上见面,变成了一个单位同事之间的工作见面。每个星期,教师教育研究所都要举行工作例会,讨论有关的研究议题和工作议题。每一次例会,总是卢先生第一个发言,我第二个发言。这大概是我们均已过六十,属于老先生之辈,大家出于尊老的缘故吧。但我和卢先生的发言有一个共同的特点,都是心里想什么就说什么,不会有所顾虑。这样一种气氛,客观上也给年轻人畅所欲言创造了一种氛围,使得每一个议题都能得到充分的讨论。卢先生每次来北京工作期间,我和他总是要约时间茶叙或餐叙,谈论的话题均为教育时局和学术探讨。记得有一次,卢先生建议我们可以在聊天的时候放一个录音笔,把我们聊天的内容记录下来,则可成为两个学者之间的对话。后来我们还真这么做了,原汁原味地记录了许多探讨学术的内容。

卢先生学贯中西,既熟悉西方的理论和学术规范,也熟悉中国的文化。他从20世纪80年代就与内地学者开始交流,对于内地的教育改革与发展也很熟悉。因此,他率先在香港中文大学开设了研究生课程"中国教育",并亲自担任主讲教授。20世纪90年代开始,卢先生争取一切机会,邀请内地的教育学者到香港中文大学访学,使之了解国际学术研究规范,研究中国的教育问题。除此之外,他还亲自招收内地学者做他的博士生,博士论文的选题也都聚焦中国的教育。从本书的选录即可感受到卢先生的这种教育情怀。

卢先生是一个重视教育改革实践的学者,他推动和领导的香港"跃进学校计划""优质学校计划""优质学校改进计划"等项目,为提升香港的中小学教育质量做出了卓越贡献。我到香港访问或参加学术会议时,都要购买基于这个项目成果而出版的书籍或资料,到现在我都还保留着。

感谢卢先生邀我为此书作序。祝贺此书在卢先生七十寿诞之际出版!祝卢先生幸福快乐、学术之树常青!

朱小蔓

2019年9月于南京

他架起了内地与香港的教育学术之桥

乃桂先生的教育文选《教育弘道》即将出版，嘱我写一小序。尽管手头近日有五个文债，但乃桂先生有恩于我，自当勉力完成。感谢他给我先睹为快的荣幸，并且能够写一点读后的感受，与读者诸君分享。

我与乃桂先生是20世纪90年代初认识的。当时正值我国改革开放之初，一切百废待兴，教育科学的发展更是相对落后。由于各种原因，内地学者很难有机会到香港进行教育学术交流，更难有机会进行国际的教育学术交流。当时，乃桂先生任职香港中文大学教育学院创院院长，基于对内地与香港教育学术交流意义的理解和重视，基于对香港中文大学教育学院进一步发展的战略谋划，也基于对香港中文大学的发展和香港的长期稳定繁荣的考虑，他率先在香港的大学中架起了与内地学术交流之桥。

为此，乃桂做了许多感人的破冰之举。他主动、频繁、不辞辛苦地来往于香港和内地，长期与内地师范大学和综合性大学的教育学者深入交流，他主动邀请内地一大批学术积累深厚和学术声誉优秀的教育学者去香港中文大学访问交流，并且承担当时各地一批优秀学者在香港期间的学术交流经费，实际地、直接地、深入地、广泛地促进了内地与香港的教育学术交流。

印象中，当时香港中文大学设立了面向内地在职中青年教师的教育学术交流项目。得益于这一项目，内地许多大学的中年学者和青年学者前往香港中文大学教育学院进行了学术交流。这一过程得到了时任香港中文大学教育学院院长卢乃桂先生的全力支持和促进。

在乃桂先生架设的学术交流之桥上,我本人就是最直接的受益者之一。第一次,我偶然看到一个香港中文大学举办国际课程改革学术研讨会议的通知,内地学者参加会议全部免费,而且提供来回机票。天下还有这样的好事情?没想到,我投稿的一篇文章被选中,好运真的降临到我的头上,因此有机会第一次来到东方明珠香港。因为有了这次的经历,第二年就接到了乃桂院长的来信,邀请我到香港中文大学进行为期三个月的学术交流。记得到达香港的第一顿晚餐,就是乃桂先生在香港中文大学的教师餐厅宴请的。访问期间,他还邀请我为香港中文大学教育学院的师生做了两次学术讲演,我也多次聆听乃桂先生的讲授。他的风度翩翩和儒雅气质,他的学术视野和人文情怀,都给我留下了非常深刻的印象。我们也成为忘年交、好朋友。

更令我记忆深刻的是,香港回归祖国前后,香港中文大学开始面向全国各地招收教育学学科博士研究生。乃桂高度重视这一工作,实际地启动和促进了香港中文大学培养全国教育学博士的工作,我推荐的苏州大学许庆豫副教授就成为乃桂先生早期的内地博士生。学成回到内地以后不久,许庆豫就担任了苏州大学教育学院院长。时至今日,香港中文大学教育学院毕业回到内地工作的毕业生分布在全国各地。其中一批青年学者已经成为我国教育科学研究领域的优秀学者和学术领导人。这一工作不仅为当时青年学者提供了深入学习和研究教育学科的机会,更重要的是,促进、丰富和深化了内地与香港的教育学术交流。

转眼之间,30余年过去了。今天,随着国家改革开放的不断深入,内地学者前往香港进行教育学术交流,或者香港学者来到内地进行学术交流,已经非常普遍和非常容易。然而,30多年前,内地学者尤其是青年学者能前往香港进行教育学术交流的,还是凤毛麟角。这样的交流,意义其实是远远超出学术本身的。联想到最近香港的动荡局势,更加感佩乃桂先生的战略思维。在那个时候,乃桂先生就能够为内地的许多青年学者创造宝贵的学术深造、学术交流和学术进步的机会,让内地学生与香港学生交流交融,的确是一件非常有远见卓识的事情,也是他为香港和内地、为教育事业做的功德。

退休以后，乃桂到北京师范大学"再就业"，担任讲座教授。我曾经想请他小聚，感谢他在香港中文大学的时候对我的关照，但结果还是他买单请我与他的学生餐叙。这些年来，与乃桂在一些学术会议上见面多次，但每次都行程匆忙，很难有机会坐下来单独深入交流。尽管如此，一直奔走在教育探索之路上的我们，仍然是真正神交已久、心心相印的朋友。这次，承蒙他信任，邀请我为他的大著写序，让我有机会阅读他的教育文选，深入地走进他的学术世界，弥补了各自匆忙、难以深谈的缺憾。

翻看乃桂的教育文选，我最强烈的印象，是他著作中流溢出来的深厚的学术功力与自觉的使命担当。他关注的都是中国乃至世界教育改革与发展中的大问题，如教育政策改革和教育发展研究、高等教育事业发展研究、基础教育学校发展研究、教师专业发展研究等，其中大部分研究都是直面中国内地和香港及台湾的教育现实问题的，如上册中的《融合教育在香港的持续发展——兼论特殊学校的角色转变》《中国改革情境中的全球化：中国高等教育市场化现象透析》《激励如何可能？中国高校岗位津贴制度的实践与反思》，下册中的《中国内地教师继续教育中的权力关系与教师领导》《怀智兴教：对中国大陆教师培养中一些问题的探索》，这种强烈的问题意识，反映了乃桂对于中华民族教育事业的关切，对于国家统一的期盼。

乃桂的著作另外一个特点是学术严谨、研究规范。与包括我本人在内的许多内地学者稍有不同，乃桂的论文每一篇基本都是严格地按照学术规范进行的。从研究的背景到资料的收集，从数据的引用到结论的产生，他特别注重在文献研究上下功夫，在数据事实上做文章，这反映了他良好的学术素养与学问功力。

如果说乃桂先生在香港中文大学教育学院期间对中国内地和香港及台湾教育学术交流事业的促进和丰富是立德立功的话，这本文选应该是乃桂为教育事业立言弘道之作。本书一方面，面向国内教育改革需求,深入探索和研究发达国家教育改革各个阶段、各个方面的经验,关注现实问题;另一方面,面向国外教育改革势态,专注分析和研究国内教育改革各个阶段、各个方面的经验,善用他山之石。虽是历年的文选,很多内容,当下读来仍然令人深受启发。

阅文如见人,读书如读人。期待有机会读到乃桂先生更多的大著,也期待有机会向乃桂当面请益,把盏论教。

2019年9月4日夜,写于湖南长沙九所宾馆

弘道者和架桥人

近日收到卢乃桂先生的《教育弘道》书稿和信息，他委托南京大学教育研究院副院长操太圣教授邀请我为书稿作序。我是太圣在华中师大的硕士生导师，当年就是我推荐太圣到他门下深造的，他也是我多年的良师益友，惠我甚多。太圣一说，我便当即应允。忙中偷闲，品读着乃桂先生书稿中充满哲思与深情的文字，昔日两人交往的点点滴滴不禁再现脑海之中。

孔子曾云："人能弘道，非道弘人。"可知古往今来，对"道"的发扬光大，都是智者的天职。韩愈也说："古之学者必有师。师者，所以传道受业解惑也。"他明确指出：教师的责任就是传授道理、教授学业、解释疑难问题。在我眼里，乃桂先生就是这样一个"一以贯之"的弘道者和架桥人。他"弘"的是中华文化之道、民族精神之道，"架"的是内地与香港两地学术之桥和友谊之桥。这个"道"一弘就是一辈子，这座"桥"一架就是数十年，至今仍在"弘道"与"架桥"之中。

我与乃桂先生相识于20世纪90年代。伴随着国家对外开放步伐的加大，从1993年起，我开始通过香港中文大学教育学院的黄显华教授、卢乃桂教授和钟宇平教授以及宗教系的吴梓明教授，几乎每年都去香港中文大学教育学院或宗教系做访问，参加学术会议，与同行进行交流，了解境外和国外学术界的最新进展，掌握最新动态。1993年6月，我赴香港中文大学教育学院做为期15天的访问，乃桂先生作为时任院长，与我在中国教育现代化问题上交流颇多。乃桂先生留美多年，其在哥伦比亚大学教育学院期间所做的博士论文就与我在华中师大所做陶行知、晏阳初、梁漱溟与中国教育现代化研究颇多相关。他虽然留美多年，又在香港工作，但有浓厚的家国情怀和开阔的全球视野，始终关注中国的现代化特别是教育现代化进程。此时他刚申请到一个"中国及华人社会的教育与发展研究计划"大型课题，正考虑将亚洲地区华人学者们组织起来开展相关研究。离别时，他一再表示希望有机会邀请我来香港中文大学教育学院开展合作研究。

1996年底，他来函邀请我去该院做为期3个月的合作研究，经费从他此前申请到的"中国及华人社会的教育与发展研究计划"中列支，我的身份是他主持的此项大型研究计划的研究员。乃桂先生盛情可感，我自然热情响应，遂于1997年4月办好了赴港签证。这次访学，恰逢1997年香港回归盛典，我也成为此期极少有幸躬逢盛事、见证整个香港回归具体过程的内地学者。我曾将这段亲身经历写成《香港回归亲历记》，在《中国教育报》连载并获奖。这是我1991年博士毕业之后在境外的第一次访学，在我学术生涯中留下了深刻印记，成为我后来关注港澳台相关问题的起点。

在教育学院访学的日子里，我住在供外来访问学者所用、临近海边的宿舍，每天早出晚归，定时去位于山上的香港中文大学总图书馆或各个分馆查阅研究资料，参加教育学院举办的各种学术会议，不定期地与乃桂先生和中文大学的师生以及在中文大学访学的其他校外学者进行交流。就是在此次访学期间，我得以结识同期在香港中文大学中国文化研究所工作的知名文史学家金观涛、刘青峰夫妇和梁元生先生等人，结识到中大学术交流的内地思想史名家葛兆光、汪晖、何怀宏先生和经济学家张卓元先生等人，还有幸见到正在中文大学工作、誉满中外的学术大师饶宗颐先生以及获得诺贝尔物理学奖的杨振宁先生。那张与杨振宁先生的合影至今还端放在我的案头，每天激励着我努力工作。我从这些学术名家和科学大师的研究以及与他们的接触中受益良多，极大地开阔了学术视野。当然，我也从当年与杨先生合影时满头黑发飘逸生风而如今几近谢顶的自己看到了岁月的冷酷无情。台湾知名教育学家黄政杰、黄炳煌,哲学史家林安梧,历史学家黄俊杰等人,也是这时在中文大学认识的。最有趣的是,当时内地教育界一批年轻有为、充满生机与活力后来又都成为知名教育家和教育学家的朱永新、徐辉、张民选、戚万学、冯增俊先生等人,本来我与他们在内地并无接触,到香港后才结为好友。他们中的多位日后成为我从事教育研究和教育改革的忠实同道与一生挚友。上述教育界的同行,除了个别人尚在香港大学教育学院求学,几乎都是应乃桂先生之邀从内地天南地北不同高校到香港中文大学教育学院访学的。对于每位受邀者,他都会自掏腰包请人吃饭,畅谈学术。现在想起来,如此大的工作量,不知要耗费他多少时间、心血与精力。更何况他还从内地招收了一大批更年轻的学子赴中文大学教育学院攻读博士学位,为内地教育学科培育人才。在我推荐的华中师大学生中,记得除了操太圣,还有如今在武汉大学教育科学学院任教的陈峥博士等人。乃桂先生和中文大学教育学院钟宇平、黄显华、侯杰泰、林孟平、曾荣光教授等导师培养的这些学生如今都是内地教育学科的中坚力量,不少人担任了高校校长、教育学院院长、所长,成为学术领军人。由于乃桂先生等人见事早、行动快,有组织、系统化、成规模地培养内地学生,如今香港中文大学教育学院内地同学会已然成为当代中国教育学界一个在多个研究领域以及行政部门发挥重要作用而且团结和谐、相互协作的团队,其影响力不亚于任何一支境外海外回来的力量。乃桂先生早在30多年前香港还未回归之际,就以其非同寻常的远见卓识和过人勇气,预见到随着内地对外开放进程的加快,内地与香港教育界、学术界的交往与交流已成必然趋势,必须预做准备,先行一步,大力推动两地教育学术交流,主动邀约内地中生代学者访学,招收培养年轻人才,其战略眼光、前瞻意识和毅力勇气令人敬佩!他不愧是架起内地与香港教育界两地学术之桥和友谊之桥的第一人!

乃桂先生也是一个品德高尚、大度无私的儒雅之人,学术为天下公器的理念在他身上体现得淋漓尽致。他购买和收藏的图书资料很多,做了两任教育学院院长,图书堆满了他办公室的书架。他经常花时间,把自己认为不再需要的书籍资料清理出来,放在办公室门口的纸盒中,特地贴出告示,任由他人免费选取,以供研究。我有次随意浏览,竟然发现其中还有中国第一位在哥伦比亚大学教育学院获得哲学博士学位(教育学)、回国后任南京高师校长和东南大学创校校长、对中国近现代教育改革做出过重大贡献的郭秉文先生1916年在商务印书馆出版的博士学位论文复印件,对我这个教育史研究者来说,这份极为珍贵的研究资料,自然是如获至宝。也正是这篇博士论文,后来引发了我对郭秉文的密切关注与持续研究,成为我后来与弟子们共同研究郭秉文、撰写郭秉文传记,提出郭秉文是近代中国引进美国实用主义教育学的第一人论点的机缘。郭秉文这本1914年在哥伦比亚大学教育学院答辩获得通过的博士学位论文,就是上述观点的明证。现如今,我也经常让我的博士后、博士生和硕士生们去我办公室找寻他们需要而我又多余的书籍,或许这是乃桂先生潜移默化影响的结果吧。

近年来,我与学生刘大伟、陈诗等人开展教育记忆史研究,想不到乃桂先生的书稿竟然成了重要的"记忆之场",引发了我对往昔教育生活的种种回忆。但我认为,这本书的出版不仅仅成为我个人的"记忆之场",还可以成为重要的见证香港与内地教育文化交流、见证两地教育界学术界的朋友圈是如何逐步扩大的"记忆之场"。翻阅乃桂先生的大著,其将海峡两岸暨香港、澳门地区的教育现实问题置于全球变革和社会变迁的宏观视野,体现出他强烈的学术敏锐性和前瞻性。乃桂先生在后记中担忧"出版文集是否言之过早",而在我看来,恰恰在这一时期更应该出版这一文集。这既是对过往学识的总结与归纳,也是人生历程的回望与再次出发;既是一种典型性文化符号的凝练,也是两地教育交流友谊的呈现。我觉得,随着时间的沉淀,乃桂先生的这本大著也会成为重要的文化记忆符号,将承载着香港教育数十年的变迁历史,这也正如法国哲学家皮埃尔·诺拉所认为的,"物质或精神层面具有重大意义的统一体,经由人的意志或岁月的力量,转变为任意共同体的记忆遗产的象征性元素"。时值香港动荡之际,乃桂先生的大著付梓,正是老一代香港知识分子为年轻人构建正确导向的记忆之场,功莫大焉。

  国家之魂,文以化之,文以铸之。今日来看乃桂先生的"弘道",谈的虽是个人教育感悟,话的却是香港教育学界的根脉与归属。我想,乃桂先生这种"先天下之忧而忧,后天下之乐而乐"的家国情怀,一定会在香港教育界同人的身上得以体现,也必然会引导香港教育走向美好的明天。

周洪宇

2019 年 9 月 26 日

前　言

今年，卢先生满七十岁。按照中国学界传统，在这样一个年份，弟子们是要为老师举办祝寿活动的。去年在兰州西北师大召开"第六届华人社会教育论坛"时，我们刚一流露出这样的想法，就被先生拒绝。今年春天，操太圣打电话给我及其他几位年纪比较大的师兄弟，商量如何为老师祝寿。大家讨论了好几个方案，其中一个方案就是把卢先生发表的主要论文整理出版。大家都觉得相比起其他几个方案，出版文集的方案更好。实现这个方案需要具备两个条件：一是要有出版经费，二是要征得卢先生本人的同意。关于出版经费，大家表示可以通过弟子们捐助的方式解决；后来南京师大教科院顾建军院长得知此事，表示由南京师大教科院资助出版卢先生的教育文选。由此，出版经费问题得以解决。至于如何说服卢先生本人同意此事，大家都知道先生的性格，就把这个艰巨的任务交给了我。今年五月，我和操太圣先后利用到北京出差的机会，与先生讨论此事。果然如大家所料，刚开始向先生提及此事时，先生坚决不同意，他表示自己的学术研究还在路上，还没有画句号，如果要出版自己的文集，也要等他告别学术舞台的时候。我反复劝说先生，出版文集并不一定要等到学术研究画上句号的那一天，可以把这次的出版当作对学术研究进行总结的一个阶段，同时也可了却弟子们对先生七十岁祝福的一个心愿。先生经过一天的慎重考虑，终于同意我们在今年整理出版他的文集。

卢先生早期留学美国，获得美国哥伦比亚大学教育学博士学位。1982年入职香港中文大学，任教三十余载，为香港中文大学教育学院的创院院长和香港教育研究所的所长。卢先生在担任院长期间,从20世纪90年代中期开始组织招收内地学子到香港中文大学教育学院攻读博士学位,并亲自面试申请者。学生们入学后,不论其导师是哪位教授,只要这些学生向他提出见面的要求,他都会在百忙中抽出时间与学生们见面,遇到午餐的时间,他还会请学生一起用餐。我们这些做学生的,许多人都享受过与卢先生一起用餐的待遇。1999年开始,陆续有学生毕业回到内地的高校工作,为了保持毕业生与母校的联系,卢先生支持成立了"香港中文大学教育学院内地同学会",亲自审议"同学会"的章程,筹集经费支持"同学会"每年在香港中文大学举办的学术年会。2012年,卢先生退休后,虽居住美国,但仍然关心同学们的成长和学术事业。2013年,他专程从美国到深圳,参加由黎万红(卢先生弟子,现任香港中文大学教育学院教授)发起的"华人社会教育论坛"。正是在卢先生的领导与支持下,"华人社会教育论坛"发展成为连续性的年度学术论坛,陆续在苏州、南京、北京、武汉、兰州、上海举办。卢先生无论身在何处,必定出席每届的论坛,甚至在炎热的8月,他也不辞辛苦从美国专程赶往"火炉"武汉参加论坛。承办每届论坛的同学向他汇报论坛议题和日程时,他均详细给出意见。每年举行的"华人社会教育论坛"也成为卢先生与弟子们见面的机会,每每看到弟子们的发展变化,他从内心里感到欣慰。弟子们见到先生,也都激动万分。卢先生已经成为"华人社会教育论坛"的精神领袖,如果没有先生的领导与支持,这个论坛是很难坚持下来的。

卢先生从香港中文大学退休后,虽然把家搬回到美国,但是仍然坚持学术研究和写作,先生在中国内地的好友和学生,都希望先生能够重新出山,为中国和世界的教育发展贡献自己的学识和经验。最终,卢先生接受了朱旭东教授的聘请,担任北京师范大学教育学部特聘讲座教授,每年的上半年和下半年总是抽出几个月的时间从美国家中飞往北京履职。2016年,卢先生接受顾建军教授的聘请,担任南京师范大学教育学科国际化发展咨询委员会主任,策划和举办了"追求教育卓越的理念与行动"国际论坛,亲自聘请国际一流学者组建了国际化发展咨询委员会,并主持召开了第一次全体委员会议。卢先生依然很繁忙,依然才思敏捷,依然神采奕奕。每当我们见到他,聆听他的教诲时,仿佛还是在香港中文大学的何添楼里,以往的情景历历在目。

卢先生一生著述甚多,涉及的面也很广,既有中文作品,也有英文作品。按照先生确定的选文原则,本书的选文主要为中文作品,时间跨度为21世纪初至现今,文章发表的期刊既有中国内地的,也包括中国香港和台湾地区的。为了体现先生提携后生的良苦用心,选文中的大部分为先生在香港中文大学任教期间与博士研究生合撰。根据先生确定的选文原则,沈伟从卢先生在中文期刊发表的近200篇论文中,选出了60篇,后经先生审定,确定了目前的55篇。根据这55篇文章的内容,大致归纳为四大部分:一是教育政策与发展;二是高等教育变革;三是基础教育学校改进与教育领导力;四是教师专业发展。先生希望通过这些文章的选录,展现他陪弟子们在学术探究的前沿道路上跑步的情景。关于本书的字数,我和卢先生曾经讨论过,希望控制在50万字以内。谁知等到出版社录入和排版之后,这55篇文章的实际字数是75万字,但全书的格局已定,各部分的篇目也都比较平衡,只好与出版社商量,将单本书变为上下两册的套书。

感谢沈伟为搜集、整理、选编本书的篇目做出的努力,没有她所做的基础性工作,这套书的出版将会困难而缓慢。感谢许庆豫和操太圣为本书所做的各项工作。

感谢南京师范大学教育科学学院顾建军院长的大力支持,在纯粹学术著作出版难的今天,没有南京师大教科院的慷慨资助,解决出版此书的资金问题,这套书将会难以问世。

感谢朱小蔓教授抱病为此书写序,使我们了解了卢先生与中国教育学者的交集。感谢朱永新教授在百忙之中为此书写序,他对卢先生的高度评价使我们更加敬重先生。感谢周洪宇教授为此书写序,透过他的序,我们对教育家的内涵有了切身的体会。

感谢南京师范大学出版社总编徐蕾女士和责任编辑王艳女士,为了在预期的时间内高质量地出版此书,付出了许多心血和智慧。

感谢著名图书装帧设计大师朱赢春先生,他精心设计的封面,使得这套学术著作又具有了艺术品的属性。

最后要感谢我们的老师卢先生,是您使我们明白了如何做人,如何做学问,如何将自己的研究兴趣与国家教育发展的需要结合起来。您持续在学术道路上奔跑的形象,将是我们永远学习的榜样。

程晓樵

2019年9月于南京师范大学随园

目 录

上 册

一个学者的教育情怀(朱小蔓) 1
他架起了内地与香港的教育学术之桥(朱永新) 1
弘道者和架桥人(周洪宇) 1
前　言 1

教育政策与发展

第 一 章　教育政策研究的类别、特征和启示　3
第 二 章　我国20世纪90年代教育机会不平等现象分析　13
第 三 章　信息社会的人才要求　30
第 四 章　信息时代中的青少年德育　37
第 五 章　青少年的发展——兼论校外教育的培育角色与功能　48
第 六 章　从国际评估计划剖析东亚地区的教育质量与均等问题　65
第 七 章　融合教育在香港的持续发展——兼论特殊学校的角色转变　82
第 八 章　审视择校现象：全球脉络与本土境遇下的思索　103
第 九 章　中国近代学官传统的赓续及影响　117
第 十 章　英、美、澳教育视导的实践、影响及理据　127
第十一章　"能量理论"视域下校长教师轮岗交流政策实施的思考　141

| 第 十 二 章 | "县管校聘"模式下的轮岗教师管理审思 | 155 |

高等教育变革

第 十 三 章	中国改革情境中的全球化:中国高等教育市场化现象透析	167
第 十 四 章	20世纪90年代以来中国高等教育改革中市场角色的研究	182
第 十 五 章	西方高等教育的企业化进路	192
第 十 六 章	市场化背景中的澳大利亚八校联盟及其启示	206
第 十 七 章	全球化背景下高等教育领域中的政府角色变迁	217
第 十 八 章	政府控制与市场化的博弈——对韩国高等教育结构调整的反思	236
第 十 九 章	立法者与阐释者:大学专家在"校院合作"中角色之嬗变	249
第 二 十 章	激励如何可能?中国高校岗位津贴制度的实践与反思	260
第二十一章	大学知识的组织化形式:大学本科专业及其设置的四个分析维度	269
第二十二章	从教学与研究之关系看研究型大学本科教学的特点	287
第二十三章	研究型大学师德建设的途径	303
第二十四章	法国高等教育管理体制变革中的教师学术职业	317
第二十五章	高校初任教师的教学专业发展探析	331
第二十六章	高校教师聘任制改革背景下学术工作的分层与分割	342

THE EDUCATIONAL
WAYFARERS

教育政策
与发展

第一章
教育政策研究的类别、特征和启示

教育政策研究在过去几十年中有了很大的发展,有关教育政策研究的文献非常庞杂和多样。教育政策研究可以划分为三种基本不同的研究类型,每一类研究具有相对不同的研究任务、特征和发展方向。对照这三类教育政策研究类型,可以较为清晰地看到我国现有教育政策研究的现状和不足,以及由此应该采取的发展措施。

从国际上看,在过去的 30 年中,政策研究是社会科学研究中发展最快的领域;而自 20 世纪 80 年代之后,教育政策研究也呈现出了同样的发展势头。但就国内而言,尽管近些年政策研究已经逐渐引起人们的关注,也有若干研究成果面世,但总的来说,无论是公共政策研究还是具体的教育政策研究,基本上都还处于酝酿和起步阶段。因此可以预见,追踪和分析国际上过去几十年教育政策研究的成果和经验,将是大量有志于本领域研究的学者首先要面对的任务。正是基于此考虑,本文试图通过对已有教育政策研究文献的描述和整理,分析教育政策研究的基本主题、特点以及发展方向,并探求对我国教育政策研究发展的意义。

一、教育政策研究的概况

对于教育政策这个概念可以有两种基本不同的

理解。一种是从教育社会学或者教育政治学的角度来理解,认为教育本身就是一种社会控制手段、一项基本的国家政策。另一种是从公共政策的角度来理解,把教育作为政策的内容,把教育政策作为公共政策中的一类,类似于环境政策、社会福利政策等。大部分声称从事教育政策研究的学者都是选择后者。因此,本文所讨论和分析的文献主要集中在这方面。

既然把教育政策研究作为其中一类公共政策研究来理解,我们就需要在整个公共政策研究的视野下来整理和回顾教育政策研究,因为这两者在理论界限上是非常模糊的,具有大量的交叉重叠之处。从方法论意义上说,所谓的教育政策研究事实上是政策研究在教育领域中的应用(policy studies in education),所以本文在论述的过程中是把教育政策研究和政策研究结合起来的。

发端于20世纪50年代的政策科学,在过去几十年中获得了很大的发展,也在很大程度上改变了整个学术研究结构和政府机构的地貌。目前,从事政策研究的组织和个体越来越多,各种相关的政策研究文献也越来越庞杂,任何刚跨入政策研究领域的学生都会被这个领域有如此多样、复杂而又经常是相互矛盾的各种文献所困惑。[1]

文献的混乱首先就表现在术语使用的多样化。有些学者统一用一个术语,如"政策分析"(policy analysis)、"政策研究"(policy study 或 policy research)来指称所有文献,而有些学者用不同的术语来指称不同的文献;有些学者用某个术语(甲)指称某类政策研究(A),而有些学者用不同的术语(乙)指称同类别的研究(A),或者用同样的术语(甲)指称不同的研究类别(B)。

除了术语的不统一之外,政策研究领域的另一个问题就是彼此对什么才是政策研究缺乏基本的认同。有些作者只把政策研究定义为某一类政策研究,有些作者虽然同样把政策研究定义为某一类研究,但是他们所指的却又完全不同于前者。

二、教育政策研究的分类

政策研究领域的文献非常庞杂和混乱,而且对什么是政策研究还存在着巨大的差异。因此,对于任何试图整理和描述教育政策研究文献的学者来说,除非是在一个抽象程度很高的层面做极其宏观的论述,否则都需要先按照某种标准对研究文献进行限定和划分,然后再在分类的基础上对各类别的研究进行具体的分析和说明。在分类之前,研究者还需要明确自己对教育政策研究范围的理解。若彼此都是在对不同的东西进行分类说明,则分类不仅不能帮助人们更好地了解政策研究领域,而且还会加深混乱。

本文是基于对政策研究的广义理解来分析政策研究文献的。因为无论是国际上还是国内,的确有大量背景完全不同的学者都声称自己从事政策研究(教育政策研究也是如此),所以如果从狭义的角度上来理解政策研究显然是有很大风险的,也必然会遗漏大量的研究文献。

政策科学的主要奠基人拉斯维尔(Lasswell)认为政策科学包括两大任务,即探究有关政策过程和政策过程中的知识,政策研究包括所有"为政策"的研究以及有关政策和政策过程的研究。[2]把政策研究分为两类已是经典的分类框架,直到现在也依然广为采用。

但本文认为,除了可以把有关针对政策及其过程本身的研究作为一种独立的研究类型之外,在"为政策"的研究中,还存在着两类在性质上很不相同的研究类别。第一类就是狭义上的"政策分析",它们的主要任务就是对可能符合特定政策目标的各种政策备择方案进行有关技术可行性、经济效益性和政治可接受性等分析,从中择取最优的解决方案。除此之外,"为政策"还包括另外一类旨在提出各种政策建议的研究。这类研究具有明显的"为政策"的意义,研究的目的是提出各种可以作为备择方案的政策建议,因此也应该属于教育政策研究的范畴。不过,它与其他两类教育政策研究具有很大的不同。所以,我们还可以粗略地把教育政策研究分为三类来讨论。

三、各类别教育政策研究的主题、特征和发展趋势

承上所述，本部分将根据三类教育政策研究类别的划分，具体分析各类研究的主要任务主题、特征和发展趋势。同样地，在行文过程中，我们依然把教育政策研究和政策研究结合起来叙述。

（一）对备择方案进行分析的教育政策研究

这一类研究主要是指那些直接服务于政策决策者，为公共决策提供政策建议的研究。这些研究的主要任务是对被认为可能实现特定政策目标的各种备择政策行动方案进行分析、对比、排序，并最终给出被认为最优的解决方案。事实上，在许多政策研究者看来，只有这类研究才是真正的政策研究。[3]

信奉和从事这类研究的学者大都具有微观经济学背景或者经过量化统计分析技术的训练，一般都称自己为政策分析者（policy analyst）。各种政策决策机构或者智囊机构的受雇专家基本上从事的就是这类政策研究。这些研究大都以咨询报告、备忘录等形式直接提交有关决策机构，而较少在学术刊物上发表。

这类政策研究在二战之间和之后的一段时间里曾取得过辉煌成果，但是从历史上看，这类政策研究的成果很大部分都没有取得预期的效果，其现实问题的解决能力一直备受质疑。[4]因此对这一类研究而言，如何发展出更好的分析技术，更为有效地帮助政策制定者解决现实政策问题，是近些年来的主要任务和发展方向。大致说来，其中又存在着两条不同的发展路径。其一是发展更多可以与当前占据主导地位的"工具理性主义——成本效益分析"相竞争的分析框架和模型。另外一个发展路径就是在现有的主导话语体系下去完善理性主义政策分析技术。有很多人认为现有的政策分析之所以存在着各种不足，那是因为

现在的分析技术还不成熟,改进的思路应该是更好地完善它而不是抛弃它。

由于与研究性质直接相关,到目前为止,工具理性主义和成本效益分析在这类研究中依然处于主导性的地位。这在教育政策领域也是非常明显的,各国教育政策文件都堆满了诸如优秀、卓越、效率、有效、竞争力、生产力等辞藻,这本身就可以充分地说明当代教育政策依然充斥着工具理性主义和经济功利主义的分析方式。

(二)指向教育政策及其过程本身的研究

这类研究是探寻有关政策和政策过程知识的研究,这些研究把政策或者政策过程本身作为理解和研究的对象,把政策和政策过程看作是经济发展水平、利益集团博弈、政治制度、文化特征等要素的自变量。这类研究者多来自于政治学、经济学、社会学、历史学、心理学等传统学科,他们用本学科发展出来的特定分析问题的视角和工具来解释和分析政策现象。事实上,把政策和政策过程本身作为理解和分析对象,试图通过政策研究来增进决策者和普通公众对政策相关现象的理解,一直是政策科学的重要传统。甚至很多知名的政策研究者在事实上就把这类研究等同于政策研究了。[①]

具体到教育政策研究,从事这类研究的目的更多的是更好地理解教育实践或者教育现象,这可以鲍尔(Ball)对教育政策研究的呼吁为例。鲍尔认为如要更好地理解教育本身,我们就必须关注和研究教育政策。他认为以往的教育研究最大问题就是不关注政策,研究者都喜欢假定教师和校长的行为模式完全是由教育原则所决定的。而事实完全不是这样的,任何教育实践背后的政策背景会极大地影响着教师和

---

① 所谓"在事实上",可证之处就在于这些作者在对政策研究文献进行分类的时候,其所选取的文献几乎都是这类研究,而不涉及其他类别研究。如 Dye T. Understanding Public Policy (9th edition)[M]. Boston: Houghton Miffin Co, 1998;Howlett, Ramesh M. Studying Public Policy: Policy Cycles and Policy Subsystem[M]. Oxford: Oxford University Press, 1995.

校长的教育行为。[5]所以,鲍尔事实上把教育政策作为社会、经济、政治、文化等背景因素的携带者以及它们与具体教育实践之间的中介,其真正意思是要打破以往教育研究者狭隘的研究视野,从广阔的社会、政治、经济和文化等视角来理解和解释教育实践。

就目前而言,相比于其他政策领域,有关教育政策或过程的研究非常之少。而且在既有的一些教育政策研究中,许多都还只停留在一般性的政策评论阶段,对理论分析框架和研究方法都比较随意。不过,这种现象也逐渐开始改变。有着坚实知识基础、自觉分析视角和严格研究方法的教育政策分析文献已越来越多。所以,对这类研究而言,它的发展方向就是积极借用诸如政治学、经济学、社会学、心理学、历史学等学科的知识基础,采用适当的分析视角和严格的研究方法来研究教育政策及其过程。

（三）致力于提出政策备择方案的教育政策研究

本分类框架的一个很重要观点就是在传统的两类政策研究中,分离出第三类政策研究类型。这类研究致力于提供具体的教育政策建议,研究结论具有明显的政策指向或者政策意义,体现出明确的"为政策"的特点。但无论是在研究者所属团体性质、参考文献还是学术背景上,它都与前两类政策研究相异甚大。为了更好地说明这个问题,我们可以科尔曼(Coleman)著名的有关学习机会均等与学业成就的研究为例。

众所周知,科尔曼的这个研究是历史上一个非常重要的教育政策研究,它给各国的教育政策制定以及后来的教育政策研究都带来了很大的影响。但是,这个政策研究与以上两类研究又很不相同。它既不是把某项教育政策或者其过程作为研究的对象,也没有直接对各种政策备择方案进行比较、择优,而只是提出某些具有明显政策意义的研究结论。这些研究更关注研究在学理上的可靠性,而较少关注研究建议的政治可行性与经济效率比等问题。它们的这些特征又使得这类政策研究与一般的基础学术研究非常类似,这也是这类政策研究经常被忽略的重要原因。但是,这类研究在性质上依然是属于政策研究的范畴。它们区别于一般的基础性学术研究之处就在于这些研究具有明确的政策意识和政策导向,旨在提出相应的教育政策建议。①

相对于其他学术研究领域,教育研究的应用性非常明显,国内外有许多学者也因此认为教育研究应该走以应用为导向的发展之路,认为教育研究的最终出路在于实践应用。教育研究的这种特征使得教育政策研究与一般的教育研究之间的关系非常模糊和复杂。一方面,许多有价值的教育研究本身就是教育政策研究,比如有关小班教学的研究。另一方面,如果贴近教育政策和实践是教育研究一个值得奋斗的目标的话,那么教育政策研究就变成教育研究的发展方向了。因此,就这类教育政策研究自身来说,呼吁更多的研究者关注政策现实和实践,提供更多有价值的政策建议就是其目前主要的发展任务。所以,它的发展最终依赖于人们对教育研究的定位以及教育研究整体水平的发展。

四、对发展我国教育政策研究的启示

教育政策研究在我国越来越受到重视,并成为一个热门研究方向。但是,对比西方的教育政策研究实践,我们可以明显地看到,国内对有关教育政策研究的讨论主要集中在上文提到的第三类教育政策研究上。它代表着一种发展可能,但也隐藏着一定的发展风险。要实现我国教育政策研究的全面和可持续发展,我们需要推动和发展各种类型的教育政策研究。

---

① 有关政策研究与学术研究之间的区别划分,可以参见 Weimer D L, Vining A R. Policy Analysis: Concept and Practice[M]. Englewood Cliffs: Prentice Hall, 2005:24-31.

（一）我国教育政策研究推动和发展策略的分析和反思

"加强决策文化和学术文化的交流""不关心政策应用的研究不可能成为有价值的研究""没有研究的政策不能成为好的政策"，它们已成为呼吁和推动国内教育政策研究发展的重要口号和理念。通过分析，我们可以发现这些宣传口号事实上负载着两个相关的诉求：一是研究者要多研究对政策制定者有意义的课题，二是决策者要多采用研究者的这些研究成果。显然，它传达给广大研究者的是前者，即要发展教育政策研究，研究者就要多研究对政策有意义的课题。例如，国内教育政策研究领域的一位重要学者，在讨论教育政策研究的必要性和基本框架时，经常会接着介绍当前教育部认为重要的若干重点政策议题（如"教师教育的转型研究"），呼吁研究者围绕这些现实政策需要开展研究。① 显然，该学者在这个呼吁中所传达的信息是，希望更多学者从事有关"如何更好地提高教师教育的质量"的研究。根据上文的分析，我们可以知道，这些研究基本上属于政策应用性研究，是致力于提供具体政策建议的教育政策研究。

应该说，考虑到我国目前的各种研究现状，选择以这一类教育政策研究作为发展我国教育政策研究的重点或者突破口，是一种重要策略。而且在理论上说的确是代表着一种可能。因为，通过从事各种可以解决实际问题的应用性研究来增强社会科学家和政策制定者之间的交流和对话，这本来就是当初拉斯维尔推动政策科学发展的重要途径，也是政策研究的最初形态。

不过需要指出的是，这种以短期政策应用为导向的研究，现在国际上也面临着越来越多的反思和抵制。例如黄（Wong）就认为"研究群体越来越多地承担政策角色是有代价的"，[6] 他接着指出对教育政策研究者来说，最重要的事情是做更多在智力上能令人兴奋以及在方法上严

---

① 参见袁振国.政策型研究者和研究型决策者[J].教育研究，2002(11)：3-7；袁振国.教育政策分析与当前教育政策热点问题[J].复旦教育论坛，2003(1)：1.

谨的研究,只有这样,教育政策研究作为一个研究领域才能真正赢得声誉,才能实现持续发展。所以,这就需要我们去探索如何平衡应用性和学术性之间的张力,并思考这种张力的存在对以上这种发展策略的可能影响。

(二)全面推动和发展各类别的教育政策研究

本文所传达的一个核心信息就是教育政策研究包含着多种研究形态和类别。所以,我们在发展教育政策研究的过程中,不能只看到某一类,而忽略其他类别的教育政策研究。而就我国当前的教育政策研究的实践来看,前两类的教育政策研究事实上已经受到了不成比例的忽略,这对全面和可持续地发展我国教育政策研究是不利的。

以教师教育政策研究为例,事实上,对于教师教育政策研究来说,除了希望更多研究者关注教师教育问题,提出更多有效和有意义的政策建议之外,还可以有两类很不同的研究。第一类研究就是帮助决策者对已有的各种旨在提高教师教育质量的有关政策备择方案进行分析、对比,为最终政策决定提供主张。即使最后的研究结论是"目前还没有合适的政策建议",但这也应该是在一种认真的政策研究之后才能得出的结论。显然,这是一种很重要的政策研究,而且它对于增强我国教育政策制定的科学性,减少"拍脑袋""想当然"等现象有很大的促进作用。但就目前来看,研究者对于这类政策研究的权力和责任却很少被人提及,这种类型的教育政策研究也有意无意地被忽略。第二类研究是对教师教育政策本身进行研究。这种研究可以借用其他学科的分析视角,严谨地对教师教育政策或者其过程进行研究。例如,我们可以从性别的角度或社会结构分层等理论来分析教师教育政策,也可以研究在教师教育政策制定过程中体现了哪些国家和制度的力量等问题。而同样,这类研究也并未经常出现在我们对有关教育政策研究的讨论和实践中。

综上所述,从国际教育政策研究的发展图景来看,教育政策研究领域存在着三种不同类别的研究形态,它们具有不同的研究主题和任务,呈现出不同的研究特征和发展方向,以及拥有相对独立的研究群体。但在我国目前的教育政策研究讨论和实践中,大家主要是集中在本文所说的第三种教育政策研究形态上,忽略了另外两种教育政策研究,这对于我国教育政策研究的全面和可持续发展是不利的。这种忽略和遗漏并不是一种无可奈何的必然,在很大程度上只是因为我们对整个教育政策研究领域缺乏全面而深入的理解。

参考文献

[1] Theodoulou S Z. The Nature of Public Policy[M]//Stella Z. Theodoulou, Matthew A. Cahn. Public Policy: The Essential Readings. Englewood Cliffs: Prentice Hall, 1995:1-9.

[2] Lasswell H D. A Pre-View of Policy Sciences[M]. New York: Elsevier, 1971:1.

[3] Jenkins-Smith H C. The Policy Analysis Paradigm[M]// Miyakawa, Tadao. The Science of Public Policy. London: Routledge Taylor & Francis, 1999:140-169.

[4] Frank F. The Argumentative Turn in Policy Analysis and Planning[M]. Durhan, Nc: Duke University Press, 1993: 21-42.

[5] Ball S J. Policy Sociology and Critical Social Research: A Personal Review of Recent Education Policy and Policy Research[J]. British Educational Research Journal, 1997, 23(3):257-274.

[6] Wong K K. Laying the Groundwork for a New Generation of Policy Research[J]. Educational Administration Quarterly, 1998, 34(1):141-146.

(原文载于《比较教育研究》2007年第2期,第27—31页,作者为卢乃桂、柯政)

第 二 章
我国20世纪90年代教育机会不平等现象分析

本文依据国家政府公布的数据和文献,分析了我国教育机会不平等的多种表现,说明了教育机会不平等现象与教育资源分配的关系,探讨了教育机会不平等的性质,提出了淡化教育机会不平等现象的初步设想。

一、引　言

教育机会平等特指学生平等地享有接受学校教育的机会。[1]入学机会平等和存留(survival)平等是审视教育机会平等的两大重要指标。[2]入学机会平等是指人们接受学校教育权利的平等;存留平等是指人们在学校教育过程中接受教育以达至特定教育程度的成功机会平等。[3]综合地看,人们的受教育程度是审视人们教育机会平等的一个重要尺度。

长期以来,追求教育机会平等,促进整个社会教育事业的进步,一直是我国政府追求的目标。在20世纪90年代,这种努力被列为国家教育法律和教育政策的重要内容。1995年,《中华人民共和国教育法》颁布。这一法律是我国教育的基本法律,其效力居于其他各种教育法律和教育政策之上。其中规定:公民不分民族、种族、性别、职业、财产状况、宗教信仰等,享有平等的受教育权利。这一法律同时规定:国家根据少数民族地区特点和需要,帮助各少数民族地区发展教育事业;国家扶持边远贫困地区发展教育事业。[4] 在法律酝酿和实施过程中,我国政府启动了"贫困地区义务教育工程",面向我国内地少数民族地区和边远贫困地区提供帮助,发展这些地区的教育事业,为青少年儿童提供更多的教育机会,减缓教育机会的差异。在整个90年代,政府"贫困地区义务教育工程"影响涉及全国22个省份和自治区,总计投入资金约为人民币100亿元,兴建了56921所学校。就我国本来并不发达的经济状况而言,上述追求教育机会平等和发展教育事业的努力应该说是显著的和令人鼓舞的。然而,在90年代,教育机会不平等现象依然存在,这样的现象不仅存在于地区和民族之间,同时也存在于不同职业阶层和不同性别之间。因此,分析我国教育机会不平等现象,进一步努力消解或淡化教育机会不平等现象,便成为一个重要课题。

二、不同职业阶层教育机会的不平等现象

人们接受何种程度的教育,在一定程度上与家庭的职业背景有着密切的关系。出身于职业地位较高家庭的学生在选择接受较高程度的教育方面享有一定的优势。一个重要原因是,职业地位较高的家庭能够为其子女提供较为优越的文化和知识环境、创造更好的学习条件和更多的优势。

表1表明,以父亲职业为标准分类,在我国,机关干部和企事业负责人在全国各行业从业人口中所占比例只有2.02%,但是,他们的子女在本科高等学校学生总数中的比例高达15.0%。如果加上调查所列的管理人员的子女,这一职业阶层子女在本科高等学校学生总数中所占比例达到23.9%。专业技术人员家庭的子女在本科高等学校中同样处于优势。该类职业的从业人口在整个从业人口中的比例是5.43%,他们的子女在本科高等学校学生总数中所占的比例是13.5%。相对地,农民及其相关职业的从业人口在整个从业人口中的比例高达69.3%,但他们的子女在本

科高等学校学生中的比例只有29.0%。这一现象说明,出身于不同职业阶层家庭的高等学校学生分布明显地不平衡。家庭职业地位较低的学生在高等教育机会的分配中总体上处于相对不利的地位。农民和工人家庭出身的学生在本科高等学校学生总数中所占比例尚须积极提高。

表1 不同职业家庭大学生构成[5]

父亲职业	比例/%	父亲职业	比例/%
机关干部	15.0	管理人员	8.9
专业技术人员	13.5	工人	17.7
大中小学教师	7.9	农民	29.0
		其他	8.0

统计数据表明,在20世纪90年代,如果按教育程度分,可以清晰地看到不同职业群体的教育程度存在非常突出的差异。在国家统计局颁布的八个大类职业中,农林牧渔职业汇集的文盲在八类职业从业人口的全部文盲中所占比例高达94.27%,大专以上教育程度者在八类职业全部大专以上教育程度的从业人口中所占比例只有0.80%;各类专业技术职业从业人口中的文盲在八类职业从业人口的全部文盲中所占比例为0.3%,大专以上教育程度者在八类职业的全部大专以上教育程度者中所占比例高达53.52%;机关干部职业从业人口中的文盲在八类职业从业人口的全部文盲中所占比例为0.08%,大专以上教育程度者在八类职业全部大专以上教育程度者中所占比例为19.25%。[6]这些数据表明,我国农林牧渔等职业从业人口的整体教育程度偏低,与国家机关等职业相比,差距明显。因此,现存于高等教育阶段的职业阶层教育机会不平等现象如果维持不变,其结果将不利于职业阶层的社会差异。

三、不同性别教育机会的不平等现象

在整个90年代,不同性别教育机会不平等现象相当明显。在1990年,我国教育系统中性别教育机会的不平等现象已经存在。在当年普通高等学校中,女生只占学生总数的33.7%,明显低于男生。在中等技术学校和普通中学中,女生在同类学校学生总数中所占的比例分别是42.4%和41.9%,均显著低于男生。[7]

1998年的数据大致保持1990年的状态。在小学阶段,男女学生比例差距并不太大,所占比例分别为52.37%和47.63%,这一差距与人口总数中的性别比例大致相符。在中等教育阶段,女生就读于中等技术学校和中等师范学校的比例明显偏高,在中等技术学校学生总数中,女生所占比例为52.33%;在中等师范学校中,女生所占比例为65.35%。进入普通高等学校后,在总数上女生就读所占比例更为明显地低于男生。男生占高等学校学生总数的61.69%,女生占高等学校学生总数的38.31%,两者相差23.38个百分点。[8]这种差异表明,在整个90年代,教育系统中存在的性别教育机会不平等现象没有明显改变。

在我国社会总人口中,各级教育程度人口的性别比例相当不平衡。全国人口抽样调查数据说明,在6岁及以上的文盲人口中,女性文盲人口所占比例为70.01%,男性所占比例为29.99%,两者相差40.02个百分点。在初中教育程度人口中,男性所占比例为57.25%,女性所占比例为42.75%,两者相差14.5个百分点。在高中教育程度人口中,男性所占比例为57.26%,女性所占比例为42.74%,两者相差14.52个百分点。在高等教育程度人口中,男性所占比例为63.29%,女性所占比例为36.71%,两者相差26.58个百分点。[9]

在90年代,我国社会的从业人口中性别教育程度不平衡现象同样存在。在1998年的全部男性从业人员总数中,大专以上教育程度者所占比例是4.1%,高中教育程度者所占比例是13.4%,初中教育程度者所占比例是43.3%;同年,在全部女性从业人员总数中,大专以上教育程度者所占比例是2.7%,高中教育程度者所占比例是10.2%,初中教育程度者所占比例是33.8%。从以上的数据可以看出,在初中及以上教育程度的从业人口中,女性的教育程度平均明显低于男性。但是,在小学教育程度和文盲的层次上,女性在从业人口总数中所占比例分别是36.7%和

16.5%,皆高于男性的31.9%和7.2%(见表2)。这种状况说明,在从业人口中,男女性别比例同样明显不平衡,女性明显处于不利的地位。

表2 1998年不同性别从业人员受教育程度[10]

单位:%

	不识字	小学	初中	高中	大专以上
男	7.2	31.9	43.3	13.4	4.1
女	16.5	36.7	33.8	10.2	2.7

综观我国社会中受教育程度人口的性别分布和从业人口的性别分布不平衡现象,如果让目前存在于学校教育中的不平等的性别差异自然发展,那么,未来人口中的性别教育程度差异和从业人口中性别教育程度差异将会趋向严重。

四、不同地区教育机会的不平等现象

20世纪90年代我国教育机会不平等的另一表现是不同地区人口的受教育程度存在显著差异。这种差异产生的基本原因是不同地区人口享有的受教育机会不平等。这种不平等源自不同地区的经济、文化、历史和社会发展的差异。

统计数据表明(见表3),在1995年,从全国平均教育程度看,全国6岁及以上人口中,大专以上教育程度者所占比例是2.24%,高中教育程度者所占比例是9.13%,初中教育程度者所占比例是30.17%,小学教育程度者所占比例是42.45%,文盲所占比例是16.02%。在北京和上海的6岁及以上人口中,初中以上教育程度者所占比例均高于全国的平均水平。两地大专以上教育程度者所占比例分别是14.16%和9.49%,分别高出全国同一指标11.92和7.25个百分点;高中教育程度者所占比例分别是21.22%和22.05%,分别高出全国同一指标12.09和12.92个百分点;初中教育程度者所占比例分别是33.90%和36.08%,

分别高出全国同一指标3.73和5.91个百分点;小学教育程度者所占比例分别是22.87%和23.00%,分别低于全国同一指标19.58和19.45个百分点;文盲所占比例分别是7.85%和9.38%,分别低于全国同一指标8.17和6.64个百分点。[11]反观作为经济落后地区和历史上教育基础薄弱的贵州和云南,在初中及以上的教育阶段,各项指标均低于全国平均水平,而在小学和文盲方面,两项指标均高出全国平均水平。在贵州和云南6岁及以上人口中,大专以上教育程度者所占比例分别是1.33%和1.17%,分别低于全国同一指标0.91和1.07个百分点。两地高中教育程度者所占比例分别是5.80%和4.50%,分别低于全国同一指标3.33和4.63个百分点;初中教育程度者所占比例分别是21.89%和18.76%,分别低于全国同一指标8.28和11.41个百分点;小学教育程度者所占比例分别是45.64%和48.55%,分别高出全国同一指标3.19和6.10个百分点;两地文盲所占比例分别是25.34%和27.02%,分别高出全国同一指标9.32和11个百分点。显然,我国不同地区人口的受教育程度存在极大的差距,而这种差距突出地表现在初中以上教育阶段。

表3　全国1995年1%人口抽样不同地区按受教育程度分调查资料[12]

地区		6岁及以上人口数	大专以上	高中	初中	小学	文盲
全国	人口/人	11 196 648	250 621	1 022 103	3 377 595	4 752 554	1 793 774
	比例/%	100	2.24	9.13	30.17	42.45	16.02
北京	人口/人	121 592	17 221	25 805	41 218	27 828	9 520
	比例/%	100	14.16	21.22	33.90	22.87	7.85
上海	人口/人	138 924	13 180	30 629	50 123	31 960	13 032
	比例/%	100	9.49	22.05	36.08	23.00	9.38
贵州	人口/人	319 034	4 242	18 501	69 847	145 609	80 835
	比例/%	100	1.33	5.80	21.89	45.64	25.34
云南	人口/人	366 369	4 293	16 496	68 725	177 862	98 993
	比例/%	100	1.17	4.50	18.76	48.55	27.02

1998年的统计数字显示(见表4),上述差距略有缓和,但是,差距的整体趋势仍无根本性的扭转。当年,在全国6岁以上人口中,大专以上教育程度者所占比例是2.79%,高中教育程度者所占比例是10.67%,初中教育程度者所占比例是33.04%,小学教育程度者所占比例是39.79%,文盲所占比例是13.71%。北京和上海两地大专以上教育程度者所占比例分别高出全国同一指标12.99和7.11个百分点;高中教育程度者所占比例分别高出全国同一指标14.57和14.04个百分点;初中教育程度者所占比例分别高出全国同一指标0.5和1.92个百分点;小学教育程度者所占比例分别低于全国同一指标20.17和18.5个百分点;文盲所占比例分别低于全国同一指标7.89和4.57个百分点。而在贵州和云南两地,大专以上教育程度者所占比例分别低于全国同一指标0.99和1.66个百分点;高中教育程度者所占比例分别低于全国同一指标4.64和5.08个百分点;初中教育程度者所占比例分别低于全国同一指标10.25和10.79个百分点;小学教育程度者所占比例分别高出全国同一指标4.61和9.12个百分点;文盲所占比例分别高出全国同一指标11.27和8.41个百分点。这些数据表明,虽然在90年代晚期,地区之间6岁以上人口教育程度差异略有缓和,但初中以上阶段的教育机会不平等仍然存在。

表4　全国1998年1.01%人口抽样不同地区按受教育程度分调查资料[13]

地区		6岁以上人口	文盲	小学	初中	高中	大专以上
全国	人口/人	1 150 370	157 746	457 703	380 066	122 741	32 114
	比例/%	100	13.71	39.79	33.04	10.67	2.79
北京	人口/人	12 110	705	2 376	4 061	3 057	1 911
	比例/%	100	5.82	19.62	33.54	25.24	15.78
上海	人口/人	14 208	1 298	3 025	4 967	3 511	1 407
	比例/%	100	9.14	21.29	34.96	24.71	9.90

(续表)

地区		6岁以上人口	文盲	小学	初中	高中	大专以上
贵州	人口/人	32 938	8 227	14 626	7 507	1 985	593
	比例/%	100	24.98	44.40	22.79	6.03	1.80
云南	人口/人	37 686	8 336	18 431	8 387	2 108	424
	比例/%	100	22.12	48.91	22.25	5.59	1.13

不同民族地区人口在教育程度上也存在显著差异，这是我国地区教育机会不平等的又一种表现。以西藏和广西这两个少数民族人口较多的地区为例，其6岁及以上人口的教育程度落后于经济比较发达的地区。西藏和广西是分别以藏族人口和壮族人口为主的居住区。人口抽样调查数据显示（见表5），这两个少数民族地区的教育发展指标皆明显落后于经济比较发达并以汉族人口为主要居住区的广东和江苏。1995年，在广东和江苏6岁及以上人口中，大专以上教育程度人口所占比例分别是2.30%和2.87%，高中教育程度人口所占比例分别是10.83%和11.50%，初中教育程度人口所占比例分别是29.88%和33.43%，小学教育程度人口所占比例分别是45.77%和35.37%，文盲人口所占比例分别是11.22%和16.83%。

表5　全国1995年1%人口抽样不同民族地区按受教育程度分调查资料[14]

地区		6岁及以上人口数	大专以上	高中	初中	小学	文盲
全国	人口/人	11 196 647	250 621	1 022 103	3 377 595	4 752 554	1 793 774
	比例/%	100	2.24	9.13	30.17	42.45	16.02
广东	人口/人	621 135	14 277	67 281	185 634	284 273	69 670
	比例/%	100	2.30	10.83	29.88	45.77	11.22
江苏	人口/人	670 702	19 190	77 154	224 244	237 218	112 896
	比例/%	100	2.87	11.50	33.43	35.37	16.83

(续表)

地区		6岁及以上人口数	大专以上	高中	初中	小学	文盲
西藏	人口/人	21 249	193	644	1 039	5 716	13 657
	比例/%	100	0.91	3.03	4.89	26.90	64.27
广西	人口/人	421 124	4 783	30 170	111 493	221 706	52 972
	比例/%	100	1.13	7.16	26.48	52.65	12.58

表6说明,在1998年,少数民族6岁及以上人口的教育程度有所提高,这说明政府为改变民族地区教育现状做出了努力。但与汉族人口为主而又较为发达的地区相比,人口的教育程度差异仍然存在。在整个90年代,少数民族地区人口的教育程度始终处于相对落后的境况。

表6 全国1998年1.01%人口抽样不同民族地区按受教育程度分调查资料[15]

地区		6岁及以上人口数	大专以上	高中	初中	小学	文盲
全国	人口/人	1 150 370	157 746	457 703	380 066	122 741	32 114
	比例/%	100	13.71	39.79	33.04	10.67	2.79
江苏	人口/人	68 017	11 472	23 540	22 266	8 681	2 058
	比例/%	100	16.87	34.61	32.74	12.76	3.02
广东	人口/人	64 468	5 677	27 257	21 595	7 544	2 395
	比例/%	100	8.81	42.28	33.50	11.70	3.71
西藏	人口/人	2 287	1 123	975	160	26	3
	比例/%	100	49.10	42.63	7.00	1.14	0.13
广西	人口/人	43 614	5 072	21 014	13 948	3 147	433
	比例/%	100	11.63	48.18	31.98	7.22	0.99

五、教育机会不平等与教育资源分配

教育机会不平等昭示着受教育者实际上面临着不平等的教育资源分配。在我国,教育资源在不同教育阶段学校之间和同一教育阶段而类型不同的学校之间的分配明显地不平等。受教育者享有何种程度和何种类型的教育机会，与其能够享有的教育资源数量直接相关。

在90年代，我国教育经费在国民生产总值中支出比例偏低，并且呈现下降趋势，例如，教育支出在国民生产总值中所占比例从1990年的3.1%下降到1998年的2.54%。但是，教育支出占国家财政预算内支出和教育经费的绝对数却始终保持稳定的上升趋势。在1990年到1998年间，教育经费在国家财政预算内支出的比例从12.6%上升到16.23%；教育经费的绝对数同样保持稳定的上升趋势。在过去的10年中，国家投入的教育经费从433.9亿元上升到1 357.73亿元，上升幅度达到约313个百分点。[16]就我国90年代以前薄弱的教育基础和落后的经济实力而言，教育经费数额的增长应该说是巨大的。

但是，巨大的教育经费数额并不是各级学校和各类学校平等享有的。相反地，不同层级学校学生和不同类型学校学生所享有的生均教育经费存在显著差异。这种差异说明，受教育者由于接受不同阶段或者不同类型的教育，将会因此实际上享有着不同数额的教育经费。如果看到，主导我国教育经费的原则是"国家建立以财政拨款为主，其他多种渠道筹措教育经费"，那么将会更为清楚教育机会不平等的含义。这一原则告诉人们，在现有的教育经费体制下，接受教育程度越高，或者在普通中学接受教育，能够享有的国家教育资源越多。反之，接受教育程度越低，或者在职业学校接受教育，能够享有的国家教育资源将越少。

1994年全国普通高等学校生均经费是7 505.15元，普通高中生均经费是1 533.73元，初级中学生均经费是615.48元，小学生均经费是329.60元。[17]各级学校生均经费按照层次逐级下降，且幅度差异悬殊。当然，这一现象主要是由各级教育成本导致的。但是，值得提及的是，这里显示的是在我国教育经费分配原则之下，受教育者由于教育机会不同，接受不同阶段的教育，因而实际上享有着不同的国家教育资源。

与 1994 年相比,1999 年的各级学校学生生均经费增长明显。按全国平均计算,在 1999 年,全国普通高等学校生均经费是 13 990.80 元,普通高中生均经费是 2 695.90 元,初级中学生均经费是 861.64 元,小学生均经费是 519.56 元。[18]然而,虽然生均经费增加明显,其分配原则却保持着依据教育阶段逐步降低的趋势。这说明,在整个 90 年代,教育机会不平等始终与资源分配密切相关,人们获得的接受教育的机会不同,便会实际地面临不同的国家教育资源分配情形。教育机会和教育资源配置的关系突出了教育机会的价值。

1999 年的数据同时显示,受教育者接受不同类型的教育,便会面临不同的教育资源。当年,职业高中生均经费是 2 301.81 元,与普通高中相比,相差 394.09 元。[19]这一差距足以说明,受教育者由于享有不同类型的教育机会,因而实际上面临不同的教育资源境遇。

应该承认,90 年代伊始,在义务教育以上阶段,各级各类学校面向学生收取学费,接受教育程度越高,意味着需要交纳的学费越多。但是,迄今为止,学生交纳的学费与学校教育的全部成本相比,实际上存在巨大差距。这一差距是通过国家财政填补的。因此,如果接受教育程度越高,或者接受教育类型为普通教育,实际上能够享有的国家教育资源越多。教育机会不平等正是在此意义上与教育资源的分配形成关联,并昭示教育机会不平等的效应。就教育经费的分配势态和教育经费的分配原则而言,我国不同教育阶段学生所能够享有的国家教育资源不同,就读于同一阶段但不同类型学校学生享有的国家教育资源不同。

进一步分析会发现,不同教育阶段和不同类型学校教育资源分配差异呈现扩大趋势。

在 1994 年至 1999 年期间,全国不同教育阶段学校生均教育经费增长出现变化。在此期间,普通高等学校生均教育经费增长 6 485.15 元,增幅为 86.42%;普通高中生均教育经费增长 1 162.17 元,增幅为 75.77%;初中生均教育经费增长 246.16 元,增幅为 39.99%;职业中学生均教育经费增长737.95元,增幅为47.17%;小学生均教育经费增长189.96元,增幅为57.63%。这些数据表明,截至1999年,不同教育阶段生均教育经费增长差异扩大。高等教育阶段生均教育经费增长最快。这一趋势说明,享有接受高等教育的机会,虽然需要付出较多的个人成本,但由于国家对高等教育仍然投入了最多的教育资源,因而,享有高等教育机会,便意味着能够享有更多的国家教育资源。

数据表明,在同一期间,不同类型学校生均教育经费增长幅度呈现差异。1994年至1997年生均教育经费差异趋势表明,普通高中生均教育经费增长快于职业高中,两类学校生均教育经费增长相差11.18个百分点;在1994至1999年间,普通高中和职业高中生均教育经费增长差异呈现扩大趋势,两类学校生均教育经费增长相差28.58个百分点。这种差异直接导致职业高中学生在教育资源的分配上面临不利处境。

六、我国教育机会不平等现象的性质

我国教育机会不平等现象,尤其是不同职业阶层和不同性别教育机会不平等现象,与考试制度和个人因素密切相关。人们接受何种程度的教育和接受何种类型的教育,主要取决于个人在国家规定的考试制度中所取得的学业成绩。不同地区教育机会不平等现象,则是一方面受到历史、经济、文化和整个社会发展水平的制约,另一方面受到考试制度和受教育者自身因素的影响。因此,应该说教育机会不平等是一种极为复杂的教育和社会现象,与历史、社会、文化、经济和受教育者自身因素有着相当复杂的关系。

但是,在世纪转换之际,我国教育机会不平等现象应该受到重视,得到进一步的改善。因为这一不平等现象直接冲突教育平等的多方面价值。

第一,在平等原则方面,我国教育机会不平等现象包容着差别对待学业成绩优秀和学业成绩较次学生的内涵，因而淡化了与差别对待原则并行的平等考虑原则和切合原则。美国学者莱伊（Rae）提出平等考虑、差别对待和切合性三大平等原则，借以处理平等的复杂含义和表现。[20]平等考虑原则是指人人皆应获得平等的待遇。如果没有充分明显的理由，任何人都不应受到差别对待。差别对待原则是指，如果人们存有差别，应该对之实行差别对待，差别对待应该以"平等考虑"为基础，即在平等的基础上以不同的方式平等地对待不同的对象。切合性原则是处理差别对待的基本要求。这一原则要求平等或差别对待切合平等化对象的需要，符合平等化对象的利益。换言之，无论是平等地对待平等对象，或者差别地对待平等对象，都应该能够给他们带来最多的利益，最大程度地符合他们的需要。上述关于平等的三大原则相互关联，其间具有不可分割的关系。然而，我国教育机会不平等现象实际上贯彻了其中的差别对待原则，而忽略了平等考虑和切合性两大原则，并导致差别对待原则在本质上与平等考虑原则和切合性原则产生矛盾，其典型特征是教育资源配置整体向优倾斜。通过考试而进入质量、层次和类型较优学校的学生，往往能享有更多的资源，接受更好的教育。而通过考试被导入质量、层次和类型较差学校的学生所能享有的资源和教育质量明显较次。这种向优倾斜政策直接导致学业成绩不理想的学生受到不公正的待遇。

第二，我国建构于学业考试基础上的教育机会不平等现象，忽略了当代社会中的一些基本的平等价值取向。其一，教育机会不平等性质造成补偿平等价值的削弱。补偿平等的基本含义是对处境恶劣的受教育者实行补偿，缩小其与处境优良的学生之间的差距。但是，建构于学业考试制度之上的机会平等机制没有对处境较差的学生实行教育机会方面的补偿；在资源分配方面，处境较差的学生以及他们所在的学校实际上面临更为不利的状况。其二，我国建构于考试制度之上的教育机会不平等现象直接与存留平等产生矛盾。产生这种现象的主要原因是，在考试和升学压力之下，学校和教师被迫将注意力投放于有望进入高质量和高层次学校的学生身上,而忽视学业成绩一般和较差学生的需要。部分学业成绩较次的学生不仅没有接受教育的愉快体验,相反还面临歧视,甚至中途放弃学业。

第三,我国的教育机会不平等现象没有顾及由职业阶层差异、性别差异所导致的教育起点的不平等。针对这一现象,如果在制度和政策上不做积极干预,将会加剧职业阶层和性别的教育差异,使本来处于较低职业阶层地位的人和女性面临更为不利的处境。

上述问题的存在,削弱了我国政府努力发展教育事业和促进教育机会平等的成效。国家政府应在竭力缩小不同地区、民族教育发展的差距,扩大教育机会平等的同时,尤其关注教育弱势群体和落后地区,并采取有效措施。唯有如此,才能加速改变教育机会不平等的现象。同时,不同地区和不同民族之间的教育差异亦依然存在。这些问题实际上均与我国现有的教育机会不平等的性质相关。

七、结　语

毋庸讳言,人们无法彻底摆脱教育机会不平等现象。但是,同样应该肯定的是,通过努力,人们能够减缓教育不平等现象导致的一些问题。

第一,在义务教育阶段实行缩小地区、民族、阶层、性别差距和无差别的个人入学机会平等的原则,真正体现《中华人民共和国教育法》的平等精神。[21]法律规定的教育机会平等应该是指人生教育起点入学机会的平等,更应该包容人生义务教育阶段所享有的教育质量平等。保证义务教育阶段中学校的教育质量平等,其实是保障受教育者教育机会平等和教育成功概率平等的基本条件。因此,消解义务教育阶段学校之间的差异,以及贯彻义务教育阶段学校入学机会的平等原则,应该受到高度重视。

第二,逐步实践教育资源配置的边际平等和整体平等并重的原则,促使教育资源倾斜流向条件较差的普通学校、职业学校、落后地区和少数民族地区,缩小同一层次、类型学校之间的差异和不同地区之间的差距,尽量淡化受教育者由于进入不同层次、类型学校或处于不同地区而形成的教育资源分配的不平等。在这里,莱伊提出的资源平等主张具有极大的启发意义。莱伊认为,资源平等的内涵包括边际平等和整体平等。前者是指将可以平等化的资源平等分配于平等的对象,而不考虑每一对象原有的基础和这种基础所造成的分配结果的不平等。无差别地普及初等义务教育就是具有边际平等性质的例证。整体平等是指当可供平等化的资源少于平等化的要求资源时,不平等地分配可以平等化的资源,以求缩小分配结果上的差异。[22] 整体平等也称为"积极歧视"或"反向歧视"。我国教育资源的分配应该综合考虑具体情形,贯彻边际平等和整体平等并重的主张,保证原有基础较弱的地区、民族、学校等环节享有更多的资源。

第三,在教育过程中,实践美国学者柯尔曼(Coleman)的补偿平等和莱伊的差别对待原则。补偿平等原则是改变不同职业阶层和不同性别教育机会不平等状态的起始步骤,即在同等条件下,选拔和晋升的机会应优先给予出身于职业阶层较低家庭的受教育者和女生,让这些学生能有更多的机会进入高中以上教育阶段的学校,尤其是高等学校。这是改变目前在高等教育范围内不同职业阶层出身的学生和男女学生分布不均衡现象的有效方法。在补偿平等原则取得成效后,教育政策还应推行差别对待原则,制定和实施有利于出身较低职业阶层家庭的受教育者和女生的特殊措施,使他们能够在低于统一或一般的入学标准的情况下,同样能够享有高程度和高质量的教育机会。这种政策取向将有利于提高整个社会的公平程度。

参考文献

[1][3] Lo L N K. Quality and Equality in the Educational Development of Hong Kong and the Chinese Mainland[J]. Educational

Research Journal,1999,14(1):13-48.

[2] Farrell J P. Social Equality and Educational Planning in Developing Nations [M]//Lawrence J. Saha. International Encyclopedia of Sociology of Education. Oxford:Pergamon,1997:473-474.

[4] 全国人大常委会法制工作委员会研究室编写组.中华人民共和国教育法辅导讲话[M].北京:教育科学出版社,1995:176-190.

[5] 陆根书.高等教育成本回收:对我国大陆大学生付费能力与意愿的研究[D].香港:香港中文大学,1999.

[6] 全国人口抽样调查办公室.1995年全国1‰人口抽样调查资料[M].北京:中国统计出版社,1997:185-227.

[7] 中华人民共和国国家教育委员会计划建设司.中国教育统计年鉴1990[M].北京:人民教育出版社,1991:18.

[8] 教育部发展规划司.中国教育统计年鉴1998[M].北京:人民教育出版社,1999:17.

[9] 教育部发展规划司.中国教育统计年鉴1998[M].北京:人民教育出版社,1999:378-379.

[10] 国家统计局.中国统计年鉴1999[M].北京:中国统计出版社,1999:173.

[11][12][14] 全国人口抽样调查办公室.1995年全国1‰人口抽样调查资料[M].北京:中国统计出版社,1997:25-26.

[13][15] 国家统计局.中国统计年鉴1999[M].北京:中国统计出版社,1999:120-121.

[16] 教育部发展规划司.中国教育统计年鉴1998[M].北京:人民教育出版社,1999:344.

[17] 教育部财务司,国家统计局社会与科技统计司.中国教育经费统计年鉴[M].北京:中国统计出版社,1994:275-287.

[18][19] 教育部财务司,国家统计局社会与科技统计司.中国教育经费

统计年鉴1999[M].北京:中国统计出版社,2000:363-383.

[20][22] Rae D,et al. Equalities[M]. Cambridge,Mass:Harvard University Press,1981;曾荣光.香港教育政策分析:社会学的视域[M].香港:香港三联书店,1998:127-144.

[21] 许庆豫,卢乃桂.我国教育分流分析[J].教育研究,2001(3):16-20.

［原文载于《华东师范大学学报》(教育科学版)2001年第4期,第7—16页,作者为卢乃桂、许庆豫］

第三章
信息社会的人才要求

"全球性"理论是近年出现的重要理论[1][2][3],其中"地球村"、"网络世界"、"信息社会"("资讯社会")等概念,让人联想到人类已经有可能在一跨越民族国家的存在中生活。国家发展是基于一种全球经济的理性思维,增强本国的国际竞争力,借助信息网络的庞大力量,在地球的经济体系和权力结构中争一席位。教育的任务便是为本国培养有竞争力、能有效地适应21世纪信息社会要求的人才。

一

在信息社会里,信息传递迅速,知识充裕,甚至泛滥。个人可通过高科技而直接获得信息,据一己的兴趣和智慧,选取信息而有所作为。它的运作,是基于准确和有效的信息接收和传递。它的发展,是靠信息的提升而产生新知。在信息社会中,主导的经济活动已不再是物资生产活动(material-producing activities),而是信息处理活动(information-processing activities)。

信息处理活动,包含信息的制造、获取、转化、传递(production, acquisition, transformation, transmission of information)等活动。一个国家或地区"在资讯经济的世界体系内的竞争能力,很大程度上就取决于它对资讯制造、获取、转化、传递的能力和质与量"。信息社会里的生产组织和经济活动组织,也随着信息科技的发达而发生本质的变化。生产是由标准化的大量生产转变为顾客导向的灵活性生产;而生产组织亦由以往的垂直合并的大规模生产组织转变为一种分散但信息互通的网络组织。这种变化由信息科技的发展带动,而生产活动以至经济活动逐渐趋向"全球化"。从发展的角度来看,信息社会与"全球化"之间不断地发生交互作用,其运作和所产生的功能也是相辅相成的。

信息科技的广泛应用大大增强了"全球化"的趋势,因为它能快速和准确地把世界缩小,把逐渐通用的指标和标准强化。社会的进步采用一些世界性的经济和社会标准:人均国民生产总值成为经济发展的基准;多少人分用医院里的一张病床成为医疗服务的基准,等等。学校教育的普及程度也成为国家发展和社会整合的重要指标。各地有关教育系统中教学时数、活动、时间的安排及课程逐渐接近。[4]这种"全球性"的趋势,除反映了国与国之间通过官方和民间交往的互相影响外,还有赖于各类的世界性组织推动,让一些重要的指标和标准能广泛地被采纳。在信息科技的支援下,各国的决策者和政府官员能迅速地参考别国实践发展目标的方案。无论是教育或医疗,一些规范性的准则便渐渐地接受和应用于本国了。就这样,全球一体化的雏形便在社会生活范畴中呈现了。

信息社会是广泛应用信息科技的社会,但它的含义却比信息科技的应用复杂得多,而它的作用也不只是发展模式和指标的"全球化"。

频密的国际贸易和信息科技的迅速发展更让各国领导人注意到本国的生产力量和竞争力。这种醒觉,导致不少国家对工作技能的本质和教育的角色再做阐释。每遇经济不景气,年轻一代的生产力量必受质疑,继而便是对教育再投一次不信任票,责备学校未能培育大量优秀的人才,以增强国家的竞争力。无论是在发达国家或是在发展中国家,这种指摘已是普遍和可预测的了。[5]为配合全球性经济体系的要求和增强本国的竞争力,教育改革便接踵而来,或修订课程,或改善学校的管理,或推行由中央操控的标准化测试。[6]

"全球性"理论及附之而起的"信息社会"理论,将对新世纪的教育理论建设有重大和深远的影响。它们对教育价值、教育的目标和手段,及人在教育过程中的位置等,都会带来重要的改变。

二

信息社会若要取得可观和可延续的发展,就必须靠适当的劳动力来支持。当今,人才的培育确是世界各国面对的重大挑战。

适应信息社会的生产和经济活动的要求,生产方式也由劳动力密集(labor intensive)及资本密集(capital intensive)转变成信息密集(information intensive)。信息密集的生产方式要求劳工有更大的适应性和灵活性,因为生产是顾客导向的。又因为工作方式不再是隔离和单独地操作,所以我们要假定劳工具备与人沟通和协作的能力。既然大部分的工作要依赖信息科技的媒体进行,我们也要求劳工有较高的识字和计算能力。

过去数年的一些研究结果显示,信息社会所需要的劳动力素质和上述对新一代劳工能力的估计大致吻合。例如,近年受访的一些"高增值企业"机构要求员工具备原创性、合作性、小组工作、训练同侪、评估、理性分析、解决问题、决策、获取及使用信息、规划、学习和尊重多元文化等能力。

其实,人才的素质不单是劳动力应具备的技能的总和。具有上述12种能力的劳工,固然可以适合"高增值企业"的要求而工作,但这是否意味着信息社会所需要的人才便是这12种能力的整合体,或缺少其中数项的人便应接受淘汰呢?

在认识信息社会所需的人才本质时,我们不妨借用比尔·盖茨

(Bill Gates)所提出的一个概念,即"兼容性"(compatibility)。在他的一本著作里,盖茨指出以他为首的微软公司的成功,正是在其所生产的电脑软件具有"兼容性"。软件的"兼容性"如何,往往在于它在不同硬件和不同操作环境所能显现的功能。若将盖茨的"兼容性"概念应用于信息社会的人才素质的思考,则人才的"兼容性"应是我们需要特别关注的一种素质。若教育能培育出一种人才,在不同的工作环境能发挥其功能,不断学习适应新的工作要求,有效地解决由不同情境引发的问题,处变不惊,那信息社会便可以持续发展了。

"兼容性"概念所包含的,不只是"高增值企业"要求的 12 种能力的总和,而是信息社会人才的一种共通素质,"兼容性"强的人才是否就是一般人所指的"通才"呢?鉴于教育资源的限制,要培育的人才是要"专"还是要"博"呢?这些都是教育理论中的重要课题。在技能培养方面,最近有不少人提倡"通用技能"(generic skills)的培养,即基本的读写、运算和生活技能,复杂的推理技能及与工作有关的合作、思考、个人素质、工作动机等"技能"。教育能否因应"兼容性"的要求,积极培养"通用技能"而无损工作岗位所需的"职业技能",也应是教育理论的关注点之一。

三

信息社会的发展,要求扩大社会的人才库。如上所述,信息社会的运作是知识主导的,其生产活动和经济活动要靠信息的制造、获取、转化和传递来延续。将信息提升为知识是信息社会发展的基础,也是其成员的责任和机会。信息的消化和提升却有赖于社会劳动力各个阶层的理解、分析和创造能力及阶层间的协作。在考虑人才素质的问题时,信息社会的决策者和雇主要认识到以上所列出的"高增值企业"要求的 12 种能力,其实可以说是代表一种愿望多于实际要求。就算员工能具备这 12 种能力,能力间的变度亦会是很大的。既然我们可以假定具备所有合意条件的人不多,培育人才的注意力应集中于增强所需能力的培养，让社会的劳动力所具有的能力愈来愈接近上述的能力要求。我们将不强求所有人具备所有合意的条件，而是让更多人有一些基本的能力，让其在工作岗位上继续学习而有所发挥。信息社会的精神，不就是让个人运用一己的能力，通过高科技直接获得信息，根据兴趣和智慧，选取信息而有所作为吗？信息社会的工作本质已不再是隔离和孤独的，而是共同努力和协作的。这种转变其实反映了工作的复杂性和所要求的灵活性。可称得上信息社会的发达国家的劳动力分布也显示，服务于信息行业的人占劳动人口的比例只会不断增加（美国20世纪80年代初已达45.8%），而在这些劳动力当中能满足"高增值企业"要求的员工又有多少呢？以上的观察——"信息社会"需要更多人具备更多适切的能力，工作的复杂性导致需要更多人参与，及信息行业占劳动人口的比例不断增加——应可以成为扩大社会人才库的理据。

信息社会要取得持续性的发展，就必须尽力扩大人才库，在观念上把所谓"人才"（发展的栋梁）由现时的一小部分精英扩至最少包括人口的一半或以上。从教育角度观之，过去的精英主义教育已不再能满足信息社会的发展要求，因为一小部分精英，无论他们有多少才智，都会无力承担在信息年代全部工作的要求。[7]教育改革考虑的，应是如何在普及化的学校和高等教育中提供适切的教育。教育的适切性于是成为教育理论建设中的一个重要课题。教育理论界要关心的另一个课题，是教育机会的扩大与提升和教育的整合。信息社会的发展，要求有更多人具备更多适切的能力。要满足这个要求，教育体系必须以能容纳最多人和提供可能范围内最高素质的教育为发展目标。谁可以入读什么学校是不应该由"生命的意外"（生于何处，生于什么家庭，因出生地和家庭背景能入读什么类型的学校）来决定的。这里牵涉的范畴很广，如社会公正和平等原则、教育机会均等、学校教育的分流角色、积极性歧视以及学校教育的分隔性等问题。信息社会要发展，或许第一步是正视现存的区域间和学校间的严重差异。有关研究结果所显示的，是城乡、区域、学校类别间学生学业成就的明显差异和分隔。[8]若这种现象不经过深入研究而有所改善,则教育是不可能满足信息社会的发展要求的。

四

信息社会的人才培养,需要课程与教学范式的转变。信息社会的运作有赖学校提供大量而又高素质的毕业生。这些毕业生要有足够的能力去适应社会的要求。上述"通用技能"的培养,是假定现时的学校课程及教与学方法有根本的改变始能成就。课程的冗繁、学科的分割和学生缺乏探索空间,是现今华人社会学校课程的通病。这些弊端,也见于高等教育的课程设计和实践中。再者,课程的取向也影响毕业生的素质和适应能力。课程倾向于就业准备或通才教育亦将会直接影响学生的"兼容性"。要培养学生融会贯通的能力,让他们有探索的空间,课程便要精简,把学科重组为学习领域,使学习过程能有反思和创造的空间。

在教与学方面,一种范式的转变是必需的。教学目标是育人或是应试,似乎在华人社会中已有结论。若教学是为育人而非为应试,其目标应是让学生学会如何学习和继续学习。在这种常新学习的构思中,单向式的知识传递,只能是教学的一小部分。信息科技的发达让学生能掌握充裕的知识。教师要挪用大量的上课时间传递课本里的知识是不可接受的。教师的角色,已由知识传递者变为学生学习的引路人。信息社会所需要的人才,是有创意、灵活性强、有批判性思考能力的人。这些能力都不是经过记诵知识和应试操练而培养的。信息社会需要大量的高素质人才,因此,我们不应轻易放弃培育每一个学生的机会,因为成才的过程是漫长而曲折的。为此,教育工作者应特别留意学习差异和学习困难的问题,因为教学的目的是保证个人潜能能有发展的机会。信息社会的学校课程和教学范式应突破现存的模式。在探索过程中,教育理论的洞察,当能在课程设计、实践和评鉴中产生反思的效应,在教与学范式的转变中发挥指导的作用。若要掌握要点进行更深入的理论探讨,可考虑以下课题为理论建设的基础:课程设计和实践对学生"兼容性"的影响;教学范式转变的向度和过程;学习差异的成因和减少差异的对策。

参考文献

[1] Carnoy M, et al. The New Global Economy in the Information Age [M]. PA: Pennsylvania State University Press, 1993.

[2] Castells M. The Net and the Self: Working Notes for a Critical Theory of the Informational Society [J]. Critique of Anthropology, 1996, 16(1): 9-38.

[3] Wallerstein I. The Modern World System [M]. New York: Academic Press, 1974.

[4][5] Davies S, Guppy N. Globalization and Educational Reform in Anglo-American Democracies [J]. Comparative Education Review, 1997, 41(4): 435-459.

[6] Beare H, Boyd W L. Restructuring Schools: An International Perspective on the Movement to Transform the Control and Performance of Schools [M]. Washington, D. C.: Falmer Press, 1993.

[7] Lo L N K. Quality and Equality in the Educational Development of Hong Kong and the Chinese Mainland [J]. Educational Research Journal, 1999, 14(1): 13-48.

[8] 谢安邦,谈松华.全国义务教育学生质量调查与研究[M].上海:华东师范大学出版社,1997.

(原文载于《教育研究》2000年第11期,第8—11页,作者为卢乃桂)

第四章
信息时代中的青少年德育

在华人社会,道德教育一直以来都是教育最基本的组成部分,因为培养有道德的人是教育的首要任务。道德教育的实施,其实是培植那些反映道德标准的价值观。然而,信息时代的出现及充斥在互联网上的大量信息,已改变了教育的方式,并向传统的道德教育发出挑战。在这一背景下,我们建议中国的教育工作者应寻求实践道德教育的新途径,以迎接网络世界的出现。崇高空洞的道德标准应让位给简洁易懂的观念,比如"尊重"。我们应该积极地去探索"网络世界"中的信息和观念,而不是一味避免。有启发性和适切的道德教育应建基于儿童和青少年的发展需要和真正兴趣之上。华人社会的德育工作者,包括学校教师、家长、非正式教育的组织者,都应共同努力去了解虚拟的网络世界,并设计出可行的方法来适应新形势下的教育需要。

一、引　言

由全球化引进的信息时代使我们的学习、工作和生活的方式皆发生蜕变。科学、科技和社会的变化让大家对人类持续进步充满期盼,同时也对蜕变为人类存在所带来的影响感到惶惑。"信息社会"的出现,可以说是这个蜕变的主要示标(signifier)。它所指的是一个信息充裕和传递迅速的社会。在信息社会里,个人可据其兴趣和智慧选取信息而有所作为。[1]当世界各国在全球经济体系中互相竞逐,力图增强一己的竞争力,教育便被委以培养新一代人力资本的重任。[2]从较工具性的角度观之,这些人才需要具备的条件,是全球通信技术和通晓跨国企业的工作方式和规范。大家所期望的,是人才能为国家的富强和企业的增值做出贡献。其实,信息社会的发展不只要求新一代人才能使国家富强和企业跃进。一个更深层的假设,是这些人才应是独立、富创意、好思考、好学习的个体。他们还应能妥善处理人与人之间的差异,能为他人设想,善于与人沟通和合作,以及在不同的生活和工作情境中有效地适应和胜任。这类人才的培养,需要一种优越的教育环境才能成就。这种教育环境,不一定是优越的物质环境,而是一种能照顾每一个学生的优点和特殊需要,能为他们提供足够理性探讨空间,及让他们能通过学习而发挥的环境。

本文试图讨论在信息时代中国道德教育的发展。目的在于反思道德教育的现状,并针对其理论基础、实践取向和教导方法提出可能的建议。在本文中,我们将审视有关道德教育的构思和发展方向。

二、道德教育何去何从

信息时代的道德教育是一项日趋艰巨的工程,因为社会上的价值观越来越多元化。在这个发展迅速的信息时代,新的价值观不断地冲击那些我们一直奉为真理的道德原则。在市场经济和激烈竞争下产生的价值取向,即使没有让传统的权威观念和行为规范面临淘汰,也向它们发出了严峻的挑战。不过,若没有持久和稳固的信仰和原则,道德教育就缺乏学理和伦理的根基,只能不切实际地浮于表面。

在文化多样性和社会变化的背景下,德育工作者的焦虑是可以理解的。文化多样性已成为全球性现象,因为互联网正悄悄而有力地将大量的思想、影像和文化产品传播到世界各个角落。人们在互联网上的交流代表了一种社会的变化,而这一变化更要求我们学会如何在这种似真亦幻的关系中进行道德的思考。因为在"虚拟世界"中不存在身体上的接触,这却经常会扭曲了我们对他人的道德义务的看法:如果我们在相处中甚至没有眼神的交流,那又如何能谈得上对彼此尽义务呢?因此,在"虚拟世界"里"匿名"的掩护下,一幕幕不道德的行为在上演:欺诈消费者,剽窃作品,侵犯他人隐私,甚至去"黑"他人的网站,剥夺他人正常使用电脑的权利,等等。

信息时代的文化多样性和社会变化要求我们对道德教育的基础重新做一些定义。[3]多样性和变化促使我们反思道德教育的目的并去探索达到教育目标的更有效的途径。如果我们坚持价值的多样性必须放在特定的文化和社会情景下去理解(即价值没有普遍性),而变化使我们的生活不能有稳固的道德原则,人们很容易便会陷入道德相对主义的泥淖,在判断事物和行动时缺乏鲜明的道德立场。如果这一情况发生,道德教育就失去了它的生命力,因为它已不再能让我们的心灵和思维有原则地运作。对于学校里的道德教育,坚持某种令人信服的道德原则是至关重要的工作,因为它将决定道德教育是否拥有坚实的根基。

三、以尊重作为道德教育的首要原则

既然社会变化不断,文化日趋多元,所以德育工作者亦应考虑此多元背景究竟提供了什么机遇和限制。学校德育的目的常按学校的办学宗旨而阐释和进行。要找到一些让大家容易掌握和接受的价值和原则实非易事。我们认为,今天的学校德育应建基于简洁的观念上,好让学生和家长能轻易地理解和支持德育的进行。"尊重"应是这个基础不可或缺的元素。中国和西方的教育工作者都不约而同地将此奉为道德教育的信条。[4]学生学会尊重自己和尊重他人(肯定他人的存在价值、尊严和权利),则可能奉"己所不欲,勿施于人"为个人的行为纲领。价值的个体化和具体化使人的独特性能呈现;以"尊重"为基础的德育却能让"他人"在个人的价值观里得到清楚的确认。

若德育实践能以"尊重"为基础,将有利于学生妥善处理"我—他"关系。其实,从社会的角度来看,道德的实践也只会在这"我—他"关系里进行,而个人的道德操守也会在此关系中表现。若学生能在行为未发之前顾及他人的尊严、权力和利益,推己及人,则他们做出有损他人和公益的行为的机会应大大减少。若德育能开启其心智,让他们能继续发展对人和事的同情心(compassion)和同理心(empathy),则"利他"倾向(altruistic tendency)将成为他们品格的整全部分。因此,德育的作用是引导和帮助学生妥善处理"我—他"关系,让它能产生积极的交互作用。我们引导学生注意和欣赏他人的存在,留意和关心他人的需要,理解他人的处境,同情他人的境况,尊重他人的权利和价值,让他们渐渐超越自我及一己苦乐的计较,积极地考虑支持公益。

四、道德教育的实践场所

很多教育学者和实践者都认为学校是唯一进行道德教育的实践场所。诚然,作为被指定教授孩子识字和群性技能的社会机构,学校似乎是理所当然的道德教育的实践场所。然而,今天的学校已落后于信息时代的发展,尤其落后于人类发展的需求。在中国的学校里盛行应试教育的教学模式,留给学生很少的空间去发展社会认识和技能。学校在"增值""标准化学业成就"和"表现主义"的压制下运作。学校现时强调的,是一些外显和可衡量的教学结果。教育的内在价值不再被重视和认真地探讨;即使有,也只不过是轻描淡写的说教罢了。道德教育便在此列。

事实上,实践道德教育的最自然的场所是在家庭。在家庭里,父母是青少年最重要的"他人"。父母对于子女的道德发展的影响是显著和深远的。父母对孩子的关心是最真诚和出于本能的。在成人和儿童的比值上,家庭也远比学校优胜。在家庭的环境里,父母和子女比较容易分享一些亲密的想法和感受,更没有社会环境中的压力和做作。我们可能会问:家长能真正理解他们的孩子的道德发展需要吗?他们有足够的知识和耐心去帮助孩子吗?确实,孩子在道德发展的不同阶段需要家长做出针对性的指导和帮助。家长的教导方式,无论是限制性的还是支持性的,将反映出他们一己的心理状态及他们对培育子女的看法。

课外活动也可以作为实践道德教育的平台。这些丰富多彩的活动更能满足青少年的兴趣。在校外的"非正式教育"[5]中,一些机构和团体如少年宫、文化站和博物馆,童子军团(Boys Scouts)和少先队,都积极组织大量的社会和文化活动。这些活动更贴合青少年的日常生活,可以较宽松地引导学生认识正确的价值观和态度。然而,这种德育场所的功能还有待德育工作者更积极地去开发。

另一个实践德育的场所是邻区(neighborhood)。与学校和非正式教育相比,邻区的组织性比较松散;和家庭相比,它则更具公共性。对于青少年的群性发展及他们对"我—他"关系的理解,邻区具有不可低估的作用。邻区是青少年在家庭和学校之外度过最多时间的地方,但他们在邻区里的活动可算是最自由的,因为不像在家庭和学校中常有人看管。不过,可能出现的问题是:邻区既可以是一个充满新鲜和探索的地方,也可能变成放纵的温床。这一切都取决于青少年在参与什么样的活动,和他们选择什么样的朋友。研究显示,危险性的活动在贫困且人口密集的邻区的发生率偏高。[6]青少年是一特殊人群。由于他们正处在"从孩童到成年的过渡阶段",他们往往被排除在很多社群空间和活动之外。[7]从道德教育的目的出发,邻区应成为一个帮助孩子理解并实践"尊重他人"的场所。如果可以安排适宜的活动,孩子们可以通过参与社区服务而锻炼与人相处的能力,并体验到帮助他人的喜悦。

五、"虚拟世界"作为道德教育的场所

对德育工作者来说,互联网上"虚拟世界"的出现令人担忧,因为有

很多"魔鬼"潜伏在这个看不见的世界里,年轻的心灵暴露在各种危险的影响下。这种"虚拟世界"带来的迷失向道德教育提出严峻的挑战,因为四通八达的"网络"正在改变我们经济和社会的结构,[8]影响我们的价值体系。这种影响是多层面的、巨大的和迅速的,因为在信息科技的帮助下多元价值浪潮正在席卷全球。我们的世界变得越来越小,成为一个由网络连接的"地球村"。如果没有坚定的认识论和价值论基础,道德教育将在形形色色的价值观念中迷失方向。

如果我们认识到德育也是需要配合时代的变迁不断反思和调整的,那就没有必要去惧怕网络带来的信息浪潮。我们可从中汲取智慧和培养对事物的洞察力。事实上,新的洞察力能推动我们去反思和提升自己的德育观念。如果我们能以开放的胸怀去重新理解正义、权利、公平、平等与和谐,我们也同样可以自信地引导青少年去发展他们的道德观。德育工作者应正视这种在信息时代衍生的未知性和不确定性,并对道德和教育做出新的阐释。其他教育领域的工作者正在这方面努力,例如语言教育学者已开始探讨网络中语言使用的意义。[9]

目前德育工作者最紧迫的任务就是帮助青少年发展对网络世界的正确理解,即在网络中他人和我们一样拥有尊严和权利。长期以来,青少年已经习惯于仅去尊重那些和自己有一定社会关系的人,即使是德育工作者本身也往往持有这样的观点。我们必须改变这种想法,培养尊重他人知识产权、隐私权及其他应得权利的意识。德育工作者更要有丰富的网络知识,而且要善于换位思考。我们要教会孩子如何在网络世界中生存,成为一个有责任感的"网民",进而让他们可以从网络中获益并发展成为有道德的人。

"虚拟世界"为道德教育提供了一个前所未有的新舞台。德育能否"与时俱进",主要取决于德育工作者的素质和他们愿意付出努力的程度;更重要的是他们能否采取正确的教导方式。我们在下面的讨论中将阐明,现时建基于畏惧和控制的德育方法是很难奏效的。

六、三种道德教育取向

当前德育的缺失,很大程度上可归咎于其实践取向的问题。这可能是德育设计和实践的问题,也可能是德育工作者的素质和态度的问题。无论为何,若我们让德育沦为"把学生管住、吓住,不出事就可以了",那它就肯定不能有所作为,因为它只不过是一种压制的手段。

就以上的观察,我们可察觉到两种基于畏惧的道德教育取向。

第一种德育取向是"禁"。把学生"管住、吓住"代表一种"禁"的实践取向。学校和教师运用规则、限制和惩罚来控制学生,禁止他们做出越轨的行为。支持采用"禁"式德育方案的人会指出,"禁"是为了保障学生的安全和福利,进而维护公益。明显地,"禁"式德育只是采取消极的手段使学生服从规则,或用威吓、灌输,乃至撮合的亲睦关系等方法来限制学生的自由。至于学生是否真的理解规则(以至惩罚)的正面意义和作用,似乎不是支持采用这种方案的人所关心的了。"禁"式德育妨碍青少年的探索精神的发展,在实践中连带的剥夺和压制及其负面影响,是不可低估的。

第二种德育取向是"防"。赞成"不出事就可以了"的人会支持"防"式德育方案,因为他们实在害怕要负"出了事"的责任。这种取向的实践,是运用各种手段防范学生违规,做出越轨的行为。校园净化了,可能存在的负面影响隔绝了,学生就算缺乏学习如何生活的动因,学校也算是太平无事,这应该是值得庆幸的了。但学校应是一个充满活力的地方,而学生也应在欢庆之中生活和学习。"防"式德育方案的支持者会指出,所有防范措施是用来保护学生,不让其身心受到任何损害或误入歧途,这最少也比"禁"式德育方案是一种进步。然而,就算"防"可让学校和学生避免麻烦,它的教育效能却是负面和消极的,因为它是建基于畏惧之上的,让学生从小便形成诸多忌避、百般害怕的性格。这和我们所期望的帮学生养成勇敢、开明、豁达的性格是背道而驰的。

"禁"和"防"式德育取向或者可以控制学生,但难奏培育之效。[10]这些取向,尤其无助于积极促进公益。不过,以上两种德育取向却能在关注青少年使用互联网的圈子里引起共鸣。大家所担心的,是网络的使用对孩子心理的负面影响。对互联网上的不良内容的关注往往导致禁制和监督检查,结果是孩子长期依赖成人来辨别是非真伪。成人对孩子过分放任的关注会导致严格控制,结果可能是为孩子带来焦虑和被剥夺感,让他们学会欺诈。对在网络上冒险的关注导致严密的监视,结果是牺牲了孩子的好奇心和想象力。直至现在,有关使用网络的影响的实证研究还未能有确切的判断。这些研究的启示,是有关的判断应基于进一步精确的分析,最少亦能辨析以下的各种关系:信息科技与传统课外活动在社会和消闲角色上的差异;网站选择与互联网的学术启智角色;青少年与网络上的陌生人的联系性和校内同侪的联系性;网络使用与心理健康的关系[11],等等。

我们认为,一种比较积极的德育取向是"疏",即疏导的意思。"疏"式德育取向承认人是独立、自主的个体,其潜能需要引导而非指令、解放而非禁制、试验而非防范才得到发挥。"疏"式德育取向并非完全排斥"禁"与"防"的存在,不过它只会适量保存两者的某些方法而同时超越它们的限制。"疏"式德育方案会尽量发现和认识青少年的兴趣而刻意地安排各类活动来疏导学生的精力,让他们学会控制情绪。它是基于信任和好意,强调活动的多样性和群体性,让学生能通过活动去理解个人和群体的关系。这些活动的目标各异,但长远的目的是让学生寻找适合其兴趣的活动,从活动中认识其意义,受用终身。

从网络使用的角度考虑,"疏"式德育方案需要最少两种训练的配合,即养成延缓满足(delay gratification)[12]的习惯及有效的时间管理技巧。这两种能力的养成,有助于青少年理性地安排学习和"运用信息科技"玩乐的时间。

"疏"式德育方案还要求教师与家长能成为关怀备至和兼具卓见的导师。他们的教育角色,应是引导多于保护、启发多于防范的。若要孩子信服,则成人应能具备一定的信息知识和洞察力。这里的问题是:教师和家长能真的认识和分享孩子在互联网上的欢乐和疑虑吗?

德育的进行,应特别关注学生的群性发展。"疏"式德育方案会尽量引导学生在思维及行为上妥善处理"我—他"关系,让其能推己及人,发展其利他倾向。学校和教师也会刻意地培养学生的反思能力,发展其道德思考和实践习惯。他们更会帮助学生培养开明求真的态度,凡事争取从多角度考虑问题,拓宽及平衡其视野,发展一种包容和同情的器量。"疏"式德育方案,为道德想象力提供可能发展的空间。如果道德的条规和原则是需要配合时代的变迁而做适当调整的话,那我们的社会也需要有足够睿智的公民不断地观察和反思,为其道德观提出适当的修订。

七、结　语

信息时代要求我们的德育不仅培养孩子正确的道德观和原则,还要激发他们的探索精神。更重要的是发展一种"利他"倾向,为身边的人着想,也尊重网络里的"陌生人"。我们想再次重申道德教育应建基于简洁易懂的观念上而不是空洞的说教。在所有道德原则中我们提倡以"尊重"作为设计和实践德育的首要原则——尊重自己,尊重他人。这是因为"尊重"的概念是青少年较容易接受和实践的。他们可以通过探索去领悟"我—他"关系的含义,以自己的方式去表达对他人存在的尊重。

德育工作者应把"虚拟世界"看作一个实践德育的新场所,并寻求相应的教育方法以"与时俱进"。首先我们应看到当前德育的局限,即建基于畏惧和控制的德育方式已经落后于时代。我们因此提倡一种重视探索、信任和多元性的德育取向。在实践德育的同时,我们要认真探究伦理哲学和道德心理学的关系[13],以严格的理论和实证的研究去观察和分析人类品格的发展[14]。关于这一点更进一步的讨论将是另一篇文章了。

参考文献

[1] 卢乃桂.信息社会的人才要求[J].教育研究,2000(11):8-11.

[2] Levin H. Accelerated Education for an Accelerating Economy[M]. Hong Kong: Hong Kong Institute of Educational Research, 1997.

[3] 孙彩平.从道德的维度反思道德教育——多元社会背景下研究道德教育的新思路[J].华东师范大学学报(教育科学版),2004(4):17-24,37.

[4] Lickona T. Educating for Character: How Our Schools Can Teach Respect and Responsibility[M]. New York: Bantam, 1991.

[5] Colletta N J. Formal, Nonformal, and Informal Education[M]//International Encyclopedia of Education. Oxford: Pergamon, 1994:2364-2369.

[6] Dryfoos J G. Adolescents at Risk: Prevalence and Prevention[M]. New York: Oxford University Press, 1990.

[7] Weller S. Teach Us Something Useful: Contested Spaces of Teenagers' Citizenship[J]. Space and Polity, 2003,7(2):153-171.

[8] Castells M. Flows, Networks, and Identities: A Critical Theory of the Informational Society[M]//Manuel Castells. Critical Education in the New Information Age. Lanham, MD: Rowman & Littlefield Publishers, 1999:37-64.

[9] Taylor T, Ward I. Literacy Theory in the Age of the Internet[M]. New York: Columbia University Press, 1998.

[10] 卢乃桂.青少年的发展——兼论校外教育的培育角色与功能[J].青年研究,2002(7):29-38.

[11] Gross E F, Juvonen J, Gable S L. Internet Use and Well-Being

in Adolescence[J]. The Journal of Social Issues,2002,58(1):75-90.

[12] Goleman D. Emotional Intelligence:Why It Can Matter more than IQ[M]. New York:Bantam Books,1995.

[13] Lapsley D K,Power F C. Character Psychology and Character Education[M]. Notre Dame,IN:University of Notre Dame Press,2005.

[14] Damon W, et al. Bringing in a New Era in Character Education[M]. Stanford,CA:Hoover Institution Press,2002.

(原文载于《教育学报》2006年第2期,第55—59页,作者为卢乃桂、王芳)

第五章
青少年的发展
——兼论校外教育的培育角色与功能

本文提出的主要观点：一是对青少年发展的思考，应用更新的认识，即在"家庭—学校—社区"这个三角关系上，加入朋辈、校外教育和邻区作为影响青少年成长的重要群体和教育形式；二是青少年的价值，其实是其父母和"重要他人"的价值的写照；三是教育青少年的新的培育方案应以"疏导"为主，并在"禁""防""疏"三法中取得平衡；四是作为教育事业的一个组成部分，校外教育对青少年的培育功能是不容忽视的，但校外教育培育角色和功能应随其效能评估的改进而逐步完善。

一、导 言

40年前，柯尔曼（Coleman）在他的经典著作《青少年社会》中指出，1960年代的美国青少年，因为种种原因，几乎被隔离在成人的"大社会"之外。急剧的社会变迁使家长难以和青少年子女同步并进。社会的专门化趋向要求青少年在学校中接受更长时间的、更复杂的训练。在这个变迁过程中，青少年被迫转向自己的年龄组合，而他们的整个社交生活亦与同龄的人一起度过。在同龄组别中，青少年和岗位凝聚，形成自己的社会；而大多数的主要社交互动，亦会在这个社会中发生。他们与成人社会只保留着不多的联系。

美国的青少年与成人的疏离,和他们所形成的青少年次文化,已成为学术界和社会人士长期讨论的论题。

在同年代出版的另一经典著作《文化与人的对抗》中,祖鲁思·亨利(Jules Henry)指出东方和西方的青少年所处的不同文化和社会境况:"在伟大的亚洲文化,个人社群(personal community)是与生俱来的。因为传统之故,人一出生便有一些和他紧密联系的人,直到老死。在美国则不然,每个人需要创造自己的个人社群,每个孩子必须是一个社交工程师,能利用自己的吸引力和运用社交技巧去建立自己的个人社群。"亨利的论点,一方面为柯尔曼的"青少年群体向内凝聚"的观察提出更丰富的理据,另一方面更指出亚洲的青少年在其所处的文化脉络中,应享有一个实际上比西方社会更稳定的成长环境。这是一个约40年前的观察。当时亨利的洞察对现今的华人社会还有时代的意义吗?

二、影响青少年发展的社会群体

长期以来,大家对青少年发展的思考始终维系在"家庭—学校—社区"这个三角关系的脉络上。家庭(尤其是家长)对青少年的成长与发展影响至大,就因为每一个青少年都有其独特之处,而青少年作为一个成长阶段又是包括生理和心理的重大变化,所以只有他们的父母才能"近距离"帮助他们成长。对青少年来说,13至19岁这一个人生阶段可以是充满发现、刺激和喜乐的,但这个阶段也可以是充满忧虑、惶惑和烦恼的。在他们最需要扶持的时候,家长的培育角色是没有任何人能取代的。

家长培育子女是最自然不过的事。家长应该是青少年自出生以来花最多时间和精力陪伴他们成长的人,自然也应成为青少年的"最重要他人"。因为他们从开始便照顾子女,所以家长应该最了解青少年的性情、喜好和潜质。

家庭培育青少年的功能，随着社会的现代化和专业化转趋复杂。但是，无论社会有多现代化和专门化，家庭的培育功能是不会淡化的。在现代社会里，家庭需要利用其他社会机构的资源来培养子女，是合理的做法。学校提供正规教育让子女能明理和学会谋生技能，社区提供消闲场所和学习机会让子女善用闲暇和充实自己。不过，在利用培育子女的资源的过程中，家庭亦同时让其他社会机构分担了培育的责任和分享了其对子女的支配权。在分担家长的培育责任的社会机构中，学校算是最重要的机构。

学校的培育责任是多元的。专为青少年而设的中学的功能，大致可分为升学准备、就业准备和社化准备。以上三种功能的发挥会因各所学校的办学宗旨和教学取向而异。相对于家庭，学校所承担的培育责任越来越重和复杂，而青少年在学校中度过的时间也不断地加长。在公众的眼中，学校已变成培育青少年的主要场所，社会问责也渐渐转向学校，对它们提出更多的要求。有些家庭甚至把培育青少年的责任完全托付于学校的手中。本来家庭与学校应该是培育青少年工作的伙伴——家庭是价值培养的基础和关怀、爱护的源泉，而学校则是提供升学阶梯、就业准备和学会与人相处的专业支援机构。不过，在过往的经验中，家庭与学校并没有发展成一种伙伴的关系。

一般而言，社区是一个比较抽象的社会群体，"是一个由各种要素（经济要素、政治要素、文化要素）相互作用形成的有机系统"。社区的概念，广可以遍及整个社会，狭可以限于某一城区中的街道。从家长和学校的角度来看，社区是培育青少年的一个延续体。

社区虽然能为青少年提供休息场地和更多的学习机会，但也是青少年问题滋生的地方。有鉴于大家对社区的理解有明显差异，其覆盖度广狭不一，故应附以邻区的观念，作为阐释各社会群体如何影响青少年发展的依据。在认识青少年工作的实践方面，"邻区"比"社区"更直接影响青少年成长。

一般而言，邻区没有明确指定的培育功能；就算有，亦是因为地理环境——邻区有社区中心、青年中心、少年宫、文化馆等——或是其他社会组织因素使然。邻区是家庭和学校以外，青少年流连最多的地方。相对家庭和学校的严密控制环境而言，邻区对个人行为的管制比较少。青少年在邻区相对开放的环境里，能够接触不同类型的人和观察不同的行为。这些人物和行为对青少年的成长又将会是何等重要：是良朋抑或是结伙，是打球抑或是打架，是吸取新知抑或是吸食毒品，往往就取决于青少年在邻区的大街小巷上的遭遇了。西方的研究结果显示，在贫穷的邻区，或是在人口密度较高的城市邻区，青少年的冒险倾向也较为明显。

无论是在学校或是在邻区，影响青少年最深的是他们的朋辈。青少年朋辈之间的关系一般较成人之间的关系单纯和自然，通常由一些共通的兴趣和关怀维系着。朋辈年纪相若，生理上产生的变化也差不多在同一时段中发生，对事物的好奇心也较强。在这个介乎儿童和成人中间的发展阶段，朋辈的共同语言和兴趣使他们在一种独特的次文化中互动和找到安全感。

青少年选择友伴，一般倾向于那些和自己价值与态度相近的人。青少年从友伴身上获得极为需要的支持；又因为大家都正在经历同样的变化，所以友伴对青少年的影响也是自然和深远的。友伴给予青少年引导，却又可以对他们产生负面的影响。若青少年的亲密朋友都有冒险行为的表现，则青少年本身也会因为友伴压力而倾向于冒险。所谓"近朱者赤，近墨者黑"，友伴对青少年的发展扮演着非常重要的角色。

家长应视子女的朋友为引导子女成长的重要动力。有意识地将子女的朋友纳入家庭的活动范围，其实是有助于家长引导子女发展的良策。因为只有这样，家长才能在子女和友伴之间的关系中产生一些作用。在与子女谈论交友选择时才可以真正与他们沟通，言之成理。因此，在青少年发展的思考架构中，"家庭"和"友伴"这两个主要因素不应是对立的，它们应是相辅相成、紧密联系的因素。

三、青少年就是青少年：培育方案的再思

一般有见识的人会将青少年的行为和态度看成是青春期特性的表现，于是"情绪化"、"烦躁不安"（fidgeting）、"焦虑"（anxiety）、"不言不语"、"怪异打扮"便用来形容青少年的行为和态度。其实，青少年就是青少年。身心巨大的变化使他们的行为和态度出现一些明显的变化。因为每一个青少年都是独特的个体，所以变化的程度是因人而异的。有人认为青少年在行为和态度上的转变，是因为他们要试图脱离对家长的依附，树立自我。也有人认为青少年在一个多变的发展阶段中（离开童年、步向成年）经历不同层次的变迁：在个人层面是身心的变化；在"重要他人"层面是个人与家庭、朋辈的关系；在制度层面是求学环境的转变（由小学到中学、由中学到大学）或是初次进入工作岗位。这些不同层次的变迁自然会导致青少年在行为和态度上的变化。最近，一个有关青少年神经系统的报告让我们更进一步了解青少年为何会有一些成人难以理解或接受的行为和态度。据报告显示，青少年的脑部并非在青春期已完全发展成熟，即所有所需以千亿计的脑神经细胞已完全发展（脑的"神经电路"已通，"硬件"装备妥当）。这是过去被广泛接受的说法。其实人的脑部神经发展，要到 20 岁初期才能完成。报告继续指出，人的脑部发展，是不同的部分根据不同的时间表进行的；而最迟成熟的部分之一，是让人能做正确判断和控制情绪（emotions）波动的部分。因此，若我们期望一般青少年能如成人一样控制情绪、谨言慎行、安排课业和掌握抽象，其实我们是将青少年看成"小成人"了。若他们还未具备成人的脑"神经电路"，那他们要有效地执行成人的任务也是很困难的。

长期以来，我们都期望成长中的孩子很快变为成人。我们甚至会要求他们更像成人。在培育方面，我们一般会用"禁"和"防"的方法。"禁"是指通过规则、限制和惩罚禁止青少年的违规、违法行为，旨在保

障他们自身的安全和福利,进而维护公益。"防"是指采用各种手段防范青少年的违规、违法行为,如学校与警方(公安)合作防止"黑社会"渗入校园便是一例。"防"的目的与"禁"相似。我们要保护子女和学生,不让他们"误入歧途",所以常采用"禁"和"防"的方法。这两种方法可能会收到控制之效,但较难从培育的角度去理解。

一种比较积极的方法是"疏"。"疏"是用刻意安排的活动来疏导青少年似乎用不完的精力和有时难以控制的情绪。这些活动的短期目标各异,但长远的目标是让青少年寻找适合自己兴趣的活动,从活动中认识其意义,受用终身。在家里,家长可以和子女一起挖掘他们的潜能,安排益智及切合兴趣的活动,鼓励他们参与。这些活动多与运动、艺术、科技和生活有关。家长会利用学校和社区的资源,让子女选择性地参与。在学校,校方会安排各类"课外活动",让学生在课堂正规学习以外能发展自己的兴趣,使在校的学习更加丰富。校内的活动种类和家长安排的活动的作用相近。所不同者,或许是学校更关注学生的群体性发展,而这种关注亦会由校内的课外活动的性质反映出来。在社区,有关活动面向公众,群体性发展也应是举办活动的社会组织所关心的。这些活动大多在校外,形式和功能各异,但始终离不开丰富青少年的闲暇生活和让他们在特定学习环境中建立个人的友伴网络。无论是由家庭、学校或社区组织的活动,它们对青少年培育的"疏导"功能是明显的。

四、学校教育和非正规教育

学校是培育青少年的主要园地,亦是大众认定系统性教学、考核和学历证明的社会机构。除了家庭以外,青少年大部分的时间是在学校中度过的。青少年的培育常使家长感到吃力(现代社会中家长和子女的比例一般是2∶1或2∶2),但在我们的中学课堂里,教师要面对40个或以上的青少年学生。教师为了维持课堂的秩序而要求40个青少年安静地坐在位置上,还要用不同的方法让他们"学懂"各种知识。再者,学校由成人管理,一般会用规则体现权威,其管治手段倾向于"禁"(一些学校到最近才采用"防"的办法去处理学生的行为问题)。学校一方面用"禁"的手法来维持校内的安宁和秩序,另一方面又期望学生能有足够的思考和心理空间培养创意,得到全面的发展。有人认为学校是一个保守的机构:它怀疑新的意念和行事方式;它反对潮流;它和精力充沛、易于冲动和充满好奇心的青少年似乎格格不入。

其实,华人社会的知识结构已在全球化和科技化的影响下变得多元化和复杂化。教育已不能单靠学校和家庭承担全部的责任了。全人教育的发展和教育质素的提高实有赖学校、家庭、社会团体和政府部门互相支援和协作,让教育的功能得以充分发挥。其中,学校以外的教育活动可见的作用和尚待挖掘的潜力是应被重视的。为儿童和青年提供学习机会的校外教育是"非正规教育"的一大类,也继承了非正规教育的优点和局限。

非正规教育是指任何在正规学校教育以外有组织、有系统地进行的教育活动。非正规教育活动种类繁多,一般是指提高谋生技能的短训班,如农业技术培训及其他技术和职业训练。在发展中国家,识字教育、卫生教育、家庭计划和社区发展项目都是常见的非正规教育活动。非正规教育没有固定的对象,没有年龄的限制,也没有如正规学校一样的科层结构、级别、系统性考核和学历证明等。作为现代教育的一种,它能以较低成本广泛地体现"终身教育"。

有关非正规教育的优点和局限的讨论已有不少,在此只将其中较明显者列出。

优点:① 降低教育成本,扩大受教育机会;② 非常规性的教育实践,增加教育革新机会;③ 在特定的情境中满足社群的学习需要;④ 活动目标明确,实践富有弹性,适切性强;⑤ 补充正规教育可带来的利益;⑥ 以各种表现代替学历作为成就指标。

局限:① 未能授传广泛认可的学业证明,认受性偏低;② 相对于正规教育,地位偏低;③ 对贫苦大众的晋升机会影响不大;④ 效能因参与者的背景和期望而异;⑤ 多因满足特殊需要而设,学习期短,故较片面和缺乏连贯;⑥ 证明成效有一定的困难。

以往教育改革所关注的范畴,皆着重正规的学校教育。最近在华人社会中掀起的"优质教育"(又称"素质教育""良质教育")的改革热潮,无论讨论层次属于宏观或微观,非正规教育所能扮演的角色既是配角,也带有很浓厚的"边缘"意味。在芸芸改革建议中,非正规教育功能,就只能衬托出"终身教育"的重要性。

究竟非正规教育的"边缘性"是基于本质上的限制,或是因为规划、投入、运作或效能上的问题而不受重视,这要靠深入的研究来解答。然而,非正规教育所面对的发展问题和挑战,却能给予校外教育一定的启迪。这是因为专为儿童及青少年而设的校外教育是非正规教育的一种。

五、校外教育的功能和角色

校外教育具有多种非正规教育的特征。它是在学校正规课程范畴以外进行的有组织的教育活动,旨在促进儿童和青少年身心各方面的发展。有一些活动,虽然包括所有"校外教育"的特征,但是都在学校范围内组织和进行活动(如香港的童军、内地的少先队)。校外教育的运作成本较学校教育为低,活动的安排也富有灵活性。它的作用是补学校正规课程之不足,也用来满足各种兴趣的追求。校外教育常被视为体艺活动的园地,有时也被用作培养政治意识的工具。它可以说是"一种虽不是很完整但却丰富多彩、不断更新的教育形式"。

在中国的内地和香港,校外教育兼具以上的功能。它的种类繁多,参与者众多,无论是少年宫所举办的书画班,或是文化站所安排的地方戏曲训练班,中国内地的校外教育活动是丰富和多样化的。从香港青年协会举办的户外训练活动至各大社团为新来港学童提供的服务来看,香港的校外教育也在尝试满足不同社区层面的需求。

对青少年来说,众多的校外教育活动应该是一个有助于他们成长的宝库,因为这些活动能丰富他们的学习经验。从家长和学校的角度观之,校外教育应能满足一些有关培育的期望。这些期望,当然会因个别家长和学校的培育倾向而有所差异。不少家长希望利用校外教育活动增强子女的体艺能力或学业上的表现。学校会借助校外教育的力量来丰富学生的学习生活,让他们有更全面的发展。在"优质教育基金"(香港特区政府于1998年初拨款50亿港币成立的基金,每年资助大量教育发展项目)成立初期的短短18个月中,属于课外、校外教育的受资助项目便有530项,拨款额共约1.2亿港币,"获得拨款的项目包括文艺、音乐、体育、认识祖国、领袖训练和外访参观等"。

值得大家留意的是,若要校外教育的培育效能彰显,则需要瞄准青少年成长中的特性,察其需要,善用已有的资源,设计富有针对性的活动,便能让上文提出的"疏导"培育方案得以实践。青少年重友伴、爱好奇、富精力,他们的心智却未尽成熟,也未必能善用时间。基于此,有针对性的校外教育活动,应注重青少年的群体性发展(如童军、少先队),刻意地培养他们的自我和集体关系的意识(如球队、合唱团、乐队),及提供较积极的消闲机会(如兴趣学习班、各种奖励实践计划)。

如上,校外教育活动种类繁多,目标各异,所涵盖的教育范围极广,由个人的文化修养和谋生能力,至社群的价值整合和科技普及都可被纳入其中。就因为校外教育题多面广,往往给人一种杂乱无章和良莠不齐的印象。

校外教育的位置,应是在学校教育和社区教育之间。然而,就因为校外教育的定位不明确,其生存和发展空间往往只能在科层结构的缝隙里找到。校外教育的管理可说是功能重叠,既要向不少部门负责,却又少见有一专责部门统筹它的多元化活动。角色模糊使校外教育被视为另类教育,长期被边缘化,甚至被讥为一个"唱唱跳跳"的活动范畴。

有关它的政策亦未有清晰地将其看作教育事业的一个组成部分,故所能获取的资源也是有限的。

六、校外教育的效益盲点

校外教育的定位和角色问题,除了本质、管理和运作的问题外,更和其可见的效益有密切的关系。其实,要证明任何一类教育的效益并非易事。教育是一种社会和文化建设的事业,而社会和文化则灌满了和谐与冲突的价值观。故此,教育没有绝对和单一的价值标准,"效益"于是成为一种大众经过妥协(或经行政管理阶层认可)的标准。某类教育活动产生出来的结果需要依据什么标准来厘定其"效益"确是一个值得深思的论题。再者,教育是一项树人大业,其努力难收立竿见影之效。所以现今正流行的"增值"观念如何在校外教育中体现,如何在评估排除其他社会和经济因素而突显,也是一个关键性的课题。

教育有其内在(intrinsic)及工具性(instrumental)的价值。例如,其内在价值可由一些耳熟能详的功能如"增长知识"来表达;而其工具性价值则指一些透过教育活动而达到的目的,如"科教兴国"。这两类价值要通过最少两种教育过程体现,即重信息和知识的"传递过程"以及重价值、态度和行为的"蜕变过程"。在这两大教育过程中,各类教育活动究竟发生了什么作用是鲜为人知的。长期以来,从严格的评估角度看,教育过程是一个"黑箱","黑箱"里发生了什么而使人变成不同质素的"教育产品"是一个谜。

就因为大众所关注的,是"教育产品"的素质而非教育过程中的变化,有关的决策(资源分配)也基于各类教育以往的产出效能而做出。在教育"输入→过程→产出"的认识模式里,人们很少考虑如学员的家庭的社会经济地位这类"输入"因素,或如教与学的动机和方法这些"过程"因素。就如一般的消费者,学员和他们的家长,甚至决策者,就只会依赖某种教育活动和某些教育机构(如学校和高等院校)以往的业绩来做取舍了。

在这个"输入→过程→产出"的模式中,正规的学校教育受以上的取舍的影响较少。尤其在已实践强迫教育的社会中,学员和家长只能在学校与学校之间做选择,因为学校是指定的正规教育场所。正规的学校教育涵盖漫长的教与学的过程,依序分级,据绩分等,所能给予完成学业的,是大众认可的证明,如证书、文凭、学位等。非正式教育(informal education)的主要实践场所是家庭,所消耗的资源亦由家庭而来,所以亦只是家庭或较小的社会群体所关心的事。校外教育因为缺乏学校教育的认受性,但又要靠社群支持其发展,于是有必要让所能达至的效益从"黑箱"中解放出来。

七、校外教育的运作与评估

校外教育要证实活动的效益,获取更大的社会认受性,则必须认清自身的限制,然后设计适当的策略去提高活动的效能。有关校外教育的教与学问题,考试主要的还是活动的目标、资源和标准。

(一)教与学

校外教育活动多是短期、课余和技巧主导的。因为活动多样,所以活动的目标往往因应不同的社会需求而调整。举办某些活动的决定可能不只是社会需求因素而是情境因素,如筹款、娱宾、比赛和宣传等。若课外教育活动的目标不够明确,或不被参与者认同,或消耗太多精力和时间,则其教与学会受到不良的影响。因此,活动的意义直接影响教与学的质素。

主办活动的机构的规模和实力也对教学实践有颇大的影响。规模庞大和实力雄厚的机构能调动已有的资源聘请优秀教师,并能把其所办的活动适当地分类分等,让活动能适合学员的程度和兴趣取向。在资源短缺的情况下,由实力较弱的机构所办的活动经常是班数少、人数多和兴趣覆盖面较广。这些活动的分类和分等比较模糊,而不同程度的学员也需一起进行学习。

资源的考虑使办学机构不得不聘请为数可观的兼任教师。这些教师要面对众多学习动机和程度参差的学员,要在短期内传授合乎学员水平的知识和技巧实非易事。他们还要选择适当的资料和知识,然后包装成简易的教材,在最短的时限里用最有效的方法传授给学生。就因为校外教育没有持续和渐进的教学历程(如学校教育的晋升阶梯),教与学也只能是一种与个人兴趣的短暂、片段式的接触。

在校外教育活动中,学员的参与是自愿的,所以不带强迫性。教师对学员的学习要求也不能太严格。学员的缺课和流失也是常见的。在一些非正式的活动中,甚至有办学者把学员喻为"火车上的乘客,上落不停"。

(二) 评估

在各种限制下,校外教育的教与学要靠师生的热诚和自律才能顺利进行。在这种教学情境里进行表现评估,也是同样困难的。因为各学员的程度差异较大,以划一成就标准评核表现固然不合理,但精细地分析每一学员的进度也非一般兼职教师所能做到。若要评核,教师所给予的等级或分数,再加上一些"概括性描述",应让学员知道教师对自己表现的评价。评核的积极性,是让教师知悉教学的效能和学员学习的结果,也使学员认识自己的表现,其表现的相对性价值,和通过教师的评语获得一些概括性的提示。

校外活动的评估是重要的,因为评估可让主导机构更了解各类活动的质素和适切性,及掌握未来活动的发展路向。作为一个教育系统,校外教育的评估的微观作用,是让教师能改进课程和教学,办学机构能改善活动的质素。评估的宏观作用,是让办学机构从"输入→过程→产出"的角度调整活动的种类和方向。

以"输入→过程→产出"模式来评估校外教育活动的好处是办学机

构能较系统地对比活动规划和实践结果的差异,从而对将来所办的活动做出适当的调整。这里包括:资源的获得和运用资源的行政程序(输入);活动的类型和开展方法(过程);实践结果和跟进活动(产出)。以上三个分析部分是认识活动规划和实践的主干。对办学机构来说,了解办学情境和认识各类活动对大众福利的影响亦是同样重要的。因为只有通过这样的验证过程,办学机构始能证明其活动的效益,继而有效地争取所需的资源。

"输入→过程→产出"模式的运用,还基于办学机构对社区的价值和标准以及需要和潜力有一定的认识。要达至这种认识,办学机构必须为自己在庞大而复杂的校外教育体系中定位,按照办学宗旨在各项活动中做出取舍。

八、结　语

影响青少年成长的主要因素是父母和友伴,其次是学校和校外教育,以及邻区和社区。青少年若能在父母和友伴的关系中取得和谐和均衡的互动,又能善用其他四个因素所提供的资源和机会,则他们在成长过程中所遭受的挫折将会被减至最少。

青少年的行为和态度是青春期特性的表现。其实青少年是要在一个多变的发展阶段中经历个人层面的身心变化,"重要他人"层面的与家庭、友伴关系的变化,及制度层面的求学环境的变化。青少年心智尚未成熟,我们也不应该将他们看成"小成人"。在培育青少年的问题上,在"禁止""防范"和"疏导"三种方法的选择上,"疏导"应是较合理的方法。"禁""防""疏"不是互相排斥的方法,它们其实是相辅相成的。学校是大众认定培育青少年的主要场所,但学校的培育手法倾向于"禁"和"防"。要为青少年培育创造更大的空间,我们还应认真地考虑校外教育的培育功能。

校外教育是一种非正规教育,所以也继承了非正规教育的优点和局限。如非正规教育,校外教育长期被"边缘化",成为一个辅助性的教育范畴,在整个教育体系的规划和资源调配上未能受到应有的重视。若要改变现状,校外教育应清楚厘定自己的角色,在学校教育和社区发展之间找到自己的发展空间。校外教育的发展,除了要靠办学机构的组织文化不断更新外,还需规范有关教与学及评估的问题。要面对这些问题所带来的挑战,校外教育的规划、计划发展、计划实践和评估应重视研究和发展的功能,善用其力量来争取效益。

参考文献

[1] 中共中央、国务院.中国教育改革和发展纲要[N].中国教育报,1993-2-27.

[2] 共青团北京市委员会,北京市青年研究会.北京青年发展报告:2000—2001[M].北京:北京师范大学出版社,2001.

[3] (北京市)西城区文化文物局.社区文化研究[M].北京:中国社会科学出版社,1998.

[4] 李建兴.社会教育与国家建设[M].台北:文景出版社,1985.

[5] [香港]青年事务委员会.青少年公民意识和道德价值研究[R].香港:青年事务委员会,1997.

[6] [香港]教育统筹委员会.优质学校教育[M].香港:教育统筹委员会,1997.

[7] 陈永昌.中国内地新来港定居儿童及青少年之心理适应[M].香港:香港仔街坊福利会社会服务中心,1998.

[8] 刘继同.中国社区工作[M].北京:中国社会出版社,1995.

[9] 潘乃谷,马戎.社区研究与社会发展:纪念费孝通教授学术活动60周年文集[M].天津:天津人民出版社,1996.

[10] 罗萍,向德平.社区导论[M].武汉:武汉大学出版社,1995.

[11] Bock J C, Papagiannis G J. Nonformal Education and National Development: A Critical Assessment of Policy, Research, and

Practice[M]. New York: Praeger, 1983.

[12] Cline F, Fay J. Parenting Teens with Love and Logic: Preparing Adolescents for Responsible Adulthood [M]. New York: NavPress Publishing Group, 1992.

[13] Coleman J S. The Adolescent Society: The Social Life of the Teenager and Its Impact on Education[M]. New York: Free Press of Glencoe, 1961.

[14] Coombs P H, Ahmed M. Attacking Rural Poverty—How Nonformal Education Can Help [M]. Baltimore MD: Johns Hopkins University Press, 1974.

[15] Dryfoos, J G. Adolescent at Risk: Prevalence and Prevention [M]. New York: Oxford University Press, 1990.

[16] Easton P A. Sharpening Our Tools: Improving Evaluation in Adult and Nonformal Education [M]. Hamburg: UNESCO Publishing, 1996.

[17] Fordham P. International Conferences Commissions and Reforms in Education [M]//International Encyclopedia of Education. Oxford: Pergamon, 1994.

[18] Guemey L, Authur J. Adolescent Social Relationships[M]// Lerner, Richard M. Experiencing Adolescents: A Sourcebook for Parents, Teachers and Teens. New York: Teachers College Press, 1984.

[19] Hargreaves A. Professionals and Parents: Personal Adversaries or Public Allies[J]. Prospects, 2000, 30(2): 201-213.

[20] Henry J. Culture Against Man [M]. New York: Random House, 1963.

[21] Jackson A W, Davis G A. Turning Points 2000: Educating Adolescents in the 21st Century [M]. New York: Teachers

College Press,2000.

[22] LaBelle T J, Verhine R E. Nonformal Education and Occupational Stratification: Implications for Latin America[J]. Harvard Educational Review,1975,45(2):160-190.

[23] LaBelle T J, Ward C R. Nonformal Education Policy in Developing Nations [M]//International Encyclopedia of Education. Oxford:Pergamon,1994.

[24] Lemer R M, Villarruel F A. Adolescence[M]//International Encyclopedia of Education. Oxford:Pergamon,1994.

[25] Lo L N K. Arts Education in the Mass Cultural System of China [J]. Journal of Aesthetic Education,1989,23(1):101-124.

[26] Maxym C, York L. Teens in Turmoil: A Path to Change for Parents, Adolescents, and Their Families[M]. New York: Viking,2000.

[27] McCarthey S J, Peterson P L. Student Roles in Classroom[M]// International Encyclopedia of Education. Oxford: Pergamon, 1994.

[28] Schickedanz J A. Understanding Children and Adolescents[M]. New York:Allyn & Bacon,2000.

[29] Strinberg L. Parent-adolescent Relations[M]//Lerner, Richard M. Encyclopedia of Adolescence. New York: Garland Publishing, 1991.

[30] Swartz L M. Raising the Cultural Level at the Hangzhou Children's Palace[J]. Journal of Aesthetic Education,1989,23 (1):125-139.

[31] Torres C A. The Politics of Nonformal Education in Latin America[M]. New York:Praeger Publisher,1990.

[32] UNESCO. Nonformal Education in Asia and the Pacific[M].

Bangkok: UNESCO Regional Office for Education in Asia and the Pacific, 1982.

[33] Zachariah M. Education's Role in Empowering the Poor to Alleviate their Poverty [M]//International Handbook of Education and Development: Preparing Schools, Students and Nations for the Twenty-First Century. Oxford: Pergamon, 1997.

(原文载于《青年研究》2002 年第 7 期,第 29—38 页,作者为卢乃桂)

第六章

从国际评估计划剖析东亚地区的教育质量与均等问题

根据三期"学生能力国际评估计划"的研究成果,剖析东亚地区的基础教育成效,研究结果显示:中国香港、韩国及日本等东亚地区的15岁学生在阅读、数学和科学方面的表现均相当出色,而且来自不同社会经济阶层的教育成果亦相当均等;中国澳门在数学方面的表现相当出色,阅读及科学方面的表现稍逊,但教育成果十分均等;中国台湾在数学及科学方面的表现亦相当出色,阅读方面的表现稍逊,而来自不同社会经济阶层的教育成果间的差异十分显著。

国际评估研究对于了解整体教育质量及教育改革的成效具有重要意义。以往,我们缺乏定期和可靠的数据来衡量各个地区的教育成果。例如,以前由国际教育成就评价协会(IEA)策划的国际评估,侧重于参与地区的"共同课程内容",多集中于研究学生是否掌握了学校所教授的知识;[1] 而衡量学生学校课程以外的"基础能力"方面的数据则相当匮乏。

近年来,经济合作与发展组织(OECD)通过与各国合作发展多项国际性研究,以探讨哪些能力才是现今社会所急需的。[2] 更为重要的是,这些国际评估超出了学生是否掌握了学科知识这一层面,重视评估学生是否能够把所学的知识应用于解决日常生活问题。并且,OECD还进行了一系列更为深入的教育分析和研究。例如:学生表现与学习策略的关系;[3]学生归属感与学校参与的关系;[4]学生阅读能力及阅读投入的程度。[5]此外,部分地区还对某些本土化的教育问题进行了探讨。例如:学校因素如何影响学生的表现,[6]家庭的经济资本、社会资本和文化资本与学生表现之间的关系,[7]以及比较学生生活的各个方面(学习态度、学校生活及家庭环境等)与学生表现之间的关系[8]。

一、东亚地区的国际教育评估研究概述

中国香港和部分东亚地区曾先后参与了多个国际教育评估计划,历史较悠久的均由 IEA 策划。[9]这些评估包括:一是 1991 年的阅读能力研究,参与学生年龄为 9 岁和 13 岁;二是 1991 年和 1995 年的国际数学及科学研究(SIMSS 及 TIMSS)、1999 年的 TIMSS-R,此后的 TIMSS 2003 及 TIMSS 2007,参与学生为 9 岁和 13 岁这两个就读学生最多的年龄段,以中国香港为例,即为小学三年级至四年级,以及中学一年级至二年级;三是 2006 年的国际阅读能力研究计划(PIRLS),参与学生的年龄是 9—10 岁的小学四年级学生。

1991 年,32 个地区参与 IEA 的阅读能力研究,共收集了 21 万名学生和 1 万名教师的资料。像大部分国际研究一样,其中的阅读得分经过调节,平均分为 500,标准差为 100。IEA 测试了两组学生,甲组主要是 9—10 岁的学生,乙组主要是 14—15 岁的学生。该研究中,亚洲只有中国香港和新加坡参与。总体上看,中国香港学生的表现略优于新加坡学生:甲组方面,中国香港和新加坡两地学生的得分分别为 517 和 515,排名第九和第十;乙组方面,两地得分分别为 535 和 534,排名第八和第九。就中学生来看,2001 年中国香港和新加坡(乙组)的得分均为 528,而 2006 年中国香港和新加坡(乙组)的得分跃升至 564 和 558,中国台湾于 2006 年开始参与 PIRLS,得分为 535。

在数学方面,1995 年 TIMSS 的结果显示,包括新加坡、韩国、日本和中国香港在内的东亚地区学生表现最佳。其中,新加坡明显优于其他地

区。1999 年，这些地区仍是最佳的，但名次略有变动——中国台湾、中国香港及日本分别排名第三、第四和第五。2003 年和 2007 年，这几个地区还是最佳的，名次变动不大。表 1 给出了这些地区学生的数学成绩变化情况。

表 1 东亚地区学生数学成绩的变化[10]

地区	1995 年平均标准得分	1999 年平均标准得分	2003 年平均标准得分	2007 年平均标准得分
新加坡	609	604	605	593
韩国	581	587	589	597
中国台湾	—	585	585	598
中国香港	569	582	586	572
日本	581	579	570	570

注：—表示没有参与。

在科学方面，1995 年 TIMSS 测试中表现最佳的是新加坡、韩国和日本。然而，中国香港在 1995 年的科学评估研究中只排名第十六。1999 年，表现最佳的地区没有改变，唯一不同的是中国台湾排名第一，中国香港则排名第十五。2003 年，表现最佳的地区没有改变，唯一不同的是中国香港迎头赶上，分数与韩国相近。2007 年，表现最佳的仍是东亚地区，唯中国香港再次落后，返回 1999 年的水平。表 2 给出了东亚地区学生在 TIMSS 中的科学成绩的变化情况。

表 2 东亚地区学生科学成绩的变化[11]

地区	1995 年平均标准得分	1999 年平均标准得分	2003 年平均标准得分	2007 年平均标准得分
新加坡	580	568	578	567
韩国	546	549	558	553
中国台湾	—	569	571	561
中国香港	510	530	556	530
日本	554	550	552	554

注：—表示没有参与。

简言之,一方面,东亚地区的学生在数学方面有优秀表现。有些研究者将其归因于这些地区的文化共通点,例如儒家文化强调努力和父母的关注等;有些学者则认为这是教师因素使然。然而,现今尚无一致的解释。[12]另一方面,在 TIMSS 科学评估中,从排名来说,中国香港的表现是发达地区中较逊色的,这反映在小学及初中阶段的科学表现远远不及参与研究的其他"亚洲小龙",但从具体得分情况来看,1995 年至 2003 年已有所改善。

总之,这些关于阅读、数学和科学方面的国际评估结果为相关研究提供了一个基础数据。[13]数学方面表现最佳的四个地区都在东亚,包括新加坡、韩国、日本和中国香港。在阅读方面,以第一语言(中文)作答,中国香港 9 岁及 13 岁学生的表现与国际平均水平相近。中国香港这两个年龄组别的学生都在"记录式文本"(documentary)方面表现出色,但在"叙述式文本"(narrative)方面则表现较差①。在科学方面,中国香港在 1995 年表现只与国际平均值相近,在 1999 年、2003 年及 2007 年成绩有进步。中国香港学生在科学评估中,9 岁及 13 岁的学生尤其擅长答多项选择题及应付考核简单数据的题目,但在综合推理、知识应用以及要求详细解说的题目方面较弱。

二、PISA 研究

"学生能力国际评估计划"(Programme for International Student Assessment,以下简称 PISA)是由 OECD 于 2000 年策划和实施的,此计划旨在评估及比较各参与地区的教育成效。PISA 的第一次评核周期(PISA 2000)于 2000 年进行,共有 32 个 OECD 地区参与。2002 年,因 10 个非 OECD 地区的加入,又称为 PISA 2000+计划。PISA 2000+和 PISA 2003 均有 40 多个地区参与,而 PISA 2006 则增至 57

---

① 若在阅读评估中以第二语言(英文)作答,学生表现均达不到国际平均水平。

个地区参与。PISA 2006 评估报告已于 2007 年 12 月 4 日在巴黎向全球公布,其提供了跨国性的研究结果,使我们了解到中国香港及其他地区的 15 岁学生在日常生活中应用知识的能力和所达到的水平。

OECD/PISA 评估分为三个领域:阅读能力、数学能力和科学能力。并且,每期评估的重点各异:PISA 2000 的重点范畴是"阅读";PISA 2003 的重点范畴是"数学";PISA 2006 的重点范畴是"科学"。重点范畴在该期评估中会占项目总数的一半。阅读能力的评估是要求学生在阅读不同种类的文章后,完成一系列不同类型的试题。试题的设计要求学生对文章有深入的了解和诠释。评估所采用的文章除包括一般范文外,还包括名单、图表及说明书等。数学能力的评估包括普通算术运算以及数学思考与分析。此外,亦会测试学生能否应用以下数学概念:概率的变化与增长、空间及形状、量化推论等。评估亦会涵盖其他比较深入的范畴,如代数、几何等。科学能力的评估要求学生应用科学概念,以了解及判断自然世界中的现象。评估还会测试学生对科学问题的辨别能力,是否懂得运用证据作科学化的推论,并将结论与他人沟通。评估所测试的科学概念与学生身处的世界有密切关系,这些概念包括:科学在日常生活、健康、环境等方面的应用。

PISA 与 TIMSS 不同——TIMSS 评估 9 岁及 13 岁学生在数理课程上的水平,而 PISA 则评估 15 岁学生在阅读、数学及科学方面的能力,不一定与课程内容有关。并且,PISA 最关注的不是课程的主题,而是义务教育能否有效地帮助学生为成年后的生活做好准备。因此,PISA 的测试内容涉及较多不同的情境,并且需要学生进行多步骤的理性思考,而这种思考模式在日常生活中是很常用的。此外,"学习成果"对 PISA 来说定义较广,包括情感结果(affective outcomes)和学习技巧,例如学习兴趣和学习策略。再有,PISA 问卷收集的不单是课程实践的情况,也包括学生学习过程和学校、家庭背景等资料。

总之,与以往的国际评估比较,OECD/PISA 的评估方式有以下四个特点。[14]第一,起源。PISA是根据政府所关注的政策事宜(例如教育的成本效益)而设计的。第二,规律性。PISA涵盖多个评估领域,每三年更新一次,让参与地区能够定期监察学生的学习进展。第三,涵盖的年龄组别。PISA的评估对象是15岁学生,他们大部分完成了基础教育,这有助于评估基础教育系统效能。第四,目标知识与技能。PISA评估的是学生未来生活所需的知识和技能,而以课程为基础的知识测试,OECD/PISA则通过一般概念、技能及其应用来评估。

三、PISA抽样方式

PISA 2000与PISA 2000+以阅读能力为主要评估领域。中国香港参与了PISA 2000+,并于2002年搜集数据,此后的两次评估中国香港亦参与。下面将以中国香港为例来说明PISA的抽样方式,但不同的地区都可以与OECD的专门小组共同商议,进而为各地区制定出最具代表性且可行的方案。HK PISA的三期正式测试分别于2002年1—2月(HK PISA 2000+)、2003年5—7月(HK PISA 2003)及2006年5—7月(HK PISA 2006)进行,每期均采用两段分层随机抽样设计,以使样本更具代表性。第一阶段,将中国香港中学分为三层,即官校、资助学校和私立学校,每一层均尽量涵盖不同生源水平(高、中、低能力)的学校,并以随机抽样方式由OECD在每层抽出学校,共抽出学校150所,各层的抽取率与各层学校数成正比,最后,合乎OECD标准的参与学校分别为:HK PISA 2000+的140所,HK PISA 2003的145所,HK PISA 2006的146所。第二阶段,在同意参与的学校里,经随机抽样每校抽出35名15岁的学生。最后,进行有效国际比较分析的中国香港学生分别有:一是HK PISA 2000+,共4 405人,来自140所学校;二是HK PISA 2003,共4 478人,来自145所学校;三是HK PISA 2006,共4 945人,来自146所学校。

四、研究结果

根据PISA的研究结果,我们可从质量和均等两个方面为教育成效提供启示。质量是指教育系统培育学生基础能力的平均水准;均等是指不同社会经济背景(Socio Economic Status)及文化背景的学生可以达至教育成果的差异程度。

(一)质量方面

HK PISA 2000+的研究结果显示(见表3):与大部分地区比较,中国香港学生的整体表现相当出色。在41个地区中,中国香港在数学科排名第一,科学科排名第三,阅读科则排名第六。[①] 在数学方面,中国香港得分560,除了日本和韩国的成绩跟中国香港无统计学意义上的显著差异外,中国香港15岁学生的表现远比其他38个地区出色;在科学方面,中国香港得分541,在41个参与地区中,只有韩国和日本的成绩比中国香港优异,但并无显著差异;在阅读能力方面,中国香港得分525,只有芬兰的表现显著比中国香港出色,加拿大、新西兰、澳大利亚及爱尔兰的成绩虽比中国香港高,但无显著差异。

表3 HK PISA 2000+成绩最佳的10个地区

阅读能力			数学能力			科学能力		
地区	平均值	标准差	地区	平均值	标准差	地区	平均值	标准差
芬兰	546	(2.6)	中国香港	560	(3.3)	韩国	552	(2.7)
加拿大	534	(1.6)	日本	557	(5.5)	日本	550	(5.5)
新西兰	529	(2.8)	韩国	547	(2.8)	中国香港	541	(3.0)
澳大利亚	528	(3.5)	新西兰	537	(3.1)	芬兰	538	(2.5)
爱尔兰	527	(3.2)	芬兰	536	(2.2)	英国	532	(2.7)

① OECD所设定的平均值是500分,标准差是100。

(续表)

阅读能力			数学能力			科学能力		
地区	平均值	标准差	地区	平均值	标准差	地区	平均值	标准差
中国香港	525	(2.9)	澳大利亚	533	(3.5)	加拿大	529	(1.6)
韩国	525	(2.4)	加拿大	533	(1.4)	新西兰	528	(2.4)
英国	523	(2.6)	瑞士	529	(4.4)	澳大利亚	528	(3.5)
日本	522	(5.2)	英国	529	(2.5)	奥地利	519	(2.6)
瑞典	516	(2.2)	比利时	520	(3.9)	爱尔兰	513	(3.2)

HK PISA 2003 的研究结果显示(见表 4)：中国香港学生在 4 个评估范畴上均表现理想(数学第一、解难第二[①]、科学第三、阅读第十)，而平均表现也明显高于 OECD 的平均值，这与第一次评价周期的 PISA 2000+的结果一致。若以统计学意义上的显著性而言，在数学方面，除了芬兰、韩国、荷兰、列支敦士登和日本外，中国香港的表现远比其他参与地区优异；在科学方面的表现，除了芬兰、日本、韩国、列支敦士登、澳大利亚、中国澳门、荷兰和捷克 8 个地区外，中国香港学生均较其他参与地区优异；在新增的解难能力方面，中国香港与韩国、芬兰、日本、新西兰、中国澳门和列支敦士登无显著差异；在阅读方面，只有芬兰、韩国、加拿大和澳大利亚显著地比中国香港表现出色。

HK PISA 2006 的研究结果显示(见表 5)：在 57 个地区中，中国香港 15 岁学生的科学能力排名第二，数学能力则再居前列，而阅读能力(中文)进至第三名。中国香港学生的科学能力得分 542，排名第二，仅次于芬兰；数学方面，中国台湾、芬兰、中国香港与韩国四者得分无显著差异；阅读方面，中国香港排名由第十升至第三，得分 536，只低于韩国和芬兰。

[①] 为了审视学生日常生活中解决难题的能力，PISA 2003 新增了解难能力的评估范畴。

第六章 从国际评估计划剖析东亚地区的教育质量与均等问题

表 4 HK PISA 2003 成绩最佳的 10 个地区

数学能力			科学能力			阅读能力			解难能力		
地区	平均值	标准差	地区	平均值	标准差	地区	平均值	标准差	地区	平均值	标准差
中国香港	550	(4.5)	芬兰	548	(1.9)	芬兰	543	(1.6)	韩国	550	(3.1)
芬兰	544	(1.9)	日本	548	(4.1)	韩国	534	(3.1)	中国香港	548	(4.2)
韩国	542	(3.2)	中国香港	539	(4.3)	加拿大	528	(1.7)	芬兰	548	(1.9)
荷兰	538	(3.1)	韩国	538	(3.5)	澳大利亚	525	(2.1)	日本	547	(4.1)
列支敦士登	536	(4.1)	列支敦士登	525	(4.3)	列支敦士登	525	(3.6)	新西兰	533	(2.2)
日本	534	(4.0)	澳大利亚	525	(2.1)	新西兰	522	(2.5)	中国澳门	532	(2.5)
加拿大	532	(1.8)	中国澳门	525	(3.0)	爱尔兰	515	(2.6)	澳大利亚	530	(2.0)
比利时	529	(2.3)	荷兰	524	(3.1)	瑞典	514	(2.4)	列支敦士登	529	(3.9)
中国澳门	527	(2.9)	捷克	523	(3.4)	荷兰	513	(2.9)	加拿大	529	(1.7)
瑞士	527	(3.4)	新西兰	521	(2.4)	中国香港	510	(3.7)	比利时	525	(2.2)

表 5　HK PISA 2006 成绩最佳的 10 个地区

科学能力			数学能力			阅读能力		
地区	平均值	标准差	地区	平均值	标准差	地区	平均值	标准差
芬兰	563	(2.0)	中国台湾	549	(4.1)	韩国	556	(3.8)
中国香港	542	(2.5)	芬兰	548	(2.3)	芬兰	547	(2.1)
加拿大	534	(2.0)	中国香港	547	(2.7)	中国香港	536	(2.4)
中国台湾	532	(3.6)	韩国	547	(3.8)	加拿大	527	(2.4)
爱沙尼亚	531	(2.5)	荷兰	531	(2.6)	新西兰	521	(3.0)
日本	531	(3.4)	瑞士	530	(3.2)	爱尔兰	517	(3.5)
新西兰	530	(2.7)	加拿大	527	(2.0)	澳大利亚	513	(2.1)
澳大利亚	527	(2.3)	中国澳门	525	(1.3)	列支敦士登	510	(3.9)
荷兰	525	(2.7)	列支敦士登	525	(4.2)	波兰	508	(2.8)
列支敦士登	522	(4.1)	日本	523	(3.3)	瑞典	507	(3.4)

表6综合了中国香港前三期PISA的研究结果。根据OECD的技术报告(OECD 2007),"阅读""数学"及"科学"必须作为重点范畴之后,评估项目及分数才能做趋势分析。[15]由于PISA 2000+的重点范畴是"阅读",因此只有阅读能力从2000年、2003年到2006年的改进趋势是有效且显著的。数学能力方面,PISA 2003才是重点范畴,因此"数学"可将2003年与2006年做趋势分析,其差别并不显著。"科学"于PISA 2006才是重点范畴,因此暂未能做有效的趋势分析。至于阅读能力方面,中国香港学生于PISA 2006中平均得分536,显著高于PISA 2003的510分及PISA 2000+的525分。我们发现PISA 2006阅读能力方面的卓越表现,是由于各百分位数的学生表现均有所提升,尤以第5百分位数的低分者及第95百分位数的高分者的改进幅度为甚。HK PISA 2006的初步报告揭示了中国香港学生阅读能力得以改进的三大因素:[16]一是学校阅读气氛的改善;二是将"从阅读中学习"列为课改的四个关键项目之一;三是2002年开始在中学一年级推行的中文科新课程改革。

表6 中国香港学生在三期PISA中的表现

HK PISA	科学能力		数学能力		阅读能力	
	平均值	标准差	平均值	标准差	平均值	标准差
2000+	541	(3.0)	560	(3.3)	525	(2.9)
2003	539	(4.3)	550	(4.5)	510	(3.7)
2006	542	(2.5)	547	(2.7)	536**	(2.4)

注:** 表示2006相比2003、2000+,在阅读能力方面存在显著差异。

(二)均等方面

社会经济背景对学业成绩的影响常以"社经坡度"(social gradient)表示,[17]坡度愈大表示社会经济背景与学生表现的关系愈大。坡度愈小,则表示社会经济背景与学生表现的关系愈小,亦即较少不平等情况。"社经坡度"可显示学习成果中的差异在多大程度上归因于社会经济背景。

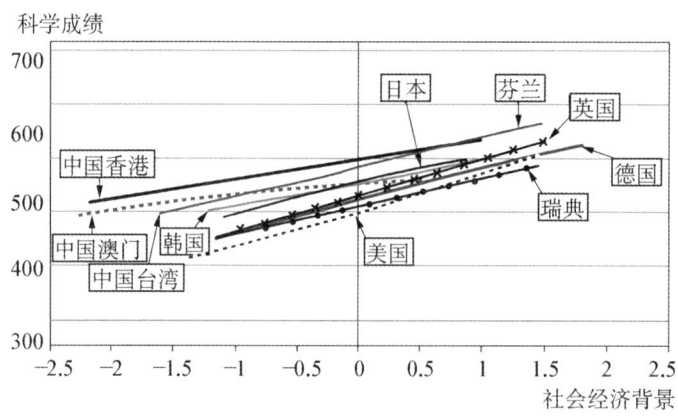

图 1 学生社会经济背景与成绩的关系

图1中,社会经济背景以"零"为中间数,代表一般社会经济背景的学生,越往右表示社会经济背景越好,越往左表示社会经济背景越差;纵轴为科学成绩。从图1我们可以发现:首先,中国香港的"社经坡度"小,这意味着中国香港学生的社会经济背景虽然存在差异,但其对学生在"科学"上的表现影响很小;其次,与其他地区社会经济背景相似的学生相比,中国香港15岁学生的得分较高;最后,来自中国香港底层的学生的"科学"水平远高于其他地区,这说明中国香港教育系统能有效地帮助弱势学生群体。从社会经济阶层差距来衡量教育均等而言,中国香港、韩国及日本除了成绩优良外,学校教育成效亦相当均等;中国澳门的表现亦相当均等;中国台湾则显示不同社会经济阶层学生的教育成果差异十分大。

五、总结与展望

随着教育全球化发展趋势日益明显,国际教育评估研究(尤其是PISA)近年备受关注,其最为突出的优点在于,它不只比较某一地区内学校之间的差异,更可比较地区之间的整体教育水平。以中国香港为例,我们可以看到如下情况。

教育质量方面,中国香港学生在三期PISA中表现都相当出色。从PISA 2006的结果来看,中国香港学生在三方面的整体表现均高于OECD平均值。在科学方面,中国香港学生的平均分在参与的57个地区中排名第二,在统计学意义上比芬兰的分数低,但与加拿大、中国台湾、爱沙尼亚、日本及新西兰的分数相近。在数学方面,中国香港学生的平均分排名第三,与韩国、芬兰及中国台湾无显著差异。在阅读方面,中国香港排名第三,此分数显著低于芬兰及韩国,但高于其他参与地区。

教育均等方面,中国香港学校教育在三期PISA中表现相当均等。这意味着中国香港来自不同社会经济背景的学生之间的成绩差距均较其他地区小。从中国香港15岁学生在三期PISA评估中的表现看,中国香港教育系统可以说接近于优质和均等的目标。

综合三期PISA研究的结果可以发现：中国香港、韩国及日本等东亚地区的15岁学生在阅读、数学及科学方面的表现均相当出色,而且不同社会经济阶层的教育成果亦相当均等；中国澳门在数学方面的表现亦相当出色,阅读及科学方面的表现稍逊,但教育成果十分均等；中国台湾在数学及科学方面的表现亦相当出色,阅读方面的表现稍逊,而来自不同社会经济阶层的教育成果的差异十分显著。

总之,PISA研究有助于我们从整体上了解并把握教育的质量和均等问题。就这三期的PISA数据来看,中国香港15岁学生的教育质量及均等都相当优异,至于家庭、学校和政策等因素是否与教育质量及均等有关,将另文探讨。PISA 2009将有更多华人地区参与,除了中国香港、中国澳门及中国台湾以外,还有中国上海,预试于2008年举行,正式测试于2009年举行,该期将以阅读能力为重点评估范畴,同时亦涵盖其他学生、家长、学校、教师,以及教育政策制定者所关心的重要议题,例如：优异的成绩是否意味着学生已经准备好迎接未来的挑战？能否分析、理解和与别人互相交流自己的观点？学生是否有继续进修和终身学习的能力？我们相信,每三年一次的PISA研究计划可以给大家带来更多的启迪。

参考文献

[1] Mullis I V S, et al. TIMSS 1999 International Mathematics Report: Findings from IEA's Repeat of the Third International Mathematics and Science Study at the Eighth Grade[M]. Chestnut Hill, MA: Boston College, 2000: 29 - 53; Mullis I V S, et al. TIMSS Assessment Frameworks and Specifications 2003 [M]. Chestnut Hill, MA: Boston College, 2001: 3 - 4.

[2] Rychen D S, Salganik L H. Key Competencies for a Successful Life and a Well-functioning Society[M]. Germany: Hogrefe & Huber Publishers, 2003: 63 - 108.

[3] Cordula Artelt. Learners for Life: Student Approaches to Learning—Results from PISA 2000[M]. Paris: OECD, 2003.

[4] Willms J D. Student Engagement at School: A Sense of Belonging and Participation—Results from PISA 2000 [M]. Paris: OECD, 2003.

[5] Irwin Kirsch, et al. Reading for Change: Performance and Engagement across Countries—Results from PISA 2000[M]. Paris: OECD, 2002.

[6] Ho, Esther S C. Effect of School Decentralization and School Climate on Student Mathematics Performance: The Case of Hong Kong[J]. Educational Research for Policy and Practice, 2005(1): 47 - 64; Sui-chu Ho, Esther. High Stakes Testing and Its Impact on Students and Schools in Hong Kong: What We Have Learned from the PISA Studies[J]. KEDI Journal of Educational Policy, 2006(1): 69 - 87.

[7] Sui-chu Ho, Esther. Social Disparity of Family Involvement in Hong Kong: Effect of Family Resources and Family Network [J]. School Community Journal, 2006(2):7-26.

[8] Sui-chu Ho, Esther. Self-Regulated Learning and Academic Achievement of Hong Kong Secondary School Students [J]. Education Journal, 2004(2):87-107; Sui-Chu Ho, Esther. Association Between Self-related Cognition and Mathematics Performance: The Case in Hong Kong[J]. Chinese University Education Journal, 2007(2):59-76; Sui-chu Ho, Esther, et al. The First HK PISA Report: Monitoring the Quality of Education in Hong Kong from International Perspective[R]. Hong Kong PISA Centre, Chinese University of Hong Kong, 2003; Sui-chu Ho, Esther, et al. The Second HK PISA Report: Monitoring the Quality of Education in Hong Kong from International Perspective[R]. Hong Kong PISA Centre, Chinese University of Hong Kong, 2005:136; Sui-chu Ho, Esther, et al. The Third HK PISA Report: Monitoring the Quality of Education in Hong Kong from International Perspective[R]. Hong Kong PISA Centre, Chinese University of Hong Kong, 2008:176.

[9] Mullis I V S, et al. TIMSS 1999 International Mathematics Report: Findings from IEA's Repeat of the Third International Mathematics and Science Study at the Eighth Grade[M]. Chestnut Hill, MA: Boston College, 2000:29-52; Michael O. Martin, et al. TIMSS 1999 International Science Report: Findings from IEA's Repeat of the Third International Mathematics and Science Study at the Eighth Grade[M]. Chestnut Hill, MA: Boston College, 2000:29-53; Mullis I V

S, et al. TIMSS Assessment Frameworks and Specifications 2003[M]. Chestnut Hill, MA: Boston College, 2001: 3-4.

[10] Mullis I V S, et al. TIMSS 1999 International Mathematics Report: Findings from IEA's Repeat of the Third International Mathematics and Science Study at the Eighth Grade [M]. Chestnut Hill, MA: Boston College, 2000: 29-52; National Center for Education Statistics. Trends in International Mathematics and Science Study [EB/OL]. http://nces. ed. gov/timss/TIMSS03Tables.asp? figure=5&Quest.

[11] Michael O. Martin, et al. TIMSS 1999 International Science Report: Findings from IEA's Repeat of the Third International Mathematics and Science Study at the Eighth Grade [M]. Chestnut Hill, MA: Boston College, 2000: 29-53; National Center for Education Statistics. Trends in International Mathematics and Science Study [EB/OL]. http://nces. ed. gov/timss/TIMSS03Tables.asp? figure=5&Quest.

[12] Leung F K S. Behind the High Achievement of East Asian Students[J]. Educational Research and Evaluation, 2002(1): 87-108.

[13] Johnson R K, Cheung Y S. Reading Literacy in Hong Kong: An IEA World Literacy Project on the Reading Proficiency of Hong Kong Students in Chinese and English[Z]. Hong Kong: Hong Kong Polytechnic University, 1995; David F. Robitaille & Albert E. Beaton. Secondary Analysis of the TIMSS Data[M]. London: Kluwer Academic Publishers, 2002; Leung F K S. Behind the High Achievement of East Asian Students [J]. Educational Research and Evaluation, 2002(1):87-108.

[14] Measuring Student Knowledge and Skills: a New Framework for

Assessment[M]. Paris:OECD,1999.

[15] PISA 2006 Technical Report[M]. Paris:OECD, 2009.

[16] Sui-chu Ho, Esther, et al. The Third HK PISA Report: Monitoring the Quality of Education in Hong Kong from International Perspective[R]. Hong Kong PISA Centre, Chinese University of Hong Kong, 2008.

[17] OECD. Knowledge and Skills for Life: First Results from the OECD Programme for International Student Assessment (PISA) 2000[M]. Paris:OECD,2001.

(原文载于《教育研究》2010年第1期,第75—82页,作者为何瑞珠、卢乃桂)

第七章

融合教育在香港的持续发展
—— 兼论特殊学校的角色转变

融合教育的推行,静静地改变着香港学校教育的生态。融合教育是西方发达国家的教育产物,通过国际组织的策动而扩散。它是一个建基于人权和平等观念,强调尊重差异的教育发展方案,但也是一种知易行难的办学手段。本文试图理顺融合教育的基本观念,认识它的运作元素和讨论它的实践问题。借着回顾一些国际和本地的研究发现及发展经验,还希望为融合教育的持续发展提供意见。

在天赋的"异"中求人的"同",是融合教育需要不断面对的挑战。

一、导 言

融合教育的推行乃一环球作业,其意识形态扎根于人权和平等的理念上,其实证论据则基于一信念,即把有特殊教育需要的儿童及青少年融入主流学校,将有利于他们的学习和成长。在国际组织的策动下[1][2],融合教育的理论和实践经验便从欧美社会扩散至国际领域,再被纳入个别社会的教育发展议程。

香港的融合教育发展可追溯至20世纪70年代。当时的教育政策旨在"协助有特殊教育需要的儿童融入主流学校,好让他们能够与同龄儿童一起接受适当的教育"。近年融合教育在香港能得到再生和稳定的发展,实有赖于热心的专业人士、学者和政府官员的积极倡议和推动。参阅香港教育统筹局有关融合教育的说明,更让我们认识到,拓展融合教育的动力,应是来自政府于1995年发表的康复政策及服务白皮书。该官方文件的宣传口号是"平等齐参与、展能创明天"。有关的官方网页没有提及的,是香港教育委员会的一专责小组对全面和迅速地推行融合教育的保留态度。该专责小组于1996年向香港教育委员会提交了一份全面检讨本地特殊教育发展的报告。一年后,政府正式推行一项为期两年的融合教育先导计划,涉及9所主流学校和49名有特殊教育需要的学生。

作为上述教育委员会特殊教育小组的主席,笔者经常就我们的"保留"立场做反思。试问一位关心人权和公平的学者为何会对融合教育的大规模和快速推行有所怀疑呢?现在与报告书在时、空、事上都有了一定的距离,正好就融合教育在香港的推行做一些思考。

本文试图理顺融合教育的基本观念,认识它的运作元素和讨论它的实践问题。因为个人对香港的融合教育实践的认识多源于学术论文、报章报道及专业人士的意见等二手资料,所以不打算在此详论本地有关政策的实施情况和评估其效能。本文的目的,是引述一些国际和本地的研究发现及发展经验,为融合教育的持续发展提供意见。

二、融合教育的证立和转变

在教育的实践中,融合教育的倡议和推行是一种转移规范的尝试,其理据多建基于人权和公平的观念上。

(一)人权、公平、"主流化"

从人权的角度考虑,融合教育不只体现"受教育乃人的基本权利"的原则,更进一步排据长期盘踞教育系统中的"隔离"原则。在过去10年,融合教育就在一片尊重人权的呼声下确实地成为一个全球性的教育拓展项目。联合国教科文组织于 1994 年颁布的 Salamanca 宣言肯定所有儿童享有在主流学校接受教育的基本权利。英国政府于 1997 年颁布的 Excellence for All Children 绿皮书建议在家长同意下,有特殊学习需要的学童应入读主流学校。香港特区政府也于同年推出一项为期两年的融合教育先导计划,让 49 名有特殊学习需要的学生入读 9 所小学和中学。参与此先导计划的学校享有额外的资助,拟用于加强师资,以配合学生的特殊学习需要。因为当时教育界和公众的关注点皆集中在香港回归后的一系列教育改革措施上,所以这项影响至为深远的融合教育先导计划却没有引起广泛的关注和讨论。

融合教育主张有特殊学习需要的学童入读主流学校,受惠于其教养及社会化过程,一方面保障所有儿童能享有接受学校教育的基本权利,另一方面也通过"教育主流化"坚持一种"反隔离"的公平原则。基于此原则,儿童应该在主流学校接受差不多相同的教育,因为含有隔离性的教育方式其实都会妨碍儿童享受他们的基本权利。

融合教育的主张,其实是为特殊需要教育再做阐释,即特殊需要教育的实践应立足于主流学校而非特殊学校。就因为特殊学校的成立和运作都是为有特殊学习需要的学童服务,而"隔离性"亦是其不可避免的办学本质,所以这些学校便在特殊教育需要的改革潮中处于异常困窘的境况。虽然特殊学校在教育体系中未必得到应有的重视,但它们是教育的组成部分却是不争的事实。不过,纵观世界各地的融合教育发展经验,当今教育改革的视野却未必真正能容纳特殊学校的健康发展。一般的改革观点,是将"公平"与"特殊"对立起来,把融合教育不断地"主流化",达至"全纳教育"的境地。

(二)融合(integration)与全纳(inclusion)

融合教育的目标,是尽量促进残障学童与一般学生的社际交往,借此保持甚至提高前者的学业水平和自我观,好让他们更能融入社会,能正常地工作和生活。

融合的目的是使残障者的学习、工作和生活"正常化"。融合教育的实践,也可循三种途径让学生的学习趋向"正常化"。第一种途径是运用各种手段尽量减少个别差异,将可被"正常化"的儿童纳入(assimilate)主流学校的教与学过程。当下不少有智力障碍的、有学习障碍的以至失明的学童便循此途径被"纳入"、就读于主流学校了。第二种途径是在"主流化"的大前提下尊重个别残障组别和个人的权利,照顾他们的利益和资格,让社会机构容纳(accommodate)他们的需求。"容纳性"强的教育方案,将会在教学环境未能有效地照顾因残障而引起的差异时,让不同种类的特殊学校继续存在(如专为严重智力障碍的、有情绪及行为问题的学童服务的特殊学校)。第三种途径是通过残障学童与主流学校的师生互相适应(adapt),让融合教育能扎根于主流学校。这种相互适应的方案,是基于一种互惠的精神,首先要肯定残障学童的参与会对主流学校起到正面的作用,而作为一个教学和社化场所,主流学校亦能为残障学童提供有效学习环境[3]。现时香港教育主管部门正积极推行的"全校参与模式"的融合教育(2002—2003学年有 116 所学校参加此项计划)便采取强调互相适应的融合教育方案。

直到 20 世纪 90 年代中期,"融合教育"一致被公认为"主流化"的同义词;但后来却被"全纳教育"(inclusive education)一词所取代。作为一个专业的惯用词,融合教育一般是指有特殊教育需要的学童被安置的教学环境,如主流课室、特别班、支援基地等。然而"融合教育"一词甚少涉及教育表质的规律考虑。于是,被"融合"于主流学校的学童可能被孤立,被隔离于专为他们而设的"特殊"教学环境中进行学习。这种隔离,大大违反了"融合"的原则,也极度歪曲了"主流化"的原意。若有特殊教育需要的学童没有机会和一般的学生一起学习,他们之间的社际交往将会相应减少,而"融合"则更难实现了。

因此,教育界逐渐采用了较为强调接纳的"全纳教育"来表达一种真正贯彻"融合"的教育。"全纳教育"主张的,是主流学校视所有师生(包括有特殊教育需要的学生)为不折不扣的学员并珍重他们为学校所做的贡献。"全纳教育"要能有效地在主流学校中进行,则为所有学生所做的贡献。"全纳教育"要能有效地在主流学校中进行,则所有学生应能接纳、参与校内的生活,并归属于这个集体。他们的不同兴趣、能力和成就也应被视为一种能使学校生活更加丰富的资源[4][5][6]。

由"融合教育"到"全纳教育",其实只不过是最近30年的发展。这里反映的是人们对基本权利的重视和对个别差异的接纳。融合教育能在各国的教育体系中开展,实有赖各地政府把其纳入教育改革的议程。官方政策的力量是不容低估的。是急是缓,则取决于大家对融合教育的立场和支援度。在香港,融合教育的先导计划完成不久,在其初阶已有不少学校响应参与,可以算是一种可观的尝试。不过,有关公众对融合教育的支援,我们还没有一些可靠的数据供立论用。所见所闻,也只能提供零星的启示。

三、融合教育的公众支援

根据学者在20世纪90年代做出的估计,全球有2%—20%的学童可被纳入统计"融合"的基数[7]。这个估算"融合"的幅度明显偏大,让我们无法就接受教育的学童人数做较准确的推算。各国采用的"残障"定义不一,有些国家更是用"特殊教育需要"来取代过往以障残性质为分类的基础(如视力障碍、听力障碍等),而现在"可融合"的学生又未必包括所有有"特殊教育需要"的学童,所以估计只能是粗略的。综观在各国推行融合教育的情况,其准备性亦有一定的限制;在90年代,有学者估计各国主流学校的融合量亦只能是1.5%—4%,即有相应融合机制的主流学校课程可容纳1.5%—4%的适龄学童[8]。因为,若要将所有有"特殊教育需要"的学童都"主流化",各国的融合量实是难以应付需求的。

融合教育的实践是要有秩序和有组织的。究竟谁应先被纳入主流学校亦是大家关心的问题。一般参与融合教育的学生包括各类的弱能类别。不少有学习困难和轻度智力障碍的学生,已经通过正常的派位入读主流学校,自动地"融合"了。至于严重智力障碍和情绪及行为有问题的学生则仍被安置在特殊学校中就读[9]。香港融合教育的对象学生,大致也反映了"主流化"的取向,所包括的五类学生计为:轻度智力障碍、听觉受损、视觉受损、身体弱能和一般智力的自闭症学生。

若论可观察的反应,融合教育为成人带来的影响比为学生带来的要大。英国进行的研究发现,主流学校的学生在接纳被"融合"的学生中,极少有欺凌的行为出现[10],但也甚少有较亲密的友谊关系[11]。在主流学生中,小学生比中学生、女生较男生对有特殊教育需要的同学的态度更正面。在美国进行的一项研究发现,就读于主流学校而本身有学习困难的学生,更喜欢在专为他们而设的资源基地学习,接受专家在主要科目上为他们提供指导。至于其他科目的学习,他们则喜欢在主流课室上课,借此与其他同学建立友谊[12]。

融合教育为家长带来的,是选择增加的喜悦和混合能力学习的困惑。随着教育权力的下放、教育管理的改革和教育市场的催生,家长的选择已成为一种能左右学校办学取向的元素。对子女有特殊教育需要的家长而言,融合教育确实为他们提供了多一种选择。有不少家长,或是希望子女能在主流学校提高学业水平,或是避免送子女入读特殊学校而被贴标签,都愿意在择校时让子女接受主流学校的教育。不过,亦有家长肯定特殊学校的教育功能,让子女有专门的照顾并配合其学习。他们会视特殊学校为一种可靠的选择,而反对任何带有强迫性的"主流化"政策。从家长的角度观之,融合教育只能是一种选择而非贯穿整个教育体系的政策。

至于任职主流学校的教师和校长,对融合教育的态度也因其教育信念、教学态度和经验而异。在澳洲进行的一项调查显示,有89%的教师(N:571)认为他们的教学效能会因为课堂中有一位有学习困难的学生而相应降低;96%的教师认为他们会因为要特别照顾这位学生而影响督导其他学生的能力。两者都会对教师构成很大的压力[13]。在英国,一些主流学校的教师认为现有的工作要求使他们难以照顾有特殊教育需要的学生,尤其是有情绪及行为问题的学生。再者,主流学校的教学活动时间表和学生组别的分法是相当标准化的。这些做法也明显地限制教师回应和满足学生的特殊教育需要的能力[14]。不仅是教师,就是主流学校的校长也关注融合教育对学生学业成就的影响。教师所关心的,是融合教育是否会对学生的学习和成绩带来负面的影响。校长所担心的,是学校在排名榜的位置会因融合教育而下降[15]。在家长选择的压力下,学校需要有相当的自信和实力才能实践真正的融合教育[16]。

基于以上有关家长的选择、教与学的质素、学校的地位等考虑,再加上公开的、融合教育有官方政策力量的支援,它也要面对一些客观的限制,如在中学阶段课程渐趋繁重和分殊,而部分被"融合"的学生也会离开,入读较适合他们需要的特殊学校。

四、融合教育的效能与必要的实践元素

有关融合教育实践的大型、长期的纵向研究并不多见,故其成效只能从过去的一些研究结果做综合式的讨论。至于融合教育的实践是基于什么元素才能进行和延续,则有不少调查结果和专业意见可做参考。

(一)融合教育的效能

融合教育的目的,是通过"主流化"让有特殊教育需要的学生受惠于主流学校的教养和社化过程。学童的学业表现能否得到提高和他们与同学的社会交往能否发展,就是融合教育的实践效能的写照。

在学业成就方面,融合教育的效能并不一致和显著。虽然过去曾有研究结果显示,瑞士、德国和美国的一些有特殊教育需要的学生确能在"融合环境"取得学业上进步,但同时亦有不少研究结果显示"融合"和"非融合"的教育环境对他们的学业表现都没有显著区别。

因为有关融合教育的效能研究仍停留于建设阶段,所以它有没有和如何影响学生的学业表现是很难解答的问题,而有关的争议的意义亦不大。在这里,两个有关学生的学业表现的结论却能让我们更深入地讨论融合教育的效能问题。这两个结论是:第一,在有适当支援的"融合环境"中,有特殊教育需要的学生的学业表现较好;第二,在不利的"融合环境"中,这些学生的学业表现较差。于是,要融合教育能发挥其效能,关键不在学生学习的场所,而是在这些场所中的教学质量。

至于融合教育是否有利于有特殊教育需要的学生的社交发展,研究结果大致肯定这方面的效能。如前所述,这些学生似乎能与其他同学相处,而他们在主流学校被欺负和遭戏弄的情况亦甚少发生。在主流学校里学习,置身于一个比较多元的环境,他们的自我发展却要视乎"融合环境"中的各种因素对他们的经验的影响。有关他们的自我观的研究结果是不一致的,甚至是互相矛盾的。

(二)融合教育必要的实践元素

融合教育的成功关键不在于其实践场所,而是与配套支援的适当性和质素,与各相关者的态度有密切的关系。这种看法,也是大多数有关融合教育的研究结论。配套支援当然是指额外的资源,如适当的经费、设施、器材和教材。然而,最重要的配套支援是有适当专业知识和教学经验的教师[17]及已受训的辅助员工。任教于主流学校的教师,究竟有没有足够的专业知识和教学意识教导有特殊教育需要的学生,是所有关心融合教育实践的人都必须诚恳回答的问题。质疑教师的准备性的议论已经很多,对他们能否处理融合教育所带来的教学挑战的问题也不少[18],故不在此赘述。香港教育委员会的特殊教育小组,在1996年发表的报告书中,忠告政府要审慎地处理融合教育的开展工作,其实反映该小组对主流学校教师实践融合教育持保留的态度。融合教育若要扎根于主流学校,则需要所有教师的配合,而非将教导有特殊教育需要的学生的任务托付于校中的"特殊教师"。融合教育既然是一种规范性的观念转移,故所有的教师亦要能认识特殊教育需要的理论和方法。这种认识,肯定不是短期(时下流行原是 30 教时)的"即面"式培训。

再者,教师如何就融合教育阐释主流学校的课程,也是实践的重要元素。一般理解是主流学校的课程应适用于所有校内的学生,无论他们有特殊教育需要与否。于是,教学的目标和标准,都会以"一般的"为准。究竟"融合"的构思和手段,是要将有特殊教育需要的学生"纳入"(assimilate)主流课程,坚持他们要遵循主流的学习方法达至一般的标准,还是让课程去"适应"(adapt)这些学生的学习需要,确能让我们清楚看到教师对融合教育的认识。平等(equity)不等于一律(uniformity)。融合教育的理论,应已经确切排除了用"纳入"的手段把这些孩子套进一个"百搭"的课程中[19]。融合教育对教师的要求既高且深。无怪不少教师视课室中的"特殊学生"为一种压力的来源。

除了有足够的配套支援外,融合教育的实践更需要相关人员的肯定和支援。他们的态度是"融合环境"的建构元素,使校内的风气能够形成。学生、家长、教师、校长和其他员工的态度,往往决定了融合教育在主流学校里的实践质素、发展前途和所属社区对融合教育的看法。有关研究结果显示学生一般的态度是正面的,家长的态度比较复杂,校长的态度取决于他们能否驾驭结构性的问题(如校誉、学校表现指标、标准化评估等)。教师的态度受到他们自身的教育信念、专业能力、自信心、经验和所要面对的挑战影响。教师一般不会积极反对融合教育的理念和原则,但不少却对其实践的可行性和"全纳"的可能性持存疑的态度。当他们所遇到的特殊教育挑战越复杂和困难,他们的态度便会越负面。但当他们有了足够的经验,并能有效地解决有关特殊教育的问题后,他们的自信心会增强而态度亦会趋向正面[20]。当主流学校的大部分人支援融合教育,则有特殊教育需要的学生便不再是该校的负担,而是被视为一个完整的个体,一个可以为学校做贡献而被欣赏的学生。

五、融合教育的持续发展问题

在香港的教育体系里,融合教育的持续发展似乎不是一个中心课题。或许教育界的冷淡和特殊教育长期被边缘化有关;也或许现在只有少数的主流学校试图实践融合教育,因此很难算是政策主导下的趋势。不过,在主流学校中推行融合教育以至"全纳教育",是后工业社会的一种趋势,因为任何较富裕、教育有相当发展的社会,都要面对公平所引发的教育问题。融合教育的存在已是不争的事实。我们的主流学校如何能配合它的发展却是一个错综复杂的问题。以下将从观念、政策、体制和执行等几个方面简析融合教育的持续发展问题。

(一) 人权和公平的两难

融合教育强调接受教育是人的基本权利,同时亦主张有特殊教育需要的学生如其他学童一样入读主流学校。只有这样,我们才能保证他们的人权受到尊重,促使他们能平等地接受主流教育。传统的隔离施教的教育模式妨碍了他们接受主流教育、融入社会及过正常生活的机会。

"教育是人的基本权利"的观念已随着社会的进步而广为世人所接受,故其争议不大。若有问题,亦会是教育的类别和质素的考虑。不过,坚持让有特殊教育需要的儿童入读主流学校是否体现公平,则是值得商榷的。我们主张有特殊教育需要的学童入读主流学校,其实是希望他们能接受和其他儿童"差不多"一样的教育;但因为他们的残障和限制,我们又不能假定他们的学习能力和一般的学生是相等的。若我们不平等地对待能力相等的人(treating equals unequally),这便是不公平。若我们平等地对待能力不相等的人(treating unequals equally),这也是不公平。我相信在融合教育的视野中,有特殊教育需要的学生的学习能力是不会和一般学生相等的。若真如此,则主流学校也不应平等地对待他们。公平原则要我们在资源有限的情况下(教育资源永远是有限的),把任何优惠的措施先给予有特殊教育需要的学童(处境最不利的人)。试问我们真的做得到吗?

在融合教育的实践经验中,我们曾读到和看到不少"融合"的假象。即有特殊教育需要的学生在主流学校中被隔离学习,或是按一律化的课程接受一律化的教导。

在融合教育的实践中,人权和公平的两难在于学校教育的真实功能。若"教育是人的基本权利"意指"教育应是良好的教育",那主流学校所提供的教育未必是"良好的教育"。若公平是指"给予处境最不利的人最大的优待",那这个未必是主流学校的基本功能。主流学校的功能是通过不断的分隔、拣选和分类[21]来甄选及社化学生。学校所关注的不只是教学育人的过程,而且是教学育人的结果如何影响它的生存与发展。若"给予处境最不利的人最大的优待",能为主流学校的生存和发展带来正面的结果,相信不少主流学校会积极地支援这个公平原则。不过,现时教育政策却不一定鼓励学校从人权和公平的角度考虑其办学策略。

(二) 政策的矛盾

融合教育的政策环境,可算是一个有趣的教育政策研究案例。融合教育的推行,亦需要在一个以"表现主义"为主导意识的政策气候中逆流而上。它较进步的倾向——尊重人权、争取公平、容忍差异、欣赏多元——反映了一层以相容而达至个体不断完善的人文主义教育政策。与它差不多同时出现的,是另一层强调增值、达标、选择和比较的教育政策。两层政策的价值取向不同,甚至互相矛盾。前者是全球化下发达国家的教育思潮影响的表征。后者是全球化下发达国家教育政策的复制。两者同时共存于一些国家(如英国、美国)的政策环境中。[22]

这两种价值取向不同的教育政策其实是有主辅和先后之分的。当前的教育政策以学校表现和家长的选择为基调。"表现主义"笼罩着香港的教育,其各种措施,如教育增值、学校自评、质素检查、语文教师水平测试等,也开始渗透学校的管理和运行机制。学校领导层的管理思维和发展考虑,都很难摆脱"表现主义"的蛛网。融合教育政策是一种依附性的政策,其存在要看它能否避免与"表现主义"的大气候产生严重的矛盾,甚至是取决于它能否有效地适应这个大气候中的一些重要政策取向,如增强家长的选择。因为融合教育可以通过"主流化"而为家长提供更多的入学选择,故其持续发展的理由,不但有人文主义的理据,更有支援现有政策的实质作用。

作为一种教育政策,融合教育的实践也要看它如何避免在学校里和"表现主义"的要求背道而驰。"表现主义"重教育结果而轻教育过程。评价学校的增值表现和教学质素往往都会从效能的角度观之:学校组织系统化、课程实践的标准化和学生学业水平的变化等。学校效能观与强调个别差异和多元化教学的融合教育确实有很多不调合之处。[23]"表现主义"教育重视学生学业水平的提升和教育服务的增值,以建立工作目标表现基准为评价的基础,但却不一定考虑学校的历史、办学宗旨、学生来源和其所采用的教学和评估等微观因素。无怪一般学校的校长对在校内大规模地推行融合教育有所保留,因为他们不愿意影响学校的整体表现。我们更难责怪抗拒融合教育的教师,因为除了要改变课程实践和教学策略之外,现时的政策更期望他们在执行融合教育之时,能神奇地用补偿手段为有特殊教育需要的学生增值,让他们的学业水平达至某些宏观的既定标准。

(三)体制的张力

融合教育的要求确为追求表现、缺乏有特殊教育知识和技能的教师和自身有其甄别和分类功能的主流学校带来很多挑战。在教育体制内,主流学校的收获(无论是可欲的或是无可奈何的)却是特殊学校的损失。过去为特殊需要教育默默耕耘的特殊学校,就因为教育观念转变而突然变为"隔离教育的工具"和"教育改革的绊脚石"。这是特殊学校的师生和家长难以容忍的指挥。

在教育"主流"的浪潮中,香港的特殊学校如何继续生存和发展,应是本地教育生态的一个重要课题。可惜的是,这个教育生态的课题并没有在社会和教育界引起广泛讨论;有关的讨论,也只限于由特殊教育界筹组的特殊教育研讨会中。这明显地反映了特殊教育在香港的边缘地位。

特殊学校所关注的,是以后的生存问题:学生从哪里来?学生分配和分类机制能否真正体现尊重家长选择的原则?获分派到特殊学校的学生的特殊教育需要与这些学校的既定功能是否有"错配"问题(如中度智力障碍学生被分派到轻度智力障碍学校)?在生源逐渐短缺的情况下,特殊学校能否掌握时机,让在校学生在更有利的情况下学习(如师生比例的改进)?当局有什么具体措施帮助特殊学校继续运作和维持现有的教学质量?以上只是困扰着特殊学校的一些问题样本。对特殊学校来说,"主流化"蚕食它的生源,也威胁它的生存。若当局没有可行的相应措施,则不少特殊学校将要关闭。因为当教育政策由"融合"走向"全纳",就只能有少部分的特殊学校能够继续依赖公家维持。最近便有办学历史悠久的特殊学校主动提前"主流化"了。

香港特殊学校正处于一个进退维谷的情况。特殊学校所得到的忠告,其实无异于其他社会的特殊学校:与主流学校合作,向它们提供有关特殊教育需要的协助;试图成为学区内的"特殊教育资源中心",通过特殊教育的知识和技术的传授,让主流学校能有效地实践融合教育;让特殊学校教师在主流学校进行教学,借此开展适合的融合教育活动[24];积极地认识自身的优点和强项,挖掘资源,试图为自己在教育体制中找到适当的位置。

特殊学校与主流学校的合作关系正处于初期,一方面缺乏系统化的制度安排,另一方面更没有掌握对方的办学经验。现在这个合作关系只限于由特殊学校组织的讲座、工作坊、由特殊学校派遣专人在主流学校开办一些"校本式融合教育"活动。略有所闻的是特殊学校的校长或教师被请到主流学校充当"上门的救火队"。至于由双方教师共同设计、合作教学的经验则甚少见得。

作为学区内的"特殊教育资源中心",特殊学校的角色是被动的。资源既在,各取所需。在欠缺相应的制度安排,特殊学校与主流学校的资源如何能有效地利用及分享难以实行;把顾问式援助变成有偿性的服务也难以实现。再者,特殊学校也没有充当主流学校的顾问和协作者的经验,更没有这方面的咨询策略与技巧。既然经验累积可以帮助特殊学校更好地发挥其顾问和协作者的功能,那么有关当局便需要运用适当的资源保证协作能在有利的情况下进行,使经验的累积不是一种尝试—错误—学习的过程。咨询和协作应是有系统和有把握的。

我们期望特殊学校和主流学校的协作能更深入和恒久,我们也希望双方的教师能一起设计课程和教学。不过这并非是一蹴而就的事。要两类学校的教师在对方的教学情况中工作,就需要知道他们未必认识这些教学情境的要求和动力。过去便有不少特殊学校的教师觉得自己的特殊教育的专长很难在主流学校里发挥,因为主流学校的期望和要求根本是与特殊学校不同的。[25]

(四)执行的惶惑

融合教育的实践,要靠主流学校在办学的宗旨和运作规范性上转变,师生和家长共同建构一个"融合环境"。因此,当局最近推行的"全校参与"有一个很重要的假定,即主流学校的师生是愿意和可以参与这个漫长的重塑工程的。

以上的"愿意"和"可以参与"也有不同的假定。前者至少假定主流学校的师生支援融合教育的理念,对它的存在持开放的态度。后者假定主流学校的教师认识融合教育的要求并有一些基本能力处理有关特殊教育需要的事务,而学生则能够在尊重差异的多元教学环境中成长和进步。

过去已有不少言论质疑香港主流学校的教师对融合教育的态度和

其处理特殊教育需要的能力。在此,我只想提出三个基本问题让大家考虑:师生对本校的融合教育策略的理解;残障的多样性的处理;差异的处理。这三个问题,其实是融合教育执行的关键所在。

融合教育在主流学校的开展,一般决策者做了一个简单的假定,那便是要负责执行的教师对本校发展融合教育的策略有一定的掌握。但实际情况和这种假定却不尽相同。一项调查香港融合教育"先导计划"(1997—1999)的研究显示,为数近半的"先导学校"(N=9)工作人员[第一期(1998)N=380,其中教师N=324;第二期(1999)N=325,其中教师N=278]不能肯定校方在计划开始时有解释校内的融合教育政策。有很多员工亦不知道校方采用什么策略来实践融合教育。[26]若连校内的教职员工也不清楚校方为何及如何推行融合教育,那他们在执行方面将会是无所适从的。教职员工对融合教育缺乏基本的理解,将严重地影响着他们的参与信心和能力。有关的执行策略亦只可能是由上而下的指示,或是由校内的一小撮"特殊教师"鉴定的。因此,我们不能假定主流学校的师生对融合教育有基本的认识。未来融合教育在学校开展之前,一个广泛的咨询和确认过程似乎是必需的。

决策者另一个有关融合教育的假定是有特殊教育需要的学童只是带着单一的残障或学习困难入读主流学校。这是假设中度智力障碍的学童就只有智力较低的问题,而听觉受损的学童便只有听力不足的问题。主流学校所要处理的,是经过测验而被归类的基本残障。在特殊教育的现实中,这种假设未免太过简单。在1996年,一项调查香港所有特殊学校的残障性发现,不少学生除了已被归类的基本残障外,还背负着其他附加残障。在此举例说明:56.1%入读身体弱能学校的学生(N=57)的智商偏低;在207名就读于轻度智力障碍学校的学生中,23.2%患有自闭症,13.5%有心理问题;在58名就读于严重智力障碍学校的学生中,同时视觉受损的有36.2%,过度活跃的有37.9%,患癫痫症的有55.2%。[27]残障确实是一种非常复杂的状态。在学校教育里,它也是一种必须由专人小心处理的棘手问题。究竟主流学校有没有足够的知识和人手(如辅助人员、教师助理等)去应付残障的复杂性是不容忽视的顾虑。在接纳有特殊教育需要的学童入读之时，主流学校应有足够的有关资料，让它们能及早做好配合和准备。若我们要珍惜每一个学生，让学生能有接受良好教育的机会，那么为他们的教育做适当的配合和准备是融合教育最低限度的要求。

决策者的第三个有关融合的假定，是有特殊教育需要的学生会在不同的方法的帮忙下顺利地融入主流课程。基于这种假定，主流课程的教学安排、标准和预期结果都是"主流"的。融合教育的工作便变成把有特殊教育需要的学生"主流化"。

融合教育的执行可能改变这种"主流化"假设。反应敏锐、有责任感的教师一定会察觉到"主流化"教学观的谬误而反思，尝试在政策的指示下运用理性的方法去帮助有特殊教育需要的学生。他们也一定会认识到，要能真正帮助这些学生学习，则课程与教学必须有它的"生态效度"(ecological validity)，能配合他们的学习情境和特征施教。

不过，当融合教育能够在主流学校里拓展，课程与教学便会迅速地成为"主流"和"特殊"所竞逐的场域。据现时的观察，主流课程将仍会是本地融合教育的执行依归。特殊教育需要的方法，只不过是辅助性的"主流化"工具。但随着有特殊教育需要的学生的不断增加，任何坚持学生的共同性(而非其特殊性)的主流学校，将会要面对日渐明显的校内矛盾和张力。[28]其中的理由是，融合教育是不可能在一个课程与教学主流化的学校环境里生根开花的。学生的教育和学习需要既然特殊，那么我们就不应以一律的观点和方法教导他们。主流学校的存异求同的意向和期望是值得我们理解的、支援的。然而，这里的"异"是天赋的，而"同"是人为的。在"异"与"同"的对立中如何为融合课程与教学定位才是合情合理，是今后香港融合教育发展的最重要议题。

六、结　语

香港教育随着世界的教育改革大潮落实其融合教育政策，让学校教育作试验性的主流化。融合的方法由零散的校内特殊教育服务改变为动员全校师生支援融合教育，口号是"全校参与"。我们的学校教育，确实走进了融合教育的年代。不过，综观过去数年的发展，融合教育政策的实践是犹豫的、动向不明的。我们要由现时的"融合教育"初阶走到"全纳教育"境界，若有可能的话，这将会是一条漫长的道路。

或许政府库房真的缺乏足够财力来应付融合教育的发展所需，又或许政府需要战战兢兢地计算融合教育广泛推行的政治得失，更或许我们的教育界确实对融合教育没有什么立场和发展方案，所以大家对推行融合教育不见得热情洋溢。现在参加了"全校参与"融合教育计划的116所学校，仍是香港学校总数的小部分。因为没有就读于这些学校的"特殊学生"的统计资料，因此亦难推算有多少有特殊教育需要的学生能在主流学校里接受教育。就算融合教育在量方面显著增加，个人也不敢肯定有特殊教育需要的学生正在接受优质的"主流教育"。融合教育的持续发展要靠教育体制内外的配合，而这种配合应是系统而有组织的。

教育体制外的配合，自然牵涉社群，尤其是有子女准备入学的家长对融合教育的支援。主流学校教育与社群的关系所包括的问题也很多，应是另一篇独立的论文。至于体制内的配合，过去的注意力多集中在特殊学校的角色和主流学校内的课程与教学。这也是理所当然的。如上所述，特殊学校在融合教育的角色不清、地位尴尬。有人将融合教育的兴起等同于特殊学校的没落。若没有前瞻性强的政策引导，结果可能真是如此。也有人认为融合教育既然能做到特殊教育所做的，那特殊学校便没有继续存在的理由。这里要指出的是，过去的研究结果并没有一贯地证明融合教育的效能，而在某些另类功能上，特殊学校是难以取代的。更有人认定特殊学校是隔离教育的工具而融合教育的工具是增强家长选择的妙药。其实，在融合教育的讨论中，"选择"应被视为一个多面体。融合教育让家长能享受送子女进入主流学校的权利，无疑是确立他们的选择权。特殊学校容许家长保留让子女在专门照顾特殊需要的环境中学习,所以同样也在体现家长的选择权。特殊学校若能提供优质的教育,有特殊教育需要的儿童也能在这些学校享受接受教育的基本权利,"主流"和"特殊"的分别就在于教育场所的分别上。一般人相信"主流"的教育场所更有利于特殊教育需要的学生社会化。这种观点的正确性亦是很难证实或否定的。有关这方面的研究,如学生的人际关系和自我观,结果并不一致。特殊学校的未来,并非基于理性的辩论或真理的获得,而是在于教育权利关系的调配和公众舆论的操纵。

特殊学校和主流学校的关系,现时仍处于一种施与受的状态。既然特殊学校要证明自己在融合教育的发展中还有一定的角色可扮演,于是也乐于向主流学校提供支援。不过,随着融合教育的推行,被"主流化"的人数和"全校参与"的学校数量增加,现在的支援方式和效能可能要重新评估,并做出相应的改变。所见所闻,我也不禁要问:在这种施与受的关系里,主流学校又为特殊学校提供过什么支援和表示呢?作为一个"局外"的观察者,我所知道的,是一种由"特殊"到"主流"的单向流动。或许这也是将"施"和"受"系统化、服务有偿化的时候了。

有关教育体制内的配合的第二个主要考虑,是主流学校里的课程和教学。在以上的讨论中,我已曾多次质疑主流课程和教学的一律性,并指出这是违背了融合教育的精神。主流学校的功能,是甄选、分类和社化。它要满足公众、争取成绩和保持校誉。在"表现主义"的影响下,尊重差异的课程调整和多元教学,并不见得能帮助主流学校增值和达标。若有特殊教育需要的学生被视为学校的负担,则融合教育只是为学校争取多一些办学资源的手段。若学校师生未能认识他们对这个社群的贡献而欣赏他们的存在,那融合教育只能是"慈悲"的一种表达方式,而忽略善意背后的特殊教育要求。若主流教师没有"融合"的意识和能力,那这些学生将会是另一教学试验的牺牲品。

在教育改革的构思和实践中,我常察觉到一个假定,即教育改革的成功要靠更有效率的学校组织,更有能力和勤奋的教师和更多的资源。

推行融合教育的工作却首先要求大家有一种开放的态度、相容的意识、尝试的勇气和求真的精神。融合教育需要充足实力、努力和财力，但这些都只是执行的必备元素。融合教育要求的，是教育思想的蜕变和育人艺术的升华。但愿我们能做得到。

参考文献

[1] United Nations Educational, Scientific and Cultural Organization. The Salamanca Statement and Framework for Action on Special Needs Education[M]. New York：UNESCO，1994.

[2] OECD. Inclusive Education at Work：Students with Disabilities in Mainstream Schools[M]. Paris：OECD，1999.

[3][7][11] Evans P L C. Integration of Students with Special Educational Need in Regular School Environments[M]//International Encyclopedia of Education. Oxford：Pergamon，1994：2907-2910.

[4] Ainscow M. Understanding the Development of Inclusive Schools[M]. London：Falmer Press，1999.

[5] Clark C，Dyson A，Millward A，Robson S. Theories of Inclusion，Theories of Schools：Deconstructing and Reconstructing the "Inclusive School"[J]. British Educational Research Journal，1999,25(2)：157-177.

[6] Farrell P. Special Education in the Last Twenty Years：Have Things Really Got Better? [J]. British Journal of Special Education，2001,28(1)：3-9.

[8] Pijl S J & Meijer C J W. Does Integration Count for Much? An Analysis of the Practices of Integration in Eight Countries[J]. European Journal of Special Needs Education，1991，6（2）：100-111.

[9][10][12] Farrell P. The Impact of Research on Developments in

Inclusive Education[J]. International Journal of Inclusive Education,2000,4(2):153-162.

[13] Forlin C. Inclusion: Identifying Potential Stressors for Regular Class Teachers[J]. Educational Research,2001,43(3):235-245.

[14][25] Points from the SENCO-Forum[J]. British Journal of Special Education,2002,29(2):151.

[15] Lunt I. Can Effective Schools Be Inclusive Schools? [M]. Virginia: Institute of Education Press,2002.

[16] Slee R. Driven to the Margins: Disabled Students, Inclusive Schooling and the Politics of Possibility[J]. Cambridge Journal of Education,2001,31(3):385-397.

[17][18][26] Crawford N. The Path of Inclusive Education for Hong Kong: A Personal Reflection[J]. Hong Kong Special Education Forum,2002,5(1):30-45.

[19] MacKay G. The Disappearance of Disability? Thoughts on A Changing Culture[J]. British Journal of Special Education,2002,29(4):159-163.

[20] Avramidis E & Norwich B. Teachers' Attitudes Towards Integration/Inclusion: A Review of the Literature[J]. European Journal of Special Needs Education,2002,17(2):129-147.

[21] Baker B. The Hunt for Disability: The New Eugenics and the Normalization of School Children[J]. Teachers College Record,2002,104(4):663-703.

[22] Loxley A & Thomas G. Neo-conservatives, Neo-liberals, the New Left and Inclusion: Stirring the Pot[J]. Cambridge Journal of Education,2001,31(3):292-301.

[23] Lloyd C. Excellence for All Children—False Promises! The Failure of Current Policy for Inclusive Education and

Implications for Schooling in the 21st Century[J]. International Journal of Inclusive Education, 2000,4(2):133-151.

[24] Tilstone C & Rose R. Do Special Schools Have A Role in Supporting the Process of Inclusion? [J]. Learning Disability Review, 2000,5(4):35-43.

[27] Lo L N K. Critical Issues in the Development of Special Education in Hong Kong [M]//David W. Chan. Helping Students with Learning Difficulties. New York: Columbia University Press, 1998:19-38.

[28] Dyson A. Special Needs in the Twenty-first Century: What We've been and Where We're going[J]. British Journal of Special Education, 2001,28(1):24-29.

(原文载于《中国特殊教育》2004年第11期,第82—91页,作者为卢乃桂)

第八章
审视择校现象：全球脉络与本土境遇下的思索

近 30 年来，以"全球化"和"个体化"为特征的社会转型为择校的缘起提供了"自上而下"与"自下而上"的双重驱力。由国际视野观之，西方国家政策驱动下的择校依然争议缠身，改革尚未"兑现"其诱人的政策承诺；就我国而言，改革开放所开启的社会转型也为择校的出现提供了适宜环境，尽管国家政策始终对其严加规限，但由于学校教育"隐形市场"的存在以及相关政策制定和执行中的缺陷，中小学择校依然普遍，而"就近入学"与"禁止择校"的政策干预始终显得乏力。为此，以深入的政策研究来支持政策实践尤显必要。

众所周知，我国的择校主要体现为一种由广大家长自下而上发起，以金钱、关系以及权力等方式竞逐（原）公立"重点"学校优质学额的现象。[1]近 10 年来，这种现象愈演愈烈、屡禁不绝，成为一个棘手的政策难题。尽管择校是中国社会转型与教育改革的衍生物，彰显着鲜明的本土特色，但其中诸多价值冲突与社会争议，却是作为"全球性制度"的各国公共教育体系在当代所面临的普遍问题。本文将择校问题置于其缘起和演化的"全球脉络"及"本土境遇"中加以考察，分析其"共时性"（synchronical）与"历时性"（diachronical）特征，并反思我国的政策实践。

一、全球社会转型与择校的兴起

自民族国家兴起以来,教育就被纳入现代国家的公共事业。二战后,各国普遍依托"凯恩斯主义"建构起确保"繁荣""稳定"和"机遇"的所谓"围墙型经济"(walled economy)或称"嵌植性经济"(embedded economy)。[2]与这种"经济国家主义"体制相符应,教育也被结构为国家掌控、专业主导的社会制度,担当着促进经济增长和维护社会正义的双重职能。[3]此间,支配公共政策的就是一系列倡导民主与平等的社会议论,那些促进"学校综合化"、推动"教育机会均等"的改革也相应成为国家干预教育的主要举措。在这样的语境下,尽管"家长选择"在不同程度上存在①,但国家意志无疑是决定强迫教育学额分派的核心准则。

然而,肇始于20世纪70年代的信息技术革命重塑了人类的经济与社会生活形态,西方乃至整个世界都在不同程度上经历了一系列根本的社会转型。劳德(Lauder)等人将其概括为"全球化"与"个体化"两种趋势。[4]"全球化"意指信息社会的社会整合过程,涉及经济、政治、文化等多方面社会秩序的整体变迁。其重要后果之一是瓦解了"经济国家主义"的堡垒,使"熊彼特竞争型国家"(Schumpeterian Competition State)[5]成为全球化语境下新的政府形态;而"新自由主义"议论也取得支配性地位,曾一度被边缘化的市场竞争原则、消费者主义、绩效关联激励重新成为各国政府改进社会后果的政策方略;[6]传统的科层组织原则遭到严厉批判,一场遵照"弹性或适应性范式"(flexible or adaptive paradigm)[7]的私营及公共部门转型旋即展开。

"个体化"则指称后现代的社会分化过程,亦即将个体从传统工业社会的生活方式中"连根拔起"后,"再植入"新的社会情境中。[8]继往的社

---

① 即使在"就近入学"主导的公立教育体制下,通过"居住地选择"或"付费读私校"实现"择校"的家庭在英美国家也并不鲜见;而在一些欧洲国家(如荷兰),"政府资助的私立(宗教)学校选择"早已是百余年的教育传统。

会身份都发生了松动,人们要在日益被网络"巴尔干化"①(balkanization)的社会身份和逐渐依据"知识-技能"拉大的阶层分化中找寻自我的归属。诚如鲍曼(Bauman)描述的那样,在当前"风险社会"的情境下,"不存在既定的'位置'可供个体顺利实现'再就位'(re-embedment),仿佛做'音乐椅'的游戏,每个人都要不停移动,不得休息、没有满足,始终不存在'到站'的时候,让所有人卸下装备、彻底放松、不再焦虑"。[9]

信息社会的"全球化"与"个体化"过程深深影响着全球教育发展的"大趋势"。无论对国家抑或个人,教育都显得"利益攸关"。对"竞争型国家"而言,教育成为实施"新自由主义"经济、政治和社会改革的重要手段。随着经济界对教育决策的影响力日益增强,教育也相应地被"再结构"为由消费者主导的"准市场"机制,从而更为紧密地符应"新自由主义"市场经济。[10]由此,择校就作为"市场化改革"的工具,为英、美、澳等国家的"新右"政府所青睐,进而开启了近 30 年的教育重构。而对"竞争性个体"而言,知识经济进一步加剧了"基于教育的社会分化"和"基于文凭的地位竞争",个体若缺乏可供出售的必要知识与技能,在收入分化中势必处于劣势。既然教育仍为人们的社会流动提供了一种制度性"出口",而文凭也愈发表现为一种"地位性物品"(positional goods),那么在"竞争性个人主义"熏陶下的人们就不免会对其趋之若鹜,使学校也沦为"生计竞逐"的场域,故择校的兴起也就在所难免。

"全球化"及"竞争型国家"的形成令大规模"自上而下"的社会转型成为可能,也为择校的出现提供了适切的制度框架;而"个体化"及"竞争性个人"的出现则令一系列"自下而上"的社会竞争成为现实,并为择校的兴起营造了社会氛围。这种宏观与微观环境为择校的滋

---

① "巴尔干化"本是一个地缘政治术语,起初用以描述欧洲巴尔干半岛复杂的政治局势,后被引申至描述一个国家或地区分裂为众多相互敌对、彼此互不合作的小国家或地区的过程。本文的"巴尔干化",又称"赛博-巴尔干化"(cyber-balkanization),主要指称在信息-全球化背景之下依托互联网出现的一种全新的"个体化"过程,也就是 Castells 所言的"网络化个人主义"(networked individualism)。参见 Castells, M. The Internet Galaxy: Reflections on the Internet, Business, and Society[M]. New York: Oxford University Press, 2001:131.

生提供了适宜的"土壤",也为相关的教育政策在全球范围的出台打开了"政策之窗"。

二、政策驱动下的择校及其争议

在"市场化"及"私营化"的政策议论之下,西方国家的择校改革者以"市场隐喻"描绘出一幅更为"多元"、更加"公平"、更具"效率"的教育蓝图。然而伴随各类择校方案的实施,公共争议却从未停息,有关政策"承诺"是否变为"现实"的问题仍不时令各方论战"硝烟四起"。

首先,择校能否促进学校"多元化"? 研究发现,教育多元化的压力更多是来自政策制定者及鼓吹者而并非公众需求。[11]况且,随着欧美国家择校等相关政策的实施,各类学校间的课程与教学活动却呈现出愈发明显的趋同及标准化迹象。[12]因而,赋予学校更多自主权便能促进学校创新的论断显然低估了现实的复杂性。

其次,择校能否提升学校"效能"和"效率"? 美国的研究表明,无论是"学券"抑或是"特许学校"政策,其成效基本是"含混"的。不同样本得出的结论并不一致,而依托全国数据的分析也并不乐观。[13]另据威特(Witte)对多国"学券"政策的比较,也发现不同方案对学生成绩的影响是模糊的。[14]此外,大多数研究只注重分析政策的收益,却未考量相应的投入与成本。事实上,择校改革同样要求追加投入,而且还会提高相应的管理、服务及交易成本。[15]因此关于择校改革"投入少、产出高"的"效率"神话不免值得怀疑。纵观既有的研究证据,至少就"学生成绩"而言,择校并未带来系统的学校改进。故而,以"选择"和"竞争"的处方医治学校低效的病症未能做到"药到病除"。

再次,择校对社会"平等"有何影响? 综合来自智利、英国、新西兰、南非、美国及中国香港等地的相关研究可知:[16][17][18]改革的受益者多是那些在社会上占据优势地位,拥有更多经济、社会及文化资本的阶层和群体;学校仍倾向于依据学生的能力禀赋、动机态度、阶层、性别甚至族裔等标准筛选学生;社会既有的分层与分隔状况得以维系,从而加剧了教育与社会的不平等。如果说这种"选择导向"的政策难免会破坏"平等"原则的话,那么另一种"公平导向"的择校方案又如何呢?美国密尔沃基、克利夫兰等地"定向学券"计划的研究显示:相对而言,往往是那些受过良好教育、学习动机强的学生更可能获得"学券",而那些最为贫穷的家长则放弃了选择的权利。[19]这意味着,即使是"公平导向"的方案也可能无法给那些最需要帮助的人带去福音。不仅以市场机制增进平等的做法有可能适得其反,就连这种政策议论的真实意图也令人生疑:它们常常被认为是一种借着"平等"之名消解变革阻力的策略,从而为更大规模"市场导向"的择校计划拉开序幕。[20]

虽然国外近20年的择校研究可谓"卷帙浩繁",但其结论却使人们的"认识多于以往,分歧却一如既往"。[21]整体上,能说明政策确实"有效"并值得大范围推广的研究依然鲜见,不少证立择校之积极成效的研究不仅在方法论上面临诸多挑战,甚至有将知识的生产"政治化"之嫌。[22][23]但是在这些对择校抱有信心的研究者看来,恰是由于此类政策实践的程度和范围都十分有限,其成效才显得"证据不足"。[24]总之,在复杂的现实面前,我们不得不承认择校政策在提升教育质量、改进社会后果方面仍然是有限的。

三、本土境遇下的择校生态:教育的"隐形市场"

在当前建构"和谐社会"的政治文化①之下,"公平"原则成为我国教育政策制定的重要价值。结合2006年新修订的《义务教育法》及此前

---

① Fusarelli曾对"政治文化"进行过分析,认为这是由美国"学券"计划形成过程中一种重要的"政治动力"引申至此,笔者认为"崇尚和谐"的社会文化也是我国义务教育"入学"政策议论形成与演化的重要影响因素。参见 Fusarelli, L.D. Political Dynamics of School Choice: Negotiating Contested Terrain[M]. New York: Palgrave Macmillan, 2003.

颁布的一系列治理择校的政策文件，①可以清晰地看出我国的义务教育从"普及"过渡到"提高"阶段之后，在入学政策上仍不断强化"就近入学"的倾向。然而，伴随着我国经济体制改革的深入，市场力量已逐步"渗透"进学校教育中，上述"非市场化"的政策取向也无法封堵人们为优质教育开展的择校竞争。

这大致表现在：第一，家长的择校需求依旧旺盛。部分针对我国不同地区的样本的实证研究显示，大中城市的家长放弃政府的教育安排而另为子女择校的比例约处于20%至30%之间，该比例在省会城市及直辖市地区会更高[25][26][27]。第二，被家长追捧的优质学校以公立学校为主，选择民办学校的比例仅为一成上下，故而择校仍主要发生在公立教育系统之内[28][29]。第三，优质学校对优质生源的"网罗"亦乐此不疲，考试虽然失去了"合法性"，但家长择校、学校择生的形式却愈发"隐蔽"，不少"潜规则"依旧被广泛奉行，所谓的"地下教育市场"仍然我行我素、十分活跃[30]，"金钱""关系"以至"权力"资本在此间亦各显其能。第四，围绕中小学择校而衍生的"影子教育"（shadow education）市场更是如火如荼，家长为确保子女在择校竞争中占据优势，在正式教育之外购买各种"补习""培训""认证"等教育服务以提升其"竞争力"；而作为教育服务供给方的各类学校、教育机构和部门，甚至竞赛组委都希求以此维系自身利益，特定的利益链条已然形成。

显然，尽管我国对择校一贯秉持"规范"与"禁止"的政策取向，但这种实然的市场化择校生态却始终倔强地存在着。可以说，在三令五申的"禁择令"下俨然已形成了一个义务教育的"隐形市场"：一方面，在官方"就近入学、禁止择校"的政策叙事之下，类似西方的市场化择校改革

---

① 譬如20世纪90年代中期出台的《关于1996年在全国开展治理中小学乱收费工作的实施意见》，2000年教育部办公厅印发的《关于全国中小学收费专项治理工作实施意见》的通知，2001年国务院纠风办、教育部《关于进一步做好治理教育乱收费工作的意见》，2002年教育部《关于加强基础教育办学管理若干问题的通知》以及2005年教育部《关于进一步推进义务教育均衡发展的若干意见》等等。这些文件都以政策规范的形式对我国基础教育中的"入学"和"择校"问题加以管制，总体上旨在"坚持就近入学、杜绝择校乱收费、促进素质教育、保障均衡发展"。

始终未曾得到积极的政策支持;另一方面,在市场经济改革的背景下,特别是受"片面经济发展"与"GDP主义"的政策范式[31]影响,市场原则似乎已成为学校教育场域中一种强有力的行动"逻辑",它促使家长、学校以及其他利益相关者(甚至包括部分地方政府)之间达成某种持久的行动默契,继而演化出各种"潜规则"与自上而下的中央政策频频"过招"。这样,"隐形市场"的存在,就使政府"就近入学"与"禁止择校"的政策意图难以真正落实。

尤其值得一提的是,在上述"隐形市场"的教育竞逐中,家长的社会背景对于其选择行为有重要影响,边缘弱势群体在其中明显处于不利地位。[32]尽管在择校竞争中学术标准并未被完全消解,[33]但所谓"家长主义"(parentocracy)的迹象也已在我国出现并蔓延。

四、择校的必然与政策的无奈

(一)择校产生的必然性

我国城市中小学择校现象的衍生根植于1978年以来社会转型的历史脉络。"改革开放"开启了"中国特色"社会转型的探索之旅。这体现为:一是国家"角色"的转变,国家与社会开始分离,不同的利益主体与利益关系开始形成;二是个体"身份"的变化,继往以阶级、户籍、就业、所有制形成的"刚性"社会结构开始"弹性化",社会地位的开放性增强,而个人自主选择的机会也渐趋增多;三是人们价值观的变化,以前被湮没的"利"与"个人"观念开始复苏,成为人们行动的内在驱力。[34]与西方"新自由主义"改革相类似,"剧烈"的经济与社会转型不可避免地带来了社会各阶层的权力分化,[35]也令人们普遍产生了危机感和紧迫感。这样的背景进一步凸显出教育对个人职业、经济与社会地位获得的积极意义。故自20世纪90年代以降,教育竞逐便持续获得"正向"激励,基础教育"择校热"与高等教育"学历热"不断升温。新世纪以来,伴随着公众教育水平的整体提升,人们对高质量教育的需求有增无减,

"砸锅卖铁也要挤进名校,只要孩子能接受好的教育"成为人们渴望优质教育的真切表达。

择校不仅是人们回应社会脉络变迁而做出的"适应性"反应,也是一系列传统文化与制度因素影响下的"习惯性"举动。在道德规范上,我国的家长对子女的教育似乎有一种天然的道德承诺,"孟母三迁"的典故正是对此的恰切注解。至今,这种观念仍为广大家长所认同并践行。在教育制度上,我国历来是一个"考选社会",[36]这种"以考代教"的制度安排使得人们对教育的重视带有一种鲜明的"功利倾向"。由于"考试"在现代教育和社会"绩效体制"(meritocracy)的筛选过程中仍是关键的环节,而个体获得教育机会的质量又与其就读学校的类型存在较强的"路径依赖",[37]于是,应对"考选"的历史惯性在新的历史情境下得以延续,为"升学"而择校顺理成章地被定型为关乎个人生活境遇的要务,广大独生子女家长对此更是熟谙于心,竞相追加对子女的教育投资。

(二)政策干预的有限性

从根本上说,择校困境的实质乃是教育如何在"社会分化"与"社会整合"这两重职能之间求得平衡的问题,它反映了现代教育制度自身的根本性矛盾。这一根本性矛盾的存在,使教育一直以来并仍将是一个社会的"竞逐之所"。[38]在我国社会转型的背景下,人们"自下而上"发起的择校行为使得教育的"筛选"过程更多受"家长主义"而非"绩效体制"的影响,优质教育机会更多向优势阶层集中,从而加剧了社会分化并成为社会分层定型化的重要表征。[39]由于教育的社会整合功能被进一步削弱,国家的政策干预中则力求通过"就近入学"与"均衡发展"维系机会均等并促进社会整合。然而从现实着眼,这种努力虽不能说徒劳却也十分乏力。

首先,政策的设计尚未找到有效平衡多种价值诉求的方式。家长们以择校来表达对子女教育的渴望,这与政府维系教育公平的国家意志发生了冲突。但从现代教育的发展走向来看,家长的"选择自由"与社会的"教育公平"都应是一个民主的教育制度所不能忽视的价值诉求。我们应该做的则是运用恰切的政策工具去平衡相互冲突的价值目标。然而,什么样的政策方案才能令各方合意?显然,解决该问题至今仍在"摸着石头过河"。

其次,政策的实施又难以规避一系列"自上而下"的执行问题。我国义务教育阶段推行"就近入学"及"禁止择校"是一种鲜明的"自上而下"的政策过程。政策制定多为一种"精英决策",实施也以一系列"指令"为主。这种"政策中心"的执行过程面临诸多偏狭和局限,政策目标的实现也遭遇重重挑战。诸如地方政府官员对政策文本的"地方化解读"、决策过于"封闭"甚至"缺乏责任意识"等问题,都会导致上级权威的"弱化"、政策失真与政策架空的问题。[40]事实上,公共政策的执行问题相当复杂(由于篇幅所限暂不展开论述)。可以肯定的是,当决策者的设计遇到庞大而"牢固确立"(well-entrenched)的利益关系时,其政策意图往往会在实施阶段被消解或歪曲。因而,择校困境能否化解,在很大程度上还取决于如何攻克政策意图与深深嵌植于复杂社会情境中的"本地化行动"之间的不协调难题。

五、结语与展望

本文从"全球脉络"与"本土境遇"审视了当前备受关注的择校问题。概言之,择校产生的"基因"蕴含在以"全球化"和"个体化"为特征的全球社会转型当中,这种脉络变迁为其提供了"自上而下"与"自下而上"的双重驱力,使择校的"席卷全球"成为可能。然而,作为一种激进的制度变革,择校政策也引发了一系列价值冲突和社会争议。结合国际择校研究的证据来看,以择校促进教育多元化、增进学校效能、改善教育平等的"承诺"并未真正"兑现",它也不是解决一切教育问题的"万应良方"。就我国而言,改革开放以来的社会转型在一定程度上也映射出"全球化"与"个体化"的趋势,这为择校的出现营造了适宜的氛围;尽管我国义务教育阶段的政策议论严令禁止公立学校择校,但随着市场经济的发展,市场力量也逐渐"渗透"进学校教育场域并形成一个同"禁择令"相抗衡的"隐形市场"。由于"禁止择校"与"就近入学"的政策方案并未有效平衡从择校中映射出来的多元需求,而政策执行过程又难以消除一系列被制度化了的扭曲政策的力量,导致我们对择校困境的干预始终显得乏力。

总之,西方"市场化"的择校政策未能有效实现教育和社会改进的"承诺",而我国"非市场化"的"禁择"政策也无法杜绝择校的负面影响,由择校引发的公共教育"学额分配"问题仍然是各国不断探索的政策议题。就中国本土情境而言,化解择校困境犹如"拼图游戏"一般,[41]我们知道问题的根源,也清楚努力的方向,但行动"策略"却仍在摸索。近来,有学者不断强调以"取消重点学校"的政策来解决择校问题,该建议虽触及问题的症结但其效果同样令人生疑。政策可以取消重点学校之"名",但难以消解其"实"。由于重点学校或"名校"已不仅是一种物质存在,更是一种积累了"文化资本"的符号存在。特别是在广大家长的心中,"名校"情结不会因学校之名的改变而消退;只要学校之间办学质量上的差异持续存在,即使"资源"均衡了,择校恐怕仍无法禁绝。另外,也有观点提到择校治理需要设计从小学到大学的系统化教育变革,此构想十分诱人,但如何成为可操作化的方案,又如何变为真切的现实,恐怕已是构想本身"力所不及"的问题。最后,在部分地方看似有效的做法如"生源均衡""名校集团化"等是否真的可持续,又在多大程度上可推广,这些问题显然还没有现成的答案。

因此,在找寻化解择校困境"策略"的曲折过程中,加大政策研究的力度就尤显必要。当前,学术界对择校问题的讨论相对于国外还显得相对浅表,不少核心问题尚悬而未决。例如,我们对政府(尤其是地方层面)干预择校问题的政策过程缺乏深入的洞察;对"就近入学"与"禁止择校"政策究竟执行得如何、其社会影响怎样的高质量研究还十分鲜见;对广大家长择校行为的"意义负载"也少有扎实的分析和理论概括等等。为此,有必要借助多样化的理论框架来审视择校政策问题,通过经验实证研究、深入的质化研究等方法来夯实政策制定的知识基础,唯其如此才能给择校困境的破解提供有力支持。

参考文献

[1] Wu X X. The Power of Positional Competition and Market Mechanism: A Case Study of Recent Parental Choice Development in China[J]. Journal of Education Policy,2008,23(6):595-614.

[2][35] Harvey D. A Brief History of Neoliberalism[M]. New York: Oxford University Press,2005.

[3][7][38] Brown P, et al. The Transformation of Education and Society: An Introduction[M]//Halsey, Albert H. Education: Culture, Economy, and Society. Oxford: Oxford University Press,1997.

[4][8] Lauder H, et al. Introduction: The Prospects for Education: Individualization, Globalization, and Social Change[M]//Hugh Lauder, et al. Education, Globalization and Social Change. Oxford: Oxford University Press,2006.

[5] Jessop B. The Future of the Capitalist State[M]. Cambridge: Polity Press,2002.

[6] Burch P. Hidden Markets: The New Education Privatization[M]. New York: Routledge,2009.

[9] Bauman Z. Liquid Modernity[M]. Cambridge: Polity Press,2000.

[10] 罗云,曾荣光,卢乃桂.新社会背景下教育与经济生活之关系:再思"符应原则"[J].北京大学教育评论,2005(4):87-94.

[11] Gorard S. Schools, Markets and Choice Policies[M]. London:

Routledge Falmer, 2003.

[12] Glatter R, Woods P E, Bagley C. Diversity, Differentiation and Hierarchy[M]//Glatter R J. Choice and Diversity in Schooling: Perspectives and Prospects. London: Routledge, 1997.

[13][20] Feinberg W & Lubienski C. Introduction[M]//Feinberg W, Lubienski C. School Choice Policies and Outcomes: Empirical and Philosophical Perspectives. New York: State University of New York Press, 2008.

[14] Witte J F. Vouchers[M]//Sykes G, et al. Handbook of Education Policy Research. Washington D.C.: Routledge, 2009.

[15] Belfield C R & Levin H M. Market Reforms in Education[M]//Sykes G, et al. Handbook of Education Policy Research. Washington D.C.: Routledge, 2009.

[16] David N. Plank, Gary Sykes. Choosing Choice: School Choice in International Perspective[M]. New York: Teachers College Press, 2003.

[17] Whitty G & Power S. Marketization and Privatization in Mass Education Systems[M]//Sadovnik A R. Sociology of Education: A Critical Reader. New York: Routledge, 2007.

[18] Buras K L & Apple M W. School Choice, Neoliberal Promises, and Unpromising Evidence[J]. Educational Policy, 2005, 19(3):550.

[19] Witte J F. The Market Approach to Education: An Analysis of America's First Voucher Program[M]. New Jersey: Princeton University Press, 2000.

[21] Henig J R. School Choice Outcomes[M]//Sugarman S D, Kemerer F R. School Choice and Social Controversy: Politics, Policy and Law. Washington D.C.: Brookings Institution Press,

1999.

[22] Henig J R. Spin Cycle: How Research is Used in Policy Debates: the Case of Charter Schools[M]. New York: Russell Sage Foundation Publications, 2008.

[23] Lubienski C, Weitzel P & Lubienski S T. Is There a "Consensus" on School Choice and Achievement?: Advocacy Research and the Emerging Political Economy of Knowledge Production[J]. Educational Policy, 2009, 23(1):161-193.

[24] Cooper B S & Vance Randall E. Vouchers: Still (Largely) Untested and Why[M]//Meyer H D, Boyd W L. Education between State, Markets and Civil Society: Comparative Perspectives. New Jersey: Lawrence Erlbaum, 2001.

[25][28][32] 文东茅.我国城市义务教育阶段的择校及其对弱势群体的影响[J].北京大学教育评论,2006(2):12-23.

[26][40] 李军.我国义务教育阶段就近入学政策分析[D].上海:华东师范大学,2007.

[27][29][33] 王蓉."办人民满意的学校":一个关于中小学校的民众满意度调查[J].北京大学教育评论,2008(4):25-30.

[30] 朱家存.教育均衡发展政策研究[M].北京:中国社会科学出版社,2003.

[31] Ngok K L. Redefining Development in China: Towards a New Policy Paradigm for the New Century[M]//Ka Ho Mok, Ray Forrest. Changing Governance and Public Policy in East Asia. New York: Routledge, 2009.

[34] 郑杭生.中国人民大学社会发展报告(1994—1995):从传统向现代快速转型过程中的中国社会[M].北京:中国人民大学出版社,1996.

[36] 张行涛.必要的乌托邦:考选世界的社会学研究[M].北京:北京师

范大学出版社,2003.

[37] 陈彬莉.教育获得之中的路径依赖[J].北京大学教育评论,2008(4):93-106.

[39] 孙立平.博弈:断裂社会的利益冲突与和谐[M].北京:社会科学文献出版社,2006.

[41] Winship C. Policy Analysis as Puzzle Solving[M]//Michael M,Martin R,Robert E G. The Oxford Handbook of Public Policy. New York:Oxford University Press,2006.

(原文载于《教育发展研究》2009年第20期,第1—6页,作者为卢乃桂、董辉)

第九章
中国近代学官传统的赓续及影响

"学官"是中国传统社会主管学务的官员和官学教师。中国19世纪末20世纪初发生的"废科举、兴学堂"运动促使社会结构与教育系统发生重要改变，教育行政职能也随之变化。晚清政府出现的视学、劝学员，民国时期的视学、辅导员及老解放区的巡视员、辅导员都在一定程度上继承了学官的传统：监督或研究、指导学务，并向上级行政部门负责。这一教育行政、研究指导职能"两栖化"的现象对理解当今督学、教研员的职能有所启示。

"学官"是中国传统社会主管学务的官员和官学教师。如汉代的五经博士、博士祭酒，西晋的国子祭酒、博士、助教，宋代以后的提学、学政、教授、教谕、教习等。[1] 虽然中国传统社会里存在举荐、捐纳制度，导致出现官员与其职位名不副实的现象，但学官的职能是巡视、考核、教授，[2] 所以充当学官者必须具备一定的知识。这一需求被科举制度进一步强化。隋末唐初的科举制度代替门阀制度，成为社会阶层流通的主要工具，也改变了读书人与政府的关系。由于"学而优则仕"的社会氛围，及入生员者可享受"免其丁粮"的待遇，所以读书之人愿意为政府服务，以享受政府为之提供的"安全与声望"[3]。这意味着隋唐之后科举制度是政府控制民众的主要手段，即使传统社会中不存在独立的教育行政机构，依靠科举制度、学官，统治者就可以将教育控于手掌之中。

20世纪初,中国社会结构发生巨大变化。1903年,由张之洞等人拟订的《奏定学堂章程》得以批准实施,1905年科举制度被正式废除。自此,新式学堂得以发展,教育行政随之改变。当教育日益发展成一个独立的公共机构时,学官传统是否得以打破,抑或赓续?其对后来的公共教育行政、研究有何影响?本文从教育场域里人员职能变更的角度,探讨中国公共教育行政与教育研究的关系。

一、晚清政府的视学与劝学员:监督、兴学

19世纪末,张之洞在《劝学篇》中提及中国在地缘、文化等因素上与日本相似,学习日本建立学制,对国家大有裨益。1901年罗振玉主办的《教育世界》,开始详细介绍日本教育管理、教学。此外,中国派遣官员或学员前往日本学习教育行政与学校管理,日本也曾派遣教师来华宣传教育理念。在此背景下,中国教育行政与管理深受日本之影响。

日本于明治五年(1872年)颁布学制。为保障明治维新期间的学制改革,日本政府建立了与之配套的视学制度。经过试验,日本政府认识到视学于"教育事业则年年进步。有加无已。监督视察之必需亦日甚"。1898年,文部省进一步对视察规程做了界定,视学职能主要体现在"视察学事""呈其意见"。由此可见,日本视学制度体现了国家对教育的监督,是政策命令自上而下的实施载体。

中国正式视学制度的建立始于1906年。当时,中国已经颁布了第一个学制(《奏定学堂章程》),用于规范新学堂的办学。教育行政机构——学部,也在1905年得以确立,主管学务。为了进一步促进、巩固学制的实施,学部参照日本文部省官制,在《奏酌拟学部官制并归并国子监事宜改定额缺折》中,提出设立视学官,"专任巡视京外学务"。与此同时,省、县一级也提供相应的职位,用于"督"学、兴学。各省设立视学时均认为视学是省教育行政机关的"耳目",是帮助省教育行政机关

了解实情的重要渠道。而县级劝学员的主要责任在于"劝学、兴学、筹款、开风气、去阻力"。

晚清政府设立视学官时,明确其"秩正五品,视郎中"的官职,是对传统社会学官的继承。视学官、劝学员从传统社会的官绅阶层中选拔。如"清末学部自1906年至1910年先后派出视学官近20人,除刘崇杰为留学毕业生,罗振玉出身是秀才外,其余均是有较高的科举功名和官职的人"[4]。但与传统社会学官不同的是,视学人员必须具有一定的学科知识。如1909年学部拟订的《视学官章程》中所指:视学官以宗旨正大、深明教育原理者为合格。每区所派视学官,须有精通外国文字及各种科学者一人,以便考查中学以上之教法。[5]同理,任职省视学、县视学者也需符合一定的入职条件。如省视学由提学使提名,督抚委任,要求具有师范学习或出洋留学的背景,并对工作经验提出要求,即"充当学堂管理员、教员取得成绩者"方可担任。县视学由提学使任命,由"本籍绅衿年三十以外、品行端正、曾经出洋游历或曾习师范者"充任。至于劝学员则明令由"总董(由县视学兼任)选择本区土著之绅衿品行端正、夙能留心学务者,禀请地方官札派"。

由此可见,视学员、劝学员在职能与地位上与传统社会的官、绅并无大异。传统的社会结构中,绅士是"皇权"与"民权"的中介,国家政府通过科举制度,使绅士阶层得以进入统治集团内部,在掌控绅士的同时,依靠绅士实现对民间的统治。[6][7]这一绅士阶层在传统社会里就有办学传统。科举废除后,晚清政府的视学沿袭了旧制,被赋予官职。部分热衷教育的绅士被授予视学员与劝学员的职位。但因社会结构发生了重大改变,教育形态发生变化,所以更强调视学员、劝学员监督、兴学的职能应建立在教育知识、经验基础之上。

中国视学制度的建立得益于日本的教育管理经验。但其产生、发展又与中国的学官传统密不可分。中国的视学有利于推进新学堂的实施,也有助于国家管理教育。视学人员由政府任命,享有官职,并对政府负责。这种格局的形成意味着当教育成为一个相对独立的机构时,国家必然形成相应的机制,影响、控制教育的变迁。

二、民国政府的视学与辅导员:管理、研究、指导

晚清末期,新式学堂发展迅速。据统计:1903年到1909年,全国学堂数由769所增加到52 348所,学生人数则从1902年的6 943人增加到1909年的1 560 270人。[8]而民国时期,新式学堂已成主流。在此背景下,负有兴学之责的劝学所面临改制。如蒋维乔在《民初以后之教育行政》中指出:"我国教育办理已数十年,劝学所名词已不适用。"遂明确了劝学所的行政职能,该为教育局。与劝学所改制同步进行的还有各类研究团体的成立。

民国初期,政府建立了教育会(中央、省、县三级)、通俗教育研究会、教育调查会等研究机构,负责研究教育中的诸种问题,为政府的教育决策提供依据。以中央教育会为例,参与者甚众,有各局局长、视学、各类司长、各省学务公所议长或议绅、学堂监督教员、有学识或富于教育经验者等。这些人员由政府部门选拔或推荐。这类教育研究机构与政府形成"公议关系"。除了政府主导的研究机构之外,大量民间教育团体得以兴起,如上海改良私塾总会、中华职业教育社、中华教育改进社、北京大学平民教育演讲团等。据统计,1912年至1925年期间,类似的教育团体共计44个。即使如此,中国当时"缺乏真正完备的独立学术机构,学会之间也缺少相互联系,不能形成研究合力"。[9]一些民间教育研究机构因资金、合法性等问题,在教育史上只是昙花一现。但政府主导的各级教育会获得了稳定的发展。有的县(区)教育会组织举办了"教员研究会"或"教员联合会",定期或临时召集县(区)教育会会员、视学、师范学校及中小学的校长和教员代表等,进行中小学的"普通研究"或"分科研究",或以通信、互相参观、讲演会、巡回供给图书等方式开展辅导活动,谋教育之进步。[10]民间教育研究团体与政府主导的教育研究机构的不同发展命运,反映了民国时期教育行政对教育研究有巨大的

影响力与推动力。

此外,视学人员的职能变迁与辅导制度的产生进一步说明了教育行政与教育研究的关系。民国时期教育行政机构保留了视学职位,对各级视学的任职条件、视察内容与范围、工作程序等重新做了界定。如相继颁布了《视学规程》(1913年)、《省视学章程》(1918年)、《县视学章程》(1918年)。任职视学者(部、省、县)都强调其学历背景或留学经历、教育(行政)工作经验。此外,部视学的选拔关注推荐人的资格。视察内容与清末相比,变化不大,用"社会教育及其设施状况"取代了"有关教育学艺诸种之设施"。但原先视学人员的监督职能已不能满足教育系统的发展。随着美国视导理念的引进,教学法实验的推进,教育理论与实践层面都迫切需要教学研究、指导职能的出现。从当时视学报告中可以看出,视学视察项目包括学校编制(职员、学生、学级、年龄)、设备(校地、校舍、校具)、教授及训练(教授细目、教案、教学用书、教授实况)。前两者属于背景资料,视学最为关注的还是教授及训练。在视察报告中详细记载了每一科目的教学,并对其教法提出改善建议。[11]视学职能得以发展,一方面出于外部变革的需求,另一方面出于视学成员的内部调整,即专业力量进入视学队伍。民国中后期教育专家介入视学队伍,视学制度由分区指导走向分区与分类指导相结合。由于视学职能的分化,各地出现了不同的视学称号,如江西省称之为教育指导员,陕西省称之为教育督察员,广西壮族自治区称之为导学,安徽、湖北两省称之为督学,上海则分为分科指导员和视察员等。

除了视学之外,民国时期出现了辅导人员,专门负责中小学教师的教学研究与进修。1928年,浙江省开始实施地方教育辅导会议制度,全省依各旧府属划分为11个省学区,将各学区内的省立中学附属小学分别改为国民教育实验学校,在实验学校内设置地方教育辅导员,组织和辅导学区内小学教员的研究和进修工作。此后,国民政府颁发了一系列的辅导条例,强调不同层面、不同学校的辅导。在教育辅导制度的推波助澜下,教育辅导成为教育视导的主要任务之一。[12]视学与辅导员的职能相互重叠，界定不清。

由此可见，伴随着视导职能的更新，劝学员的退出，辅导员的出现，意味着监督、兴学职能已经不能满足学校教育系统内部的需求。为提高教师的教学、开发合适的教材教法、设计合理的课程等，教育研究、指导职能必须产生。由于民国时期民间教育团体合力不足，最终形成了政府主导的教育研究、指导。视学发展成一个弹性的组织，在方向上，坚持行政领导，在人员构成上，形成行政与专业合作体。这种专业团体起初来自师范院校的专家、中小学的校长等，随着辅导制度的确立，教员联合会的实施，教师也成为教育咨政中的组成成员。

三、老解放区的教育巡视员与辅导员：视察、指导、分享

老解放区的教育不同于民国时期国民政府的教育。由于受战争、经济等因素的影响，老解放区存在着大量的非正式教育，并发展成两大教育体系：学校教育和社会教育。前者以中心小学（或完全小学、模范小学）和联合中学为主，形成学校教育网络；后者形式多样，包括干部教育、群众教育等，属于社会教育。政府主要通过教育巡视和报告制度对两类教育进行领导和管理。省教育部门、县教育部门、市教育科均设巡视员。巡视员从有威望、有丰富的教育实际工作经验的人员中选拔。巡视员的任务除了直接考察教育机关外，还要亲自到学校了解情况，访问群众，征求意见。巡视结束以后，要写总的报告，报告所属教育部门。[13]如鄂豫皖省苏维埃政府文化委员会1931年颁布的《巡视纲要》中指出：

"各地巡视员在学校教育方面要对学校中教员的资格，学校的位置，学生的考察，教员的程度，教材的选择，训练的程度以及学生与家庭的关系等问题进行调查了解。在社会文化教育方面，要调查了解各地是否普遍设立了读报班、识字班、列宁室、俱乐部、演讲所、游戏场等文化组织，在各地文化组织中

是否吸收了广大工农群众,用什么办法吸收群众注意这些组织;这些组织的布置如何以及负责人是否得到群众的信任等问题。在学校经费方面,要了解校务委员会和当地文化委员会对学校是否负责;教员薪资伙食共计多少,出于何处;教员伙食和其他费用是否感到困难等问题。"

仅仅拥有自上而下的巡视制度,并不能解决教育质量问题。战争年代,许多老解放区师资不足,即使有短期师范班,也不能解决教师大量缺口的问题。所以老解放区也存在类似于"教员联合会"或"教员研究会"的组织。如1932年闽西地区规定:"为提高教职员的政治水平和教授研究方法,每月需召开一次教职员联席会议,教职员的调动权属区文化建设委员会。"同时,湘鄂赣省鄂东南苏维埃政府文化部发出了《开办小学教员研究所的通知》(以下简称《通知》)。《通知》说:"鄂东南苏维埃政府决定开办小学教员研究所,附设于列宁模范小学内,以模范学校的教育去训练小学教员,同时小学教员可在模范学校内练习教学,以便得到比较丰富的收获。"中央教育人民委员部则于1934年批准颁布《红色教员联合会暂行章程》(以下简称《暂行章程》)。《暂行章程》规定,红色教员联合会的任务是团结小学教员研究教授和管理儿童的方法;有组织有计划地领导儿童参加革命,发展苏维埃小学的教育事业;改良教员本身的生活,实行教员互助。由此可见,类似于联合会的组织通过教师互助的方式,有利于解决老解放区资源匮乏、师资不足的问题。这是否意味着在巡视制度下,存在着"自动"的集体组织,可以洗刷以往"上级命令、下级遵办的弱点"?事实未必如此。

老解放区辅导制度的实施与民国政府时期并无大异。在老解放区,中心小学的教职员和其他学校的教职员"时常联络,时常研究,时常观摩,时常策励,并每月举行定期集会一次"。虽然中心小学不同于国民政府的教员联合会或辅导会议制度,既不属于民间研究团体,也不属于行政机构,但从中心小学在老解放区的地位与功能看,不难发现这种立足于学校的研究集体依旧未脱离教育行政的影响。中心小学集中了学区内较好的教育资源,中心小学的优秀教师辅导区内教师工作,交换教学经验,组织课堂观察等,并负有向上级行政部门反映意见的职能。所以"中心小学辅导制度是教育行政上的一个助手"。[14]

除中心小学辅导制度之外,老解放区还出现了教研室的萌芽——"研究室"。因战时需要,1940年,边区政府颁布的《晋察冀边区政府民国29年工作方案》中进一步强调了教育服从抗战、为中华人民共和国成立事业服务的特点。但是,"当时教育行政机构设置不够健全,教育工作中,对复杂的人的教育、物的教育、事的教育和其中的相互联系,了解与执行得非常不够",遂提出"教员可由教务处领导,成立研究室,研究教学方法与方式,并编辑教材"。除了学校一级的研究室外,还强调区内合作。1942年,《晋冀鲁豫边区小学暂行规程》规定:"小学应以联合学区为单位,建立研究小组,研究儿童生活观察及教导方法……并请上级教育行政机关之视导人员参加。"由此可见,当时的研究小组功能主要在于教学研究与教师辅导,但受到教育行政的监督与管理。

所以,即使老解放区意识到教师集体合作、分享的重要性,但教师的研究受到巡视员、辅导员的指导、考核。中心小学虽然不属于行政机构,却在政府与区内其他学校之间扮演着承上启下的角色。且因"教育为抗战服务"的思想,老解放区的巡视员、辅导员还对教师的政治立场进行监督。这进一步强化了教育研究受教育行政监督的传统。

四、结　语

正如程湘帆所言:"教育行政始于公共教育。"[15]视学作为行政机构的一员,产生于公共教育的独立。公共教育处于初创时期,视学从监督、管理的角度对学校教育进行规范;劝学员通过"指导劝诱"保障公共教育的运作。当公共教育满足了量上的需求,开始寻求教育自身的价值时,教育研究则显得尤为重要。虽然在民国时期,存在过相当数量的民间教育研究团体,但影响甚小,历时较短,最终形成了政府主导的教育研究机构。老解放区形成的"中心小学辅导制度""研究室""研究小组"虽然强调教师的集体研究、教师对教师的指导,但是中心小学在历史上的特殊位置,决定了中国的教育教学研究、指导始终处于教育行政的监督、管理之下。综观晚清政府的视学员、劝学员,民国时期的视学(督导)、辅导员,老解放区的巡视员、辅导员,虽然他们在特定时期的职能有所不同,但他们拥有两个共同点:一是管理、研究或指导学务,二是对上级行政部门负责。简言之,这类人员同时具备专业与行政的职能。这种职能"两栖化"的特点可视作是对学官传统的赓续。

这一传统还对中国现存的教研制度、督导制度产生了深刻的影响。从1954年《五四决定》中强调教育行政人员的"业务领导",到1956年成立教研室,都强调了教育行政对教育研究、指导职能的领导。当时的教研员多来自骨干教师或优秀校长,享有一定的行政编制。如今教研室虽然不属于教育行政机构,但教研员需向上级行政部门汇报工作,对教师负有检查、指导之责。1986年,《中华人民共和国义务教育法》颁布实施,同年,国务院办公厅转发《关于义务教育法若干问题的意见》,规定:"国家和地方逐渐建立基础教育的督学(视导)机构,对全国和本地区范围内义务教育实施全面的视察、督促和指导。""督政与督学相结合"[16]成为中国督导的基本原则与特色。由此可见,中国传统社会的学官传统并未因教育系统的重大变革而发生根本性的改变,却在不同年代得以赓续,且发展出教育研究、指导职能。这也意味着当前中国的教研员或督学肩负着教育行政与教育研究、指导的双重职能。

参考文献

[1] 姜文闵,韩宗礼.简明教育辞典[M].西安:陕西人民教育出版社,1988:289.

[2] 王德昭.清代科举制度研究[M].北京:中华书局,1984.

[3] Leslie Nai-Kwai Lo. State Patronage of Intellectuals in Chinese

Higher Education[J]. Comparative Education Review,1991,35(4):690-720.

[4] 江铭.中国教育督导史[M].北京:人民教育出版社,1994.

[5] 朱有瓛,戚名琇,钱曼倩,等.教育行政机构及教育团体[M].上海:上海教育出版社,1993.

[6] 吴晗,费孝通.皇权与绅权[M].上海:上海书店出版社,1948.

[7] 张仲礼.中国绅士——关于其在19世纪中国社会中作用的研究[M].李荣昌,译.上海:上海社会科学院出版社,1991.

[8] 王炳照,等.中华人民共和国教育历史传统与基础[M].海口:海南出版社,2000:156.

[9] 聂劲松.中国百年教育研究制度审视[D].长沙:湖南师范大学,2009.

[10] 余起声.浙江省教育志[M].杭州:浙江大学出版社,2004:931.

[11] 京师学务局.视察京师公立第十九高等小、国民学校报告[J].京师学务局教育行政月刊,1919(1).

[12] 熊明安,高慎英.民国时期的教育辅导制度[J].教育史研究,1995(3):82-95.

[13] 李才栋,等.中国教育管理制度史[M].南昌:江西教育出版社,1996:706.

[14] 中央教育科学研究所.老解放区教育资料(二)[M].北京:教育科学出版社,1986.

[15] 程湘帆.中国教育行政[M].福州:福建教育出版社,2008:4.

[16] 杨润勇.关于构建我国教育督导政策体系的思考[J].教育研究,2007(8):28-33.

(原文载于《教育学报》2011年第2期,第108—112页,作者为卢乃桂、沈伟)

第 十 章
英、美、澳教育视导的实践、影响及理据

教育视导是教育质量保障的主要机制,其职能与作用受到研究者的广泛关注。英、美、澳三国发展了不同模式的视导制度,反映了国家对教育不同程度的干预。视导扮演了教育问责与学校改进的双重角色,对教师的教与学造成了不同的影响。分析这一现象,需借助国家理论澄清视导的存在理据与职能。

一、英、美、澳教育视导的实践

教育视导①作为教育质量保障的主要机制,在管理、保证公共教育的运行方面发挥了重要的作用。随着公共教育的改革与发展,教育视导的角色与影响日益受到研究者的关注。在当前教育质量保障体系和学校改进运动中,视导究竟是以问责为其工作重点,还是立足于学校改进?英、美、澳的视导实践为回答这一问题做了铺垫。

(一)英国教育视导:国家主导下的教育质量保障机制

20世纪90年代之前,皇家督学(Her Majesty's

---

① "视导"是一个统称,在不同国家称呼不同,人员构成、工作机构也有所区别。英国的视导主要由"inspector"和"subject advisor"构成;美国由"superintendent""supervisor"等构成,且在不同的州还有其他不同的称呼;在澳大利亚主要是"superintendent"。我国与此相对应的翻译是"视导""督导"或"督学"。这里以"视导"统一称之。

Inspector,简称 HMI)是英国主要的教育质量保障机制,负责学校教育、教学的检查与指导。1992 年,英国成立"教育标准办公室"(Office for Standards in Education,简称 Ofsted),形成了严密的视导体系。视导人员由皇家督学、注册督学、团队督学、非专业督学和额外编制的督学构成。上述五类人员可进一步划分为学科督学和学科咨询员。所有的视导人员都要接受培训。2006 年,英国颁布《教育与视导法案》(Education and Inspection Act),将教育标准办公室改名为"教育、儿童服务与技能标准办公室"(the Office for Standards in Education,Children's Services and Skills,简称依旧是 Ofsted)。

Ofsted 独立于英国教育部,其负责人皇家总督学以枢密令的形式任命,需要向女皇、多个政府部门报告工作,并在政策建议中扮演着重要的角色。[1] Ofsted 的成立改变了皇家督学抽样评估的方式,保证每校必评。由皇家督学执行的视导工作通过竞标方式(competitive tendering)转交到各个专业组织手中,Ofsted 对竞标者进行效益评估后,签订视导合约。视导除了评估学校教育质量外,还通过讲座、文章、会议等方式对教师的学科教学产生影响。

21 世纪初,Ofsted 完善了学校自评框架,建立了国家统一的视导评估标准,从课程、学与教、校风、领导与管理等多个领域考察学校达到国家标准的程度,对学校整体效能做出"卓越、良好、满意、不足"4 级评判。如果学校被评为"不足",视导人员需要诊断问题,提出改进措施,通知学校改进。

Ofsted 工作范围广泛,不仅负责学校的评估,还主持幼儿教育、非义务教育、教师培训机构、地方教育局的检查、评估。故"教"与"学"的指导职能不可避免地受到削弱。2005 年,Ofsted 出台了《每个孩子都很重要》的督导框架,强调问责功能与改进功能并举。然而,仅仅依靠督学,很难促进教与学的改进,故 2006 年的《教育与视导法案》指出,地方教育局应从公立学校中选拔教师,任命为"改进伙伴",为政府机构和校长提供建议。"改进伙伴"必须满足地方教育局制定的相关要求,得到国务大臣或由国务大臣授权的相关人事任命。英国各地方教育局与学校、教育者合作,共同推动教育的变革。其中,学校网络、学校联盟等都被视为提高教师教学水平、保障教育质量的重要工具。[2]政府在这些组织中扮演支持者的角色,以发挥优秀教师、优秀学校的辐射作用,进而改进学校的整体质量。

(二)美国教育视导[①]:国家与专业人士合作的质量保障机制

在美国,督学被视为最早的视导人员。美国公立学校形成之初,当地委员便开始让受过专业训练的人士管理和监督学校,这些管理人士即为督学。督学和州教育行政官员被视作官僚层级组织中的"控制代理人"(control agent),[3]素有管理、指导、培训教师的传统。20世纪80年代,联邦加强了对教育的干涉,但是全国不存在统一的视导制度。视导人员构成复杂,既有州、学区教育行政机构的成员,也有校长、大学学者、优秀教师等。督学的任命方式也比较特殊,既有政府部门直接任命的督学,也存在由学校委员会指定的督学,故各州督学受政府影响的程度不一。[4]

无论何种人员任职视导职位,都必须通过州的资格认证。美国的课程与视导发展协会(Association for Supervision and Curriculum Development,简称ASCD)作为一个非营利、非官方的专业组织,主要由校长、教师、督学、大学教授、学科专家等构成,其主要职责在于促进教育领导、教师专业发展和学校质量提升。视导不存在统一的评估指标,主要从实践层面改善教师的教学。所以在美国发展出若干不同的视导模型,主张对教师做出实地的、发展的、区分性的视导,以促进教师的专业发展。[5]而以问责为目的的教师绩效评价则由其他的专业组织实施。

---

① 美国的视导(supervision)人员构成较为复杂,各州形成了不同的视导资格认证制度,对视导的指称各不相同。除了视导(supervisor)或管理者(administrator)之外,还存在助手(assistant)、协作者(coordinator)、指导者(director)、课程专家(curriculum specialist)、部门主管(department chairperson)、顾问(consultant)这些称呼。我国已有的翻译中多将这类人员统称为"督导"。本文为了区分各类视导人员的不同职能,故将superintendent翻译为"督学",旨在表示其行政属性。

出于满足学生的学习需求和提高学习成绩,联邦、州要求学区改变原先事务管理的角色,下放决策权。在这种情况下,学区在教育系统改革中日趋重要。一些学区建立了学校合作网络,利用学校内部、外部的专业力量改进教师教学,促进教师的专业发展和学校改进。[6]在这种情况下,学区督学的角色日趋多元化,如管理者、教学领导者、变革能动者、训练有素的沟通者、娴熟的"政治家"等。[7]同时,学区还吸收一批专业人士作为"准视导"——"教学教练"(Instructional Coach),对教师的教学产生了重要影响。[8]虽然不乏专业组织提出"教学教练"的资格认定,但各州在聘用"教学教练"、实施相关政策方面不尽相同。"教学教练"主要进行教学观察与讨论、上示范课(demonstration lesson),促进教师合作、反思。一般而言,这类人员由学区拨款资助聘用,但不享受行政职位。[9]

由此可见,美国视导的职能处于不断地分化和调整中。有关评价的职能逐渐由专门的组织接替,在教学指导层面引进新的人才,以满足教学变革的需求。

(三)澳大利亚教育视导:国家授权代理下的专业质量保障机制

澳大利亚也有视导传统。早先的视导不仅扮演评价者的角色,也扮演学科专家的角色,对教师的教学做出评价,并伴之奖惩措施,也为教师的教学改进提供建议。但是20世纪60年代末,教师工会组织指责视导与教师的专业性背道而驰,视导工作存在不公平性、歧视、家长作风,在一定程度上削弱了视导的势力。此后30年,教师的教学实践很少受到正规的评价和监督。若需对教师的提升做出评估,则借助于面试遴选小组(interview-selection panel),该小组由校长、教师候选人、工会和教育部门代表组成。这种面试无法确保评估的信度。[10]

20世纪80年代,澳大利亚进行公共部门改革,与权力下移相伴随的是绩效评估和问责。[11]在新管理主义思潮的影响下,澳大利亚的教育质量保障主要依靠自评和外评来完成。督学作为学区的主要行政官员,职能界定清晰,主要负责学校管理工作,是政策实施的中间渠道。与英、美不同,澳大利亚没有专门的视导机构或组织,但在州、学区教育行政管理机构内部存在类似部门,负责学校的教学与课程指导事宜。例如南澳大利亚州所属学区成立了"学习区域协调者"(learning band coordinators),为学校实施高质量的教学和课程提供咨询意见。[12]此外,学区督学或学区主任会参与学校的评估工作。但各州实施评估的方式和政府介入的程度不一。例如维多利亚州、澳大利亚首都区通过独立的外评组织对学校的自评进行判断,建立了区分性评估体系。西澳大利亚则要通过由学区主任介入的自评来判断学生的成绩。在外评中,专业组织聘请学校的校长、教师担任短期的外评人员。外评结果向所有的教育"持份者"(stakeholder)汇报。[13]

与英、美相似的是,近期澳大利亚也开始强调地方政府在教育管理中的作用,在州与学校之间建立了地区网络。以维多利亚州为例,2008年提出建立地区网络,旨在促进学校与学校、学校与其他中介机构的合作,以达到地区资源与信息的共享。2010年,维多利亚教育与早期儿童发展部(Department of Education and Early Childhood Development)颁布了《2011年网络问责与改进框架》(Network Accountability and Improvement Framework 2011),正式建立了区网络领导(Regional Network Leaders,简称RNLs)。RNLs受地区主任(Regional Director)监督,为区内学校合作、教师专业发展、教育改革议程的实施等提供服务。区网络领导小组最多由3名校长组成,在咨询、指导、资源共享、区网络自评中扮演重要角色。新南威尔士教育与培训部也开展了提升教师质量的国家伙伴项目,通过"中心—辐射"(hub-spoke)模型,发挥优质学校对薄弱学校的引导。昆士兰州则走得更远,它不仅加入了提升教师质量的国家伙伴项目,还配备了专家教师队伍,充当读写、算术、科学学科教练,为教师教学提供支持。此外,昆士兰州是唯一对所有学校进行教与学评估、汇报的州。评估队伍由经验丰富、学校成绩突出的校长担任。接受评估的学校将根据校长的综合报告,向社区委员会咨询,拟定行动计划,故评估被视作学校改进的举措。

总体而言,在教育质量保障方面,澳大利亚较少强调督学的作用,而是通过专业组织主持的学校评估完成教育问责。[14]在一些研究中,督导与自评成为两套对立的话语体系,督导被视为国家控制的手段,而自评则能促进学校的质量提升。[15]进入 21 世纪后,这个深度放权的国家意识到学区在教育改革中的重要作用,学区的教育行政人员也被赋予新的角色,对学区的教育资源进行组织、协调、监督和评估。

二、视导的影响:从学校领导与教师层面看

从上述视导的实践出发,很难将视导的问责职能与学校改进职能截然分开。其实,评价视导的功能不可避免地要分析学校领导者和教师的感知。

英、美、澳一些研究显示,教师与校长认为视导能够提升教育质量。在这类研究中,视导表现出的共同特征是:确认学校发展中的优点与弱点,明确学校发展的方向,建立学校发展愿景,对教与学的改善做出贡献,表现出合作、建构的特征等。在英国,当 Ofsted 的顾问作为教师的"诤友"之一,与校长建立信任,共享价值与目的,注重交流,表现出实践行动时,能够促进学校改进;[16]在美国,当视导强调合作学习、教师赋权增能、参与式决策,鲜少提及公共问责和外部评估时,视导可以提高学习、教学和领导的质量;[17]在澳大利亚,教育质量保障主任在学校评估过程中开发了"最好的实践",也能促进学校发展。就这些研究而言,视导可以实现学校的改进。学校改进是一种系统而持续的努力,旨在改变校内的学习条件和其他相关条件,最终让学校更有效地实现教育目标。[18]学校改进主要表现为关注学校能量的建构,通过专业社群促进学校的可持续发展,利用熟悉教与学的人改善教师的工作方式,提高学生的成绩。[19]视导因接近教学现场,具有专业背景或经验,可承担学校改

进的职责。

与此相反,也有研究揭示视导扮演问责角色,而非发展角色。[20]例如研究表明,将近70%的教师认为Ofsted的主要目的在于要求学校对自己的行为做出解释。[21]在这种情况下,视导通常根据学生的成绩来判断教育质量的优劣。在英国,每所学校要根据自评框架、外评标准填写表格,为Ofsted的材料分析做准备。澳大利亚的绩效评估则表现为一种结果控制。[22]就这类研究而言,视导的职能在于提高学校效能。这一效能表现为学生学业成绩的静态产出。[23]

还有研究揭示,视导剥夺了教师的专业权利,给教师工作带来了压力与威胁。[24]教师的活动被分割成两块,一是直接与教学、研究、课程发展相关的活动,一是为评估、监控、管理提供信息的活动。在固定的时间里,教师从事一类活动必然以降低另一类活动为代价。布莱克默(Blackmore)和萨克斯(Sachs)称之为"制度型精神分类"(institutional schizophrenia)。更为负面的影响是教师经历视导的过程是一个价值碰撞的过程,教师的生活被视导"殖民化",教师角色去专业化。[25]Ofsted(2004)的报告中指出,教师有可能出于"视导要求这样做"而去教学,尤其在信心不足的薄弱学校,这种现象更为突出。另外,视导还可能导致好学校"躺在功劳簿"上,或者出现一些"橱窗效应"。[26]从这一视角而言,视导是表现主义的体现。表现主义是一项规约性的技术,是国家控制的一种新方式,它把复杂的社会过程和事件化约成简单的数字或类别,在这种追求卓越结果的情况下,带来教师身份的重塑或混乱。[27]

除此之外,也有一些研究揭示,视导对教师的专业判断、学生的成绩几乎不造成影响。[28]对于这些不同的感知,一些学者曾做出解释。达林-哈蒙德(Darling-Hammond)等人认为,视导对教师评估持不同的理据,会直接影响其所扮演的角色。[29]查普曼(Chapman)、普罗莱特(Plowright)认为,视导之所以产生不同的影响与学校组织文化有关:若学校具有合作、反思的文化,则能减缓外评的负面影响,并把自评当作学校改进的工具。[30]路易斯(Louis)等人则认为,问责到底是损坏教学还是提高教学,取决于教师对问责政策的诠释。[31]总体而言,有关视导影响的研究依旧模糊,不同的结果通常与研究方法的应用有关。更多的研究应侧重控制机制的存在理据方面。[32]

三、视导的实施理据:从国家与教育的关系出发

倘若追根溯源,视导之所以对教师、学校领导者产生不同的影响,与视导在国家教育体系中的位置有关。一般而言,视导与公共教育的成立、发展密不可分。故厘清视导的职能,必须从国家理论出发,因为国家理论界定了教育研究、教育政策和教育实践的作用、目的和本质。[33]国家理论庞大而复杂,且流派甚多。本文主要以英国社会学家阿彻(Archer)的国家教育体系形成理论为基础,探究视导的实施理据。

(一)视导职能:国家对教育治理方式的反映

阿彻对英、法国家教育体系进行研究,归纳出国家控制教育的两种方式。在集权制的国家,国家通过政治操作的方式直接控制教育,专业群体与其他利益群体必须通过政府才能影响教育的变革。在分权制的国家,专业群体、政府精英、外部利益群体均可以直接引发教育的改变。其中,专业群体享有较高的自主权,从内部促进教育的变化;其他各种利益群体通过"资源交换"的方式使教育满足其需求。由于需要平衡各种利益团体,并吸引公共资金,各类"持份者"会牺牲一部分自主权转向问责制,由此形成国家教育体系。[34]故在不同国家,国家对教育的控制会表现出不同的形式。即使均为分权国家,因文化、地理之差异,分权的程度也有所差异。[35]视导作为国家影响教育的主要机制,在不同的国家表现出不同的职能分野。

阿彻曾用"替代"模式解释英国的国家教育体系,即英国的教育体系内部缺乏系统性和统一性,由多个独立体系堆砌而成。在教育管理方面,国家对教育的管理受到多个利益群体的监督,甚至掣肘。

Ofsted 的成立虽然强调免受政治的干扰,但形成了 Ofsted 对多个部门汇报的制度。同时,视导与教师之间也形成了互相制约的关系,教师可以对视导的过失进行申诉。受新右主义的影响,英国一方面开放了市场,专业组织可以通过竞标的方式获得视导的资格;另一方面又确定了国家在教育中的合法地位,即视导资格、视导行为均需得到国家的认可与监督。所以英国的视导既受行政力量的约束,同时又具备专业职能。

美国教育管理体系的形成由国家管理机构和专业层级化组织的互相整合形成,具有较强的专业传统。然而 20 世纪 80 年代的改革使得国家对教育的干预日益增强,地方自治的传统逐渐被打破,教育管理机构成为真正意义上的"管制"机构。[36] 在这种情况下,美国的视导体系表现出两面性:一方面具有行政职能的督学,同时又发挥问责职能和专业指导职能;另一方面不具备行政职务的视导人员则为教师教学提供专业支持。

澳大利亚具有地方自治的传统,并且是率先进行公共部门改革的国家。其改革力度之大远远超过了英国。这种改革在教育领域表现为深度分权,引入绩效管理机制;缩减行政编制,追求管理扁平化。具体表现为增加学区数量,增加课程、教学服务人员岗位,主要由外部专业组织负责各类标准的制定与教育质量的评估。因受新管理主义思潮影响甚重,绩效管理在教育管理领域获得合法位置,并与传统的督学形成两套话语体系。前者为质量保障,后者为质量控制。故澳大利亚的督学以行政职能为主。

英、美、澳三国的视导机制反映了国家对教育的不同治理态度和干预程度。英国的视导权掌握在国家手中,专业团体经"合法化"之后,才能行使视导之职能,故表现为"委派管理"(delegation)。澳大利亚则由各类专业组织负责标准的开发,从事评估、报告,政府扮演组织者和协调者的角色,这种深度放权可视为"授权代理"(devolution)。[37] 而美国视导人员构成复杂,分权程度介于英、澳之间。

(二)视导职能发展趋势:国家干预下的专业服务

虽然在不同国家视导职能侧重点不一,但分析英、美、澳的视导实践,可归纳出三个共同点,它们表现了当前视导职能的发展趋势。

其一,由第三方组织介入视导评估。英、美、澳的视导在产生之初带有强烈的行政色彩,对教育主要行使监督、管理之职能。但随着教育系统的发展,为了确保视导工作的专业性,英、美、澳出现了两种趋势:一是通过资格认证,要求担任视导者,必须经过考试、培训与认证;二是国家政府与专业群体形成合作关系,通过竞标、委托管理的方式,让专业组织进入视导团队。总体而言,在英、美、澳,第三方专业组织已成为视导评估的中间力量。

其二,视导结构日趋精细化。英、美、澳进入21世纪后,不约而同地强调学区在教育系统改革中的作用。鼓励学校之间的合作,建立各种教育网络,从中小学遴选出优秀的校长和教师,对教师的教与学做出评估与指导。故视导队伍中多了"改进伙伴""教学教练"等人员,使得基于实地的学校改进工作成为可能。

其三,视导依旧是国家干预教育的主要力量之一。虽然新右政策、新管理主义思潮强调市场的力量,但英国的新政策体系并非由市场来取代国家,其本质是强大的小国家与防御的市场的共生关系。[38]美国、澳大利亚同样如此,即使引入了市场化的管理方式,也没有忽视政府的调节作用。在视导运作方面,表现为各类专业组织需要对政府部门做出不同程度的问责。

综上所述,国家对教育的干预是视导存在的主要理据。出于各国对教育治理的不同态度,视导的问责职能与学校改进职能会出现不同比例的分配,而国家干预下的专业服务是视导职能发展的大趋势。

参考文献

[1] Matthews P, Sammons P. Improvement through Inspection: An

Evaluation of the Impact of Ofsted's Work[M]. London: Ofsted,2004.

[2] Ainscow M. Achieving Excellence and Equity: Reflections on the Development of Practices in One Local District Over 10 Years [J]. School Effectiveness and School Improvement, 2010,21(1): 75-92.

[3] Theodore J. Kowalski. The School Superintendent: Theory, Practice, and Cases[M]. London: Sage Publications, 2005.

[4] Arnold F. Shober. Splintered Accountability: State Governance and Education Reform[M]. Albany: State University of New York Press,2010.

[5] Glickman C D,Gordon S P, Ross-Gordon J M. Supervision and Instructional Leadership: A Developmental Approach [M]. Boston: Allyn & Bacon, 2001.

[6] Fullan M. All Systems Go: The Change Imperative for Whole System Reform[M]. California: Corwin,2010.

[7] Lars G. Björk, Joseph Blase. The Micropolitics of School District Decentralization[J]. Educational Assessment, Evaluation and Accountability,2009,21(3):195-208.

[8] Shulman V, Sullivan S, Glanz J. The New York City School Reform: Consequences for Supervision of Instruction [J]. International Journal of Leadership in Education, 2008,11(4): 407-425.

[9] Mangin M M. Literacy Coach Role Implementation: How District Context Influences Reform Efforts[J]. Educational Administration Quarterly, 2009,45(5):759-792.

[10] Kleinhenz E, Ingvarson L. Teacher Accountability in Australia: Current Policies and Practices and Their Relation to the

Improvement of Teaching and Learning[J]. Research Papers in Education,2004,19(1):31-49.

[11] Johnston J, Marshall N. Performance Evaluation and Accountability in Australian Public Sectors: Have the Means Become the Ends? [M]//Scott I, Thynne I. Public Sector Reform: Critical Issues and Perspectives. Hong Kong: AJPA,1994:169-192.

[12] Marshall S. Policy Perspective on School Effectiveness and Improvement at the State Level: The Case of South Australia [M]//Townsend T. International Handbook of School Effectiveness and Improvement. Berlin: Springer Netherlands, 2007:541-546.

[13] Cuttance P. An Evaluation of Quality Management and Quality Assurance Systems for Schools[J]. Cambridge Journal of Education,1995,25(1):97-108.

[14] Cuttance P. Quality Assurance Review as a Catalyst for School Improvement in Australia[M]//Hopkins D. The Practice and Theory of School Improvement. Berlin: Springer Netherlands, 2005:101-128.

[15] Cuttance P. Monitoring Educational Quality Through Performance Indicators for School Practice[J]. School Effectiveness and School Improvement,1994,5(2):101-126.

[16] Swaffield S. No Sleeping Partners: Relationships between Head Teachers and Critical Friends[J]. School Leadership and Management,2005,25(1):43-57.

[17] Macpherson R J S. Accountability in City Schools: Theory and Practice in Urban Educational Administration[J]. Education and Urban Society,1998,30(4):443-458.

[18] OECD. Making School Improvement Work: A Conceptual Guide

to Practice[M]. Leuven: ACCO, 1985.

[19] Elmore R F. School Reform from the Inside Out: Policy, Practice, and Performance[M]. Cambridge: Harvard Education Press, 2004: 217-218.

[20] Dean J. What Teachers and Headteachers Think About Inspection[J]. Cambridge Journal of Education, 1995, 25(1): 45-52.

[21][30] Chapman C. Changing Classrooms Through Inspection[J]. School Leadership and Management, 2001, 21(1): 59-73.

[22] Klenowski V. Public Education Matters: Reclaiming Public Education for the Common Good in a Global Era[J]. Australian Educational Researcher, 2009, 36(1): 1-25.

[23] Reynolds D, Teddlie C, Hopkins D, Stringfield S. Linking School Effectiveness and School Improvement [M]//Teddie C, Reynolds D. The International Handbook of School Effectiveness Research. New York: Falmer Press, 2000: 206-231.

[24] Troman G. Teacher Stress in the Low-Trust Society[J]. British Journal of Sociology of Education, 2000, 21(3): 331-353.

[25] Woods P, Jeffrey B. The Reconstruction of Primary Teachers' Identities[J]. British Journal of Sociology of Education, 2002, 23(1): 89-106.

[26][33] Wolf I F, Janssens F J G. Effects and Side Effects of Inspections and Accountability in Education: An Overview of Empirical Studies[J]. Oxford Review of Education, 2007, 33(3): 379-396.

[27] Ball S J. The Teacher's Soul and the Terrors of Performativity [J]. Journal of Education Policy, 2003, 18(2): 215-228.

[28] Rosenthal L. Do School Inspections Improve School Quality?

Ofsted Inspections and School Examination Results in the UK [J]. Economics of Education Review,2004,23(2):143-151.

[29] Darling-Hammond L, Wise A E, Pease S R. Teacher Evaluation in the Organizational Context: A Review of the Literature[J]. Educational Research Review, 1983,53(3):285-328.

[31] Louis K S, Febey K, Schroeder R. State-Mandated Accountability in High Schools: Teachers' Interpretations of a New Era [J]. Educational Evaluation and Policy Analysis, 2005, 27(2): 177-204.

[32] 乐先莲.西方马克思主义教育与国家关系理论的发展流派及当下意义[J].外国教育研究,2008(11):1-5.

[34] Archer S M. Social Origins of Educational Systems [M]. London: Sage, 1984.

[35] Rustand V D, Blakemore K. Educational Reform in Norway and in England and Wales: A Corporatist Interpretation [J]. Comparative Education Review, 1990,34(4):500-522.

[36] Timar T B. The Institutional Role of State Education Departments: A Historical Perspective[J]. American Journal of Education, 1997,105(3):231-260.

[37] Bray M. Control of Education: Issues and Tensions in Centralization and Decentralization [M]//Arnove R F, Torres C A. Comparative Education: The Dialectic of the Global and the Local. Maryland: Rowman & Littlefield Publisher, 2007.

[38] Dale R. The State and Governance of Education: An Analysis of the Restructuring of the State-education Relationship [M]// Halsey A H, Lauder H, Brown P, et al. Education: Culture, Economy, and Society. Oxford: Oxford University Press,1997.

(原文载于《比较教育研究》2011年第9期,第37—43页,作者为卢乃桂、沈伟)

第十一章
"能量理论"视域下校长教师轮岗交流政策实施的思考

"能量理论"为校长教师轮岗交流政策实施提供新思路。在"能量理论"的思路下,若想实现其促进教育公平和提升教育质量的初衷,校长教师轮岗交流政策实施应思考如何实现流动教师身上所拥有的"能量"流动,并依靠教育机制建设等力量把个人"能量"增强,以及促进这些能量在整个教育共同体乃至社群层面进行凝聚、沉淀、扩散与增长。能量并不限于个人范围内,还包括集体的能力及其所创造的机会。依托"能量理论",校长教师轮岗交流政策实施的理想状态是参加流动的校长及教师自主加入流动队伍,他们的能量亦能流动到流入地。实现能量的自由流动,扩充流动校长和教师自由发挥其能量的机会,教育领导力可作为切入政策实施层面的一种思路。

自1993年起我国开始出现城乡教师交流制度,而后各地陆续开始本地城乡教师交流的探索。2013年,《中共中央关于全面深化改革若干重大问题的决定》(以下简称《决定》)中明确提出,统筹城乡义务教育资源均衡配置,实行公办学校标准化建设和校长教师轮岗交流。这一旨在促进教育公平和质量的校长教师轮岗交流措施进一步上升到了国家战略的高度。从实地调研及其他学者的相关实证研究来看,其在具体实施中遇到一些问题。如在编制紧张的前提下,流出校派不出多余的教师,或为保护自身利益不愿派出优秀的教师而是派出那些需要解决职称的教师。在流入校，流入教师无法得到充分的发挥。校长教师轮岗交流政策要想实现其追求教育公平与质量的政策出发点，就需要创设机制以促进优秀校长和教师的能量发挥以及在整个教育系统内的扩散。一旦这种机制创建后，我们只需要引导优秀教育专业能量在其中进行流动，而并非只是人员的流动①。本文试图借助诺贝尔经济学奖得主阿玛蒂亚·森（Amartya Sen）的"能量理论"（Capability Approach）为校长教师轮岗交流的具体执行提供一种启示。

一、何谓"能量理论"

所谓"能量"（capability）②，并非我们常说的"能量"（energy），亦超越了人们一般所理解的认知和人际技能。作为经济学家和哲学家，森试图探讨：何谓发展？到底什么构成了美好生活？人如何能过美好生活以获得幸福？其提出的"能量理论"即是对上述问题的回答。[1] 森用这一"规范性理论"③，对人类的幸福、发展和正义等概念进行重新概念化。

长期以来，经济学界对如何通过发展促进人幸福的讨论主要有"商品或收入增加取向"和"效用取向"等。"商品或收入增加取向"认为经济发展的过程亦是经济增长、商品与服务拓展的过程。但森认为这种发展并不必然带来人的幸福。第一，人的富有程度并不必然提升其幸

---

① 我们的田野研究显示，来自"优质资源校"的教师，流到"薄弱校"后，由于"水土不服"，无法适应当地文化和学生特点而无法发挥自己的优势。而在所谓的"薄弱校"中，也有教师和学校管理者能深谙本地社区和学生特点，懂得充分运用当地的资源进行施教和办教育，并为自己所处的社区感到自豪和有归属感，而非一味羡慕城市及期盼到城市学校任教。因此，我们更应注重的是创设机制，引导具有不同专业能量的教师进行平等的沟通、交流和相互学习，提升彼此应对学生多样性的专业能力，促进教育系统内专业能量的汇聚和扩散。

② 在内地学界，多将此翻译为"可行能力"。但考虑到在森的论述中，个人的"capability"可以扩散到系统层面，因此，我们倾向于将之翻译为"能量"。

③ 与"规范性理论"（normative theory）相对应的是"解释性理论"（explanatory theory），比如用来解释某种现象。"能量理论"不是拿来解释贫困、不公平或幸福感的原因的"解释性理论"，而是用来对上述现象进行重新概念化的"规范理论"，如从能量理论来重新认识贫困、不公平或人的幸福感。因此，它在英文中是"Capability Approach"，而非"Capability Theory"。

福感,商品需要只能说是实现幸福的手段,但并非目的本身,因为它只是人们使用的物品而已;第二,不同的人可能有着不同的商品需求,即使商品或收入增加,可能有些人的需要仍未得到满足;第三,不同社会和文化脉络亦会影响人们不同的商品需求;第四,过于关注财富与收入等物质可能引起人们唯利是图和恶意竞争,这亦会减损人们的幸福感。而"效用取向"则受功利主义的影响,包括以边沁等人为首的传统功利主义及现代功利主义。前者强调社会的幸福程度有赖于最大多数人获得快乐,后者则强调人的欲望得以满足与幸福密切相关。但在森看来,功利主义取向是在集体层面考虑效用问题而忽视了每个个体的幸福;而从满足欲望的角度来说,有些个体的欲望并不应该被满足,有些个体则由于知道自己欲望难以满足而降低自己的欲望,这样即使他们的欲望得以满足,社会却难以进步。[2]

森还批判了罗尔斯在其《正义论》中所持的"公平分配资源可实现人的幸福"的观点。森赞同罗尔斯将分析焦点从效用取向的"效用"转移到"资源"。罗尔斯提出的"权利、自由、机会、收入、财务及有社会基础的自我尊重"等发展必需的"原初物品"(primary goods)这一概念亦与森所提及的"能量"有相近之意。但森认为罗尔斯观点的不足在于,他忽视了人使用资源的能力差异。即使每个人有权要求其发展所必需的资源,但不同人使用资源和从同样资源中挖掘出发展机会的能力可能不同。

二、从"能量理论"视域思考校长教师轮岗交流政策

"能量理论"作为人的发展机会与幸福的核心理论,对校长教师轮岗交流政策的制定与实施有重要启示和意义。引入"能量理论"思考校长教师轮岗交流政策源自于以下几方面的认识。

(一)为所有人提供高质量教育是世界各国及国际组织的共同追求

二战后,西方各国纷纷寻求国家发展出路。受"人力资本论"影响,

教育可促进国家发展逐渐成为学界和西方各国政府的共识。

"人力资本论"和"人权论"构成了一国支持教育的理论依据。"人力资本论"认为社会对个人教育和训练的投资就类似商业机构投资于生产工具一样,应有回报。[3]若从人力资源的投资角度考虑,教育的质量比数量对社会的经济增长更为明显。[4]因此,社会对教育的投资应重效率,将有限的资源投放于培养合格和可用的人才上,并关注教育投资的回报,即一些可测量的认知结果。"人权论"则视教育为人的基本权利,认为这些基本权利应保障每个人接受教育的机会、在教育过程中受到尊重及通过教育学会争取更多权利。因此,人权论者所倡导的,是一种以学生为中心,以适切于本土文化的内容,通过母语教学而成就的教学取向。教育机会应遍布整个社会。教育公平应体现于平衡社会里的种族、性别、阶级需求,尤其关注弱势社群的发展诉求。[5]"人力资本论"和"人权论"对教育公平和社会均衡发展的主张因价值取向上的分歧而未能协调。

而从西方各国的教育改革实践来看,不同时期在教育公平和质量之间各有侧重。近年来在国际组织的不断倡导下,教育机会均等问题的重点,亦由关注入学的数量演变成关注所受教育的质量了。联合国教科文组织在数年前提出的"为所有人提供教育"的发展计划方案于2015年完结。[6]该组织在近期发出的号召,已明显进入了一个为体现各种教育机会均等化而提高教育质量的"后2015时期"。

其实,无论是从研究或实践的角度观之,教育公平和教育机会均等都应该以较清晰的维度来引领规划及评鉴工作。不同学者曾建议探讨教育机会均等的维度。其中,广为学术界采用的,是美国学者亨利·莱文(Levin)在研究西欧教育机会与社会不平等时提出的四个教育均等指标,即入学机会、参与教育、教育结果及教育对生命机会的影响皆均等。[7]

(二)发挥校长教师的能量是优质教育资源均衡配置的关键

我国自改革开放后至今,发展教育逐渐被提升到国家的战略目标高度,并在兼顾公平和质量上不断调整。在改革开放初期,为了集中力量培养人才发展我国经济以面对西方竞争,我们基本上是在"人力资本论"视域下办学,讲究效率和精英教育。随着国力的强盛,提升教育公平,特别是缩减城乡教育发展差距已逐渐成为政府关注的问题。从近10年我国的教育政策来看,"统筹城乡义务教育资源的均衡配置"及"扩大优质教育资源覆盖面"等教育改革主张得到不断的推进。自2005年教育部《关于进一步推进义务教育均衡发展的若干意见》到2006年9月实施新的《义务教育法》,将义务教育均衡发展纳入法制轨道,再至2010年教育部印发《关于贯彻落实科学发展观进一步推进义务教育均衡发展的意见》,经由《国家中长期教育改革和发展规划纲要》(2010—2020年),到2012年国务院《关于深入推进义务教育均衡发展的意见》,再到2013年中共中央十八届三中全会明确提出校长教师轮岗交流政策,形成一条清晰的促进教育均衡发展的政策脉络。

目前我国优质教育资源仍较为稀缺,经济发展地域及城乡间存在较大差距,如何在我国这样的国情基础上兼顾教育公平与质量,在实施校长教师轮岗交流政策时,如何在促进教育公平的同时保证优质教育人才在流动后仍能充分发挥其能量,维系和提升流出校和流入校教育质量的同时进一步增进整个教育系统的公平与质量,实现国家发展和每个人的幸福就成了至关重要的问题。

目前,为推动优秀人才参与流动,我们运用或激励或补偿等各种鼓励措施。事实上,这只能激励那些需要这些激励的人,并不必然激励优秀者,而接受外在激励的人亦可能"人在心不在",其内在追求幸福的能力和动机未被激发。现有校长教师轮岗交流政策的实施某种程度上也隐含着"效用取向"假设,一方面,我们派出优秀人才去提升教育薄弱地区的教育质量,是可以通过提升薄弱校的效用而使整个教育系统的效用最大化,流出校因派出人才而可能产生的成本和效用的损失、流动者个人的效用减损等则可以忽略。另一方面,校长和教师的工作深受其所处环境的影响。一些参与流动的城市教师就表示,到了农村发现自己不会教书了,新流入的校长亦将其精力主要投入建立和谐人际关系而非抓教学质量。这意味着,优质资源配置和提升教育质量还应关注校长及教师运用其自身所具有的能力,以及从所发挥作用中挖掘发展机会的能力。比如,流动的校长如何解决因校长更换而分别产生的对流出校和流入校的教师士气、学校文化、学校中业已形成的可预测的工作节奏、权力关系及决策结构等的影响,流动的教师又如何适应新学校的工作节奏,并面对不同文化背景和发展差异的学生进行施教。

(三)"能量理论"为教育质量的系统性提升提供建设性出路

尽管森是经济学家,但他对社会正义和幸福追求的探索已广为其他学科采用。在教育学的各范畴中,学者也开始引用森的能量理论为探索的理论基础。[8]有学者引用森的理论肯定教育的内在和外显功能,重申教育在社会及个人发展中的角色,以及教育机会和社会资源再分配的功能及建设民主教育体制的潜力。也有学者引用他的能量理论说明教育的基本功能是扩大人的"能量",而这些"能量"既包括个人的能力和自主创造的机会,也包括通过个人的能力在社会上给他人创造的机会。[9]因此,森所指的能量并不限于个人范围内,还包括集体的能力及其所创造的机会。由此,在"能量理论"的思路下,若想实现其促进教育公平和提升教育质量的初衷,校长教师轮岗交流政策实施应思考如何实现流动教师身上所拥有的"能量"流动,并依靠教育机制建设等力量把个人"能量"增强,并促进这些能量在整个教育共同体乃至社群层面进行凝聚、沉淀、扩散与增长。

在森的能量理论中,能量的发挥与自由有着密切关系,个体能量的发挥亦受制度的约束,每个人又因其能动性的不同而对制度的约束有着不同的感知。在现实中,参与流动的校长及教师在教育现场的能量操作可能存在三种情况:一是其能量无法得到发挥,能量操作无效;二是其能量得以发挥,但仅限于个人层面;三是其能量得以扩散到系统层面。(见图1)

第十一章 "能量理论"视域下校长教师轮岗交流政策实施的思考

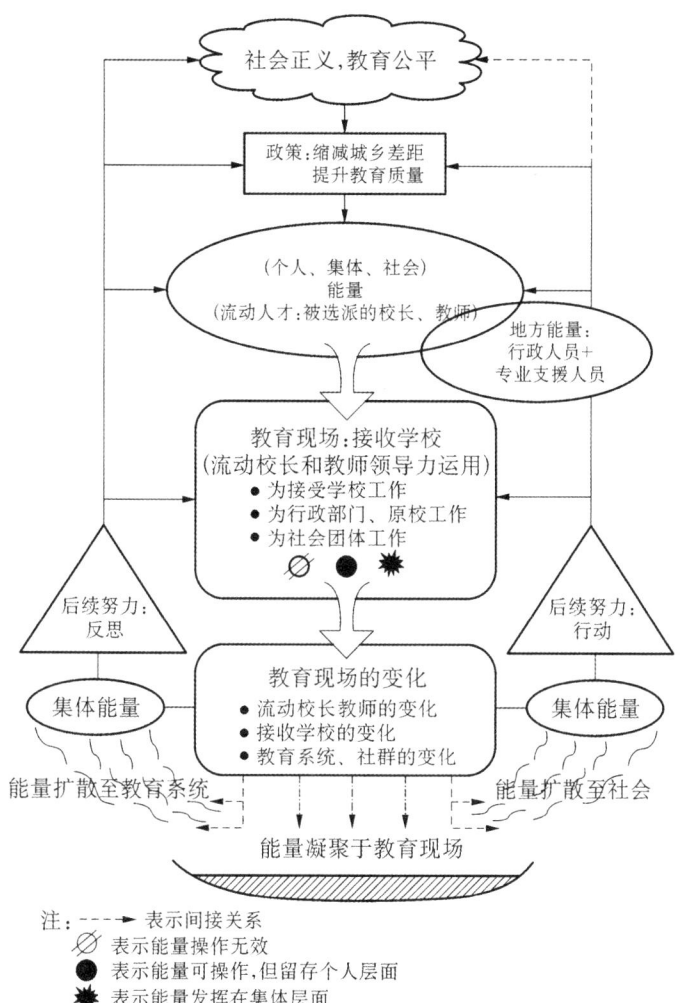

图 1 "能量理论"视域下校长教师轮岗交流政策实施思路图

加拿大学者迈克尔·富兰（Michael Fullan）对于制度改革如何在国家、省和地方（含学校内部）获得成功的评析亦使我们坚信"能量理论"用于思考校长教师交流政策实施的合理性。在《教育变革的新意义》中，富兰也对当前的教育问责制以及学生测试成绩提出质疑。在他看来，不论自上而下还是自下而上发动教育变革，成功的学校改革，核心都在于教育系统内部的能力建设。[10]他认为，若仅以"短、平、快"投资人力资本的思路去寻找有天赋的个体任教,并通过问责督促他们努力工作是无益于培养专业责任感的教师的,不利于促进教育系统内专业人员围绕促进学生学习的精诚合作和自主专业决策。[11] 不论是"能力建设"还是"专业资本",我们都可看到"能量理论"的影子。相比较而言,这两个概念都未如"能量理论"那样站在追求人的幸福和美好生活的高度。但在"能力建设"和"专业资本"提升中所倡导的分布式领导和专业学习社群等较新的教育实践对我们思考校长和教师流动到了流入地后的能量发挥有所启发。

另一位长期关注教育变革的资深学者理查德·埃尔莫尔(Elmore)认为,学校的进步在于其成员能个别及集体地学习新的知识和技能;成功的学校改革,应是一种由内而外的变革过程,由校内教师、行政人员和其他员工主动实践的一个发展过程。[12] 这种看法同样呈现了"能量理论"的影子。

三、"能量理论"视域下校长教师轮岗交流政策实施

依托"能量理论",校长教师轮岗交流政策实施的理想状态,是希望参加流动的校长及教师自主加入流动队伍,他们的能量亦能流动到流入地。在各层面转换因素的配合下可通过其功能的发挥而起到以下作用:一是学生获得真实的受教育机会,拓展其追求幸福的自由、机会与能力;二是拓展其他教师追求幸福的自由、机会与能力,进而拓展整个教育系统追求幸福的自由、机会与能力;三是拓展所在社区成员追求幸福的自由、机会与能力,从而最终促进国家发展和幸福。

森认为促进发展和提升人的幸福,与其问"需要给他们多少(资源)"这样的问题,不如问"人们能做什么"。流动校长和教师作为促进教育公平与质量的"种子教师",其能做什么的能量可主要体现于其"教育领导力",而有助于能量自由流动的机制建设亦充分依赖于地方教育行政部门的领导力。因此,要想实现能量的自由流动,扩充流动校长和

教师自由发挥其能量的机会,教育领导可作为切入政策实施层面的一种思路。

(一)流动校长及教师的"能量"发挥以其教育领导力的发挥为路径

学校离不开好校长。不论是政府还是社会,对学校校长的期望甚高,认为他们在促进学校发展、提升学校的办学水平和学生的学业表现方面都会有决定性的作用。校长的能力和素质被视为是确保学校教育改革的重要保障。作为学校的正式领导人,校长往往统筹全校各类行政及管理工作,如学生学习及成绩,教师的聘任、表现评估和职称晋升,学校规划与财政,学校组织与氛围,学校的改进与效能,学校与政府之间的沟通和问责,学校与社群的关系,学校的办学宗旨与文化传承等。国外的研究显示,校长的主要工作似乎是平衡各方(政府官员、教师、家长和学生)的需求[13]及维护教师的教学空间和时间,使其免受外界干预,而校长直接领导学校教学工作的机会实在不多[14]。在我国,校长构建关系网和拓展资源的能力则被视为至关重要。许多薄弱学校对流入校长的期待亦是借助其关系网及"流动校长"这一身份本身所拥有的政策资本带去更多的资源,如获得更多教师职称的名额。如前所述,资源的增加并不必然导致人们自由追求幸福的机会与能力的增加。因此,在"校长领导"这一层面,我们更关注流动校长可有助于提升流入校教育质量的专业实践,关注流动校长在新工作环境中的教学领导、教师队伍管理和学校改进这三个方面的表现。

加入流动的优秀教师往往被期望作为种子教师到流入校对其教育教学发挥引领辐射作用。这在西方教育领导学中对应着"教师领导"(teacher leadership)这一概念。作为一个较新的概念,该词在西方教育领导学界是随分布式领导的主张而崛起。其背后假设是,人人皆可因其在某一方面的特长或能力而有一定影响力。但在我国的语境中,一提到领导往往是指在正式领导位置上的人,因此,"教师领导"这个学术概念还不为多数人所认可，但却有不少相应的本土话语，如"种子教师""带头人""领头雁"等，而这些教师应该承担怎样的引领辐射作用？他们又该如何发挥其能量以影响他人？事实上，从我们的观察来看，在中国，多数"种子教师"往往是在教学层面进行引领辐射，但时移世易，当今教师的专业工作和责任已远远超过传统所理解的"教书"了。国外的"教师领导"研究显示，学校教育改革和课程改革使教师的工作日趋繁杂，还要求他们在学科知识、教学技能、师生关系、同事关系和家校合作上做出调整和改进。教师的影响力可见于知识的更新、技能的创新、学习社群的建立、师生关系的改进、教育公平的体现、学校文化的承传以及教师角色的蜕变等。[15]在我们对我国一线教师的观察中，发现他们对自己所承担的"社会改造者"和"社会公平促进者"这一角色认识较淡。作为流动到薄弱校特别是边远地区的优秀教师来说，思考如何通过教育促进学生发展其潜能并通过教育改善学校所处社区是一种至关重要的领导力的体现。因此，在流动教师领导力发挥中，我们认为至少包括流动教师在新工作环境中的教学、育人和公益三个方面的能量发挥。

（二）流动校长教师"能量"的扩散有赖于校外的支持领导

校长和教师的领导能力之所以能被认可，是因为他们在学校里的工作表现出色，他们的能量应是和原任职的学校息息相关的，是校本的。学校是培养领导力的土壤，也是这些校长和教师能量的运作场域，离开了原校，两者的能量将受到何种影响受到质疑，若是造成能量的系统性减损，则不仅不利于"校长和教师的轮岗交流"政策的可持续性实施，这一政策的合理性也会受到质疑。那么，如何在促进流动校长教师个人能量发挥的同时还能将其能量扩散到系统中，促进整个教育系统的公平与质量？

博伊兰（Boylan）提出的"系统领导"为回答上述问题提供了启示。系统领导的概念有三种意思，即校际领导、系统领导的取向和身份认同、学校教育体制中的领导。他认为，教师领导有足够的能力在这三种意义下体现其系统领导力。教师可通过不同的专业网络和校际合作计划来实践其系统领导力。若教师有清晰的道德理由和目的,则他们也可以如校长一样在社群中扮演领导的角色。[16]

在我国,如何构建教师的专业网络和校际合作计划,校外各种支持领导,如地方政府的教育领导至关重要。作为主管地方教育机构的领导,地方教育领导所扮演的政策推行和实施质量保障的角色越来越重要。[17]地方教育领导应在保证地方教育体制和财政的承受能力、轮岗原则和流动人才选拔公平合理、流动机制有效、流动途径畅通、流动人才与岗位匹配等方面发挥作用。比如,建立系统性的意见收集和流动人才工作评估机制,为流动人员提供定期的专业接触,以为其提供及时适切的专业改进意见和专业支持,并促进其能量在地方凝聚和扩散。

当前,一些地方学校联盟或是靠自上而下的政府推动,或是学校间因校长个人私交而形成的"片区"或"学校联盟"。前者往往是政府为促进教育公平有意为之,片区内往往有一所或几所名校,以名校为核心向外引领辐射其他薄弱校,片区内学校数量和彼此关系较为稳定且有制度保障,并能获得相应的政府资源的支持;而后者则往往是学校出于规模效益而联合起来做一些事情,如统一出卷、阅卷,紧缺学科教师的校间互换和联盟教研。① 学校自发形成的联盟往往结构较为松散且不稳定,学校彼此教育教学水平相似,容易出现教育教学上的"近亲繁殖",对一些教育教学水平较低的学校联盟来说,很难有高水平引领,在这个层次的联盟中,一旦有学校"脱了贫"或"升了格",这所学校往往会迅速脱离原来的联盟而加入更高水平的学校联盟中。因此,地方教育领导如何借助学校已有自发形成的联盟进行能量流动的引领,并在联盟之间和片区之间建立连接,进而实现能量在更大系统中的流动,是对其教育领导力提出的挑战。

此外,地方教育领导在其教育领导力发挥时,亦需要进行价值引

---

① 如在一些小规模学校中,副科教师往往只有一人,无法开展教研,附近相似几所学校就会自发联合起来进行联合教研。又比如,一所学校缺某科教师,而另一所学校某科教师相对富余,也会进行校间流动教学。

领。在田野观察中,我们听到不少联盟校的教师表示,自从有了学校联盟,他们的问责压力更大。过去仅是校内成绩评比,如今却被进行全片区或联盟内排名,这大大限制了教师自由发挥能量。因此,如何通过机制建设引领联盟从关注考试分数转向联合研究教与学,创建流动校长教师能量自由发挥的平台,进而促进教育公平与质量,是地方教育领导应有的职责。

(三)"能量理论"视域下校长教师轮岗交流政策实施

引入"能量理论"思考校长教师轮岗交流政策的实施,教育领导力的发挥是关键。这就意味着在实施校长教师轮岗交流政策时应注意以下方面。

首先,各地方教育系统需要根据流入校和流出校的情况谨慎地选拔参与流动的教师和校长,确保选拔的人才匹配其工作岗位。至少所选拔出的人才需要具备以下条件:有足够的基本能力(知识和技能),专业能力及工作上的应变、社际和合作等能力;有领导能力和领袖情怀,以促进教育公平和社会正义为己任。

其次,国家需要自上而下地确立以促进社会正义和教育公平为核心的共同教育愿景,并通过制度设计切实使社会各界支持教育的发展,以教育公平为核心进行教育资源的分配。

再次,创设一个有足够相关机制和通道让人才能畅通无阻地在不同学校间流动的机制。当前"系统人"的提法是一种努力。但如果教师的利益和相关资源分配仍然是来自于学校的话,教师很难产生"系统人"的身份认同,也不愿意流动到资源和晋升机会匮乏的学校。

最后,各地方教育行政人员应结合本地情况积极挖掘已有的民间教育能量扩散网络和平台[①],创建保障人才流动系统中能量的正常操

---

① 当前有越来越多的民间公益团体投入教育、组织各种形式的教师和校长培训,这些机构开展的活动和构建的平台本身就是一个教育专业能量汇聚和扩散的很好载体。此外,民间也有不少自发组成的跨地域交流的教师团体,政府应该充分利用并对这些力量做进一步的整合。

作、流动和在地方的凝聚与扩散机制。

参考文献

[1] Sen A. Development as Freedom[M]. New York:Alfred A. Knopf Incorporated,1999.

[2][9] Saito M. Amartya Sen's Capability Approach to Education:A Critical Exploration[J]. Journal of Philosophy of Education,2003,37(1):17-33.

[3] Gary S. Becker. Human Capital:A Theoretical and Empirical Analysis with Special Reference to Education[M]. Chicago:University of Chicago Press,1994.

[4] Hanushek E A,Wobmann L. Education Quality and Economic Growth[M]. Washington,DC:World Bank,2007.

[5] Unterhalter E. Global Inequality,Capabilities,Social Justice:The Millennium Development Goal for Gender Equality in Education[J]. International Journal of Educational Development,2005,25(2):111-122; Blum N. Small NGO Schools in India:Implications for Access and Innovation[J]. Campare,2009,39(2):235-248.

[6] UNESCO. The Dakar Framework of Action[M]//Education for All:Meeting Our Collective Commitments. Paris:UNESCO,2000.

[7] Henry M. Levin. Educational Opportunity and Social Inequality in Western Europe[J]. Social Problems,1976,24(2):148-172.

[8] DeCesare T. Theorizing Democratic Education from a Senian Perspective[J]. Studies in Philosophy and Education,2014,33(2):149-170.

[10] Fullan M. The New Meaning of Educational Change[M]. New York:Routledge,2007.

[11] Hargreaves A. Professional Capital: Transforming Teaching in Every School[M]. New York: Teachers College Press, 2012.

[12] Richard F. Elmore. School Reform from the Inside Out: Policy, Practice, and Performance [M]. Cambridge, MA: Harvard Education Press, 2004.

[13] Dan C. Lortie. School Principal: Managing in Public [M]. Chicago: University of Chicago Press, 2009.

[14] Cuban L. Inside the Black Box of Classroom Practice: Change without Reform in American Education[M]. Cambridge, MA: Harvard Education Press, 2013.

[15] Lieberman A. Teacher Leadership [M]. San Francisco: Jossey-Bass, 2004.

[16] Boylan M. Deepening System Leadership: Teachers Leading from Below [J]. Educational Management Administration & Leadership, 2016, 44(1): 57-72.

[17] Rorrer A K, et al. Districts as Institutional Actors in Educational Reform[J]. Educational Administration Quarterly, 2008, 44(3): 307-358.

(原文载于《教育研究》2016 年第 1 期,第 55—62 页,作者为叶菊艳、卢乃桂)

第十二章
"县管校聘"模式下的轮岗教师管理审思①

教师轮岗交流政策的核心目标是通过教师流动实现区域内的教育均衡。变人才的单位所有制为区域共享机制,实现教师由"学校人"向"系统人"的转变,以此化解教师"县管校聘"制度创新所带来的与现有制度的矛盾,寻找教师轮岗交流政策之理论基础的合理性。教师管理的系统化策略:应发挥政府主导作用,落实教育公共性理念;坚持整体性决策思维,形成共同治理机制;发挥政府的管理职能,优化区域内师资结构;尊重教师发展需求,聚焦学校内力提升。

为了逐步缩小地区间、学校间差距,促进教师流动成为一项重要政策。相较于流动人数有限的支教、对口支援、教育联盟、走教、送教下乡、优质教师资源辐射等措施,目前政府极力推行的教师定期轮岗制度,有可能通过更大范围和规模的教师流动,为薄弱学校带来持续的变革动力,形成教育均衡发展的良好态势。本文通过对该政策目标及其手段的分析,尝试理解其背后的理论假设,审思其改进的方向。

一、指向教育均衡发展的教师轮岗政策目标

2013 年 11 月 12 日,党的十八届三中全会通过

---

① 本文系教育部人文社会科学重点研究基地项目"城乡教育一体化建设脉络下校长和教师流动途径、机制和成效研究"(项目编号:14JJD880001)的研究成果。

《中共中央关于全面深化改革若干重大问题的决定》,明确提出:"统筹城乡义务教育资源均衡配置,实行公办学校标准化建设和校长教师交流轮岗。"2014年8月13日,教育部、财政部、人力资源社会保障部联合印发《关于推进县(区)域内义务教育学校校长教师交流轮岗的意见》(以下简称《交流轮岗意见》),提出"力争用3至5年时间实现县(市、区)域内校长教师交流轮岗的制度化、常态化","城镇学校、优质学校每学年教师交流轮岗的比例不低于符合交流条件教师总数的10%,其中骨干教师交流轮岗应不低于交流总数的20%"。该政策为教师轮岗交流确定了一系列具体要求,指导着地方各级教育行政部门制定相关实施细则。

2016年7月,国务院《关于统筹推进县域内城乡义务教育一体化改革发展的若干意见》提出,要"逐步推动县域内同学段学校岗位结构协调并向乡村适当倾斜,实现职称评审与岗位聘用制度的有效衔接,吸引优秀教师向农村流动"。"全面推进教师'县管校聘'改革,按照教师职业特点和岗位要求,完善教师招聘机制,统筹调配编内教师资源,着力解决乡村教师结构性缺员和城镇师资不足问题。"这些表述清晰地反映出我国政府已经认识到城乡教育失衡的结构性问题,将教师"县管校聘"改革作为统筹推进县域内城乡义务教育一体化改革发展的重要手段。

基于上述相关政策文本,教育部等三部委就印发校长教师交流轮岗文件答记者问时,明确指出教师轮岗交流政策的目标主要体现在以下四个方面:第一,教师轮岗交流是加强边远贫困地区乡村学校教师补充配备的重要举措;第二,教师轮岗交流是新型城镇化背景下建立城乡教师队伍一体化发展机制的重要内容;第三,教师轮岗交流是解决城市择校难题、促进义务教育均衡发展的关键举措;第四,教师轮岗交流是深化教师人事制度综合改革的必然要求,对于教师资源均衡配置将产生重要的推动作用。[1]而所有这些政策目标的核心,指向的是通过教师流动实现区域内的教育均衡。

通过对政策文本的进一步解读,不难发现,校长教师交流轮岗的重点是推动优秀校长和骨干教师到农村学校、薄弱学校任职任教并发挥示范带动作用。相关政策文本里明确提到交流轮岗工作中的"重点"包括:有镇区和乡村学校的县(区),重点推动城镇学校向乡村学校交流轮岗;没有乡村学校的市辖区,重点推动优质学校向薄弱学校交流轮岗;乡镇范围内,重点推动中心学校向村小学、教学点交流轮岗。可见,从教育政策的意图来看,行政部门希望通过教师的定期流动,给乡村学校或薄弱学校输入优秀校长和骨干教师。伴随而来的则是先进的教育理念和"改革的种子",通过轮岗流动的骨干教师带领流入学校的教师开展专业发展活动,在学校里培育和积聚学校变革的能量,并"促进这些能量在整个教育共同体乃至社群层面进行凝聚、沉淀、扩散与增长"[2],推动薄弱学校的自我更新,提升其教育质量,最终缩小区域范围内城乡学校教育之间的差距,达到教育均衡的基本目标。

二、以"系统人"论述为轮岗教师合法化身份认同

让教师"动起来"成为政策执行者的首要关注点。2014年,教育部等三部委联合颁布《交流轮岗意见》,规定教师的流动经历与其职称晋升直接挂钩,"在职务(职称)评聘工作中,要将教师到农村学校、薄弱学校任教1年以上的工作经历作为申报评审高级教师职务(职称)和特级教师的必备条件"。在此政策引导下,教师轮岗交流逐渐成为常态。

教育行政部门积极推动管理实践的变革。2014年,教育部启动了首批19个义务教育教师队伍"县(区)管校聘"管理改革示范区建设工作;2017年,又确定第二批示范区30个。示范区将教师关系归于县级教委,由学校聘任,希望通过管理体制改革,消除教师轮岗制度实施的障碍。示范区实行教师"无校籍"管理,由中心与教职工签订人事聘用合同,学校与教职工签订岗位管理合同,变人才的单位所有制为区域共享机制,从而解决教师的"人才身份"归谁管的问题,实现教师由"学校人"向"系统人"的转变。"系统人"角色的提出可视为决策者建构教师

流动制度的理论基础,寻找该政策合理性的努力。

为清楚理解"系统人"内涵,我们从"学校人"开始讨论。《教师法》规定,学校"应当逐步实行教师聘任制","由学校和教师签订聘任合同",学校"自主进行教师管理工作"。明确了学校与教师的现代契约关系,双方基于平等原则订立聘任合同,明确各自的责任、权利和义务。在遵守契约的前提下,学校有权对教师的岗位进行调整,以更有效地实现组织目标;教师也更多思考如何履行与所在学校的约定,从而扮演"学校人"的角色。而从"系统人"的角度思考,则要清楚划分区县教育主管部门与学校在教师管理上的权力边界,明确其与教师的关系。区县教育主管部门需要以民事主体的身份与教师签订聘用合同,明确双方职责和权利,并根据合同中的教师完成职责的情况,在聘期结束时考虑续聘还是解聘;而学校只是区域教育系统的有机组成部分,是承担教育教学工作的专业机构,其对教师的管理更多是基于教育教学专业上的业务管理,通过为教育主管部门提供教师在教育教学工作上的表现数据和专业评价,方便前者履行对教师的人事管理权,决定教师的升职、转岗或辞退。总之,各方责权利分明,保证教师管理工作井然有序。

从各地颁布的政策文件来看,人们对"县管校聘"模式下教师与系统的关系的认识还存在明显的差异。有的地方由区县教育主管部门与教师签订招聘合同,然后把教师分派到辖区内的中小学去;有的地方设立专门的教师管理机构与教师签订人事聘用合同,这个机构可能是实体也可能是虚拟的;还有地方规定,"中小学校依法与教师签订聘用合同,负责教师的使用和日常管理",似乎没有抓住新政策的要点。一定程度上反映出人们在面对新做法与现行政策法规出现不一致时的不知所措。从发展的视角看,一切政策法规都是随着时代的变迁、价值旨趣的转变而发生变化的,完善和修订相关政策法规是教育改革发展的应有之义。不过,本文更关注教师定期轮岗制度的合理性问题。

从政策合理性层面来看,对"系统人"身份的强调,其政策意义上是希望能够突破教师身份"学校所有"给教师流动带来的制度性障碍,而

"系统人"的"县管校聘"模式试图坚持教育之公共性的基本判断,在理论上合理化教师定期轮岗交流制度。公共性是政府践行教育公共服务的价值尺度,[3]它关注政府在有关政策的设置上体现特定的教育价值,会把教育公平作为教育公共服务均等化的政策核心。在这个意义上,无论是将教师视为可配置的"资源",还是提供教育"服务"的重要中介,教师定期轮岗制度都实质性地体现了公共性的特质,体现了政府部门对教育公平等价值观的坚守,并希望以此化解教师"县管校聘"制度创新所带来的与现有制度之间的矛盾与冲突,寻找教师轮岗交流政策之理论基础的合理性。

三、剖析"系统人"论述下轮岗教师的基本假设

将教师从单位人变为系统人,当然是为了合理化教育行政部门在区域范围内统筹配置、调节师资,通过实行教师轮岗制度,尽可能地实现区域内不同学校教师资源的相对均衡。不过,教师的流动是否真的能够实现上述目的,特别是那些骨干教师在流入学校能否真正发挥领导作用,产生组织变革的积极因子,答案并不确定。这就需要我们进一步思考这种"县管校聘"模式的另一层含义,即其背后存在着的关于流动教师的假设:一是流动教师作为可调配的资源,二是该资源具有当然的使用价值,三是该价值的发挥是可以超脱情境的。

根据教育公共性界定,"教育涉及公共经费和社会资源的使用,影响社会公众共同的必要利益,其消费和利用的可能性属于全体社会成员,其结果为社会公众共享"[4]。因此,以此为职业的教师所提供的专业服务也就是一种公共性服务活动,其服务目标首先应关注的是公共利益,其服务不得以营利为目的,不得借助公共资源为己谋利。显然,其中的"公共产品"应该是教师提供的专业服务,而非教师自身。同样,由政府提供的公共服务也指的是将教师提供的专业服务通过资源优化的方式进行合理配置,以追求社会的共同发展。

在这个过程中,政府考虑的应该是如何更大程度地激发教师提供更优质的专业服务,而非片面地将教师物质化为"资源",因为这样就忽略了教师作为"人力资源"的独特性,即能动性和激发性。所谓"能动性",是指轮岗教师在自我价值实现中的自主行为。体现出能动性的教师通常高度认同互惠的重要性、坚持对社群服务的承诺并将教学视为一种道德职业,[5]从而在新的学校情境中很好地扮演了变革领导者的角色。所谓"激发性",关注对教师作为人之需求心理的满足。其中学校环境是一个重要的影响因素,学校环境若充斥负面因素,教师则会产生外控式动机;学校环境充满正面因素,更易让教师产生自主性动机。[6]无论如何,利用拉动力量、协同与启示力量、推动力量和刺激力量等诸多手段来开发教师的潜能,不仅是必要的也是可行的。教师轮岗交流制度中也暗含着对学校特别是流入学校的基本假设:第一,学校是包括教师在内材料的累加;第二,增加优质材料就可提高学校质量;第三,此过程可通过教育行政部门的调控来实现。为此,教育行政部门颁布相关政策,将教师流动与职称评审、岗位聘任、评先评优等直接挂钩,考核的重点就在于教师是否有流动经历。

学校是一个具有发展功能的组织,它开发学生的各种潜能,发展学生的各种兴趣与才能,培养学生的多样化能力,引导学生形成自己的价值观,从而获得鲜活的、真实的生命成长。在此过程中,教师通过富有创造性的教育教学实践,实现了自身的职业价值与意义,享受到教师职业的尊严与幸福。在这个意义上,学校就是教师与学生共同体验、建构及实践沟通理性的场所,学校教育就是社会上年长一代与新生一代通过沟通与关怀而成就的一个具有共识的生活世界,其主要组成部分是学校的文化、内涵和意义。在教师流动过程中,教师潜能之发挥是不能够超越具体情境的,每一所流入学校都有其自身的组织文化、制度和管理方式,这些情境因素在流动教师功能发挥方面扮演着重要作用。在学校的文化氛围、管理理念、教学模式、学生水平及教学团队都发生变化的新环境中,流动教师是需要一段时间才有可能适应的。

四、重新审视"公共性"的内涵及其保障方式

教师是具有"能动性"和"激发性"的人力资源，须创设良好的工作情境，实现流动教师所拥有的"能量"流动，并依靠教育机制建设等力量把个人"能量"增强，使之更大程度地为社会提供优质的教育服务。

从公共管理的角度来看，"说某一对象具有公共性，至少涉及两个或两个以上的利益主体，这些主体以指称对象为纽带形成一个利益共同体，在此共同体中，源自对象的影响或问题压力牵涉每一成员主体的切身利益，又超出单个成员主体愿意且能够消解的界限。公共性因此可界定为某一指称对象对特定利益共同体成员主体影响的个体超越性"[7]。这就说明公共性是一个相对的概念，它不意味着对于个体的排斥与否定，而是在个体存在基础上对于特定范围内个体性的一种超越；反之，撇开对个体性的关注，也无法说清公共性究竟为何。循此逻辑，区域内学校师资水平不均衡的现象既超越单个教师的问题，又包含单个教师的问题，而非彼此毫不相干。这就涉及包括教育管理在内的公共管理的实质，与传统依赖国家权力不同，现代公共治理理论强调公共事务管理或治理权力向社会和公民的回归，强调所有利益相关者的共同参与。同样，在事关教师切身利益以及教育公共利益的情况下，广大教师应该积极参与到流动方案的讨论和设计活动中去；否则，就会像一些地方那样出现教师的交流多为"被动的、行政命令式的"交流，而并非是教师本人的主动要求的现象。相应的，教师提供的专业服务也无法满足社会的公共需求。

概括而言，从公共性的视角去讨论教师轮岗交流制度是合适的，先前在分析"县管校聘"模式时之所以出现不能自圆其说的状况，是因为片面地理解了公共性之教育资源维度的理解，即对教师作为人力资源之本质认识不足，从而导致对公共性之服务维度的无能为力。鉴于公共性与个体性的不可分割，培养教师的公共精神势在必行，让教师成为

具有变革能力和意识的能动力量，自觉地、主动地与教育行政部门携手，共同推进教育均衡发展。

五、基于"公共性"视角系统化教师管理策略

提升教育公共服务水平、推进城乡教育公共服务均等化、使全体人民共享经济与教育发展的成果已成为我国政府和社会的共同选择。聚焦教师轮岗交流制度，一个突出的问题就是：在"县管校聘"模式下，教师从身份上不属于任何一所学校，只是受聘的岗位在某校；那么，"县"如何高效地"管"、学校如何有效地"用"，从而让教师轮岗交流政策真正发挥促进教育均衡发展的终极目标，是需要深入而细致思考的。

（一）发挥政府主导作用，落实教育公共性理念

在公共事务方面，虽然强调所有的利益相关者关注与参与，但政府部门仍然是公共管理的主体，其在推动教师轮岗交流工作中扮演着其他利益相关者无法替代的主导作用。因此，首先，强调政府的责任问题，关注作为掌舵者的政府在公共服务供给中需要担任的总体的调控者、政策的制定者、监管者及改革的组织者等职责。其次，强调在现代治理理论的指导下，政府部门需要加强与学校及教师的沟通与交流，明确彼此的责权利关系，通过对话、质疑、宣传等途径，深刻反思区域内教育均衡发展的诸多议题，让学校与教师化被动为主导，增强其发展教育的使命感，自觉承担起教育改革与发展的公共责任。

（二）坚持整体性决策思维，形成共同治理机制

整体性治理可以避免教育公共服务实践中的碎片化现象及其带来的公共性缺失。因此，要把公共利益纳入决策程序，走向有管理的"市场化"和"社会化"。同时，对教育者的服务绩效进行评估和监督，让社会公众获取更优品质、更多数量的教育公共服务。在此前提下，教育行

政部门要激励区域内学校与教师参与相关教育议题的讨论,形成明晰的区域教育发展愿景、价值理念和具体目标;鼓励大家在思考各自角色与定位的同时,有意识地将其发展目标与区域教育发展目标统一起来;利用行政和社会评价手段保持教师在学校之间相对平衡和合理的流动,以保证教师提供的公共服务具有较高的专业水准。当然,这些手段的使用不在于控制教师,而在于全面提升教师流动的组织效能。

(三)发挥政府的管理职能,优化区域内师资结构

教育行政部门要努力处理好与学校之间的关系,明确作为民事主体双方的责任与权利,不能象征性地与教师签订聘用合同,而要承担教师日常管理、晋升考核、续聘解聘等责任,落实契约管理的精神。把握好教师轮岗的"流量"和"流向",做到以交流增活力,以适度保稳定。尊重学校和教师的意愿,按照地域靠近、人岗相适、学校相近、专业接近原则科学调配和合理安排,实现利益相关者的多方共赢。通过对教师队伍的优化组合,保持流入、流出学校的教师在学科、职称、年龄、性别等方面的合理结构,形成本区域、高质量、动态平衡、结构合理的教师队伍,最大程度地发挥轮岗教师们的专业能力。

(四)尊重教师发展需求,聚焦学校内力提升

充分发挥学校的融入功能,提高其可持续发展能力。明确作为"公共产品"的是教师提供的服务而非教师自身,充分认识作为人力资源的教师所具有的"能动性"与"激发性"特征,积极支持和推动学校成为专业共同体,让学校内在的变革能力得到有效提升。对从乡村学校交流到城镇学校的教师,接收校要安排教育教学岗位,采取导师制等多种办法,帮助交流教师学习先进教育理念和提高教学技能;对流动到薄弱学校的骨干教师,给予充分的信任,助其尽快熟悉新的教学环境、胜任新的岗位要求,发挥其模范带头作用,以帮助学校提升内在发展动力。

参考文献

[1] 每所学校都能有好的校长和教师——教育部等三部委就印发校长教师交流轮岗文件答记者问[J].基础教育改革动态,2014(20):7-10.

[2] 叶菊艳,卢乃桂."能量理论"视域下校长教师轮岗交流政策实施的思考[J].教育研究,2016(1):55-62.

[3] 张茂聪.论教育公共性及其保障[M].北京:商务印书馆,2012.

[4] 余雅风.教育立法必须以教育的公共性为价值基础[J].北京师范大学学报(社会科学版),2005(1):30-39.

[5] Lukacs K. "For Me, Change Is not a Choice": The Lived Experience of a Teacher Change Agent[J]. American Secondary Education,2015(1):38-49.

[6] Fernet C, et al. Committed, Inspiring, and Healthy Teachers: How do School Environment and Motivational Factors Facilitate Optimal Functioning at Career Start? [J]. Teaching and Teacher Education,2016(59):481-491.

[7] 张正军.公共管理论域中的公共性问题——语义分析基础上的哲学诠释[J].江海学刊,2009(3):104-111.

(原文载于《教育研究》2018年第2期,第58—63页,作者为操太圣、卢乃桂)

THE EDUCATIONAL
WAYFARERS

高等教育变革

第十三章
中国改革情境中的全球化：中国高等教育市场化现象透析

> 作为全球性教育改革之特质的教育市场化现象在中国高等教育领域已经出现，但其与主流市场化理论强调的"市场进入伴随着政府退出"的主张并不一致。相反，市场只是国家更有效管理教育的一种工具。本文从全球化与本土化辩证关系的理论架构出发，重新审视了中国高等教育市场化现象，认为上述特点是由当前中国事业部门改革所需的两个基本前提条件所决定的，即一方面要满足市场经济体制改革的需要，另一方面又要维护政治稳定。

中国高等教育发展与市场经济改革之关系的探讨由来已久，一方面，从20世纪80年代后期关于"教育商品化"的争论，到后来对"教育市场化"的不同解读，进而演进到对"教育产业化"的大讨论，屡屡可以看到学术界在这个关乎教育发展前途和命运的现实问题上所表现出来的不同的学术关怀。毫无疑问，无论秉持怎样的理论立场，争论各方提出的诸多命题，都为确定中国教育改革方向提供了重要启示和参考，并在一定程度上对政府有关的决策行为产生了影响。

但另一方面，这些观点又具有较多主观价值判断的色彩，多停留在对教育"应然"状态进行规范伦理判断的层面上，而对许多客观行为和过程缺乏足够的关注。事实上，无论赞同与否，中国高等教育正经历着市场化的洗礼却是一个不争的现实。

有鉴于此，本文试图换一个研究视角，通过对

"教育市场化"[①]现象实然层面的分析和讨论,特别是放在全球化和本土化(localization)之辩证关系的架构中,透析其产生和发展的特点。

一、市场化作为全球性教育改革的聚合表征

自20世纪七八十年代以来,全球范围的公共教育改革风起云涌,包括高等教育在内的整个教育领域掀起了此起彼伏的改革热潮,甚至出现了"各种教育改革的泛滥",而这些改革背后的理念又由"管理、竞争、测评和自由化等话语所主导"。

莱文(Levin)在分析加拿大、英国、美国等地的教育改革时发现,充斥在这些国家改革政策中的是以下这些具有共性的话语:

(1)用经济的原因解释教育变革的必要性,如为了人力资源的开发等;

(2)批评现行教育和培训活动的无能低效;

(3)在不增加经费投入的前提下不断提高对教育的要求;

(4)希望通过改变教育的治理方式促进教育变革;

(5)教育的市场化,至少是趋向于开发准市场;

(6)强调标准、问责和考评等。[1]

玻尔(Ball)则在此基础上,进一步概括出近年来各国开展教育改革所具有的两个本质性特征,其一是强调教育市场化,其二是强调与市场化关系密切的表现评估(performativity)。[2]

由此可见,经济因素是当前各国推动教育改革的最直接原因,市场机制是各项改革措施的基本取向,而且这种改革趋势会如"传染病"一样在世界范围内恣意传播和扩散,进而形成全球性的改革潮流。

从本质上讲,"市场化"就是国家通过在公共部门引入市场因素,把原本由国家承担的责任转移到"非国有"部门,或者是改变国家参与公

---

① "市场化"和"私营化"等概念在中国一度属于比较敏感的字眼,政府使用的类似概念是"社会化"。本文跟从相关研究文献,沿用"市场化"这一称谓。

共服务的性质。[3]这样,"教育市场化"就可以理解为运用"私有领域"或者"市场"的理念、原则和做法,来运营作为公共事业的教育,以令其提供的服务更适应市场需要。对社会大众来说,公共事业和公营部门的管理走上"市场化"道路,意味着服务质量的提升、效率的改善以及公共经费的更有效运用。

在这种市场化蔓延全球现象的背后,实质上反映出一种管理哲学的改变,即出现了以新自由主义为基本取向的"新公共管理"或"管理主义"。根据考克斯(Cox)的解释,新自由主义正在使政府的职能发生转变,即从过去主要用于缓冲国外经济对国内经济所造成的压力,转变为使国内经济适应全球经济发展的中介。[4]在这个过程中,政府的角色和本质发生了改变,它们在对待包括教育在内的公共事业的管理上采取了新的方式,如:

(1) 公共服务组织的分权化;

(2) 灵活选择更好的"成本效益比"办法(如市场的方法),替代由政府直接提供和管制的做法;

(3) 公共服务的供给与生产分开;

(4) 强化国家核心战略能力,引导国家逐渐能够自动、灵活、低成本地对外界变化及不同的利益需求做出反应;

(5) 重点从政策制定转向治理,重视提供服务的效率和成本,以及绩效—评估的量化方法和效率标准;

(6) 从过程转向产出的控制和问责机制。[5]

这种希望通过改善公共服务的生产率、以更少的资金来完成同样任务的新管理哲学及管理途径,实际上是公共部门面对全球化的压力实行自卫的手段。

按照塞尼(Cerny)的说法,为迎接全球化带来的挑战,现代国家必须采取措施提高行政效能,以保证自己成为一个"竞争性国家"。[6]因此,从前那种"大政府,小个人"的统治方式不断受到质疑和批判,并逐渐被"小政府,大个人"所替代。在这种新的管理理念指导下,政府特别强调企业和市场导向,更加关心从私营部门管理中借鉴理论和技术来重塑政府,大力推进政府职能市场化,甚至将一些原本由自己负责的事务也通过外判等方式交由社会去完成,出现了公共服务私有化和市场化的趋势。

虽然中国教育行政部门具体推行的改革政策、采取的变革措施以及对课程教学所产生的实际影响可能与上述西方发达国家的情形不尽相同,但有关研究表明,它们仍然与之存在着"范式上的一致性"[7]。换言之,中国高等教育也经历了市场化的洗礼。在此过程中,政府承担的角色发生了转变,市场进入和政府淡出的现象也开始在中国的教育领域浮现。[8]

二、市场化现象在中国高等教育领域的体现

根据上文对"市场化"的界定,我们谈论高等教育的市场化,既可以指商业机构直接介入教育市场,以商业运作模式经营学校;也可以指教育领域对市场机制的引入和应用。总之是强调选择、多元、竞争、需求主导型经费筹措(demand-driven funding)以及自决(self-determination)等基本的市场原则在教育领域的运用。[9]

(一)选择与多元

"选择",是指消费者(学生及其家长)有意愿,也有能力与可能去选择自己满意的不同类型的高等学校。而其前提是"多元"的教育服务,即应该由政府、慈善机构、财团法人、私人企业以及其他组织或个人提供多样化的教育服务,以满足消费者的不同需求。

中国自20世纪80年代中期实行教育分权政策以后,许多民办学校或民办院校应运而生。据有关统计,目前全国有民办高等教育机构1200多所,学生120余万人,其中,教育部承认有颁发学历文凭资格的民办高校89所[10],它们有可能为学生和家长提供多元的选择机会。

在民办高等教育机构悄然兴起的同时,一些中心城市也大力开办了数量可观的高校,它们的出现对中国长期形成的一元化办学体制、投资体制和管理体制提出了挑战,打破了完全由中央政府包揽高等教育的局面,昭示着中国高等教育多样化办学模式的萌生。其中中心城市创办的高校因有地方政府作为强大的经济后盾,其发展的规模、速度以及产生的经济效益和社会效益远远超过了民办高校。[11]

伴随着经济全球化浪潮的冲击和国内高等教育需求的增加,中国高校在20世纪90年代末连续扩招,结果还催生了以产业方式运作的教育集团、以各种融资组建的大学城、以改制为主要特征的二级学院和公立大学转制等新的办学模式。具体来说,中国高等教育出现的多元化办学格局除公立高校以外,还包括了民有民办、民有公助、公立高校整体转制、公立高校部分转制、公民联办、中外合作办学、股份合作制办学和国外(境外)团体个人办学等多种办学形式。[12]

(二) 竞争

"竞争"强调行为表现评估,并据此确定经费分配,以达到优胜劣汰的效果,从而提高办学的效率和效能。

近年来,中国高等教育领域的竞争愈演愈烈,其动因之一就是竞争机制的引入。这些竞争可以在校与校之间发生,也可以在学校内部不同部门、不同人员之间出现。

就前者而言,20世纪90年代中期开始实施的"211工程"明显具有推波助澜的作用。该"工程"期望借由重点高校发挥引导作用、普通高校起而效尤的方式,以达成"集中力量,迅速提高教育质量和科学水平,使之成为高等教育系统的骨干"的目的,因而计划在21世纪期间重点建设100所左右的高等学校,并在师资、经费、校舍、设备等各方面给予被选中的高校以有力支持。这对教育经费一直不足的中国高校来说,无疑是难得的发展机会。同时,"211"作为一个具有象征意义的符号,其本身就意味着杰出和优秀,能成功入围则表明获得了被政府认可的较高的学术地位。

因此,为能够进入该100所大学之列,各高校在师资、学费、科研和就业等不同层面展开了竞争,如普遍出现了互"挖"人才的现象,即使民办大学也不例外。近年来伴随着高校扩招,各学校又展开了生源争夺战。

激发高校之间竞争加剧的另一个比较有力的因素来自于民间性质的高校排行,经过网大公司和广东管理科学研究院的努力,如今正有越来越多的高校关心自己在榜上的排名。

从学校内部来看,竞争原则突出体现在高校内部的人事管理和分配制度改革上,这在教育部1999年下发的《关于当前深化高等学校人事分配制度改革的若干意见》中有很简洁的概括,即"按需设岗,公开招聘,平等竞争,择优招聘,严格考核,合同管理"的24字方针。不仅很多学校开始实行教师聘任制,而且自2000年开始,教育部还在武汉大学等5所大学启动了职员制度的试点工作,开始了高校管理队伍建设的改革工作,从前的"铁饭碗""大锅饭"将被"竞争上岗"所取代。

(三) 用者自付与学校自筹经费

"用者自付"意味着:消费者(家长、学生和未来的雇主)花钱购买教育服务,其对教育的需求决定着生产者(学校、管理人员和教师)的收入,而政府则逐步减少公共教育经费的支出。

20世纪80年代以前,中国高等学校办学所需的费用全部由国家财政负担,1985年发布的《中共中央关于教育体制改革的决定》指出,高等学校"可以在计划外招收少量的自费生,学生应缴纳一定数量的培养费"。在此前后,一些高校已经尝试降分录取少量自费生。1989年,国家教委等三部委联合发出《关于普通高等学校收取学杂费和住宿费的规定》,从政策上肯定了高等教育应该实行成本分担和成本补偿制度,并从该年开始,对新入学的本专科学生收取学杂费和住宿费。从20世纪80年代中期到1992年,中国高校招生实际存在着公费生和自费生的"双轨"制度。经过1993—1997年的"并轨"过渡,中国高等教育于1997年开始全面实行收取学费制度。经过几年的高等教育成本补偿实践,从高等学校的收支情况看,学费收入占高等教育事业性支出的比重在逐年上升,已经成为财政预算内拨款以外的最重要的经费来源渠道。[13]

除向学生收缴学费以外,学校还创造了集资办学、勤工俭学、兴办校产等行之有效的筹措经费的新途径。在这些途径中最具有"中国特色的",当属教学机构直接开展商业活动。各学校或开办高新技术公司,或利用自己的专业优势创办特色产业(如农业院校经营种猪种鸡业务,语言院校录制出售外语教学磁带等),无不竭尽其能。从现状来看,"创收"已经被制度化,成为与教育并列的高校职能之一。[14]

另外,高校还与工厂企业建立合作伙伴关系,直接将其服务市场化,将知识商品化,使大学日渐变为"市场化的企业"。[15]

实行成本分担和逐步减少政府财政负担的政策,其效果可从以下数据中清晰地看出:20世纪90年代以来,学校自筹经费占中国高等教育总收入的百分比不断上升,如1995年为30%,1998年上升到36%,2000年已经达到44%;同期政府拨款比例则呈逐渐下降趋势,从1995年的70%,下降到1998年的64%,到2000年时仅占56%。[16]

(四) 自主办学

"自主办学"是教育市场化的一个非常重要的指标,它强调的是高校的办学自主权,关注学校为本的管理模式。

从组织的角度切入,高校自主可区分为实质性自主(substantive autonomy)和程序性自主(procedural autonomy)两个不同的向度。其中"实质性自主"是指大学具有制定目标和计划的权力,即大学可以自行确定"做什么"的问题,它主要包括课程设置、教学内容和方法的选择、对组织目标的定义,以及根据组织和学术目标标准去选择教师与学生等。"程序性自主"关注"如何去做"的问题,特别重视手段、组织、资源分配等议题,具体包括大学的财政、管理、人事以及学生政策方面的权力。[17]

在中国高等教育的各项改革议题中,"扩大高校自主权"其实是最早受到关注的,但同时也是进展最缓慢的。即便如此,如果以历史发展的眼光观之,通过学术界坚持不懈的呼吁和奋争,市场力量的不断侵入和冲击,政府也逐渐意识到存在的问题及其严重性,并开始从包括教育在内的公共事业领域中"淡出"。

从"实质性自主"的角度来看,政府赋予高校自行确定专业服务方向,制订教学计划、教学大纲、教学管理制度和选用教材等方面的教学自主权,并允许各校根据自身的办学基础和条件,吸收、借鉴国外成功的教学经验,积极开展教学改革活动。[18]改革开放以来,实行学分制或学年学分制的高校日益增多,大多数本科院校选修课的比例已达3%—50%,教材的编写也出现了"本土化"和"实用性"趋势。

就"程序性自主"的角度而言,首先在高校招生与分配制度上打破了由国家统一控制的体制,各校可以有一定的机动性。其次,高校在人事管理上也逐渐拥有了一定的权力,通过实行教师聘任制、"挂牌上课"、教分制、"扬长分流"、"优化组合"和成立"人才交流中心"等改革措施,将竞争机制引入教师的评估和录用,破除"铁饭碗"的神话。[19]另外,各高校有权按照"包干使用,超支不补,节余留用,自求平衡"的原则,自主统筹安排预算经费。至于通过其他各种途径创收所得的经费,其自主支配权更大。

综上所述,随着以"市场化"为导向的经济体制改革的不断深化,竞争机制、效益观念、企业化经营方式、考虑消费者的愿望和需求等市场因素在教育改革中体现得愈益明显。从这种意义上可以说,中国高等教育正经历着类似于其他国家和地区所发生的市场化进程。

三、中国高等教育市场化现象的再思

虽然市场化作为一种全球性的社会变迁潮流,其产生的影响无远弗届,任何企图与之隔绝的想法都是枉然,但同时,国家又是具有明显自主性的实体,是有着独立目标和利益的社会行动者[20],因此,任何外在的冲击和挑战都会在与国家的不断妥协中发生改变。

正是从这一认识出发,我们可以发现在以市场化为本质特征的全球性教育改革浪潮中,不同国家所制定的教育政策和具体的教育实践一直是差异与共性并存,其中的差异性常常是各地固有的教育传统通过与全球趋势的汇合与交融,而产生出来的一些具有自身特征的新的教育形态。换言之,"全球化并不必然是一个同质化的力量,也可能为不同的文化传统提供和平共存的机会"[21]。这样,当我们从全球化的角度去考察中国高等教育市场化的时候,也有必要从本土化的立场出发,讨论在中国的具体情境下,公共管理的变革、政府与市场的关系以及由此决定的中国高等教育市场化的特点。

在中国,1949年后建立的社会体制事实上是苏联社会模式在中国的位移和映射。与生产资料公有制的经济结构(它包括国营制和集体所有制两种形式,前者占主要地位)相适应,政治结构上出现了国家权力控制社会每一个领域的全能主义国家,社会空间不复存在或被国家化。在这种体制下,中国传统的事业管理体制的基本模式就是国家统包供给,统一所有,统一经营,统一管理,国家同时承担各项"事业"的所有者、经营者、管理者等多重职能和角色。[22]高等教育也概莫能外。

1978年以来,中国实行改革开放政策,从政治、经济等制度层面为中国与全球化接轨创造了必要条件,其产生的结果必然是导致国家、市场和社会等力量的各自责任、角色及相互关系的重新组合和定位。前面关于中国高等教育市场化的分析,让我们可以很清晰地看到,国家通过法律法规的拟订和实施,已经允许和鼓励各种社会力量介入高等教育活动。同时,国家允许高校收取学杂费、向社会募捐、创办企业,希望通过多渠道筹集资金,以减少国家对高等教育经费的负担。它们表明,国家已经放弃其作为教育服务唯一提供者的角色,而允许非国家部门进入长期由政府包揽的教育领域,各方共同承担提供教育服务的责任。

民办高等学校的不断增加和自费生数目的直线上扬也表明教育的"准市场"正在形成当中。

不过,虽然私有化和准市场的迹象有所呈现,但中国高等教育的内在市场远未被充分开发,教育服务的购买者与提供者的关系也未很好地理顺。实际状况是,在提供高等教育的服务方面,仍然以公立大学占据主导地位,社会办学部分只扮演非常有限的、边缘的角色。也就是说,中国高等教育的主办者和主要服务对象都还是政府,高等学校面向社会自主办学的体制和地位并没有真正形成,服务"客户"的意识也没能成为高等教育和高等学校办学的主导价值取向。[23]

在这种情况下,讨论中国政府对私有化、市场化策略的运作,就会发现其与西方流行的新公共行政运动有所不同,后者秉持新自由主义哲学,强调政府行为基本价值的改变,而在中国,市场化策略无非是一种可资利用的工具性资源,政府引入市场机制,其目的就在于提高教育管理的效率,同时减轻自身的财政压力,至于公共行政上的价值转变则不在考虑之列。[24]

这种结果正体现出全球化与本土化的辩证关系,即一方面,作为一种全球化现象,公共事业市场化趋势直接对中国高等教育领域产生冲击,它要求后者采用市场机制以及政府从该领域退出;另一方面,民族国家并不会因这种外在力量的影响而武功全废,相反其发挥作用的空间和行使的权力更大,它完全可以根据本国政治、经济发展的需要决定公共事业发展的重心和基本模式。

在中国,有利于市场经济改革和政治稳定是进行事业体制改革的基本前提,这样,为了能够适应社会主义市场经济发展的需要,提高事业单位在市场化生存环境中的效率,就需要将市场机制引入这些领域;为了减少由于市场改革和国际经济竞争所带来的社会问题,保持政治稳定,就仍需要将包括高等教育在内的公共部门纳入国家监管之下。在这里,全球化的冲击最终在与本土化的交互碰撞和彼此妥协中发挥作用。

因此，中国政府虽然在高等教育管理中引进了市场机制，允许非政府组织或个人进入该领域从事办学等活动，但政府远没有达到退出公共领域的地步。用表示福利类型的概念来表述，则中国的高等教育已经告别完全由政府包办的"普全模式"（universal model），不过并未进入完全将教育交由市场和家庭运作、政府只起最低限度之补足作用的"剩余模式"（residual model），而是处于上述两极的中间地带，Guan 称之为"选择模式"（selective model）。[25] 在选择模式中，教育政策会根据政府在一定时期对社会、经济发展策略孰先孰后的权衡和对人民最迫切需要的考虑，选择一些特殊的领域作为关注重点。近几年的高校扩招政策明显属于此列。

四、结　语

市场与高等教育发展之间的关系是一个历久弥新的课题，在全球化的背景下，讨论中国高等教育应不应该市场化似乎已经不够，因为后者在中国高等教育领域里已经成为现实。

以选择与多元、竞争、需求主导型经费筹措以及自决等讨论教育市场化的基本向度来审视中国高等教育的发展，则明显可以看到后者的市场化特征。若根据格兰德（Le Grand）和罗宾逊（Robinson）的看法，"国家对公共服务的提供、资助和管理的减少，皆可被视为'市场化'和'私有化'的一些表现"，则中国高等教育市场化更是不争的事实。[26] 陈（Chan）和莫克（Mok）的研究也发现，中国高等教育中的公立大学开始具有更多私营化的特征，如开办公司、收取学费、开发适应市场需求的新兴课程等；而民办高等学校更是通过运用市场原则，采取成本回收等策略获得较大发展，以此而言，中国公立和民办大学之间的界限也日渐模糊。[27]

从英国、美国、澳大利亚和新西兰等国家推行的教育改革来看，市场化已经成为这些变革的核心特征，支撑它们的基本理念是崇尚市场机制的新自由主义。因此从主流的教育市场化理论来看，市场的介入同时意味着国家的退出，这也是20世纪70年代以来西方盛行的新公共行政理论的基本主张，它强调政府在公共行政上对市场机制和私营部门经验的借鉴，以及政府功能的最小化。中国高等教育虽然还没有达到"私有化"的程度，但的确已经步出了传统的"国家包办"模式。从这个角度来看，它似乎可被视为全球化的一个结果。

但由于全球化不是导致教育变革的唯一因素，而且全球化对民族国家教育体制产生冲击的时候，也必然伴随着该国家的主动回应，其结果就是全球化与本土化之间发生交互作用。

从中国高等教育的现状来看，非国家部门的力量仍然非常微弱，还缺乏最终达致完全私有化的制度性基础。政府允许甚至鼓励非政府部门参与传统上由政府包揽的活动领域，其目的只是希望其财政压力有可能被分担，公共管理变得更有效率。由于"市场机制"只不过是政府从事教育管理的一种比较有效的工具和手段，因此，当市场机制进入中国高等教育领域的时候，就不必然伴随着政府的退出。也就是说，政府与高等教育之间长期形成的隶属关系并未因市场力量的介入而发生本质的改变，这也是为什么要求"扩大高校办学自主权"的呼吁经久不衰的原因。格林(Green)对法国教育改革的研究也有类似的发现，即通过适当的市场化和教育分权，政府实际上更有效地或者说扩大了对教育的控制。[28]

总而言之，一方面在教育领域引进市场机制，一方面政府依然主导教育发展的进程，这就是中国高等教育市场化的基本特征。在这里，充分体现了民族国家作为有着独立目标和利益的社会行动者，在面对全球化挑战时所表现出来的能动作用。

参考文献

［1］Benjamin Levin. An Epidemic of Education Policy：(What) Can We Learn From Each Other？［J］. Comparative Education，

1998,34(2):131-133.

[2][7] Stephen J Ball. Educational Reform and the Struggle for the Soul of the Teacher[M]. Hong Kong：Hong Kong Institute of Educational Research in CUHK,1999:3,4.

[3][26] 陈建强.全球"市场化"潮流下之教育改革与发展[M]//陈建强,郭康健.二十一世纪的优质教育.香港:香港教师会,2000:3-4.

[4] Mark Priestley. Global Discourses and National Reconstruction: The Impact of Globalization on Curriculum Policy[J]. The Curriculum Journal,2002,13(1):122.

[5] OECD. Governance in Transition：Public Management Reforms in OECD Countries[M]. Paris：OECD,1995:8.

[6] Philip G Cerny. Paradoxes of the Competition State：The Dynamics of Political Globalization[J]. Government and Opposition,1997,32(2):263.

[8] Ka-Ho Mok. Retreat of the State：Marketization of Education in the Pearl River Delta[J]. Comparative Education Review,1997,41(3):260-276.

[9] Philip A Woods, Carl Bagley, Ron Glatter. School Choice and Competition：Markets in the Public Interest[M]. London & New York：Routledge,1998:138.

[10] 张应强.体制创新与建设高水平民办大学[J].高等教育研究,2002(4):28.

[11] 潘懋元,邬大光.世纪之交中国高等教育办学模式的变化与走向[J].教育研究,2001(3):3-7.

[12] 杨德广,张兴.建立一主多元的高等教育办学模式[J].教育发展研究,2001(2):15-18.

[13] 李文利.解决高教经费供求矛盾需要注意的几个问题[J].中国高等教育,2002(6):29.

[14] Julia Kwong. The New Educational Mandate in China: Running Schools Running Businesses[J]. International Journal of Educational Development,1996,16(2):185-194.

[15] Sullivan K. Education and Change in the Pacific Rim: Meeting the Challenges[J]. British Journal of Educational Studies,1998,47(2):213-215.

[16] 胡瑞文,陈国良.中国高教筹资多元化:成就、挑战、展望[J].教育发展研究,2001(7):6.

[17] Dietmar Braun & Francois-Xavier Merrien. Governance of Universities and Modernization of the State: Analytical Aspects[M]//Dietmar Braun & Francois-Xavier Merrien. Towards a New Model of Governance for Universities? A Comparative View. London & Philadelphia: Jessica Kingsley Publishers,1999:21-22.

[18] 郝克明.中国教育体制改革20年[M].郑州:中州古籍出版社,1998:245.

[19] 杨景尧.中国大陆"文化大革命"后之高等教育改革[M].高雄:丽文文化公司,1995:175-181.

[20] 中国战略与管理研究会社会结构转型课题组.中国社会结构转型的中近期趋势与潜在危机[J].战略与管理.1998(5):2.

[21] Mirian Henry, Bob Lingard, Fazal Rizvi & Sandra Taylor. Working with/against Globalization in Education[J]. Journal of Education Policy,1999,14(1):86.

[22] 黄恒学.中国事业管理体制改革若干理论问题研究[M]//王浦劬,徐湘林.经济体制转型中的政府作用.北京:新华出版社,2000:230.

[23] 谢维和.当前中国高等教育的转型及其主要取向[J].中国高等教育,2001(6):5-6.

[24] Mark Bray. Control of Education: Issues and Tensions in

Centralization and Decentralization[M]//Robert F, Arnove & Carlos Alberto Torres. Comparative Education: The Dialectic of the Global and the Local. Lanham: Rowman & Littlefield Publishers, 1999:207-232.

[25] Xinping Guan. China's Social Policy: Reform and Development in the Context of Marketization and Globalization[J]. Social Policy & Administration, 2000,34(1):129,124.

[27] David Chan & Ka-Ho Mok. Educational Reforms and Coping Strategies under the Tidal Wave of Marketisation: A Comparative Study of Hong Kong and the Mainland[J]. Comparative Education, 2001,37(1):37.

[28] Andy Green. Education and Globalization in Europe and East Asia: Convergent and Divergent Trends[J]. Journal of Education Policy,1999,14(1):69-70.

（原文载于《北京大学教育评论》2003年第1期，第48—53页，作者为卢乃桂、操太圣）

第十四章

20世纪90年代以来中国高等教育改革中市场角色的研究

20世纪90年代以来,中国高等教育领域出现了一系列的改革,改革的意向可以归纳为促进高等教育质量与数量的发展。虽然这些高等教育改革依然为国家政策所主导和推动,但更多的是对中国的市场经济改革的一种回应,因而"市场"在推动高等教育改革进程中的角色亦不可忽视。比较全球化下高等教育改革中市场作用的特征和脉络,中国"市场"角色更多地表现出以下两点:一是作为新的资源配置渠道,增加来自民间的筹资;二是在协调机制上对原有计划体制的突破,如增强消费者的选择能力,提高大学办学规模效益,提升高等教育质量。

一、全球化视野下的高等教育变革与市场

面对全球化和知识经济的兴起,知识的生产、分配与管理成为信息社会中经济增长与财富增长的关键。[1]信息革命下的社会对新知识的重组、传播、发展以及应用和转化都离不开大学。在全球化时代,科技知识已经不再仅仅被学术领域所独享,而是正在成为一种商品。[2]知识的商品化构成了大学全球市场竞争的内容之一。而且此时更强调跨学科的知识、以问题为导向的知识、以实用为基础的知识、讲求团队合作和对社会的实用性的知识以及质量可控的知识。[3]这种以知识变迁为中介的大学和社会关

系变化也相应地影响到了大学内部的教学、培养人才等教育实际。在高等教育面临扩张与政府经费缩减的压力之下,高等院校积极寻求与产业界合作,通过产学合作的方式,既解决经费的问题,又直接推动产业发展。另外,高等教育本身也被当作一种产业,通过接收留学生、颁授海外文凭,成为全球贸易中重要的服务性产品。[4]

全球化所带来的时空压缩对各国高等教育发展和变迁可能产生相同或类似的影响。有学者认为,自20世纪80年代以来各国高等教育的改革基本上是在回应全球化和新公共管理所要求的经济、效率和效能。[5]回应这些要求的欧洲大学改革则出现了"学术资本主义"[6]和"企业化大学"的趋势。"学术资本主义"是大学利用学术资源优势为自身的持续发展奠定基础并创造更多的改善可能,而"企业化大学"是改变原有的管理模式,用市场运作的理念,借鉴企业运作模式,将大学的部分职能部门进行企业化。[7]

从上述全球化下的高等教育变革特征中可以看到,市场的角色通过知识的商品化和新管理主义的推行在两个层面上得以体现:一个层面是作为社会制度的市场体系对高等院校的外部影响,主要体现在全球化下的知识经济对大学要求的变化,大学更受到产学研究的直接而迫切的压力。另一个层面则是作为协调机制的市场,其竞争与供求原则在高等教育活动中的具体化:国家减少在其中的计划管理和干预,不再运用管制和直接提供资源的方式来改革教育。与此同时,院校通过学生和家长的选择来获得资源,并通过学校间竞争,更灵活地应对"顾客"需要,提高学校的成本—效益,改善教育质量。

二、全球化、市场与中国高等教育的本土脉络

全球化是一个时尚的理论出发点,但利用这个理论框架来分析不同国家的大学的聚合性或者类似变革的现象时,不应忽视影响高等教育的本土因素。[8]

自改革开放后,中国逐步从高度集中的计划经济体制向市场经济体制转型。在这一过程中,中国的高等教育体制在逐步适应新的经济体制中发生了一些重要变化,其中最显著的变化就是高校自主权的扩大。1985年颁布的《中共中央关于教育体制改革的决定》,1992年国家教委颁布的《关于国家教委直属高校深化改革,扩大办学自主权的若干意见》,1993年中共中央、国务院颁布的《中国教育改革和发展纲要》,这一系列文件都提出要促进政府简政放权,扩大高校办学自主权。

从20世纪80年代到20世纪90年代中国经济体制、政府机构改革和高等教育体制改革政策变化的时间对照中可以看到,高等教育体制是在政府主导下积极主动地适应经济体制的改革,并配合经济体制改革而进行的改革。换言之,中国社会主义市场经济运行机制的建立引发了高等教育相应的改革。而在这一过程中,扩大高校自主权的理念贯穿始终。高校自主权的扩展一方面是对计划经济体制下国家对高校完全"包"和"保"[9]体制的突破,另一方面也是政府在经济改革背景下进行职能改革、政府简政放权的必然反映。因此,扩大高校自主权与中国转型社会改革相互交织,成为探讨20世纪90年代中国高等教育改革的重要脉络。

三、20世纪90年代以来中国高等教育改革

(一)保证和提升高等教育质量的改革

1. 高校财政拨款体制的改革:多元筹资渠道的建立

1993年的《中国教育改革和发展纲要》明确提出:"要逐步建立以国家财政拨款为主,辅之以征收用于教育的税费,收取非义务教育阶段学生学杂费、校办产业收入、社会捐资集资和设立教育基金等多种渠道筹措教育经费的体制。""改革投资体制,逐步建立财政拨款为主、多渠道筹措经费的投资体制。高等教育属于非义务教育,学生上大学原则上

均应缴费。"国家在经费体制上开始从政府包办、单一拨款的体制向以财政拨款为主、多渠道筹措教育经费的体制过渡,不过这主要是针对公立院校。[10]

2. 走内涵式发展的院校合并:讲求院校办学的规模效益

1993年,国家教育委员会、国务院学位委员会在《关于印发全国普通高等教育工作会议有关文件的通知》中提到:"高等学校要坚持走内涵发展为主的道路,使现有学校达到合理的办学规模,同时进一步发挥学校的办学潜力,提高整体效益。"2000年是自1992年以来中国高等教育结构调整学校最多的一年。在当年7月,基本完成了有关院校的合并调整。通过合并,高校数量有所减少,一些地区高校重复设置、单科性院校过多、办学规模效益低的状况有所改善。

3. 高校内部管理改革:高校后勤社会化与自主设立适应市场的专业和课程

2000年,在国务院办公厅转发教育部等部门《关于进一步加快高等学校后勤社会化改革意见的通知》中提出,以"政府统筹主导、教育行政部门组织实施、学校参加、社会参与、市场引导"的原则,由政府采取扶持政策,推动高校后勤社会化改革。后勤社会化的主要内容包括食堂和学生宿舍的经营和管理不再由院校负责,而是交由社会以市场原则经营。

在专业和课程设置方面,更多地显示了适应社会就业的趋势。高校中设置经济、财经、法律、工商管理、计算机、外语、应用工程和信息技术专业的越来越多。1999年,教育部颁发了关于《高等学校本科专业设置规定》的通知,授权地方教育行政部门统筹本地区高等学校的专业设置,高等院校在核定的专业设置数目和学科门类中可自主设置专业,教育部负责检查监督。

(二)与扩展高等教育数量相关的改革

1. 与高校扩招相关的学生缴费与毕业生就业制度改革

1994年,国家计委、国家教委颁发了《关于调整普通高等院校学杂费问题的通知》,规定:"国家同意 1994 年对批准的 37 所高等院校进行招生、收费制度改革试点,实行公费、自费招生并轨。"1997 年,高校招生收费实现完全并轨,所有的高校本科生(包括师范生)全部缴费上学,这其中体现了"用者付费"和教育成本分担原则。而 1999 年 6 月的高校大扩招得以实行的一个基础就是,可以通过教育消费的形式拉动经济增长。[11]

有关高校毕业生的就业制度,在 1993 年的《中国教育改革和发展纲要》中就提出:"改革高等学校毕业生'统包统分'和'包当干部'的就业制度,实行少数毕业生由国家安排就业,多数由学生'自主择业'的就业制度。"1999 年,国家《关于做好 1999 年普通高等学校毕业生就业工作的通知》进一步确定了"建立学校和各级政府推荐、学生和用人单位双向选择的毕业生就业制度",高校毕业生开始完全面对就业市场。2001 年,在《关于做好 2001 年全国普通高等学校毕业生就业工作的通知》中,国家教育部更进一步明确提出:"以就业率来考核、评价、推动和促进高校的人才培养工作……高等学校要着力改善毕业生就业结构,提高就业质量,充分利用毕业生就业反馈的信息,加大学科专业结构和人才培养结构调整的力度,更好地为经济和社会发展服务。"2003 年 4 月,国家教育部又出台了《关于进一步深化教育改革,促进高校毕业生就业工作的若干意见》,明确把就业率与高校年度招生计划和高校评估挂钩,对就业率明显偏低的地方和高校以及专业,控制或减少招生规模,明确要求高校以就业为导向,调整学科、专业结构,优化人才培养结构。

2. 民办高校的发展:高等教育办学的多样性

1993 年,国务院批转国家教委《关于加快改革和积极发展普通高等教育意见的通知》,提出:"改革原有由国家包办高等教育的单一体制和模式……逐步形成国家投资为主,学生缴费和社会集资为辅;学生缴费和社会集资为主,国家资助为辅;民办自费;企业办学等多种办学的形式。"《中国教育改革和发展纲要》规定:"改变政府包揽办学的格局,逐步建立以政府为办学主体、社会各界共同办学的体制。"1993年8月,国家教育委员会颁布《民办高等学校设置暂行规定》,确认:"民办高等学校设置分筹办和正式建校两个阶段;民办高等学校招收学历教育学生,参加全国高等学校统一考试。"虽然2002年12月通过的《中华人民共和国民办教育促进法》及2004年4月1日开始实施的《中华人民共和国民办教育促进法实施条例》,从法律上保证了民办教育的发展,但从实际来看,民办高校相对于公立高校,无论是规模上还是地位上还相差很远,在学生择校市场和高等教育院校竞争中作用的发挥仍然有限。[12]

四、中国高等教育改革中的市场角色

首先,市场角色在中国高等教育改革施展影响的本土情境与全球化下市场介入高等教育领域的新自由主义理念背景不同。

在中国,政府主动通过市场经济体制改革改变以往计划经济体制下对社会经济和社会生活的大包大揽,并通过简政放权(体现在高等教育领域的是从1985年就开始的"扩大高校自主权"政策的接连出台)为经济领域和社会事务腾出空间。因此,就在高教领域外作为社会结构的市场而言,在高教改革中的角色和影响更多地体现在(市场)经济领域改革影响的渗透以及在改革政策中的相应导向。同时,在转型经济中的中国社会的复杂状况,也是理解中国市场与欧美相对完善的资本主义市场之差异的必要背景知识。譬如,要明晰计划和市场的关系,不能因为中国社会经济是从计划经济向市场经济转轨,就把计划与市场必然地视为非此即彼的对立关系,把转型过程中去除计划体制下弊端之手段视为市场介入的体现。

在中国高等教育领域占大部分的公立高校,政府虽然下放了过去高度集中的"权"以"扩大高校自主权",但与高校之间长期形成的隶属关系并没有发生本质的改变。[13]

其次,中国高等教育改革中的市场表现的内质和结果更具有中国市场经济转型时期的特点。

市场作为协调机制,在全球化的高教改革中主要体现为:更多的选择、多样化的服务、筹措资源的多渠道、促进院校间的竞争和大学内部管理中的自主和有效管理。[14]相对而言,中国高教改革中的市场表现虽然呈现类似表征,但究其内质和结果却更具有中国市场经济转型时期的特点。

(一)"消费者"的选择权与多样的选择

在中国,学生对高等教育的需求虽然已经开始通过学费价格来表示,不同类型的学校和冷热不同的专业也有区别地收费,但每个院校(尤其是公立大学)每年招生名额仍受计划限制(不仅数量,还有名额的地区分布)。学生对高等教育的需求远远高于大学学额的供给,而且民办高等教育从数量和质量上根本不能与公立高校抗衡,[15]因而,市场在帮助中国高等教育改革实现这个目的所能起到的实质作用是有限的。

(二)多渠道的筹资

从院校资金来源比例统计看,以前几乎完全由政府负担的公立院校现在从政府获得的资金比例迅速下降,学校自筹经费和学费收入在不断增长,尤其是学费收入[16]。而高校在自筹经费压力下所开展的商业活动和创办产业的活动,以及教师在20世纪90年代中期之前火热的创收活动,也一定程度地干扰了大学正常的教学活动。[17]

(三)院校内部自主与有效管理

《中国教育改革和发展纲要》提出:在"政府与学校关系上,进一步扩大高等学校的办学自主权。政府要转变职能,由对学校的直接行政管理,转变为运用立法、拨款、规划、信息服务、政策指导和必要的行政手段,进行宏观管理"。高校自主权和内部管理权相较计划经济时期已经不可同日而语,但是,院校之间的差别依旧很大,在政府那里重点学校获得的自主权比一般学校要多得多(如招生人数、招生方式和专业设置权等)。这显示出政府对于高校的管理是有选择的,特权更倾向于授予优势院校。从教育部颁布的将就业率与院校评估和招生名额挂钩计划中也可看出,政府对院校在进一步地利用"市场"达到更"有效"的管理。

从上述分析可见,中国高等教育领域中市场的作用相对有限。在中国高等教育改革中,市场角色更多地表现为以下两点:一是作为新的资源配置渠道,增加来自民间的筹资;二是在协调机制上对原有计划体制的突破,如增强消费者的选择能力,提高大学办学的成本和效益,以及通过形成院校竞争达到质量的改善。

五、结语与反思

研究了全球化和中国情境下的市场角色后,需进一步追问关于市场角色在教育领域的四个基本问题:市场是否真的能够降低教育成本和开支;市场是否可以提高教育质量;市场是否提高了高校作为高等教育服务供应者的反应能力,加强了消费者的选择权利;市场如何面对教育的平等与公平的挑战。这些都是市场在高等教育领域或其他公共服务领域需要说明其合法性的重要问题。

教育市场的拥护者常提到经济学中的自由市场理论,认为市场能够消除垄断,提高生产效率和资源分配的效率。但是在经济学理论中,市场的概念、种类形态并不是单一的,市场被分为完全竞争市场、垄断性竞争市场、寡头市场和垄断市场。而所谓市场化的上述优势只有在完全竞争的市场条件下才可以显现。[18]在教育领域中所推崇的"市场"是否是带有如此理想的色彩,预设了可以自由进出和信息充分的完全竞争的市场呢?

另外,需要警惕的是,如果院校为了市场竞争,需要通过诸如考试分数和就业率等指标来评价其在市场上的表现,以证明自己的效能,满足外界的评价标准而不被市场所淘汰;那么,院校以及学生是否会把大部分资源投入到提高自己在这些指标上的表现,最后导致教育目标被窄化?[19]

市场倡导者多看到市场可以给消费者更多选择,从而使提供服务的机构能够对消费者的要求应对更加及时,而服务提供者间的价格竞争也可以降低成本,提高效率。但在高等教育领域,需要追问的是:这些是高等教育需要追求的目标吗?什么才是判断和评价高等教育质量的标准,是低成本高效率还是消费者的选择或是其他?

参考文献

[1] Castells M. The Rise of the Network Society[M]. Oxford: Blackwell, 1996.

[2] Slaughter S & Leslie L L. Academic Capitalism: Politics, Policies and the Entrepreneurial University[M]. Baltimore: Johns Hopkins University Press, 1997.

[3] Gibbons M, et al. The New Production of Knowledge: Science and Research in Contemporary Societies[M]. London: Sage, 1994.

[4] 戴晓霞.高等教育的大众化与市场化[M].台北:扬智文化事业股份有限公司,2000.

[5] 戴晓霞.全球化及国家(市场)关系的转变:高等教育市场化脉络分析[M]//戴晓霞,莫家豪,谢安邦.高等教育市场化.北京:北京大学出版社,2004.

[6] Slaughter A & Leslie L L. Academic Capitalism: Politics, Policies and the Entrepreneurial University[M]. Baltimore: Johns Hopkins University Press, 1997.

[7][8] Deem R. Globalization, New Managerialism, Academic Capitalism and Entrepreneurialism in Universities: Is the Local Dimension Still Important? [J] Comparative Education, 2001, 37(1):7-20.

[9] Lo N K. State Patronage of Intellectuals in Chinese Higher Education[J]. Comparative Education Review,1991,35(4).

[10][16] 钟宇平,龚放,陆根书.中国高等教育财政筹划刍议[J].高等教育研究,1996(6):29-41.

[11] 康宁.论教育决策与制度创新——以'99高校扩招政策为案例的研究[J].高等教育研究,2000(2):31-38;康宁.高等教育规模扩大——对增加有效需求和促进经济发展的影响[J].教育发展研究,2000(7):5-12.

[12] 国家教育发展研究中心.2001年中国教育绿皮书:中国教育政策年度分析报告[M].北京:教育科学出版社,2001:134.

[13][17] 卢乃桂,操太圣.中国改革情境中的全球化:中国高等教育市场化现象透析[J].北京大学教育评论,2003(1):48-53.

[14] Ball S J. Politics and Policy Making in Education[M]. London:Routledge,1990;卢乃桂,操太圣.中国改革情境中的全球化:中国高等教育市场化现象透析[J].北京大学教育评论,2003(1):48-53;Chan,David & Mok,Ka-Ho. Educational Reforms and Coping Strategies under the Tidal Wave of Marketization:a Comparative Study of Hong Kong and the Mainland[J]. Comparative Education,2001,37(1):21-41.

[15] 刘泽云.从分割的高等教育市场看民办高等教育的发展[J].江苏高教,2003(2):13-14.

[18] Lindblom C E. Market System:What It Is,How It Works and What to Make of it[M]. Connecticut:Yale University Press,2001.

[19] Apple M W. Comparing Neo-liberal Projects and Inequality in Education[J]. Comparative Education,2001,37(4):409-423.

(原文载于《教育研究》2004年第10期,第33—37页,作者为卢乃桂、陈霜叶)

第十五章
西方高等教育的企业化进路

自 20 世纪 80 年代以来,英美等国大学受市场化取向的公共部门改革影响,随着国家对大学公共财政资助的削减,国家在大学发展中角色弱化,市场运作机制在大学中逐步确立;大学内各种知识活动如教育与研究逐步商品化;反映到大学组织特性上,则是大学日益带有企业的特征。大学开始像企业一样,竞争求生存、回应市场调整自身"产品"质量,打造形象、借鉴企业的管理模式,考虑成本效益,追求卓越。这是 1980 年以来西方国家高等教育改革的主要进路。

现代高等教育与外部宏观社会紧密关联,教育改革往往发端于变化了的外部社会。缘此逻辑,20 世纪 70 年代末 80 年代初,由经济全球化、信息化而引发的知识商品化以及"新右"政府的公共部门改革,使得英美等西方发达国家高等教育改革自 20 世纪 80 年代以来得以持续发生,且其进路大抵与去管制(deregulation)、私营化(privatization)及市场化(marketization)(即 DPM)架构的公共部门改革[1]整体路数一致。也正因此,在对近 20 年高等教育改革的讨论中,多见"市场化""商业化"及"企业化"等统摄性概念。

从笔者目前所掌握的资料看,"市场化""商业化"及"企业化"实际上指涉的是同一现象,但各自关注重点有所不同。"市场化"通常是从运行机制上讨论;"商品化"则重点放在大学中"产品"、活动的分析上;而"企业化"却是从组织特征与性质入手。需要指出的是,组织特征的变化不是空穴来风,其中必然涉及宏观运行机制以及微观教育、研究等知识活动的变化,在此基础上才是大学组织性质的变化。

本文旨在把握20世纪80年代以来,西方资本主义国家大学在高等教育改革过程中的"企业化",即大学整体组织特征和性质的变化,讨论从德国社会理论家哈贝马斯(Habermas)的相关理论分析开始,从三方面展开:首先探讨西方高等教育在整体运行、调控机制上所进行的改革;其次深入大学中最核心的活动——教育与研究,探讨这种调整的内涵;最后在此基础上讨论大学在机构、组织结构上所发生的变化。

一、运行机制之变革:市场机制的确立

哈贝马斯在对社会系统层面管理机制的研究中,将管理实现分为非操作性途径和可操作性途径两个维度。其中非操作性途径包括影响力与价值约定;而可操作性途径则是权力与金钱,即通过以权力或金钱为媒介进行管理。根据哈贝马斯的解释,金钱为媒介工具的管理关注交换价值,秉持唯利的理性标准,即市场运作的机制;而在以权力为途径的操纵机制中,其关注的是效率与集体目标的实现,坚持的则是成功统治、执行的理性标准,国家控制的管理模式即以权力为中介的行政管理模式。[2]哈贝马斯对管理可操作途径的区分,为理解西方公共部门改革提供了很好的思路和架构,包括高等教育在内的公共部门改革在运行机制层面便是这两种管理机制的变化,也可以说是国家、市场在高等教育等公共部门中角色地位的消长。

(一)国家在大学中角色之变化与市场机制的确立

早期西方大学有自治的传统,大学中学者凭借自身知识与专业享有极高权威,这也即克拉克(Clark)提出的"协调三角"(the triangle of coordination)[3]中的学术寡头(academic oligarchy)权威。但是,大学作为远居社会之外的象牙塔式机构存在的时间并不长,在中世纪教会力

量盛行的时候,大学往往受制于教会,随着世俗力量的增长,世俗权力与教会不断争夺对大学的控制,为自身利益服务。中世纪末期,大学发生了重要转型,逐渐走向世俗化、区域化和民族化。大学逐渐成为世俗政权和民族国家的工具,成为主要为本国、本地区服务的区域性大学。[4]至此,国家、政府力量开始影响大学自治。当然,在西方,国家、政府权力进入大学的形式受整个传统与公共行政模式的影响,通常不是简单直接的行政干预,而是通过责权对等的方式,以手中的财政权力决定公共资助的去向,隐匿地表达其意志,这在战后西方发达资本主义国家高等教育大发展时期得到一定体现。

20世纪80年代以来,英美等国推行公共部门改革,在高等教育方面最显见的措施是高等教育公共财政支出的削减。面对有限的公共资源,出现的问题是:如何在有限拨款中得到想要的结果或控制?这一问题转移到国家与大学的关系上则变成:政府如何分配有限的公共资源,大学如何争取更多资源以维持其运作。

对此,英美以及澳大利亚、新西兰等国皆转向市场运作模式。在高等教育领域,市场机制简单而言即促使校际通过竞争方式争取校外资源的机制。[5]在美国是一改第二次大战后所出现的平均主义资助模式①,转而通过各高等教育机构间的竞争拨款,通过市场竞争的机制保证了国家、政府以较少的投入同时传递其意志。大学是一个高成本的机构,[6]为了维持运作,各大学内部也选择市场机制,竞争外部资源,其中除了竞争国家、政府资助和拨款之外,还包括通过竞争机制争取学生、学费、商业资助及合同等。[7]在英国,威廉姆斯(Williams)的研究表明,1979年以来,整个高等教育改革基本上走的是市场机制路线。[8]20世纪80年代,随着普通资助的进一步削减,政府开始通过竞争的方式

---

① Leslie和Slaughter在 *Higher Education Policy* 1997年第10卷第3—4期中发表的 The Development and Current Status of Market Mechanisms in United States Postsecondary Education 一文中指出,市场机制在美国高等教育中虽然一直存在,但在战后高等教育膨胀发展期(1948—1973),其资助政策基本上是平均主义的方式,即如果一个或某类高等教育机构获得了资助,则其他高等教育机构也会相应得到同等资助。

将钱拨付到那些政府鼓励的方面,主要有三种策略:首先,最简单的是从1985年开始,政府根据大学通过私营渠道筹集的资金给予配套资助(matching grants),以此鼓励大学多渠道筹集资金;其次,在竞争的基础上拨付专项基金,即通过货币激励(monetary incentive)的方式鼓励大学和多科技术学院按照政府设计的方式开展教学或研究,譬如鼓励信息技术研究与发展的 Alvey Program 和支持教学发展的 EHE(Enterprise in Higher Education)计划就是很好的例子;最后则是减弱专业提供者权力,将权力转至服务消费者。1988年的教育法案,废除了教师终身制以及地方政府对多科技术学院的控制,同时设立 Universities Funding Council(UFC)替代原来的 Universities Grants Committee(UGC),用 Polytechnics and Colleges Funding Council(PCFC)替代了1983年设立的 National Advisory Body(NAB)。其中一个重要的变化是包括主席在内的委员会成员都不再出自高等教育机构内部;此外,更重要的是该法案中一明显的技术性条款——在提供给任何一所大学资助的同时将建立"财政备忘录"(Financial Memoranda),详细规定了财政资助的回报要求。至此,一种类似"街头市场"(street market)的机制在英国高等教育领域中发展起来了。[9]

上述西方大学在不同历史发展时期的运行模式发展变化,可以用以下一组理想型图示直观标示(见图1)。

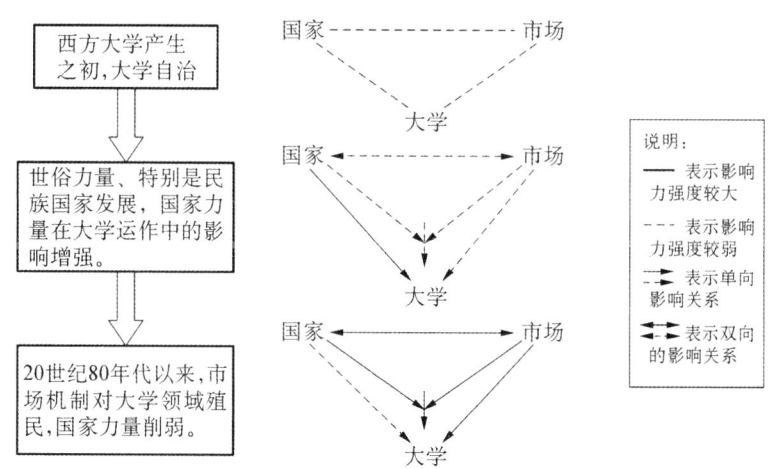

图 1　西方大学在不同历史发展时期的运行模式

从图1可见,20世纪80年代以来的高等教育改革,在运作机制上,英美等西方发达资本主义国家加强了市场机制在高等教育发展中的管理调控,相应的,国家在高等教育中的直接作用弱化,国家本身也引入市场机制实现其对高等教育的管理或引导。

(二)问责制(accountability)与业绩主义(performativity)

从哈贝马斯对以货币为中介和以权力为中介的管理机制的分析可以看到,以货币为中介的市场机制,其基本逻辑是交换,即交换双方在一种"契约"关系中交换"使用价值"。当高等教育领域日益被建构成类似于"街头市场"一样的场所,其资金、资源的获得不再是纯粹单向的拨款和资助时,我们很自然会问,大学用以交换的是什么?正是在这样的问题下,高等教育中的"问责"制及相应"业绩"要求被提出。

所谓"问责"是指对业绩的回应能力(answerability for performance)[10]或者是如特罗(Trow)所言的,"问责即向别人汇报、解释、证明及回答资源是如何用的,并达到了什么效果"[11]。罗姆泽克(Romzek)将"问责"分为四类:科层(hierarchical)问责、合法性(legal)问责、专业性(professional)问责及政治(political)问责。在高等教育领域,常见的是后两者——专业性问责与政治问责。专业性问责主要是用在需要给予个体(或机构)高度自主权这样的工作情境中;而政治问责则是指管理者对各关键利益集团所要求的回应,如对顾客群体、普通公众等诉求的回应。目前,很多国家出现通过采用专业性问责与政治问责制度实行"远距离操纵"的趋势。[12]

与问责制相伴的是业绩主义,是将大学的行为量化为一系列指标并加以评核。如在英国,1989年设立UFC代替原来的UGC后,新的机构不再像原来的拨款委员会那样,仅仅作为一个中介机构直接将资助发放给大学。UFC在拨款给大学时,便与大学发生一种契约关系。在这个契约中,大学在接受国家资助的同时,必须接受很多规则约束,其中包括各种细致的审查和业绩评核,从而出现了一系列量化的业绩指标(performance indicators)。业绩主义源自企业管理,这样一种"管理技术"是否适用于大学,是一个需要研究的问题,在此不赘述。

以下将从大学最核心的活动——教育与研究来探讨高教变革的进行。

二、市场逻辑下的教育与研究:知识作为商品

基于上述高等教育运作机制的变革,可以看到,大学外部的需求成为大学中教育与研究最直接的推动因素。在问责制下,回应外部社会需求也成为大学在新的社会背景下生存发展和赢取合法性的根本途径。对此,我们可将大学中教育和研究等活动各参与要素关系用图2表示出来。

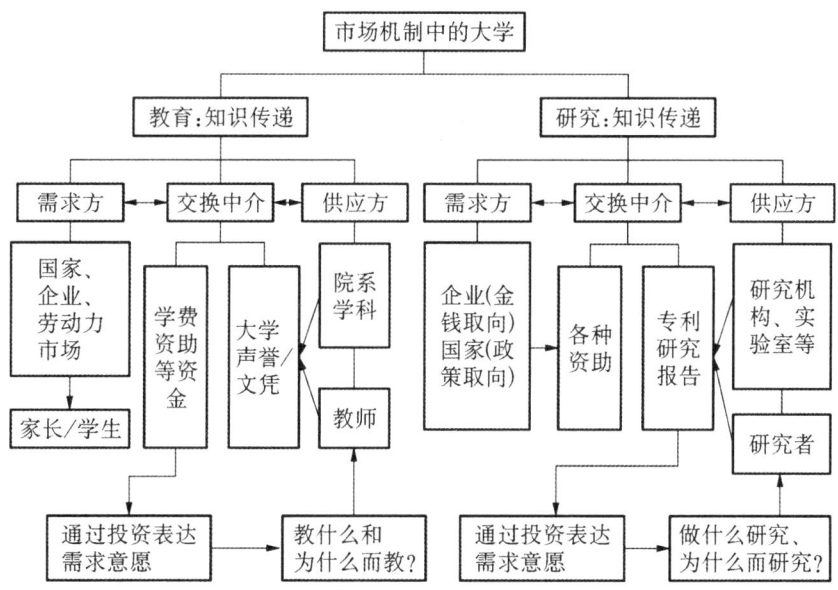

说明:图中箭头方向表示影响或作用关系,没有箭头的连线表示平行或包含关系。①

图2　市场机制下大学中各主要活动参与要素关系图

---

① 本图意念受到曾荣光教授的启发。

如图 2 所示,在市场机制下,教育、研究的改革简单而言,即是对教什么和为什么而教与做什么研究以及为什么而研究进行变革,下面对此分别论述。

(一) 教育

在西方高等教育改革中,关于教什么和为什么教的问题主要集中在向学生提供博雅教育(liberal education)还是专业教育(professional education)的讨论上。

西方大学从其产生开始便有自由教育的传统。通常认为,博雅教育开始于公元前 4 世纪,即苏格拉底(Socrates)针对诡辩家的道德相对主义及雄辩夸张,提出可靠真理及知识的基本原理可以通过受过教育而得的心智去发现。[13]之后博雅教育发展出不同传统和范式①,但目前关于博雅教育的主导模式仍然是古典的希腊传统,所以当前讨论的所谓博雅教育,一般主要指建立在博雅人文学科(liberal arts)基础上的教育,其探讨的主题是关于人类的核心问题,如"我是谁?我为什么存在?我对上帝、他人以及社区的责任是什么?什么是真?什么是善?什么是美?"等等。通常博雅教育包括如下内容:一是可转化心智能力(如批判思维、高水平的推理等)的发展以及基本技能的突显(如听、说、读、写等);二是概览西方文明文化传统,以形成基本文化素养、灌输西方价值观以及培养良好审美情趣;三是通识教育(general education)。[14]

博雅教育无论具体形式如何,从上述概念的描述可见,其目的旨在启迪心智,指向知识的文化价值或象征价值。古尔德(Gould)则更直观地把它称为批判的、民主的博雅教育。然而,市场却既不是批评的也不是民主的。[15]在新的社会经济背景下,由于知识在生产中的作用以及因此而改变的劳动力构成,导致这样一种情形:劳动力市场需要的,是能

---

① Glyer 和 Weeks 在他们 1998 年主编的 *The Liberal Arts in Higher Education: Challenging Assumptions Exploring Possibilities* 一书中将自由教育发展归纳为四种范式,其中包括:古典希腊哲学传统、人文主义传统、现代性科学的范式以及 20 世纪实用主义的版本。其中,古典希腊哲学传统仍然占主导。

带来新价值的知识与技能;学生需要的,是能使其顺利进入劳动力市场的文凭,至于这种文凭能否使其顺利进入劳动力市场并在劳动力市场具有竞争力,则要看其中凝聚了多少有"交换价值"的知识。由此,大学教育与劳动力市场紧密连接,受劳动力市场的左右,大学教育出现了一些明显的变化。

首先,最显明的一种变化是增加职业取向的课程或课程的职业化(vocationalization)。根据阿特巴赫(Altbach)的观察,近20年来,大家似乎有一种共识,即大学课程必须为各种日益复杂的工作提供相关训练。传统大学认为大学应由那些培养精英的博雅课程或重点不在职业教育上的广博课程组成的观点,受到了广泛批评,并被认为缺少当代学生需要的相关知识;学生为了在劳动力市场找到高报酬的职业,也向学校施压,要求学校将重点更多放在为工作准备上;雇主也要求课程应该与他们的需求更相关,特别是随着大学与企业界关系越来越紧密,企业企图将它们所需要的技能整合到课程学习中。在这种背景下,社会科学和人文学科入学人数明显下降。[16] 所以,经合组织(OECD)早在1987年的一个报告 *Universities under scrutiny* 的最后一章"政策建议"中,重点指出了变化的社会经济脉络以及大学自身定位与外部期待的不匹配问题,随后强调现存体系应该改革,而改革的一个重要方面即增加学习中的职业取向课程。[17]

其次,随着网络技术的发展,以营利为目的、直接面向市场需求的远程网络课程发展迅速。在美国大学中以营利为目的的教育行为早就存在,如早在1892年,芝加哥大学校长哈泊(William Harper)就针对那些不能离开家和工作岗位到学校学习的人创办了"函授学校",随后其他大学相继效仿,为了吸引学生,像哥伦比亚、芝加哥等大学还大做广告甚至招聘流动推销员。以此方式,大学可以创收,以所获利润用于其他发展项目。[18] 这种直接面向市场需求的教育,在网络技术的推动下发展为网络远程学习,并迅速发展。据统计,到2000年,在美国通过网络进行的教育业务的营业额已经达到20亿美元,平均每年增长40%。[19]

除此之外,大学教育中另一重要的变革是博雅教育与专业教育的整合。博雅教育不直接给人带来实用的技术、技能,但它指向人的发展,启蒙思想,促进对人、对世界的更深理解,因此,即使在市场的强大冲击下社会科学、人文学科入学人数明显下降,很多学者仍然对博雅教育持积极、肯定的态度,如 Sample 就描述博雅教育为大学教育的智力核心。即使如此,谁也不能忽略市场和社会对实用技能教育的需求以及博雅教育本身在这方面的缺失。所以,有学者认为,专业教育如果不能使它的毕业生过上满意的生活并用一种整全、负责、富于同情心的态度去追求事业的话,这种专业教育是不完整的;同样,一种博雅教育如果不能让一个所谓受过教育的人很好地投入职业生涯,这种博雅教育也是不完美的。两难困境下,唯一的出路便是整合博雅教育与专业教育。一方面通过博雅教育给专业教育赋予价值与意义,提升专业教育的效果与竞争力;另一方面通过将职业真实世界中的经验带到博雅教育课堂,在共同分享来自实践的相关事务中,培养学生对社会及人类事务的理解。[20]

博雅教育还是专业教育,任何各执一端都显失恰当,因此,在市场机制下,大学中教育的改革实际上正在走向一种综合。所以,古尔德认为,当今美国大学的人文社会和自然学科领域面临的一个最主要挑战,便是有效地回应市场压力积极革新的需要。[21]

(二)研究

据前所述,在大学公共资助削减的情况下,国家对大学研究的资助开始采取市场竞争的原则;而大学为了争取更多研究经费,也纷纷以市场需要为取向进入以营利为目的的研究活动。在这样的背景下,自 20 世纪 80 年代以来,西方大学中研究活动的最大变化,是研究课题直接与国家实际需要及市场中企业需要紧密关联。

在美国,1980 年国会通过 Bayh-Dole 法案,该法案允许大学保留在国家资助项目中产生知识的知识产权。因此,大学可以为自己教职员发明的产品、生产过程申请专利,并将其转让给私营机构而从中收取版税,这一政策直接促使大学开始积极参与联邦或州一级的"大学—企业—政府"的合作研究以及与商业界合作的长期研究项目。[22]在这一时期,生物基因工业的显著发展,更带来了企业资助校园研究的高潮。生命科学领域中的教授与相关公司的合约关系也发展起来。所以,从1980年开始,美国大多数企业开始积极介入大学的科学研究。[23]这些合作研究的终极目的大多数是为了赚取利润,不仅是为企业,同时也是为大学自身。因此,在这些研究中,多数都是可以直接带来效益的应用型研究。

至此,我们可以看到,受市场逻辑的影响,大学中无论教育还是研究活动,都开始更注重知识的交换价值而非传统大学中知识的文化价值或象征价值,知识的交换价值被放置于最显要的位置。知识不仅商品化了,同时也成为一种可以带来新价值的资本,从而出现了Slaughter与Leslie所谓的学术资本主义(academic capitalism)。[24]

三、大学组织特征之变化:企业化趋势

运作机制、知识活动性质的变化,相应带来的是组织特征的变化。克拉克通过对处于不同情境下欧洲五所大学的个案研究发现,市场机制下的大学通常表现出企业家性质的冒险精神,它会在如何经营自己的业务方面不断寻求创新;会为了将来有更好的形势而调整自己的组织模式,甚至做实质性的变化并且不断追求卓越,是一个具有自己主张的行动者。[25]与此相应,在组织整体上,当今大学出现了一些与传统大学明显不同的特征。对此,克拉克有如下五个方面的观察:[26]

第一,当今大学具有增强型的发展规划中心(strengthened steering core)。在市场竞争的压力下,大学需要考虑外部周边世界的发展变化,要关注自身的存亡。因此,大学不可能再依赖惯例,而必须拥有自身核心的、具有较强管理能力的管理团体,以快捷灵活地应对不断膨胀多变

的需求，提升自身的竞争力。

第二，大学具有延展性的发展边界（expanded developmental periphery）。即大学通过发展一些比传统学术部门更容易建立的跨越传统大学边界的新单位，以更好地与外部组织机构联系，譬如，建立专门从事知识转化、工业联合、发展知识产权的专业性办公室。此外，大学甚至会建立一些跨学科、项目取向的研究中心。传统以学科知识为基础的学术科系固然重要，但它已经不能完成当今大学发展的需要。通过建立跨学科、问题取向的项目，可以使大学更及时地回应外部社会需求，同时也具有更大的灵活性使科系更好地与外部世界连接。

第三，大学资金来源的多样化（diversified funding base）。大学要保持不断变革，必须有更多的资金来源。在市场机制下，大学资金来源结构将发生变化，除了传统的国家拨款，从研究委员会争取资金成为第二主要资金来源。与此同时，大学还广泛开辟了收入的第三渠道，包括从商业界、地方政府募集慈善基金，知识产权的版税收入，以及学费、校友捐资、校园服务收入，等等。资金来源多样化使得大学更快对外界做出反应，抓住机会。

第四，建立一个具有活力的学术核心（stimulated academic heartland）。学术核心是大学的关键，也是大学最具传统价值的地方，如果学术核心不支持变革，大学的变革将很难有所作为。因此，建设一个具有活力的学术核心机构，让他们参与管理，支持变革，改变传统的学术价值信念，接受不断变革的信念系统，这是市场机制下大学重要的特征。

第五，克拉克还认为当今大学另一个重要的变化是发展出一套完整的企业文化。这是一种拥护变革的工作文化，在大学转型过程中，它将引导其他要素的发展。

从以上克拉克的研究可以看到，当今大学日益具有市场中商业组织的特征。所以，克拉克本人用"企业化"一词来特指市场机制改革下大学整个系统的特性。而古尔德也看到了大学的这种发展趋势，并在其研究中更具体地指出大学企业化的形式包括:从商业界借鉴质量管理标准和策略;强调市场交易、可视性及公众形象的提升;关注教育的成本效益;与鼓励发展、收益相关的分权结构;劳动的再分配——从教授的终身制变成兼职或附属教职员;复杂多样的副产品、专利及服务的发展;模糊的卓越概念替代了清晰的教育界定;以及研究与企业界的合作等等;就美国的情况,高等教育的企业化主要体现在管理体制以及注重交换价值的知识发展上。[27]

当大学不断进入市场领域或者说市场中商业性组织的特征不断侵入大学这块领地时,当今大学无论从运行机制,还是大学内部活动的实质内容与组织结构特征,都像处于市场中的企业一样,需要在市场的竞争中求生存,需要不断回应市场的需要调整自身"产品"质量打造形象,需要借鉴企业的管理模式与策略考虑成本效益,追求卓越。至此,大学日益向类似于市场领域中的企业等组织方向发展,基本上是1980年以来西方发达资本主义国家高等教育改革的主要进路。

参考文献

[1] Lane Jan-Erik. Introduction: Public Sector Reform: Only Deregulation, Privatization and Marketization? [M]//Lane Jan-erik. Public Sector Reform: Rationale, Trends and Problems. London: Sage Publications, 1997: 1-16.

[2] Habermas Jurgen. The Theory of Communicative Action[M]. London: Heinemann, 1985: 274.

[3] Clark Burton R. The Higher Education System[M]. Berkeley: University of California Press, 1983: 143.

[4] 刘宝存. 大学理念的传统与变革[M]. 北京:教育科学出版社,2004:17.

[5][7][22] Leslie Larry L, Slaughter Sheila A. The Development and Current Status of Market Mechanisms in United States

Postsecondary Education[J]. Higher Education Policy, 1997, 10 (3):239-252.

[6] Honan James P, Teferra Damtew. The US Academic Profession: Key Policy Challenges[J]. Higher Education, 2001, 41(1):183-203.

[8][9] Williams Gareth. The Market Route to Mass Higher Education: British Experience 1979—1996[J]. Higher Education Policy, 1997, 10 (3-4):275-289.

[10][12] Huisman Jeroen, Currie Jan. Accountability in Higher Education: Bridge over Troubled Water? [J]. Higher Education, 2004, 48(4): 529-551.

[11] Trow Martin. Trust, Markets and Accountability in Higher Education: A Comparative Perspective[J]. Higher Education Policy, 1996, 9(4): 309-324.

[13][15][21][27] Gould Eric. The University in a Corporate Culture [M]. New Haven, London: Yale University Press, 2003:144, 143, ix, 31.

[14] Glyer Diana, Weeks David L. Liberal Education: Initiating the Conversation[M]//Glyer Diana, Weeks David L. The Liberal Arts in Higher Education: Challenging Assumptions, Exploring Possibilities. Lanham, New York, Oxford: University Press of America, 1998: ix-xxix.

[16] Altbach Philip G, Berdabl Roberto, Gumport Patricia J. American Higher Education in the Twenty-first Century: Social, Political and Economic Challenges [M]. Baltimore, London: Johns Hopkins University Press, 1998:15-37.

[17] Peters Michael. Performance and Accountability in "Post-industrial Society": the Crisis of British Universities[J]. Studies in Higher Education, 1992, 17(2):123-140.

[18][19][23] Bok Derek. Universities in the Marketplace: the Commercialization of Higher Education[M]. New Jersey: Princeton University Press, 2003:81,87,58.

[20] Glyer Diana, Weeks David L. The Liberal Arts in Higher Education: Challenging Assumptions, Exploring Possibilities[M]. Lanham, New York, Oxford: University Press of America, 1998:47-81.

[24] Slaughter Sheila, Leslie Larry L. Academic Capitalism: Politics, Policies and the Entrepreneurial University[M]. Baltimore, London: Johns Hopkins University Press,1997.

[25][26] Clark Burton R. Creating Entrepreneurial Universities: Organizational Pathways of Transformation[M]. Pergamon: Published for the IAU Press,1998:3-4.

（原文载于《高等教育研究》2005 年第 7 期，第 93—99 页，作者为卢乃桂、罗云）

第十六章
市场化背景中的澳大利亚八校联盟及其启示

澳大利亚八校联盟的建立具有深刻的时代背景,市场化和强调绩效责任形成了大学高度社团主义的管理模式,原有的协作精神被削弱,八校联盟的建立正是大学为应对全球竞争,提升自我实力的有益尝试。我国9所研究型大学刚刚签订的协议借鉴了澳大利亚八校联盟的经验,迈出了人才培养合作、教学管理创新的一步,但仍未涉及研究合作、教师发展、体制改革等研究型大学建设中的重要问题。

一、澳大利亚高等教育的发展与变迁

澳大利亚最早的大学是成立于1850年的悉尼大学和1853年的墨尔本大学,他们都是后来八校联盟的成员。二战结束后,澳大利亚联邦政府决定在其6个州的首府分别成立大学,并且于1946年在首都堪培拉成立了一所澳大利亚国立大学。所有这些大学都是仿照19世纪英国大学的模式建立的,甚至在其章程中指出学位授予条件参照牛津大学和剑桥大学的标准。英国传统大学的精英教育理念影响了澳大利亚大学的学术结构和治理方式,大学的自主性较高,学者参与学校政策制定也比较普遍。1965年的马丁报告(Martin Report)对传统政策框架进行了总结,即认为大学是国家文化和公民社会的缔造者,所要解决的核心问题是教育公平和提升入学率;

大学作为公立机构,办学经费理应完全由国家政府提供。[1]

然而,二战后澳大利亚的社会状况也在迅速发生变化,高等教育规模扩张速度空前提高,1960年大学入学人数比1946年增长了一倍,而到1970年这个数字又翻了一番。[2]政府渐渐对沉重的高等教育经费负担感到乏力,因而先于1989年尝试推出高等教育贡献计划(Higher Education Contribution Scheme,HECS),从高校毕业生的收入中征税,以这种延后偿付学费的方式替代原先的免学费政策;1996年以后,更是从研究型大学开始实施本科生全额付费政策。

1988年道金斯报告(Dawkins Report)的出台形成了全新的高等教育政策框架,一方面政策重点从入学率和公平向效率与问责转移,强调大学应通过吸引留学生和开设课程班等途径为国家的GDP增长做出贡献,大学的身份逐渐转变为支持国家参与全球竞争之促进者;另一方面教育体制从原先的双轨制朝单轨制方向发展,于1989年开始建立国家高等教育统一体系,原有的三分体系被废除,46所高等教育学院(Colleges of Advanced Education,CAE)逐渐与当时已有的19所大学合并,技术与继续教育学院(Technical And Further Education,TAFE)所颁授的文凭(类似于美国社区学院的副学士学位)被高等教育资格体系所承认。[3]在这个过程中,8所研究型大学和其他类型大学的分界日益明显,虽然政府并没有做出明确的分类,但这些大学在研究经费收入和授予研究性高级学位的数量上与其他学校拉开了一定差距(见图1)。

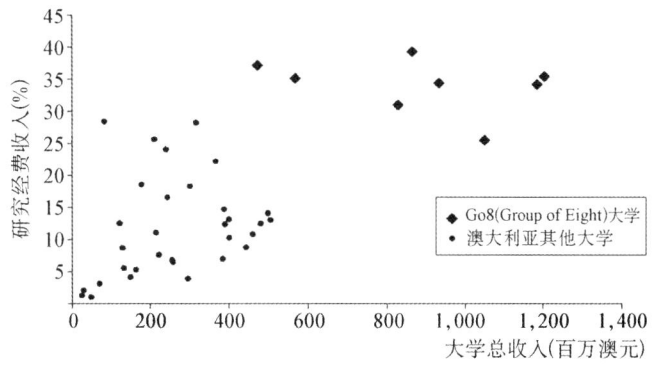

图1 2006年澳大利亚大学的研究经费收入占大学总收入的百分比[4]

1999年,一份名为《知识与创新》的政策报告明确了澳大利亚高等教育研究资助框架,其主要内容包括:强化澳大利亚研究委员会的作用并形成竞争性的国家资助体系;确立建立在表现主义基础上的研究资助方式;建立质量保障体制框架;采取合作研究计划以满足地方社群的需要。[5]1997年的韦斯特报告(West Report)拉开了私有化改革的序幕。2003年的尼尔森报告(Nelson Report)更是集中体现了新自由主义对高等教育政策的影响,旨在加速高等教育私有化历程,加强大学与产业界的联系,促进机构分层和减少政府对大学的控制。该报告明确指出,大学需由以往依赖政府经费投入转为积极寻求资金来源的自我依赖方式,在自由市场中开展竞争。[6]自此,商业化、企业化和管理主义成为高等教育管理的核心词汇。根据世界经济与合作组织(OECD)2006年的统计数据,私人经费来源占澳大利亚高等教育支出的比重达52.4%,仅次于智利、韩国、日本和美国,排名全球第五位。[7]

二、澳大利亚八校联盟的特征与优势

澳大利亚八校联盟(Group of Eight,简称Go8)是由8所澳大利亚顶尖大学(西澳大利亚大学、阿德莱德大学、墨尔本大学、莫纳什大学、澳大利亚国立大学、悉尼大学、新南威尔士大学和昆士兰大学)组成的联盟,成员皆是综合性大学,并以研究作为大学发展的重要使命。八校联盟的雏形最早形成于1994年,并以校长之间非正式关系网络的形式存在,直到1999年才正式成立统一的非营利性组织。八校联盟的董事会成员由8所学校的校长组成,每年举行5次董事会议,董事会主席每两年在成员大学的校长中轮换一次。八校联盟还设有多个专门委员会,涵盖主要的学科领域和大学行政部门等,定期组织会面以交换信息及商讨合作事宜。八校联盟另设有秘书处,主要职能包括:对国家制定有关高等教育和学术研究的政策施加影响;为成员大学及其教师提供高质量的政策分析和服务;为各种合作活动提供便利条件;发展国际战略联盟和网络；维持高水平的品牌认可度；为提高成员大学的绩效表现提供比较基准和统计分析数据；促进成员大学研究者的专业发展；提供可靠的平台，使各种创意和专家意见得到交流与共享；为研究型大学发展提供团体性支持框架等。[8]

澳大利亚八校联盟的特征可以概括为以下几个方面：第一，在运作上采取法人担保的有限公司形式，设有专业性的常设机构秘书处，一方面通过影响国家政策、资金分配和规章制度，来协调大学与政府的关系，另一方面通过与工商企业界开展紧密合作、发挥服务职能，来协调大学与社会的关系。第二，通过提供行政支持和技术支持鼓励研究商业化，如设置研究办公室、建立各领域专家查询系统等，方便政府、企业界和其他社会群体等快捷、准确地找到所需的专家资源，为学者履行社会服务职能打开了一扇大门。第三，维持教学管理上的灵活便利，有利于人才培养合作项目的开展，也有利于优质教学资源在全国范围内共享，如八校联盟已经开展的学分转换、博士生课题研究培训、人力资源管理合作等。第四，非常强调求同存异，旨在最大限度地增强合作机会、提供便利条件，而不会取代和替换各成员大学的活动，鼓励各成员大学增强与联盟之外大学的合作，扩展多边和双边伙伴关系。第五，采取"研究型大学联盟"的高端品牌战略和国际化战略，以"国际公认的、处于引领地位的精英大学"为目标，提高知名度和进行国际推广，如吸引高质量的留学生，开展世界知识前沿领域的研究合作等。

从以上特征可以看出，八校联盟的优势在于整合各校优势资源、吸引多渠道的经费资助，同时利用政府协调力量获取在全球竞争中的收益，尤以研究合作体现研究型大学的特色。相较英美两国，澳大利亚政府在高等教育市场推广、促进和签订国际协议方面扮演了更为积极的角色，[9]例如帮助八校联盟建立欧洲中心，开展与德国的研究合作计划等。与欧洲大学之间的交流与合作，不仅为八校的教员提供了在欧洲学术界频繁亮相的机会，也使欧洲青年学者获得了赴澳开展研究的机会。

三、澳大利亚高等教育及八校联盟面临的挑战

(一) 表面分权下的集权主义

在全球竞争的环境中,政府在高等教育中发挥的职能被简化,它主要扮演领导者、支持者和协调者的角色。政府权力下放意味着经费筹措的责任被同时下放,学校不得不学会自力更生。从8所学校的经费来源结构中可以看出,市场化改革之后,来自联邦政府的资助大约稳定在其总收入的40%—60%左右;学费和HECS收入所占比重各校有较大差异,但其增长的趋势却是共同的;直接涉及与企业或其他机构合作的咨询和合同研究收入部分,目前所占比重都不大,八校联盟正试图通过增强与企业界的合作增加这一块的收入(见图2)。

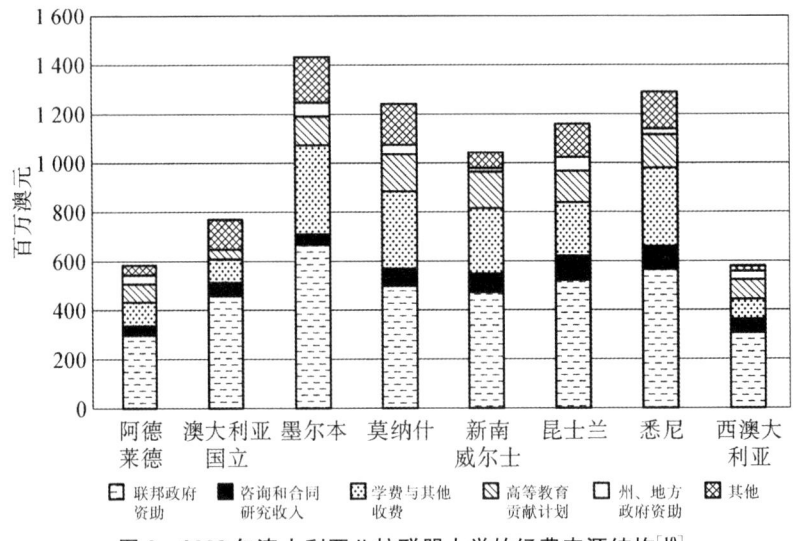

图2 2008年澳大利亚八校联盟大学的经费来源结构[10]

也就是说,政府在鼓励大学自筹经费的同时并未从监管的位置上退出,反而通过竞争性的经费投入方式对院校绩效进行考核,由此实现表面分权的集权主义。从这个角度说,八校联盟的成立恰好说明了这一问题,即政府主导了大学"被商业化"的进程,大学又企图通过成立联

盟扩大对政府政策的影响,增强研究型大学的集体话语权。然而,集体话语权的增强需以资源高度共享为前提。2001年,一份名为《大学处于危机之中》的报告指出,市场化的高度竞争和国家减少经费资助,极大地形成了大学高度社团主义的管理模式。然而在资源稀缺和大学竞争日益激烈的今天,要突破狭隘的社团主义而采取开放的姿态谈何容易,这可能也是八校联盟面临的最大挑战之一。

(二)学术职业面临的挑战

长期以来澳大利亚教师收入属于工薪阶层待遇,尽管市场化后引入的企业式议价协商制度在一定程度上改善了教师的工资和工作条件,但由于政府不愿为教师工资买单,导致教师工资的增长实际上落后于国家经济发展水平。同时,教师数量的增加远远没有学生数量的增加来得迅速,因此只能以生师比的增加和质量下降为代价。一方面教师的工作负担加重了,另一方面他们的报酬没有得到相应的提升。

澳大利亚高等教育市场化的推进也对教师的学术价值观和行为产生了深刻影响。第一,公司化的管理目标使得学校管理中的等级制度越来越明显,教师参与管理的意愿淡薄,且由于考核制度强调可以衡量的技能和产出,学术工作变成例行公事的过程,变得标准化和条例化。[11]第二,随着政府经费投入的减少,学校不得不通过与产业界建立密切联系和认可研究的商业价值来扩展经费来源的渠道,教师寻求外部研究资助的行为受到极大鼓励,然而许多人认为大学商业化或大学管理的公司化是对传统学术价值的腐蚀,是导致大学学者的社会声望下降的原因。第三,教师的角色发生了改变。由于研究型大学获得的大部分研究经费来源于政府,因此,大学对教师发挥科学研究方面的作用期待较高。有调查发现,研究型大学教师对研究的重视程度不断增加,对教学的青睐程度下降,91%的受访者同意"为了学术地位要经常做研究",52%的受访者认为不应该"把教学效果作为晋升职称的主要标准";[12]另一项调查则表明,82%的教师认为他们所在的学校强调或非常强调"获取外部研究资源"。[13]这些转变造成了许多学者的不适应，从而产生不满、厌恶和失望的情绪，这也是八校联盟在促进教师发展时需要面对的问题。

（三）大学管理结构的变革

问责制的产生在一定程度上导致权力由学者向管理者手中转移，大学的整个管理结构正在发生转变。表面上教师渐渐有了一定的和学校议价以决定自己薪酬的权利，院系承担的自负盈亏的责任也增强了，但来自学校核心管理层（大学理事会、校长、教务长、学术委员会、高级行政委员会）的控制一点也没有放松，大学不过是换了种管理方式，通过以金钱为主要手段的激励政策引导教师的行为。不少学者非常担心大学原来的自主传统被自上而下的决策方式扰乱。例如科迪指出，市场化对澳大利亚高等教育的负面影响包括官僚主义盛行、权威独裁、自上而下和未经民主讨论就草率做出决定的管理方式，以及学术工作的产业化。[14]如果管理者缺乏判断、批判、反思和平衡的能力，结果可能是负面的，大学甚至会面临被新管理主义改革浪潮扫荡出局的危险。[15]

然而，教师的行为实际上并非完全受经济因素左右，民主氛围、权力共享、相互尊重、合作研究、同僚评议等关于如何维护良好的学术环境和同事关系的准则始终起着不可忽视的作用，在他们所尊崇的价值观念中占有一席之地。因此，在企业化管理产生效率的同时，也应当充分发挥传统协作文化的作用。也就是说，大学行政管理应尽力为教学或研究合作提供支持和协调，而非以官僚作风和烦琐程序为其制造障碍。就目前而言，在没有提高工资水平的情况下，研究型大学的教师往往要靠更加努力地工作和延长工作时间来维持教学和研究的质量，但是这种专业承诺的动力还能维持多久，也是学校管理者面临的挑战。[16]

四、对中国建立高校联盟的启示

2009年10月，中国首批进入"985工程"的9所高校（北京大学、清华大学、浙江大学、复旦大学、上海交通大学、南京大学、中国科技大学、哈尔滨工业大学和西安交通大学)在第七届一流大学建设系列研讨会上签署了《一流大学人才培养合作与交流协议书》,迈出了强强联合的重要一步,被媒体称为"九校联盟"。[17] 虽然协议的内容集中在较少涉及资源分配利益纷争的教学合作和学生培养领域,但这标志着我国研究型大学开始具有抱团参与国际竞争的品牌意识。参照澳大利亚八校联盟的经验,可以发现我国的研究型大学联盟仍有以下一些可以加强之处:

第一,增加开放性,扩展与国内其他大学合作及国际合作的潜在空间。要消除人们关于"九校联盟"实际上是垄断优质高等教育资源的质疑,就应该向澳大利亚八校联盟学习,开放其资源让更多人共享。例如在国际范围内竞争生源和开展前沿研究领域的国际合作,提升联盟大学参与国际公共问题的责任感,促进其服务职能的发挥。大学实施联盟战略的结果应该是资源的合理配置,而不是大学之间更加严重的贫富分化。只有这样,"九校联盟"才能真正为其他大学树立榜样,使其他类型的大学通过增强特色定位和开放性获得协同发展。

第二,克服人才联合培养和教学资源共享的实际障碍。"九校联盟"希望借校际开放选课来促进教师提高教学质量,但此措施发挥成效的前提是"交换生"能够自由流动以及教师自身对教学的重视。但在目前的体制下,这方面工作的开展仍有不少困难。首先,9所大学在学期安排上不尽相同,没有实现真正的学分制,它们中的多所学校都是多校区大学,目前在校区间自由选课因交通因素尚存在许多困难,更不用说到另一所大学修习某门课程,而且如果是在整个学期内进行学生交换,又会面临学籍管理、教学管理、生活管理等多方面的问题,对相关行政部门的协调效率也是一种考验。其次,仅仅通过课程竞争促使教师提高教学质量的压力可能无足轻重,因为教师排定其学术责任的优先顺序更多的是受评价考核体制的影响,只要研究型大学重科研轻教学的氛围没有变化,要从根本上改变部分教师不重视教学的现状是不现实的。因此,从改变评价考核体制入手,转变教师的教学责任观,可能是一个持续渐进但较为有效的途径。

第三,通过高校内部管理体制改革来应对学术职业的挑战。由于行政权力发挥的作用日益占据优势地位,当学校对短期获取资源的渴望超过对学术长远发展和人才培养质量的考虑,其决策很可能是以牺牲教师和学生的利益为代价。澳大利亚八校联盟正是希望借最大程度的合作减少资源竞争中的短视行为,使合作不仅成为大学组织机构的管理方式,而且体现在学者创造知识的过程中。院校之间的合作,最终是要落实在学者个人身上的。如果目前中国研究型大学教师的研究模式继续以"单干"为主,则联盟只是走形式。因此,对于学校管理者而言,制定政策时应更多地考虑人,而不是资源。

总之,从内容上说,"九校联盟"协议仍然局限在教学和人才培养方面,在联合研究与教师发展等方面尚有广阔的合作空间;从形式上说,"九校联盟"缺乏专门的负责机构,以保证在合作协议自上而下的实施过程中协调多校及多部门的关系;从性质上说,这种追求卓越的合作机制应当深入到精神层面,不仅体现在物质领域的交流,而且要感受彼此特有的学术文化传统,树立重视教师发展的核心价值观,共同营造建设世界一流大学的氛围。目前如何突破学术官僚化体制的制约、促进教师专业发展可能是实现资源共享与提升大学国际竞争力的关键。"九校联盟"战略实施的具体成效如何,大家拭目以待。

参考文献

[1] Martin L. Tertiary Education in Australia: Report of the Committee on the Future of Tertiary Education in Australia to the Australian Universities Commission [M]. Canberra: Commonwealth of Australia, 1965.

[2] Leo Goedegebuure, et al. Higher Education Policy: An International Comparative Perspective[M]. Oxford, New York: Pergamon Press,

1993:3-48.

[3] Dawkins J S. Higher Education: A Policy Discussion Paper[M]. Canberra: AGPS, 1987.

[4][8] Go8. Introduction of the Go8[EB/OL]. http://www.go8.edu.au.

[5] Kemp D. Knowledge and Innovation: A Policy Statement on Research and Research Training[R]. Canberra: DETYA, 1999.

[6] Nelson B. Our Universities: Backing Australia's Future[R]. Canberra: Commonwealth of Australia, 2003.

[7] OECD. Education at a Glance 2009: OECD Indicators[M]. Paris: OECD Publishing, 2009.

[9] 曾满超,王美欣,蔺乐.美国、英国、澳大利亚的高等教育国际化[J].北京大学教育评论,2009(2):75-102.

[10] Department of Education, Employment & Workplace Relations. Statistics Relating to Higher Education[EB/OL]. http://www.dest.gov.au.

[11][16] Lafferty G. The Restructuring of Academic Work in Australia: Power, Management and Gender[J]. British Journal of Sociology of Education, 2000, 21(2):257-267.

[12] Altbach P G. The International Academic Profession: Portraits of Fourteen Countries[M]. Princeton, N.J.: Carnegie Foundation for the Advancement of Teaching, 1997.

[13] Harman G. Adjustment of Australian Academics to the New Commercial University Environment[J]. Higher Education Policy, 2006(19):153-172.

[14] Coady T. Why Universities Matter: A Conversation about Values, Means and Directions[M]. Sydney: Allen & Unwin, 2000:3-25.

[15] Pick D. The Re-framing of Australian Higher Education[J].

Higher Education Quarterly,2006,60(3):229-241.

[17] 九校签订《一流大学人才培养合作与交流协议书》[EB/OL]. http://xjtunews.xjtu.edu.cn/zhxw/2009-10/1255091987d24517.shtml.

(原文载于《高等教育研究》2010年第1期,第94—99页,作者为徐岚、卢乃桂)

第十七章
全球化背景下高等教育领域中的政府角色变迁

20世纪80年代以来,世界各国的高等教育领域都发生了一系列旨在重构政府、高校以及学生之间关系的改革。许多国家的高等教育系统都不同程度地受到了市场力量的影响。与此同时,传统的国家和高等教育的关系也发生了重大变化。本文拟将这一高等教育领域的新变化放在一个更宏观的大时代背景,即全球化的历史背景下来探讨其成因,并描述在此新背景下,政府对于高等教育所扮演的新的角色是什么,政府角色转变背后的实质又是什么。最后,本文选择了几个较为典型的国家,分析了在这种类似实质背后各国政府角色变迁的个性化特征。

一、关于大学与外部世界的关系

在诸多关于大学与外部世界关系的论述中,克拉克(Clark)的三角协调模型(coordinate triangle)[1]一直被引为经典。它将国家①高等教育系统置于"三角张力"之中,认为高等教育系统的位置取决于三股反方向的力量(即国家权力、学术力量以及市场力量)共同作用的结果。

可见,和其他经济组织一样,高等教育机构受到供应者的专业技术(学术力量)、消费者的个人需求(市场力量)以及国家所代表的集体利益(国家权力)

---

① 本文中不严格区分"国家"(state)和"政府"(government)的概念,而是根据语用习惯混合使用。

三者之间相互竞争的合力影响。展开来讲,提供教学和科研的学术供应者们受其专业规则和自身旨趣的影响;学生消费者希望能够获得可以提升他们自身人力资本含量的知识和技能;国家追求的是整个社会的利益,至少是维持政权所必需的社会大多数人的利益。

若用以上框架观照 20 世纪 80 年代到 90 年代的国家高等教育系统,会发现,几乎在任何国家,高等教育系统都发生了某种程度上向着市场一端的移动。

发生此种移动的原因是什么?这需要检视作用于高等教育机构的外力和这种作用力的方向。

同样,用"三角协调模型"分析,当专业技术供不应求或者学者的个人旨趣被法律或集体主义行为所保护时,高等教育提供者就处于主导地位,整个系统会服从于他们的利益。传统的精英高等教育系统便是如此,如中华人民共和国成立后至 1980 年以前的高等教育系统。如果提供高等教育的专门技术因为媒体的发达或者通过商业手段得到更广泛的普及,或者保护主义减弱,高等教育提供者的权力就会减弱,整个系统会被拉向另外一个或者两个持分者的方向。近 20 年来发生的变迁正是如此。[2]

对于学生消费者而言,如果接受高等教育的收益非常大,而且相互之间无太大区别,学生就不会有过多要求,接受现有任何种类的高等教育;如果高等教育的收益率比较低,而且相互之间差别比较大,学生就会很挑剔,不能够提供他们所需的大学就会处于困境。[3]这就无怪乎在一个国家包办高等教育的时代,没有热门、冷门专业的分野;而在国家放松管制后,热门、冷门专业逐步显现。

国家在此模式中的角色却是相当矛盾的。国家可能是供需两种相反力量的仲裁者,来保障一种公平的竞争秩序。另外,国家可能是高等教育的积极促进者,为了达到单凭市场无法达到的目标(比如,保障培训足够的熟练工人或者实现社会结构的复制等)而提供某些辅助、制定某种规则,其结果是,国家加强了高等教育提供者的地位,甚至自己本身成为提供者,如我国在计划经济时代"包分配"的就业政策即是为了保障稀缺的大学毕业生能够为国家所用。第三种选择是国家将自身权力加置于消费者一端,极端的情况便是国家本身成为一个垄断的购买者和代理消费者。

威廉姆斯(Williams)的研究[4]区分了在上述三角协调模型中不同国家的政府对自身的选择定位,并指出其近几年来共同的趋向是:在新的状况下,政府都更加支持学生消费者,而不是学术提供者。至少,政府开始缩减它与消费者之间的距离,同时疏远提供者。

以上分析框架是将高等教育系统置于单个国家的封闭体系之内来分析,而如果将以上小系统放置于一个更宏大的背景之中,就能够更加清楚地揭示在高等教育领域,政府和市场力量"此消彼长"的原因;也能够更加清楚地看到,在上述三角协调模型中,个体作为消费者、生产者以及公民的角色被重新定义,这种重新定义与过去20多年来的技术进步有着明显关系。

近年来,已有很多研究者考虑到全球化背景下高等教育系统新的生存情境,对克拉克的三角协调模型予以改进和修正。以上引述的威廉姆斯的研究即为其中一种,威廉姆斯的改进重点强调了国家对于自身角色的重新认定。在玛根桑(Marginson)和罗德斯(Rhoades)修正过的理论中,全球化作为重要的考量因素被加入进来,[5]艾瓦(Vaira)则更进一步标明了全球化影响高等教育组织的路径,并且认为在全球化的影响下,高等教育组织表现出趋同的倾向。[6]

总之,跨洲的相似改革几乎在同一时期出现,这使我们有理由认为,教育重建有必要被理解为一种全球现象。那么,全球化如何影响到高等教育组织的生存环境,并使得国家重新定位了自身对于高等教育的责任和调控方式?

二、全球化——高等教育变革的新情境脉络

我们可以认为,国家和高等教育关系的重新构建是民族国家因应

全球竞争形式的必然选择。这首先同过去20多年的技术进步和经济转型有关。

（一）从经济国家主义到信息化全球经济的转型

从二战之后，在1945—1973年之间，西方国家曾依靠经济国家主义的理念创造出一个经济持续快速增长、社会进步的奇迹时代。经济国家主义理念包含三个紧密联系的基本原则——（经济）繁荣、（社会）保障以及（社会流动）机会（prosperity,security,opportunity），并认为民族国家的政府不仅拥有保障以上三者的权力，也负有保障以上三者的责任。于是，政府将自身政策、企业组织、学校教育系统以及家庭等紧密地编制于一个精心设计的网络，并将以上原则贯穿于整个社会生活之中。战后西方国家所采用的经济国家主义被证明是卓有成效的，大量经济行为在国家的"围墙"经济（"walled" economy）之内发生，国家控制着可交易货物、服务的流动。[7]

20世纪70年代第一次石油危机标志着经济国家主义所主导的经济繁荣、社会保障和提供社会流动机会三原则首次遭遇到困难。紧随燃料价格疯狂增长之后的世界经济不景气使得人们认识到，在一个全球经济的时代，以福特主义为特征的标准化大规模生产的经济类型面临危机。石油危机结束了一个廉价能源的时代，而廉价能源正是"烟囱工业"时代大量生产技术的基础。[8][9]同时，新技术革命带来了通信手段的进步和运输成本的降低，已经使得多国公司有可能将生产过程迁移到任何有比较优势的国家。于是，经济形态开始发生变迁。如果生产过程的技术含量比较低，像福特主义生产线所生产的那种标准化、大众化同时又劳动力密集的产品和服务，多国公司更加倾向于在那些劳动力价格比较低的国家生产该项产品。[10][11]比如，在法国雇佣一个工人的薪水在菲律宾或越南可以雇佣到47个工人。[12]而充分挖掘新技术的潜力、生产高"附加值"（value-added）的个性化的产品也成为西方企业的新的竞争定位。

总之,正如卡斯特尔斯(Castells)所描述的,从20世纪80年代以来,一种新形态经济在世界范围内迅速兴起。它有三个重要特征:第一,信息化,从根本上来讲,该种经济的生产和竞争元素依赖于生产者生产、加工和应用以知识为基础的信息(knowledge-based information)的能力。第二,全球性,在这种经济形态下,生产要素分布于世界范围内,生产、销售以及流通等行为也在世界范围内组织和进行。第三,它是信息化和全球性的,因为在新的历史条件下,生产和竞争都在一个全球互动网络中展开。[13]可以看出,发端于20世纪70年代中期的信息技术革命为这个新的经济形态提供了不可或缺的物质基础。

尽管全球化包括很多方面,比如政治的、经济的、文化的、环保的等等,但是在新自由主义市场的支配之下,全球化的多面性被简化为经济的单一性,即"统一开放的世界市场体系"的构建。关于全球化的诸多理论研究庞杂而又观点殊异,根据对相关文献的归纳,全球化的两个重要特征可以概括为:第一,由于通信、运输等技术的发达而引致的全球流动的增加和时空压缩(或者时空关系的改变)。第二,以"信息和知识"为基础的、世界市场体系下的经济竞争。

(二) 全球化所带来的多元中心世界

全球化打破了以往民族国家的边界。在全球化的背景下,超国家组织(如经济合作与发展组织、国际货币基金会等)和亚国家组织(如企业、个人等个体行动者)的活跃性牵制了民族国家在许多传统的公共领域的权力,以往的"政府中心世界"变成了一个以政府、跨国和跨地域的组织、公司或行动者共同主导的"多元中心世界"(multi-centric world)。因此,对民族国家而言,全球化重构了包括以上多个主体在内的多元竞争关系,它带来内外部的张力,引起国家权力向外和向内的弥散。[14]全球化预示着全球市民社会以及消费主义的兴起,民族国家的传统权力受到挑战,已无力包揽传统的社会福利,如教育、医疗等。

由于人力、资本、信息、技术等生产要素在全球均匀及快速流动,国家角色变得非常困窘,它一方面要为国家的利益管制企业资本的活动,另一方面也是为了国家的利益,要创造有利于跨国和全球金融资本的环境。

(三)民族国家的回应:重新拥抱竞争主义和市场原则

在全球化时代,民族国家对资本跨界流动的控制能力减弱,跨国公司的权力增强,而电子技术革命也无疑导致了人们交流能力的增强,这些都对国家如何管理经济提出了进一步的挑战。以往的凯恩斯国家主义从需求出发的政策不再奏效。在此背景下,竞争性个人主义在英语世界重新受到青睐:对外,各国纷纷扫除经济交流的屏障,顺应经济全球化潮流;对内,重新将市场竞争的原则引进社会的各个领域。福利国家、社会议定的工资以及工会权力都被视作对在全球竞争中具有核心意义的进取性文化的破坏力量。总之,经济增长的成果不再在全社会范围内进行一种较为均等的分享。在这种趋势下,高等教育作为传统的社会福利领域,无可避免地受到波及。

同时,在全球化潮流的冲击下,政府不得不进行自身角色的重整与再定位,民族国家的政府被迫成为全球竞争型政府(global-competition state)。全球化所形成的世界市场体系开放、效率和注重自由选择的特点导致传统的官僚体系不得不做出应变,20世纪80年代以来,无论是流行于英美的"管理主义""新公共管理"理念,还是流行于澳洲的"经济理性主义",都强调节源增效、问责及增强公共部门对外在环境的响应能力,并在此理念指导下,纷纷进行了对于公共部门的"市场化"改革,即运用"私有领域"或市场的概念、原则和做法,来运营公共事业和公共部门,其目标是要使公共服务变得更适应市场和社会需要。[15]

作为传统公共部门的高等教育领域也不例外。为了在一个竞争很强的环境中保持有利位置,各国不仅确定了高等教育力求卓越的发展方向,而且,与其他公共领域的改革一样,对高等教育也进行了引进市场机制以提升效率的改革。

三、高等教育领域中政府角色的变迁

其实,在一个知识经济和全球竞争的时代,无论对于国家还是个人,高等教育都显示出独有的重要意义。于是,高等教育需求不断上升,高等教育系统呈现不断扩张的趋势。面对高等教育需求不断增长而自身权力和财政能力下降的局面,政府纷纷开始重构与高等教育的关系。

对高等教育领域而言,几乎在整个世界范围内,克拉克的三角协调模型都发生了向市场或者消费者一端的明显偏移。具体来说,国家和高等教育之间的关系也发生了新的变化,由原来的控制(control)模式转变为治理(governance)模式。与其他许多公共部门所发生的变革一样,政府一改其服务提供者(service provider)的传统角色定位,而致力于发动和引导市场以及民间的力量参与各项社会福利包括教育的提供活动;其角色则转变为社会活动的统筹者(coordinator)、监控者(regulator)以及服务质量的操控者(quality controller)。

如果从以下三个方面来谈政府与高等教育的关系,将能够更加明确地说明高等教育领域政府角色的变迁。这三个方面是:资助、供给以及管制。[16]

(一) 资助(funding)

在如何向高等教育提供资金这个问题上,政府政策有两个重要变化。第一,在公共资金使用方面,从一个以输入为导向的财政机制转向一个输出导向或者绩效导向的财政拨款机制。政府根据资金的使用效率在各大学之间实行竞争性拨款机制。在大多数国家,大学依据他们的招生情况从公共资金中获得大量资助,而不是像过去那样依据职员工资和仪器设备花费等得到拨款。在新西兰、丹麦等国家甚至强调要依据成功完成学业的学生人数来拨款。但是,与企业之间的竞争相比,这种竞争依然是一种有限竞争(pool insurance competition)。这同时是一种从逐项的拨款模式(line-item funding)向综合性拨款模式(block grants)的转变。相比于前者,在综合性拨款模式下,削减财政预算额将更具隐蔽性。第二,将原来直接拨给高校的一部分经费,以学券或者贷款形式发放给学生,倡导消费者倾向,鼓励高校通过竞争学生获得经费。同时,政府还通过立法刺激高校多渠道筹集经费,主要是加强与商业界的合作,从各种商业合同中获取回报;再如,鼓励高校招收全额度付费的国际学生。

(二)供给(provision/delivery)

在高等教育的提供方面,改变以往政府为唯一或者主要供给者的局面,允许和鼓励其他社会主体参与到提供教育服务的行列中来。1994年,世界银行的一份报告回顾了之前20年对于高等教育的贷款经验,指出在许多国家已经出现一个依靠私有部门资金、完全没有规范或者完全自我规范的私有高等教育部门,并在许多国家占据了越来越重要的地位,尤其在亚洲和拉丁美洲。[17]

(三)管制(regulation)

在对于高等教育的管制方面,政府对高校实行高度自治和高度问责(accountability)相结合的管理方式。拨款方式的变化其实在高校和政府(或者其他资源提供者)之间建立了一种合约型关系,即为了交换到某一项拨款,高校必须在教学和科研方面完成指定的任务或者达到一定的标准。这实际上表明了政府对于高校的控制完成了一种从"内控"到"外控"的转换,高校获得高度自治是以高度问责为前提的。

在过去以输入为基础的财政预算模式下,政府提供高等教育服务,直接或者间接地决定提供什么样的教育的,主要是知识和专业技能,也就是学术的力量在供需关系中居于主导地位。而在以输出和绩效为基础的财政预算模式下,教育的提供者依据它能够满足顾客需求的程度来获得资源。这表现了高等教育系统中一种重大的文化转变。

但是总体而言，在这个过程中，政府从来不曾从高等教育领域撤退。政府作为高等教育的最主要资助者和管理者这一点，使得它依然稳坐于掌舵者的位置(driving seat, steering state)。[18]从以上三个方面来分解政府的行为，可以看出，面对全球化背景下来自于内外部的压力，政府的选择是有退有进，退主要表现在从资助(funding)和提供(provision)两个领域的退出，进则表现在管理(regulation)方式的转换，在引进市场主义的理念和原则以提升效率和质量的同时，为自己保留少而精的控制性环节，实现执数点而驭全局、以少制多。比如，从几乎全面地统筹所有的工作，到决定在哪一个领域、由谁来做。[19]再如上文所述，综合性拨款模式实际上使政府以更少部分的资金投入取得了更大的成效。这种转变显示的是政府力量的增强而不是减弱。换言之，这种转变只是类似于独资公司通过上市发行股票，将自己手里的一块钱变成了两块钱甚至数倍的钱，但是原来的老板依然是最大的股东。

四、几个典型国家的政府在高等教育领域的角色变迁

以上所述是一种总体趋势，各国内部所发生的变化既符合上述共同趋向，又各有其独特之处。下文将依次描述德国、英国、美国和澳大利亚四国高等教育系统在20世纪80年代以后的一些新变化，并分析其中所表现出来的重要特征。

(一)德国的变迁——"输出危机"和评估型政府

欧洲高等教育界逐渐兴起一种名为"放松管制"(deregulation)的游戏规则。有些学者将其称为高度自治与高度问责的结合，有些人则将其看作高等教育管理从投入控制到产出控制的一种变迁。以往的高等教育管理是一种国有垄断的局面，只有两个游戏参与者：国家和高校。新的游戏规则下，则出现了第三个游戏主体——市场。由于高等教育扩张而带来的经费紧缩至少是这一变革的部分原因。新的游戏规则成

为政府将由于其行政能力不足而带来的危机转嫁给高校的诱人途径，由供给导向的资源配置方式转向竞争导向的资源配置方式的政策变迁，都发生在那些高等教育经费严重缩减的国家。[20]

德国的高等教育正在经历一种变迁，即从国家控制下获得更多的自治权（autonomy），在资源配置方面，从逐项的拨款模式（line-item budget）向更符合国际潮流的综合性拨款模式（lump-sum and "global" patterns）转变，在院校之间和院校内部下属子单位，由自动地平均分配资源模式向以绩效为基础的竞争性模式转变。而且，对于是否收取学费以及是否允许私立高等教育进一步发展这两个问题的争论达到了白热化的程度，但答案几乎是肯定的。[21]

评估型政府（evaluate state）这一概念是尼夫（Neave）在研究西欧高等教育改革时提出的。他发现，最早出现于20世纪80年代早期的一些权宜之计，后来发展为一种长期的具有重大意义的推动力量。尼夫认为，欧洲高等教育中发生了两个重要变化：一是教育与政府之间的关系重构，他将其确认为评估型政府的兴起；二是教育与社会之间关系的重构，它"努力将一种特殊形式的由外部界定的竞争伦理作为学校的，因而也是教育制度发展的主要驱动力"。

与传统官僚体系中平均化分配资源模式下的评估目的不同，"首先，它取代了（过去）人们对办学质量以及就学机会均等的强烈关注；其次，通过对输出的强调，它依据经济的而非个人发展的需求重新界定了教育目的；最后，它为控制单个学校提供了强有力的工具"。而这些，都"标志着政府与教育制度之间的关系有一种重大的、全新的发展"。于是，"在中心与边缘之间存在着一种合理化并大规模重新分配职责的问题。最终，中心通过少而精的政策杠杆保持全面的策略性的控制权限。这些政策杠杆蕴含在全部'调查团报告'、制度目标的制定以及与'输出质量'相关的标准的实施之中"。（上述现象）并没有导致政府作用的衰退，政府只是"从被没完没了的琐碎小事所淹没的黑暗平原上撤退，进而在明朗的、可策略性'总揽全局'的制高点上避难"。[22]

(二)英国的变迁——从生产者主导模式到消费者主导模式的转换

从生产者主导模式到消费者主导模式的转换在英国的传统大学中尤其明显。

直到20世纪80年代,大学拨款委员会(University Grant Committee,1989年后为大学基金委员会所取代,即University Funding Committee)还是国家和大学之间的一个缓冲机构。政府提供高等教育的资金,大学决定资金的用途。大学拨款委员会每五年一次向大学拨款,大学不需做出任何业绩上的担保,也就是不需承担问责的责任。以上制度加强了大学的自治。大学拨款委员会从不公布它对于不同大学拨款差异所依据的标准是什么,这样做的原因被解释为如果公开标准则会对大学自治造成干扰,造成它们在其内部资源分配模式上的趋同性。大多数英国学者认为此种惯例是一种对于个体学者学术自由的基本保护,他们的教学和科研仅仅受限于同侪对其工作价值的评价。[23]

以上制度支撑了一个学术团体价值被认为极其重要的高等教育系统。研究的价值优越于教学,终身教职几乎成为所有聘用合同的形式,学术团体控制着整个学校的管理。学校管理模式是一种古雅典学院派式的民主,学术团体成员同时担任决策者、管理者、技术支持人员、秘书以及助研等工作,以保证整个学术团体的利益得到贯彻执行。在这种模式中,学生多是通过与导师的个人交往获得学术技能。[24]

而新发生的变化是惊人的。到20世纪90年代中期,10年之间,学生已经从学徒变成了消费者,教授从高级艺人变成了商人。这些都带来大学内部管理的急剧变化以及学术人员和行政人员之间关系的变化。在1988—1993年间,对于大学的资助模式逐渐演变为依据学生人数和科研产出进行。那些不能生产可销售性产出的个人和团体则几乎得不到资源。[25]

一个普遍的看法是,在过去20年里,学术力量的地位在英国大学已经急剧下降,大学管理主义上升,这明显是由于其外部资助模式的变化。

高等教育从生产者主导一端偏移开去的现象也发生在许多其他国家,可能除了澳大利亚和新西兰之外,英国所发生的变迁最为剧烈,而且是决定性的。

这种消费者主导的模式是一种"准市场"(Quais-market)机制。英国政府在教育改革中奉行自由市场理论和消费者保护主义相结合的原则。这使其在财务问题上实行放权,同时在课程和教学上加强集权制管理,并公布了整套标准,以保护消费者权益。遵循这一趋势,1992年《继续和高等教育法》(Further and Higher Education Act)加强了大学在财政方面的自主权,也在课程方面加强了标准化管理。这一法案给予大学在其内部自由分派资源的权力,但是,大学校长在制定内部财务预算方案时,不得不考虑所采用的资源分配方案的效果将会带来质量保证局(Quality Assurance Agency)对其教学、科研成果评价的影响。[26]

(三) 美国高等教育系统的新变化——大学商业化

美国高等教育系统中的市场力量一直非常强大,这种传统可以追溯到其起始阶段。用克拉克的三角张力模式来分析,它属于比较典型的市场主导型高等教育系统,其主要的两端是学生消费者和高等教育服务提供者,政府的角色在于通过调节在两端之间维持一种平衡。在美国,高等教育一般被认为既有公共产品属性,又有私人产品属性,那么,高等教育政策的目标就是在社会和私人所应分担的成本之间维持一种合理的均衡。联邦和州政府有专门的学生资助项目,以保证学生有能力购买高等教育服务;同时,也通过科研合同以及赠款等资助方式,在高等教育机构之间实行竞争性拨款。[27]

对个人而言,由于接受高等教育的学生是成年人,他们能够判断某一种类型的高等教育能否为其带来预期收益,因此,政府的角色只在于保障每个愿意接受高等教育的学生都有入学机会。实现这一目标主要通过以下途径：对学费进行补贴；设立助学金（Pell Grants）；设立学生贷款项目；提供一些勤工助学的机会（Federal Work-Study Program）以及在个人税收方面对学费实行减免等。在1993—1997年期间，随着学生贷款和助学金项目的极大扩展，美国已越来越接近于在经济方面保障每个人接受高等教育机会的目标。[28]

对高校来说，尽管市场机制的拨款模式似乎一直伴随着美国高等教育，但是在公立高等教育部门急速扩张的那些年代里（1948—1973年），公共资源的分配却保持着一种平均主义的风尚。近年来，随着高等教育规模扩大和生均教育资源下降，美国高等教育系统同样发生了进一步向市场一端的偏移。最近几年，公立大学从州政府接受的拨款开始下降，这加剧了高校的生存压力，并迫使它们努力从捐赠人、合作机构以及学生那里获得更多的经费，其结果是教学经费的下降以及研究和行政经费的上升。从高校内部来看，以上趋势已经影响到大学内部的权力分配以及学生分担成本的提高。[29]

美国高等教育系统中的市场机制主要表现在高等教育机构通过竞争从外部实体（包括政府、基金会以及其他机构等）获得各种资源，而这些机构也通过市场机制如订立合约来保障资源的使用达到其预期效果。各大学竞争的目标包括学生学费、州的赠款以及资助、联邦政府的捐赠与合同、遗赠、捐赠和商业合同以及从大学—工业—政府三者合作中获取的专利收入。大多数美国政府的科研基金通过竞争程序提供给大学，而不是以政府分派的形式执行。[30]

美国大学之间为了经费存在着激烈的竞争，但是它们面对的市场空间是非常不同的。东部那些享有卓越声誉的私立大学在竞争学生和科研基金方面都显得非常强势。研究型大学，无论是公立还是私立，多着眼于竞争科研基金；社区学院则竞争一些劳动力培训合同；四年制学院和综合性大学或是享有区域垄断或是有其特有优势，比如一至两个非常突出的学科。[31]

20世纪80年代以后出现的一个新的重要趋势是，许多高等教育机构雄心勃勃地试图进入营利领域。这同当时的政策环境有关。随着冷战结束,华盛顿科研政策的重点从维持军事优势转移到如何在一个竞争的世界保持经济上的领先位置。这样,政府开始考虑把大学的研究与商业结合起来,以刺激经济增长,应对来自欧洲和日本的经济竞争。联邦和州先后通过立法、减税等方式刺激大学企业的发展,加快大学科研成果的转化。比如,1980年国会通过的贝-都乐法案(Bayh-Dole Act)允许大学保留联邦政府或者州政府资助下的科研项目的知识产权。同时,通过立法补贴许多大学和商业界的合作项目。应该说,所有政府的鼓励都达到了他们的目的。当国会通过立法扩大了大学对专利权和版权的利益之后,大学的行政领导者马上做出了一系列的努力使得公众从对学术研究的投资中获益。近20年来,大学在商业化方面成果卓著。在20世纪80年代的10年中,200所大学成立了专门办公室,来捕捉可以转化为商业机会的科研项目,并负责将其注册为专利卖给公司。到2000年,美国大学注册的专利有10卷本之多,每年获得的专利和版税收益高达10亿美元。12 000名科学家参与了1 000多个与当地公司的合作项目。大学不仅将其教授们的专利卖给私人公司,甚至有的大学抽出专门资金投资于其教授们创办的公司。[32]

可以看出,美国政府在高等教育中扮演的角色是多样的。首先,它本身是高等教育的消费者,通过和大学签订委托合同将科研基金以竞争性方式分派给大学;其次,通过立法手段和运用市场机制来左右大学的发展方向,如"贝-都乐法案";再次,它通过对学生的资助来倡导一种消费者倾向的模式,鼓励高校通过竞争学生学费来获取经费,从而保障了消费者权益,也保障了公平的入学机会。

(四)澳大利亚:新自由主义理念的全面实践——国家撤退,消费主义导向

在1955—1990年间,作为国家整建和国家事业的一部分,澳大利亚构建了其大众高等教育系统。现在,在全球化的背景之下,随着政府

部门的撤退和来自公共部门的资金缩减,它也面临着特定的危机。

这一高等教育系统是凯恩斯主义政策影响下的产物,布雷顿森林体系规定的固定货币汇率政策使得澳洲经济发展避免了来自全球经济发展的压力。在这种情况下,高等教育系统只需服从于国家需要。同时,20世纪50年代到20世纪70年代经济的高速发展,也加大了国家在高等教育领域的角色影响力和干预度。在1956年以后的20年中,国家投资于教育的比例从占GDP的2.4%增长到6.2%,除了极少数的私立中学收取学费之外,几乎没有直接的对于教育的私人投资。高等教育学费极低,并且对越来越多的学生实行豁免,直至在1974年取消学费。[33]

澳大利亚的高等教育机构保留和继承了英国殖民地时期自治的传统,而不像欧洲的高等教育系统那样,成为国家的一部分。但其自治是在国家支持和提供经费前提下的自治,它之所以能够自治,是因为这正是政府所需要的。保持这样的一个高等教育系统是政治精英们的一致意见。大学尽管与外部世界保持学术上的联系,但是它完全服从于国家的目的;大学被认为是兴建现代国家的重要工具之一,政府的理性完全建立于一种"投资于人力资本"的需要。人口被认为是国家发展的重要资源,同时,人们乐观地认为,对于教育和科研的投资会带来相应的GDP增长。大学被寄予提供国家建设所需要的各行各业人才的希望,被视作军事和经济竞争、工业发展和社会进步的关键工具。应该说,这样的一个高等教育机构还是卓有成效的,它达到了政治系统所期待的效果。[34]

但是,到今天,在一个全球化的背景之下,大学也面临以下挑战:第一,它在一个以美国为中心的全球世界中对自身做出定位以及发展策略;第二,在日益匮乏的资源条件下,国家对于大学原来所承担的经费上的义务开始变得模糊不清。

从1975—1976年到1997—1998年,学生负担增长126.8%,政府对于高等教育的投资仅仅增长4.5%。其结果是政府投资于每个学生的经费降低54.1%。从1996—2001年,澳洲的大学从政府获得的资助平均降低25%[35]。

高等教育的财政来源逐渐从公共资金转向混合型资金和私人资金。1983年,大学经费的91%来自政府,到1998年这一比例为52%,另外有17%来自HECS计划(Higher Education Contribution Scheme,一项对于高校学生的贷款计划,其年度归还额是按照毕业后工资收入的高低来确定的),16%来自其他收费(其中超过一半来自国际学生)。大学进行许多商业化的活动,这引来商学院和计算机系的小型繁荣场面,其他学系则处于一种劣化的局面。生师比从1983年的12:1上升到1999年的18:1。[36]

澳大利亚政府对于高等教育领域的资金支持撤退得如此之快,主要是受到20世纪80年代中期兴起和逐渐占据统治地位的新自由主义思潮影响,新自由主义主张"小的政府"以及公共部门的私营化。但是,在世界经济与合作组织(OECD)国家中,小政府的政策选择实在是一种非常普遍的现象。那么,什么原因导致澳洲高等教育迅速地从一个免费或者低收费的教育系统转向一个使用者付费和消费主义的模式呢?玛根桑认为,这是新自由主义在一个以美国为中心的世界扭曲性扩张的结果。澳大利亚政府被一个完全受新自由主义训练的经济学家群体所左右,而不顾及本土化的因素。国际化资金流动和全球化咨询公司的存在,加强了澳大利亚在公共文化倾向上对于英美的依赖性。好政府的标准变成破坏以及不执行国家兴建计划,于是不仅在教育领域,而且在工业、医疗、退休保障等许多领域都实行了私营化和放松管制的改革。[37]

如上所述,澳洲的学者认为此种变化不应仅仅归因于全球化和新自由主义的影响,而在于当政者的失败选择。因为德国、法国、日本都从全球化和新自由主义中汲取了有益因素而并没有停止其国家兴建计划;但是在澳洲,曾经被视为对于国家发展的一项投资的高等教育系统,现在沦为节约国库资源的一个领域。

五、结　语

总之,全球化所带来的竞争环境以及对政府传统权力的牵制,迫使政府转变自身在社会政策中的角色。政府开始放弃作为社会"公共财"(public-good function)的唯一可靠保证人的角色,而转变为运用各种不同形式的治理来统筹社会活动。"人们通常把'政府'等同于控制和管制一定地域人民生活的国家机构。然而,治理不仅仅是国家的职权,还是指利用一些手段对某一活动进行控制,从而产生既定的结果。而且,治理这种功能是可以通过各种公立与私立、政府与非政府、国家与国际的机构和做法来执行的。"[38]因此,在一个多元主体的社会里,政府的角色主要表现在动员各种社团、群体、市场及个人力量,参与到社会服务包括高等教育服务的提供活动中来。

同样,政府角色的变化表现出政府能力的增强而不是弱化。在高等教育领域,通过对自身角色的调整,它可以将经费、学生就业这样一些可能出现危机的事项推向边缘、基层和高校;而对于中央政府而言,它只是通过掌控制定标准的权力而牢牢握有控制权。换言之,它下放的多是责任和危机,而保留的则是控制权。

参考文献

[1] Clark B R. The Higher Education System[M]. Berkeley: University of California Press,1983:183.

[2][3][4][17][23][24][25] Williams L G. The "Marketization" of Higher Education: Reforms and Potential Reforms in Higher Education Finance[M]//Dill D D, Sporn B. Emerging Patterns of Social Demand and University Reform: Through a Glass Darkly. Pergamon: IAU Press, 1995:170-193.

[5] Marginson S, Rhoades G. Beyond National States, Markets, and Systems of Higher Education: A Glonacal Agency Heuristic[J]. Higher Education,2002,43(3):281-309.

[6] Vaira M. Globalization and Higher Education Organizational Change: A Framework for Analysis[J]. Higher Education,

2004,48(4):483-510.

[7][8][10][12] Brown P, Halsey A H, Lauder H, Wells A S. The Transformation of Education and Society: An Introduction[M]//Halsey A H, et al. Education: Culture, Economy and Society. Oxford: Oxford University Press, 1997:1-42.

[9][11] Green A. Education, Globalization and the Nation State[M]. London: Macmillan, 1997.

[13] Castells M. The Rise of the Network Society[M]. Oxford: Blackwell Publishers, 1996.

[14][16][18][19] Dale R. The State and the Governance of Education: An Analysis of the Restructuring of the State-education Relationship[M]//Halsey A H, et al. Education: Culture, Economy and Society. Oxford: Oxford University Press, 1997:273-282.

[15][38] 戴晓霞,莫家豪,谢安邦.高等教育市场化[M].北京:北京大学出版社,2004:263.

[20][21] Weiler H N. States and Markets: Competing Paradigms for the Reform of Higher education in Europe[EB/OL]. http://www.ncspe.org, 2001.

[22] 杰夫·惠迪,萨莉·鲍尔,大卫·哈尔平.教育中的放权与择校:学校、政府和市场[M].马忠虎,译.北京:教育科学出版社,2003:46-47.

[26] Turner D. Privatization, Decentralization and Education in the United Kingdom: the Role of the State[J]. International Review of Education, 2004,50(3-4):347-357.

[27][29][30][31] Leslie L L, Slaughter S A. The Development and Current Status of Market Mechanisms in United States postsecondary education[J]. Higher Education Policy, 1997,10(3-4):239-252.

[28] Stiglitz J E. Economics of the Public Sector[M]. New York: W.

W. Nortonm，2000.

[32] Bok D. University in the Marketplace：the Commercialization of Higher Education[M]. Princeton，N. J.：Princeton University Press，2003.

[33][34][35][36][37] Marginson S. Nation-building Universities in A Global Environment：the Case of Australia[J]. Higher Education，2002，43(3)：409-428.

(原文载于《北京大学教育评论》2007年第1期，第138—149页，作者为卢乃桂、张永平)

第十八章
政府控制与市场化的博弈
——对韩国高等教育结构调整的反思

韩国高等教育大众化发展历程和我国有着相似的背景,但在结构上呈现出独特性,即高度的中央集权控制以及在经费来源上对私人经费的极大依赖。这种状况在市场化的发展趋势下产生出许多问题,引发了高等教育结构的重新调整。质量提升、维持地区间平衡、促进高等教育机构多样性和分层化、增强内部学术管理的有效性是韩国高等教育结构调整的重要内容。

一、韩国高等教育发展的特点

韩国高等教育在实现大众化和普及化的过程中形成了自身鲜明的特点。

第一,随着二战后启动的"后发现代化"将韩国经济带入发达国家行列,韩国高等教育的发展亦十分迅速。1945年韩国独立的时候,全国仅有19所高等教育机构,共有教职员工1 490人和学生7 819人。[1]在此后50多年里,韩国的高等教育规模经历了一场颇为壮观的扩张,尤其在1965年《学生入学条例》颁布后教育部取得了高校招生数量的决定权(见表1)。高中毕业生人数在20世纪90年代达到高峰后下降,如今高校提供的位置已经超出了实际需求,一些高等教育机构甚至出现破产或被合并。

第二,私人经费来源在韩国高等教育扩张的过程中发挥了重要作用。大财团及基金会热衷于投资建立四年制大学及学院,高等教育发展在很大程度上依赖私立机构和部门(见表2)。2005年,私立大学的数量约占总数的85%,私立大学入学新生人数约占总数的80%;若就初级学院(主要包括社区学院和高等专科学校)而言,这两个数字分别高达91%和96%。

表1 韩国高等教育的扩张(1965—2005年)[①]

分类		年度						
		1965	1975	1985	1990	1995	2000	2005
学校数	初级学院	48	101	120	117	145	158	158
	大学	70	72	100	107	131	161	173
学生数	初级学院	23 159	62 866	242 117	323 825	569 820	545 263	541 603
	大学	105 643	208 986	931 884	1 040 166	1 187 735	913 273	853 089
高中毕业生升学率/%		32.3	25.8	36.4	33.2	51.4	68.0	82.1

注:升学率=(高等教育机构入学人数/高中毕业生人数)×100%

第三,政府对高等教育的投入主要集中在国立大学上,与OECD其他国家比较,私立高校的公共经费来源非常匮乏(见表3)。据2002年统计,私立大学开支中仅有4.4%来自政府公共经费。绝大多数私立大学主要依赖学生学费维持生存,很少得到私人捐款或捐赠,来自学费的收入占私立大学开支的75%左右(公立大学和私立大学的平均水平为68.7%)。[2]

表2 韩国国立、公立及私立高等教育机构数量和学生人数比较(2005年)[②]

分类		学校数	2005年入学的新生人数
大学/本科课程	国立、公立	26/46	66 300/150 746
	私立	147/178	257 237/295 645
	总计	173/224	323 537/446 391
初级学院/初级学院课程	国立、公立	14/14	10 023/10 023
	私立	144/147	256 067/258 257
	总计	158/161	266 090/268 280

注:本科课程=大学(University)+教育大学(Univ. of Education)+产业大学(Industrial University)+技术学院(Technical College)+广播函授大学(Air & Corr. University)+综合学校(Miscellaneous School)+网络大学(Cyber College & University)+附设于公司之学院(College in the Company);初级学院课程=初级学院(Junior College)+综合学校+网络学院。

①② 参见 Ministry of Education and Human Resources Development, Korean Educational Development Institute. Brief Statistics of Korean Education 2005[EB/OL]. http://www.kedi.re.kr/. 数据经作者整理。

表3　高等教育机构支出及其经费来源之国际比较（2001年）[①]

单位：%

	占GDP的比重	公共经费来源				私人经费来源
		总计	对公立机构的直接公共财政支出	对私立机构的直接公共财政支出	对私立机构的间接公共财政转移支付	
平均值	1.4	78.2	69.8	11.6	18.2	21.8
澳大利亚	1.5	51.3	67.1	—	32.9	48.7
法国	1.1	85.6	88.3	3.3	8.4	14.4
德国	1.0	91.3	82.2	2.3	15.5	8.7
日本[1]	1.1	43.1	72.2	13.4	14.5	56.9
韩国	2.7	15.9	70.2	23.1	6.7	84.1
英国	1.1	71.0	—	94.7	5.3	29.0
英国[2]	2.7	34.0	61.3	1.3	37.4	66.0

注：1. 中等后的非第三级教育同时被计算在中等后教育及第三级教育之中；
2. 中等后的非第三级教育被计算在第三级教育之中。

第四，公立和私立高等教育机构都受到政府的严格控制。主要表现在政府控制着学校的办学许可及招生配额，甚至包括各系的招生名额；政府决定学生的入学选拔方式和学费的数额；政府制定教师的人事管理政策，例如终身教授制度、聘任晋升的条件，甚至有关退休年龄的规定等。[3]直到1995年，政府推行以市场为导向的改革才使这种状况得以发生些许转变。1995年及之后的改革以放权为主要政策目标，具体措施包括促进机构多样化和专门化；使私立高等教育机构的设置标准自由化，废除大学成立认可制度；在首都之外的地方大学取消对入学限额的规定，允许院校自行决定院系间的学生人数分配；将评估与经费分配挂钩，给予基于表现的差别性补助；给予大学研究活动特别经费支持，使其研究达到世界一流水平等。[4]但是实际上这次改革缩小国家干

---

① 参见OECD. Financial and Human Resources Invested in Education[EB/OL]. http://www.oecd.org/education/eag 2004.

预高等教育管理的范围非常有限。

第五,高等教育机构等级划分森严,分化格局明显。表4以四年制大学为例,按比例划分为10个层次进行比较,得出的结论基本上可以归纳为三个方面:① 公立大学整体水平较高,生源较好。这不仅体现在公立大学的入学平均分比私立大学高,而且大多数私立大学分布在一半以下的位置。② 高校之间贫富差距显著,资源分配呈现马太效应。顶尖10%大学的经费支出是最底层10%大学的2.74倍;如果看其所得捐赠,这种效应就更加明显,前者是后者的7.78倍。③ 就地区性而言,首尔地区的优势相当显著,不仅在入学平均分上与其他地区有20.4分之差,顶尖10%的大学更是集中在首尔地区。

表4 四年制大学的基本指标(按十分位数划分等级)①

	考试分数	总支出/1 000韩元	净支出/1 000韩元	所得捐赠/1 000韩元	学生人数	公立大学/%	首尔地区/%
第一个十分位	97.8	7 404	3 470	1 493	21 363	24.6	97.6
第二个十分位	92.5	4 572	2 963	450	17 854	39.9	57.7
第三个十分位	87.7	4 567	3 389	457	14 709	16.7	83.3
第四个十分位	82.1	4 267	2 018	392	11 896	37.8	57.9
第五个十分位	78.2	4 452	2 662	486	15 137	46.1	27.2
第六个十分位	74.3	4 190	3 356	496	13 799	7.6	32.7
第七个十分位	68.6	4 171	2 922	398	11 854	25.0	19.0
第八个十分位	62.3	3 587	2 991	213	10 268	17.4	11.7
第九个十分位	55.4	3 306	3 134	234	10 721	6.4	3.5
第十个十分位	41.2	2 704	2 837	192	7 774	3.3	3.8
公立大学	80.0	4 200	1 691	130	17 961	100	10.9
私立大学	71.9	4 315	3 469	578	12 210	0	47.5

---

① 资料来源:Kim S, Lee J H. Changing Facets of Korean Higher Education: Market Competition and the Role of the State[J]. Higher Education, 2006, 52(3): 557-587.

（续表）

	考试分数	总支出/1 000韩元	净支出/1 000韩元	所得捐赠/1 000韩元	学生人数	公立大学/%	首尔地区/%
首尔地区	86.2	4 935	3 593	625	13 325	6.1	100
其他地区	65.8	33 871	2 728	381	13 593	32.7	0
总计（均值）	73.9	4 289	3 069	477	13 488	22.2	39.4

注：1. 总支出为大学每年用于学生的人均支出，包括教师工资、日常公共经费开支、教堂研究活动支出等；

2. 净支出为总支出减去给予学生个人的补助金。

总的来说，韩国高等教育投入占GDP的比重远远超出各国平均值，在经济合作与发展组织（OECD）国家中名列前茅，高等教育经费支出在各级教育支出中的比例以及高等教育学生人数占各级学生总数的比例都高于平均值（见图1）。这种情形与韩国民众在传统价值观中重视教育，尤其视四年制本科教育为向上层社会流动的扶梯有很大关系。因此，韩国的补习教育闻名世界，历来有"高考地狱"之称。韩国政府为了促进机会公平而推动的高中均等化政策和大学入学政策改革，都没

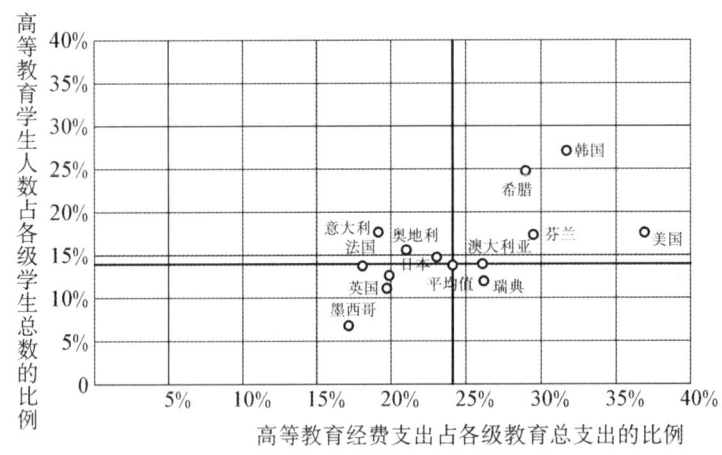

图1　高等教育支出及学生入学情况的国际比较（2001年）①

---

① 参见OECD. Financial and Human Resources Invested in Education[EB/OL]. http://www.oecd.org/education/eag 2004.

有能够减少民众对私人补习教育的需求,也丝毫不能动摇韩国高等教育高度分化的格局,反而陷入了降低水平的陷阱。

二、韩国高等教育发展面临的问题与结构调整

韩国高等教育的特点也带来一些问题,在市场化的冲击下引发了结构调整的改革。

首先,大众化的推进与高等教育质量的提升产生冲突。高等教育规模的迅速扩张是以牺牲质量为代价的,主要表现在学生人均经费支出偏低,生师比过高,大量聘请兼职教师来代替全职教师,教师的工作负担偏重等。而今,高校又面临着入学人数下降的问题,从而不得不将以量为本的发展策略调整为以质取胜,并注重制定未来发展的战略规划。由于很多缺少政府补助的私立大学主要依赖学费收入维持日常开支,招生人数的不足无疑会直接影响到教师的工作条件和环境。

为提升高等教育质量,韩国政府积极推行以合作和竞争为核心的"两C政策"(cooperation & competitiveness),[5]具体措施包括:① 采取基于市场竞争原则的差别对待政策,改革当前的政府投入机制;② 通过合并、建立退场机制和促进私有化等办法对高等教育进行结构性调整,从而更加灵活地适应市场变革的需要;③ 使高等教育质量控制全面渗透各层级院校,并敦促学校建立自评机制;④ 推行社区大学计划,以适应社会对较低层次专业技术人才的需求;⑤ 通过兴建终身学习城市的计划使接受高等教育成为全民的需要。

其次,解决教育机会的地区分布和阶层分布不均等问题面临挑战。在韩国经济腾飞过程中,绝大部分资源被优先投放在首都地区,传统上形成了教育质量极大的城乡差距。这种教育机会地区分布不均等造成了大量学生千方百计涌入首都就学,并以此作为毕业后留在首都发展的途径。韩国政府不得不采取入学限额政策以严格控制涌向首都的学

生潮,2003年又提出推动地方大学发展的方案。如在公务员行政考试中增加分配给地方大学毕业生的名额,但却无法从根本上解决问题。据统计,通过插班制度转校到首都大学的学生人数逐年上升,2000年到2003年分别为30 634人、34 608人、38 430人和42 770人,地方大学空洞化的现象不断加剧。[6]

除了地区分布不平等,不同阶层享有的教育机会亦呈现相当大的差距。为此,政府一方面取消地方大学的配额限制,一方面又引入"机会均衡配额制",通过"定员外招生方式"吸纳低收入阶层子女入学,并计划在2009学年度将定员外招生的比例从目前的3.9%提高到11%,同时减免其全部学费。[7]

再次,高等教育机构类型单一、缺乏个性。韩国大学的等级是根据资源多寡、学生水平高低来划分的,而不是在学校的发展目标、课程设置、组织管理、经费来源或办学模式上有所区别,几乎所有的大学和学院都千篇一律。这种情形在原有体制中可以存在,但当加剧的资源匮乏造成部分学校的生存危机,一个有区别性(包括分层和分等)的高等教育系统就成为必需。

从机构目标上看,政府确定了一部分研究能力较强的大学作为建设研究型大学的对象。近年来,招生不足使得韩国的高等教育机构为了竞争生源,纷纷将目标从传统理性主义的心智锻炼转向职业主义的就业培训。[8]随着青年失业率持续高攀,①职业主义倾向也导致大学生活发生了显著变化,甚至出现某些奇怪的现象。例如学生放弃假期挣学分,因惧怕沦为无业者延长在校时间,为加入著名企业掀起"三星考试"热潮等。失业现象也对韩国传统四年制大学的至尊地位提出挑战。由于适合高学历者要求的工作岗位日趋缺乏,毕业于专科院校的学生反而更容易找到工作,于是出现了专科院校与四年制大学争夺生源的情况,两至三年制的初级学院因其课程的实用性和明确的职业导向而

---

① 据韩国统计厅统计,2006年末韩国的青年失业率为7.9%,就业前景仍然不容乐观。

受到欢迎。① 另外,传统四年制大学也开始做出相应变革,例如修改专业和课程设置,提供灵活多样的修业计划,积极引入业界资源并增加学生实践锻炼的机会等。

最后,"教育三不政策"阻碍大学自主的实现。"教育三不政策"是指禁止大学自主实行入学考试、禁止实行高中等级制和禁止贡献入学制。尽管 2005 年的高等教育改革方案规定实行大学入学考试的完全自律化,学校可以自主决定选拔时间、考试方法和辅助参考项目等,但随时招生只是补充,国家统一的高考制度仍然存在并发挥着主导作用。高中等级制是指根据学生毕业考试成绩对学校进行排名。然而,韩国政府推行的均等化政策并没有消除地区之间的不平衡现象。贡献入学制则是指学校以特例方法优待对学校和社会发展做出贡献的人的子女入学。在政府对私立大学投入严重不足的情况下,实行贡献入学制不过是扩充财政的无奈之举,"事实上的贡献入学制"正融入学校的自主选拔标准之中。

自主性的缺乏导致大学内部学术管理效率低下。当学校面临生源和经费来源双重压力时,内部管理体制改革便成为当务之急。这不仅是一个身份重构的过程,更是一个在学术管理中引入成本收益概念的过程。内部结构调整尤其体现在课程改革上,原本缺乏联系和过分专业化的课程被重组;在课程管理上引入跨学科和跨专业的修业途径,增强选课制度的灵活性;在课程实施上模仿企业界的项目制,增强课程内容的应用性等。另外,内部结构调整也体现在人事管理的激励体制改革上,在教师的聘任、晋升制度中增强对绩效责任的要求,以基于表现的考核来代替传统的论资排辈。这种效率导向的改革有效地综合了教育管理和商业管理的特点,是韩国高等教育结构调整的重要内容之一。

---

① 据韩国统计厅统计,2001 年四年制大学毕业生就业率为 56.7%,而专科大学则高达 81%。2006 年 1—8 月,专科大学毕业生失业人数比去年同期减少 1.1 万人,一般大学毕业生及研究生的失业人数却比去年同期增加 2.2 万人。

三、结构调整的途径和韩国高等教育发展的未来趋势

在"政府主导型"市场经济体制下,市场导向和政府调整共同主导着高等教育的未来发展趋势。

第一,增强大学自主是摆脱政府控制的必要条件,选择性干预是国家在集权与分权之间取得平衡的一种混合战略。为使管理更加灵活有效,政府的角色必须从直接的调控者转变为资源分配的监督者,政府应着眼于各类型高等教育机构发展目标的制定,而不是具体管理措施的制定。[9]为此,韩国政府试图推行问责制改革,致力于推动信息透明化和敦促规范实施,主要措施包括以下几个方面:首先,建立透明和诚信的学校财务管理制度和会计审核制度,不仅要改革公立大学的预算会计制度,还要求私立大学将财务公开,使高等教育机构取得更多自治权。其次,政府正在考虑放宽限制,例如允许部分院校以营利为目的,成立独立于教育部和私人财团之外的理事会,[10]建立大学校长选举机制等。在经费分配政策上,政府一方面加大对私立院校的投入以减少其对学费的依赖,另一方面非常强调从个人层面为教师及博士研究生提供竞争性研究经费资助等。最后,学校内部学术力量与行政力量的对比也是衡量学术自主的重要指标。传统上,韩国教师在学术事务管理中的地位是被边缘化的,而今政府希望通过改革使得学术力量重新取得支配地位,鼓励教师参与管理,使行政管理人员成为真正意义上的辅助人员而不是决策者。

地方大学虽然可以自主确定招生名额,但是由于没有足够的生源,最后只能减少招生名额。解决地区教育机会不平等,首先必须缩小地区之间经济发展的差距。其次,还需要在良好的外部条件下改善大学的内在水平。只有提高地方大学的教育质量和创新能力,增加对地方大学的经费投入,建设良好的基础设施,聘请优秀的师资力量,重点支持与地方发展紧密相关的专业,并发展产业园区等配套措施,才能从根

本上增加地方大学的吸引力,提高地方大学毕业生的市场竞争力,自然也就能够留住优秀的学生。为此,韩国政府于 2004 年发起一项新大学计划,预计在未来的五年内每年投入 3 000 亿韩元(约 2.5 亿美元)用于构建具有特色的地方大学。[11]

第二,市场化、企业化改革或存弊端,但建立开放的竞争机制却是大势所趋。市场化改革要求建立大学和社会的紧密联系,加强与工业界的合作关系,建立大学为基础的研究基地,培育研发人才。由于学术也被当成市场来看待,消费者导向的教育模式便产生了,这也意味着学校更倾向于本着教育服务的理念迎合学生和社会的需要,而非坚持教育本身的价值观。如通识教育没有得到很好的设计和组织,在市场导向的课程改革中被边缘化。

在人事管理上,学术职业市场尚未实现自由竞争。这一方面是因为传统所形成的沉重包袱,使得大学不能轻易剔除不合格的教师,加上所能提供的新职位有限,从而导致了严重的老龄化倾向。[12]另一方面,失业率上升使得攻读博士学位的学生人数增加,新毕业博士的就业需求十分庞大,出现供过于求的现象,年轻人进入教师岗位的机会越来越小。尤其是在人文社科等市场需求较少的领域,博士失业率居高不下。整个学术职业按职称划分呈现出一个倒金字塔式的分布模型,资深教师比例不断提高也使得学校的运行成本大大增加。[13]由此而产生的恶性循环是,学校出于经济因素考虑不愿聘请年轻的博士毕业生,而是大量聘请廉价的兼职教师,导致教学质量的下降和高质量人才的浪费。①

第三,绩效责任、表现主义受到批评,但重新回到对卓越的追求确是形势使然。近年来,由于大学国际排名落后、国际化水平低、优秀学生流失海外等现象使得韩国大学的表现受到国人的严厉批评,政府越来越感受到要求大学的学术水平向西方一流大学靠近、达到卓越水准的压力,从而制订了建设世界一流大学计划,在资源分配上更加注重择

---

① 据 2002 年(韩国)教育部统计,目前约有 13 000 名年轻的博士毕业生无法找到学术职位,预计 2002 至 2006 年,还将有超过 40 000 名博士毕业生进入学术劳动力市场。

优和集中,以保证政府有限的资源能够得到最有效的利用。韩国政府于 1999 年开始推行"21 世纪智力韩国"(Brain Korea 21)计划,目标是为 21 世纪的知识社会培养一批高质量的人才,尤其重视发展以研究院为核心的研究型大学和吸引优秀博士生,在 7 年时间内(1999—2005 年)投入的资助总额达到 1.4 万亿韩元(约 11 亿美元)。[14]该项政策的确对一些精英高等教育机构产生了一些激励作用,使得这些学校的入学竞争更加激烈。然而,对教学和研究之卓越的追求仍然受到扭曲的激励机制的严重阻碍,既不能得到物质上的丰厚回报,也不能享受学术上的崇高荣誉。虽然现在研究已经逐步受到重视,各校纷纷制定了鼓励教师在国际刊物发表论文的奖励措施,但教师在教学和行政管理上的责任仍然有待加强。

在韩国,成为大学教师就意味着取得"铁饭碗"。但是,随着绩效责任改革,从终身制向雇用合同制的转变已经不可避免。如何将聘任制与终身制结合起来,在激发新任教师创造性的同时,通过定期评估使已经取得终身职位的教师不松懈,是高校内部管理体制改革中迫切需要解决的问题。在报酬体系(不仅包括工资,还包括研究经费、学术假期等)的结构上,从基于资历和服务时间长短的考量转变为注重教师的实际能力和贡献。相应地在晋升上,论资排辈的现象逐渐被打破,制定标准的主要依据是基于教师表现的评价。然而,目前韩国的大学教师仍然未从不需受他人约束的自由中苏醒过来,在应对突如其来的评价体制改革时普遍呈现出恐慌、抵制和束手无策的状态。[15]推行基于表现的评价虽然是大势所趋,但也需要经历一个较长的适应过程。

四、结　语

在市场化发展趋势下,高等教育结构调整展现了大学自治与政府控制的博弈。市场化对高等教育机构的影响是通过社会政策范式的转变来体现的,即高等教育管理由国家控制模式转向国家监督模式。[16]但是,从分权的水平和程度上说,韩国政府仍然保留了较多权力,形成了一种"表面分权的集权主义"倾向。虽然它已经致力于将直接的行政干预转变为间接的激励机制,但是政府仍然控制着评估的大权,可以通过经费分配和政策倾斜等手段来影响高等教育机构的行为。

韩国的例子值得我们注意,不仅是因为我国的高等教育与韩国一样有着"后发现代化"的背景和中央集权制的传统,而且在面临的挑战和发展的趋势上都有着相似性:首先,"政府主导型模式"在经济高速发展中发挥了重要作用,但是在高等教育领域,政府干预和大学自治分别要达到何种程度、应该如何协调都是值得探索的领域。其次,韩国政府在处理重点与均衡发展、促进教育机会公平等问题上的经验和教训,对于我国现在正面临的建设世界一流大学和解决教育资源的地区分布不均衡有很大的借鉴意义。再次,在内部管理上,如何解决教师学术职业的倒金字塔式分布对学校运行的压力,在利用绩效责任机制激发教师积极性的同时避免表现主义的偏差,对于我国大学中学术职称结构的比例失调、教师忽视教学责任履行等均有警示作用。最后,过分的市场化可能导致大学为迎合社会和学生的需要而扭曲自身的价值观。因此,大学如何保持适当的批判性抵制,[18]与社会密切联系又保持一定距离,也可以从韩国的例子中受到启发。

参考文献

[1][4][11] Park N Korea[M]//Forest J J F & Altbach P G. International Handbook of Higher Education. Netherlands: Springer, 2006: 867-879.

[2][5] Lee H-C. The Shift of the University Paradigm and Reform of the Korean University Systems[J]. Higher Education Management and Policy, 2005, 17(1): 93-106.

[3][9][10] Kim S and Lee J H. Changing Facets of Korean Higher Education: Market Competition and the Role of the State[J].

Higher Education,2006,52(3):557-587.

[6] 地方大学空洞化现象不断加剧[N].朝鲜日报(中文版),2004-01-04.

[7] 低收入阶层子女大学门槛将大为降低[N].朝鲜日报(中文版),2007-06-27.

[8][15] Lee S H. Korean Higher Education[M]//Altbach P G & Umakoshi T. Asian Universities: Historical Perspectives and Contemporary Challenges. Baltimore: Johns Hopkins University Press,2004:145-173.

[12][13] Lee S H. The Changing Academic Workplace in Korea [M]//Altbach P G. The Decline of the Guru: The Academic Profession in the Third World. New York: Palgrave Macmillan,2003:167-198.

[14] Ministry of Education & Human Resources Development. Brain Korea 21, a Project for Nurturing Highly Qualified Human Resources for the 21st Century Knowledge-Based Society[EB/OL]. http://www.moe.go.kr.

[16] Neave G & Van Vught F. Government and Higher Education in Developing Nations: A Conceptual Framework[M]//Neave G & Van Vught F. Government and Higher Education Relationships Across Three Continents: The Winds of Change. Oxford: Pergamon,1994.

[17] Flexner A. Universities: American, English, German[M]. New York: Oxford University Press,1930.

(原文载于《教育发展研究》2008年第3—4期,第86—91页,作者为卢乃桂、徐岚)

第十九章

立法者与阐释者：大学专家在"校院合作"中角色之嬗变

大学专家进入中小学从事教育研究是一种"校院合作"现象。长期以来，这种合作存在一种不平等的知识/权力关系。大学专家在此过程中控制着"权威性话语"，扮演着"立法者"角色，教师仅仅是其生产出来的知识的消费者和应用者。本文以一种新的认识视野，认为大学专家的话语和角色将发生变化，他们将秉持"解释性话语"，扮演"阐释者"角色，在与教师真诚地对话与交流中创建具有真正意义的"校院合作"关系。

长期以来，大学专家与中小学教师生活在彼此隔离的专业世界，由此造成了教育理论与实践"两张皮"的现象。之所以如此，显然与人们秉持客观主义认识论有着密切的关联，这种认识论造成理论与实践的二分与对立，以及前者对后者的所谓"超越"和"深化"。为了能够解决理论与实践脱节的现状，不少人呼吁，要求大学专家能够走进中小学课堂，谋求理论与实践的统整和适配。其实，关于"校院合作"进行教育研究的想法并非一个全新事物。早在19世纪末杜威创办实验学校时便已露端倪，更在20世纪80年代以后形成一股世界性的教育改革潮流。我们从教育变迁的实际状况来看，前述有关教育理论与实践脱节的问题显然不可能仅仅通过大学专家"深入实践"的口号式宣传或浅尝辄止的表层化合作就可迎刃而解。这也要求我们对以下一系列问题进行认真的思考,即应该如何理解教师的实践知识,大学专家持何种知识观进入教育现场,以及专家与教师怎样构建各自的身份与角色等。

一、传统协作研究模式中的知识/权力现象

根据瓦格乐的描述,研究者与实践者之间最传统的协作研究模式是数据榨取式(data-extraction agreements),其特点是研究者充当主动探究者、报告撰写者和论文发表者,而作为实践者的教师只是被观察、被研究的对象。前者通过对教师工作的描述和分析而得来的资料,通常只作进一步理论研究之用,而非反馈给教师以改进教学实践。这样形成的合作研究关系鲜明地体现出权力与知识的同谋,[1]作为劣势群体的实践者在此过程中的被剥夺及其产生的无力感。在这里,研究者通常以一种居高临下的姿态主导着研究的进行,并以权威的身份为教师的工作给出断语。实践中,我们常常可以在研究者的研究报告中见到众多指责教师及其工作的词语,如"技术决定论""性别歧视""种族偏见""能力不足"以及"固守平庸"等。[2]

上述情形的产生必须放在具体的专业知识情境中进行审视和探究,这种情境由大学与中小学共同讲述和信奉的一些关于理论与实践之间关系的故事、神话、仪式和符号构成。这些故事认为:大学是科学研究和知识生产的地方,而中小学只是实践和行动的场所。[3]当这些故事被日复一日地复述和强化,并逐渐在大学与中小学双方的意识中被固定化时,大学专家与中小学教师各自承担的角色和持有的地位便自然而然模塑成型:前者被认为是以后者及其活动为研究对象并进行教育理论创造的人,后者则是应用前者研究成果的"消费者"和"执行者",[4]显而易见,由此生成的关系是一种自上而下,带有指导意味的非平等关系。也正是在这个意义上,大学专家被赋予了"立法者"的角色。根据鲍曼的解释,立法者的角色是"由对权威性话语的建构活动"而生成,这种"权威性话语"可以对各种争执不下的意见和纠纷进行仲裁,做

第十九章 立法者与阐释者：大学专家在"校院合作"中角色之嬗变

出抉择,并最终决定哪些意见是正确的和应该被遵守的。可见,"权威性话语"本身就意味着一种权力,对其理解和掌握的多与寡也就从根本上决定了该角色处于上述不对等关系的哪一端,或两个极端之间的某一位置。[5]

从知识论的角度来看,"权威性话语"体现了一种追求工具理性的讲求实证/技术的知识观,它视知识为一套独立于人类经验之外的规则、既定的程序和不可置疑的真理,是对客观世界的绝对准确和真实的表述。在这里,它假定知识是价值中立的、客观化的,并可以被当作一件物品进行传递的。具体到教育情境,"权威性话语"暗示了教育活动中存在着一种"去个人化"的关于真理和意义的声称,这种声称是独立于认知者而存在的。人们相信,只要能够掌握它,就具有了正确解释教育现象,预见和控制各种教育事件之发生与发展的可能性。显然,这是一种典型的客观实在论的知识观。在这种知识观的指导下,大学专家的责任就是去发现、储存和供应那些权威性知识,其学生或教育实践工作者的任务则是消费、加工处理和使用它们,[6]从而增进个人的教学知识及专业技能,以改进学校实务、课程设计,以及学生学习的现状。

随着具有明确分工的现代学校制度的确立,上述关于大学专家和中小学教师不同角色的设定也逐步制度化与合法化,形成福柯所谓的"知识/权力共生现象"。作为现代社会成型的标志之一,大学专家的专业主义意识愈益浓厚,师资培育者也通过提高其理论水平而追寻专业化之路。[7]在1980年之前,西方学术界将整个教育研究基本上划定为当初接受过理论方法训练的大学教师或研究机构的专业研究人员的势力范围,教育研究产生的理论与知识毫无疑问地都掌控在上述这些"专家"与"学者"手中,中小学教师只能被动地通过师资培养、培训,经由学科取向的师资培育课程,从大学专家那里传承过来。因此,虽然人们习惯于将大学专家进入中小学教育现场进行研究笼统冠以"合作研究"之名,其实是应该再做具体划分的,而传统的合作研究关系中则明显地体现出专家与教师之间高与低、支配与被支配的关系。

在现实社会里,大学专家比中小学教师拥有更多的机会和权力来获得更高层次的(客观)知识,更为重要的是,大学专家还掌握着"游戏规则"的拟订和解释权,他们对抽象理论的追求和建构,关于"理论至上"的宣称,最终在由他们与中小学教师共同组成的专业知识情境中产生出前文所言的"故事",他们因此而控制了关于教育的权威性话语,被赋予了从事仲裁、判断教育实践成功与否的合法权威。

二、教师知识之省思及教育理论功能之重估

从理论上来看,当专家充当"立法者"角色时,意味着他们控制着对教师的实践工作具有绝对指导和评判作用的"权威性话语",而教师充其量只能在建构教学知识过程中,扮演一个沉默客体的角色,无法享有合法的知识创造空间和地位。但通过实际教学经验的检视,我们会发现许多教学实践者常常将接受师资培育得来的理论弃之不顾,而经验倒成为真正影响其专业发展和专业认知的最终权威。如一些研究表明,师资培育课程常不及教师的生活经验对教师专业实践理论产生的影响大;实习教师的教学内容知识受到先前经验、教学实务经验、教学困扰及协助者的建议等因素之影响而建构出来;新手教师的第一年任教经验,强过师资培育课程的影响;大学教的理论,难以对抗学校环境的压倒性效应;甚至在教育实践工作中到处弥漫着经验权威的踪迹。[8] 这些研究结果可能反映了教师对理论信度等问题的质疑。但更重要的是,它们是对客观实在论的知识观的反叛和挑战,它迫使我们去重新思考教师知识的内涵及其建构过程。

概而言之,"教师知识"是指教师在某一教学情境中,为达到有效教学所必须具备的一系列理解、知识、技能和特质等的总称。对教师知识的认同预示着一种新的阐释/实用范式的知识观,它重新思考认知者与认知对象之间的关系。用杜威和伽德默尔的表述,知识就是"变得更有经验"[9]。基于这种观点,每一个人都具有自己对世界的独特看法,因

此每一个人都是有知识的人。作为生活在现实世界中的一员,个人的经验具有唯一性和延续性,其先期概念、先备知识或先备经验对知识的建构影响甚大;同时人与人、人与社会、人与自然之间不可避免地发生交互作用,而使得知识的个人化过程始终是在社会关系中进行的。显然,这里体现了知识社会建构论的基本观点,即知识是在社会关系中由学习者主动建构而成的。同时,知识社会建构者还认为认知主体与被认知的客体之间存在一种"辩证"的关系,所以世界和知识既是被发现的也是被创造的。

基于以上理论立场,我们需要承认教师的知识创造能力及其主动性,给予教师知识存在与发展的合法空间。在大量关于教师知识内涵、概念和分类的研究中,最常被人言及的是舒曼对在职教师的个案研究发现所得的教师知识,共分为学科内容知识、一般教学法知识、课程知识、学科教学知识、关于学生及其特征的知识、教师周遭环境的知识、关于教育目的、目标、价值以及教育哲学与历史渊源的知识七类,[10] 展示了教师知识的丰富与多样性。其中,最能彰显教师知识之个性特色的是学科的教学知识,它与克兰迪宁(Clandinin)提出的"个人的实践知识"、爱尔拜(Elbaze)的"实践的知识"、撒得斯(Sanders)等人的"实践的理论"、菲得曼(Feldman)的"实践中的智慧"和陈美玉的"教师专业实践理论"等概念类似,[11] 呈现出教师知识根源于实践理性的本质。

关于上述概念的内涵,可用但昭伟对"实作性知识"的定义加以说明。他借用前人关于知识的分析方式,将教育知识分为实作性知识和技术性知识两类。[12] 在他看来,实作性知识是不能形诸语言文字,只出现在实际活动进行的当时及过程中,这种知识不能够条例化或明文化,不能够通过大学专家的传授和给予,而是一种内隐的默会知识(tacit knowledge),它常因人或特殊情境脉络而有所差异,故具有某种程度的"独特性、私密性及草根性"[13]。另外,这种知识在人类实际活动中扮演的作用极其关键,我们通常说的教学经验比较接近这个概念的范畴。对技术性知识的界定则类似于前文所言的"权威性话语"的解释,其特征在于能够形诸语言文字,且能转化为一条条具体的可操作的规则,可以被人们有意地习得、记忆、传授及运用。

通过以上的分析,我们会发现欲求实际教育活动的圆满合理,要依赖的不仅是技术性知识,更是实作性知识。过去那种试图以一种外塑的、专家主导的教育理论作为唯一标准,来评量师范生及在职教师专业知识之多寡显然是有问题的。因为它忽视了活生生的具体情境和丰富多彩的个人经验对教师的知识建构所起的作用,漠视了不同类型知识的存在。从这种意义上讲,教育理论的功用及角色在于"协助"实际教育活动的圆满进行,而不是"引导"或"指导"实际教育活动的进行。换言之,教育理论不是教育实践的蓝图,而只是参考依据。[14]

三、"校院合作"中大学专家角色之重新定位

虽然我们已经从理论上对教师"实作性知识"与"技术性知识"之本质区别做了初步探索,但若想在实际教育活动中实现大学专家与中小学教师各自角色的重新调整和界定,则并非易事。前文提及的"专业知识情境"中形成的"故事",一方面已经严重阻碍了中小学教师在与大学专家合作过程中自我观念的自由表达,甚至使他们患上了可怕的"失语症",并助长了他们对教育理论功用的怀疑,认为其与自己的实际教学工作不相干而将之弃于一边。另一方面,这些"故事"因不断强化和维护大学专家之特权,而容易使他们产生不愿改变现状之念头。[15]因此,本文将继续落实到具体的专业知识情境中,去挖掘双方改变的理论基础。

20世纪80年代中后期,美国轰轰烈烈地出现了大专院校与中小学共同协作、共图发展的教育改革运动,它们的出现具有典范意义。其时,以美国教师协会、卡耐基基金会成立的教学专业小组和霍姆斯小组所发布的一系列报告为主要标志,在美国掀起了以教师教育专业化为诉求的第二波教育改革,其中提出的一项重要政策建议就是加强中小

学与大学建立和发展伙伴合作关系,依据该建议而设立和推广的专业发展学校则是"校院合作"模式的最典型代表。其后,强调大学与中小学的伙伴关系的理念,在各国关于教师教育乃至整个教育改革的日程中不断重现。

改革当然不可能一帆风顺,其过程中交织着成功的经验和失败的教训。但从一些成功的案例来看,以下各点基本上是一个伙伴合作关系长期、稳定、有效地运作所不可或缺的前提条件:

(1) 基于相互理解的高度信任;

(2) 信息共享,互相尊重,形成探究共同体,成员间基于平等"对话"的"沟通";

(3) 民主决策,以免形成科层关系和特权;

(4) 有明确的共同目标,所有参与方(包括个人和组织)俱能获益;

(5) 彼此之间的悬殊,成为促进双方发生变革的刺激力量;

(6) 良好的行政架构和便于管理的议程;

(7) 外在支持,尤其是双方高层领导的热情帮助;

(8) 动态的经常性评估。[16]

从这些描述可以看出,通过伙伴关系的建设,大学专家与中小学教师之间的关系发生了根本的改变,大学专家往日的知识霸主地位已荡然无存,其角色开始由"立法者"向"阐释者"转变。

不同于"立法者"通过对"权威性话语"的建构来为自己进行社会定位,"阐释者"是通过形成"解释性话语"的活动而表现自身角色的。按照鲍曼的分析,"这些解释性话语以某种共同体传统为基础,它的目的就是让形成于此一共同体传统之中的话语,能够被形成于彼一共同体传统之中的知识系统所理解"。显而易见,"解释性话语"的功用并非在于"选择最佳社会秩序,而是为了促进自主性的(独立自主的)共同参与者之间的交往。它所关注的问题是防止交往活动中发生意义的曲解"。[17]

这种专家与教师之间关系的重新生成,最终构成新的"专业知识情境",在大学与中小学形成新的"共享故事",即双方均意识到并承认由于各自生活环境不同,其各自建构起来的关于教育教学的知识也不尽相同,但无高下优劣之分,而成互相补足之势。如,我们可以借用前文之分析,将实作性知识看作是教师在实际教学活动过程中逐步积累起来的经验和机智,将技术性知识看作是大学专家研究所得的可以通过学科导向的师资培育课程传授给教师的纯粹教育理论。这样,当研究者与实践者进行合作研究时,就存在着两套截然不同的知识系统,如何进行交流和沟通,形成临床伙伴式(clinical partnerships),特别是共同学习式(co-learning agreements)之合作研究模式,[18]便成为建构新情境时首先需要关注的问题。

为此,有人提倡将"对话"作为一种形式的协作研究,填平研究与实践之间的鸿沟;有人主张以行动研究作为协作探究的方式,以彰显教师之理论建构能力。就大学方面来说,人们基本达成以下三项共识:

(1) 大学作为再涵化(reacculturation)的机构,而不再是信息的储藏间;

(2) 大学教授是促进再涵化之文化变迁的主动者,而非信息的传递者;

(3) 大学应当改变长期以来形成的关于知识本质、知识权威以及课堂权威的理论假设。[19]

因此,要想通过"校院合作"的模式来加快学校教育改革的步伐,无论大学专家还是中小学教师都必须学会阐释、学会倾听,在一种平等和谐的组织氛围里共同构建知识,实现双方的同时更新和发展。在这里,"阐释者"的角色并不限于专家与教师间彼此尊重对方人格等态度上、道义上的指称,更展示了双方知识观的根本演变。

具体而言,在教育理论的建构过程中,"教育理论家一定要将教育实践工作者对教育活动所持有的态度、信念、经验以及实际活动所遵循的内在规则及目的纳入考虑,单单以学科知识为理论架构的基础是不够的"[20]。同样,作为教育实践者的教师也需要避免将经验变成其"建构理论、发展专业的唯一权威来源",以免"使教学掉入'技术本位'的传统窠臼中"。[21] 从这种知识观出发,我们才可以说,教育理论工作者和教育实践工作者的分工不是后者听命于前者,而是两者的同心协力,共谋发展。

四、余 论

从历史发展的眼光来看,大学专家与中小学教师之间的关系存在一个谱系,一端是"上下关系",一端是"伙伴关系"。在前者,大学专家担当"立法者"的角色;在后者,则行使"阐释者"的功能。虽然在现实世界里,依然以前者居于主导地位,但随着整个社会理论研究范式的转移,教育理论工作者与前线教师双方对后者的期望和呼唤,已经促成了"阐释者"角色的萌生,并导致上述关系出现新的景观。

当然,"立法者"与"阐释者"这两个不同角色也并非是完全排斥、截然对立的。因为大学专家在抽象的教育理论领域显然有中小学教师所不及的优势,这些理论对教师们来说,也是有必要掌握和领会的。笔者在研究实践中也发现,大学专家身上所体现出来的两个截然有别的角色其实是贯穿在校院合作过程当中的,只是在不同阶段会有不同的表现而已。一般来说,大学专家在合作的起始阶段更多地扮演着"权威"角色,而在中后期逐渐充当教师的"伙伴"。

总之,"阐释者"角色的出现有助于人们从一种崭新的视角去审视教育理论与实践的关系,打破以往专家们独断知识的权威形象,重新认识教师实践知识的本质,恢复教师作为教育知识创造者的主体地位,并充分发挥校院合作研究的固有价值和优势。

参考文献

[1][18] Wagner J. The Unavoidable Intervention of Educational Research:
　　A Framework for Reconsidering Researcher-Practitioner Cooperation[J].

Educational Researcher,1997,26(7):13-22.

[2] Grundy S, Robison J & Tomazos D. Interrupting the Way Things Are: Exploring New Directions in School/University Partnerships[J]. Asia-Pacific Journal of Teacher Education,2001,29(3):203-217.

[3] Connelly F M & Clandinin J. The Promise of Collaborative Research in the Political Context[M]//Hollingsworth S & Sockett H. Teacher Research and Educational Reform. Chicago: NSSE,1994:89.

[4] Stevenson R B. Educational Practitioners' Use of Research: Expanding Conventional Understandings[M]//Jacobson S L, et al. Transforming Schools and Schools of Education: A New Vision for Preparing Educators. California: Corwin Press,1998:101.

[5][17] 鲍曼.立法者与阐释者:论现代性、后现代性与知识分子[M].洪涛,译.上海:上海人民出版社,2000:6.

[6][19] Bruffee K A. Collaborative Learning: Higher Education, Interdependence and the Authority of Knowledge[M]. Baltimore & London: Johns Hopkins University Press,1999:xi-xii.

[7] Labaree D F. Power, Knowledge, and the Rationalization of Teaching: A Genealogy of the Movement to Professionalize Teaching[J]. Harvard Educational Review,1992,62(2):123-155.

[8][21] 陈美玉.经验权威与师资生学习之研究[J].研习资讯,1998,15(3):40-55.

[9] Olson M Collaboration: An Epistemological Shift[M]//Christiansen H, Goulet L, Krentz C & Maeers M. Recreating Relationships: Collaboration and Educational Reform. Albany: State University of New York Press,1997:18.

[10] Shulman L S. Knowledge and Teaching: Foundations of the New Reform[J]. Harvard Educational Review,1987,57(1):

355-356.

[11] 陈美玉.教师个人的知识管理——专业实践理论的建构与应用[J].中等教育,2001(1):90.

[12][14][20] 但昭伟.教育理论的建构及教育实作[J].初等教育学刊,1994(3):105-106,103,104.

[13] 林进材.教师知识的内涵、建构及其在师资培育上的应用[J].台湾中等教育,1997,48(1):34.

[15] Petrie H G. From "My Work" to "Our Work"[M]//Jacobson S L, et al. Transforming Schools and Schools of Education: A New Vision for Preparing Educators. California: Corwin Press, 1998.

[16] Thorkildsen R & Stein M R S. Fundamental Characteristics of Successful University-School Partnerships[J]. School Community Journal, 1996,6(2):72-92.

[17] Essex N L. Effective School-College Partnerships, A Key to Educational Renewal and Instructional Improvement[J]. Education, 2001,121(4):732.

(原文载于《复旦教育论坛》2003年第1期,第18—21页,作者为卢乃桂、操太圣)

第二十章

激励如何可能？中国高校岗位津贴制度的实践与反思

岗位津贴制度的实施带来了高校教职工收入的实质性增加，更带来了人事管理体制、思想的变革。本文在分析其成效的同时，更关注其实施过程中遭遇的问题，进而讨论了该制度实施的具体情境，提出通过政府、市场和高校三者的良性互动，为该制度的进一步完善创造条件。

建立科学的分配制度是高等学校人事制度改革的核心内容之一，其着眼点及解决的关键均在于如何处理好教职工的激励问题。[1]换言之，创建一种符合市场经济和知识经济原则的分配方式，以充分发挥高校教师自身的优势和潜力，为社会创造出更多的物质与精神财富，是当前我国高校开展分配制度改革的基本旨趣。同时，该项改革对于高校自身的运作而言，也是建设结构合理、素质优良之师资队伍的基本保障。

经过几年的改革实践，高校教师如今的待遇有了比较显著的改善，优劳优酬的原则得到了基本体现，广大教职工的积极性也在一定程度上被激发出来。但毋庸置疑，改革尚需进一步深化，一些深层次的涉及国家政策、教育观念、高校体制等多个层面的问题还有待深入分析、妥善解决。为此，我们需要对以岗位津贴制度为主要载体的分配制度进行较为全面的审视和反思，不仅为其进一步实施寻找科学的合理性，更要为提高其实施效果寻找必要的对策，为实质性的高校人事制度和激励机制改革提供经验上的借鉴。

一、我国高校实施岗位津贴制度的成效分析

由于历史因素的影响,我国高校长期实施一种均等化的分配制度。随着市场经济的逐步成熟和现代大学制度的稳步建设,上述高校分配制度的弊端日益显现。于是,教育部在1999年5月召开了"高等学校内部管理体制改革座谈会"。2000年初,中组部、人事部和教育部又联合印发了《关于深化高等学校人事制度改革的实施意见》(以下简称《实施意见》),提出要开展以用人和分配制度改革为重点的高校人事制度改革,"探索强化岗位、以岗定薪、按劳取酬的工资分配制度"。按照《实施意见》的精神,在"长江学者奖励计划"的辐射带动和国家"985工程"的重点支持下,国内部分高校开始尝试建立"以岗定薪"的岗位津贴制度。截至2004年年底,除新疆地区的高校和山西省的个别高校因故未及实施外,岗位津贴制度已在绝大多数高校中建立起来,并在实践中不断趋于完善。

从高校岗位津贴制度实施的情况来看,多数高校认为,通过岗位津贴制度的实施,教职工的收入普遍得到提高,缓解了知识分子长期收入偏低的矛盾,调动了教职工的积极性和创造力,从而在优化师资队伍、增强人才竞争能力、促进学科结构优化、提升科学研究水平、带动学校全面改革等方面产生了比较明显的效果。[2]

就人事工作本身而言,岗位津贴制度的实施所带来的影响更在于对院校管理思想和体制层面的深度变革,这种变革因与市场经济的发展存在内涵上的一致性,而使得它与先前我国在计划经济时代建立并实施的分配制度截然不同,呈现出管理范式转移的意味。其主要体现在以下几个方面。

第一,以岗位设置为基础,体现由"身份管理"到"岗位管理"的转变。从各高校实施的岗位津贴方案可以看出,尽管岗位设置的依据、数

量、层次各有不同,但各高校都把岗位设置作为实施岗位津贴制度的基础。如南京大学将岗位津贴划分为9个档级,设置了教师、其他专业技术人员和党政管理干部三类岗位,并按照责任、职务等因素将各类岗位再分设为重要岗位、重点岗位和基本岗位三个层次,从而建立起岗位管理的基本架构。

第二,强化激励约束机制,调动教职工的积极性。各校在实施校内岗位津贴制度过程中,虽然经费来源各有不同,对改革的投入强度也有差异,但基本上都通过拉开收入差距来实现对人员的激励。有研究表明,教学科研人员各岗级之间平均津贴的最大档差为9.5倍左右,党政管理人员各岗级之间平均津贴的最大档差为9.3倍左右,其他专业技术人员各岗级之间平均津贴的最大档差为6.5倍左右。[3]

第三,津贴与绩效挂钩越来越受到重视。相对于主要取决于职称、职务、工龄、学历和学位的专业技术人员职务等级工资制度或行政人员职员等级工资制度,各高校普遍采取将津贴与绩效挂钩的方法,以吸引和稳定优秀拔尖人才,促其多出成果、出好成果。一些高校还实施了"末位警示制度",对工作业绩较差的人,由单位停发或减发其绩效津贴,并在下一轮的岗位聘任中降级聘任。

第四,院(系)领导负责制与适度地放权。大多数高校在实施岗位津贴制度时是由校、院(系或部门)两级共同执行的。无论在定编、设岗与聘任、岗位考核、岗位津贴的发放等各个环节,学校只在宏观层面把握,而把具体行政权力交由各单位自主决定。由于院(系)的自主权得到扩大,院(系)可以更自主地聘人、用人及出人,有利于人力资源的开发与利用以及院(系)自身的发展。

二、岗位津贴制度实施过程中存在的主要问题

尽管高校的岗位津贴制度在理论上具有实施的必要性和可行性,且在实践中也取得了一定的激励成效,但由于该项制度的实施不可能

孤立地完成,它或多或少受到外在和内在各种因素的影响,从而使得这一改革的效果还没有最大限度地发挥出来。

在具体分析岗位津贴制度实施过程中存在的问题之前,我们不妨对各高校在岗位津贴的等级和标准、岗位的设置与聘任、津贴的考核与发放等方面显现出来的一些共性元素进行概括。大致说来,其特征如下:

首先,在岗位津贴的等级和标准方面,各高校所制定的标准相差不大,最高者基本确定为5万元/年,最低者则在0.3万元/年—0.5万元/年的水平;等级的划分也大致在8—15级之间,级差系数都呈现出逐级累进的趋势。其次,在岗位的设置与聘任方面,多数高校对教学科研岗位的聘任条件有详尽而具体的要求,而对党政管理等其他岗位的聘任条件则制定得比较宽泛而粗略。再次,在津贴的考核与发放方面,各高校的考核办法和内容亦基本相同,即对照履行岗位职责的情况进行量化考核(至于质化考量则稍显差异),将绩效考核的结果作为核发岗位津贴的依据。

以上归纳实已暴露出当前实施之岗位津贴制度的不足,就第一点而言,岗位津贴的等级和标准缺乏科学性,不同高校之间存在着一定程度的照搬和攀比现象,这从全国重点院校、地方本科院校和高职高专院校教师的年平均岗位津贴的大致接近可见一斑。据有关研究,三类不同层次(类型)高校的教授年平均岗位津贴分别为5.5万元、4.5万元和4.1万元左右;副教授的约为2.4万元、2.1万元和2.3万元左右;而讲师的则大约都在1.3万元左右。[4]不少高校没有根据自身发展的需要和实际的经济实力来确定津贴的标准,而是人云亦云,缺乏长远眼光。同时,岗位津贴的等级划分导致差距过大,造成一部分教师(特别是处在一线教学和科研岗位但又岗级不高的青年教师)产生不平感。

就第二点而言,则指在岗位设置中,岗位聘任的条件和岗位职责的制定存在一定的权力寻租现象。由于在我国高校的生态环境中,"官本位"意识形态已经深入大学运作机制的方方面面,因此,在涉及自身利益的决策中,那些拥有行政权力的机构和个人往往会把有利于自我的条款变成政策,从而使岗位津贴方案的拟定更多地表现为对本集团利益的诉求,从而影响到政策制定程序的公正性和政策内容的公平性。因此,不少高校在对教师提出明确的评核标准和要求时,却对党政管理岗位采取模糊处理的方式。

就第三点而言,主要体现为评价标准还不尽科学。尽管在实施岗位津贴制度的过程中各院(系)已经结合自身的情况和特点制定了一系列的评价标准,但这些标准还不够完善,特别是在科研成果的评判方面,标准通常过于简单化(如片面强调数量),而对科研成果的创新性重视不够。这种偏重量化的考核模式导致人们更多关注成果的发表,而淡化成果的质量标准,从而使不同学科因发表渠道的多寡而产生新的不公平。更进一步,这种评核方式还使得整个学校管理环境因缺少人文关怀而渐趋恶化,并且在本质上,它也与大学所宣扬的学术自由之宗旨相违背。

除此以外,目前在津贴制度实施过程中,还存在淘汰机制不完善的状况。尽管每一所大学在实施岗位津贴制度时都已设计了一套考核和淘汰机制,但从总体上来说,这一机制的执行力度远远不够,不足以对后进教师产生充分的压力,更没有做到对不合格的教师进行解聘。在岗位津贴所占高校教师实际收入的比例并不太高的情况下,部分教师(特别是那些直面市场,有更多收入渠道的教师)既没有受到激励,也没有感受到压力的存在。不过需要指出的是,淘汰机制难以发挥作用,不是高校自身可以解决的,因为它与我国重人情世故的社会习惯密切相关,更与整个社会保障体系的不健全相辅相成。

上述问题的存在,严重影响并阻碍着岗位津贴制度潜能的充分发挥。

三、对完善我国高校岗位津贴制度的理性思考

岗位津贴制度被视为我国高校内部的一场"薪金革命",是高校根据自身组织特点和战略发展需要第一次自主设计的一种薪酬制度。因

此,从培育新生事物发展的角度而言,需要政府的适度介入、教育市场的良性运作以及高校运行机制趋于完善,三者产生的合力共同为岗位津贴制度的生存和发展创造出适宜的环境。

第一,政府的适度介入,是岗位津贴制度可持续发展及规范化的基本保障。

首先,需加大政府投入,提高资金使用效率。从世界不同国家的经验来看,政府在高等教育发展中所起的作用主要在于推动基础性科学研究的发展。因此,我国政府的资金投入一方面应用于加大力度提高高校教师的平均收入,另一方面应该重点向教学、科研和管理的骨干力量倾斜。为了提高资金使用效率,保证资金真正产生激励教师投身基础性科研和教学活动中去的作用,应将增量的资金更多地以科研经费和奖励的形式下拨。同时,应突破科研经费主要用于科研成本中非人工支出的旧有思维模式,应大幅度提高科研经费可用于人工开支的比例,让科研经费能够有效地补偿研究人员的时间和精力消耗。这在高校教师收入总体水平不高的条件下,未尝不是一个激励教师从事科研活动的可行措施。

其次,发挥政府职能,为高校人事制度和激励机制改革制定基本原则。目前的岗位津贴制度是各高校结合自身情况自发形成并逐步推进的,因而具有不确定和不稳定的特点,前述高校之间相互攀比的行为正体现出其缺乏规范的一面。在实践中,学校管理部门也因其采取的政策措施缺乏上级主管部门的肯定或相应的政策依据,而感到压力重重。因此,建议国家主管部门进一步加强对高校的调控与监督,在制定指导性原则的同时,还要针对不同层次(类型)的高校制定岗位津贴分配的参考标准线,从而确保岗位津贴制度能够健康有序地推行。

第二,教育市场的良性运作,是岗位津贴制度发挥内在潜能和优势的基本条件。

要发挥市场机制的导向作用,为不同兴趣和特长的教师提供适合其发展的道路。高等教育乃一特殊产业,其发展须依赖大量的创新活动,而创新活动的开展离不开个体才干的发挥,因此,高校的发展首先需要教职工在专业上获得发展。为此,高校应当为具有不同特长的教师提供不一样的发展机会。如对以基础性研究见长的教师,应帮助他们形成从事基础性研究的未来收入预期,为此,政府和高校应加大对基础性研究的经费投入和奖励力度,在专业技术职务评定、岗位评定和出国进修等方面为这些教师创造机会和条件;对以应用性研究见长的教师,学校应鼓励其为社会需求服务,甚至自主创业,让他们的价值在市场上得以体现;对以教学见长的教师,应鼓励他们参与二级学院的建设,允许他们在外校兼职。

这种多元的发展机会可以为不同特长的教师提供不同的选择,由政府和高校保障那些在基础性研究方面有创新能力的教师能够获得满意的收入,而由市场机制保证以应用性研究和一般教学见长的教师在"体制外"能够获得较高的收入,从而在人事制度改革还未到位的情况下尝试建立实质性的人员分流机制。

第三,高校运行机制的完善,是岗位津贴制度趋于完善、发挥效益的必要途径。

首先,需进一步完善高校内部的评价体系,推动科学技术创新。要将政府和高校的有限资源集中起来,用于推动科学技术创新和建立科学而客观的评价体系。从一般意义上讲,对于教师的绩效,高校主要关注教学和科研两个方面。对于教学评价,可听取和参考学生的意见;对于科研,由于其中充满了难以控制和不可预测的因素,可采取过程和结果并重,以强调双向沟通和目标管理为主的方法,走出"计工分"式评价的误区,将质量和创新作为首要关注的对象。另外,也可参照美国大学教授的评估制度,逐步将对社会的服务工作纳入评价的范畴。[5]

其次,要进一步完善淘汰机制。淘汰机制与激励机制从来都是密不可分的两个方面,缺少了前者,后者就难有成效。目前,专业技术职务(特别是教授和博导)在很大程度上已经成了终身制,岗位津贴制度虽然在一定程度上拉开了收入的差距,却无力打破专业技术职务终身制的现状。在一些高校，即使岗位津贴制度自身也在僵化的官僚系统中日渐固化，失去本有的灵活性。当然，这一体制性症结的完全消除还需时日，有赖于我国社会保障系统的健全和现代大学制度的真正建立。

政府、市场和高校之间的良性互动，形成岗位津贴制度实施的具体情境，只有从综合、系统的角度切入，才有可能将该制度在实践中遭遇的问题有效化解，促进其改革的深化。

四、余 论

岗位津贴制度的实施，旨在拉大收入差距，强化竞争，建立聘任自由、按劳分配的人事分配制度，以经济利益和奖励与惩罚并用的手段激励教职工。从各高校的实施效果来看，上述目标只在部分意义上得以实现。因此，我们才有必要对改革实践进行反思，寻找适当的策略以求最大限度地发挥该制度的积极作用。

同时，我们也不可以将岗位津贴制度的激励作用估计得过高大，以免产生决策和行为上的误导。根据现代激励理论，主体的需要和动机才是激励的出发点，而人类的基本需要有生理需要、安全需要、爱的需要、尊重的需要和自我实现的需要等不同层次。人通常只有在较低层次的需要得到满足之后，才会产生更高一级的需要。从实际情况来看，岗位津贴制度所能满足的主要是教师较低层次的需要，而对那些较高层次的需要则显得力不从心。[6]

至于如何才能真正激励员工，赫兹伯格（Fredrick Herzberg）的双因素理论为我们提供了一个有益的视角，他将人的工作动机分为保健因素和激励因素两类，前者包括工资、福利、监督类型、工作条件、管理的态度和政策等；后者包括成就、认可、工作本身的挑战、责任心、职务的提升、个人和事业的发展等。[7]前者若处理不当，可能会引起员工的不满，但即使处理得很好，也只能是减轻或消除，而非引起工作的满足感。只有后者处理得当，才能够使员工从工作中享受到满足感，激励他们更加勤奋地投入到工作中去。

可见,各高校在加大收入分配激励的同时,应注意学术氛围、学术发展等与教学科研工作有关的条件建设与培育,充分调动教师的内部动机(自我实现的需要)。伴随着教师在实现个人价值、获得学术认可等目标的同时,也一定会使教师的工作业绩得到明显提高。总之,我们只有对岗位津贴制度的功能进行比较清晰的定位,才可以客观地看待和分析分配制度改革过程中出现的各种问题,进而尝试在实践中不断完善它。

参考文献

[1] 曾湘泉,赵立军.构建有利于高校人才队伍建设的薪酬制度——对高校收入分配制度改革的建议[J].中国高等教育,2004,25(5):17-19.

[2] 赵丹龄,容宏.深层次多视角探索高校分配制度改革——首届全国高校收入分配理论研讨会综述[J].中国高等教育,2004,25(5):12-14.

[3][4] 房玥婷.我国高等学校薪酬制度的现状分析及对策研究[D].南京:南京大学,2005:76,75.

[5] 王中林.美国大学如何评审教授年度工作成绩[J].中国高等教育,2002(12):43-44.

[6] 赵蒙成.论高校教师激励系统的构建——兼评高校人事分配制度的改革[J].扬州大学学报(高教研究版),2003,7(1):34-38.

[7] 冒荣,刘义恒.高等学校管理学[M].南京:南京大学出版社,1997.

(原文载于《教育与经济》2007年第1期,第43—46页,作者为操太圣、卢乃桂)

第二十一章
大学知识的组织化形式：大学本科专业及其设置的四个分析维度

现代大学的专业与院系之形成既是知识领域与学科专业化发展之结果，亦是大学作为科层组织演化的产物。本文以翔实的中英文研究文献为基础，提出可从知识与学科、课程、院系组织以及学生四个维度剖析大学的专业及其设置，为理解与研究中国大学的专业设置及专业发展提供一个新的理论视角。

从中世纪大学到现代大学，其间看似存有一种承继关系，但从德国大学和法国大学作为现代大学新模式之发展历史观之，现代大学与传统中世纪大学在大学的知识组织形式上存在一种根本的断裂（cleavage）。鲁格认为现代大学较传统大学之不同在于，一是大学中新科学精神的勃兴，二是大学世俗化、科层化与专业化（secularization, bureaucratization and specialization）的发展。[1]大学中的专业、学科与科系演化高度依存于现代大学制度。现代大学的学科、专业与大学院系的分化既是知识领域与学科专业化发展的结果，也是大学作为科层组织演化的产物。

克拉克曾提出知识专业是大学工作的基础，大学的工作任务与大学工作者是围绕着知识群而组合的。[2]因而划分大学中学术活动有两种基本方式：知识学科与院校组织。本文先对中外文献中大学专业这一概念之内涵与外延进行剖解与分析，然后因循"知识"与"人员"两个核心因素，提出四个分析维度理解作为大学知识组织化形式的大学专业。

一、专业是大学知识的组织化形式

中文的"专业"从俄语而来,经过半个多世纪中国大学的实践,成为中国高等教育的一个本土概念。虽然可译为 major、academic program、specialization 或 concentration,但仍难以有一个完全呈现其概念内涵的英文单词相对应。[3]

(一) 中文的"专业"

在《教育大辞典》中,大学"专业"一词译自俄语 специальность,指高等教育培养学生的各个专门领域,大体相当于《国际教育标准分类》的课程计划(academic program)或美国高等学校的主修专业(major)。[4]在《高等教育学》中,大学专业被界定为课程的一种组织形式。[5]卢晓东与陈孝戴把专业定义为"课程的一种组织形式,学生学完所包含的全部课程,就可以形成一定的知识与能力结构,获得该专业的毕业证书"[6]。

上述界说都强调专业作为课程的组织形式,也涉及了与专业相关的知识、就读的学生及相应的毕业文凭。

从中国大学专业形成的历史来看,中国大学自 20 世纪 50 年代仿效苏联进行院系调整和高等教育改革,逐渐形成了以系为管理单位、以专业为教学核心单位的组织形式。[7]学生入大学后直接进入专业学习,学习期间一般不予调换专业。学生所在专业的教学活动是执行既有的教学大纲与专业教学计划。[8]中国大学的专业不仅是知识的组织形式,事实上也成为一种实体,因为其背后凝结着三大类实体资源与组织:由同一专业学生所组成的班集体、教师组织(与专业同名的教研室),与教师组织相连的经费、教室、实验室、仪器设备、图书资料以及实习场所等。[9]

(二) 英文的"专业"

英文中没有一个完全对应的名称可以涵盖中文的"专业"的内涵和

外延,多以 major、academic program、specialization 或 concentration 作为中文"专业"的翻译。这种无确定对应词(或对等词)的翻译之"语际实践"[10]凸显了从英文文献探讨"专业"之内在构成要素的必要性。

现代产业革命发生后,由于产业发展对不同专业领域专门人才的大量需求,美国大学教育不断专业化并出现了主修专业(major)。[11]主修专业(major)这个词首先出现在 1877—1878 年约翰·霍普金斯大学的招生目录(catalog)上。[12]佩瑞推测"major"的用词可能源于欧洲大学,如德国大学的 Hauptfach("论文所选择的专门领域")制度。[13]

在《本科课程手册》中,大学的主修或专修专业(major or concentration)被认为是本科教育的核心结构,是由某个或多个相关知识领域中的课程组成,为学生提供系统的知识学习或者研究方法的实践。[14]《教育百科全书》中的"Academic Major"词条则指出,主修专业为学生提供在某个知识领域中深入的学习与研究经历并授予相应的学位;它为个人未来的工作与前途进行准备,并且配合通识教育课程,为本科生提供具有深度和广度的知识。[15]学生在大学本科学习期间的大量时间都用于主修专业的学习上,因此它对学生的知识结构、学习方式、身份认同乃至世界观与价值观都产生重要影响。[16]

(三)大学知识的组织化

从上述中英文献中对"专业"的各类界说可以看到中国大学中的专业与西方大学的主修专业或者学程(program)的具体指涉内容不完全一致,在各自大学发展的历史脉络中所凝固的概念内涵也不尽相同。但它们依然存在共通的交集,即专业是大学知识组织化的表现形式,是现代大学中知识专业化与组织分化的结果。由此可以从知识与组织(epistemic and organizational)的层面聚焦大学专业所包含的知识与人(包括学生与教师)的不同类别划分与组合。专业之构成包括知识与学科、以学科为基础的课程、专业所存在的院系组织以及大学生专业学习之后所获得的文凭。作为学科的专业与作为课程的专业是以知识为核心的学科分类与知识传递形式。专业与大学院系组织以及专业与学生这两个层面则是以围绕"专业人"的组织存在及其活动意义为核心。文凭则是学生在专业学习上的结果呈现。

因循上述讨论与思路，在以下论述中研究者依次提出了知识与学科、课程、院系组织和学生四个分析大学专业构成与发展的理论维度。

二、分析维度一：专业与知识领域及学科

知识以分类的形式而存在。分类的知识与学科构成了大学专业的知识基础，但它们又不等同于专业。不同知识领域与学科之间的排斥性与划地为政形成内在张力，可能影响大学专业的生成和发展。

知识领域与学科的划分并不是真理至上、价值无涉，很大程度上是人为与权力斗争的结果。学科权力共生的知识生产下所生成的学科结构影响着所传递知识的内容与范围、教师的学术身份、院系的合并与分家以及学生的价值和态度，从而影响着专业的发展。[17]

（一）知识分类与知识领域

知识和学问在近代社会之前不存在明确的"分科而治"。中国的知识体系是在清末大学制度引进后才开始接受学科制度的划分。[18]

关于知识的分类，伯克与贝卡提出了知识领域（field/domain）、知识领土（territory）、知识王国（kingdom）、知识部落（tribe）、知识树（tree）与知识系统（system）这几个重要而富有洞见的比喻，[19] 帮助我们更直观地领会知识分类背后的意义。

知识领域（field/domain）隐含着"划土为疆""藩土割据"的意涵，让人联想到学者和农夫或臣民一样，面对学科邻人的入侵时，会为防守其

知识领域的势力范围进行努力。学术部落（academic tribes）的隐喻则从另一个层面比拟了学科发展与分化所导致的研究领域的特征。不同的学术部落存在各自的传统与英雄、忌讳与仪式以及自行控制、惩罚和奖赏成员的方式；他们也试图垄断资源与竞争，与局外人划清界限，在学术斗争中保卫自己的领地。[20]此外知识系统与知识树的比喻在当今的知识分类想象中是最司空见惯的。树干与树枝之间、系统与子系统之间的"自然""精密"而"理性"的分级从属关系是隐藏在这两个比喻背后的。譬如中国高等教育中的学科门类与下属学科级别划分就带有类似的想象色彩。在伯克看来，以树和系统作为喻体实际上例示了知识发展史上一个最重要的转折：它以自然的现象呈现知识分类，从而轻易地将这种分类自然化、理所当然化，掩饰了在分类中的各种冲突与权力斗争。[21]

对上述隐喻的分析，为理解知识分类的形成以及学术领域或者学科专业的形成提供另一种视角。知识之间的区隔、范围乃至疆域的划定虽然可以用自然界的植物形态比拟，呈现出看似理性、系统的划分结果，但其形成过程未必如此"理所当然"地不容置疑。它可能是如同部落、王国和民族国家之间的冲突与权力纷争似的结果。

在权力与冲突的视角外，毕格兰通过实证研究总结了学术领域划分的三个向度，说明在学术组织中不同院系和专业的知识与学科特征是不可忽略的影响因素。[22]不同的学术领域是根据以下原则组织而成的：① 学科范式；② 对知识实际应用的取态与可能性；③ 自然世界与人文社会之间的差异。[23]之后贝卡根据毕格兰[24]的标准，重新以知识的硬度—软度、应用研究—纯研究为参照，划分了四种学术认知领域。不同知识领域中的成员有着不同的交往方式和规则，各自的目标、典型的行为核心价值与信仰都不尽相同。[25]

除此以外，不同知识领域之间还存在着文化冲突。斯诺著名的"两种文化"（two cultures）的论点就道出了人文与科学两大知识领域间的文化对立。[26]这种"文化战争"不仅存在于不同知识领域之间，也可能存在于同一领域内秉持不同范式的群体之间。[27]

(二) 学科与规训

"学科"一词在《辞海》中的解释为:一是学术的分类,指一定科学领域或一门科学的专业分支;二是指教学科目的教程,即科目。在英文中它通常被译为 discipline、subject 或 academic field。英文中"discipline"除了指上述"学科"内容外,还包含着严格的训练与熏陶、纪律、规范准则与约束的意涵。[28]由于中文中"学科"一词没有英文 discipline 的多重意义,为了凸显学科知识的规范特质,在文化/社会研究译业编委会的翻译[29]中将其译为"学科规训"。

相对学科而言,"范式"(Paradigm)是指这个领域的所有成员所接受的一套理论[30],是一种知识矩阵。它是描述知识群体划分的一个基本概念,与学科有所区别。[31]除了区别知识分类,范式还具有重要的组织与整合功能,为一个研究领域中的大部分现象提供了一致性的解释,同时确认了需要进一步研究的问题。[32]这种功能成为知识分类标准中的另类界限。同一知识领域或者学科中可以出现并存的不同范式。由此具有同样名称的专业内容可能由于不同的研究范式而相去甚远。在具体的专业教学过程中,教师或研究者所认同的研究范式也可能影响所传递的具体知识与理论视角。

知识学科化的过程不仅关乎知识,更受到权力实践的影响。学科与范式中隐含着对学科体系中个人与组织行为有一套规范与规训体系。它是知识与权力的共生形式,是"生产论述的操控体系"。[33]福柯的论点深刻触及了知识与权力、控制之间的潜在联系。

在学科制度化的过程中,每个学科都在努力确定相互的界限与区别,尤其是那些在研究社会现实中内容相近的学科之间。[34]各种学术组织和大学通过一些排斥性的方式(exclusive),与其他机构组合为各种学术社群,掌握资源和权力,左右学科发展的方向。[35]在大学内部不同学科之间存在源于知识分类之间的排斥性冲突,也存在着地位高低之分。布迪厄发现在法国大学场域中存在学术权力（academic power）与科学权力及声望（scientific power and intellectual renown）两种权力，不同的学科和院系分持不同的权力，诸如法国文学、哲学等经典类学科更具有"学术权力"。[36]

（三）新学科的生成

现代学科制度的诞生始于18世纪末自然哲学断裂为各门独立自然科学。[37]新学科的生成与新知识的产生密切相关。现代知识增长方式或如前面隐喻所比拟的，如植物生长一般累积、渐进、不断分化发展的过程。波普尔、波兰尼与库恩等则批判并否定上述假设。[38]他们认为科学知识的增长并不是一个逐渐淘汰旧知识、增加新知识的连续过程，学科的发展也未必是一种累积性的结果。

在库恩范式理论的影响下，克恩从科学社会学的角度以"无形学院"（invisible colleges）的概念对新学科的生成进行深入解释。[39]她认为科学知识的增长与科学社群内部的社会结构有着密切的关系；学科知识的分化、知识的增长与此类学科有关的社会组织之间存在消长的关系。

在上述知识增长方式以及知识生产组织的发展之外，学科发展的时代大趋势也是影响新学科生成的重要原因。吉本斯等学者提出了当代知识生产两种模式：传统的知识生产模式与新的知识生产模式。新的知识生产模式即反传统模式以学科为中心，以学术权威的判断为标准的知识生产模式。传统模式下大学垄断了知识的生产，而新的模式下大学则受到了外部研发机构的挑战。在新的知识生产模式下，新知识的形成少以学科范式为基础，而大学学术人员所具有的知识权威正逐渐消失。[40]

除了上述影响因素之外，权力与人为利益的分治也影响了新学科的生成。例如华勒斯坦认为美国的"区域研究"的学科化过程得益于二战后美国欲成为影响世界的政治动机与企图所带来的机会。[41]这也说明在社会科学知识之间的所谓学科制度分割是受利益与权力影响的。

三、分析维度二：专业与课程

大学的课程是学生在本科学习中最重要的体验，也是大学专业中最实质的内容（包括课程内容与教学）。大学课程因学科不同（如上所分析的学科特点、学科内的范式差异以及文化冲突），对学生的培养也有所不同。大学的课程设计与规划通常考虑基本的资源分配、学习目标与内容以及学习对象等因素，同时兼顾大学外部的影响、院校内部的条件以及各种因素之间的交互影响。

大学的正规课程是学生获取知识、接受教育的一个重要显性途径。学生通过专业学习接受不同学科和范式的知识与学科规训，[42]获得不同程度或类型的知识、行动实践技能与个人理解。[43]在正规课程之外，学生也受到潜在课程的影响。通过教师与学生的互动，学生在知识学习之外，也受到学科相关特点的影响。[43]譬如一般认为理工学生的思考与行为更严谨，这与其接受的学科训练有相当关系。

在专业的课程安排上，专业作为课程的总体计划，无法忽略以下重要因素：目的、内容、次序、学习者、教学过程、教学资源、评价与计划调整。除了上述微观要素外，影响专业及其课程的三大因素也值得注意：一是外部因素，包括大到社会、政府、学术组织、市场、校友和捐助者等；二是组织影响，包括大学的整个基础条件，尤其是大学的任务、财政状况、大学的治理结构、具体的资源安排、宣传策略、学院教师的更新等；三是内部影响，包括教师的背景、教育理念、学科背景以及学生的特点。除此以外还有各种因素之间的交互影响，如教师的个人教育理念与社会需要的交互影响、学校本身的教育理念与社会文化科技之间对知识的要求等。[44]

四、分析维度三:专业与院系组织

专业的特点不仅深刻影响着具体课程,也影响着大学的院系内部组织结构。学系经常被视为学术分科或者研究领域的同义词,然而一个系也可以代表不同次级学术领域的专业。[45]专业作为一种知识组织的形式,镶嵌于大学的院系组织之制度架构与运作中。因此,院系的学科特点、人员及组织特点都将影响院系所负责的专业。

(一)院系组织的特点

随着学科分化与大学科学研究活动的发展,大学内部的组织形式也发生了相应的变革,专门化的学科成为大学组织的基础构架。[46]学系作为兼具学科与组织特点的基本单位[47],其任务是创造与传递知识、保证课程实施[48]。院系组织不是简单的同质性大学次级组织。它们具有不同的知识特质,为不同职业培养不同学生,因此在分析专业设置问题时,院系之间的差别不应被忽略。[49]

(二)院系关系

在院系关系中常见的是组织内部与组织之间的冲突。组织冲突研究认为各类组织的文化、价值、目标、利益和组织资源分配是产生冲突的源泉。[50]

院系内部及院系之间的冲突可能因性别、相互关系、利益分配而产生,也可能因为不同的知识观、学科特点、研究范式而产生。学科之间的差异、不同的学科文化、对于知识应用的取向,会导致院系在处事态度上的差异,从而造成不同院系之间的差别。[51]这种不同价值或者学科范式互斥性与之相随的个人以及群体责任、资源、权力还有地位的分布在大学内部成为院系之间冲突的原因。[52]

在冲突之外,大学院系之间的微观政治也是一种微妙的影响力量。

院系之间的微观政治可能是相互冲突,也可能是互相合作的关系,其目的是达成各自的目标。[53]因此,大学的专业设置有时是出于"政治"的考虑。[54]相对而言,如果院系的人员有更多参与校园事务的决策机会,如进入大学的管理高层,就更能保护本系的资源利益。[55]

五、分析维度四:专业与学生

相较于中小学教育,大学的高等教育是正规教育系统的最后一个阶段。因此大学与社会其他机构和组织,如政府与企业的关系更加直接与复杂。中学毕业后的学生会通过相应的分流机制,或进入劳动力市场,或留在教育体系内继续接受高等教育。但在高等教育结束后学生不可回避劳动力市场,必须择业,进入完全的社会成人生活阶段。

专业对学生而言不仅是为未来生活和职业所做的知识储备与技能训练,而且随着学业结束会颁发给学生具有象征意义的文凭。这种证明在某个专业学习合格的文凭,一方面是为劳动力市场雇主发出的信号,另一方面它作为一种社会标签影响着学生未来的收入与社会阶层。由于文凭这个中介性的社会符号,专业对学生既有学术的意义,更有经济意义与社会意义。

标志着不同学历程度的教育文凭,如中学文凭与大学本科文凭,是以受教育年限作为文凭的"量"的指标;而专业则代表了学生教育经历中的"质"。例如工商管理专业与历史学专业的本科文凭所隐含的信息和意义在劳动力市场上就很不一样。专业不仅为学生未来的工作与职业所需的人力资本做准备,同时也蕴含着与学生未来社会身份相关的文化意义。[56]因此专业也可视为影响学生所拥有之人力资本、文化资本与社会资本交换、分配的中介。[57]在学生成为教育消费者的时代,专业不仅是一种人力资本、文化资本与社会资本的投资,也可以被视为一种经济和文化的消费。

（一）专业与文凭

大学专业学习终结时，如果符合要求，学生会获得一张文凭作为凭证，认证其在相应年限中的学习经历与成果。这张文凭所标示的虽然是接受教育年限、地点、所学内容，但更具有社会象征意义。一张标注就读学校与专业的大学文凭通常被视为能力与智力的指标，[58]是对雇主发出的信号。[59]从学校到劳动力市场的求职过程中，雇主基于他们所理解的工作需要与所挑选的员工的大学专业之间的匹配程度来筛选应征者。[60]

随着获得同等学力文凭的人越来越多，大学文凭也出现通货膨胀现象。进入同样工作的学历要求增加，或者同一工作要求的文凭贬值，即多尔所提出的"文凭病"[61]。文凭贬值的压力会强化学生对功利性学习的倾向。学习的目的被演化为获得一份好工作，学习不再为了学习本身，也不再是出于好奇对求知兴趣的坚持或内在的价值的追求。[62]这种趋势对大学、对社会都是一种潜在而巨大的伤害。

（二）学生与专业选择

早期的教育社会学研究提出大学生倾向于选择与自己职业规划相关的专业，而这种专业的学习也是对学生的职业相关的价值、态度和期望影响最明显的因素。[63]学生在考虑本科专业时，会考虑不同专业的预期收入，[64]工作的可获得性、社会地位以及专业的声誉等因素。[65]一份对当时美国900名正在申请大学的优秀学生的研究表明，除了一般的学费与奖学金的经济考虑以外，院校能提供的专业是影响这些优秀学生选择非常突出的因素。[66]鉴于专业可以影响学生的择校决定，大学也需要设置与发展有吸引力的专业来延揽好学生。

六、结　语

大学的知识是以各式分类组合方式呈现的。知识领域是一个更灵活地表述知识分类的概念,这个领域可以是一个大的知识领域,如文与理的分野,或涵盖不同的学科;也可以是与学科相一致的分类范围,或者是学科之下的下一级研究领域,甚至是学科之下的不同范式,或者是跨越学科的知识分类与组合。这种知识的分类与组合形式最终还是会体现在各种制度安排中,并通过这种制度安排得以存在与固化,例如在课程、学术期刊、图书馆目录分类、专业百科全书等知识层面的表现;也会以学科作为专业共同体的共识在共同体成员的组织和活动中实现(也包括培养与规训本学科的后继者),还会以组织的方式固化在大学的主修专业及院系形式中。

大学专业作为学生进入大学本科学习的一个重要过程,是镶嵌在知识、学科、课程和院系的建制中。它可以是一种灵活的方式,如通过学生的选课形成自己的专业,不必固定于某个具体的院系;但也可能是一种非常固化的模式,譬如目前中国大学的专业就是大学中的基本教学单位,学科、教学计划以及相关资源都是与专业相对应的。更重要的是,专业不仅是学生在大学本科教育中最主要的智识(intellectual)体验,更是与大学所颁授的学历和文凭相关,是对学生未来工作和生活的一种准备与积累。因此,在理解与分析大学的专业设置及发展中,可以将专业视为大学知识的组织化形式,从知识与学科、课程、院系组织及学生四个分析维度进行探讨。

参考文献

[1] Ruegg W. Universities in the Nineteenth and Early Twentieth Centuries (1800—1945)[M]. Cambridge: Cambridge University Press,2004:3-31.

[2][47] Clark B R. The Higher Education System: Academic Organization in Cross-national Perspectives[M]. Berkeley: University of California Press,1983.

[3][6][9] 卢晓东,陈孝戴.高等学校"专业"内涵研究[J].教育研究,

2002(7):47-52.

[4][8] 顾明远.教育学大辞典[M].上海:上海教育出版社,1991:26.

[5] 潘懋元,王伟廉.高等教育学[M].福州:福建教育出版社,1995.

[7] 大冢丰.现代中国高等教育的形成[M].黄福涛,译.北京:北京师范大学出版社,1998;胡建华.现代中国大学制度的原点:50年代初期的大学改革[M].南京:南京师范大学出版社,2001.

[10] 刘禾.跨语际实践[M].宋伟杰,等译.北京:生活·读书·新知三联书店,2002.

[11][12][13] Payton P W. Origins of the Terms "Major" and "Minor" in American Higher Education[J]. History of Education Quarterly, 1961,1(2):57-63,59.

[14] Levine A. Handbook on Undergraduate Curriculum[M]. San Francisco: Jossey-Bass, 1978:28-30.

[15][45][60] Ratcliff J. L. Academic Major [M]//Guthrie J W. Encyclopedia of Education. New York: Macmilian, 2003:19-23.

[16] Weingartner R H. Undergraduate Education: Goals and Means [M]. Phoenix: American Council on Education and the Oryx Press, 1993.

[17] Vreeland R S & Bidwell C E. Classifying University Departments: An Approach to the Analysis of Their Effects upon Undergraduates' Values and Attitudes[J]. Sociology of Education, 1966,39(3): 237-254.

[18] 陈以爱.中国现代学术研究机构的兴起:以北京大学研究所国学门为中心的探讨(1922—1927)[M].台北:台湾政治大学史学系,1999;刘龙心.学术与制度:学科体制与现代中国史学的建立[M].台北:远流出版事业股份有限公司,2002.

[19][21] Burke P. A Social History of Knowledge: from Gutenberg to Diderot[M]. Cambridge: Polity, 2000; Becher T. Academic

Tribes and Territories: Intellectual Enquiry and the Cultures of Disciplines[M]. Bristol, PA: SRHE & Open University Press, 1989.

[20] Becher T. Academic Tribes and Territories: Intellectual Enquiry and the Cultures of Disciplines[M]. Bristol, PA: SRHE & Open University Press, 1989.

[22][24][32] Biglan A. The Characteristics of Subject Matter in Different Academic Areas[J]. Journal of Applied Psychology, 1973,57(3):195-203.

[23] Biglan A. Relationships between Subject Matter Characteristics and the Structure and Output of University Departments[J]. Journal of Applied Psychology, 1973,57(3):204-213.

[25] Becher T. The Disciplinary Shaping of the Profession[M]//Clark B R. The Academic Profession[C]. Berkeley: University of California Press, 1987:289.

[26] Snow C P. The Two Cultures and Scientific Revolution[M]. New York: Cambridge University Press, 1959.

[27] Tomma J D. Alternative Inquiry Paradigms, Faculty Cultures, and the Definition of Academic Lives[J]. Journal of Higher Education, 1997,68(6):679-705.

[28][35][37] Messer-Davidow E, Shumway D R & Sylvan D J. Introduction: Disciplinary Ways of Knowing[M]//Messer-Davidow E, Shumway D R & Sylavn D J. Knowledges: Historical and Critical Studies in Disciplinarity. Charlottesville: University Press of Virginia, 1993:1-24.

[29] 文化/社会研究译业编委会.专题导论:从学科改革到知识的政治[M]//文化/社会研究译业编委会.学科·知识·权力.香港:牛津大学出版社,1996:1-23.

[30] Kuhn T S. The Structure of Scientific Revolutions[M]. Chicago: University of Chicago Press,1962.

[31] Popkewitz T S. Paradigm and Ideology in Educational Research: The Social Functions of the Intellectual[M]. London: Falmer,1984.

[33] Foucault M. The Archaeology of Knowledge[M]. New York: Pantheon Books,1972: 224.

[34][41] Wallerstein I, et al. Open the Social Sciences: Report of the Gulbenkian Commission on the Restructuring of the Social Sciences[M]. Stanford, California: Stanford University Press, 1996.

[36] Wittke C, Charters W W. Homo Academicus[J]. Journal of Higher Education,1942,13(8):453-455.

[38] 石中英.知识转型与教育改革[M].北京:教育科学出版社,2001: 189-198.

[39] Crane D. Invisible Colleges: Diffusion of Knowledge in Scientific Communities[M]. Chicago: University of Chicago Press,1971.

[40] Gibbonsy M, Limoges C, Nowotny H, Schwartzman S, Scott P & Trow M. The New Production of Knowledge: The Dynamics of Science and Research in Contemporary Societies[M]. London, UK, Thousand Oaks, Calif.: Sage, 1994.

[42] Donald J G. Knowledge and the University Curriculum[J]. Higher Education,1986,15(3-4): 267-282.

[43] Barnett R, Parry G & Goate K. Conceptualising Curriculum Change[J]. Teaching in Higher Education, 2001,6(4): 435-449; YlijokiO-H. Disciplinary Cultures and the Moral Order of Studying—A Case-study of Four Finish University Departments [J]. Higher Education, 2000,339(3):39-362.

[44][54] Stark J S & Lattuca L R. Shaping the College Curriculum:

Academic Plans in Action[M]. Boston: Allyn and Bacon, 1997.

[46] 金顶兵,闵维方.论大学组织的分化与整合[J].高等教育研究,2004,25(1):32-38.

[48] Layzell D T. Faculty Workload and Productivity: Recurrent Issues with New Imperatives[J]. Review of Higher Education, 1996, 19(3): 267-281.

[49] Gumporty P J. The Contested Terrain of Academic Program Reduction[J]. The Journal of Higher Education, 1993, 64(3): 283-311; Volk C S, Slaughter S & Thomas S L. Models of Institutional Resource Allocation: Mission, Market and Gender[J]. The Journal of Higher Education, 2001, 72(4): 388-413.

[50] Pfeffer J. Power in Organizations[M]. Marshfield, Mass: Harper Business, 1981.

[51] Braxton J M & Hargens L L. Variation among Academic Disciplines: Analytic Frameworks and Research[M]//Smart J C. Higher Education: Handbook of Theory and Research. New York: Agathon Press, 1996: 1-46.

[52] Milliken J. "Surfacing" the Micropolitics as a Potential Management Change Frame in Higher Education[J]. Journal of Higher Education Policy and Management, 2001, 23(1): 75-84.

[53] Blase J. The Politics of Life in Schools: Power, Conflict, and Cooperation[M]. Newbury Park, Calif.: Sage, 1991; Lawton D. Education and Politics in the 1990s: Conflict or Consensus? [M]. London: Falmer, 1992.

[55] Salancik G R & Pfeffer J. The Bases and Uses of Power in Organizational Decision Making: the Case of a University[J]. Administrative Science Quarterly, 1974, 19(4): 453-473; Hearn J C & Anderson M S. Conflict in Academic Departments: An

Analysis of Disputes over Faculty Promotion and Tenure[J]. Research in Higher Education, 2002, 43(5): 503-529.

[56] Collins R. The Credential Society: An Historical Sociology of Education and Stratification[M]. New York: San Francisco, 1979; Brown D K. Degrees of Control: A Sociology of Educational Expansion and Occupational Credentialism[M]. New York: Teachers College Press, 1995.

[57] Elmore R & Sykes G. Curriculum Policy[M]//Jackson P W. Handbook of Research on Curriculum. New York: Macmillan, 1992: 185-215.

[58] Walford G. No Discrimination on the Basis of Irrelevant Qualifications[J]. Cambridge Journal of Education, 2004, 34(3): 353-361.

[59] Spence M. Job Market Signaling[J]. Quarterly Journal of Economics, 1973, 87(3): 355-374.

[61] Dore R P. The Diploma Disease: Education, Qualification and Development[M]. London: Allen & Unwin, 1976.

[62] Dore R P. The Diploma Disease: Education, Qualification and Development[M]. London: Allen & Unwin, 1976; Labaree D F. How to Succeed in School without Really Learning: the Credentials Race in American Education[M]. New Haven, Conn: Yale University Press, 1997.

[63] Hearn J C. Major Choice and the Well-being of College Men and Women: An Examination from Developmental, Organizational, and Structual Perspectives[J]. Sociology of Education, 1983, 53(3): 164-178.

[64] Berger M C. Predicted Future Earnings and Choice of College Major[J]. Industrial and Labor Relations Review, 1988, 41(3): 418-429; Montmarquette C, Cannings K & Mahseredjian S.

How do Young People Choose College Majors?[J]. Economics of Education Review,2002,21(6):543-556;Finnie R & Frenette M. Earning Differences by Major Field of Study: Evidence from Three Cohorts of Recent Canadian Graduates[J]. Economics of Education Review,2003,22(2):179-192.

[65] Aldosary A S & Assaf S A. Analysis of Factors Influencing the Selection of College Majors by Newly Admitted Students[J]. Higher Education Policy,1996,9(3):215-220.

[66] Weiler W C. Factors Influencing the Marticulation Choices of High Ability Students[J]. Economics of Education Review,1996,15(1):23-36.

(原文载于《北京大学教育评论》2006年第4期,第18—28页,作者为陈霜叶、卢乃桂)

第二十二章
从教学与研究之关系看研究型大学本科教学的特点

本文采取质的研究方法,以两所研究型大学为个案,以访谈、课堂观察等为主要的资料来源渠道,对研究型大学教师的教学责任观进行探究,分析了教师对教学与研究关系的看法。研究发现:第一,对教学活动和科研活动进行严格的定性很难,并且不利于教师教学责任的履行;第二,目前研究型大学教学的学术性特征有所体现,大部分教师承认教学与科研可以相互促进,但在实践中仍有障碍;第三,教学与科研相融合的程度可能受到学科性质、教学目的等影响,因此学校在实施本科教学改革时应着眼于教师的学术责任整体,并充分考虑学科差异。

一、本科教学改革

近10年来,中国大学开展了一系列有关本科教学的改革[1],例如改革人才培养模式,调整专业结构,进行以学分制为主的教学管理制度改革等,其中最重要的是2002年教育部启动的"高等学校教学质量与教学改革工程"。2007年教育部又颁发了《教育部财政部关于实施高等学校本科教学质量与教学改革工程的意见》和《关于进一步深化本科教学改革全面提高教学质量的若干意见》。到目前为止,两轮全国高校本科教学评估工作已经完成。即使是在"创建世界一流大学"之口号蔚然成风的研究型大学,本科教学改革也一跃成为提高教育教学质量的热点话题。然而,此前对本科教学改革的探讨,往往集中在如何出台针对教学的措施,忽视了与教学密切相关的另一项重要因素以及造成研究型大学教学地位低落的根本原因。本科教学改革不应把视野局限在对教学本身的探讨上,这是因为,大学教师的职责不仅包含教学,也包含研究、服务等责任,如何处理好教学与研究之间的关系是教师工作中面临的实际问题,也是研究型大学之教学特色如何形成的关键。

事实上,我们建设研究型大学的经历与欧美研究型大学的发展历程有许多相似之处,大致可以概括为两个阶段。首先是新型研究型大学的崛起或传统大学的转型对高等教育机构分类产生迫切需求,在一些顶尖的大学中,对教师的要求从教学为主转而强调研究;然后,随着这些大学获取的研究资助占据了主导地位,机构之间产生异质化与同质化共存的现象[1],教师的主要精力游离于教学之外,人们对于将教学与研究分离的质疑也浮现出来,从而形成另一股力量,要求机构分类的标准灵活化,以促进教学与研究之融合,重新提振教学在研究型大学中的地位。1997年英国的迪林报告(The Dearing Report)指出,通过机构分类限制某些大学为仅从事教学工作的教学型大学,这种政策已经受到普遍批评。2003年,英国的高等教育白皮书进一步指出,以往的政府

---

[1] 异质化是第一阶段高等教育多样化与分层化的结果。这一方面是市场机制导致的,即市场竞争促使机构自发地重新定位以适应不同层次的需求,从而提高生存机会;另一方面也可能是政府政策导致的,即高等教育机构的等级是由政府分配给各院校的职能、权利和资源等决定的。(参见 Goedegebuure L, Meek V L, Kivinen O, Rinne R. On Diversity, Differentiation and Convergence[M]//Meek V L. The Mockers and Mocked: Comparative Perspectives on Differentiation, Convergence, and Diversity in Higher Education. New York: Pergamon, 1996; Trowm. The Analysis of Status[M]//Clark B R. Perspectives on Higher Education: Eight Disciplinary and Comparative Views. Berkeley: University of California Press, 1984.)相对而言,以美国为代表的西方研究型大学的形成是一个偏重自发定位与自由竞争的过程,而中国的"后发外生型研究型大学"则偏重于政府的政策干预。与此相反,同质化则是在开放竞争环境下由于模仿行为而出现的机构类质同象现象。例如,由于政府的高等教育经费分配政策发生了变化,同时研究型大学崛起并在经费分配中占尽优势,导致"研究"成为大学发展的风向标。参见 Van Vught F. Isomorphism in Higher Education? Towards A Theory of Differentiation and Diversity in Higher Education Systems[M]//Meek V L. The Mockers and Mocked: Comparative Perspectives on Differentiation, Convergence, and Diversity in Higher Education. New York: Pergamon, 1996.

第二十二章 从教学与研究之关系看研究型大学本科教学的特点

资助政策过分集中于研究型大学,从而严重破坏了优质教学与高质量研究的联结。美国的情况也颇为类似,博耶委员会一份名为《彻底改造本科教育:美国研究型大学的蓝图》的报告指出,美国的研究型大学没有能够为本科生提供优质的教育,在整个20世纪90年代,对研究的强调是以逐渐牺牲本科教学质量为代价的。[2]

在中国,许多学者将研究型大学中研究与教学的关系概括为"科研为源、教学为流",并且认为研究型大学的教学应当是一种研究性教学。教学进入学术研究的范畴,正好体现了研究型大学教学的学术性质和科研的教育性原则。[3]关于研究型大学教学与研究相结合,比较典型的政策表述是2002年中外大学校长论坛讨论的结果,高校的教学与科研犹如车之两轮、鸟之两翼,必须实现教学过程科研化、科研过程教学化,形成二者相互促进的良性循环。根据2004年中外大学校长论坛对研究型大学人才培养的探讨,[4]研究型大学教学应当具备的特征可以总结如下:① 英才教育,最终目标是为了培养知识精英、学术领袖,促进人的全面发展;② 不为实用性所俘虏,培养人才宽口径、厚基础;③ 教学内容上侧重"高深学问",探究"普遍的知识";④ 教学具有学术性特征,教学与科研相结合;⑤ 人才培养模式多样化,强调教学方法和评价手段的创新;⑥ 整体教学生态环境的构建超出课堂;⑦ 培养具有广阔的国际视野、符合国际标准的人才。

但是,这些特征尚没有完全从应然走向实然。田野调查中得到的教师实践经验告诉我们,研究的投入较能得到产出的体现,教学的投入不仅物质回报低,还不一定能体现为教学质量,甚至可能挤占研究的时间,是导致教师不愿将精力投入教学的重要原因。本研究首先以文献综述回顾教学与研究的关系,然后以个案研究①的成果说明在中国研究型大学的背景环境中教学与研究的关系为何,是否能够体现研究型大学教学的特征,最后探讨本科教学改革的方向。

---

① 两所个案大学分别处于"985工程"大学的第二和第三层次,以明确的"建设研究型大学"为发展目标,同属于综合性大学,位于研究型大学较为集中的沿海地区,具有一定的典型性。

二、教学与研究的关系

关于教学与研究的关系可以说是众说纷纭,但基本上可以划分为三大类。第一类认为教学和研究之间存在张力,是相互排斥的。例如 Fox、Gibbs、Ramsden 和 Moses 等指出由于教师的时间和精力有限,教学和科研存在角色冲突,要想同时做好这两项工作是困难的,两者之间呈负相关。[5]第二类认为教学和研究是相互促进或补充的。例如 Clark、Halsey、Neumann 等发现,大部分教师认为教学和科研是相互融合的,在两方面都有出色的成就是可能的,优秀的教师首先应该是一个优秀的研究者。[6]第三类认为教学和研究彼此独立或关系不明朗。[7]例如 Marsh 建立了一个有关教学和研究之不同变量的关系模型,认为从能力上看两者可能为正相关,从绩效上看为零相关或弱相关,从时间分配上看则为负相关;[8] Hattie 和 Marsh 曾对 58 个描述教学和科研关系的模型做了一个"元分析",得出的结论是两者之间为零相关或弱相关;[9] Barnett 通过研究发现,对教师的评价管理体制倾向于把教学和研究的时间分开、政府资助政策强调绩效责任原则以满足竞争有限资源的需要等,是导致教学与研究隔阂的重要因素,两者之间的关系以时间和资源分配、价值观为依据,不确定地处于相互支持或对立的位置。[10]

Coate 等人则进一步认为,教学与研究的关系是多样性的,大致可以概括为六种,即相互综合、研究促进教学、教学促进研究、相互独立、研究阻碍教学、教学阻碍研究。[11]其中,研究对教学的促进作用可能表现在研究型学者处于本领域学术前沿从而更加权威,可以以其自身对学术研究的热情影响学生,教学内容与时俱进,可以把一手的研究资料和研究经验带给学生等;而教学对研究的促进作用可能表现在备课的过程是一种研究,教师在教学中产生新的研究想法,在向学生介绍自身研究思路的同时接受学生的挑战甚至启发新的研究方向,吸引研究生作为参与教师研究项目的重要力量等。从学生的角度来看,Trigwell 发现大部分学生认为

第二十二章 从教学与研究之关系看研究型大学本科教学的特点

与在研究上有所建树的教师交流更加受益匪浅[12]。

以上研究绝大多数属于量化研究。量化研究倾向于将教学和研究看成连续变量,质化研究却以另一种思维方式将大学看成一个建构知识的场所或社群,[13]教学和研究不过是这个整体之中的一部分职能。但从传统的观念来看,大学的学术活动一般指的是科研,教学并不在学术研究之列。Boyer从研究型大学的教学职能被忽视这一表象出发,触及学术的实质,主张给予"学术"一个视野更宽阔、内涵更丰富的解释,从而"使学术工作的全面内容合法化"[14]。他认为学术不仅是发现的学术,而且包括综合的学术、应用的学术和教学的学术。这四种类型的学术研究具有不同的性质和功能,但又构成了一个相互依赖的整体。重新认识学术工作的性质,是重构本科教育的必要前提。

Brew在Boyer对学术之分类的基础上,提出使教学、研究和学生学习围绕着建立学术社群共同体(academic communities of practice)这一核心任务进行,也是帮助我们理解研究型大学中教学与科研如何进一步结合的重要线索(见图1)。[15]在这个共同体中,研究型大学教学的责任便是使所有的教师、学生都参与到学校的目标中来,在所有参与者

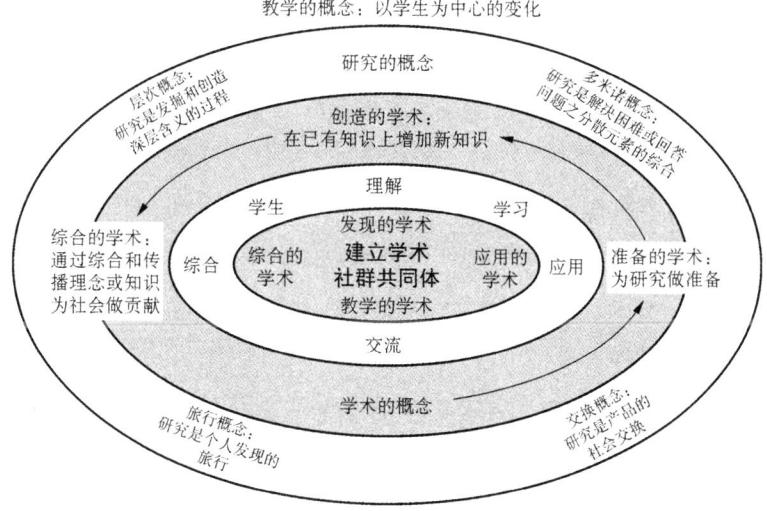

图1 学术概念的扩展及教学与研究的关系新模型[17]

之间建立起一种共生的关系。这也意味着改变旧有的教学与研究割裂的模型和以教师为中心、以知识传递为主要任务的教学特征,从而形成以研究为基础的教学、以学生为中心的学习,通过交流与沟通共同建构知识。Robertson 等人通过个案研究发现,研究与教学通常有三种相互作用的方式,即研究成果的传播、教授研究方法的范式、使学生成为研究活动的积极参与者。[16]这些结论或建议建立在反映学者个人经验的基础上,与本文采用的质化研究有更多的共同语言,因此,本文在分析时采用了 Brew 和 Boyer 的模型。

三、教师之教学责任观

(一) 教学与研究相结合的方式

在调查中,研究者希望教师完成一份问卷,其中一个问题涉及教师在履行教学、研究和服务职能上的时间分配。然而,出乎意料的是,超过三分之二的教师表示,这个问题无法完成,因为用于教学和研究的时间无法清楚区分。这个问题本身就是建立在教学和研究相互独立的前设基础上,假设两者是相互排斥的,与实际工作中两者可能同时发生、相互融合的状况不符。

> 真的很难说教学占多少时间、科研占多少时间。备课算不算在教学时间里?认真备课要花很多时间,比起上课有限的时间可以说是个无底洞。更何况教学很难用数字和时间来衡量,一个人的投入可能看不出来。(M 大学 H 老师)

> 有些事情的性质真的很难区分,比如我平时看 paper(文献),进行知识积累,可以用于丰富教学内容,也可以用于写申请项目的报告;还有,我们没完没了地填表格算是教学还是科研? (H 大学 B 老师)

教师对教学与研究关系的看法基本上印证了文献综述的结论。一方面,根据时间、精力稀缺性观点,一段时间用于研究就不可用于教学,在此意义上两者相互矛盾。教师承认教学、研究和服务的责任在时间安排上可能有所冲突,希望学校在同一时间对教师的角色期待有所侧重,使教师可以根据实际需要安排阶段工作的重点,相应的是学校评价体制的灵活化。

> 教师在三个方面都有职责,任何一个方面做得特别优秀,都应该得到同样的承认。教师应该可以自己选择某一阶段里工作的侧重点,比如这个学期主要做教学,下个学期主要做科研。我们现在则是要求你全能,在同一时段里必须三样都做,而且三样都要好,如果只是教学好,你在各种评聘和考核中是得不到承认的。对教学的承认应该有所改变。(H大学F老师)

另一方面,多种角色职能同时进行可以克服时间、精力稀缺性,研究结果表明,研究型大学的教师至少在观念上具有较强的教学与研究融合的意识。

> 那个说法(科研排挤了教学时间)看上去是对的,实际上是不对的。实际上这两者并没有什么矛盾,表面上有矛盾,实质上没有矛盾。教学过程不是单纯的宣讲,教也是一门学问,你在教的过程中,对知识的理解也会进一步深入。上课绝对有好处。有些学生提的问题,是你没有考虑到的,能够促进你的思考。教学和研究的关系理顺之后,两者就可以互相促进。(M大学L老师)

> 科研为体,教学为用,体用不二。科研工作是在提高自身理论素养,是练内功的,永远不能中止。科研的定位不是去发文章,而是不断在专业上充实自己、成就自己。但是你研究的东西总要表达出来,教学就是表达你科研的体会。第一个直接享受教师最近的科研成果的就是学生。我感到自己所做的科研如果连学生都不能影响的话,也就不可能影响别人,更别说对社会产生影响。(M大学B老师)

众多教师的表述最终聚合到三个方面,即教学与研究相结合的主要方式：① 教学促使教师通过不断学习达到自身素质的提高，如果把学术看作一个求真的过程，学生可能是帮助教师"去伪存真"乃至拓展视野（学生分组进行研究性学习已经成为许多教师提及的重要教学方法）的重要力量；② 随着研究工作进行到一定阶段，教学有助于教师进行系统性的反思和总结，在教学过程中发现有价值的研究问题，从而在原有的积累上进一步发展；③ 教学是传播研究成果的途径，许多教师赞成把学生作为自身研究成果的受众，其中理工科教师比较强调使学生了解学术前沿信息，而人文社科教师则提出传播学术理念，乃至通过思想的推广、价值观的辨析对整个社会发展产生潜在影响。

（二）教学与研究相结合的障碍

但是，关于研究型大学教学的学术性特征有没有在实践中得到充分的体现，部分教师并没有给予肯定的答复，而是从学生的角度分析了教学与研究相结合的障碍。

> 研究对教学有一定帮助，我也会把一些接触到的前沿性的东西做一个大致介绍，但是也仅仅是概况，毕竟你讲得太深入了学生理解不了，只能说帮助他们拓展一点视野。但说教学对研究的促进作用，我觉得几乎没有。可能是教育制度越搞越制约了学生的发展，他们好像被约束惯了，上课不爱发言，也不爱讨论，他们的能力还没有到给教师的研究提供启发的程度。（M大学R老师）

> 我会在课上告诉学生我的实验室现在在做什么东西，如果同学有兴趣可以来和我交流，也可以参与。但是大部分同学不会主动来交流，可能是学业忙、课也比较多，要考研、找工作，另一方面的原因是他在听你讲的时候觉得有兴趣，但是真正做起来就没兴趣了。我们也希望把课堂教学和科研结合起来，这样对学生找工作也有好处，但是效果在很多时候不能达到（预期）。（M大学O老师）

教学与研究在实践中的结合遇到困难,一方面可能是学生的研究参与能力不够,积极性未得到有效的开发;但另一方面,本研究发现部分教师确实有一种把责任"推卸"给学生的倾向,将教学与研究不能完美融合归因于一些外部不可控因素,例如教育制度、学校政策、个人经历、学生素质等,这可能会导致教师丧失提高教学与研究融合程度的动机。

> 我承认我在科研上做得不好。不是我不想搞研究,我并不比别人笨,但是因为中间的那个间断(服从学校的安排去搞学生工作),我走上了(纯粹)教学的工作岗位,基本上放弃了研究,一直到现在。要说搞研究吧,真正有价值的文章有多少?我看许多都没有太大的价值。而我看到我的学生考研都能考上北大清华,我就感到非常骄傲。(M大学M老师)

(三)影响教学与研究相结合的因素

首先,学科的影响非常重要。Clark认为,学科在相当大的程度上成为大学组织机构分工的基础。[18]如果以"硬—软""应用—非应用"为认知维度划分知识领域①,那么学科不仅形成了不同领域学者的生活基础,如学术目标、典型行为与交往方式、发表模式、核心价值与信仰等,而且对该学科教学与研究相结合的程度有重要影响。在硬学科,需不断累积的层级知识结构要求通过教学使学生掌握基本的概念与方法,一旦某一阶段脱节,下一阶段的学习将很难开展。因此,教学的灵活空间较小,教师必须致力于夯实学生的基础知识,要把尖端的前沿研究引

---

① 根据学科范式的一致性,有称谓上的"软""硬"之分。所谓"硬学科"(hard disciplines),指的是在理论、方法、技术和研究问题上具有普遍性、强调量化和发现新知的学科,从而在课程内容、研究合作、获取学术声誉、竞争资源补助等方面有更加清晰的学科界限,并且这些界限由该领域之精英所把守,跨学科"入侵"的可能性很小,例如理学、工学、医学等。"软学科"(soft disciplines)的界限则比较模糊,这些学科的学者往往是在已经被瓜分了的学术版图上以新的视角探索综合性的知识领域,学科界限比较模糊,课程或研究都具有特殊性,对创新理念与方法的耐受性也较高,例如经济学、管理学、教育学等。参见 Becher T. Academic Tribes and Territories: Intellectual Enquiry and the Cultures of Disciplines[M]. Bristol, Pa.: Open University Press,1989:24.

入课堂教学显得较为困难,即使有也只能做个大致介绍,学生较难理解其具体内容(例如上述 M 大学 R 老师和 O 老师分别属于理科和工科)。因此,在硬学科,教师将研究融入教学的途径往往侧重于该学科基本原则、研究方法的介绍,或者实际开展研究能力的锻炼,而不是前沿学术研究内容的引入。

> 比如我上的一门课主要是介绍这个领域里的先进技术,不一定要求学生要掌握哪种技术,只是为了拓展学生的知识面。我只是介绍一些前沿性的东西。如果要钻得很深就要自己去闯。(M 大学 O 老师,工程)

> 教方法是最重要的。因为知识性的东西怎么学也是学不完的,前沿性的东西过不了多久也会过时,现在的科技发展太快了。所以前沿性的研究成果你只能做一个大致介绍,用来激发学生的兴趣。真正要教会他们做研究,还是要注重教方法。(M 大学 Q 老师,化学)

相反,软学科的知识结构是横向扩展的,某一部分知识的缺失可能无关大局,因此,教师在课堂教学内容的选择和方法的应用上较为灵活,比起掌握基础知识更为侧重纬度上的拓宽,教学与研究相结合的可能性也较大。教师比较容易把自己在学术前沿的研究成果融入教学内容之中,学生也较易接受。

> 我赞成把研究成果融入教学内容之中,但是这种融入与学科有关。有些学科教师通常研究的是微观狭窄的领域,本科生实在没什么必要深入。而哲学强调新的思想和观点,比较容易融入本科生课堂,也比较容易被学生接受。(M 大学 B 老师,哲学)

> 像我们这种学科一直要关注最新发展,要关注现实,研究的往往是最新的焦点问题,一般都可以放进教学里;而在教的时候肯定也会接触一些新的东西,可能会触动以前积累的理

论方面的东西,你就会又想要做一些什么样的研究。(M大学E老师,经济学)

其次,教学与科研相结合的程度受到教师教学目的的影响。本研究发现,与其说教师把研究融入教学的程度受到学生层次(本科生或研究生)的制约,不如说受教学本身的目的影响更大些。即使是在本科阶段,一些以培养本科生科研能力为目的的教学活动仍然能够较好地融入研究因素。融入研究成分的教学有一个较为显著的特点,就是教师往往采取探究式的教学方法。相较而言,硬科学教师较多采取合作研究、分派任务(往往建立在个人项目基础上)的方式培养学生科研能力;而软学科比较强调一对一的指导,更注重通过讨论启发新观点而不是直接参与研究,因为学生感兴趣的问题可能具有特殊性,与教师课题的联系也不甚紧密。但是,在对教师业绩进行量化评估的压力下,软学科教师也越来越认识到硬学科的科研能力培养模式能够提高自身的研究生产率,尤其是在一些具有应用性质的软学科,教师也开始采取课题讨论组、分配任务的方式指导学生进行研究。

同时,教师确定教学目的的动机可能还与学科有关。在一些市场就业状况较好(如经济)或研究生培养规模较小(如外语)的学科,大部分教师认为本科教学的目的是为学生就业做准备,并非以训练学生从事研究为目的,因而仍以知识与技能传授为重点;在一些研究生培养规模大(如化学、工程)或市场就业不乐观(如历史、教育)的学科,许多教师认为本科教学就应该为培养学生研究能力打下良好的基础,掌握知识应用的能力不仅有助于就业,而且是研究生阶段的基本技能,选择读研已经成为这些学科本科毕业生的重要出路。

本科生的课,知识性的内容较多,因为学生还不具备独立开展研究的能力,整个需要你去扶着,你要给他的东西也多一些……课堂过于注重传授知识,把 education 等同于 training。学生为了找工作,希望教学内容越实用越好。(M大学G老师,外语)

现在的本科生主要还是知识学习，动手的机会太少了，毕业设计也只有4个月时间，这对研究生教育是不利的。本科教学的重要作用，就是发现那些有研究潜力的学生，如果你能吸引到好的学生（来读你的研究生），自然你的科研水平就高了呀。科研这个东西，最终是要靠学生来做的。（H大学H老师，化工）

另外，教学与科研相结合的程度还可能受到教师职称、专业发展程度等因素的影响，但是由于本研究并没有发现此方面的规律性表现，因此不再详述。

四、结论与建议

综上所述，可以得出以下的结论与建议。

首先，教学与研究的关系很难简单地用相互促进或相互排斥来说明。尽管明确地区分教学和研究活动能够十分有效地方便学校管理，但是，本研究发现，以时间分配的方式来衡量教师对教学、研究活动的重视和投入程度是不可行的，这种量化思路不仅不符合教学和研究相互促进的思路，也是与本研究试图深入挖掘教师教学责任观的目的不相符合的。事实上，教师对把教学、研究和其他活动截然分开进行评估的做法往往持抵触情绪。因此，政策不必过于严格区分教学责任与研究责任的界限，与其有各种折算的"灵活途径"，不如不要在教学与研究活动的定义上做出严格规定，而是结合对工作性质和内容的描述性评价来进行。是不是所有教师都要同时履行好教学、研究和服务这三项职能，可否允许教师自由安排、在不同阶段有所侧重，是值得决策者反思的。

其次，研究型大学教学的特征还不甚明显。教学与研究相结合存在多种途径，并且受到学科、教师对教学目的的看法以及职称、专业发展程度等因素的影响。对照引言中所提出的研究型大学教学的七个特征，本研究发现，只有第三、四、五点出现在教师的教学责任观构建中。

也就是说,研究型大学的教师已经具备了教学与科研相结合的意识,但在实践中可能还存在障碍;教师开始探索研究性教学的方法和多样化的评价手段,但并非所有教师都具有创新意识;教师较为重视基础知识的教学,但对前沿知识如何应用于本科生教学缺乏清楚的认识;在学生就业压力下,教师无法回避对教学实用性的重视,且对英才教育、全人教育的认识较为不足。教师缺乏对培养本科生科研能力的重视,学校虽积极开展本科生科研活动但成效有限;教师缺乏教学生态环境构建的意识,尽管学校出台了本科生导师制等多项措施,但教师与本科生在课外的交流依然十分有限。教师教学责任观中如果不建立起这些意识,学校的相关教学改革措施就很难得到有效的施行。因此,本科教学改革的前提是努力完善教师自身教学责任观的建构。

再次,教育专业性的地位不足。对于大学教师专业发展而言,教师在教学方面的专业性远没有像学科的专业性那样受到重视,这不仅是传统观念认为教学具有随意性和非科学性、培养教师实践忽视教学专业训练的后果,学校评价体制也间接地导致了这一情况的出现。大学教师专业的学术性质和学科专业分工的发展,决定了不同学科的大学教师在学校中的地位受到学科性质的影响。正是由于"发现新知识""应用与转化"在学术的内涵中备受强调,从事自然科学研究和应用学科研究的教师之专业地位较受肯定,而主要以"知识综合"为主的教育学科在研究型大学中的边缘化地位恰恰反映了教学(乃至教师教育,但不是本文探讨的主题)的卑下地位。然而 Boyer 却提出,把学术的概念拓展,将"教学的学术"与"综合的学术"也纳入学术的界定之中,才有可能从本质上提升教学的地位和完善大学教师对教学专业性的认识。[19] 本研究发现,往往是那些人文社会学科的教师较为积极地反对教学受忽视的现状,并承认自己把较多的精力投入教学与综合知识的研究性活动中。而理工科的教师则明确地表明自己对学生的关注主要集中于(甚至仅限于)研究生,他们相对强调研究职能,并认为只有"发现知识"或"应用知识"才能纳入学术的范畴。综上所述,目前大学"重科研、轻教学"的评价体制导致了教学责任和教师专业性受到忽视,学校在教师专业性的提升上很少花心思,从而导致教师缺乏有效的教学技能、教学方法创新以及缺乏教学责任观。教学专业发展不是仅靠"观察式"的学徒制度或自我摸索,而是一种树立责任观、持续改进教学技能的终身目标。

最后,本研究的取样具有个案的局限性,并非旨在对研究结论进行推广。国外已有一些研究指出,研究型大学的教师相比起其他一些普通综合大学的教师较为不受官僚体制的控制,显得更有专业性,参与学校政策制定的程度也更高;同时,研究型大学接触学术研究前沿的定位也使得其教师具有更多的融合教学与研究的机会。[20]本研究发现,在中国的研究型大学中,教师履行学术责任时受到学校评价政策导向的影响非常明显。由于本研究的取样仅限于研究型大学,没有选取教学型大学进行对比,因此无法断定研究型大学和教学型大学在本科生教学的特点以及教师的教学责任观上是否具有显著区别,这些可以在后续研究中继续求证。

参考文献

[1] 孙莱祥.研究型大学的课程改革与教育创新[M].北京:高等教育出版社,2005:11-15.

[2] Boyer Commission. Reinventing Undergraduate Education: A Blueprint for America's Research Universities[M]. Princeton, NJ: Carnegie Foundation for the Advancement of Teaching, 1997.

[3] 周川.从洪堡到博耶:高校科研观的转变[J].教育研究,2005,26(6):26-30.

[4] 高素质人才培养模式与教育质量保障机制的构建课题组.多样化、创造性、国际化——高素质人才培养模式与教育质量保障机制的构建[M]//教育部中外大学校长论坛领导小组.大学校长视野中的大学教育.北京:中国人民大学出版社,2004:25-38.

[5] Fox M F. Research, Teaching and Publication Productivity: Mutuality Versus Competition in Academia[J]. Sociology of Education, 1992, 65(4):293-305; Gibbs G. The Relationship Between Quality in Research and Quality in Teaching[J]. Quality in Higher Education, 1995, 1(2):147-157; Ramsden P & Moses I. Associations between Research and Teaching in Australian Higher Education[J]. Higher Education, 1992, 23(3):273-295.

[6][20] Clark B R. The Academic Life: Small Worlds, Different Worlds[M]. Princeton, NJ: Carnegie Foundation for the Advancement of Teaching, 1987; Halsey A H. Decline of Donnish Dominion: The British Academic Professions in the Twentieth Century[M]. Oxford, England: Clarendon, 1992; Neumann R. Perceptions of the Teaching-Research Nexus: A Framework for Analysis[J]. Higher Education, 1992, 23(2):159-171.

[7] Barnett R. Linking Teaching and Research: A Critical Inquiry[J]. The Journal of Higher Education, 1992, 63(6):619-636; Brew A. Research and Teaching: Changing Relationships in A Changing Context[J]. Studies in Higher Education, 1999, 24(3):291-301.

[8] Marsh H W. Students' Evaluations of University Teaching: Dimensionality, Reliability, Validity, Potential Biases and Utility[J]. Journal of Educational Psychology, 1984, 76(5):707-754.

[9] Hattie J, Marsh H W. The Relationship Between Research and Teaching: A Meta-analysis[J]. Review of Educational Research, 1996, 66(4):507-542.

[10] Barnett R. Higher Education: A Critical Business[M]. Buckingham, Bristol, PA: Open University Press, 1997.

[11] Coate K, Barnett R, Williams G. Relationship Between Teaching and Research in Higher Education in England[J]. Higher Education Quarterly, 2001, 55(2):158-174.

[12] Trigwell K. Teaching-research Relations, Cross-disciplinary Collegiality and Student Learning[J]. Higher Education, 2005,49(3):235-254.

[13] Brew A. The Nature of Research: Inquiry in Academic Contexts[M]. London, New York: Routledge/Falmer, 2001.

[14][19] Boyer E L. Scholarship Reconsidered: Priorities of the Professoriate[M]. Princeton, N J: Carnegie Foundation for the Advancement of Teaching, 1990.

[15][17] Brew A. Teaching and Research: New Relationships and their Implications for Inquiry-based Teaching and Learning in Higher Education[J]. Higher Education Research & Development, 2003, 22(1):3-18.

[16] Robertson J, Bond C H. Experiences of the Relation between Teaching and Research: What do Academics Value?[J]. Higher Education Research and Development, 2001, 20(1):5-19.

[18] Clark B R. The Higher Education System: Academic Organization in Cross-national Perspective[M]. Berkeley, Calif.: University of California Press, 1983.

(原文载于《高等教育研究》2009年第6期,第66—73页,作者为徐岚、卢乃桂)

第二十三章
研究型大学师德建设的途径

师德建设是长期可持续发展的过程,对于处在不同生涯阶段和专业发展水平的教师,师德建设应有不同的侧重点和策略。师德建设应着力于整合教师各种角色和职能,将育人融入课堂;开展学术道德教育,引导教师树立学术责任观;重视教师专业发展,满足教师发展"以人为本"的需求;完善与教师薪酬待遇、聘任评价相关的管理制度。将学术作为理想的事业,保持"为学术而学术"的态度是需要物质基础的;建立起师德的调控监管机制,将教师德行纳入学生评价内容,进一步体现在教师的评聘考核体系中。

一、师德建设的背景

我国传统文化对教师德行的期望和要求很高,甚至超过了博学。这是因为教师的核心职责是"传道","道"是人们所信奉的价值观念,"师"是"道"的载体,教师通过把价值观念内化为自己的德行,从而对维系社会运行起到重要的作用。在英文中难以找到与汉语中"师德"准确对应的词汇,相类似的是从学术职业和职业道德相结合的角度来阐释,以"学术道德"(academic ethics)或"专业道德"(professional ethics)替代。"师德"因有"师道"的价值诉求和对个人内在品德的重视,含义比只强调准则规范的"学术道德"广泛。

当今理解师德应将其置于教师专业化的背景

中。学术职业的产生和发展与学科制度化的历程以及大学教师职业的制度化身份建构息息相关,其含义一方面在于学科制度的合法地位赋予大学教师的专业权力;另一方面在于以学术为职业的谋生手段,以及学术人员职业身份的确认。因此,学术职业既具有一般职业的特点,又具有特殊的大学教师职业文化。[1] 韦伯认为,学术职业是一种"志业",主张保持一种"为学术而学术"的纯粹态度,从而把学术从"作为知识和技术的学术"扩展到"作为伦理和道德的学术"。[2] Ashby 在 1968 年就提出建立"学术职业的希波克拉底宣誓",Shils 和 Hamilton 等也曾尝试制定学术道德规范的准则。[3] Merton 就学术失范问题进行了研究,认为学者受到一种内在道德规范的制约,即"科学的精神气质或普遍原则"[4]。近年来,国内也有许多学者试图从制度建设的视角出发,提出建设学术规范的必要性和可行性。教育部分别于 2002 年和 2004 年颁布了《关于加强学术道德建设的若干意见》和《高等学校哲学社会科学研究学术规范(试行)》,体现出对此问题的高度关注。由于师德建设的趋势是从一般性职业道德向专业道德转变,从重视知识、技能教育的技术性培养过渡到兼顾专业精神与专业知识、技能水平的提升,因此,必须强调从专业特点出发讨论伦理规范的建立,[5] 并使专业团体有权自行强化伦理规范。

师德建设的另一个重要背景是高等教育市场化的变革。作为应对市场化的策略,高等教育机构日益以管理上的手段来增强机构的运行效率和效益,使得大学的经营向企业靠近。[6] 它以管理主义(managerialism)为特征,即运用企业界的管理机制重整学术社群,强调教育的绩效责任(accountability)和表现主义(performativity)。[7] 绩效责任是伴随管理主义出现的概念,通过对高等教育机构的功能履行进行评价,形成压力并促进品质改进。[8] 国家根据对学术机构产出的评估授予资格或决定资助,而机构则根据对教师学术表现的评价决定其聘任晋升。大学教师在日益增强的竞争环境下,通过教学、研究、咨询服务或其他学术知识的应用来发展他们的学术资本。企业式的管理主义从商业机构移植到大学内部,使得教师的行为如同商人,他们的活动也成为一种类市场行为。[9]在这一过程中,如果没有教师的学术道德作为调控机制,学术的内在价值很可能受到商业化的侵蚀,甚至导致大学失去作为教育机构存在的合法性。对师德的探讨是在中国高等教育市场化转型的背景下,伴随着学术职业属性的变化进行的。

二、师德建设的内涵

(一)师德作为教师评聘考核的依据

2001年,首届"中国师德建设论坛"在北京召开,师德建设开始作为一个明确的主题出现在教育工作者的视野中,并且向制度化的方向发展。由于以往与职业道德相关的制度不健全,师德的内涵倾向于"职业道德规范",其目的在于提供系统化的制度规范。2005年,教育部颁布了《关于进一步加强和改进师德建设的意见》,认为师德建设的迫切性出于加强学生思想道德教育的需要,不仅强调教师的思想政治素质,而且包含对职业理想、职业道德、学术规范等的关注。尤其是在近年来学术不端行为日趋严重的形势下,整治学术失范进入师德建设的核心地带,成为关注的焦点。在这样的背景下,师德的含义即与外在规范相联结,强调建立起完善的外部监督机制。

(二)师德作为教师学术责任观的构建

"教师专业道德"归根结底是对教师个人内在道德品质的要求,学术职业以"心灵契约"的形式同教师的学术理想、使命与学术责任紧密联系在一起,体现强烈地追求自我实现的特征。由于教师工作的自主性和独立性,外界难以干涉和控制,"只有他们的正直和诚实才能对他们自己的意识负责"。[10]因此,师德的内涵与学术责任观的构建相联结,强调建立自我反思的内部监督机制。

(三)师德建设与教师发展相结合

教师发展具有多层含义,包括:个人知识和技能的持续提升,在工作产出方面更有效率,提升教学、研究的质量,获得学术信誉和同行认可,对学科领域认识的深入,对学科发展与社会变革产生持续的推进力量。[11]师德的内涵与教师发展紧密相连,体现出两者共同的实质性特征,即整全性、以人为本和可持续发展。由此,师德建设应遵循以下三个原则:一是师德不仅包含学术道德规范,而且涉及教学等方面的学术责任。对教师的评价应是对整体素质的综合评价,包括专业技能,更包括以学生利益为先的道德关怀。二是师德建设的主体是教师,学校须以教师为本。师德不仅体现在教师对待学术责任的态度,更重要的是在实践中的表现。三是师德建设是长期可持续发展的过程,处于不同生涯阶段和专业发展水平的教师对专业道德的认同程度不同,师德建设也应有不同的侧重点和策略。

三、研究型大学师德建设的现状①

(一)考核评聘制度和师德评价标准的关系

本研究的两所案例大学没有设定专门的师德评价标准,而是将其融于教师的评价考核体系之中。在两校的教师职务聘任条例中,与师德有关的标准均以一句话笼统概括,即"具有良好的职业道德"。两校教师均表示"付出与回报不成正比",认为对教学质量的评价欠缺公正,大多数教师对履行教学责任的态度是"过得去就好","不如把精力投入科研"。Y大学2009年的一项问卷调查表明,有52.1%的教师认为,"受科研等其他因素影响,投入教学的时间精力难以保证";有13.9%的教师认为,"对教学的时间精力投入维持在最低要求";只有26.7%的教师认为,"投入充足"。

"重科研、轻教学"是多种因素综合作用的结果,但最重要的原因是

---

① 本研究所引用的质性资料或量化数据,来自于研究者在两所学校所做的访谈和校方进行的问卷调查。出于研究伦理的考虑,隐去个案学校的名称和受访对象的姓名,而以字母代替。虽然资料收集仅限于两所学校之内,但反映的问题可能具有研究型大学的共性。从研究方法来说,取样不具有大样本的代表性,但却具有典型性。

以下两个：第一，市场化影响使得大学充满了"金钱""商业化"和"急功近利"的气息。大多数教师承认，现有条件的制约使他们不可能摆脱对物质利益的追求，责任心只能保持在底线的程度，不排挤教学，但"也没必要做那么多"；或者即使原本很有教学热情，却也因为"迫于生存压力"而使得对教学的热情日渐淡漠。为增加收入，教师可能选择将精力投入到兼职上课、拉课题做项目（甚至可能是"教师负责拉课题，学生负责做项目"）、开公司、为企业提供咨询服务等。第二，难以量化的教学质量不符合评价的"硬件法则"，教学被简单化为教学工作量，在对教师的考核体系中处于被边缘化的位置。如果对教学的考核不能合理体现教学的价值，教师势必对评价标准的公正性产生怀疑，更无心履行教学专业本身体现的"利他的服务理想"[12]。虽然上面拼命在抓本科教学，但是学校仍是重科研、轻教学，一手硬、一手软，来自大学管理层的态度和评价考核中的指向对教师的学术责任观造成了相当大的影响。

综上所述，考核评价制度的量化倾向强化了教师对学术责任的片面理解，使其仅仅关注可以转化成业绩、带来实质利益的职责，对难以量化的教学和师德问题不甚关注，从而可能导致削弱教学道德目的的"去专业化"的结果。少部分在教学上投入极大热情的教师对教学的"副产品"地位提出不满，以一种"坚持但不甘心""建议但不抗争"的态度应对现实；但多数教师在考核政策面前选择"自保"，迎合政策对研究责任的片面关注，即只关注其中"发表的责任"和"获取研究经费的责任"，从而致使教师不仅忽略教学责任，而且忽略了研究责任中最重要的"发现真理的责任"和"实事求是的责任"①，这些方面恰是师德的

---

① "发现真理的责任"指学者有责任从事具有独创性的学术探究工作；"实事求是的责任"指学者有说实话的责任，遵守学术规范，避免学术不当行为，自觉地以诚实的品性维护学术尊严。（Kennedy D. Academic Duty[M]. U.S.：Harvard University Press，1997.）然而，本研究亦发现，研究责任在中国研究型大学的特殊背景下体现出以下特点：研究责任被片面缩窄为"发表的责任"；研究责任增加了一项新内容，即"获取研究经费的责任"；"发现真理的责任"成为成果发表的附带品，造成许多"成果"缺乏创造性和价值；"实事求是的责任"被一部分教师忽略，使其不能进行自我反思，甚至可能纵容学术腐败现象的滋生和蔓延。

体现。

（二）教师对学术职业的看法

教师对师德的态度与对学术职业的看法有关，而其对学术职业的看法又与走上学术道路的经历有关。本研究发现，不同年龄层次的教师对"学术"的含义有不同的理解。年龄在50岁以上的年长教师倾向于认为"学术职业"等于"教书的工作"，他们往往对教学较有热情，对师德问题十分关注。40—50岁的教师大抵可以划归为中年一代，他们中许多人已经成为新一代的院系领导和学术骨干，其他一些虽然没有行政职务但也已经取得正高职称，没有晋升职称和物质生活上的压力。他们大多将"做学术"等同于"搞研究"，充分认可"科研才是教师地位取得的关键"。40岁以下的教师大致可被称为青年教师。与前两代相比，青年教师在选择学术职业时往往没有明确的态度，在主观上有更多的"迷惘情绪"或"路径依赖"，他们一路升学然后留校任教似乎是顺理成章的事，这种主动选择的被动状态，用"套了进来"一词表达很是形象生动。他们虽然接受了"学术职业＝教学＋研究"这样一个普遍观念，但却对如何处理实践中两者的矛盾状态没有清晰的认识，更来不及对"教学与科研融合""师德师风"等问题做深入的思考。他们奔忙于围绕着晋升职称而展开的各种活动，接受相对较重的教学任务，腾挪更多的休息时间从事研究工作，又不得不接受生活压力较大的现实，从而也就不难理解青年教师在担任"班主任""德育导师"等职务（此类职务多由青年教师担任）时产生不情愿的心态，所谓"一边抱怨，一边苦干"是许多青年教师的写照。

越来越多的教师，尤其是青年教师，将学术职业看成是普通的职业（在Y大学的问卷调查中持这一观点的教师比例达到35.3%），甚至表示有机会肯定会跳槽去从事其他收入更高的职业（占7.8%）。他们认为，学术环境正在恶化，体现在入行门槛提高、工作条件下降、工作压力和负担增加，且常常受到"琐事"（例如行政事务、开会、填表格等)的滋扰。了解不同年龄、不同职称教师对学术职业的不同看法,对于学校管理部门有针对性地推动师德师风建设、促进教师发展非常重要。

(三)学生对师德师风的看法

X大学2006年的一项问卷调查显示:本科生对教师整体授课情况的满意率从一年级到四年级逐渐下降,不满意率则逐渐上升;且对"与教师的接触机会"的不满意率急剧上升。但总体上,学生对教师职业素质的评价偏向"满意"。"满意""一般"和"不满意"分别占50.7%、36.1%、6%。"与教师的接触机会"评价为"满意""一般"和"不满意"分别占14.3%、41.7%、40%;引起学生不满的教师特点主要包括"教学水平不高"(41.8%)、"不关心学生"(36.8%)、"平时找不到人"(30.9%)、"应付工作"(23.9%)以及"对学生区别对待"(4.6%)等;36.8%的学生认为对待教学应付了事的教师所占比例在5.0%以下,28.3%的学生认为在10.0%左右。可见,教师整体素质基本上受到学生认可,最突出的问题就是师生在课外缺乏交流的机会,以及少部分教师对教学缺乏认真态度,这也是当前影响师德水平提升的关键。

本研究进而通过对X大学和Y大学共80名本科生的访谈,概括出影响师生关系的几个主要因素。第一,在教师方面,部分教师专业知识水平不够,不能让学生折服;部分教师不能及时更新教学方法和技术手段,不能因材施教;部分教师缺乏责任感,不主动接近学生,甚至应付了事;部分教师缺乏人格魅力(领导力、亲切感、幽默感、品德修养),无形中疏远了与学生的关系。这些方面恰好印证了许多研究者对教学专业性维度的归纳,即知识、技能和道德责任,体现出由道德实践和人格精神构成的师德在师生关系建构中的重要性。第二,在学生方面,部分学生学习态度不端正,学习目的不明确,没有愿望和教师交流;部分学生认为师生的世界观、价值观没有交点,没有话题可以交流;部分学生对教师缺乏尊重,导致教师不愿与其交流或交流中出现摩擦;部分学生由于自身性格内向,畏惧与教师交流。第三,在学校方面,部分学生认为校方没有提供适当的交流平台(包括物质条件和组织活动)是导致交流障碍的重要原因;现有的课程设置(实践课程少)和课程形式(大班授课互动交流少)也不利于师生加强交流。

对教师的访谈也强化了这一观点:教师几乎都认为课外辅导难以开展,受到许多现实条件的制约,如时间和精力的限制、办公条件的限制、地理条件的限制(校区相距较远)、学生主观因素的影响(学生不主动、没礼貌、较功利等)。教师对待课外与学生交流的态度可以概括为:一是以被动接受学生主动,如果学生不主动寻求教师的帮助,那么"基本上就没有接触了";二是保持适当距离,因为"和学生不接近不行,太接近也不行,这样很累"。由此可见,学校在加强教师责任感的同时,也应当加强对学生道德素质的教育,才能减少双方交往的功利色彩,增强彼此的信任和理解。

四、师德建设中存在的问题与解决途径

(一)整合教师各种角色和职能,将育人融入课堂

首先,针对课堂内常常"只有教书、没有育人"的现状,一些教师提出应加强对学生品德和人格修养的教育,但是,这种价值教育是否可以融入课堂以及以何种方式融入,教师并没有达成一致看法。在人文学科,教师普遍认为讲解知识的同时自然而然地渗透着道德教育;但对于理科和应用学科,教师大多认为人格修养与教学内容不能有效结合,因而很难在课堂内开展。事实上,美国教育哲学家杜威早就提出了教育应当培养"道德知识"的观点,即学术知识中交融着一种对正义和美德的理解。汉森认为,教师从"学术知识道德化"的视角出发,以道德给知识增加社会维度,不仅可以避免社会科学与自然科学的分裂,而且可以避免知识以无视自我和他人根本利益的纯技术方式运作。[13]因此,任何学科的教师都应该树立起一种理念,即他们教授的知识是具有伦理道

德意义的，否则，只是无生命的信息和事实；教学过程本身是一种道德上的努力，体现于目标、内容和方法，是事实探究和思维方式的互动融合过程，并在无形中形塑着学生的价值观。

其次，当前育人的途径还主要局限于思想政治工作。在现有的辅导员系列和教师系列分开的体制下，德育很少被任课教师认为是课堂教学的目标，他们普遍接受了一种观念，即德育应纳入思想政治教育体系，通过专门的课程、由专门的思政人员负责辅导并开展相关活动。只有少数教师提出，"教学不仅是教一门课程，而且是教综合素质"，忽视人格培养可能会导致学生陷入"有知识、没教养"的困境。因此，解决的途径是以融合的思路将教师的各种角色合一，坚持以任课教师为德育主体，强调把道德教育融入教学实践，并拓宽课外道德教育的途径，使教师确立起"课外辅导也是教学责任之一"的观念。辅导员的职责应逐步向"生活导师"的方向转变，将道德教育渗透于生活中，变成一种体验、经历和道德洞悉力，改变学生对传统说教式思政教育的反感，在一定程度上弥补了任课教师缺乏精力照顾学生各方面的局限。

最后，课外辅导无法有效开展，师生关系停留在"制度性接近"的层面，教师只是把担任相关职务当成一种责任而非履行辅导责任本身。尽管学校希望通过尽可能多的渠道加强师生联系，因而设置了班主任、德育导师、本科生导师、毕业论文/设计导师、本科生科研项目导师等一系列职务，希望有尽可能多的教师承担本科生课外辅导的任务，但教师与学生的课外接触依然很少。这一方面受制于各种角色定位不清、功能交叉重叠、责任不够明确、执行不能到位的现状，另一方面更关键的是重科研、轻教学的评价考核体制造成课外辅导工作实际上被边缘化。这些辅导工作虽然都计算工作量和给予一定津贴，但是由于力度很小，教师表示"不屑"。有些教师虽然参与其中，但却表示不愿意担当。在暂难改变评价体系倾向的情况下，从厘清各项制度目标和相关教师职责入手，将"制度接近"转变为"责任承担"，鼓励教师的价值投入可能是解决这一问题的有效途径。①

(二) 开展学术道德教育,引导教师树立学术责任观

学术道德教育必须以国家和学校的政策支持为依靠。目前,国家虽然已经出台了学术规范指南,但相关规章制度仍然比较笼统,缺乏执行的精确性,大学对学术道德教育的关注程度普遍较低。学校作为实施层面迫切需要制定实际操作的具体标准,确立审议学术不端行为的相关部门和程序,开发并实施学术道德教育课程,积极开展研讨会等相关活动。如果说国家和学校侧重于技术层面,制定学术职业的基本操守(学术共同体成员应该遵守的基本道德规范,即学术规范),那么,在教师层面,学术的基本价值观(关于从事学术活动所必须承担的社会责任和义务的理性认识,即学术伦理)可能发挥更大的作用。教师在日常举止行为中传达的道德讯息(求真务实、诚实守信、严谨公正、恪守职责等)将影响学生的学术道德观。由于欠缺相关课程,目前的学术道德教育主要通过导师的言传身教实现,教师的"身正为范"显得尤为重要,然而,研究中只有一小部分教师提及对学生进行学术道德教育是其责任之一。可见,提升学术伦理道德、引导教师树立学术责任观应该且必须成为师德建设长远关注的核心问题。

学术责任观的问题不仅是教师的问题,还会影响到他所培养的学生,影响到下一代,甚至影响到整个社会。当大学教师不再被认为是真理的化身和道德的榜样,那么,他们也不会再被看成大学组织的象征和知识的代言人,而不过是知识工厂的雇员,甚至可能因为学术腐败、学术官僚化而导致社会对学者群体的不信任。因此,教师应该重视其对学生在精神上的引导作用,这种"无形的责任"是影响学生个体发展甚

---

① 强调这一前提是因为,教师的专业实践受到社会文化制度层面的制约,现实具体情景往往会阻碍教师达至完美工作的状态。单纯靠制度规约只能使教师以履行合约要求为目标,甚至出现"上有政策、下有对策"的情形。从教师自身对专业伦理的认识出发,提醒其不能忘记学术职业对利他的服务理想的"承诺",比起改革制度环境的建议,更可能成为较快改善现状的突破口。

至主导整个社会风气的关键力量所在。课堂教学、备课、课外辅导还不能完全囊括教师对学生的责任,教师还应该对学生有一种无处不在的关爱,它的本质是一种不以制度化方式体现的道德实践。树立完整的学术责任观有利于师德水平的提高,以对学生的情感关怀帮助其树立正确的世界观和人生观。

(三)重视教师专业发展,满足教师发展"以人为本"的需求

大学教师发展不仅涵盖与专业知识有关的教学、科研、服务能力,而且包含学术伦理道德水平的提升。但现实中,推动教师发展的实践并未受到学校的重视,尤其是教学能力和学术道德的发展。教师多认为,目前的发展主要依赖非正式交流的渠道,缺乏与所在专业社团其他成员的交流,从而渴望学校或院系提供机会。另外,在教师发展的观念上,传统的"培训"仍然占据主导地位。目前的"培训"多是非持续性的活动,通常是自上而下推行,由于难以有针对性地解决教师在实践中的问题,从而变成"走过场",教师可能存在抵触或应付情绪;而"发展"是持续性的,出于教师自身需要,学校扮演的角色只是提供支持。只有这种观念转变,才能带来教师主动性的发展。

关注青年教师发展成为教师反应最为强烈的主题。青年教师大多为初级和中级职称,他们在个人家庭事务和专业学术事务的平衡及优先选择方面面临着比年长教师严峻得多的挑战。由于他们处于学术生涯中建立信念认同的阶段,这一阶段形成的"在他们服务的机构中什么活动有价值且能够得到回报"的认知观念,对其专业道德水平提升的影响可能是最大的,关系到是否能够完成从他律到自律的转变。为给青年教师适应学术工作提供帮助,应在以下几个方面进行改善。首先,学校应提供对教师教学专业技能培训的支持,包括提供分享信息的技术平台;同时还要提高教师自身对教学技能和方法的重视,建立起"教学技能是需要持续学习的"观念,逐步产生教学专业发展的渴求。其次,以制度安排建立专业社团成员之间互动交流的正式渠道,这种制度操

作可以由院系或教研室来组织进行,使其成为机构必须履行的职责之一,而不仅是个人的自发行为。另外,加强对教师家庭与健康的关心,减少家庭压力、心理健康问题和职业倦怠可能对专业道德的危害,创造教师专业发展与专业生活的和谐状态。

(四)完善与教师薪酬待遇、聘任评价相关的管理制度

薪酬待遇虽不是教师选择学术职业的最重要的因素,但却是教师最为关心的内容。单纯寄托于教师的思想觉悟和奉献精神是不够的,反而可能因为生活的压力加剧教师把学术职业看成是"饭碗"的倾向。要求教师坚守道德底线的前提是给教师提供一定的物质条件,专业生活质量的提高是师德建设的保障。被调查的教师大多认为,专业生活较理想的状态即"衣食无忧"和拥有"面积够用的住房"。住房这个看似与师德无直接关系的问题,恰恰成为影响师德的重要因素。另一个教师频繁使用的字眼是"归属感"。聘任评价体系围绕科研成果,并以"职称"为指挥棒操控教师的行为,职称评定不仅涉及对教师业务水平的评价,而且与教师的物质利益密切相关,是造成教师忽视教学和学生、降低对学校归属感的直接原因。教师虽然抱怨考核体系"太不人性化"和"太过功利",但又不得不承认这种量化的方法操作起来客观、透明、争议较小,从而把所做的每一项工作和报酬结合在一起。

可见,将学术作为理想的事业而保持"为学术而学术"的精神是需要物质基础的。在这个必要条件满足之前,学术工作更多的是作为谋生的手段。当教师为了生存目的工作,往往就会缺乏责任感。因此,与其下功夫培养教师"安贫乐教"的态度,不如给教师创造一个安居乐业的环境,增强教师对学校的归属感。第一,学校在薪酬分配上可以采取阶段性策略,对于青年教师侧重于保障生存需要,以竞争性措施激励其工作积极性的发挥;对于获得终身教职的教师,则应注重高层次需求的满足(例如自我实现),考核政策可以适当放宽,发挥其道德自律的主动性。第二,建立起师德的调控监管机制,将教师德行纳入学生评价内容

（质性评价、非量化、非一刀切），进一步体现在教师的评聘考核体系中。同时，鼓励教师与学生行使民主权利，通过积极沟通寻求问题的解决。

总的来说，师德不是一个孤立的概念，它既是物质的又是精神的，既是制度规范又是责任意识。师德建设是一项长期复杂的系统工程，需要其他环节的改革配套进行，同时需要不断适应高等教育发展中出现的新情况。但无论具体形式如何，其本质目标都在于激励教师的内在发展需求，从而迸发出学术工作潜在的崇高责任感，更加自觉地以学术道德来规范自己的行为，并维持对学术志业的热情。

参考文献

[1] Clark B R. The Higher Education System: Academic Organization in Cross-national Perspective[M]. Berkeley, Calif.: University of California Press, 1983.

[2] 韦伯. 韦伯论大学[M]. 孙传钊, 译. 南京: 江苏人民出版社, 2006.

[3] Shils E. The Academic Ethic[M]. Chicago: University of Chicago Press, 1984; Hamilton, N. W. Academic Ethics: Problems and Materials on Professional Conduct and Shared Governance[M]. Westport, Conn.: Praeger, 2002.

[4] Merton R K. Social Theory and Social Structure[M]. New York: Free Press, 1968.

[5] 檀传宝. 论教师"职业道德"向"专业道德"的观念转移[J]. 教育研究, 2005(1): 48-51.

[6] Bok D. Universities in the Marketplace: The Commercialization of Higher Education[M]. Princeton, N.J.: Princeton University Press, 2003.

[7] Deem R. Globalisation, New Managerialism, Academic Capitalism and Entrepreneurialism in Universities: Is the Local Dimension still Important? [J]. Comparative Education, 2001, 37(1): 7-20.

[8] Neave G, van Vught F. Prometheus Bound: The Changing Relationship Between Government and Higher Education in Western Europe[M]. Oxford:Pergamon Press,1991.

[9] Slaughter S, Leslie L. Academic Capitalism:Politics, Policies, and the Entrepreneurial University [M]. Baltimore: Johns Hopkins University Press,1997.

[10] Brubacher J S. On the Philosophy of Higher Education[M]. San Francisco:Jossey-Bass,1982.

[11] Akerlind G S. Academic Growth and Development—How do University Academics Experience It? [J]. Higher Education, 2005,50(1):1-32.

[12] 曾荣光.教学专业与教师专业化——一个社会学的阐释[J].香港中文大学教育学报,1984(1):23-41.

[13] 大卫·汉森.当今高等教育领域价值观、道德、知识关系的一种视角[J].朱宇,译.国际高等教育研究,2009(3):7.

(原文载于《教育研究》2010年第7期,第88—94页,作者为徐岚、卢乃桂)

第二十四章
法国高等教育管理体制变革中的教师学术职业

> 法国作为中央集权管理体制的典型代表,正经历着高等教育分权的变革。大学自治对教师职业存在的重要影响,在学术责任、聘任与晋升制度、质量评估等方面,表现为教师流动性低、教学与研究结合困难、评估缺乏激励性、学术职业前景黯淡等。增强大学的自主性、改革僵化的管理体制是解决学术职业发展中的矛盾的重要前提。

法国人一向被认为在思想和行动上独立自主、不受约束,但为何法国的大学教师能够长期容忍高等教育管理上极其严厉的中央控制?集权与自主之间的关系如何随管理上放权的改革而变化,并影响着教师职业的变迁?管理体制变革是一种宏观政策框架的调整,它直接导致机构层面的改变,为大学自治创造了一个不可或缺的环境,而大学自治又直接影响到教师的职业状况及其学术责任的履行。

一、中央集权高等教育管理体制的形成和变迁

法国自拿破仑时代起实行中央集权的高等教育管理体制,大学的管理权和办学权被置于国家的严格控制之下。二战后法国出现了民主化浪潮,大致可以划分为三个阶段:第一,20世纪60年代至70年代,随着高等教育大众化时代的到来,要求大学自治

与民主管理的呼声日益高涨。1968年法（Faure Act）明确提出高等教育要贯彻"自治、多科性和民主参与"三原则，大学在内部管理、人事安排、经费分配、教学和科研等方面享有自主权。但这一计划最终未能实施。第二，20世纪80年代以后，大学生人数迅速增长，高等教育质量下降。1984年法（Savary Act）旨在改变中央集权管理，强调地方分权，通过合同制加强与企业和社会的联系，使学校的决策机构设置专门化。但由于学校管理部门缺乏动机且推卸决策责任，学校自主权仍没有得到实质性增强。第三，20世纪90年代的改革依然围绕扩大大学自主权和加强产学研合作展开。1989年改革要求学校自行制定未来发展的战略方向，通过与教育部签订四年期合同明确大学的绩效责任、协商决定经费拨款的数量；1999年"博洛尼亚宣言"再次强调大学独立与自治的原则，教学内容不再由国家确定，大学可以自由设置课程；2004年又制定"大学自治法律草案"，扩展校长对财务和人事的支配空间。

尽管法国从1984年法开始实施分权，但直到目前为止，大学的自治权相对其他欧洲国家仍然相当有限。以下从中央政府、地方政府和学校三方面来分析各个层次的管理职权。

其一，中央政府掌控大权。大学管理的关键环节由政府控制，例如制定公立大学的教学人员编制、发放教师工资、审定大学发展计划和建设经费等。改革后政府对高校实行合同制管理，通过国家评估委员会对高等教育机构进行评估，根据合同获得的拨款约占政府拨款总额的三分之一。[1]

其二，地方政府介入较少。学区作为联系教育部和高等教育机构的纽带，对大学起监督、协调作用。学区长（Académie）负责管理部分教职员、国家投入的经费和学生资助，并可以干预和监督辖区内自治的高等教育机构。学区长直接对中央负责，虽然在地方层级发挥作用，但地方政府少有发言权。

其三，学校内部管理仍体现中央干预。教育部长直接任命大学秘书长（Secrétaire-général）作为学校总的行政领导人。1984年法规定设立校务委员会、科学委员会及大学生活委员会,建立大学校长选举机制。虽然之后大学自主权有所扩大,但仍通过合同制受到中央政府制约。

大学中的科研机构大多附属于国家科学研究中心(CNRS),并非由大学直接管理。CNRS既是行政管理部门又是研究机构,一方面负责分配科研项目和经费,另一方面又与大学合办实验室或研究小组。为了提高法国大学在世界上的排名,政府近年来制订了一系列旨在加强大学研究能力的发展计划。综合1998年以来的多次改革,其主要内容可以概括为:一是加强高等教育机构与政府研究机构之间的合作;二是改革对研究人员的聘任和管理;三是改进评估程序,达到评估的独立、透明和国际化;四是注重多科性综合研究和工业研发,推动科技创新与技术转移;五是促进研究资源在地区分布上的平衡。科研管理上最重要的变化是实行合同制改革,即国家与大学签订研究合同,加强技术学院、大学和大学校等的研究创新能力,规定即使是教师培训学院也要进行一定的应用性研究。在五年计划(2000—2006)和第三个千禧年大学发展计划(Université du troisième millénaire,U3M)中也包括建立合约制研究平台的内容。

二、大学教师学术职业的基本状况

法国高等教育机构的分类相当独特和复杂,大致可以分为大学(Universities)、大学校(Grandesécoles)、短期高等教育机构和其他高等教育机构四类。其中短期高等教育机构类型多样,主要包括大学技术学院(IUT)、职业专科学院(IUP)、教师培训学院(IUFM)、工程学校等,以大学附属独立学院的形式存在;中学也可附设短期高等教育机构,如高级技师班(STS)、大学校预科班(CPGE)等。四类机构各具特点,大学为开放性、普及型,大学校为选拔性、精英型,短期高等教育机构则侧重职业性。本文所述的大学教师泛指各类型高等教育机构中的教师(不包括附设于中学的高等教育机构的教师,但包括借调到大学的中学教师),而非仅限于第一种类型。

(一)大学教师的分类

大学教师有终身制和非终身制之分。终身制教师可以是教授,也可以是讲师甚至是助教。1984 年法规定不再设置终身制助教,将助教逐渐排除在终身制之外。法国另一个独特的制度是中学教师可以借调到大学,也属于终身制教师。借调到大学的中学教师通常从事公共外语、公共数学等非专业科目的教学工作,没有科研负担,约占大学师资的 10%,在文科院系的比例高一些,约占 25%,在一些短期职业培训项目上可能高达 40%。[2] 非终身制的教师包括副教授、讲师、临时助教、外语类助教、其他访问研究者,以及大学医院的教学人员等。他们通常以固定的期限与大学签订合同,属于全职性质。此外还有一些兼职教师,他们另有其他职业,只在部分时间从事教学工作。各类型教师在不同类型学校的比例见表1。

表 1 各类型教师于各类型学校之数量比较(2006—2007)

教师类型	学校类型				
	大学	技术学院	大学校	其他	总计
教授	17 616	934	416	1 106	20 072
讲师	29 273	4 812	694	2 555	37 334
助教	124	19	3	9	155
临时助教及非终身制讲师	13 469	—	—	—	13 469
特殊医疗人员	4 234	—	—	—	4 234
其他	6 993	4 191	214	3 036	14 434
总计	71 709	9 956	1 327	6 706	89 698

注:根据 Ministère de l'éducation nationale, Ministère de la recherché 的研究综合而成。

(二)大学教师的聘任

法国的大学教师是国家公务员,其终身制的授予权属于国家。候选人需先向国家大学委员会(Conseil national des universités,CNU)申请终身教师资格(有效期 4 年),然后经学校聘任委员会(Commissions de spécialistes)评估通过,一旦被大学聘任为终身制教师后就不能被解聘。大学每年根据院系上报的空缺职位及名额排出优先次序,向教育部提出用人申请,教育部汇总后向各大学分派名额,并列出空缺职位名单进行公开竞聘。其中,中学教师和大学校教师的聘任需参加国家资格考试后由国家根据其成绩进行分配,大学按需要调任,无公开聘任程序,但教师日后可通过调职离开。实际上,公开招聘并非完全公开,约有20%的职位先通过调职填补空缺。而且申请期通常只有1个月,这无疑更有利于内部人员捷足先登,因而成为"推荐"和"关系"成长的温床。

需要说明的是,法国的科研系统独立于高等教育机构之外,纯研究人员的聘用和管理通常由CNRS负责,属于大学学术系统之外的另一套系统。但是,由于研究人员附属于大学与政府的合作研究组并在大学中工作,其职业生涯与大学教师有相似之处,如需要指导实验室的研究生,可以自愿从事教学工作并享受额外的教学补贴。研究人员也可以被派往大学做终身制教师,但通常他们并不愿意长期任教于大学,不仅是因为教学任务烦琐费力,还因为一旦转职到大学,要想再回到研究中心就困难了。

(三) 大学教师的晋升

长期以来的中央集权制使得法国大学中教师职位的等级性十分鲜明。根据前述大学教师类型(category),每个类型分为几个组(groups),每组之下又再细分为级(subgroups/classes)①,每一级下面还有不同的阶段(stages)。[3]同级之下阶段的攀升是随着教师年龄和资历的增长而自然推进的,每两到三年工资水平会提高一个阶梯。然而,同组之下不同级别的晋升因空缺有限,就需要通过竞争来完成。组是大学教师等级的基本单位,因为具体的聘任、晋升、薪资和工作条件标准,以及对职责和义务等的规范都是以组为共同体来进行定义的。从1984年法开始,教育部企图将

---

① 以教授组和讲师组为例,每一组又分为三个级别。教授组分为二级、一级、特级(second/first/exceptionnelle),教育部设定的标准比例为50/40/10,目前比例为53/37/10;讲师组分为二级、一级、特级(second/first/horsclasse),目前比例为42/51/7;讲师与教授之间的标准比例为60/40,目前为68/32。

这一共同规范的基准线提高到类型的层次,从而使其出现聚集的趋势。[4]

法国教师的晋升具有较强的计划性。这不仅体现在每一级别内的教师随资历按部就班地晋升,而且在于教育部对晋升名额的集中规划和严格控制。教育部每年根据经费预算等制定晋升名额并分派给各大学和 CNU,教师可以向所在学校和 CNU 提出申请。就申请终身教授职位而言,申请者需递交有关其研究项目和成果的报告(habilitation à diriger des recherches,HDR),通过评审团的答辩后由 CNU 颁发资格证书;但是申请晋升某些领域如管理、经济、法律、政治和医学等的教授职位,申请者需参加具有高度竞争性的国家考试。

(四)大学教师的工作条件

大学教师的工作负担因其承担主要职责的不同而有所差异。对于教学科研兼顾的教师,教学和研究负担各半,但通常教学较受忽视。一般来说,大学教师每年的教学基本工作量是 192 小时,平均每星期 6—8 小时,超时工作的额外报酬低。虽然这个工作量并不算高,但教师们仍然不愿意从事教学工作,并且教学仅限于课堂内,学生与教师的交流十分有限。对于只从事教学工作的教师,其教学负担为一般教学科研兼顾型教师的两倍。另外,合格的行政人员缺乏导致教师花费过多精力于行政工作,也给教师造成了额外负担。大学校的教师原本只有教学任务,如今也日益卷入研究和培养研究生的活动之中。

在薪资报酬方面,教师的基本收入主要包括工资、奖金和津贴,与教师所属的等级息息相关(见图 1)。作为基本收入的补充,教师超时教学、监考和在学校医院中兼职等都有额外补贴,尤其是来自医院的收入可能成为一部分教师的重要收入来源。教师在校外的收入主要来自版税、在公司企业担任咨询或顾问工作,因而随着教师的职位、学科和所在地区的不同而有相当大的差异。另外,教师作为社会公职人员也享有社会保障和福利,包括由专门基金 MGEN 提供的基本健康保险,由教育部提供的家庭福利津贴和由国家提供的退休金等。

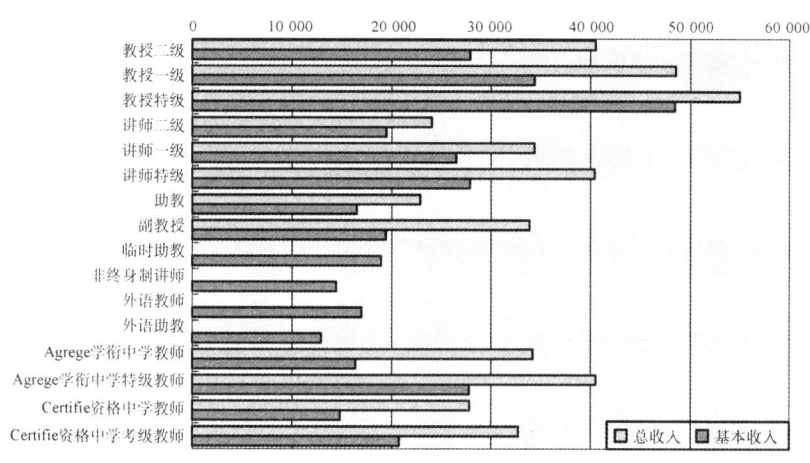

图1 不同类别和不同级别教师的收入比较(法郎)[5]

(五)大学教师教学科研的质量评估

质量评估主要集中在教学和科研两个方面,因评估对象层次的不同由不同评估机构负责进行(见表2)。其中,根据1984年法成立的国家评估委员会(Comiténational d'évaluation,CNE)是一个重要的面向公立机构之科学、文化及专业人员的评估机构。它负责评估教学研究质量、教师培训、继续教育、院系与教职员管理、学生的招生与管理等,甚至机构在国内和国际上的声誉。虽然它在性质上属于行政独立、财务自主的机构,但由于其主席由部长委员会委任,评估在实施上仍受到相当大的来自国家政府的干预。

表2 不同层次人员和机构教学科研评估的实施机构

评估对象	评估内容	
	教学	研究
个人(教师、研究员)	CA-CS大学校务委员会与科学委员会学生	CA-CS大学校务委员会与科学委员会
研究中心	MSU大学科学目标	MSU大学科学目标 EPST研究组织自身评估

(续表)

评估对象	评估内容	
	教学	研究
系或其他教学分支	MEN 国家教育部 CPN 针对 IUT、IUP 的评估委员会 CTI 工程教育质量委员会 市场	CNRS 国家科学研究中心 CNER 国家科研评估委员会 CSRT 研究与技术理事会
大学	CNU 国家大学委员会 MEN(CEPPE)教学计划咨询委员会	CNU 国家大学委员会

注:根据 B. Belloc 和 F. Kaiser 的研究综合而成。

三、问题与改革

随着原有管理体制的弊端日益严重,法国高等教育体系内部的功能失调现象也暴露出来。虽然 20 世纪 90 年代后的变革更加频繁,但总的来说所有的改革仅是修修补补,而不是真正意义上的转型。[6] 目前,影响教师学术职业发展的问题主要体现在以下几个方面。

其一,集权与自主之间的冲突和制衡始终不能导向大学自治。要想摆脱政府干预达到大学自治,首先需要在经济上取得一定的独立地位。到目前为止,法国所有大学(81 所)、IUT(114 所)和 IUFM(30 所)都是公立的,超过 90% 的学生就读于公立高等教育机构。公立高校不收学费,只收很少的注册费,而教师属于国家公务员性质,薪资亦由国家负担。根据 Mudry 报告中的统计,大学经费预算近 62% 来自公共财政支出(其中国家部门支出占 56.5%,地方政府占 5.21%),如果加上教师工资,这个比例达到 85% 左右。[7] 政府的经费日渐捉襟见肘,从而不得不将高等教育开支维持在一个较低的水准①,并企图通过分权改革把

---

① 2004 年,法国高等教育公共经费支出为 90.9 亿欧元,占 GDP 的比重为 1.1%。法国可能是世界上唯一一个大学生人均培养经费低于高中生人均培养经费的国家。2001 年,大学生的人均培养经费为 6 589 欧元,而公立高中学生的人均培养经费为 7 879 欧元,且后者的增长速度快过前者。

经费负担部分转移到地方政府和企业。但是,来自政府的经费仍然占支配地位,这种较为单一的经费来源模式使得高等教育机构对国家的依赖性无法降低。

通常认为政府推进改革有"命令式"和"奖励式"两种模式,分别通过对失败的惩罚和对成功的奖励来调节机构的行为。法国通过颁布法令的命令式途径实施分权改革,对大学自治的激励作用没有得到很好的体现。政府一方面将筹集经费的责任下放,另一方面却没有在大学的院系和教职员中重新分配学术及行政责任,反而给政府管理高校造成更大的压力。[8]例如,大学教师聘任及晋升标准的聚集过程一方面为形成共同规范提供了管理上的便利,但过分统一是否会成为扼杀多样性和灵活性的不利因素,并进一步造成体制僵化,仍然值得探讨。

另外,仅仅强调学校层面的自主权是不够的。目前学校内部的管理决策权集中在校长、委员会和评议会的手中,院系①基本上只有执行权。Mignot-Gérard通过实证研究发现,一个可能威胁到大学内部管理效率的趋势是,学校与院系之间的分歧正在扩大,院系缺乏对决策的参与可能导致决策执行遇到困难或抵制[9],而大学管理院系和教师与国家管理大学一样存在着触角太长、管理过于琐细的问题[10]。这也许可以解释为什么学校层面越是强调教师管理透明化,院系主任的任务就愈加难以达成。

其二,僵化的体制导致教师流动性低。在人事管理上,最严峻的考验莫过于如何促进人才资源的流动,因为市场导向的分权改革在法国高等教育领域遭遇了找不到"市场"的尴尬。首先,由于法国公立大学的教师工资由国家支付,这一官僚化的价格体系不能体现市场供求。教师的薪酬是由其等级和年资决定的,与其所属学科和学校类型基本无关,提高收入的途径是尽快晋级而不是校际流动。即使是晋级,更多

---

① 在1984年法形成的大学管理体系结构中,大学由学院(Unités de formation et de recherche, UFR)组成,学院的规模和结构各不相同,一个学院可能由一个或几个学科组成,每个学院设有院务委员会;学院下面附属学系。这里所述的院系包括学院和学系。

也是象征和荣誉性质的,收入差距并不显著。其次,国家仍在相当大的程度上控制着教师"分配",终身制成为国家控制学术职业的重要手段。由于终身制的强大力量,学校无法轻易剔除他们不满意的教师,这固然是对学术自由的保障,但亦可能成为阻碍人才流动的堡垒,许多教师从他们被终身聘用的那一天起就待在同一所学校直到退休。由于内部学术市场缺乏规范性,学校无法有效激励这种"定居教师"的积极性。再次,研究经费来源较为单一,获得更多资助和提高知名度的主要途径是通过教师所在研究组与国家研究机构签订研究合同,而不是单枪匹马申请研究基金或寻求私人企业的赞助。因此,教师缺乏向外拓展的动力,也缺乏个人表现的欲望。

其三,分离的研究院体制使得大学中教学与研究的结合困难重重。为加强国家研究机构与高等教育机构的联系,改革采取了一种"基于合同制的国家评估"管理模式。这种合同制管理看似放权到大学,国家仅以评估者的身份出现,但实际上中央的控制并没有减少,反而可能威胁到大学的学术自由和机构自治。一个表现就是伴随着绩效管理理念而产生的"优先学科领域"计划,它是由国家根据追求卓越的目标进行资源集中分配的结果,但也可能在一定程度上影响到大学的研究方向和自由。

为了提高法国大学在国际上的声望和地位,就必须提高大学的研究能力。这种认识使得大学强调教师研究能力的提高,注重改善实验室环境和研究待遇,对教师教学职责的要求则相对降低甚至被忽视。为配合这种重科研的转向以及政府的短期教育政策,学校大量聘请兼职教师以补充教学师资,借调大量中学教师到大学,使得仅从事教学工作的教师数量迅速增长,威胁到以往"基于研究的教学"之传统。大学鼓励教师将精力放在科研上,使得教师不能同时兼顾教学和研究这两种基本职能,实际上就堵塞了教学与科研相结合的重要渠道。而研究鼓励专门化,又恰与市场对多学科综合与掌握横向技能的要求背道而驰,从而丢失了高等教育机构赖以生存的另一个重要基础。[11]

其四，教学研究质量评估机制在机构层面缺乏自主，在个人层面缺乏激励。虽然改革试图增强学校层面的自主权和校长的决策地位，但是大多数评估依然由国家进行，大学自评的作用十分有限。由于评估结果不与国家的资源分配挂钩，也没能在机构和教师个人之间形成一个共同愿景，因此发展目标既不是自发的也没有相应的外部激励，不能在机构内部或外部达成共享。[12]自主性和问责性的缺乏导致机构进取动机不足，如何制定有效激励机制、赋予大学充分的自主决策权已经成为大学内部管理体制改革的核心问题。

国家对大学的评估主要是针对机构，而非针对教师个人。通常只有在晋升时才对教师个人的科研成果进行评估，并且主要以发表的文章数量为评价指标。除此之外，评估既没有吸引力也不会造成压力，因为评估不会影响到工资收入，也不能成为非终身制通往终身制的渠道。直到1997年，教学评估才成为必须进行的项目。但教学评估亦是重量不重质，学生的学习效果不受关注。虽然改革企图在教学评估中引入学生的声音，但是教师们表示学生评价不仅不可接受，而且根本无法想象。法国大学已经面临学生人数下降的问题，如果不能建立起为学生服务的理念，势必很难在未来激烈的生源竞争中生存下去。

其五，学术职业发展的前景黯淡。受到大学生失业率居高不下的影响，越来越多的学生选择继续升学以延缓就业压力。这也许可以用来解释为什么在法国大学的学生总数不断下降的情况下，修读博士课程的学生人数却在不断上升。但是，问题的关键不在于博士毕业生的人数，而在于学术劳动力市场的需求状况。[13]由于大学入学人数减少，大学和研究机构能够提供的新职位数量有限，博士毕业生和年轻学者面临的竞争日益激烈，学术生涯前景并不乐观。

国家对教师晋升的严格控制作为中央集权的体现，一方面能够保证教授规模不至出现畸形扩张，有利于维持学术职业的竞争性①；但另

---

① 竞争性是法国学术职业的重要特征之一。竞争性的含义在于永远没有一个固定的标准，因为"做得最好"取决于相对别人表现如何，而非达到既定标准就可以被聘任或晋升。

一方面由于名额十分有限而又存在论资排辈现象,年长教师不退位就意味着年轻人没有机会,目前政府正试图通过签订临时合同或建立博士后制度以延缓年轻教师步入终身制。据统计,在法国成为终身制讲师的平均年龄是33岁,并且能否进一步晋升教授受裙带关系的影响很大。[14] 1999年国家在改革方案中提出建立一个长期稳定的聘任管理机制,并制订针对年轻学者的激励计划。但是,年轻人仍然是利益链中最容易受到侵犯的群体,非终身制教师基本上都是年轻的博士或拿到政府研究员基金资助的博士生,但能够得到资助的已属于幸运的少数①。2004年研究者发起示威行动,抗议政府的公共研究经费投入不稳定以及为年轻博士提供的终身职位数量不足[15],这次行动虽未获得成功但已显示出学术职业的危机所在。

四、结　语

综上所述,法国的高等教育机构绝大部分为公立,受到经费来源单一性的制约,合同制改革并没有在根本上增强大学的自主性。大学教师缺乏激励因素,终身制和非终身制界限分明,不能自由转换,教师唯一的动力似乎就是取得终身制教授这一稀缺而受人尊敬的职位。教学和研究的结合不仅受到大学师资结构性问题的影响,而且受到传统之研究体制的制约。质量评估中重科研轻教学的倾向,也是教师在履行学术责任时产生失衡的重要原因。如果不能及时消除以上这些弊端,法国大学学术职业的发展就摆脱不了黯淡的前景。

法国大学教师职业发展遇到的问题,有很多也是正在实行高等教育分权管理体制改革的中国高校所遇到的问题。虽然中国的高等教育已经从条块分割转向形式多样化、分层化的格局,并通过实施重点发展计划、发展独立学院和民办高校等将经费筹措的部分责任下放到地方,

---

① 据2003年统计,得到政府研究员基金资助的博士生为11 500人,其中5 168人需任教职,另外64 170位博士生未能得到资助。

但政府依然触角广泛、管理细致,大学取得的自主权仍相当有限。一方面某些改革措施具有借鉴意义,例如通过严格的标准控制终身制教授的数量和质量,晋升职称需通过评审团的答辩等。另一方面对其存在问题的了解和改革局限性的认识,也有助于我们进一步理解自身的改革,从而更有效地走出改革的困境。例如合同制管理对于大学自治的利弊;如何改革对教师聘任和晋升的管理,建立良好的激励机制;在中央集权传统的影响下如何建立良好的评估文化,解决评估重量不重质的问题和教师忽视教学等问题。找出问题相对容易,改什么、如何改却总是存在分歧。然而有一点是可以取得一致的,即增强大学的自主性、改革僵化的管理体制是解决学术职业发展中矛盾的重要前提。

参考文献

[1][13] Kaiser F. Higher Education in France: Country Report[R]. Netherlands: Center for Higher Education Policy Studies,2007.

[2][3][4][5] Chevaillier T. French Academics: between the Professions and the Civil Service[M]// Altbach P G. The Changing Academic Workplace Comparative Perspectives. Massachusetts: Boston College Center for International Higher Education,2000:87-115.

[6][7][14][15] Musselin C. France[M]// Forest J J F, Altbach P G. International Handbook of Higher Education. Netherlands: Springer,2006:711-728.

[8] Varghese N V. Incentives and Institutional Changes in Higher Education[J]. Higher Education Management and Policy,2004,16(1):27-39.

[9] Mignot-gerard S. Who are the Actors in the Government of French Universities? The Paradoxal Victory of Deliberative Leadership[J]. Higher Education,2003(45):71-89.

[10] Mignot-gerard S. "Leadership" and "Governance" in the Analysis of

University Organizations: Two Concepts in need of de-Construction [J]. Higher Education Management and Policy, 2003, 15(2): 152-183.

[11] Allies C, Troquet M. Universality or Specialisation? [J]. Higher Education Management and Policy, 2004, 16(1): 49-64.

[12] Bello B. Incentives and Accountability: Instruments of Change in Higher Education [J]. Higher Education Management and Policy, 2004, 16(1): 9-18.

(原文载于《高等教育研究》2008年第1期,第92—98页,作者为卢乃桂、徐岚)

第二十五章
高校初任教师的教学专业发展探析

由于大学教育的专业分化,绝大多数的高校初任教师是在没有教育学理论基础的情况下开始自己教学生涯的。有关研究发现,由于教育现场与初任教师固有理念之间存在巨大差异,初任教师走上工作岗位之时往往会遭遇到转型的冲击,其中一些教师可能因无法适应而选择离开教学岗位。因此,关注高校初任教师的工作情境,寻找有效的专业发展策略,帮助其顺利地实现角色转换、成功地开展生涯规划,就成为一项非常重要的研究课题。

关于高校教师的学术生涯,人们常常有这样的假设,即初任教师走上工作岗位之时已经具备将来事业成功所需要的基本知识和技能,他们不需要也不想要他人的帮助,其自身就有充分的能力快速开展工作,精心铺陈自己的生涯道路。但事实绝非如此。相较其他生涯阶段而言,初任教师面临的挑战更为艰难,获得的挫折感也更多。尤为重要的是,此阶段(特别是最初3年)的教学经验,会深刻地影响其后的专业发展品质,并在很大程度上决定着他们的去留。[1]因此,有必要对高校初任教师的专业发展给予足够的关注,帮助其成功地由学生向教师、由门外汉向胜任的教师转型。

一、模糊的存在:高校初任教师的专业发展

一般而言,教师在教学生涯中,为增进个人专业

知识和技能、改进教学行为、更新教学观念而从事的各种自我改善活动,均可视为专业发展。对于高校教师来说,其专业发展就是他们从事教学、研究及服务工作时,为引导自我反省与理解,增进教学、研究及服务等专业技能与精神,而组织开展的各种独立、合作、正式及非正式的多元活动。教师专业发展的最终目的在于促进个人自我实现、改进学校专业文化、达成学校教育目标,从而提升整体教育质量。[2]

可见,教师专业发展是影响教学效能及学术专业水平的关键因素。但由于某种约定俗成的理解,人们在讨论教师专业发展时所针对的更多是中小学教师,而不自觉地将高校教师排除在外。人们相信,现代高等教育已经非常专业化,高校教师进行"高深"研究工作本身就是专业发展,因此无须专门强调他们的专业成长。这种论点显然窄化了高校教师工作的范畴,将"专业"的内涵限定在"研究"或"学术"方面,而对"教学"少有关注。

事实上,大学教师专业成长除学术水平提升外,亦应包括教学专业能力的提高。卡耐基基金会于1990年发表的博耶报告书——《对学术的重新思考》中,对教学工作的本质进行了新的诠释。根据该报告书的概括,学术的概念除了指称传统意义上的基础研究以外,还包括其他各项由大学教师所进行的智力工作。这样,高校教师所从事的学术工作就有发现、整合、应用和教学四种类型。在这里,教学不仅是一种知识的传播过程,更是一项知识创造的学术性事业,它通过课堂论辩以及对教学内容和方法的不断反思和挑战而更新和扩充知识,因此,"教学的进程必须仔细规划、持续检讨"。[3]本文所关注的正是高校初任教师在教学方面的专业发展。

从教学为一项学术性工作的观点出发,高校教师的专业发展就不仅指其所在学科知识的增加,而且包括一般性知识和有效教学方法的掌握,以及教学专业之理论基础的提升。有学者根据教学的效度将教师专业发展分为门外汉、入门者、胜任的教师、能干的教师和专家五个阶段,阶段的提升意味着教学效能的相应提高。[4]当然,教师发展并非总是线性推进,亦即并非所有的教师均能依其工作时间的增长而自然发展其专业水准。一般来说,教师从门外汉发展到胜任的教师需要4—5年的时间,其中一部分教师可能继续发展成为能干的教师,而最后发展到专家阶段的仅有少数人。造成这种局面的一个很重要原因便在于,初任教师在研究生学习期间所接受的学术训练不足以帮助他们成功转型为胜任的教师[5],一旦开始教学工作,他们马上就会遭遇一系列棘手问题的挑战。此时若不能获得及时的指导和帮助,他们就会因过多的负面情绪体验而丧失进一步专业发展的热情。

这种情况在我国高教界也明显存在。我国高等学校的教师大多来自于专科性大学或综合性大学的非教育专业,因而师范专业所开设的一些专业理论课程及专业实践环节(如教育学、教育心理学、学科教学法、教育研究方法、教育实习等)在他们的知识结构中就形成了先天性缺失,从而使得高校教师尤其是初任教师,对于真正意义上的教学活动往往感悟肤浅,在实际的教学设计和教学组织上力不从心,教育实践能力相对薄弱,教育思想理念陈旧保守。[6]也就是说,大多数教师都是在没有做好任教准备的情况下开始教学生涯的。

为了补救上述先天性不足,国家教委于1997年颁布了《高等学校教师岗前培训暂行细则》,其后,教育部又于1998年发布《关于开展高等学校教师岗前培训有关问题的通知》,明确规定"凡《中华人民共和国教师法》施行(1994年1月1日)以后补充到高等学校从事教育教学工作的教师均需参加岗前培训",具体工作由各地教育行政部门负责实施。为此,初任教师在正式上岗之前,需要在数周或数月时间里完成"高等教育学""高等教育心理学""高等学校教师职业道德修养"和"高等教育法规概论"等课程的学习,并需通过考核,取得合格证书。有的省市根据自身特点,还开设"高等学校教师教学科研方法论"课程,举办一些专题讲座和典型报告,以期促进初任教师的知识、技能发展。

这些培训虽然有助于增加初任教师对高等教育、教学的认识,但不可否认,由于这些活动明显偏重理论学习,忽视了与初任教师日常工作实际的联系,且相关课程多集中在较短时间内完成。因此,其实际效果并不乐观。从实践来看,大多数高校的初任教师还是自己在教学实践中摸索前行,他们根据自己当学生时对教师教学行为的回忆,试图在自己的教学过程中进行模仿,从如何准备课堂演讲、布置作业及考试,到如何激励学生的学习动机,以及如何在教学中帮助学生发展批判性解难能力、沟通能力以及小组合作能力等。事无巨细,他们都需要通过亲身体验,逐渐获得经验。

如此,初任教师专业发展的速度只能是缓慢的,效果也难尽如人意。他们往往花费多年的时间才能通过这种"试错"的学习方式达到院系对其的基本要求。而初任教师在此阶段形成的对教学的不当理解以及在此过程中遭遇的一些负面体验,都有可能使得他们很早就退出教坛,或最终成为没有效率的教师。

二、无尽的冲击:高校初任教师的工作情境

一直以来,人们因关注点的差异,而对上述现象有不同的解释,如有人抱怨是那些进入教职的人员本身素质不高所致,认为这些人对于现状缺乏自觉反省意识,对于改变常持保守的态度,而且自信心不强。也有人批评师资培育制度,认为目前缺乏系统有效地培养高校教师的途径,完全任由教师在教学现场中自生自灭。还有一些研究文献表明,初任教师面临的许多困难在本质上是与工作的环境有关的,如缺乏足够的时间、缺少反馈和认可、抱有不现实的自我期望、没有互助的氛围和难以平衡工作与生活的矛盾等。当然,教育理想与教学现实之间的巨大落差更是令处于转型过程中的初任教师不知所措。[7]

根据有关研究文献,本文主要从繁重的任务、模糊的期待、孤独的人脉、难以协调的角色冲突以及强烈的现实冲击等几个方面分析初任教师生活其中的、充满挑战意味的工作环境。

第一,繁重的任务。与其他专业随着时间的推移而不断增加新手

的工作责任不同,在教学专业领域,初任教师在工作之初,就常常承担着比那些富有经验的资深教师更多的工作负担,而且还被期望能如后者那样履行好各项职责。在授课内容方面,后者通常选择教授最受学生欢迎或最重要的课程,而初任教师只能教授那些被挑剩下的课程。另外,初任教师还常常被分配诸如教授更大的班级、处理更麻烦的学生等耗时最多而回报最少的教学工作,以及承担院系中一些烦琐、无趣且令人没有成就感的行政事务,从而导致自身专业发展的时间明显不足。

第二,模糊的期待。学校通常制定一系列正式的规章制度来约束、规范教师的教学行为,同时,各高校都有自己长期形成的组织文化,需要新来者学习和信奉,但这些要求更多是原则性的,并不具体。在工作实践中,初任教师很少听到指导者、系主任或院长对其明确的期望,也很少有机会获得他们直接的反馈。[8]而有时又可能因某一事件而需面对管理者、其他教师、学生等不同群体相异甚至相互冲突的要求,结果陷于一种"不知所措的境地"。那些很早就选择离开教职的人最常抱怨的就是他们从来也没有弄明白自己在教学上到底要满足什么样的要求。

第三,孤独的人脉。教室空间在物理意义上的彼此割裂,常使得初任教师产生孤立无援的感觉,而教学过程中遇到困难却又无法从有经验的教师那里获得帮助,更让其品尝社会性的、专业发展上的孤独感。造成后者的原因在于,一方面,经验型教师往往根据自身的发展经验,认为初任教师就得像他们当年那样,必须亲身经历摸索的过程才能有所成长。同时,也有一些经验型教师认为帮助初任教师是行政部门应该承担的责任,而与自己无关。另一方面,初任教师担心向他人寻求帮助会被视为"不够胜任",从而不愿主动寻求帮助,这也是造成其孤独的重要原因。

第四,难以协调的角色冲突。虽然获得博士学位并选择在高校任教者不乏年龄偏大的成年人,但其中年轻人显然占绝大多数,他们在"立业"的同时也面临着"成家"的负担。很多研究表明,由于人的时间和精力有限,初任教师难以在工作与家庭之间保持良好的平衡关系,因此很容易在其生活中出现角色冲突现象,尤以女性教师为甚。[9]而且,由于经验不足,无论是作为大学教师还是作为家庭成员,初任教师都需投入相当的时间和精力去经营,而不同角色的相互牵扯常常使得他们觉得自己在两方面都没有处理好,从而导致一种强烈的负疚感和不幸福感。

第五,强烈的现实冲击。所谓"现实冲击",指的是教师在岗前培训期间形成的对教育的神圣感、使命感与现实课堂生活的烦琐、混杂之间形成的巨大反差。[10]许多初任教师是抱着对教育高度理想化的认识开始其教学生涯的,他们满腔热忱,希望全身心地帮助学生在学业上取得进步,但教学工作的复杂与自身有限的教学能力之间存在相当大的差距,他们根本无法有效应对教学中的需求和困难。这种巨大的现实落差经常使得教师的理想破灭,而使他们陷于一种麻木状态之中,失去了将其学习所得转化为课堂教学技能的可能性。

由于缺乏适宜的支持性工作环境,初任教师只能在不断"犯错"并"尝试改正错误"的过程中缓慢前行。如在教学方面,他们会误以为良好的教学就是保证教学内容的精确,教师的任务就是通过课堂讲授的方式将那些所谓"正确"的知识传递给学生。为此,他们理解中的"改进教学"就在于完善讲授笔记,在于搜集更多的资料充实课程内容。而为了达到这个目的,他们会花费大量的时间备课,更会在课堂教学中努力将这些事先准备好的内容灌输给学生,却忘记了应该为师生互动和开展讨论预留足够的时间。正是因为缺乏对教育教学的正确理解,初任教师虽然在教学上投入了很多的时间和精力,但其取得的成绩乏善可陈。尤有甚者,来自学生对其教学的负面评价更进一步挫伤了他们的教学热情。

可见,初任教师对教学的理解明显存在偏差,加上欠缺合理的教学方式,其关于教学的良好愿望根本无法实现,从而导致了初任教师在教学方面的低效无能。身处上述充满挑战的工作情境之中,无助、无措的初任教师充分体验到教学工作的艰辛及其带来的压力。

三、积极的支持：高校初任教师的成功转型

如前所言,绝大部分的初任教师进入学校时,都怀抱着协助学生成功而快乐学习的期望,只是由于自身经验不足、教学能力不够成熟,而无法开展有效教学,更无法面对学校对其提出的更多复杂要求。当初任教师不得不承担各种远超出自己想象的责任时,他们就会对自己的能力与职业选择产生怀疑,甚至出现信心危机。他们即使不会选择离职,但其当初憧憬的理想也会烟消云散。[11] 同时,由于初任教师专业发展的状况会对学生的成长产生直接的影响,因此,为了学生学习利益的维护以及教师在专业发展过程中免受伤害,有必要帮助初任教师尽快掌握有效教学的基本规律。

关于有效教学,有研究者归纳出如下基本特征:① 能培养学生对所教科目的热爱;② 能增强教材的吸引力和趣味性;③ 能促进学生积极参与;④ 能清楚明白地解释教材;⑤ 能明晰学生必须理解的内容,以及理解到何种程度及其原因;⑥ 关注及尊重学生;⑦ 鼓励学生独立思考;⑧ 能根据新的要求做出调适;⑨ 所使用的教学方法有助于培养学生高层次的思考技巧、责任感以及合作学习态度;⑩ 使用有效的评估方法;⑪ 教学能聚焦核心概念以及学生容易出错的地方,而非面面俱到;⑫ 对学生的表现能够及时给以高质量的反馈意见;⑬ 具有从学生及其他地方学习如何提升教学效能的愿望。[12]

不可否认,欲熟练掌握上述教学技能,开展有效教学,初任教师必须投入专业发展活动。因此,在高校的具体工作情境中,迫切需要创立有效的支持系统,帮助那些处于摸索期的初任教师尽快地适应工作环境,从而能顺利且快速地过渡这一段欠缺生产力的"存活"时期。一些研究已经表明,适当的导入措施将增进初任教师的反思能力、改善其人际关系、营造开放的交流氛围、提高教师效能感与自主意识。而在院系经常性地召开各种讨论会、建立正式的师徒制度(mentoring system)、

建立和完善初任教师的教学档案、撰写教学论文等俱被认为有助于初任教师的专业成长。

踏上工作岗位伊始,初任教师就开始了其"社会化"的进程。每一所大学都有其独特的组织文化,新来者的社会化在一定意义上就是认识、熟悉、认同其服务学校的组织文化,否则他们就永远是格格不入者。虽然初任教师的价值观念和行为习惯会受到整个学校组织文化的影响,但相对来说,跟其工作生活更加密切的院和系,特别是系对初任教师的社会化影响最直接也最深刻。因此,院系在创设优良的工作环境、鼓励教师积极进取、帮助他们成功转型方面需要做更多细致的配套工作。

针对前文关于初任教师面临之工作环境挑战的分析,下文将着重从人际关系与组织结构两个角度讨论可行的促进措施。

就人际关系而言,有两个方面的问题需要关注,其一是初任教师在工作场所中需要加强与同事之间的交流,摆脱可能的孤立无援状态,尽可能地从有经验的教师那里获得专业上的帮助,从而在面对理想与现实之巨大落差时不至于手足无措;其二是初任教师在生活领域需要加强与家人和朋友的沟通,争取获得他们对自己教学工作的理解和支持。这样,当工作与生活出现矛盾和冲突时,初任教师可以与家人理性地相互扶持,共渡难关。

那么,理想的人际关系具有哪些明显的表征呢?有研究指出,教师工作、生活在具有以下人际特征的环境中将有助于他们的专业发展。这些特征主要包括:工作场所设有针对初任教师的个别支援系统;教师与系主任和其他行政人员保持良好的工作关系;教师有机会接受那些有经验同事给予的教学辅导或示范;同事之间经常开展合作性教学、科研与服务工作;同事之间能够相互尊重;初任教师的工作表现有机会获得学校乃至校外同行的认可;其教师角色和参与的专业发展活动能够获得家人及朋友的鼓励和支持。[13]

生存于这样的环境之中,初任教师有机会获得领导、同事、家人和朋友的积极反馈和广泛支持,告别单打独斗、摸索前行的试错阶段,从而可以成功超越教学现场带来的现实冲击,坚持并不断尝试着让入职之初所确立的远大理想逐步转化为现实。

就组织结构而言,关注的重点在于合理地运用行政手段,制定配套的、有利于初任教师专业发展的各项规章制度;通过官方政策的颁布,保障初任教师专业发展的各项资源,在学校内部形成重视教学、关注初任教师发展的良好氛围。显而易见,制度性的保障将使得初任教师的专业发展更具长期性、稳定性,不至于因为学校管理层的人事变更而受到消极影响。

为此,高校有关部门需要在经费核拨、人事调配、时间安排和技术提供等方面给以支持,保障教师专业发展所必需的资源;要积极创造各种形式的专业发展机会,并鼓励初任教师主动参与;要通过制定相关的政策规章,对教师自我指导、正规的专业发展项目以及学校组织发展等不同形式的专业活动给予认可,赋予其合法性;要将专业发展视为教师工作、生活的重要组成部分,据此合理分配专业发展的时间,而不是将之视为可有可无的装饰;更重要的是,要在跟教师工作最密切的院系层面,营造"以老带新"、同事互助的良好氛围,建立规范的、帮助初任教师发展的师徒制度。

四、结　语

大学教师在其教学生涯的最初几年中,有可能因为自身专业知识和能力有限,以及新的工作环境中存在太多的压力和困扰,而陷入不知所措、停步不前的局面,其中部分初任教师甚至会选择逃避,离开教学行业。但也有研究指出,同是初任教师,却有 9%—13% 的调查对象无论在科研还是在教学方面都有良好的开端,成为"快速启动者"。这些教师能够很好地安排自己的工作时间,能够有机地将研究与教学整合起来,能够在课堂上留下师生互动的时间。而其中最为重要的是,他们每周用 2—4 小时的时间与同事联络感情,形成可以为自己提供教学和科研帮助、方便自己融入学术共同体的人际关系。

这些"快速启动者"的经验告诉我们,初任教师必须主动融入专业共同体当中,准确理解服务单位的组织文化与价值观念,认识到对其行为表现及专业发展的具体期望。只有明确了自己的奋斗目标,同时置身于可以随时获取专业援助的安全环境中,他们才可能逐步学会处理复杂的问题,学会在冲突的角色和责任中找到平衡点。

但问题在于,人们仅有善良的愿望和积极的斗志,还不足以实现上述目标,因为教师毕竟生活在一定的社会关系当中,工作在一定的组织结构里面。作为能动的个体,教师同时也受到外在环境的制约。因此,认清初任教师在其工作情境中所面临的挑战,讨论有助于其专业发展的外在环境的构建,就成为本文关注的重点。

概括而言,如果我们相信教师通常都满怀希望能够向学生提供优良的教学,也希望自己在教学专业上不断发展的话,则高校就有必要转变学术观念,认同教学内在的学术本性,并成立专门的教师发展机构,提供并统筹全体教师,特别是初任教师在教学上的发展活动。同时,通过相关的政策规定和精心的制度安排,保证有足够的资源支持教师的专业发展。而在院系层面,通过设立规范的师徒制度,构建良好的人际关系,帮助初任教师提升其教学效能,更是被实践证明具有很好效果的一项措施。

参考文献

[1] Olsen D. Work Satisfaction and Stress in the First and Third Year of Academic Appointment[J]. The Journal of Higher Education,1993,64(4):453-471.

[2] 陈碧祥."我国"大学教师升等制度与教师专业成长及学校发展定位关系之探究[J].台北师范学院学报,2001(14):163-208.

[3] Boyer E L. Scholarship Reconsidered: Priorities of the Professoriate [M]. Princeton, NJ: The Carnegie Foundation for the Advancement of Teaching,1990.

[4] 李婉玲.教师发展——理论与实践[M].台北:五南图书出版股份有限公司,2005:13.

[5] Kreber C. The Scholarship of Teaching and Its Implementation in Faculty Development and Graduate Education[J]. New Directions for Teaching and Learning,2001(86):79-88.

[6] 赵万宏.浅议校本培训与高校教师继续教育[J].继续教育,2005(10):42-43.

[7] Gordon S P,Maxey S. How to Help Beginning Teachers Succeed[M]. Alexandria Va.:Association for Supervision and Curriculum Development,2000.

[8] Austin A E. Creating a Bridge to the Future:Preparing New Faculty to Face Changing Expectations in a Shifting Context[J]. Review of Higher Education,2003,26(2):119-144.

[9] Ward K. Wolf-wendel L. Academic Motherhood:Managing Complex Roles in Research Universities[J]. The Review of Higher Education,2004,27(2):233-257.

[10] Veenman S. Perceived Problems of Beginning Teachers[J]. Educational Research Review,1984,54(2):143-178.

[11] Reybold L E. Surrendering the Dream:Early Career Conflict and Faculty Dissatisfaction Thresholds[J]. Journal of Career Development,2005,32(2):107-121.

[12] Ramsden P. Learning to Teach in Higher Education[M]. New York:Routledge Falmer,2003:86-87.

[13] Caffarella R,Zinn L. Professional Development for Faculty:A Conceptual Framework of Barriers and Supports[J]. Innovative Higher Education,1999,23(4):241-254.

(原文载于《高等教育研究》2007年第3期,第52—57页,作者为操太圣、卢乃桂)

第二十六章
高校教师聘任制改革背景下学术工作的分层与分割

随着新管理主义成为全球高等教育改革的核心话语,中国高校推行的教师聘任制改革对学术工作产生了不容忽视的影响。通过问卷调查和文本分析发现,在这一背景下,教师的学术工作在不同的机构、学科和职位之间出现了多重的分层与分割。结合学术工作相关的理论和研究,特别是博耶的学术观来看,这种分层与分割只重视"发现的学术","教学与应用的学术"被边缘化,"整合的学术"也有待进一步发展。这种结构不利于学术工作的相互促进和协调统一。这一现象背后的原因在于,政府、市场和学术精英三者对学术工作不同方面的牵制理论强弱不均。纵向研究和论文专著的发表成为政府的关注对象,而横向研究则主要受到市场的影响,教学工作更多地受到学术精英的制约。因此,建议完善统一的学术观并在相应的制度建设中予以保障,是中国高等教育发展的当务之急。

一、引　言

为了促进大学教师的流动、增强高校竞争力,中国自1993年开始在高校逐渐推行教师聘任制改革。与之相应的,大学教师的考核、评价和晋升机制也在逐步进行配套改革。受到这一系列制度变革的影响,作为高等教育核心的学术工作呈现出新的特点和趋势。本研究主要关注以下三个问题:第一,在新的聘任制改革下,不同层次高等教育机构的学术工作呈现出什么特点?第二,不同学科教师的学术工作呈现出什么特点?第三,不同职位教师的学术工作呈现出什么特点?

为了回答以上问题,本研究采用量化研究与文本分析相结合的研究方法。量化研究部分,采用分层随机抽样的方法向9所高校的大学教师发放自编问卷,回收有效问卷1 771份。9所高校包括3所"985"高校、3所"211"高校和3所普通高校,样本教师分别来自文、理、工、商四个学科领域,其职称分布包括了教授、副教授、讲师和助教四个类别。文本分析部分,对国内6所高校的聘任制文件以及近期报章上有关高校教师工作的报道进行分析。两种研究方法所得的数据可以进行比照,政策文本为调查数据的解释提供了背景依据,调查数据更明确地体现了政策文本的实施情况,报章报道进一步补充说明了政策实施对学术工作的影响。

本文首先对学术工作的相关讨论和观点进行回顾,进而分析我国聘任制改革背后的思潮与逻辑。研究发现部分具体阐述了三种分割与分层的现象,得出研究结论。最后,对这一现象背后的潜在逻辑以及可能产生的影响进行分析,回应学术讨论并提出政策建议。

二、学术工作的理解与变迁:国际的学术讨论

从现代大学建立以来,作为高等教育核心的"学术工作"就一直是学界关注的焦点[1][2][3],学者们围绕"哪些工作应该由大学承担,以及如何处理不同学术工作之间的关系"等问题展开了长期的讨论。19世纪中期,纽曼(J. H. Newman)提出教学应该是大学唯一的工作[4];之后,德国在洪堡(A. Humboldt)等学者的引领下,建立了以科研工作为主,教学和科研协调统一、相互促进的柏林大学模式[5]。这种研究型大学模式被美国借鉴并进一步发展,弗莱克斯纳(A. Flexner)等美国学者更明确提出"知识的创新比保存和传递更加重要"的观点。[6]随着1862年

《莫里尔法案》(Morrill Act)在美国的出台,学术工作在工农业发展和国家建设中的作用得到彰显。此后,服务作为学术活动的第三种主要功能受到重视。随着高等教育从精英化走向大众化和普及化,克尔(C. Kerr)提出的多元巨型大学的理念将教学、研究和服务三种活动联系起来,使大学的功能复杂化,也使各种学术工作之间的界限更显模糊。[7]

而卡耐基基金会教学促进会主席(1979—1995)博耶(E. L. Boyer)在20世纪80年代主持的一项对美国大学学术工作的调查发现,在美国现有的管理制度与文化下,产生了严重的"重科研、轻教学,两者相互割裂"的倾向。[8]针对这一问题,博耶从学术自身的内涵着手,将学术的定义拓展为发现的学术(scholarship of discovery)、教学的学术(scholarship of teaching)、整合的学术(scholarship of integration)和应用的学术(scholarship of application),四种学术之间并不是独立的或者是单向影响的关系,任何学术之间都存在相互促进的可能。具体而言,发现的学术是指探究新问题、增进新知识的学术;教学的学术则是探究知识传递的方式、方法以及培养学术接班人;整合的学术是指学者们将自己研究领域内的知识同其他领域的知识结合起来;而应用的学术关注将知识同社会发展和人类的生活结合起来,促进其发展。博耶的学术观对学界产生了巨大的影响。特别是他将"教学"工作从一项个人的、经验性的工作提升为一种学者共同体内部需要共享、交流和探究的学术性的工作,不仅提升了"教学"工作的地位,也改变了人们对于"大学教学"性质的认识。[9]

20世纪80年代以来,公共管理领域引入了私人部门管理方法和相关理念,对于这一现象,有学者称其为"新公共管理"(new public management)或"新管理主义"(new managerialism)。前者强调它在管理方式和技术层面所带来的变革[10][11][12],后者则认为它在文化甚至意识形态层面都产生了影响[13][14]。这一思潮的特点被归纳为以下几个方面:减少官僚式的规则和服从;强调管理活动优先于其他一切活动;监督工作者的表现(同时鼓励他们进行自我监督);强调财政或其他目标的达成;发展新的公开审计服务质量的方法;发展出服务的半市场式竞争。[15]具体到高等教育领域,不仅在管理制度和方式上进行聘任和评估,强调产出和目标,而且实际上形成了一种审计与怀疑的文化,将原本属于专业人员和学者的权力转移到了管理者或者学术管理者手中。[16]

同时,大学教师开始关注最小化成本、最大化产出、进行竞争、满足需求、适应变革。他们运用自身积累的社会资本,积极寻求各种物质资本,进行生产、管理和决策,同其他的机构和学术工作者进行合作或竞争,生产专利和技术等学术产品,促进经济发展。[17]有学者称这样的模式为"学术资本主义"。[18]

新管理主义和学术资本主义这两种思潮根本上都是高等教育管理方式对时代变迁的理论回应。而克拉克(B. R. Clark)的"协同三角理论"为探讨管理方式的变革提供了分析框架。他认为,高等教育体系处于政府、市场和学术权威三种力量的协同制衡之中,不同国家的高等教育体系中这三者的力量强弱并不相同,不同历史时期也有所改变。[19]中国当前的聘任制改革,对这三种体系之间的力量博弈产生了影响,这三种力量在变迁中趋衡的过程也正是促使学术工作新特征形成的根本原因。

三、中国高校的教师聘任制改革

为确保高等教育的质量,中国高校教师的聘任制改革在以上各种思潮的影响下迈开了步伐,自1998年大部制改革开始,大学教师事业单位的"铁饭碗"逐步回炉重铸。同年颁布的《高等教育法》以法律法规的形式明确指出"高等学校实行教师聘任制"。其后,1999年《关于当前深化高等学校人事分配制度改革的若干意见》提出:"用2—3年的时间,在高等学校全面推行教师聘任制,实现由'身份管理'转向'岗位管理'。"2000年《关于深化高等学校人事制度改革的实施意见》对这一规定进行了细化:"进一步强化竞争机制,改革固定用人制度,破除职务终身制和人才单位所有制,按照'按需设岗、公开招聘、平等竞争、择优聘用、严格考核、合同管理'的原则,在高等学校工作人员中全面推行聘用(聘任)制度。"2010年新颁布的《国家中长期教育改革和发展规划纲要(2010—2020年)》重新强调:"全面实行聘任制度和岗位管理制度。确立科学的考核评价和激励机制。"具体到学校层面,各高校可以结合自身现状,制定具体的聘任方式,并决定其进度。

中国的高校教师聘任制改革改变了学术工作的物质基础和制度环境,从而产生了诸多影响。有学者在对高校教师进行实证研究中发现:新聘任制强调研究成果发表的数量以及研究经费的获得,给大学教师的工作带来了巨大的挑战和压力。大学教师比较倾向于从事教学和研究活动,对行政、服务等相关活动也会有所涉及,但是比例不高。[20]一部分教师被迫牺牲私人的生活以及个人的工作兴趣来换取时间,完成评估和聘任的各项要求。还有一些教师周旋于学术工作的制度要求和自我要求之间,试图平衡两者的矛盾。另外也存在一部分仍然依循个人偏好和兴趣进行工作的教师,因为达不到聘任的要求,他们的物质回报和发展机会都受到限制。[21][22][23]在这样的制度变革下,大学教师的工作满意度不高,特别是在物质回报和环境支持方面较低,直接影响了高等教育的发展。[24]

四、研究发现

随着高等教育机构的日益庞大和多元,同样从事学术工作的大学教师在工作的内容、性质、时间安排等方面出现了分化和差异。[25]比彻(T. Becher)把这种情形比喻成不同的"学术部落和领域"。[26]而克拉克则称这些不同的领域为"小小世界、不同的世界"。[27]在对中国高校聘任制改革下的学术工作进行分析的过程中,三种重要的差异和分化从政策文本和数据中凸显出来,成为我们对学术工作进行分析的主线。它们是机构间的分层与分割、学科间的分割以及职业地位间的分层与分割。

（一）学术工作在机构间的分层与分割

随着中国高等教育进入大众化阶段,高等教育机构的数量也在不断增加。而"211工程"和"985工程"的实施,实质上是国家采取的重点建设和资助策略。这一策略使得高等教育机构间的差异拉大,形成了从"985"高校到"211"高校再到普通高校的金字塔状的结构。

聘任制改革的首要特点是强调科研产出,包括文章发表和专著出版等方面。表1呈现的是本研究调查的大学教师工作时间分配在不同机构类型间的均值。不难发现,所有类型的高校中,大学教师都把大部分的时间用在"教学"和"研究"两类工作中,"服务"和"行政事务"的比例明显较少。而越靠近金字塔顶端的高校,教学时间的比例越低,研究时间的比例越高。在对各个高校的政策文本进行分析时发现,每所高校对于"服务"和"行政事务"等的定义并不一致,因此,在调查的数据中,服务、行政事务和其他活动的时间因为理解的不一致也没有呈现出明显的特征和趋势。

表1 不同机构类型大学教师的工作时间分配(%)

项目	"985"高校	"211"高校	普通高校
教学时间比例	39.21	44.76	55.91
研究时间比例	36.26	33.29	24.26
服务时间比例	9.05	7.77	8.67
行政事务时间比例	9.27	11.07	10.56
其他活动时间比例	6.21	3.11	0.60

处于这种金字塔形的结构顶端的高校在资金支持、学校声誉和生源质量上都有非常明显的优势,同时,这种优势使得它们能够吸引到最优秀的学者,也有助于学者申请到纵向课题。纵向的国家级课题多是基础性的研究,因此课题研究的成果具有较大的学术价值,可以以期刊和专著的形式发表和出版,同时获得同行的认可。

但是层级越低的高校,在资金支持、学校声誉和生源质量方面的优势越小,学者们申请到纵向课题的机会也不多,且大都是纵向课题中较低层者。在这种情况下,为了获得更多的科研经费,高校鼓励教师更多地参与横向课题的研究,按照横向课题资金的多少来对教师工作的成效进行衡量。因为横向研究多为应用性研究,主要为企业服务,学术价值不高,研究成果很少可以发表或出版,在教师评估中体现不多,所以横向课题的地位较纵向课题低,只有达到一定金额的横向课题才会被高校认可。

处于底层的高校,无论是横向课题或是纵向课题都竞争不到,教学便成为主要的资金来源。同时,这类学校中的学生平均资质较差,在智力、基础、学习方法和兴趣上都不占优势,因而教学工作要求教师有更多的投入,甚至要先进行中学的补救教育,才能顺利进行大学阶段的教学。而大部分高校聘任制的文本对课堂教学多是一些课时量和较易达成的学生评教的要求,因此教学成为学术工作中要求最低,不具竞争性和挑战性的工作。

综合言之,不同机构类型的学术工作存在着分割,这种分割与机构自身的分层相结合,最终形成了学术工作的分层。如图1所示,"985"高校最容易获得高级别的纵向课题、资金支持充裕的横向课题和最优秀的学生,而普通高校则很难申请到高级别的纵向课题,在横向课题的竞争中也处于不利地位,课堂教学由于学生基础有限,且师生比低而占据了教师大部分的时间。这种机构分层、工作分割最终导致不同学术工作之间也出现了地位的分层。较低层级的学校为了提升自己在高等教育体系中的地位,倾向于模仿更高层级学校的

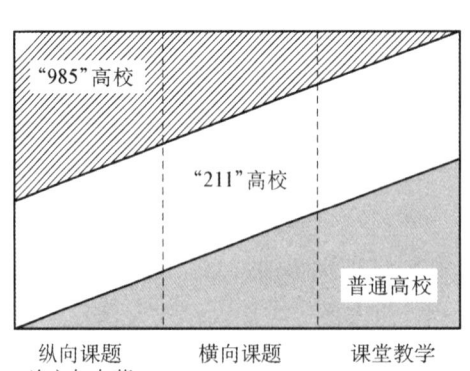

图1 机构间学术工作的分割

学术工作方式。无论何种类型的学校,都将纵向课题以及论文与专著等成果的发表置于最重要的地位,而放松了对课堂教学的要求。

(二) 学术工作在学科间的分割

大学教师聘任制改革的第二个特征是对研究课题以及课题经费的要求。各高校的聘任文本,都明确了对研究课题及其经费的具体考核标准。但对于不同学科类别的教师,考核的标准有所差异。学科间的分割具体体现为考核标准的多重性和选择性。例如,B大学和D大学明确区分了文科(哲学社会科学)和理科(自然科学)教师的考核标准。对两类学科的教师在纵向课题级别、论文数量和作者署名、横向课题经费数额、教学获奖级别等方面的指标都进行了区分。

横向课题强调知识的应用性,而纵向课题强调基础知识的研究,不同的学科和研究领域可以根据自身的知识取向找寻不同的机会与资源,呈现出学术资本主义的特质。[28]例如,工科因为具有较强的公共性和应用性,在纵向课题和横向课题的申请中都具有较大的优势;而社会科学,如教育及社会学的研究公共性强,易获得政府部门政策研究课题的资助;计算机这类学科应用性强,易获得横向课题的资助;而应用性和政策性都较弱的哲学等学科便在课题的申请和资助中处于不利地位,难以透过应用研究开拓额外资源,只能单一申请纵向的基础研究,资源处于最匮乏的状态。虽然新聘任制改革强调纵向研究,但对于"211"以下的高校,获取横向研究的资源亦不失为开拓研究课题经费的重要渠道。故此,在努力争取国家级的纵向课题以外,不同学科的性质决定了它们获取不同资源的可能性,呈现出学术工作在学科间的分割。

(三) 学术工作在职业地位间的分层与分割

学术职业内部存在职业阶梯,一个学者在职业阶梯上的层级和地位是由教师评估和晋升机制决定的。中国长期采用的是教授、副教授、讲师和助教四级职称体系。许多学者认为这样的评审制度实质上是一种"身份评审",因为职业地位决定了学术声誉、薪酬水平甚至是工作内容和方式。[29][30]

为了进一步分析职业地位与学术工作之间的关系,本研究梳理了各个高校的教师岗位管理文本。E高校将其工作岗位分为教学科研岗位、专任教学岗位和专任科研岗位三种,但只有专任科研岗位的教师有机会被评为教授并且获得无限期的聘任。F高校的管理体系把教师工作岗位分为教学科研并重型和教学为主型两种。这里"教学为主型"岗位上的是担任公共课教学的教师,其他教师的岗位自动成为教学科研并重型。较"教学科研并重型"岗位而言,"教学为主型"的岗位没有设立教授职称。而在这几种岗位的比例上,"专任教学型"和"专任科研型"的名额都比较少,大部分的教师还是在"教学科研并重型"的岗位。从众多高校的制度文件中我们不难发现,注重研究的教师有更多的晋升机会。

表2的调查数据表明,随着职业地位的升高,教师们将更多的时间投入"研究"工作中,而"教学"工作的时间比例却随着职业地位的升高而降低。也就是说讲师和助教承担了更多的教学任务,而教授和副教授的教学时间较少,研究时间较多。

表2 不同职称大学教师工作时间分配(%)

项目	教授	副教授	讲师	助教
教学时间比例	39.14	48.12	50.65	52.17
研究时间比例	37.11	31.49	29.28	20.30

此外,报章上对于"教授不上讲台"和"青年教师教学压力大"等问题也进行了大量报道。2011年初,《光明日报》的一篇文章——《教授,教和研谁重要?》[31],一针见血地指出了"教授不愿意上讲台,青年教师即使身在讲台,却心系科研"[32]这一问题。一方面,各个学校都让青年教师承担大部分的教学工作,而让教授和副教授投入更多的时间进行科研。而另一方面,教学在晋升和考核中的比重很低,青年教师若想发

展,要在完成大量的教学任务之余,挤出时间进行科研。[33]过多地关注教学,就会有"被边缘"化的危险。[34]

从以上的数据和文本资料分析可以发现,只从事教学工作的教师无法获得较高的职业地位,而同时,职业地位较高的教师也都更偏重科研。在这种职业的分层体系中,不同层级对学术工作的侧重不同,这反过来又加剧了学术工作自身的分层。无论是资深的教授和副教授,或是讲师和助教,都认同"在高校混,一定要有科研"[35]这一观点,都不愿意花时间投入教学的时候,学术工作内部的层级地位就非常明确了。

五、结 论

参照博耶的学术观对中国当前的学术工作进行分析,"发现的学术"主要体现在科研活动之中,中国以课题的形式进行科研活动的管理和资助,强调知识发现的课题多是国家或省市科技主管部门拨款的纵向课题;"教学的学术"体现在课堂教学、研究生培养等环节,以学生的发展作为最终目标;"应用的学术"则更多地体现在横向课题活动及社会服务中,横向课题是指企业出资,为了解决企业运营中的实际问题而进行的课题,研究的问题应用性较强,研究工作向出资的企业负责,社会服务在聘任制改革中少有重视;而"整合的学术"在中国大学教师的工作中虽然有所提及,但其重要性并不明显。整体而言,中国的学术工作在新聘任制改革下,单一重视发现的学术,教学的学术及应用的学术均处于较边缘的地位,整合的学术有待进一步发展。

同时,学术工作在不同层次的机构、学科和职业地位中的分隔,最终导致了不同的学术工作之间也出现了地位的分层。金字塔顶端"985"高校的学术工作模式成为下层高校提升自身地位的风向标。应用性与公共性较强的学科占有各种有利的资源。在这样的层级体系中,较高层级的机构、有利的学科和高职称的教师都优先关注纵向课题和成果的发表,横向课题则是退而求其次的选择,教学则成为"没有更多时间和精力"甚至"不愿意花更多时间和精力"投入的工作。因而,学术工作之间统一、协调、互助的模式被打破,也形成了自上而下,从横向研究到纵向研究,再到课堂教学的分层和分割的状态。

六、讨 论

这样一种分层与分割的结构是否有利于学术工作的发展？洪堡认为"研究是最佳形式的教学",强调研究的教育意义。而博耶提出"教学是一种学术"[36],凸显了教学的研究意义。虽然学术工作的历史条件发生了巨大的变化,但洪堡和博耶对于学术工作统合性的强调并没有改变,他们都结合所处时代的具体特征,从不同的角度论证了学术工作整体性和一致性的重要意义。而当前中国学术工作这一分层与分割的状况,是与学术工作这种协调统一性相悖的。

学术工作分层与分割状态的形成,其背后的根本原因是什么？克拉克的协同三角理论认为高等教育体系作为一个整体,受到政府、市场和学术权威三种力量的牵制。[37]但当前中国的高等教育系统中,三者对学术工作不同方面的牵制力量强弱不均,从而导致了这种分层与分割状态的形成。具体而言,依靠权力运行的政府强调基础性的纵向研究以及论文和专著的发表,因为它掌握学术研究的方向,确保知识的产生。依靠交换运行的市场体系关注应用性的横向研究,因为研究成果具有实践导向和交换价值。而高等教育教学工作最大的受益群体是学生和用人单位。但受到教学效果的内隐性、延迟性和多样性的影响,教学很难形成一个灵敏有效的反馈机制。同时,学生和用人单位对于高等教育体系没有形成直接的、强有力的影响,教学工作只能依靠学术职业群体内部长期形成的文化和共识进行约束。也就是说三种学术工作分别处于协同三角的不同位置,纵向研究和论文发表接近政府一角,横向研究接近市场一角,而教学则位于学术权威一角。

实践中,三种学术工作的地位差异也反映了中国当前三种力量的强弱差异:依靠权力运行的政府力量最大,其次是依靠交换运行的市场,最后是学术权威的力量。但学术工作的特点和规律决定了其自身的良性发展必须建立在各个部分相互促进和协调统一的基础之上。因此,确立拓展的、完整统一的学术观,并在相应的制度建设中予以保障,是中国高等教育迅速发展的当务之急。

参考文献

[1] Simons M, Elen J. The "Research-Teaching Nexus" and "Education Through Research": An Exploration of Ambivalences[J]. Studies in Higher Education, 2007, 32(5):617-631.

[2] Taylor J. The Teaching-Research Nexus: a Model for Institutional Management[J]. Higher Education, 2007, 54(6):867-884.

[3] Woods C. Researching and Developing Interdisciplinary Teaching: Towards a Conceptual Framework for Classroom Communication[J]. Higher Education, 2007, 54(6):853-866.

[4] 约翰·亨利·纽曼.大学的理想[M].徐辉,顾建新,何曙荣,译.杭州:浙江教育出版社,2001:1-12.

[5] Perkin H. History of Universities[M]//Forest J J F, Altbach P G. International Handbook of Higher Education. Netherlands: Springer, 2006:159-205.

[6] Flexner A. Universities: American, English, German[M]. New York: Oxford University Press, 1930: 3-36.

[7] Kerr C. The Uses of the University[M]. Cambridge Mass: Harvard University Press, 1963:123-126.

[8] Boyer E L. Scholarship Reconsidered: Priorities of the Professoriate [M]. Princeton: Carnegie Foundation for the Advancement of Teaching, 1990:15-25.

[9] 侯定凯.博耶报告20年:教学学术的制度化进程[J].复旦教育论

坛,2010,8(6):31-37.

[10] Dunleavy P, Hood C. From Old Public Administration to New Public Management[J]. Public Money and Management, 1994, 14(3):9-16.

[11] Hood C, Scott C. Bureaucratic Regulation and New Public Management in the United Kingdom: Mirror-Image Developments [J]. Journal of Law and Society, 1996, 23(3):321-345.

[12] Pollitt C, Bouckaert G. Public Management Reform: a Comparative Analysis[M]. Oxford: Oxford University Press, 2000:6-24.

[13] Enteman W. Managerialism: the Emergence of a New Ideology [M]. Wisconsin: University of Wisconsin Press, 1993:152-194.

[14] Cutler T, Waine B. Managerialism Reformed? New Labor and Public Sector Management[J]. Social Policy and Administration, 2000,34(3):318-332.

[15] Legrand J, Bartlett W. Quasi-Markets and Social Policy[M]. London: Macmillan, 1993:26-35.

[16] Deem R, Brehony K J. Management as Ideology: the Case of New Managerialism in Higher Education[J]. Oxford Review of Education, 2005,31(2):217-235.

[17] Slaughter S, Leslie L L. Academic Capitalism: Politics, Policies, and the Entrepreneurial University[M]. Baltimore: Johns Hopkins University Press, 1997:1-23.

[18][28] Slaughter S, Rhoades G. Academic Capitalism and the New Economy: Markets, State, and Higher Education [M]. Baltimore: Johns Hopkins University Press, 2004:1-35.

[19][37] Clark B R. The Higher Education System[M]. California: University of California Press, 1986:137-145.

[20] 陆根书,黎万红,张巧艳,等.大学教师的学术工作:类型、特征及影

响因素分析[J].复旦教育论坛,2010,8(6):38-44.

[21] Lai M. Challenges Faced by Chinese Academics in the Academic Heartland[J]. Journal of Further and Higher Education,2010,34(2):271-290.

[22] Lai M. Lo L N K. The Changing Work Lives of Academics: the Experience of a Regional University in the Chinese Mainland[J]. Higher Education Policy,2007,20(2):145-167.

[23] Lai M. Challenges to the Work Life of Academics: The Experience of a Renowned University in the Chinese Mainland[J]. Higher Education Quarterly,2010,64(1):89-111.

[24] Du P, Lai M, Lo L N K. Analysis of Job Satisfaction of University Professors from Nine Chinese Universities[J]. Frontiers of Education in China,2010,5(3):430-449.

[25] Enders J. The Academic Profession[M]//Forest J J F, Altbach P G. International Handbook of Higher Education. New York: Springer,2011:5-21.

[26] Becher T, Trowler P R. Academic Tribes and Territories[M]. Buckingham and Philadelphia: Open University Press,2001:14-22.

[27] Clark B R. The Academic Life: Small Worlds, Different Worlds [M]. Princeton: Carnegie Foundation for the Advancement of Teaching,1987:xxi-xxx.

[29] 刘献君.高校教师聘任的制度设计:基于学术职业管理的研究[J].高等教育研究,2008,29(10):34-38.

[30] 周光礼,彭静雯.从身份授予到契约管理——我国公立高校教师劳动制度变迁的法律透视[J].高等教育研究,2007(10):37-42.

[31][35] 李玉兰.教授,教和研谁重要?[N].光明日报,2011-01-07.

[32] 高校青年教师:给一个空间让我发展[N].中国教育报,2011-

01-26.

[33] 高校青年教师生存压力调查——工资微薄继续啃老[EB/OL].(2010-02-20).http://www.chinadaily.com.cn/dfpd/2010-02/20/content_9475318_2.htm.

[34] 李新玲.高校青年教师挣扎在学术边缘?[N].中国青年报,2006-09-11.

[36] 周川.从洪堡到博耶:高校科研观的转变[J].教育研究,2005(6):26-30.

(原文载于《高等教育研究》2011年第7期,第56—62页,作者为卢乃桂、李琳琳、黎万红)

本书由南京师范大学教育科学学院资助出版

教育弘道

The
Educational
Wayfarers

卢乃桂
教育文选

卢乃桂
——著

下

南京师范大学出版社
NANJING NORMAL UNIVERSITY PRESS

目录

下 册

基础教育学校改进与教育领导力

第 一 章	学校改进中的学生参与问题研究	3
第 二 章	学校效能与学校改进走向结合的理论基础的探讨	11
第 三 章	院校协作下学校改进原因与功能探析	21
第 四 章	能动者的思索——香港学校改进协作模式的再造与更新	31
第 五 章	能动者行动的意义——探析学校发展能量的提升历程	51
第 六 章	西方变革领导理论对中国学校改革的启示	92
第 七 章	中国校长培训政策的延续与变革(1989—2009)	107
第 八 章	中国教研员职能的历史演变	122
第 九 章	作为教师领导的教改策略——从组织层面探讨欧美的做法与启示	134
第 十 章	学校符号化结构与领袖教师的沟通行为——以院校协作式学校改进为背景	143
第十一章	中国内地教师继续教育中的权力关系与教师领导	155
第十二章	赋权予教师:教师专业发展中的教师领导	168
第十三章	表现主义中的"教师领导"	179

第十四章　跨边界能量再生与扩散:跨校专业学习共同体
中的教育能动者　　190

教师专业发展

第 十 五 章　教师专业发展理论基础的探讨　　207
第 十 六 章　析教师专业发展理论之"专业"维度　　220
第 十 七 章　国际视野中的教师专业发展　　232
第 十 八 章　英、法教师专业化历程的解读及其启示　　245
第 十 九 章　规限的专业性:中国香港及内地教师评鉴工作
比较　　255
第 二 十 章　教育改革及中国香港和内地的教师专业发展　　271
第二十一章　论教师的内在改变与外在支持　　301
第二十二章　挑战、支持与发展:伙伴协作模式下的教师成长　　312
第二十三章　从教师合作看我国校本教研及其对学习共同体
发展的启示　　322
第二十四章　怀智兴教:对中国大陆教师培养中一些问题的探索　　333
第二十五章　教育变革中的教师专业身份及其建构　　349
第二十六章　当代中国教师教育改革与教师专业身份之重建　　358
第二十七章　西方教学伦理研究的路向与问题　　371
第二十八章　教师应对教学道德冲突的策略及其实证研究　　381
第二十九章　教育改革背景下的教师专业性与教师责任　　393

后记:我们一起走过的路　　404

THE EDUCATIONAL
WAYFARERS

| 基础教育学校改进
与教育领导力

第一章
学校改进中的学生参与问题研究

学生参与学校改进具有重要的理论和实践意义,然而学生却往往成为学校改进的被动接受者。为了保证学生基本权利的实现,为了学校改进最终目标的达成,学生参与学校改进就成了不可忽视的问题。基于对学生参与学校改进原因的分析,本文探讨了学生参与学校改进的三种方式,即给学生赋权、在改进的不同阶段配合不同层次的学生参与、采用灵活多样的形式加强学生和成人之间的对话。

在过去的20多年里,学校改进研究已经在世界范围内获得了认同和发展。尽管学校改进的研究日益成熟和丰富,但在理论研究和实践领域还是存在一些盲区。学校改进从本质上说是要构建学校和学生更为协调的关系,然而在学校改进领域学生的声音却经常被忽视,而且也很少给学生提供参与学校改进的机会。虽然关于学校改进的研究已经有了数百项,但直到现在仍然很少有研究把关注点放在学生对学校改进或改革的贡献上。[1] 有鉴于此,本文试图对学生参与学校改进的原因进行分析,并在此基础上探讨学生参与学校改进的形式。

一、学生:学校改进中的被动接受者

学校改进,根据韦尔赞(Velzen)等人的定义,它是指"一种系统而持续的努力,旨在改变校内的学习环境及其他相关因素,最终令学校能更有效地达到其教育目标"。[2]从中可以看出学校改进与学生生活是密切相关的,但在学校改进的过程中却很少有人关注学生的感受,听取学生的意见。很多关于教育改革的讨论成了成年人之间的"战争"。正如课程专家富兰所说:"当成人想到学生的时候,他们总认为学生是学校改革的可能的受益者,而很少把学生认为是学校变革过程中或者学校组织生活的参与者。"[3]菲尔丁(Fielding)也指出:"教师、研究者、家长和成人总是做好准备代表学生讲话,但是他们经常误解或者是忽视了学生真正的想法。"[4]

二、学生参与学校改进的原因分析

弗莱彻的研究表明,当教育者在学校和学生一起工作——而不是为学生工作时,学校改进对于每个参与的人来说都将是积极的和有意义的。[5]

(一)参与权是学生的一项基本权利

1989年联合国通过的《儿童权利公约》第31条规定:"缔约国应当尊重并促进儿童充分参加文化和艺术生活的权利,并应鼓励提供从事文化、艺术、娱乐和休闲活动的适当和均等的机会。"[6]从这个思想出发,在教育过程中,学生的参与活动不仅是他们的基本权利,也是他们成长与发展的基本需要。学生是正在发展的人,有自己的思想和见解,不能把他们等同于成人,或把成人的一套强加于他们。因此,成人不应该以一种高高在上的姿态去想当然地为学生代言,在学校改进中忽视学生的参与。

(二)学生的学习结果是学校改进的最终目标

霍普金斯(Hopkins)认为学校改进总是寻求两种类型的目标:[7]一是目标被清晰地描述成关注学生的学习结果;二是目标关注变革,这种类型的目标包括学校组织结构的变革、教师行为的变革等。但是这类目标最终还是为了学生的学习结果。

学校改进的最终目的是学生的学习结果,而学生学习结果的生产者是学生自己,教师是无法替代学生投入学习的。因此,成功的学校改进取决于教师和学生参与主要的改进过程的程度。[8]在学校改进的研究领域,几乎每个研究者都强调教师的参与和支持是学校持续改进的关键,但却很少有研究对学生参与予以关注。但已经有研究指出,如果没有学生的理解和支持,教师所做的任何改进努力都将是徒劳的。[9]

(三)学生参与可以提高改进的效果

实际上,所有学校改进的计划和策略都是由成人决定的。但是成人看问题的角度由于受到先前经验的影响可能已经被模式化了,许多学校改进中应该关注的问题成人并不一定会看到,而学生的观点和看问题的视角则会给学校改进注入新鲜的活力。学生有其独特的知识和观点,这可以使改革变得更成功,并且也有助于改善实施学校改进的方法。通过与学生的交谈和倾听学生的意见,学校可以更多地了解到学校教育过程何以变得更有力,可以了解到学校改进如何去实施以及学生是否认同某一项特定的改进策略。此外,学校变革的持续和制度化需要得到教师和家长的支持。研究表明,很多时候家长和教师并不完全信任研究者的数据或其他学校的经验,而是容易受到学生反馈的影响,学生的观点可以帮助教职员工和家长接受有意义的学校改进过程。[10]例如,学生学业成绩的改善、学习兴趣的提高会促使教师继续使用新的课程内容或教学策略,也会激发家长对变革的正面情绪。因此,学生参与可以更好地提高学校改进的效果,使得对于改进学校的探索变得更有把握。

(四)学生有参与学校改进的能力

许多人认为学生只是处于发展中的个体,他们并不具有参与学校改进的能力,因此想当然地在学校改进中忽视了学生的声音。但是桑克森(Thorkildsen)的研究表明,即使很小的儿童也对课堂公平、学生评价等学校生活的重要方面有着比较成熟的看法。[11]研究者也认为学生可以谈论很多关于他们学习经历的事情,而且总的来说学生的声音是富于建设性和启发性的。[12]因此,教育者不应低估学生的能力,要给予他们参与学校改进的权利。正如富兰所指出的,"我们几乎不知道学生怎么看待教育变革,那是因为没有人曾经问过他们",[13]而不是因为学生没有自己的见解。

三、学生参与学校改进的方式

学生参与学校改进的方式是多种多样的,学生参与不能流于形式,简单地派个别学生参加一个学校改进的会议并不是真正的学生参与。弗莱彻认为"真正的学生参与"有以下四个特征:① 学生和成人在学校改进过程中是同盟和搭档;② 学校对学生进行培训,并赋予他们权威,使他们能够为学校所面临的学习、教学和领导方面的挑战形成真正的解决方法;③ 学校(包括教育者和管理者)要对学校的直接消费者——学生负责;④ 学生和成人的合作关系在每个持续改进的策略中都是主要内容之一。[14]根据以上学生参与所涵盖的特征,本文主要从以下三个方面来分析学生参与学校改进的方式。

(一)给学生赋权

美国心理学家威廉姆·格雷瑟(William Glasser)认为每一个人都有以下五种基本需要:生理上生存和安全的需要,还有心理上的四种需要,即归属感、权力感、自由感以及娱乐趣味感。[15]当学生缺少了能影响他学习环境的权力时,他的基本需要就得不到满足。

麦奎兰(McQuillan)认为对学生的赋权包括三个维度:学习维度、政治维度和社会维度。[16]

学习维度的赋权,是指学生的自主发展,让学生成为学习和发展的主体。在教学中要促进学生自主发展,必须注重学生主体意识的培养,鼓励学生运用自己喜欢的方式进行探究学习、自我发展。学生不只受教于成人,他们自己也能独立学习,乐于学习。莫里斯(Morris)认为学校想对学生进行学习上的赋权就必须"提供高水平的课程,并且要聘用对学生期望很高的教师"。[17]也就是说课程的可选择性是学生自主发展的基本前提——没有适应学生自主发展的课程,就不可能实现学生的自主发展。另外,如果教师对学生的自主发展持怀疑态度,那么也很难在具体教学过程中实现学生的自主发展。

政治维度的赋权,是指用正式或非正式的手段赋予学生决策和管理的权力。勒温(Levin)从管理角度谈到了如何让学生参与学校改进,他提出了三个步骤:① 让一些学生参与正式的管理过程;② 对这些学生进行培训和支持;③ 让这些学生自己组织讨论学校的改进,以使更多的学生加入到讨论的过程。[18]但是在政治维度的赋权中,最重要的是要给予学生真正的权力,如果赋权不是真诚的,学生也不会真正投入参与的过程,赋权的努力也将起不到任何作用。

社会维度的赋权,主要是指要给学生以上两个维度方面的赋权营造支持性的学校环境。比如教师在课堂上要发挥指导者的角色,而不是灌输者的角色;另外,成人对学生的不同意见要持开放包容的态度;学生之间也要互相帮助,利用好在自主发展和决策参与等方面的权力。

(二)在改进的不同阶段配合不同层次的学生参与

学生参与可以有不同的层次,学校改进的过程也会有不同的阶段,只有将两者配合起来才能有效地推动学校改进的进程。菲尔丁在其研究中提出了学生参与学校改进的四个层次:学生作为数据来源,学生作为积极回应者,学生作为共同研究者,学生作为研究者。[19]

在实际的学校改进中,学生可能会同时扮演多种角色,因此,根据改进不同阶段的需要,学生可以有不同程度的参与。

此外,科恩(Kohn)的研究认为,学校改进中有三种类型的障碍会影响到学生在学校的决策参与,根据在改进中遇到的不同障碍,学校可以采用不同的解决方法,让学生有不同程度的参与(如表1所示)。

表1 学生参与可能遇到的障碍及解决方法[20]

障碍类型	障碍	解决方法
制度	教师对于学生参与有热情,但是校长并不支持	寻找在学校中鼓励学生参与的信息和材料,多与同事交流
制度	在学校当前的环境下并没有认识到学生参与的重要性,也不支持	发展课堂计划,让学生参与课堂,而不是让学生在课外参与
成人	成人感觉受到了威胁,当他们从学生那里知道了什么是应该做的而他们却没有做	成人应该学会新的角色,用语言和行为来和学生进行交流
成人	成人认为他们可以很容易地理解当今学生的态度和挑战	学生可以通过工作坊或是小纸条给成人讲讲他们的文化、传统等
学生	学生感到他们被逼去参与,而他们并不喜欢	成人可以讲学生参与和班级活动相整合,让学生感受参与的氛围
学生	当有成人参与讨论的时候学生的发言就被抑制了	创造一个安全开放的讨论氛围,让成人和学生都能够表达自己真实的想法

(三)采用灵活多样的形式加强学生和成人之间的对话

洛奇的研究认为学生和成人之间进行对话是学生参与学校改进最有效的形式。[21]然而,学生难以参与到学校改进的一个重要原因,就是学生并不能理解或者运用学校改进的术语或者行话来表达他们的想法并和成人交流。当成人用数字的交流形式来决定学校的日常生活时,这些数字背后隐含的意义阻碍了学生参与学校改进的决策,因为这种语言不是学生自己的语言。因此,为了促进学生和成人之间的对话,可以采用灵活多样的交流形式。比如 Schratz 在其研究中就提到利用照相设备来让学生参与学校改革。[22]让学生用照相机或者摄像机拍摄学校的情况,用他们的视角来看学校,之后再让他们对照片或者录像做注释,这就是一种很好的沟通方式。学校可以从学生的描述中看出学生对学校改进的期望。

四、小 结

学生参与对于学校改进具有重要的意义,虽然已有一些研究提到了学生参与学校改进的层次和形式等,但就现有文献来看,关于这方面的研究还是非常有限的。令人高兴的是,现在已经有越来越多的研究者、政策制定者和教师们开始关注学生参与的问题。在许多发达国家,让年轻人参与学校改进也成了一个可以看到的趋势。[23]因此,为了促进学校改进的研究和实践,为了学生的长远发展,政策制定者、教育实践者以及教育研究者都应该把目光更多地投向学生参与问题,并在实际的学校改进中将其落实,使学生不再成为学校改进中的被动接受者。

参考文献

[1] Lee J C K, Williams M. School Improvement: International Perspectives[M]. New York: Nova Science Publishers, 2006: 305.

[2] Brook-Smith R. Leading Learners, Leading Schools[M]. London: Routledger Falmer, 2003: 38.

[3][13] Fullan M. The New Meaning of Educational Change[M]. Toronto: OISE Press, 1991: 151, 182.

[4][19] Fielding M. Students as Radical Agents of Change.[J]. Journal of Educational Change, 2001(2): 123-141.

[5][14] Fletcher A. Meaningful Student Involvement: Guide to Students as Partners in School Change(2nd edtion)[DB/OL]. http://www.soundout.org/MSIGuide.pdf.

[6] 董云虎. 人权基本文献要览[M]. 沈阳: 辽宁人民出版社, 1994: 418.

[7] Hopkins D. Towards Effective School Improvement[J]. School Effectiveness and School Improvement, 1995(6): 265-274.

[8][12] Harris A. School Improvement: What's in it for Schools?

[M]. London; New York: Routledge Falmer,2002:115,62.

[9][10][18] Levin B. Putting Students at the Centre in Education Reform[J]. Journal of Educational Change,2000(1):155-172.

[11] Thorkildsen T, Nolen S. What is fair? Children's Critiques of Practice that Influence Motivation[J]. Journal of Educational Psychology,1994(4):475-486.

[15] Goldman G. Empowering Students to Transform Schools[M]. Thousand Oak,Calif.: Corwin Press,1998:4.

[16][17] McQuillan P J. Possibilities and Pitfalls: a Comparative Analysis of Student Empowerment[J]. American Educational Research Journal. Winter 2005(4):639-670.

[20] Kohn A. Choices for Children: Why and How to Let Students Decide. 1993. http://www.alfiekohn.org/teaching/cfc.htm; Citing by Adam Fletcher. Meaningful student involvement: guide to students as partners in school change (2nd edtion)[DB/OL]. http://www.soundout.org/MSIGuide.pdf.

[21] Lodge C. From Hearing Voices to Engaging in Dialogue: Problematising Student Participation in School Improvement[J]. Journal of Educational Change,2005(6):125-146.

[22] Schratz M. Big Change Question: Should Pupils be Able to Make Decisions About School Change?[J]. Journal of Educational Change,2005(6):381-393.

[23] Hallett C, Prout A. Hearing the Voices of Children: Social Policy for a New Century[M]. New York: Routledge,2003.

(原文载于《教育发展研究》2007年第4B期,第6—9页,作者为卢乃桂、张佳伟)

第 二 章

学校效能与学校改进走向结合的理论基础的探讨

学校效能与学校改进皆为提高学校教育质量的两类研究,但是它们的认识论起源以及所秉持的研究传统却各有不同。到了20世纪80年代末至90年代初,来自这两个领域的研究者开始尝试将二者加以联系,由此这两个领域的研究出现了结合的趋势。学校效能和学校改进产生分歧在本质上是由于二者在认识论以及理性基础上的不同倾向。而二者进一步走向结合也是源于两个领域的研究者在认识以及行动上对学校的一些共同理解。

学校效能研究最早源于1966年科尔曼(Coleman)及其同事所做的《教育机会均等》报告,其主要是回答"有效学校的特征是什么?"这一问题。而学校改进作为一个独立的研究领域出现是在20世纪70年代末至80年代初,其主要是回答"学校如何不断地改进"。从历史脉络来看学校改进研究是从学校效能研究中发展而来的,但是在随后的演进中由于在理论认识以及研究方法上的不同,两者的分歧越来越大。然而在20世纪90年代,两种研究又出现了结合的趋势,并由此产生了一批将两者结合在一起的学校改进项目。本文试图从认识论以及理性基础层面对两者的不同发展以及走向结合的这一趋势进行分析,以期能对两个研究领域有更为深刻的理解。

一、学校效能与学校改进知识基础的不同

学校效能和学校改进长期以来在研究的传统和所采取的方法上都持有不同的立场,这主要的根源是二者在认识论上的不同,以及由此所产生的在研究过程中所秉持的理性基础的不同。

(一)学校效能与学校改进认识论基础的不同

认识论(epistemology)一直是哲学的重要内容。通常认为,自笛卡尔以来,西方哲学从古代的本体论转向了近代以认识论研究为中心,对认识的形式、过程及结果等的研究成为认识论的主要内容。[1]作为法兰克福学派第二代的领军人物,哈贝马斯对认识进行了深刻的反思,提出了认识与兴趣的理论。哈贝马斯认为人有三种不同的认知兴趣,即"技术的认知兴趣""实践的认知兴趣"和"解放的认知兴趣"。基于这三种认知兴趣,哈贝马斯将全部科学分为三大类,其中"经验—分析科学的态度体现了技术的认知兴趣,历史—解释科学的态度体现了实践的认知兴趣,批判的社会科学的态度体现了解放的认知兴趣"。[2]本文将运用哈贝马斯的理论对学校效能和学校改进的认识论基础进行分析。

1. 学校效能研究的认识论基础

学校效能研究是由学校教育的有效性问题引起的,是在探索影响学校有效性因素的活动中开展起来的。[3]对于学校效能,理论界至今也没有统一的界定,在众多不同的研究中,莫蒂默(Mortimore)基于增值观念所界定的"有效学校"为人们所普遍接受,即"一所有效能的学校,是指学生在该所学校所取得的学业进步比学生入学时人们对其所期望的进步要高"。[4]在这种情况下,学校效能研究的一个重要特征就是将学生成绩的测量作为标准,并且会对学生入学时的成绩以及家庭背景等学生层面的变量进行控制。

从对学校效能的界定可以看出，学校效能研究是一种以"技术的认知兴趣"为导向的，以自然科学的"经验—分析"视角对学校所进行的研究。"经验—分析"科学所涉及的对象领域是"关于事物和事件的现象领域"，它所关注的只是对"客体化"的过程进行技术控制。[5]在学校效能的研究中，是将学校视为客观事实（Fact）进行分析。作为学校效能的研究者（Knower），他们会持一种完全客观的、公正的、价值无涉的态度去进行学校效能的研究。而从学校效能的研究对象（Known）来看，学校效能的主要目的是对学校之间资源、过程以及组织安排等方面的不同是否会对学生的学业成绩造成影响进行判断。希润斯（Scheerens）与鲍斯可（Bosker）将学校效能研究所建立的理论模型归纳为三种，经济学的教育生产功能模型、教学效能模型以及教育效能综合模型。[6]但不论是基于哪一种模型，对于学校效能的研究基本都是一种"投入—过程—产出"式的模式[7]（见图1）。在学校效能的研究中，这其中涉及的每一个因素都是可以测量的，并且是由一系列假设构成的命题系统，在这个系统内，学校效能研究可以按照某些规则进行推理演绎，所得出的结论是以一种数学化的、可视察的、可归纳的语句进行陈述的。

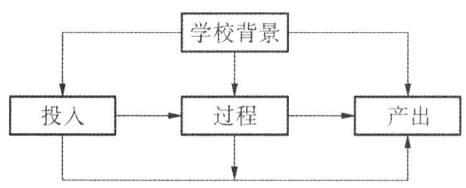

图1　学校效能研究的主要关系图

2. 学校改进研究的认识论基础

学校改进，根据韦尔赞（Velzen）等人的定义，它是指"一种系统而持续的努力，旨在改变校内的学习环境及其他相关因素，最终令学校能更有效地达到其教育目标"[8]。学校改进是一种以"实践的认知兴趣"为导向，以"历史—解释"科学的视角对学校所进行的实践探索研究。"历史—解释"所涉及的对象领域是"关于人及其表现的对象领域"，其所关注的是人与人之间的"可能的理解",维护与扩大人们的主体间性。学校改进将学校视为人工物(Artifacts)进行研究,研究者们致力于对"学校教育过程中的文化维度"进行变革。作为学校改进的研究者,他们不再是独立于学校之外的客观评价者,而是将自己融入学校变革的过程中,与学校里的师生一起参与变革活动。而学校改进研究的对象则是学校变革的过程以及所采取的策略。

从以上的分析可以看出,学校效能研究注重的是对一系列研究假设的验证,而在学校改进中注重的则是对学校运作过程的理解以及解释。而这正是学校效能研究与学校改进研究在认识论上的不同所在。正如哈贝马斯所指出的"在经验—分析科学中关键的东西是对类规律假设的证实,而在历史—解释科学中则是对本文的解释"[9]。

(二)学校效能与学校改进理性基础的不同

在西方哲学家看来,认识论研究并不是简单地对思维内容的概念化整理,而是包含了对认识活动何以可能的理性追问。[10]社会学家韦伯深刻剖析了西方社会理性化过程,并用工具理性和价值理性的二元范畴划分了人类的理性。但是在工具理性盛行的现代社会,价值理性变得暗淡无光,人类不可避免地走进了理性的"铁笼"。为了寻找价值理性的客观基础,哈贝马斯运用系统—生活世界双层架构对社会进行分析,并提出了一种全新的理性概念——沟通理性,试图以此消除现代性的危机,重建现代性。下文将试图借助哈贝马斯的理论对学校效能与学校改进的理性基础的不同进行分析,即对学校效能和学校改进的研究过程(Knowing)进行分析。

哈贝马斯应用结构—分析方法,将社会看作一个大系统,之后又将社会系统进一步分为系统世界和生活世界。系统主要是指社会物质再生产领域,以工具理性为运行准则,它又可再分为经济子系统和政治子系统,其整合媒介分别是金钱和权力;而生活世界主要是指社会文化再生产领域,以沟通理性为运行准则,其整合媒介是语言及符号。[11]其中,工具理性按照韦伯的理解是指"通过对外界事物的情况和其他人的举止的期待,并利用这种期待作为'条件'或者作为'手段',以期实现自己合乎理性所争取和考虑的作为成果的目的"[12]。工具理性追求一个限定的目标并设法预测其可能的后果,它重视的是手段和程序的可计算性。而沟通理性是指在一个理想的言辞情景下,利用语言相互之间的辩论沟通,以达到民主商谈的理性,从而摆脱现代性的理性困境。

学校也是由系统世界与生活世界所构成的。学校效能研究着重分析的是学校的系统世界,包括学校层面、班级层面以及学生个体层面的各种可测量的变量对学生学业成果的影响。因此,学校效能研究基于的是工具理性,它所研究的学业成果可以被清晰地界定和测量,达到这一成果的投入和过程也都可以被清晰地测量。为了达到这种可测量的目的,学校效能研究的发展更多地体现在测量方法上的不断进步,从传统的回归分析发展到现在多层线形模型的应用。

而学校改进研究则试图进入学校的生活世界,哈贝马斯将生活世界划分为三大结构要素,即文化、社会和个人。哈贝马斯在著作中提到"我把文化称之为知识储存,当交往参与者相互关于一个世界上的某种事物获得理解时,他们就按照知识储存来加以解释。我把社会称之为合法的秩序,交往参与者通过这些合法的秩序,把他们的成员调节为社会集团,并从而巩固联合。我把个性理解为使一个主体在语言能力和行动能力方面具有的权限,就是说,使一个主体能够参与理解过程,并从而能论断自己的同一性"[13]。

贝内特(Bennett)与哈里斯(Harris)指出学校改进研究的一个主要前提就是通过改变学校的一些内部条件使得学校改进的策略可以使学校文化发生改变。[14]在这一前提下,学校改进的研究者主要强调学校的两个维度:个体层面的标准和价值观以及学校层面的合作行动以及组织安排。从这一分析可以看出学校改进正是试图从构成生活世界的三个要素对学校进行改进。由于是对学校生活世界的分析,因此在学校改进的研究中所秉持的主要是沟通理性。霍普金斯(Hopkins)与雷诺兹(Reynolds)将学校改进划分为三个发展阶段。[15]第一阶段开始于20世纪70年代末80年代初,学校改进作为一个独立的研究领域出现。第二阶段开始于90年代初,学校改进表现出与学校效能研究结合的趋势。到了90年代中后期,学校改进进入了第三个发展阶段,在这一阶段中一个很重要的工作就是发展学校持续改进的能量。比如,英国"全面提升教育质量计划"(Improving the Quality of Education for All,简称IQEA)中关于提升学校持续改进能量的工作包括:① 教师的专业发展;② 教职工、学生和社区参与学校的决策;③ "转变型"领导方式;④ 有效的合作策略;⑤ 对讯问和反馈的重视;⑥ 承诺进行协作式规划活动。从这个例子可以看出学校改进的研究中目前很重视不同参与者的沟通协作,在具体研究过程中也主要是采用质化的研究方法,期待通过点面结合的形式改变学校文化,从而使整个学校得到改进。

二、学校改进与学校效能出现融合的知识基础

正如上文所分析的,由于学校效能与学校改进在认识论以及理性基础上的不同,致使二者走上了不同的发展道路。但是到了20世纪80年代末至90年代初,一些研究者开始以一种结合的视角看待这两个研究领域。标志性的事件是1986年在美国成立了"国家有效能学校研究与发展中心"(NCESRD),1988年"国际学校效能与改进大会"成立,1990年第一本研究学校效能与学校改进的国际性杂志《学校效能与学校改进》创立,这些机构和杂志使这两个研究领域有了交流的平台,促使研究向专业化方向发展。[16]在实践中也出现了一批将二者结合的学校改进项目,如开始于1986年的加拿大"哈尔顿有效学校项目"(Halton's Effective Schools Project),开始于1991年的英国"全面提升教育质量计划",始于1995年的美国"巴克莱-克维特项目"(The Barclay-Calvert Project)以及1998年在欧洲八国实施的"有效学校改进项目"(Effective School Improvement Project)等。

为什么基于不同认识论以及理性基础的两种研究可以走向结合呢?笔者在下文中将仍然借助哈贝马斯的认识论以及理性理论对其进行分析。

(一)学校效能与学校改进走向结合的认识论基础

学校效能与学校改进的结合正是体现了哈贝马斯所提出的第三种认识兴趣——"解放的认知兴趣"。解放的认知兴趣能够产生一种反思意识,而这种反思意识则为所有各种类型的知识开辟出一片开放的空间。[17]在这一兴趣指引下产生的社会批判科学可以既是否定的和批判的,同时也是肯定的和建设性的[18]。学校效能和学校改进的研究者们从20世纪80年代末开始不断地对两个领域进行反思,用批判的视角对两个领域分别进行了分析,从而得出了学校效能与学校改进需要相结合以共同促进学校变革的认识。

科锐摩斯(Creemers)与芮兹吉(Reezigt)认为学校效能是以研究为取向的,关注的是理论和解释;学校改进则是以实践改革为取向的,关注的是教育实践过程中的变革以及问题解决。[19]从批判的视角来看这两个领域就会发现,尽管学校效能研究得出了一系列与学生成绩相关的学校特征,但是却不能把其研究结果操作化从而放到提高学校效能的过程中去,因此可以说它很大程度上停留在描述层面而非行动层面。而学校改进研究则遭遇到理论的尴尬,虽然在学校中已经有了大量的改进实践,但是却缺乏理论的指导,即使比较好的学校改进项目也只是在最初有一个大概的改进框架。霍普金斯也指出学校改进虽然对改进过程有一个框架,但是对于研究者们来说很少能清晰地阐释出学校改进的理论,比如对学校改进的措施进行公正的评价以及预测这些干预措施如何能够发生作用。[20]在对两个领域进行批判思考的基础上,许多研究者认为很有必要将二者结合起来以使得两个领域能够得到更好的发展。学校效能研究和理论可以为学校改进提供视角和知识;学校改进同时也是检验学校效能理论的一个强有力的工具,并且学校改进研究也可以提供新的视角和新的可能影响有效学校的因素,而这些新的视角和因素是可以在学校效能研究中得以进一步分析的。

(二) 学校效能与学校改进走向结合的理性基础

学校效能与学校改进的结合体现了系统世界和生活世界相结合的观念。学校是由系统世界和生活世界共同构成的,对于旨在促进学校改革的学校效能研究以及学校改进研究来讲,单纯地进行任何一个系统的研究都是不全面的。因此就需要将学校效能和学校改进这两个领域结合起来进行学校改革。在这种情况下,工具理性与沟通理性在研究中的结合就显得非常重要。即在学校改革的实践中既要考虑用量化的手段去分析影响学校成果的可能的因素以及评价改革的策略,也要在具体的改革过程中根据不同学校的实际情况,通过平等协商、合作参与等沟通方式确定改革的目标以及具体的策略等。

三、结 语

教育质量问题一直是世界各国在教育改革和发展过程中都特别关注的一个重要而永恒的教育改革主题。[21]对于共同旨在提高教育质量的学校效能研究与学校改进研究而言,它们之间却存在着很大的分歧。学校效能研究与学校改进研究一度走上不同发展道路的原因是什么呢?笔者认为二者产生分歧的根源在于二者所持的认识论与理性基础的不同。学校效能研究是一种以"技术的认知兴趣"为导向的,以经验—分析科学的态度所进行的研究,在具体的研究过程中是以工具理性为指导的。学校改进研究是一种以"实践的认知兴趣"为导向的,历史—解释科学的态度所进行的实践性研究,在具体的研究过程中是以沟通理性为指导的。

然而在"解放的认知兴趣"的指引下,研究者们以批判的社会科学的态度对两个领域进行了分析,在工具理性与沟通理性相结合的理性指导下,指出了两者在理论上与实践上走向结合的需要。在这种认识下,学校效能与学校改进从 20 世纪 80 年代末在理论研究以及实际的学校改进项目中都出现了结合的趋势。两个研究领域的结合不仅有助于理论上的进步,并且也推动了教育实践的发展。笔者在文中只是对二者结合的理论基础进行了初步的分析,期待能对这一领域的研究有所帮助。

参考文献

[1][10] 江怡.论作为一种形而上学的知识论[J].文史哲,2004(2):14-15.

[2][9][18] Habermas J. Knowledge and Human Interests[M]. Boston Beacon Press,1972.(转引自李平,徐文俊.智慧之镜:外国哲学研究[M].广州:广东人民出版社,2000:272,273,275.)

[3] 温恒福.学校效能的基本理论问题探究[J].教育研究,2007(2):56-60.

[4] Sammoas P, Hillman J, Motimore P. Key Characteristics of Effective Schools: a Review of School Effectiveness Research[M]. London: Ofsted, 1995: 3.

[5] 郑召利.论哈贝马斯批判理论的认识论基础[J].宁夏社会科学,2002(2):104-108.

[6] Scheerens J, Bosker R J. The Foundations of Educational Effectiveness[M]. Oxford: Emerald Group Publishing Ltd, 1997.

[7] Teddlie C, Reynolds D. The International Handbook of School Effectiveness Research[M]. London, New York: Routledge Falmer Press, 1999:5.

[8] Brook-Smith R. Leading Learners, Leading Schools[M]. London: Routledger Falmer, 2003: 38.

[11] 万勇华.哈贝马斯"生活世界"理论述评[J].兰州学刊,2006(3):29-31.

[12] 马克斯·韦伯.经济与社会:上卷[M].林荣远,译.上海:商务印书馆.1997:56.

[13] 哈贝马斯.交往行动理论:第二卷[M].重庆:重庆出版社.1994:189.

[14] Bennett N, Harris A. Hearing Truth from Power? Organisation Theory, School Effectiveness and School Improvement[J]. School Effectiveness and School Improvement. 1999(4):533-550.

[15] Hopkins D, Reynolds D. The Past, Present and Future of School Improvement: towards the Third Age[J]. British Educational Research Journal, 2001(4):459-475.

[16] 孙绵涛,谢延龙.要重视教育效能研究[J].教育前沿,2006(6):41-42.

[17] 李平,徐文俊.智慧之镜:外国哲学研究[M].广州:广东人民出版社,2000:274.

[19] Creemers B P M, Gerry J R. School Effectiveness and School Improvement: Sustaining Links[J]. School Effectiveness and School Improvement,1997(4):396-429.

[20] Hopkins D. Towards a Theory for School Improvement[M]//Gray J, Reynolds D, Fitz-Gibbon C(Eds.). Merging Traditions: The Future of Research on School Effectiveness and School Improvement. London: Cassell. 1996:30-51.

[21] 项贤明.当前国际教育改革主题与我国教育改革走向探析[J].北京师范大学学报(社会科学版),2005(4):5-14.

(原文载于《教育学报》2007年第5期,第3—7页,作者为卢乃桂、张佳伟)

第三章
院校协作下学校改进原因与功能探析

院校协作下的学校改进对于提升学校教育质量具有重要的理论和实践意义。通过院校协作开展学校改进的原因可以从认识论、伦理和政治以及实际效用三个方面进行分析。在对原因分析的基础上，院校协作在学校改进中的功能可划分为四个方面：正向显性功能、正向隐性功能、负向显性功能和负向隐性功能。

随着教育改革的不断深入以及全球化、市场化等学校外部环境的剧烈变化，学校愈来愈需要与各界协作来共同提高教育质量。从20世纪80年代中期开始，学校之间、学校与企业、学校与社区、学校与大学的协作都得以快速发展。其中大学与学校的协作尤其成为重点关注的话题。参与学校改革，通过协作提升学校教育质量已经成为院校协作的重要方向。院校协作牵涉诸多问题，其中两个问题是比较基本的：为什么要通过协作进行学校改进？院校协作在学校改进中具有什么功能？对这两个问题的回答将有助于更深入地理解和把握院校协作。本文将从院校协作进行学校改进的背景出发，对院校协作进行学校改进的原因和功能进行探讨。

一、院校协作下进行学校改进的背景

院校协作并非新生事物，其最早可以追溯到19

世纪末由哈佛大学校长等知名人士组成的"十人委员会(the Committee of Ten)"所做的工作。"十人委员会"负责研究考察高中课程设置及有关教学方法、标准和项目等改进问题。在随后的发展中,院校协作的形式愈来愈多样化,如:协作开展课题研究,协作进行新手教师的培养,协作进行教师专业发展,等等。尤其进入20世纪80年代之后,世界范围内兴起了对教育质量的关注,学校改进的研究与实践也得以迅速发展。在学校改进的发展中,院校协作发挥了重要的作用。许多大型的学校改进项目都是院校协作的产物,比如:美国的"跃进学校计划"(Accelerated Schools Project),英国的"全面提升教育质量计划"(Improving the Quality of Education for All),中国香港的"优质学校改进计划"(Quality School Improvement Project),中国内地的"教师发展学校"以及"新基础教育研究项目"等。

二、院校协作进行学校改进的原因

我们认为,在对院校协作的功能分析之前应首先对其中的原因进行探寻。协作之所以会受到提倡可以划分为三个方面的原因:认识论上的原因,伦理和政治上的原因以及实际效用上的原因。[1]

第一,从认识论的角度来看,哈贝马斯(Habermas)认为人有三种不同的认知兴趣,即"技术的认知兴趣""实践的认知兴趣"和"解放的认知兴趣"。按照哈贝马斯所提出的三种认知兴趣来看,学校改进是以"实践的认知兴趣"为导向的实践探索活动。正是基于这样一种兴趣,才给院校协作提供了平台。大学通常以其探究和反思性思考而著称,而学校通常考虑的是更为实际和实施层面的问题。[2]对于学校而言,由于以"实践的认知兴趣"为导向的学校改进没有脱离其实践的场域,因此学校在改进的过程中更容易发挥其对实践了如指掌的优势。但是学校往往过于专注日常实践,而忽略对实践的进一步探究和反思,因此在改进的过程中迫切需要大学的协助来加强对于改进的认识。对于大学的研究者而言,如果加入学校改进的实践中,则将不再是独立于学校之外的"冷冰冰"的思索者,而是可以将自己融入"活生生"的学校变革的过程中,在实践中进行认识活动的探索和反思。因此,从认识论的角度来看,院校协作进行学校改进是必要的。

第二,从伦理和政治因素的角度来看,学校改进旨在提高教育的质量,同时也是为了缩小校际差异、学生成绩之间的差异,以促进教育的公平。大学是进行教育研究的主要场所,教育研究在理论上的目的是探讨并解释教育发展的一般规律、原理和趋势,而进行教育研究的社会目的则是解决教育的质量和公平问题。由此可见,教育研究的社会目的与学校改进的目的是一致的。由于大学的社会影响力要高于普通中小学,因此在学校改进的过程中就非常需要院校协作,以提高政府和社会对学校教育问题的关注与支持,提升教育的质量,促进教育的公平。

第三,从实际效用的角度来看,院校协作进行学校改进对学校和大学都颇有助益。院校协作可以平衡反思与行动,鼓励同侪互动,缩小研究和实践之间的距离,提高对教师问题的关注,承认教师的专业性并形成一种创建教师新角色的途径。有学者认为,对于学校而言,"学校—大学伙伴计划"能协助学校引进新的教学计划和重新构建学校组织,协助学校辨别需要改进的范围,拓宽师生视野以及利用大学的研究结果作决策的基础。对于大学而言,大学人员透过参与计划可增加对学校内部运作和教学实践的了解,对日后检讨课程和改善教师教育课程有一定的帮助。[3]

三、院校协作在学校改进中的功能

(一)学校改进的含义

默顿(Merton)认为,在进行功能分析时,应认定所分析的对象系统的性质和界限,因为对某个系统具有某种功能的事项,对另一个系统而言就不一定具有同样的功能。因此,首先应该对学校改进的含义进行分析。霍普金斯(Hopkins)认为学校改进有两种含义:一种是广义的,即指"使学校成为利于学生及其学习得更好的场所而做的努力";另外一种是比较狭义的界定,即"一种教育变革的策略,旨在提高学生的学业成就以及增强学校管理变革的能量"。[4]这一狭义的概念界定由于更确切地反映了学校改进的实质含义,因此为许多学者所接受。本文所指的学校改进也是指这种狭义的界定。

(二)院校协作在学校改进中的功能

默顿从功能概念的语义角度探讨了关于功能(function)词语的各种含义,本文采用的是功能在社会学意义上的语义,即指"在体系中的相互关联方式或反应方式"[5]。由此,院校协作在学校改进中的功能是指院校协作与学校改进的相互关联方式和反应方式。

默顿认为,在进行功能分析时,要区分正功能与负功能以及显性功能与隐性功能。按照默顿对于功能的分析,本文将院校协作在学校改进中的功能划分为四类:正向显性功能、正向隐性功能、负向显性功能以及负向隐性功能。正向显性功能是指院校协作对学校改进实践和研究的积极作用,这些功能是能够被预期的;正向隐性功能是指院校协作对学校改进实践和研究的积极作用,但这些功能从学校改进的目标以及方法上很难明确判断会出现。与之相类似,负向显性功能是指院校协作对学校改进实践和研究的消极作用,这些功能是能够被预期的,可以从大学与学校的传统、工作性质以及激励机制等的不同中所预期到;而负向隐性功能是指院校协作对学校改进实践和研究的消极作用,但是这些功能很难从院校的不同之处、学校改进的目标以及方法上明确判断会出现。

1. 院校协作在学校改进中的正向显性功能

第一,增强学校变革的意识和能量。学校改革主要的挑战在于大多数学校并不恳切地期待变革。[6]由于学校是一种正式组织,因此无论在法定地位、目标等方面,都呈现相当程度的保守性。虽经改革,但各种关于教育、教与学的陈旧态度却依然根深蒂固,年级制度、分科教学、固定课表以及科层管理结构等"学校教育的基本元素"似乎未受影响。[7]这是由于当改革强加于那些不愿意接受的学校时,学校往往会修正改革而非改革修正学校。但是与外界强加的变革不同,院校协作下的学校改进项目大多采用的是"有机式"的变革策略,即只给学校提供一些基本的理念和大纲性的框架,在具体做法上则针对学校的不同而采取不同的协作方式。这样一种学校改进的策略既可以增强学校变革的意识,也可以增强学校变革的能量。

第二,促进学校的整体改进。学校进行自我改进时,由于各方面条件的限制可能只会进行某一方面或者某个学科的改进,难免出现"头痛医头,脚痛医脚"的现象。而在院校协作的情境下,大学人员可以以一种"局外人"的身份来看学校,从而可以从学校整体发展出发提出具体的变革意见,这样就可以使学校走出"不识庐山真面目,只缘身在此山中"的困境。由香港中文大学执行的"优质学校改进计划"在实践中的做法就是给学校提供"学校为本式"的"点、线、面"的专业支持,"大小齿轮"工作同步进行。在这一过程中,大学人员以其专业知识以及与不同学校进行协作的丰富经验,可以敏锐地看到学校存在的问题,促进学校的整体改进。①

第三,提升教师的专业发展。学校教师是学校变革的主体力量,但是教师往往不愿意走出自己的"舒适地带"。传统的教师工作过于依赖经验的积累,而非专业智能的提升,不少教师只求稳定,不求革新,因而教师文化呈现出浓重的保守性。[8]在这种情况下,院校协作可以帮助教师对实践进行反思,促使教师在教学观念和教学行为上发生改变。有实证研究也表明,在院校协作中最大的益处就是在大学人员协作下的教师专业发展。[9]大学人员通过工作坊、观课、集体备课等形式在教学

---

① 相关资料可参考《香港中文大学优质学校改进计划论文汇编》(两岸四地"学校改进与伙伴协作"学术研讨会,上海华东师范大学,2007年10月19—20日)。

策略、课程、评价等方面协助教师进行专业发展。

第四,推动了学校改进研究的发展。20世纪70年代末80年代初,学校改进才作为一个独特的研究领域在学术界出现。经过近30年的发展,学校改进研究已经取得了可观的研究成果。需要注意的是,这些研究成果大多都是研究者在院校协作进行学校改进的实践中得出的,而这也正是这项研究之所以获得如此快速发展的原因。研究者可以从学校改进的实践中得到大量一手的研究材料,并可以在实践中不断检验和修正其研究结论。

2. 院校协作在学校改进中的正向隐性功能

第一,增强学校之间的联系。从学校改进的含义中可以看出,学校改进是将每个学校作为变革的中心,关注的是每个学校学生学业成果的提升。院校协作下的学校改进也同样是着眼于每个学校的具体情况,但是在院校协作进行学校改进的过程中,尤其是那些比较大型的院校协作项目,参与学校往往不止一个。在协作的过程中,大学人员可以帮助学校与其他开展类似改进活动的学校建立联系。大学有时会根据工作需要将不同学校的教师或者学校领导组织起来开展各种学习活动,这样就会增强不同学校之间的联系,有利于学校之间进行交流与合作。

第二,增进不同学科教师之间的理解。在学校中,教师被分隔成不同的科目,不同科目之间的教师很少有机会进行交流和分享,并且学校之中不同科目组织之间的文化具有很大的差异,科目之间的界限也比较鲜明。这种界限不单是一种组织观念上的划分,它更形成一种所谓的"圈子文化"。[10] 这种圈子文化对学校整体的改进是不利的,教师往往只从本学科的利益出发来考虑问题。院校协作下的学校改进往往能从学校整体出发来制定改进目标,大学人员在具体协作过程中会开展全校性的、跨学科的工作坊来提升教师的专业发展。不同科目的教师在这样的活动中不仅可以学习,还可以在无形中加强互动,增进了解。

3. 院校协作在学校改进中的负向显性功能

协作并不是一件易事,在协作的过程中也不可能一帆风顺。在院校协作进行学校改进的过程中会产生很多的争论和冲突,如果处理不好的话就会极大地限制改进的效能,甚至会对学校改进产生负面的影响。

第一,院校协作进行学校改进可能会使改进"无所适从"。上文提到,大学与学校有着不同的传统,大学倾向于理论的探究,而学校更重视日常实践。当大学与学校协作进行改进时,二者的不同可以产生互补,使大学与学校共同受益;但是在协作中二者的不同传统也可能会对改进造成负面的影响。院校协作下的学校改进对大学和学校的影响不一定是对等的。协作所进行的主要地方是学校,社会和家长对教师和学校管理者的期望远远要比对大学人员的期望高。学校最终要承担改进成功或者失败的后果,而大学人员则可以轻易地撤离学校。在这种情况下,大学人员的理念和学校的实际很有可能会产生冲突,这种观念上的冲突势必会影响到学校改进的效果。

第二,院校协作进行学校改进反而会影响双方参与改进的积极性。大学人员的晋升、评级以及获得在同行中的评价主要依靠的是其研究成果。在进行院校协作时,很多大学人员将这种工作视为一种"服务",而未必认为这是进行研究的好机会。[11]因此,他们也未必愿意投入时间和精力来进行这项工作。对于学校教师来说,学生成绩是评价其教学质量的最主要指标。因此,许多教师也不愿意花费时间和精力来进行教学研究。在双方的激励机制还不完善的条件下就开展协作反而会影响双方进行学校改进的积极性,从而使协作流于表面化。

第三,协作双方在工作时间上的不一致会减缓改进的步伐。由于工作性质的不同,大学人员的工作时间往往比较宽松灵活;而学校的时间安排则非常紧凑固定。学校教师们每天都有固定的课时任务,教师们在协作的过程中经常感到没有额外的时间可以用于开会、协作以及到校外参加活动。这使得双方在进行协作的时间安排上很难取得一致,因此也就会延缓改进的速度。

4. 院校协作在学校改进中的负向隐性功能

第一,院校协作下的学校改进可能会使教师产生依赖心理。在院校协作的过程中,协作的初衷也许都是要形成平等的伙伴协作关系,但是由于大学人员的专业身份和地位使得在改进中很难形成实质上的平等。学校教师往往会服从"专家"的意见,效仿"专家"的教学方法,长此以往就会在心理上产生对"专家"的依赖。如果学校教师只是全盘接受,而不对这些意见和方法加以反思,那么当"专家"离开学校的时候教师们可能又会恢复以前的状态,无法进行持续改进。

第二,院校协作下的学校改进可能会造成标签效应。院校协作进行学校改进时,可能会在社会上造成一种误解,即参与协作计划的都是水平较差的学校。有学者认为,院校协作不应只关注成绩差的学生,这会给其他人产生一种印象,即加入有关协作计划的都是不好的学校,这对于计划今后的开展是很不利的。[12]一些研究也表明,那些参与协作的教师非常担心他们是因为班级学习成绩较差,或者是大学人员质疑其教学方法才被挑中参与协作。[13]这种标签效应如果不能被加以重视的话,会对加入计划的学校的发展产生严重的负面影响,更会使学校对协作计划产生抵触心理。

四、结　语

在过去的20多年里,学校改进的研究与实践已经在世界范围内获得了认同和发展,院校协作在其中发挥了重要的作用。学校改进需要院校协作,学校与大学之间的共栖关系可以推动学校教育质量的提升。但是正如上文所言,院校协作会对学校改进工作产生各种显性或者隐性的正面影响;而同时如果不正确处理协作过程中可能出现的各种障碍,也会对改进工作产生种种负面影响。需要强调的是,本文只是借用了默顿对功能的划分方式,但是笔者认为院校协作对学校改进的正功能与负功能以及显性功能与隐性功能之间的区分是相对的,没有明确的界限。在不同的院校协作条件下,正功能如果处理不当也会转变为负功能,而显性功能和隐性功能也可以互相转化。总之,院校协作在某种程度上有如婚姻关系:需要双方的关心、包容以及互敬互爱。[14]

参考文献

[1] Griffiths M. Collaboration and Partnership in Question: Knowledge, Politics and Practice[J]. Journal of Education Policy,2000,15(4):383-395.

[2] Whitney L C. School-university Partnerships: Interacting, Teaching, and Learning[D]. Mich: UMI Dissertation Services, 1996.

[3] 李子建.未来教育的挑战与选择:学校——大学伙伴计划的角色[J].香港:教育学报,1997,25(2):99-116.

[4] Hopkins D,Ainscow M,West M. School Improvement in an Era of Change[M]. London: Cassell,1994:3.

[5] 默顿.论理论社会学[M].何凡兴,李卫红,王丽娟,译.北京:华夏出版社,1990:99-103.

[6] Lee J C K, Lol N K, Walker A. Partnership and Change: Toward School Development [M]. Hong Kong: Chinese University Press, Hong Kong Institute of Educational Research, 2004:32.

[7] 操太圣,卢乃桂.伙伴协作与教师赋权:教师专业发展新视角[M].北京:教育科学出版社,2007:5.

[8] 谢登斌.从课程改革的视角关注学校文化转型[J].教育探索;2006(2):12-13.

[9][13] Borthwick A C, Stirling T, Cook D. Achieving Successful School-university Collaboration [DB/OL]. (2000-04-01)[2019-08-05]. http://eric.ed.gov/ERICDocs/data/ericdocs2sql/content_storage_01/0000019b/80/16/3d/28.pdt.

[10] 汤才伟.中层教师在学校改进过程中的领导和参与[M].香港:香

港中文大学教育学院及香港中文大学教育研究所,2003:7.

[11] Clark R W. School-university Relationships: an Interpretive Review[M]//Sirotnik K A, Goodlad J I. School-university Partnerships in Action: Concepts, Cases, and Concerns. New York:Teachers College Press,1988:55.

[12] Lee J C K. Hong Kong: Accelerated Schools for Quality Education Project (ASQEP) Experiences[G]//Lee J C K, Williams M. School Improvement: International Perspectives. New York: Nova Science Publishers,2006:163.

[14] Clarken R H. University/School Collaboration: A Case Study[DB/OL].(1999-02-27)[2019-08-04]. http://eric.ed.gov/ERICDocs/data/ericdocs2sql/content_storage_01/0000019b/80/17/81/fe.pdf.

（原文载于《中国教育学刊》2009年第1期,第34—37页,作者为卢乃桂、张佳伟）

第 四 章
能动者的思索
——香港学校改进协作模式的再造与更新

教育改革是以一系列行动改变教育制度的"结构"、过程和行为习惯的过程。香港中文大学的成员利用教改的机会,在香港的学校内进行改进工作,让一系列学校改进计划成功地开展。本文试图总结大学与学校协作的经验,并分析大学成员如何面对学校教育庞大又牢固的"结构"而试图改变之。文章以"结构化"理论为探讨脉络,展现大学成员如何与政府和学校教师结为伙伴,让学校改进的协作模式得以更新。

最近有教育界的友人问我应如何为我们主持的学校改进计划归类,我毫不迟疑地指出,他们乃"变革能动者"(change agent),他们的行动是有组织、有计划地增强学校成员的能量,让他们能更自主、更独立地行动。只有这样,我们的学校才有真正改进的可能性。

本文的目的,是回顾一系列由香港中文大学主持的学校改进计划的发展历程,以教育改革为背景,以"结构化"理论为探讨脉络,试图总结大学与学校协作的经验。本文要探讨的主题,是大学的"变革能动者"如何面对学校教育庞大又牢固的"结构"而试图改变之。文章通过描述一系列学校改进计划的发展历程,分析大学如何回应教育体制内外的变化而调节其发展策略,让计划发挥效力,保持适切性。为了达到以上目的,大学的学校改进计划经历了"结构化"和"本土化"的过程,最后改变了自己的协作取向,由单凭大学专家主导改进工作变为大学专家与学校内的参与者共同主导改进工作,形成了以政府、大学和学校的伙伴关系为基础的新协作模式。

一、"结构化"理论的要旨

"结构"是指社会内不同组合(如阶级、种族、性别)之间的关系,以及社会内持久不变的行为模式和制度化规范(如伦理、法律)。"结构"既影响和限制个人所获得的机会,也能够塑造人的行动取向。涂尔干(Durkheim)[1]和马克思(Marx)[2]认为,社会结构其实决定了我们的存在。"能动作用"是指人的一种能量。这种能量,体现于人(能动者)为一己的境遇做出选择并付诸行动。"能动作用"强化个人独立行动的能力,使人可建构和再建构自己的世界。舍茨(Schutz)[3]和加芬克尔(Garfinkel)[4]认为,人在其日常生活的经验里试图理解自己的世界,把这种理解展示于他人面前,并一起孕育大家赖以生存的社会秩序与不同层次的"结构"。"结构"既然是由人的行动而形成——人们的行动按"结构"中的规则不断重复而复制"结构"——所以人也可以靠"能动作用"来改变"结构"。

"结构"和"能动作用"的关系是微妙的,因为两者的地位——谁为主导、谁为从属——至今仍未有定论。究竟是社会"结构"主宰个人,使其行动服从于由"结构"所产生的规则;还是人们可依赖计划和刻意的行动去改变"结构",这些都是社会本体论需要回应的问题。

(一)吉登斯的"结构化"理论

当今最能回应上述争议者,首推吉登斯的"结构化"理论。[5]在处理"结构"和"能动作用"的关系时,吉登斯提出,"结构"是由人的社会行动构成的,而"结构"亦让人能进行社会行动,因为它同时也是构成过程中的媒介。此乃吉登斯的"结构二元性论"。"结构"不只规限人的"能动作用",同时也使"能动作用"得以产生。若人的"能动作用"不是完全地被规限的话,那么人便可以改造"结构"。

吉登斯认为"结构"包含"规则"(rules)和"资源"(resources),两者皆由人的行动所创。"规则"是一些普遍性的行事程序或技巧,是那些人们奉行的社会生活方式。"资源"可分为支配物质的"分配资源"和支配人的"权威资源"。两种"资源"都影响着人的行动能量,它们与权力的产生和运用有密切关系。统治者因统治大部分"资源"而掌握大部分权力。不过,被统治者也能获取某些"资源"并占据某些权力位置,两者高下虽悬殊,但由下而上的社会变革是有可能的。

人的社会行动"结构化"有三个元素,即"符号化"(signification)、"合法化"(legitimation)和"支配化"(domination)。"符号化"是经过语言文字网络而产生意义,以语意符码、解说和推论提出一些概念,它为社会里的沟通提供语意的脉络,还为沟通提供语意规则。"合法化"是通过某些社会规范、价值和标准的普遍合理化而使大众适应它们,它为社会里的人和事提供道德和评价性的规则。"支配化"是通过行使权力来建立和巩固"规则"以及分配"资源",它让社会里的某些力量得以壮大,也让资源分配趋于不均。"结构"经以上三个元素所发挥的作用而形成及巩固。那些能够在时间和空间上不断延续的"结构"便成为我们所认识的"制度"。

(二)"结构化"理论与香港学校教育

"结构"与"能动作用"的微妙关系在学校教育的范畴里亦清晰可见。从社会层面来看,学校教育靠以上所提及的三个元素所发挥的作用而延续,成为现代社会不可或缺的"制度"。学校教育制度里有不同的"结构"存在。每个"结构"都有其特质,环环相扣;各"结构"有自己的"规则"要遵守,也有"资源"供大家获取。香港学校教育的特性是:学业成绩的校际隔离性高、学校系统的分层性强、学生学业表现受其家境影响、应试教育倾向明显,等等。这些特性都是由"结构"衍生而来的。在学校教育的实践过程中,各个"结构"的"规则"一再被强化,而"资源"也按学校遵守规则的表现和复制"规则"的能量来分配。在所有学校中,最有条件复制和再造"规则"的,便是那些办学历史悠久的名牌老校。它们以杰出的毕业生、骄人的考试成绩和品牌不断肯定和复制"结构"的"规则",为"优质教育"赋予意义和制定标准。很自然地,学校教育界的"能动作用"便朝着这些意义和标准迈进,而"结构"的功能也被发挥得淋漓尽致。

(三) 学校教育改革与政府角色的转变

21世纪初进行的学校教育改革,其规模之大、速度之快、力度之强都是前所未有的。这次学校教育改革给我们的一个重要启示是让我们重新认识政府、大学和学校在"结构"和"能动作用"关系中的角色。长期以来,政府被视为"结构"和它所承载的"规则"及操控机制的守护人,学校是较被动的"结构规则"的运作场域和复制者,而大学则是较独立的"规则"阐释者和再造者。

有关教改的讨论,一般都关注政府所提出的教改政策内容及其实施方法,很少谈及政府在这次重大改革中的角色,即已由一个"结构"的守护人变为试图改变"结构"的"能动者"。在推行改革措施时,政府不只改变学校教育"结构"的"规则",也改变了自己的角色。在至关重要的改革上,我们可以看到政府一方面要把守着"结构规则"的运作大门(如学校体系管理、经费调拨、教师注册、校舍建造等),另一方面却要置身于学校教育制度以外,用一己的"能动作用"来改变其"结构"和内在的"规则"(如学制改革、学校管理改革、课程改革、教学语言改革、评估系统改革等)。这是香港教育事业的一个创举。这次教改,不只是制度性的改革,政府还同时扮演"结构守护人"和"改革能动者"的角色。为了让自己的"能动作用"增强,政府更不惜改变原来的学校教育行政"结构",把原有的相关部门进行整合,从而提高教改的行动效率。[1]

---

[1] 原有的教育行政"结构",是由香港教育统筹局负责教育政策的厘定,由"问责"局长领导,教育署负责执行政策,由身份属公务员的署长领导,各司其职。1997年后,香港政府决定把局和署合并,将政策厘定与执行的功能进行整合,由"问责"局长领导,下设由公务员出任的"常务秘书长"。详见香港教育统筹局"教育署检讨咨询文件"(香港:教育统筹局,1998年7月)。

(四)大学参与学校改进

政府的介入需要有适当的专业组合和实践能量。在推行课程及教学改革时,政府也认识到自己的限制:政府虽然有权力和资源,但这种改革涉及学校校长、教师、学生和家长的范式转移,更需要有专业知识和能力作为主导。政府要获得这种专业支援,最方便的做法就是从自己的课程发展处抽调人力增援。但课程发展处始终是官方身份,要其作为代表进入学校推动课程及教学改革亦有限制。因此,政府还要积极地发现其他"能动者",让他们在学校内推动课程及教学改革。

当时在学校内推动改革的"能动者"寥寥可数。组织规模较大和工作范畴较全面的要算香港中文大学的"香港跃进学校计划"①。香港政府与"香港跃进学校计划"并没有任何聘用或契约关系;若两者有一些业务上的交往,也只不过是以一种"改革同路人"的心态互通信息和互相鼓励而已。香港政府与香港中文大学之间的契约关系,通过"优质学校改进计划"②才得以真正落实。在这种新的契约关系里,香港中文大学的"改革能动者"仍扮演其一贯较独立的角色,而"优质学校改进计划"与政府的关系也和它与学校的关系一样,是一种互谅互惠的"共栖关系"(symbiotic relationship)。[6]

二、大学支持学校改进的历程

目前由香港中文大学主持的"优质学校改进计划"并不是一个全新的计划。1998年优质教育基金成立至今,香港中文大学一直通过获基

---

① "香港跃进学校计划"于1998年获当时刚成立的"优质教育基金"拨款,为26所小学和24所中学提供专业支持,进行较全面的改革,为期3年。详见 The Accelerated Schools for Quality Education Project, The Chinese University of Hong Kong, Final Report (Hong Kong: The Accelerated Schools for Quality Education Project, 2002)。

② "优质学校改进计划"于2004年获政府拨款,开展工作,为期5年。这次拨款是政府动用一项特别为大学支持学校改进所设的基金,拨款于香港中文大学为115所中小学提供支持服务。

金拨款开展学校改进工作,其中包括上述的"香港跃进学校计划"(1998—2001)、"优质学校计划"(2001—2003)及"优质学校行动计划"(2003—2004)。这些计划都是互动有机的综合性改进计划,改进的范围包括学校工作的重要领域,从学校管埋至教与学都在它们的专业视野之内。

(一)香港跃进学校计划(1998—2001)

这一计划是我们最早期的尝试,其理念受亨利·莱文(Henry Levin)主持的美国跃进学校计划(Accelerated Schools Project,简称ASP)启发,[7]在香港50所中小学开展。"香港跃进学校计划"是一个发展性和研究性计划,一方面为促进学校改进提供专业支持;另一方面从以大学进行学术研究的角度,摸索和整理大学与学校协作推动学校改进的模式,计划以美国ASP的三个主导原则为核心价值,即目标一致、赋权承责、发挥所长,并以推行"强效学习"(powerful learning)①为目的。

计划早期,我们曾认为可以寻找学校改进的通则,研究一套可以"普遍化"和"可重复使用"的改进方程式,并探索一套大学与学校协作推动学校改进的模式。计划于进行期间,对学校的各利益相关者进行问卷调查和访谈,并从所收集到的大量学校数据,比较参与计划学校在各年间的转变。这是"香港跃进学校计划"早期直接移植外地经验的想法,并以为在短短两三年间便可以用量化的数据衡量计划在学校所产生的效能。很快,我们便发现学校改进的全面性与复杂性并不能以衡量学校效能的方式简单化。就算计划所支持的学校的学生成绩、教师能量、教学策略有所提高,也不能简单地归因于计划的工作。这个大型实验受到中、小学的普遍欢迎,亦巩固了大学与学校协作的"共栖关

---

① "强效学习"乃美国ASP的主要改革工具。它主张教与学应由以教师为中心转变为以学生为中心,被动的单向传授转变为主动的建构学习,专科教学转变为跨科教学。对经历了10年教改的香港教育工作者而言,这些主张已是耳熟能详的了。详见参考文献[7]。

系",建立了大学、学校与政府的"三信"(信任、信心、信念)基础,引领学校教育工作者开阔视野、接受新知、反思自我、参与改革,建构学校团队文化,以逐步走向自我完善。

这个时期,大学参与学校改进的模式是大学专家主导模式。

(二)"优质学校计划"系列(2001年至今)

"优质学校计划"系列共有三项计划:"优质学校计划"(2001—2003,40所中小学)、"优质学校行动计划"(2003—2004,13所中小学)和"优质学校改进计划"(2004—2009,150所中小学)。这些计划的启动、延续和发展都同当时的教育改革有密切关系。自2000年起,香港政府大力推动中小学的改革,并迅速指向课程改革。当时学校迫切需要适当的专业支持。与此同时,香港中文大学的专业支持计划亦渐渐改变其工作方向,由移植、转移外来实践经验改为发展更多的本土化元素。

"优质学校计划"(2001—2003)是继"香港跃进学校计划"之后一个较为成熟的学校改进计划,除了从"香港跃进学校计划"的实验中认识到学校改进的关键以外,更重要的是"优质学校计划"的大学团队有良好的组合和适当的能量让计划取得良好效果。该计划不少是和改进学生学习及课堂教学有关的。作为"变革能动者","优质学校计划"的成员不认为有一套学校发展模式和方法可以让大部分学校依循。这是它和早期"香港跃进学校计划"工作取向的不同之处。在实施计划期间,我们通过不断探究个别教学行动计划,判断哪些教学策略或行动计划对哪一层级学生有效,或对另一层级学生成效不彰,资源调配是否需要重整。在这个与教师一起反思的过程里,支持团队的工作是让教师能量持续提升,从而让他们的专业自主得以发挥。

"优质学校改进计划"(2004年至今)基本上采取了以上"优质学校计划"的工作模式。在协助学校处理日渐迫切的课程改革的要求时,[8]我们仍坚持以最早从美国ASP计划移植过来的三个主导原则为核心价值。"优质学校改进计划"根据综合性的行动方案,使宏观和微观的学校改进工作可同步进行,即所谓"大齿轮"工作(包括整体检视学校状况、制订行动计划等),以及"小齿轮"行动计划(学生培育、学科学习、课程设计与专题研习、教学效能的探索等)。"小齿轮"的工作是具体而有效的支持,例如:把如何进行专题研习的部署、步骤、方法、形式、学习日志等提供给教师,或设计十节"有效英语学习"的教案、教具,等等。这些都是一些"套装式"的支持服务。

课改所带来的挑战、评估学校机制所带来的阴影、疲惫教师的无奈甚至沮丧,都要求我们不忘对学校的承诺和不断提高专业支持工作的质量。在协助教师认识课改的要求而调节教学习惯时,我们也力邀学校领导和教师扮演更为积极主动的改进角色,希望他们能成为学校改进的主人翁。我们更没有因情况的改变而放弃以下期望:① 建立从实践中总结出的教师成长方式和优化教学的学校改进策略;② 建立多个不同形式及不同主题的跨校教师讨论学与教的平台,进行有关教学效能的探究;③ 展示和肯定专业支持,使教师在教学上有专业自主的空间,改变一贯以来由上而下的工作模式,能被赋权,能承责。

这个时期的大学参与学校改进的模式可分为两段:前期(2001—2004)是以教育改革和课程改革政策为动力,配合大学专家主导的模式;后期(2004年至今)是以教改政策为动力,配合大学专家和校内参与者共同主导的模式。

三、有关"结构"和"能动作用"的思考

香港中文大学为香港学校提供的专业支持,至今已累积了10年的实践经验。我们可以从过往一连串学校改进计划中总结出一些成功的经验、失败的教训和具体的策略。在这里回应"结构"和"能动作用"的主题,首先从"结构"的"规则"与"资源"出发,讨论"优质学校改进计划"和其他计划的实践含义,再分析"变革能动者"的"能动作用",并以一些

相关课题(如学校改进理念和实践经验的本土化、应试教育)作为解说的例证。

(一) 大学参与学校改进的"结构化"

上文曾介绍吉登斯在其"结构化"理论中指出,人的社会行动的"结构化"过程有三个元素,即"符号化"(指概念的提出)、"合法化"(指概念被普遍合理化,所产生的"规则"为大众接受)和"支配化"(指"规则"通过权力来建立和巩固)。回顾过往的计划和现在正在进行的"优质学校改进计划"的发展历程,以上的"结构化"三个元素都隐约可见。

首先,大学参与学校改进的"符号化"在计划系列的发展初期便清楚呈现。大学参与学校改进的概念并不算新,但当时(1997年)的香港提出这个概念,仍算是一种新的尝试。提出大学参与学校改进的概念需要一个过程。我们先指出大学参与的可行性,从学理和逻辑角度陈述理由,介绍国外的成功经验,并在不同的场合进行解释和说明。初期的听众是教育界人士,尤其是一些对学校教育有一定看法而又希望改善学校教育的人士。及后,新成立的特别行政区政府锐意改革学校教育,并用巨款50亿港元成立"优质教育基金",大学参与学校改进的概念很快便被政府和整个教育界注意。可以说,从概念的提出到学校改进计划的说明,"符号化"遇到的阻力不大。

其次,大学参与学校改进的"合法化"过程亦颇顺畅,因为我们所提出的概念和方案不仅没有与当时的教育规范、价值和标准有所抵触,而且还有一个隐藏的承诺,即会让孩子学得更好。计划方案的建议并非基于对建制的不满,而是基于对学校的善意和专业信心。于是,教育界和政府很快便接受大学参与学校改进的方案,理由是它能开辟一条新道路去解决一些长期积累的教育问题。所谓"新道路",其实是在政府与学校之间提供一种优质的专业空间、一个"权力专业缓冲区",让教育工作者的素质能不受权力的干扰而得到提升。总而言之,计划的"合法化"并不曾牵涉任何立法程序或行政指令,所涉及的只是专业群体的认可和政府逐渐认识到它对教改的潜在作用。

最后,大学参与学校改进的"支配化"是三个元素中最不明显但却是最有趣的。一般而言,"支配化"是通过行使权力来建立和巩固"结构"和"规则"以及分配"资源"。在大学参与学校改进的"支配化"过程中,其主要动力并非行政和立法的权力,而是来自大学及学校的专业权威和实践智慧。作为推动改进工作的主要动力,专业权威为学校改进提出理由、方法和证据,而实践智慧则通过三者的反复验证建立可信可依的知识基础。这里所指的"支配",不只是复制和巩固现有的"结构"和"规则",更有再造和更新"结构"和"规则"的含义。所以,课程目标不只是培养能写会算的良好公民,也是培养能自主自决的独立个体;教与学不只是让学生有合意的学业表现,也是让他们学会抱着求真的态度去思考。这里所指的"资源",也不只是有关物质的"分配资源"和支配人的"权威资源"。我们所享有的"资源",不只是巨额资助和政治权威的支持,还包括一群愿意积极投入学校改进工作的"变革能动者"及社会的广泛认可。

从以上分析可见,在大学参与学校改进的"结构化"过程中,学校教育的"结构"不只能让大学的"能动者"进行有计划和有组织的活动,而"结构"本身也成为过程中的媒介。大学参与学校改进的计划能配合"结构"的三个元素而得到延续,一方面是因为大学的"能动者"掌握情势和教改时机;另一方面是因为"结构"本身的元素可被利用作为复制与再造的动力,而其"资源"也是可以获取的。

(二)"变革能动者"

实践中我们反复探索,希望找到最具意义和最切合学校实际的改进模式、类别,以至行动计划。因为我们的改进方式是综合性和全面性的工作,所以还要聘请能涵盖香港中小学教育各环节、能针对教师具体需要的专业支持人员,让他们通过训练而成为我们的"学校发展主任",即"变革能动者"。

"学校发展主任"所要面对的,不只是个别学校的改进问题,而是香港学校教育制度的"结构"问题。香港学校教育制度存在已久,经过"规则"的不断复制,现已有清晰可辨的特征:制度化的"派位"入学方法(抽签加家长意愿);制度化地把学生分派到不同学业等级的学校去,使学校之间的学业成绩分隔严重;制度化地按学生的学业成绩将其分流,决定学校可用中文或是英文作为教学语言,等等。其他突出的"结构"问题还包括:教育目标及教学设计单一,未能照顾学生的家庭背景和特殊学习需要;缺乏有效的措施以平衡学生差异,等等。这些都是严重的"结构"性限制。同时,学校教师的积极性亦受到薪酬架构、人事编制,以及学生来源和素质等"结构"因素的影响。"学校发展主任"的工作,是从学校的教师中找到合适的伙伴,再在庞大的"结构"问题丛中耐心地辨认出每所学校的核心问题所在、寻找问题的源头,然后与伙伴们一起设计适当的办法,并通过协商和实践去解决问题。这些"变革能动者"清楚地认识到,解决个别学校内的部分问题并不等于解决"结构"性的问题。大家明白,当学校教育"结构"的"规则"经过不断和重复的人为干预而发生变化时,"结构"性的教育问题亦会发生质变。"变革能动者"的工作,是要通过解决个别学校内的部分问题让"结构"性的教育问题发生变化。

"学校发展主任"一方面要进行有凭据的专业实践,另一方面则要不断进行有关的行动研究,使他们今后的工作更有洞察力。为了让"学校发展主任"能有较均衡的专业视野和较完整的研究取向,我们安排定期的分享会及各种活动,如最新研究发现和阅读文献报告、各校工作进展报告、有关分析问题和解决方法的讨论、有关价值分享的讨论等。这些活动的目的是帮助"学校发展主任"重组其专业经验。在这方面最能帮助"学校发展主任"的要算近年来开始引进的"借调教师"。

"借调教师"都是学校教师队伍里的表现出众者。他们愿意暂离校内工作岗位,赴大学配合学校改进计划的工作。他们的工作常会按其专长来分配。他们与"学校发展主任"同是支持团队的成员,不过到学校开展工作期间,"学校发展主任"仍会扮演主导的角色。到了大学,他们的身份也有所改变,从原来的学校教师身份变为"变革能动者"的身份。在促进支持团队专业成长的工作里,"借调教师"的贡献是非常重要的,因为他们既有一线的学校经验,还直接参与计划的支持工作,所以,他们对学校改进的看法应该是较全面的。香港中文大学的计划得到教育界的认可,很大程度上和"学校发展主任"的优良工作表现及一些主力人员的参与有关。此外,长期支持计划发展的大学教授、杰出的教育工作者和参与学校内的核心成员,都让各计划有了一个优质可靠的"人才库"作为后盾。

我们在上文已肯定了校内核心成员(组成核心工作小组)在学校改进中举足轻重的作用。从学校改进的角度来看,校内的核心成员不一定是所谓"领导班子"的成员,他们也不一定占据重要的行政岗位。校内核心成员是那些与计划有一些共通价值,认同我们所做的事情,在同事中有一定威望和能积极参与我们工作的人士。他们更能让改进的能量凝聚,让改进工作可以顺利开展。他们是当下常被谈论的"教师领导"。[9]

校内核心成员和学校领导的关系是微妙的。作为一股"能动力",两者对学校改进的影响甚大。我们的观察结果是,杰出的校长一般对学校改进工作是热心的,也能团结同事,让核心成员能有据可循地参与。较强的校长和较强的核心成员是高效能工作的保证。若校长的领导能力一般或稍逊,而核心成员又组成较强的核心工作小组,则后者的强效领导角色在较宽松的领导下更见明显。经过不断验证,我们发现最能让核心成员显示其能力的便是赋权与核心工作小组。因此,我们尽量把核心成员纳入改进计划内,并期望他们会认同计划和参与我们的工作,成为主导计划的"变革能动者"。

(三)"能动作用"反思之一:大学参与学校改进的问责性和持续性

任何由外界资助的大学工作计划都要认真看待和处理一己的"问

责性",以最有效的方法向资助方及受计划影响的利益相关者报告工作的结果。因为资助一般有清楚的期限,这些大学计划的成员也会考虑计划是否有持续性,保证以往所付出的努力不至于白费。

香港中文大学在过去所进行的学校改进计划都是由公费资助的(先由优质教育基金拨款资助,后又由政府以特别的专项形式拨款资助),所以不可避免地要面对问责压力。在工作历程中,我们首先试图摸索一个能对应不同类型学校的发展模式。换言之,是以学校效能的观念,期望能统一推行某种模式,既见成效,又能有证据证明成效。经过"香港跃进学校计划"三年与学校合作的经验,我们发现所用的量表和计划的情势检讨结果都不足以全面反映专业支持的"能动作用"。自2001年起,"优质学校计划"系列便开始在量化数据的搜集以外,采用个案研究的方式,描绘计划在学校进行的工作和计划人员与学校各利益相关者的互动,深入探索这些工作对学校所产生的作用。逐渐地,个案研究取代了量化调查而成为工作成效的主要依据。

个案研究的工作包括:支持队伍进入学校的前后检视(其中也包括搜集量化数据);与学校合作期间的观察;教师在不同工作层面和范畴的成长的观察(含校长、核心小组成员的访谈及每个主要行动的效果反思)。从问责的角度看,个案研究的分析较为细致和深入,能清楚地反映个别学校的改进情势,故对于接受大学进行改进工作的学校是很有建设性的。不过,个案研究的个别性强,研究结果不能普遍化,也难以简单化,故计划若要向资助人提供一些简单而有说服力的证据,则常要以突出或适切的个案说明成效。至于面对教育界和公众的问责需要时,计划会以参与计划学校的回馈作为一种成效检视的证据。无论如何,个案研究的应用增加了计划对学校改进状况认识的深度和敏感度。这对整个计划"能动作用"的反思是有帮助的。个案研究可以在不同学校、不同时间灵活地进行,它让"变革能动者"能从尝试中学习,累积知识,并从实践中总结经验。

在考虑回应"问责性"需要的同时,还要关心计划所提供的支持能否有足够的持续性。其实,持续性需要的元素是那些有效和实在的专业意见与方法,以及那些能使人信服的价值。在过去的实践里,我们曾花了不少心思在提供多样和有效的改进方法上,如上文提及有关新课程强调的"专题研习"的套件供教师参考使用。然而,"套装式"的支持服务固然受一线教师欢迎,但这样的支持往往是昙花一现,其"能动作用"的可持续性有限。如果教师不关注学生整体素质的提高,亦没有反思各种计划是否适合自己学校的学生,这些活动计划都只变得有形无实,无法维持。可以说,关注教师培训及能量的提升,比拥有套件照本宣科更加重要。

就教师培训及能量提升的问题,我们也曾运用不同的观念和方法来帮助教师,以使学校改进的"能动作用"得以维持。其中重要的一条途径就是网络的建立。在学校层面,我们鼓励参与计划的学校在条件许可下共建网络,让它能及时分享各校的实践经验和网络提供的其他资源。在教师层面,我们鼓励"借调教师"组成网络,让他们能互相分享经验和信息。在教师培训方面,我们为一批肩负主要学科教学和课程统筹任务的小学教师成立了"品质圈"(quality circle),为这些教师提供中文、英文、数学的教学及课程管理的培训。以上网络的功能虽不尽相同,但其增强持续性的目的却是显而易见的。

其实,学校改进计划的"能动作用"能否维持,其关键不一定在于它的活动式样和频率。过去的经验清楚显示,专业支持的重要基础是学校与支持机构的"三信关系",即信任、信心和信念。为此,必须先与学校建立互信关系。信任大学处理研究资料和数据的专业操守,以及它所提供的专业支持的质量。信心来自我们的工作坊所传出的讯息。一般教师所接触的工作坊,多是讲座或单向讲解的模式;而我们则强调参与式的模式。尤其在教改早期,这种参与式的工作坊是当时的教师很少经历的。从一开始,教师就因为这些独特的经验而对计划抱有很大的信心,这是一种极大的优势。可以说,计划自成立以来就非常严谨地设计工作坊,细致地安排每个步骤和总结,因而能够从一开始便建立大学与学校之间的互信关系。

(四)"能动作用"反思之二:学校改进的本土化

外国教育教学理念与实践的本土化是一项复杂且漫长的工作,其中不乏失败的例子。不过,"移植"是有其"能动作用"的,它一方面可以借外来的想法和经验挑战学校教育的"结构规则";另一方面还可以通过"移植"来改变"结构"。本土化是否成功,不在于外来的理念和实践产生了什么本质和形式的变化,而在于学校的领导和教师确切地认识到校内一直沿用的理念和实践的本质、优点和限制,然后再反思其改进的方式和策略。"香港跃进学校计划"所强调的"强效学习"及其在以后计划中的变化,就提供了一个重要的例子。

"香港跃进学校计划"以"强效学习"为改变教与学的平台,以此培育校内促导员,利用教与学来促使学校改进。"强效学习"强调教学应以学生为中心,而学习应是知识建构的过程。由于不同的"文化根",其所强调的教与学的取向也不符合当时盛行的应试教育取向,故无论是理念还是实践,"强效学习"都给人一种格格不入的感觉。有趣的是,政府的一项新政策却为"强效学习"带来了新的契机。政府于21世纪首年便进行了中学学位分配办法的改革,并于同年取消小学的学能测验。学能测验取消后,小学里的操练压力得以舒缓,释放了小学教师的能量。借此机会,我们在参与计划的小学里引进"强效学习"的理念和策略。学校也为学生的长远发展着想,积极学习和尝试,发展了一系列本土的多元智能课程。这些课程现在看来虽然较为稚嫩,但在当时的传统教学模式下已是不错的起点。

至今,经本土化的"强效学习"仍然在一些参与小学进行,但其角色已不如前,变成了小学学科统整的一种手段。总结数年的经验,我们现已不再采用单一的教学观念,而是通过"全方位学习"的取向,采用"有效学习"的名义,与教师共同备课,以此提升本土教学的质量。本土化的"能动作用"在于它能在已经启动的变迁过程中产生一种有利的调节作用。这种调节,是所有曾经有过理念和实践"移植"的教育系统或计划必须经历的。否则,学校教育将难有属于自己的价值和精神,因为支撑这两者的知识论和伦理架构都是从外方借来的。

(五)"能动作用"反思之三:考试和应试教育

在各种学校"结构"中,以公开考试形式表现的"评估结构"最能显示"结构"巩固的规范性和其强有力的功能。我们希望帮助学校改进,提升教学质量,但我们常听到的是考试是改进的最大障碍,因为学生的学业成绩将决定个别学校的前途。"应试教育"早在香港的学校生根,学校之间的"应试教育"表现只是程度上的差异而已。学校改进计划要取得教育界的认可、能延续其"能动作用",必须回应这一问题,必须对考试有一种较清晰的看法。这种看法,是需要根据我们对考试的理解而衍生出一种专业态度。

考试肩负评估和筛选的责任,是"评估结构"中最被广为接受的工具,因为它始终有成绩作为凭证。当大学教育层面出现数量供不应求时,学生自然需要竞争入学,而甄选适当的人入读大学的问题便随之而起。当社会需要采用一些较客观的工具作为甄选学生的手段时,考试很自然地便成为这种手段。考试的功能很简单——客观评估、提供证据——但它所显示的各种"规则"和"资源"却对教育界的"能动作用"有极重要和深远的影响。

作为一种"结构",考试的规范性和影响力是毋庸置疑的。考试牢固地存在于学校教育体制内,主宰着学校教育的某些工作范畴。在没有其他更客观的工具可供使用时,它仍是大众所接受的甄选学生的手段,故学校内的"应试教育"倾向是可以理解的。不过,当它严重影响学校内的教与学时,"应试教育"是不能被接受的。

作为推动学校改进的"变革能动者",我们不能坐视"应试教育"而不理,但亦不会让学校不理会考试的影响。任何负责任的"变革能动者"都不应有一种"考试万恶"的心态,因为这是对学校教育"结构规则"

的置之不理。当下,学生的学业表现是一所学校教学质量的重要指标,也是家长择校的主要依据。在入学人口不断减少,学校又面临规模缩小的危机时,试问有谁能诚实地忠告学校不要理会学生的学业表现呢?

为此,首先要肯定学业表现的重要性,也承认评估的必要性,然后按照我们为个别学校所做的情势分析结果、判断改进行动的取向。在学生学业表现较逊的学校,我们会刻意地把工作指向提高学生的学习动机和兴趣,以及改进他们的社交技能。在学业表现较佳的学校,我们会通过改进主要科目教学的工作,以改善学科课程为切入点,协助教师重组学科课程与教学,以此提升学生的学习动机和能力。如此,学生的学业成绩自然会有进步。在一些较注重评估和考试的学校里,学科教学改进的工作会参照某些常见的"增值指标"来协助教师设计和重组课程与教学。每当遇上过分强调考试的学校领导和教师时,我们就会用叙事甚至讲故事的方法带出"应试教育"的害处。

我们从过往的经验认识到,校外的"变革能动者"在参与学校改进的过程中终究还是局外人。其实,"变革能动者"就算有更好更强的理由去阻止"应试教育"在学校延续,他们也应认识自己的参谋角色。要通过"能动作用"去改变"结构规则",最可靠的还是有一批既专业而又善于游说的"变革能动者"。因为学校改进毕竟是一种"人影响人"的工作。

四、结　语

本文以"结构"与"能动作用"的关系和互动作为讨论脉络,探讨了针对教育改革的学校改进计划的发展和变化。学校改进计划系列的设计者和执行者是香港中文大学,资助者是政府和它所成立的基金,参与者是数以百计的香港中小学。学校改进计划系列在实践的前期选择以专家主导的工作模式,之后随着教育改革步伐的加快和学校发展情势的转变而积极争取学校领导和教师参与改进工作。这种改进模式的转变,让大学、学校和政府在不同程度上都成为"变革能动者"。

本文中的"变革能动者"是那些为了教育改革而做出选择性行动的人。他们的能量是"能动作用"。他们要改革的是学校教育的"结构"和由"结构"所承载的"规则"以及行动习惯。

本文部分验证了吉登斯的"结构化"理论,即"结构"不只是规限人的"能动作用",同时也使"能动作用"得以产生。若人的"能动作用"不是完全被规限的话,那么人便可以改造"结构"。从本文的讨论中可以看到,政府的"结构"角色发生了重大变化,从"结构"守护人转变成试图改变"结构"的"变革能动者"。政府角色的转变,一方面为改变"结构"注入了必要的动力和资源,同时亦为大学成员开辟了参与的途径。在学校改进过程中,大学的"变革能动者"并没有强硬地挑战"结构"和它的"规则";相反地,他们试图以一种包容的态度来调节与"规则"可能存有的冲突,以渐进的方式来进行学校改进。经过不断的行动,学校教育的"结构"和它的"规则"被赋予了新的意义。我们不会期望学校教育的"结构"在短期内发生什么蜕变,学校改进计划系列所能做到的,是为参与学校催生其变革过程。

"优质学校改进计划"系列的"能动作用"显见于参与学校素质上的改变,以个案研究的方法记录。经过 10 年的工作,计划系列最大的成就是让政府、大学与学校建立起一种伙伴协作的关系,让部分参与计划的学校领导和教师成为主动的"变革能动者",改变了过去以专家主导的模式。今后的学校改进工作应该是由政府资助,由大学成员和学校的利益相关者一起在学校这个场域里进行改革。只有这样,真正的改进工作才能开展,而学校改进的协作模式才能不断地延续、再造和更新。

"优质学校改进计划"系列的效力,并不是它能在短期内使学校的能量大大提升,而是它能让学校的利益相关者怀着希望去工作、去学习、去发展。它让教师怀着希望教学,因为他们对教育的视野拓宽了;它让学生怀着希望成长,因为他们的学习生活变得有生气了。

回顾10年的发展历程,我们得到以下启发:在教育工作的情境里,"人"的因素始终是最重要的。"人"是指为学校提供专业支援的人员,也是指教师的心态。为此,无论是大学专家,或是走到一线的学校发展主任和借调教师,我们都应当更加勉励自己不断拓宽视野和提升能力,继续为学校提供专业帮助。与此同时,我们还会以改进计划的格言为工作的座右铭,深信"一切从心开始"。

参考文献

[1] Durkheim E. The Rules of Sociological Methods[M]//Lukes S (Eds). The Rules of Sociological Methods and Selected Texts on Sociology and Its Method. London and Basingstoke: Macmillan, 1982:29-163.

[2] Marx K, Engels F. Manifesto of the Communist Party[M]// Marx K, Engels F. Collected Works (volume 6). New York: International Publishers, 1975:477-519.

[3] Schutz A, Luckmann T. The Structures of the Life-World[M]. Zaner R M, Engelhardt Jr H T (transl). Evanston, IL: Northwestern University Press, 1973.

[4] Garfinkel H. Studies in Ethnomethodology[M]. Englewood Cliffs, NJ: Prentice Hall, 1967.

[5] Giddens A. The Constitution of Society: Outline of the Theory of Structuration[M]. Cambridge: Polity Press, 1984.

[6] Sirontnik K A, Goodlad J I. School-university Partnerships in Action: Concepts, Cases, and Concerns[M]. New York: Teachers College Press, 1988.

[7] Hopfenberg W, Levin H, Associates. The Accelerated Schools: Resource Guide[M]. San Francisco: Jossey-Bass Publishers, 1993.

[8] 赵志成.新高中课程带来的忧虑与挑战[Z].香港中文大学教育学院及香港教育研究所,2007.

[9] 卢乃桂,陈峥.作为教师领导的教改策略:从组织层面探讨欧美的做法与启示[J].教育发展研究,2006(17):54-57.

(原文载于《教育发展研究》2007年第12B期,第1—9页,作者为卢乃桂)

第五章
能动者行动的意义
——探析学校发展能量的提升历程[①]

学校改进是复杂的目标性活动,靠能动者发挥其潜能和创意,以互利的态度协作而提升学校的发展能量。本文以"活动理论"中的"活动三角形式"为纲,以香港"优质学校改进计划"的校本改进工作为例,探讨该计划的主要能动者"学校发展主任(School Development Officer,简称 SDO)"和"借调教师"在学校开展改进工作的历程。文章试图透过描述能动者的工作特性和实践经验,展示学校改进其实是一种延展性的学习活动。

一、导 言

学校改进是能动者运用各种方法及文化工具以求提升学校的发展能量的活动。学校乃一复杂的活动系统,内存结构性的资源、能量和制约;其运作要靠学校成员在不同层面和类型的活动中,既各自发挥,又共同协作,让活动成果能转化为群体的利益,也让学校持续地发展。所以,学校改进是一种平衡结构性资源从限制到提升学校发展能量的转化过程。在此过程中,学校成员的能动性便成为学校改进的关键。

大学与学校合作推动学校改进,其主要的任务

---

① 该文章发表于香港期刊,编辑秉持尊重作者、尊重原文的原则,对于不符合内地语言使用规范的予以处理,保留行文的语言习惯。如内地惯用的"最近发展区"香港惯用"临近发展区",内地惯用的"素养"一词香港惯用"素质"等,这类情况均保留原文。

是增强学校成员的能动性,从而提升学校的发展能量。大学与学校的关系,是一种共同达至改进目标的互利共生关系。大学的成员,无论是负责发展计划的统筹人员,或是被派进学校工作的人员,都会以发展和增强学校成员的能动性为工作目标,因为这些能动性是学校发展能量之本。虽然我们可以在中文文献中找到前线工作者的经验记录和叙述,但通过理论来探讨这类协作性工作如何提升学校能量的书文却不多见。[1][2]

本文的目的,是借助"活动理论"(又称"文化-历史活动理论",cultural-historical activity theory)的要旨和分析架构,呈现香港"优质学校改进计划"(2004年至今)的成员在学校开展工作的历程。这些成员皆为该计划的"学校发展主任"和"借调教师"。他们是这项计划的前线工作者,专门负责校本发展工作。本文以"活动理论"中的"活动三角形式"为纲,描述他们如何与学校成员一起执行任务,并通过不同的方法达至学校改进目标。因为学校发展主任和借调教师的背景、经验和在计划中的位置都很不同,故此他们的工作取向也是多样的。本文的重点,是透过描述学校发展主任和借调教师的工作特性和实践经验,展示学校改进是一种能动力的生成、延展和累积的结果。校本的学校改进工作,是大学派出的工作人员和学校成员互相学习、共同解决问题的活动。他们在工作过程中所遇到的挑战,也反映了当今教育的核心问题。大学与学校合作改进教育,更提供了一个实验场地,让学校发展主任、借调教师和学校教师尝试提升一己的能动性和共同建构"能动者"的身份。

本文的论点,是建基于有关的中外文献、香港教育研究所出版的"学校教育改革系列"丛书、在互联网上流通的有关文章、实地观察及在不同时间给12位学校发展主任(2009年,共5人)及借调教师(2006年,共7人)做访谈的记录。

本文共分六节。第一节是导言。第二节介绍"活动理论"中的"活动三角形式"及其要旨,并透过此"形式",指出"活动理论"对学校改进的启示。第三节以"优质学校改进计划"为例,说明大学与学校协作的校本改进工作的过程及重点。第四节探讨学校发展主任的校本工作历程,从他们如何做好准备在学校开展工作,至他们如何寻找合适的方法,借赋权增能来提升学校教师的能动性。第五节讨论借调教师在学校改进中的位置和作用。如学校发展主任一样,他们的主要任务是配合学校成员进行校本改革,但他们更扮演促进大学与学校成员互动的角色。第六节总结文中所陈述的论点,循"活动理论"的活动—目标—成果分配的脉络,道出能动者行动的意义。

二、"活动理论"及其对学校改进的启示

"活动理论"乃"文化-历史活动理论"的简称。"活动理论"由俄国心理学家 Lev Vygotsky 于 19 世纪初期提出,经数代学人修订和发扬。"活动理论"虽在近年渐受学术界和教育界重视,但至今仍属黉墙内"最为人保守的秘密"。[3]"活动理论"坚信人类每个有意识的活动都在独特的情境中发生,因为无论是当事情境或是当事的人,都有其独特的文化和历史经验,故进行的活动亦会循这些经验的文化和历史脉络而开展。"活动理论"中的人、物、活动目标的关系常以以下的"活动三角形式"(activity triangle)说明(见图1)。

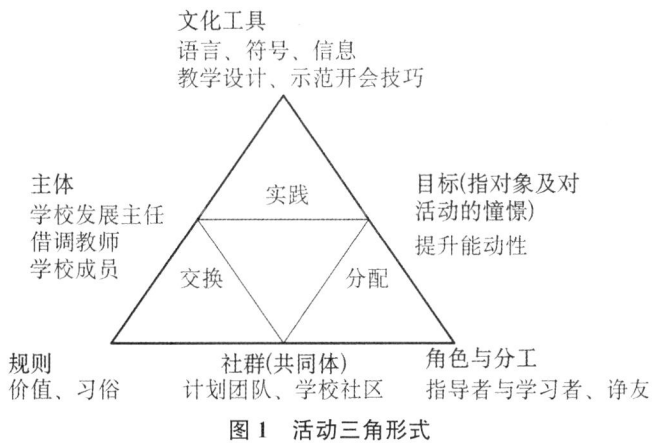

图 1　活动三角形式

"活动理论"称有意识地进行活动的人为"主体"(subject)。"主体"可以是一个人或一组人;无论人数多寡,"主体"皆是能动者。他(们)运用各种方法,采用各类的工具(tools)和物件(artifacts),试图改变某些物质情境的现状而达至其活动的目标(object)(见图一)。在"活动理论"的演绎中,"object"包含两种意思:一是被改造的"对象",即物质世界中需要改变的人和事,例如,某学校的人事管理、某级学生的学业成绩或某学科的教与学取向等;二是对改进的憧憬,即改进工作欲达至的目标,例如,学校的人事管理更具效率,学生的学业成绩更能在多方面被提高,或教与学的取向能从灌输式的单向教学改变为启发式的主动学习等。

作为"主体"的能动者可能是学校内的师生,也可能是校外的发展工作者,后者配合校内教师推行改进活动。能动者的工作存在着人与物和人与人之间的分工,按分工任务及实践情况分合散聚。他(们)的能动性,要靠学校所能提供的物质和精神资源而得以发挥,但能动力同时也受制于学校结构中的规则、价值和行为规范。

改进工作的过程是一种"仲介行动"(mediated action)过程,在此过程中,能动者和改造对象(行动目标)的关系,由各种仲介物维系。无论是被视为"工具"的工作程序和改良技巧,或是被视为"物件"的录影机和教学用品,这些仲介物都承载着人类的创意和创造力的历史。改进工作的成果就如产品,既可被参与实践的能动者和受众消耗(consumed),也可以在学校群体乃至校外的社区中分配(distribute),更可以在能动者和社群之间产生一种交换关系。能动者的行动开拓了新的资源,让随之而来、由他人开展的行动能纳用之。能动者亦会通过社群中的活动成果分配和资源分享而获取他人所开创的新资源。具有分享意义的展览会、分享会、工作坊等都让能动者的活动成果能在社群里分配。当活动川流不息,作为"主体"的能动者与社群的交换关系(exchange)便能得以延续和扩展。这还对学校和外在的大环境改善产生正面的影响。

在"活动理论"中,"活动"(activity)有其特殊意思,有别于在学校惯常见到的作业和工作,如间歇性分组讨论和资料搜集。"活动"是指动机和目标并存、由能动力所维持及影响社群发展的活动,例如,改变学校的教学取向、减少学生之间的学习差异、促进教师学习,以至提升学校整体的发展能量等,都可以算是"活动"。

由"主体"的能动者开展的"活动",要达至既定的目标,不会一蹴而就,需要经过一定的过程。在此过程中,能动者的质素和他们之间的互动便是"活动"成败的关键。能动者的质素,取决于其基本认知能力、解决问题和应变能力以及参与"活动"的意愿和准备性。能动者之间的互动,不只取决于互动的频率和协作的密度,还要视乎他们能否互相学习,取长补短地参与"活动"。一方面,"活动"有其演化性和复杂性,如改变某学科的教与学应包含一系列的思想、部署和实践的工作;另一方面,各能动者又对"活动"的价值、情境和方法持有不同层次的认识,所以他们将要既教又学,因时制宜地转换导师和学员的角色,为自己和他人伸展能力及提升能动性。在此,"活动理论"的一个核心观念——"临近发展区"(zone of proximal development),将有助于我们理解这种能动力伸展的情况。

(一)"临近发展区"

"临近发展区"所指的,是"实际发展水准与潜在发展水准之间的距离"。[4]实际发展水准是一个人能独立解决问题的水准,而潜在发展水准是由一个人与更有能力的同伴协作而获得的解决问题的水准。"临近发展区"由"活动理论"鼻祖Vygotsky提出,意指学员在导师的帮助下,在文化工具调节下,可伸展其认知和思维能力,获得新的心理机能和思维模式。"临近发展区"的形成,不仅是在个别学习者内部形成,还可以在能动者参与共同活动中形成。若能动者有一定的学习能力,并能利用适切的工具提高互动的质素,则"临近发展区"可不断地延展,让"活动"达至预期的目标。

能动者试图在"临近发展区"中伸展能力,将自己的能力水准推至更高层次,其实正是在进行学习。在协作情境中,经验较少的一方会以观察及效法的方法,进行模仿性的学习。通过协作,能动者还能尝试一些个人独自难以开展的新行动,如协作教学[5]和组合较大的共同工作。协作中的互动使"临近发展区"的行动由个人的层面提升至社际的层面。在这种意义下,"临近发展区"所指的是个人行动和集体协作行动的距离。[6]因为个人与集体的能动性有一定的差距,故协作可以实现个人不可能做成的事。这亦意味着协作能将"临近发展区"的延展性加强,使"活动"的目标更有可能达成。其实,由"主体"的能动者利用文化工具进行实践"活动"的过程中,"临近发展区"的形成和延展可能出现多于一次,因为能动者要在协作中互相适应,以互谅互惠的态度行事。若双方因态度或情绪问题不能合作,"活动"的实践便不可能继续,须另找其他途径再次启动。因此,协作的成效不仅依赖适当的策略和方法,还牵涉能动者的个人情绪及协作者的集体情绪。

"活动"的实践还牵涉一个本体论的问题,即能动者的身份问题。在"活动"的实践中,能动者将要回应"我是谁?"这个有关身份的问题。"活动"既然由始至终是一种转变的过程,能动者在其中工作,自然会经历认知以至价值的转变。他(们)在参与"活动"时已有一种社会身份——校长、教师、学生、校外专家,而这种身份背后更有个人的历史和文化属性。能动者的身份会在"活动"的特别情境中,因应个人在"活动"情境所拥有的能动感知(sense of agency)和所发挥的能动作用而改变其身份。例如,一位工作表现一向逊色的教师可能因"活动"情境的需求而能发挥所长,通过表现某些潜能而改变其"投闲置散"的身份。因此,能动者的身份是可变的。"我是谁?"的变化,除了是"活动"情境的要求外,还会根据能动者之间的互动而发生。能动者在参与"活动"时的身份和社会位置,会因为"活动"情境需求以及文化工具的调节而有所调整。能动者身份的形成和重塑,是人和人、人和物在"活动"中共同建构的。在改变现实的过程中,能动者也改变了自己。

(二)"活动理论"对学校改进的启示

学校改进是一种"目标性活动",旨在使学校成为有利于学生及其学习的场所。[7]另一种较狭义的理解,是把学校教育视为一种变革的策略,如使学生的学业成就得以提高,及学校管理变革的能量得以增强。学校改进既有目标,也有各类能动者(校长、教师、学生、家长、校外能动者、社群成员)的参与。他们的行动由校内和校外的文化工具(如语言、符号和其他物质工具如图表、软件、电子信息)所调节。在"活动理论"的视域中,学校改进是在学校制度层面的一种"活动"。在人际层面,学校改进是指能动者之间的互动和目标性的行动。在个人层面,学校改进是指能动者如何参与,以及掌握和运用文化工具而达至工作目标,即个人是怎样学习和改变的。

学校改进的目标,其实是当今学校教育的价值和实践取向(praxis)的写照。当今教育的实践取向已逐渐凝聚了一些较为进步却又零碎的教育观念,在教学形式上隐约见到建构主义和进步主义的影子。[8]具体的学校改进计划亦会以改变学校的教学和管理为工作目标,但能动者在改进过程中所做的努力,所感所想,却鲜有深入的探讨。[9]"活动理论"所关注的,正是能动者用什么文化工具来达至活动的目标。如前所述,这些文化工具在"活动"的实践过程中起调节作用,它们也是学校改进实践的必需品。这些文化工具既能帮助能动者掌握自身的心理机能,如知觉、记忆、专注[10],又能让他们进行改进的工作。文化工具的获取和运用于是便成为改进行动的关键。

能动者获取文化工具的过程是一种"领会"(appropriation)过程,与能动性的关系密切。"领会"包含"掌握"和"拥有"的意思。[11]"掌握"是能动者在持续行动时学会使用某些文化工具而能达到熟练程度,甚至发展出专门知识和技能。对学校改进的人员来说,"掌握"文化工具,知道"怎样做"(如有效地运用电子信息或会议知识)是开展工作的基本条件。至于"拥有",则是能动者不仅学会如何使用这些文化工具,而且能将它们变成自己的工具,即让学会使用的文化工具成为自己的认知的一部分,乃至对它们有拥有感。例如,个别能动者掌握了某一套会议知识,深信其效用,常用于会议中,不时因应具体情况而修订之,并以这套会议知识作为教导他人的样本。

一个常被用于解释"领会"的例子是田径运动中的撑竿跳高。这项跳高运动假定撑竿跳高者(能动者)和竿(文化工具)之间是不可分离的。跳高的过程不只涉及一种物质工具(竿),还包括跳高者使用的其他文化工具,如从书本和录影中获得使用撑竿的信息,及教练对这种跳高的方式和技巧的说明和指导。当运动员学习怎样撑竿跳高时,他/她会首先掌握使用相关的物质工具(如,杆、跑道、其他设备)和语言工具(如,教练在形式、风格和技巧方面的指导)。当他/她试图"拥有"这些工具,尽量使之成为自己的,以自己的方式使用,成为自身的一部分时,撑竿跳高者便算是"领会"这项运动。[11]

学校改进是指人运用文化工具改变人的工作。"活动理论"为学校改进工作提供一个讨论架构,让能动者的行动能在达至目标的过程中呈现。其实,能动者在学校改进的"目标性活动"中为了改变现状而与他人协作,他(们)的行动是一种"社会情境性学习",即能动者在与他人相互交往的行动中学到一些新的事物。至于这种从学习所得的,是专门或一般的知识,是处事或观察的技巧,还是感悟或领会,则要看能动者的互动取向。若互动能让能动者提升至一个更高的认识和意识的层次,我们便可以称之为"发展"。学校改进的主角是教师。有关教师的学习和发展的研究,已渐由分析教师作为个体的学习历程改变为探讨教师在群体中[12]和在协作情境中的学习。[13][14]作为学校里的能动者,教师如何与校外人士一起开展"目标性活动",应能为教师学习和发展提供一个新的视角。

三、大学与学校协作下的校本改进工作

大学与学校的协作给校本的改进工作增加了变数。这种变数是复

杂的,因为改进"活动"中的能动者加入了大学的学校发展主任和从其他学校借调到大学的"借调教师"。大部分大学的工作人员都会有一些学校工作的经验,这些人的背景是多样的。有些学校发展主任曾任中小学校长,但也有个别学校发展主任的专业经验却与学校教育无关。有些借调教师曾是资深的教师,借调到大学参与工作是因为个人独特的发展意向。无论如何,这些外来的能动者皆有自己的生命历史和文化属性。他们与学校教师之间的协调便成为开展改进"活动"的先决条件。大学与学校协作的另一先决条件,是双方在价值、观念和策略上的协调。大学与学校毕竟是两种不同的机构。大学崇尚探求新知和学术自主,重试验探索,故虽有一定的改进学校策略,也不会对学校的成员有强制性的要求。学校以教学育人为己任,重知识传递和学生培育,故虽有实践较为宽松的新课程的责任,亦不会轻率地改变讲求效率、控制和成绩的教学范式。大学与学校成员的协调,需要在教育的价值、目标和方法三个层面上取得共识。他们之间的共识,是建立在一种互相信任的基础之上的。这种互信使他们能以互谅互惠的态度进行改进工作,也因此让大家能有信心完成任务。

在香港中文大学"优质学校改进计划"(以下简称"计划")的发展历程中,学校给予它的信任和对其工作的信心使它成为目前在香港最具规模的综合性学校改进计划。"计划"于 2004 年成立,由香港特区政府分两次拨款资助至 2011 年。"计划"承接数个由香港中文大学主持的同类计划的工作,自 1998 年已开始进入香港的中小学开展校本改进工作。[①]"计划"秉承过去几个同类计划的工作取向,以"目标一致、赋权承

---

① 香港中文大学自 1998 年至今,一直获得拨款发展及延续一系列的整全式的学校改进计划,包括"香港跃进学校计划"(Hong Kong Accelerated School for Quality Education, ASQE,1998—2001,50 所中小学参加)、"优质学校计划"(Quality Schools Project, QSP, 2001—2003,40 所中小学参加)、"优质学校行动计划"(Quality School in Action Project, QSA, 2003—2004,13 所中小学参加)及优质学校改进计划(Quality School Improvement Project, QSIP,第一阶段 2004—2009,115 所中小学及特殊学校参加,第二阶段 2008—2011,120 所中小学及特殊学校参加)。见卢乃桂,2007。

责、发挥所长"为主导原则①,以增强教师发展能量、建构学校团队文化和学习型组织为目标,[15]在近235所中小学开展改进工作。

"计划"根据综合性的行动方案,使宏观和微观的学校发展工作可同步进行。"计划"称宏观工作为"大齿轮"工作,包括整体检视学校状况、制订行动计划,旨在让学校成员能认识学校的"强弱机危"和各项改进行动的定位和作用。这对学校的整体改进是有利的。"小齿轮"属微观的行动,包括学生培育、学科教学、课程设计和专题研习、教学效能的探索等。"小齿轮"的工作是为了提供具体而有效的专业支援。例如,"计划"成员会把如何进行学科教学改革的部署、步骤、方法、形式等提供给学校的协作教师,通过共同行动如共同备课、观课、课后检讨改变对学习效用不大的教学模式。[16]"大齿轮"和"小齿轮"若能环环相扣、运用得宜,则有助于学校的整体改进。从"活动理论"的角度观之,"大齿轮"和"小齿轮"的工作都可以被视为"活动",两者的分别只是在于"活动"在学校组织的什么层次发生和"活动"的结果对学校的哪些工作范畴产生影响。作为一项"活动","大齿轮"工作牵涉的是学校的整体状况,所以它是在学校组织的较高层次发生的,而它的影响亦会覆盖全校。至于"小齿轮"工作,因为它的本质是具体和多样的,所以它多在课堂或学校的其他活动范畴发生,而受它直接影响的,应是参与改进行动的教师和他们的学生。每当"小齿轮"的工作结果被分享和推广,它的影响范畴就会逐步扩大。若一项"小齿轮"工作的结果能产生示范性作用,它的影响将超越学校而在教育界产生积极的作用。

下文将要讨论的,多属"小齿轮"的学校改进"活动"。参与"活动"的能动者至少有三类:学校发展主任、借调教师和学校教师。学校发展主任和借调教师是大学派进学校的工作人员。学校教师是学校成员的一个统称。视乎每所学校的情况和参与改进工作的准备程度,学校成员可包括学校领导、负责校内改进工作的核心工作小组成员及其他参

---

① 这些主导原则源自美国"跃进学校计划"。该计划由 Henry Levin 教授主持,"香港跃进学校计划"的开展,主要以其发展理念为鉴。见 Hopfenberg *et al.*,1993。

与改进工作的教师。

在"活动理论"的视角中,学校发展主任、借调教师和学校教师都是"主体"的能动者。他们运用不同的策略和文化工具,在互动所产生的动力和张力中找寻合适的协作方法,达至具体的改进目标。

(一) 学校发展主任工作掠影

A是"计划"团队中一位学校发展主任,为参加"计划"的学校提供校本专业支援。她是一位资深的小学中文科教师,对教学与学校行政有丰富的经验。虽然A以往的经验能帮助她面对成为学校发展主任后在角色和工作性质上的转变,但若要成为一位能独当一面的学校发展主任,仍需要尽快吸收更多支援学校进行改进的经验。A成为学校发展主任的初期,常通过观察其他学校发展主任的工作情况来理解学校发展主任的角色和工作技巧,又透过与资深学校发展主任的对话沟通及"计划"每星期的例行工作会议,学习如何理解学校的现象和进行反思,如此逐渐掌握到作为学校发展主任需从宏观层面分析和考虑学校的整体状况,亦渐渐累积经验。

"计划"的特色是配合学校的发展情况提供整全式的支援,所以常会有不同专长的学校发展主任同时就学校不同范畴进行协作。因此,"计划"为每所学校配对一位学校发展主任作为"校主"①,负责统筹该所学校的不同支援工作和进程。每位学校发展主任的角色同时可以是某范畴的专家和校主,即可以按自己的专长和经验同时与多所学校就特定范畴进行协作,同时又作为几所学校的校主宏观地协调该校的整体改进。由于A在团队里的资历较浅,因此主要负责支援学校在

---

① "校主"是"计划"中的一个重要角色。"校主"由较有经验的学校发展主任担任,对外负责与协作学校联系和沟通,对内统筹"计划"在协作学校的改进工作。一位学校发展主任可以同时担任数所协作学校的"校主"并在不同学校进行学校发展主任分内的改进工作。

中文科的发展,并被安排同较资深的学校发展主任和借调教师一起与学校协作。A与其中一所小学开展协作关系的经过是这样的:这所学校的校主在了解和分析校情后,决定先以中文科作为学校改进的切入点,然后有策略地安排A进入学校,并取得学校的信任。由于A在中文科有丰富经验,因此很快便得到中文科教师的信任,在三年级展开协作。A与教师以试教一个单元作为他们的协作计划,并提供教学设计及材料,建议教师利用教学日记进行反思。整个过程包括与教师共同备课、试教、观课、评课与检讨几个阶段,同时拟以此作为培育校内课程领导的平台。然而开始合作不久后,A发现三年级教师中有突如其来的人事调动,担心这会阻碍彼此合作和影响将来把合作成果扩散到其他级别的效果。A基于自己对该校其他教师的观察,并向"校主"和团队内的资深学校发展主任咨询意见,最后决定改为与任教四年级的教师合作。

A与四年级教师合作期间,先与一位"计划"的借调教师合作设计用作示范的教学材料,然后才与学校教师接触,并就教师的基础、学校文化和运作模式提供支援,例如透过提供专业意见、刺激教师反思、亲身示范带领开会技巧等活动,提升教师的教与学和领导能量。过程中亦与教师加深了互信关系,使合作越来越顺畅。经历试教后,教师发现学生对他们试验的新方法反应不错。A认为值得向校内其他教师分享这些经验,于是安排这些教师进行校内分享,及鼓励其他教师思考如何把这些经验转移到其他科目和级别的教学中,由此引起学校对如何优化整体教与学的连串讨论和关注。而后,这所学校的经验亦被带到了"计划"的层面和社区的层面进一步引发更多关注和讨论——A在"计划"的内部工作会议中分享了这所学校的经验,以这一个案与其他学校发展主任讨论学校改进的不同策略;后来,A亦邀请了该校教师在"计划"所举办的联校教师专业发展日上,向来自不同学校的教师分享有关经验。而 A 本身,在支援该所学校及其他不同类型的学校的经历里,有机会不断试验、改善、总结和整理经验,对工作更加得心应手,也更认同"计划"的学校发展主任的身份。

以上是一位学校发展主任的工作掠影。这篇简述的作用,是通过学校发展主任的工作历程,描绘"活动理论"中的主体、文化工具、目标之间的关系,并呈现"计划"的"小齿轮"工作如何能与"大齿轮"工作挂钩,及对学校乃至教育界产生正面的影响。简述选择了学校发展主任的叙事角度,是因为他们是"活动"的主要能动者之一;而在"活动"进行期间,他们在文化工具的选择和运用上也扮演主导的角色。因此,他们的经验应该最能反映这类校本改进行动的意义。简述中的主角 A 是"计划"数位学校发展主任的综合体,其"工作经验"亦是由不同个人的经验所构成的。

A 的工作历程是一个学习、协作和发展的写照。在进入学校开展工作前,A 需要自我准备,通过不同的渠道学习理解学校发展主任的角色和工作技巧。这种"学习",虽然会根据不同协作情境和工作关系而用不同形式进行,它在 A 的工作历程中却从未有间断。与学校成员"协作"是"计划"的工作特色,所以很自然地贯彻整份简述。至于 A 的"发展",一方面是指专业知识的丰富、技能的增强及处事态度趋向成熟,另一方面也指其身份的变化。原来是学校资深教师的 A,通过在"计划"中的学习和与他人的互动,渐能建构成一种学校发展主任的身份。

A 的工作历程也展现了"计划"聘用学校发展主任人才的逻辑。"计划"聘用人才,既重学历和经验,更重潜能。学校发展主任的工作非常富有挑战性,一方面需要熟悉学校的教学、行政等运作和组织文化,另一方面又要有宏观的视野、敏锐的分析触觉,才能为学校的整体发展做通盘的考虑和部署。"计划"聘用新人时,自然会考虑应征者是否具备成为学校发展主任的条件。不过,由于学校发展主任的工作性质在香港的教育系统下仍然较为特别,能具有不同类型学校的改进经验的人始终不多,因此"计划"预计新聘请的学校发展主任将要经历很大的转型。正因如此,"计划"并没有为学校发展主任订立一套固定的质素指标。若基本的条件合适,则学校发展主任的继续学习能力、应变能力和处事态度等便成为至关重要的质素。

根据"计划"多年来的经验,发现新任学校发展主任通常需要经过半年的历练和学习,才逐渐对工作得心应手;而具备"好教师素质"的人,则一般较容易从教师身份成功转型(SDO1:7),原因是这类教师的信念与"计划"理念比较接近,而且富有教学经验和能量的教师始终较易获得学校信任,易于发展协作关系。"计划"不会因某些学校发展主任的资历尚浅而避免让他们独立地在学校里进行与其专长有关的工作。而在这段过渡期中,新任学校发展主任可与资深的同事结成伙伴一起处理工作,这是一个学习过程,亦可弥补适应阶段的不足。但这些学校发展主任亦肯定会知道,他们所能获得的支援,将不会只限于在同校服务的同事,而是"计划"的整个专业团队。在问题出现时,学校发展主任能有信心地检视情势而采取应变行动,是因为他们知道就算行动的结果不尽如人意,亦不会遭人责备或非议。"责难文化"妨碍进步,"计划"不会让它的病毒滋生。

(二)学校发展主任的工作历程

A的工作历程所能展现的"活动理论"要素甚多。因篇幅所限,只能举数例说明之。根据"活动理论"的"三角活动形式","活动"的进行要靠"主体"的能动者利用"活动"情境中的"文化工具"达至既定的目标。在开展活动时,能动者会参与并受制于大学、学校和两者协作的"规则"。这些"规则"可以是明确的规则和标准,也可以是较隐含的价值、规范和习俗。在"活动"的实践过程中,能动者扮演着不同的角色(如,指导者、学习者、共同学习者、试验者、诤友等)。他们的角色因"活动"情况而变换;他们之间亦存在着分工。当能动者达至目标后,"活动"的结果将被分配到学校的社群(参与"活动"的师生、学校其他成员),以至校外的社区。"活动"的结果也可能成为另一种工具,如帮助某些社会团体争取福利。

A 和"计划"的"校主"、借调教师及学校里的协作教师都是"主体"的能动者。他们之间的角色和分工,其实在"计划"开始时已有相当明确的定位,大学成员是指导者,学校教师是学习者。大学成员的工作是指导,学校教师的工作是因时制宜地配合。不过,大学成员始终是外来的能动者,所以在协作过程中还是需要学校教师引路;又因为"计划"强调协作,改进"活动"要学校教师的积极承担责任而得以完成,所以大学和学校成员亦会在互动中扮演共同学习者的角色。[17] A 与学校教师尝试一起改进小学中文科的其中一个单元。除了为教师提供教学设计和教材外,A 还与教师共同备课和试教。在共同备课、试教、评课和检讨的过程中,他们都是共同学习者和试验者。

学校发展主任的学习,还包括对改进工作情况背后的"规则"的理解。学校发展主任对学校情况的掌握取决于他们对学校"规则"的敏感度。他们如何协调学校的"规则"与"计划"的价值和行事方式,实是对经验较浅的学校发展主任的一种专业考验。因此,A 所要学习的,既是学校发展主任所需要具备的知识和技能,又是如何理解学校和进行反思的方法。当然,"计划"在派员进入某所学校时已通过问卷和访谈获取了该校发展能量的资料,但因为"计划"每所学校都有其独特的文化和历史,所以负责统筹该校工作的"校主"、A 和借调教师,都会小心地分析学校的发展形势后,才决定以中文科为切入点,让 A 和借调教师开展改进"活动"。

作为"活动"的"主体",A 与其他能动者运用不同的文化工具进行改进工作。这些文化工具维系着能动者和行动目标(改进某小学的中文科教学)之间的关系。"活动理论"称这种改进工作为"仲介行动"。A、借调教师和学校教师在这次"仲介行动"中运用了不少文化工具:A 为学校教师提供的教学设计、共同备课和试教时的专业意见和亲身示范的开会技巧,都属于"工具";A 所提供的物质教材、建议教师用的教学日记,以及改进教学的其他物件(如录影机、电脑等),都属于"物件"。人和文化工具的互动为改进"活动"提供最基本的动力,而互动的质素则决定"活动"的质素。文化工具使"计划"的改进能量显著提高,[18]但 A 和协作的教师如何运用这些"工具"和"物件"才真正影响着文化工具的仲介成效。A 如何建议教师利用教学日记进行反思和如何运用示范性教材刺激教师思考,都影响着这些文化工具所能产生的作用。A 能否在"仲介行动"中凸显文化工具的必需性和重要性,也决定了这些工具在这次校本改进"活动"中的角色及它对于今后同类"活动"的参考价值。善用有效的文化工具是"计划"的行动策略。A 在改进工作中肯定了一些文化工具的仲介成效和参考价值。因此,这些文化工具将会成为"计划"的其他学校发展主任用作参考和实践的工具。文化工具成效的传播途径,是"计划"每星期举行的例行工作会议、学校发展主任和借调教师的小组工作及学校发展主任之间的沟通对话。A 在改进工作中不断累积经验和反思,其专业意见的参考价值亦会随此增加,而被肯定的文化工具被他人纳用的机会亦会越多。

A 的改进工作目标(object)是改进某小学的中文科教学,对象首先是三年级的中文教学,后因人事变动而改为四年级的中文教学,具体的协作行动是 A 和该校教师试教一个中文科的教学单元。改进工作的对象("活动理论"亦称之为 object)本来是三年级的中文科,但突如其来的人事调动使改进情境出现了重要的变数。这种变数是对学校发展主任的应变能力的重大考验,因为协作教师的变换,可能会使双方已经制定好的教学策略改变,因此而阻碍彼此的合作。以上的情况需要 A 的灵活、及时和有效的处理。A 的反应是向负责该校的"校主"和团队内的资深学校发展主任咨询意见,集思后才做决定。这是"计划"最常用的解决问题方式。最后 A 决定让改进"活动"在新的情境中重新启动。改进工作目标仍是改进该校的中文科教学,不过新的工作对象是四年级中文科的某个教学单元。A 的行动是果断的,决策是经过分析和讨论后做出的。无论如何，变换改进工作的对象是 A 独立地做出的决定。A 能够为自己的改进工作负责，除了表现了个人的专业质素外，还反映了"计划"中的"非责难文化"，即学校发展主任可以做出独立的专业决定而不用心存事后被责难的顾虑。这是在"计划"内的一种潜在的赋权形式，也是一种以信任为核心的价值潜流。"计划"并没有对"非责难文化"有任何宣称，但学校发展主任的专业信心却印证了这种潜在的赋权形式。

  A 的工作历程还展现了"计划"在分享其"活动"成果方面的努力。学校发展主任的校本改进工作，从设计到实践，都受惠于过去在"计划"所进行的实验。学校发展主任通过各种途径从"计划"的"经验贮存库"中提取智慧，用于个别校本"活动"上。至"活动"完成，"计划"会鼓励学校发展主任与学校成员分享改进经验和策略，并刻意地将可观的活动成果在学界扩散。"计划"每年所举办的大型联校教师专业发展日，正是一种分享活动。从"活动理论"的角度观之，"计划"的"经验贮存库"是为它的成员而开放的。学校发展主任一方面从中提取智慧而用于实践，另一方面也在"活动"完成后，通过各种方法，把新知识和新发现存放回"贮存库"，让其中的经验生生不息。"活动理论"称此为"交换"（exchange）。"计划"刻意把"活动"成果向外扩散，让参与分享活动的教育工作者获取新知，甚至试用。这样的做法是一种"分配"（distribution）行动。"活动理论"所期望的，是"分配"越广越好，不只学界的社群能受惠，更希望全港的社区能受其影响。

  A 的工作掠影让我们看到"计划"的工作轮廓和精神面貌。至于"计划"的主要能动者，学校发展主任和借调教师，为校本改进工作所做的准备、所运用的策略和所经验的挑战，都是"计划"的关注点。因为学校发展主任和借调教师在协作学校所发挥的能动性的大小，就决定了学校成员的发展能量能否适当地提升。

四、变革能动者之一：学校发展主任

  学校发展主任是"计划"派进学校的主要"变革能动者"。他们的主要任务,是透过与学校成员的协作来提升学校整体的发展能量。学校发展主任的工作要求他们面向全校,所以要兼顾的问题也是多层次和多方面的,如学校成员之间的矛盾、学生学业表现偏低、课程实践的偏差和教师劳累及精神损耗等。他们还需要照顾学校教师群中的教学习性和超越其他发展计划对学校带来的影响。① 其实学校发展主任所要面对的,不只是个别学校的改进问题,更是香港学校教育制度的"结构"问题:学校之间的学业成绩严重分隔;制度化地按学生的学业成绩将其分流,决定学校可用中文或英文作为教学语言;教育目标及教学设计单一,未能照顾学生的特殊学习需要;等等。[19]

所以,在开展改进工作前,学校发展主任要做好各方面的准备。这种准备工作,对新任的学校发展主任尤为重要。

(一) 新任学校发展主任进入学校前的准备

新任学校发展主任在正式参与校本改进工作之前,会先经过两种类型的学习和训练。

第一类是系统性的正式内部培训。"计划"在每年九月学期初,会为全体新、旧学校发展主任安排为期约一周的内部培训,内容包括介绍"计划"的核心理念、具体工作情况、学校发展工具及策略、认识本地教育及学校发展趋势、建构团队等。正式培训的目的,是让新加入的学校发展主任对"计划"的工作有整体的了解,获取有利于带动教师发展的文化工具,及在团队中营造互相支持的和谐气氛。

第二类的培训是学校发展主任在工作历程中经常遇到的非正式学习机会。新任学校发展主任在最初阶段一般会先跟随资深学校发展主任到访学校,观察资深学校发展主任实际支援学校的情况,例如他们如何主持工作坊、与教师共同设计课堂材料、参与学校行政会议等。这些

---

① 自教育和课程改革实施以来(1998年至今),有不少"学校发展"计划在香港教育界出现。因为参与都是非强制的,而学校亦可在教育市场中"购买服务",所以一所学校可以有不同的项目同时运行。这对由政府资助的"计划"的运作是有一定影响的。

经验对新任学校发展主任而言是重要的非正式培训,在上述正式的内部培训之后,可进一步在实际学校环境里了解学校发展主任的具体工作及支援学校的基本技巧,亦即观察"活动理论"中的学校改进"活动"是如何发生的,同时累积面对不同类型学校的经验。新、旧学校发展主任亦会经常就着一起访校的经历,解构当时的种种决策和行动,分析行动与学校状况的关系,甚至比较不同学校的处理方式。这种以旧带新的关系并没有固定的组合,意思是新任学校发展主任可以随时与不同同事结成组合,最普遍的做法是按自己的专长或感兴趣的范畴与相关的资深学校发展主任结成伙伴,又或与有"校主"身份的学校发展主任一起接触学校,了解何谓"整全式的学校支援"。这种做法的好处是加强灵活性和机动性,让他们吸收更多不同学校发展主任的经验和做法,亦更切合新任学校发展主任的学习兴趣。这些正式与非正式的学习机会,是帮助新任学校发展主任在支援学校之前掌握学校改进的文化工具、规则,使其能动力得以施展。

(二)与学校建立互信关系

要达至改进的目标,学校发展主任需要与学校内的能动者建立起互信关系。他们与学校建立关系的关键是要获得学校的信心和信任,这一方面是一些情意上的联系,另一方面亦建基于学校发展主任在互动期间所表现的能力和态度。"计划"是香港中文大学的一个学校发展计划,大学的"品牌"代表着一种"专家"的身份,加上"计划"在香港已有超过十年的历史,不少学校已对"计划"的工作有所听闻。所以,大学的"品牌"与"计划"的历史已为学校带来一定的信心。

至于争取学校信任的重要第一步,是要让学校感受到学校发展主任在接触初期已对学校的背景和需要有初步了解,这种"做好准备"代表着认真的工作态度和愿意协作的诚意。因此,学校发展主任进入学校之前,会先了解学校的背景资料及发展目标等,这主要有两个途径。

第一个途径是参考初步可以接触到的学校的资料,例如参考学校网页、坊间对学校的评价等，亦可以从学校所属的学生能力组别粗略估计学校的状况。① 另外，学校发展主任有时亦可尝试循人脉关系了解更多学校的情况，例如一些旧同事或朋友有可能认识该校的教师，可以帮助学校发展主任建立对学校的初步印象。这些非正式的资料虽然未必一定适合用以判断学校情况，但对于引证其他资料仍有一定价值。

第二个了解学校状况的途径是进行正式的学校"情势检讨"。这是"计划"与学校正式开始协作之前一般会先进行的步骤，指的是与校长、不同层级和岗位的教师、学生、家长进行访谈，以及对全体教师和部分学生进行问卷调查。这是一个具有发展性的检讨，目的是让学校发展主任从与不同相关者的亲身接触及研究数据中了解学校现状，并加深学校成员对学校的优势和挑战的认识，作为部署未来发展的"基线"参考资料。少数加入"计划"的学校或因预定只会就某个项目进行协作（例如英文科发展），只牵涉校内少数教师，而要求豁免涉及众多不同相关者的情势检讨。若"计划"从之，这自然会影响学校发展主任掌握整体校情，亦会是学校发展性规划的一个限制。

教师及学校对学校发展主任的信任，很大一部分是建立于对学校发展主任的能力的认同。双方进行协作期间，学校发展主任以其专业知识及经验，进行学校改进"活动"，带动教师发展能力及学校改进，而教师在过程中亦会观察和评价他们所展示的能力。然而，单是卓越的能力未必足以赢取教师的信任，在能力以外，态度亦很重要。学校发展主任要能显示专家的实力，能配合教师的需要提供专业支援，同时有充足的准备并让教师感受到他们帮助学校的诚意，才能获取教师的信任。

一定要有专家的实力，但要有一个伙伴（partner）的态

---

① 香港的学校基本上按学生能力分为第一至第三共三个组别，以第一组别为能力最高，每个组别的学生特性亦相对明显。根据"计划"支援学校所累积的经验，各组别学校的发展需要和焦点均有其特性。例如能力最高的第一组别学校一般有不错的自我效能感，主要期望借外力加强学科发展，却往往没有发现他们对学生的栽培其实并未充分发挥学生的应有能力；成绩中等的第二组别学校希望进一步提升成绩跻身为第一组别，亦较关心学校的全面改善；第三组别学校则需要花较多心力照顾弱势学生的学习和行为表现。

度。……我虽然好厉害,但我不会对你摆架子,我和你一定是很平等……这个是很重要的。(SDO2:8)

要能显示实力。譬如你给我一份外评报告,我真的会看了、写下笔记,然后尝试跟他说我发现了什么情况。对方一听便知道了,至少能感觉到你是看了他的东西后才来,真的能说出他们校内的一些情况,又提出一些建议。他未必会全依你所说的去做,但至少会知道你是真心去帮助他们。(SDO3:4)

有经验的学校发展主任认为"不要等有事时才跟教师建立关系,平时也可多沟通"(SDO3:4),因为互信关系是需要建立在长时间经营和累积基础上,才越来越稳固和密切。学校发展主任会常常争取机会与教师沟通,一种形式是跟进协作工作的进展,例如了解教师的进展及所遇到的问题、进行检讨、部署下一步计划等。这些虽然主要是围绕工作计划的专业性沟通,但学校发展主任亦注重以多关心、多聆听、多赞赏的方式与教师接触。如果学校发展主任发现双方开始进入"静止"的状态,便会尝试以检讨上一个阶段的工作、部署未来计划等方法保持关系。在双方的沟通中,学校发展主任有时亦有如辅导员的角色,聆听教师的想法和感受。教师面对转变时可能会感到不安或困惑,学校中也有时会出现种种问题,尤其是校长或身处领导阶层的教师,有时碍于他们的身份和问题的敏感性,很难找到合适而又能理解他们的问题的人分忧。学校发展主任在这中间便作为他们情感上的支持者,使其与学校教师之间的关系更加紧密:

听老师多说一些……有时间我们都要做辅导员(counselor),听他们说一遍,信任有时便从这而来。(SDO3:14)

让他觉得我们想听他说话……事实上我也想听的,因为你不听便根本不知道他们想什么。第二就要让他明白你是理解(understand)的,不只是知道,你是理解(understand)……他的处境。(SDO4:6-7)

以上所提及的,是学校发展主任与个别教师建立信任基础的要素。更为重要的,是能与学校中不同层面的人建立关系,才能产生效果。学校发展主任在校内最先接触的一般是校长或其他管理阶层,因为他们是校内最具影响力的人物,与学校发展息息相关。然而,建立关系的艺术在于能与校内不同层面的人接触,在不同层面物色在学校里或工作群中有影响力而又可以建立关系的人。即使未必能与各个层面的人发展很好的关系,亦绝不能令彼此关系恶劣,因为学校发展主任必须借助他们把一些信息传递给校内不同层面的同事,同时亦可透过他们了解各个层面的声音,更有效地带动学校改变。这个过程可说容易,亦可说困难,容易是在于当学校发展主任认识了学校中的一两位教师,便有机会接触他们身边的同事,逐渐让更多教师了解学校发展主任的做事方法、性格、意向及"计划"的支援性质等,彼此建立关系。但当中的难度也涉及人与人之间的微妙关系和沟通技巧。

> 通常我会很快就识别哪个是最有影响力的人,然后我不会单是与他相处,我会看看他和谁来往。……你一定要在各个阶层都要有些人可与你沟通……渗透低、中、高三层。最好是可和校长沟通,但又不要和他太密切(close),然后和核心人物譬如 PSMCD(小学课程统筹主任)或是副校长(建立关系)……因为他是中间人……我未必可以和他关系很好,但不可以关系不好,再在他身边物色前线老师。……我可以透过他直接将我的讯息散播出去。(SDO2:7)

资深学校发展主任凭着丰富的支援学校的经验,一般很快便能获得学校的信任、开展协作,因为他们的资历始终能较易说服学校相信他们是这方面的专家。较年轻或资历较浅的学校发展主任则未必能如资深学校发展主任般可以在很短的时间里得到学校的信任。他们即使在能力上能胜任工作,却由于没有相关的资历,而需要借着展示他们的能力来慢慢建立学校的信心,这无疑需要较长的时间。基于这原因,资深学校发展主任常会在最初接触学校的阶段,与年轻学校发展主任一起访校,作用是以自己较易得到学校信任的优势发挥桥梁作用,先在短时间中获得学校的信任,然后引进资历较浅的学校发展主任,并帮助学校建立信心,之后便慢慢淡出。

(三) 在"临近发展区"中伸展

学校发展主任的工作是在"临近发展区"内不断为教师伸展能力(stretching ability),借此提升他们的发展能量。伸展教师的能力包括帮助他们认识当前的任务和掌握达成任务的基本技巧。更重要的,是改变他们对改进工作的态度和长期养成的工作心态。这些心态,有时是受学校领导层影响的。例如,如果学校领导缺乏规划能力,眼光狭窄,则教师亦不会对改进"活动"寄予厚望。更有甚者,若学校成员以一种"买服务(service)的心态"看待"计划"的校本改进工作(SDO4:1-2),则"活动"的意义便会变质,难以取得合意的成果。除了学校领导层的影响外,对改进"活动"有更直接影响的,当然是协作教师的工作心态。一位资深的学校发展主任对教师的工作心态有如下的看法:

> 老师做所有的事都是细水长流——可以的了,随便就可以的了,今次不行下次做好些不就可以了?……他经年累月都是这样。他没有一个心态,就是说:我可不可以做一个很有impact(影响)的东西给我的学生呢?(SDO2:5)

学校教师的工作心态影响学校发展主任在改进工作中的学习和表现。同样,教师的心态亦决定他们如何看待"临近发展区"和发展一己的潜能。如上述,"临近发展区"是"实际发展水准与潜在发展水平之间的距离",即未被体现的潜能。在改进"活动"中,"临近发展区"便是协作教师和学校发展主任的潜质。若他们之间能互相学习和扶持,则不难把潜能发掘和发展出来。因为改进工作的新意念和新方法多来自大学,所以学校发展主任的协作角色是导师、教练、伙伴和诤友。他们会在不同情况下,面对不同的协作教师而扮演不同的角色。不论角色轻重大小,学校发展主任始终是协作教师在"临近发展区"的引导者。

学校发展主任要伸展协作教师的能力，所用的文化工具繁多，在 A 的工作简述中也曾有提及。若文化工具运用得宜，便能发挥其应有的作用。对于"得宜"的阐释，学校发展主任多用"适切性""认受性""成效""影响"和"产生共鸣"来形容。学校发展主任在适当的时候为"活动"注入适切的文化工具（如向协作教师提供新的辅助教材），使协作教师认同和有效地使用，若能一起解决让大家困惑多时的教学问题，这便算是"得宜"。不过，这些机会并不一定会出现的。引导教师伸展能力，其实是要他们超越自己的实际发展水平，脱离工作的"舒适地带"，而逐渐地、艰辛地达至自己的潜在发展水平。有一些没有想过或做不到的事，可以在导师的引领、教练的敦促下而事竟成。为此，学校发展主任会因协作教师的能力和情境的需要而采用不同方法进行引导。

一些较常见的方法是学校发展主任在访校前做好准备功夫和预备可用的材料，慢慢地将这些文化工具转移给教师（SDO1:8）。在"活动"的协作过程中，经验较丰富的学校发展主任会即时就教师的工作"提出意见和点拨"；而较次的做法便是只介绍"某一套方法"（SDO1:16），让教师按此伸展能力。其次，集体备课和观课、共同教学和课后检讨、共同设计或提供材料（SDO5:7,11），都是学校发展主任较多采用的方法。实践方法的效果不同，是因为学校发展主任的性向和所用的实践策略都有差别。

概括而言，学校发展主任对校本改进工作都持有"活动"成效影响深远、与适当的学校成员协作和切实提升教师及学校能量等期望。有个别的学校发展主任在选择工作切入点时考虑那些范畴能让他接触大量的教师，以此为"活动"平台让自己的工作发挥影响力（SDO2:10）。也有学校发展主任会策略性地拣选协作教师（如有能力的、学科主任或班级统筹主任），试图通过这些人影响学校的发展策略和文化（SDO4:12-13）。还有学校发展主任会以具体实例向教师展示"活动"成效，"重燃他们的心火"（SDO3:15），甚至亲身示范某些改进工作必需的技巧——例如如何主持会议——使教师的具体能力有所提高（SDO2:6）。

更有学校发展主任因应个别学校的发展情况,提出发人深省的观点和倡议积极行动,例如在一所学业成绩较差的中学提出"如果学生梦想自己能在天上面飞,他不会甘心在地下面爬"的见解,并为学生组织了"振翅高飞"活动。[20]

除了自己的准备性、策略和方法外,学校发展主任认为耐心、诚意、信任、信心和关怀都能帮助伸展教师的能力。这些都经常被视为协作的基本要素,通过有效的沟通和表达,在持续的跟进和连续的行动中展现的。协作教师愿意离开工作的"舒适地带"而从做中学习伸展能力,很大程度上是因为他们相信学校发展主任的诚意和信任他们的识见,对所提出的改进策略和方法有信心,更受不断的鼓励、勤勉和关怀所感动。教师希望学校发展主任能了解他们的处境和关心他们的感受(SDO4:6-7),所以当工作迫在眉睫,学校发展主任的耐性和同理心将会因他们的反应而再一次被评估。若学校发展主任能通过这类的"情商测试",则与教师合作的基本要素可算是具备了。要教师努力不懈地尝试伸展其能力,学校发展主任必须能提供适时的支援("他最需要你的时候你出现才有作用",SDO2:12)和临危不乱地为教师处理危机(SDO2:9)。在至关重要的时刻伸出援手,肯定能使教师对"计划"产生信心,并对学校发展主任增加信任。

(四)动机与学习

为了帮助教师伸展能力,学校发展主任更需要了解他们参与改进工作的动机。部分教师主动地参与"计划"的工作,因为他们相信校本改进工作可以改善学校某些方面的运作,如教学、学生辅导和训导、班级管理等。有些教师有兴趣和大学成员合作,希望从协作中学到一些新知识和新方法,在自己的工作范畴中应用。他们之中有些成为校方的"核心小组"成员,与学校发展主任们一起推动校内的改进工作。然而,不少教师是在学校领导的号召或指派下才参与的。他们对"计划"的认识不多,视有关的改进"活动"为一种试验,对"活动"的目标不会太清楚,但一般与学校发展主任合作的教师也是愿意参与改进工作的。

在协作过程中,学校发展主任发现有两种情况是最能让教师增强学习动机的。第一种情况是当教师认为自己在某方面的能力不足时,他们会比较容易接受学校发展主任的意见和愿意学习。这种"知不足"的学习动机,让协作教师能有一种"准备接受新事物的心态"(SDO2:10)。第二种情况是当教师知道自己的工作受到肯定,他们便会对自己有更高的要求,而试图继续找寻改进的方法(SDO3:18)。这种"自我提升"的学习动机是积极和进取的,它必然是伸展能力的一股动力。所以学校发展主任的适当肯定和鼓励,是伸展教师能力的要素。

其实,教师的学习动机和学校领导采取的态度是息息相关的。若校长对校本改进工作存疑,对改进"活动"抱观望态度,教师亦不会太投入于改进工作,与学校发展主任的合作关系也不会密切。反之,若校长态度积极,关心"活动"的进展,教师亦更愿意伸展能力和承担责任。不过,在现时学校的层级化体制中,校长和教师之间仍有距离,常要靠校内的中层作为沟通和策动的桥梁。如果中层未能给予校长适当的配合和支持,就算校长的能力再高、诚意再真,相信改进工作也难有实效。过去曾有能干的校长因为急于改进而在校内推行多项改革措施,却未能取得预期效果。原来学校"尘封多年",教师视野未有拓宽,更缺乏危机感(SDO3:7,10-11)。负责该校改进工作的学校发展主任,亦为学校的发展不足而感可惜。帮助教师伸展能力的工作,不只关乎个人的能力,还牵涉整所学校的环境和氛围、校内各层的配合,以及改进"活动"的实践步伐和节奏。

学校发展主任在校本改进工作中经常遇到的障碍不一定是与协作教师的关系和沟通问题,或是协作教师之间的矛盾(SDO5:3),而是学校教师的工作心态和接受平庸的习性。愿意以"做到无懈可击为目标"的教师并不多见(SDO2:5)。面对这种情况,学校发展主任只能帮助协作教师"掌握"文化工具的使用技巧,期望他们达到熟练程度。至于教师们能否"拥有"这些文化工具——让学会使用的文化工具成为自己常用的工具——则要靠教师不断练习而对工具产生拥有感。教师在什么情况下可以通过文化工具"领会"协作式的校本改进工作,便要视乎学校能否提供一个有利环境让改进工作得以延续。在短期的改进工作情境里,"领会"可能只是一种学习的理想。

虽然如此,"计划"相信持续学习是教师赋权的最有效方法。教师能力的伸展不应只是局限于校内的工作,在校外仍大有可为。为此,"计划"还举办了不少具有持续性和针对性的联校活动,希望各协作学校的教师,尤其是带领学科发展的教师,透过参加学习社群的活动而伸展能力。"计划"所创立的校外学习社群,凝聚了背景不同、兴趣各异的学科教师,让他们可以暂时脱离学校内部的张力而互相学习,亲身去体察他校经验,并把良好的经验带回学校予以传达:

> 参与者在这里有互相学习、激励的作用。因为有些老师较弱便能向强的老师学习。这提供一个机会给他们去理解其他学校的做法。他们会实地到其他学校考察。我认为这些社群的作用大。唯一就是时间的分配。我看评价(evaluation)的结果,学习的效果很高……他们不需要在学校内面对内部的张力,来到这里与志同道合的人一起交流,有机会到其他学校观摩。不是"空口讲白话",有机会亲身看。(SDO1:15)

"计划"肯定持续的同侪学习的赋权作用,投入了不少的资源和时间拓展这方面的工作,也是为了伸展教师的能力。学习社群是教师专业发展的一种形式。有关学习社群的形成发展和成效也备受关注。[21]因为它的影响深远,故应有另文详述。

(五)学校发展主任的身份建构

广义的学校发展主任身份是教育工作者。在协作式的校本改进工作未开展之前,学校发展主任的身份并不存在。就算学校有校外人士进入工作,如检查教学的政府督学、应邀讲学的大学学者、执行观课的师训人员、进行实习的师范学生,都不会是定期、持续、按策略地与学校成员合作，开展具目标性的改进"活动"。学校发展主任的身份始于1998年。当时香港中文大学成立"香港跃进学校计划"，这是香港第一个大规模的学校改进计划。该计划的管理层欲招揽人才进入学校开展改进工作，其时管理层已意识到这些人才所需负责的工作范畴是独特的，因为这些范畴跨越大学和学校的基本作业取向，既有教研，亦有培育，还有策略性规划和评估。这些人才既要对学校有一定认识，但也只能以"局外人"的身份观察和分析学校整体的发展情况；他们应可以在教学和培育的范畴内引导教师改进，并能够与学校领导在宏观的发展层面上对话，提供改善某些范畴的意见。当时所提出的"学校发展主任"，便是实践上述工作的人的统称。时至今日，狭义的学校发展主任身份是校外机构派进学校进行校本改进工作的人员。

因为大部分的学校发展主任曾在学校工作，所以他们在为"计划"服务时的身份多是一种从教师至学校发展主任的"过渡身份"。这种"过渡身份"所产生的张力，是学校发展主任试图"摆脱"和"重拾"教师身份的张力。学校发展主任既然曾为人师，自然不可能"摆脱"教师的习性，故待人处事都以此为基础。较多的学校发展主任会提醒自己，学校发展主任的身份有别于教师，要把视野拓宽些，考虑问题时亦会试图兼顾更多范畴：

> 从前我在学校（小学）是主力做常识科，常会以常识科的角度去想怎么令课程发展较好，其他人怎样去配合常识科。我现在就会想学校的重点是想发展哪一样，例如，发展评估，就要去看看发展评估（assessment）方面的行政及其他的科目要怎样去做，角度会有所不同。（SDO5:1）

不过，学校发展主任能在改进"活动"中取得协作教师的信任，多靠自己某些本领服人，而这些本领亦多与教学和培育学生有关。学校发展主任的能力彰显，协作教师愿随学习；但教师所随学习的，是资深教师还是学校发展主任，则难有定论。在改进活动中，学校发展主任常会"重拾"教师身份，或徘徊于学校发展主任和教师的身份之间，所以要在两种身份的张力中取得一种均衡状态,需要时间、磨炼和资深同事的协助(SDO1:7)。对从事教学工作多年的学校发展主任来说,学校发展主任的身份可能是一种"附加身份",因为教书育人始终是他们的核心工作,而这些工作只是因为现在的学校发展主任身份而需调节。刚从前线教师转职为学校发展主任的"新人",也会因为其他学校发展主任批评协作教师而感不快(SDO2:4)。

学校发展主任进入学校后,还需经历另外一种身份的调节,即处理学校成员所赋予他们的身份。一般学校的教师会假定大学的成员便是专家或学者。学校发展主任被学校以"专家"的身份看待时,较容易取得教师的信任,但双方难发展成对等关系。"专家"当然要实至名归;维持教师的信任需要在"专家领导"的改进工作中持续地显示超卓的能力。被人赋予的"专家"身份无疑是对学校发展主任的工作的一种肯定,但这种身份也为他们带来压力。就算是资历相当的学校发展主任,有时也会有相关的忧虑:

> 来到这里("计划")最大的张力(tension)就是……我想是再高一个层面去,用校长的角度去看全间学校……但我真的没有校长和副校长看整间学校的改进、管理那个眼界……但我们现在做学校发展主任,就要从校长的立场,或者要帮他去看全盘,比较多冲击,因为不同学校、不同宗教真是有不同的做法……(SDO4:19)

另一种他人赋予的身份是大学学者。学校发展主任身份是专业的学校改进人员,其中虽然有大学学者,但仍占"计划"成员的少数。学校的教师会因应学校发展主任的名衔(是否"博士")和他们所投射的形象判别哪些学校发展主任适合承担引导哪些工作,如将理论性的问题归类给有"博士"名衔的学校发展主任解答,把比较感性的问题让给女性学校发展主任处理等。这种模糊却有趣的身份赋予,对个别的学校发展主任还会产生激发的作用:

我们的身份,我们又不是大学的教授(faculty),我们是独立的(independent)专业发展人员(professional developer),他们看我们,但学校的教师看我们仍然是当我们是大学(教授)看。所以我其实又不是,但他又要这样看我。我觉得很有趣的,这个感觉……所以为何我要读书呢?因为我要名正言顺。(SDO2:3)

帮助学校发展主任伸展能力的途径其实很多:继续进修,向各有专长的同侪领益,向为"计划"出谋划策的教授和资深教育工作者请教,与协作教师互相学习,都能提供不同的信息和启示。学校发展主任身份的转移和重构却复杂得多,因为它是一种新的"过渡身份"和"附加身份"。在改进工作中,学校发展主任为自己的身份赋予意义,而他人亦同时为学校发展主任身份赋予意义。未经时间考验的共用建构身份是多维易变的,因为它的本质尚待凝固。这就难怪个别学校发展主任会有时感到"工作是孤单的",所以要经常"提醒自己这工作是有意义的"(SDO3:16),否则"过渡"和"附加"的身份就如建于沙土上的堡垒,很难屹立不倒。

五、能动者之二:借调教师

"计划"的团队中不仅有学校发展主任,亦邀请前线教师以"借调教师"的身份加入,参与学校改进的工作。"计划"期望借助教师的前线经验,在团队中产生协作的共力。学校发展主任在支援学校的过程中累积越来越多的经验和知识,但矛盾的是,在他们经验越趋丰富的同时,他们的专家身份与教师的身份的差异便越见明显,他们与前线的距离亦越远。另外,虽然大部分学校发展主任以往均曾有前线教学或学校行政经验,但有感离开前线一段日子之后,便如"鱼离开了水"(SDO1:19),对前线的触觉便慢慢减弱。因此,借调教师可以为此做补足,为团队贡献前线的实践知识和智慧,此与大学的理论和学校改进经验结合,可加强"计划"带动学校改进的能动性,并加强对学校文化及其内在规则的了解。

由学校发展主任及借调教师组成的团队凝聚了重要和必需的能量(critical mass)使理论与实践知识俱备。两者在"计划"里有不同的角色和分工,"计划"期望学校发展主任作为主力面对学校整体的改进工作,他们须直接与学校成员接触,以增强教师的能动性及提升学校的发展能量为大前提。至于借调教师,则主要从前线经验出发,就自己最熟悉的学科或工作范畴补足资料和意见。例如借调教师的一个重要作用是与学校发展主任一起做访校前的预备功夫,包括一起设计教学材料或筹划工作坊的内容设计等。因为借调教师最了解前线教师最关心什么、最需要什么支援、正受哪些政策或学校文化影响、在实际操作时可能遇到什么困难等实况,这些对于学校发展主任而言是非常重要的信息,也有助于选取合适的"文化工具"以实现良好的工作成效。一些借调教师亦会直接与学校教师接触,与他们共同备课或主持工作坊等,但一般而言,借调教师的作用主要是在"小齿轮"工作上做补足,为全面性改进工作做一些填补。

(一)原来的身份、新生的视野

以上是借调教师在理想中可起的作用,至于实际效能如何,仍要视乎个别借调教师的能动性与主动性,而且他们亦需要时间适应自己的新角色和专业成长。在"计划"的经验中,最能发挥作用的借调教师通常是以往与"计划"合作过的学校教师。这些教师所在的学校可能曾经加入"计划",所以他们已经具备与学校发展主任合作的经验,又或者是因其他渠道而与学校发展主任认识。如果双方曾有共同工作的经历,"计划"即已对他们的能力有相当的掌握,借调教师亦对"计划"的工作模式及理念有基本的了解,这自然有利于双方的合作。

从学校教师的角度而言,由于借调教师是以"教师"的身份进入学校的,他们与教师有很多共同语言,他们可以从教师的角度,向教师分享其他学校的经验或提出建议。他们与教师的共同身份令教师感觉更有说服力及易有共鸣,教师的防卫意识也会相对减低。[22]

借调教师的工作和经历是很有趣的成长历程,对于他们本身的能动性有很大的伸展和刺激。他们的能动性除发挥于改进工作之中,亦有助于带动其所属学校的变革。对于借调教师而言,参与"计划"的工作是全新的经验,与他们以往的工作性质和面对的挑战截然不同。作为借调教师,他们有机会在很短的时间内与不同学校接触,拓宽视野。这对于教师是非常特别和难得的,因为教师是相对稳定的职业,大部分教师在其整个工作生涯里可能只在两三所学校里工作过,即使近年兴起与其他学校进行交流,数量始终不多,交流的深浅度也有限制。其中一位借调教师便指出,他在学校是负责训辅工作的,以往一直是依靠本校的经验去经营,视野比较狭窄,所用的策略也很有限。在参与借调期间,他有机会探访不同类型的学校,看到不同学校的文化特色和学生培育策略,他吸收了不同做法做参考之用(借调教师3:1)。另一位借调教师则认为接触不同层级的学校(中、小学)使她有很深的体会。她是一位小学教师,有一次到一所中学观课,她了解到她的学生升上中学后将要面对怎样的学习状况和要求,这些问题是她和同事从没想过的。这些所见所闻让她跳出小学的视野,开始思考如何在小学阶段帮助学生衔接中学的学习,有一个更宏观的蓝图(借调教师6:5)。这两位借调教师过往的经验主要来自自己的学校,他们只接触某一类型的学生,很少有机会了解其他学校的情况,他们认为借调工作让他们接触不同类型的学校,拓宽了他们的视野,并可把所得经验回馈到自己学校的发展中。

(二)对似曾相识的工作角色和情境的反思

学校教师身处于自己熟悉的文化之中,便渐渐将当中的行为想法视为常态,惯用某一套价值观行事思想,即使有意识进行反思,其实亦不容易抽离地、客观地检视自己。借调的机会正好容许学校教师暂时脱离自己最熟悉的环境,投入一个截然不同的文化空间,以新的视角重新审视自己的想法、理念、教学方法、工作模式和学校文化。学校教师借调到"计划",经历了一个很大的角色转变,这种转变是刺激教师反思的重要契机。[23] 比较容易出现的反思,是当他们在其他学校发现不理想的状况时,便引以为鉴,反省自己学校是否也存在同样的问题或类似的情况,避免重蹈覆辙。与其他人一样,教师很容易会留意到别人做得不好的地方,若以此作为反思的起点,也有警醒和激励的作用。反之,有一些值得大家欣赏的事情和做法,却因为教师的习性而未被发现和肯定。例如一位借调教师便有以下的反思,重新肯定自己学校的一些文化:

> 我在自己的学校已经七年了,所以会有一个惯性,觉得很多东西都是理所当然的,例如觉得同事协作……思考教学策略等是理所当然的。当到访某所学校,可能发现那里的同事不是太投入,很多东西根本很难推动,也没什么可能在学校里发生(转变),我便会反思,我们的校长和同事可能在背后做了很多工作,才会有现在的成效。(借调教师4:2)

角色的转变亦意味着有机会与另一些群体的人一起工作,因而接触到不同的观点与价值观,这为借调教师提供了反思的新角度,丰富了他们的思考层次。[24] 这些新的思维角度包括来自学校发展主任、其他借调教师,以及协作学校的教师等。一位在学校里担任科主任已有十多年的借调教师指出,她任教的学校的科主任都是从行政角度出发处理科组事务,而甚少照顾同事的成长,学校的工作文化一直如此,令她忽略了照顾同事的发展。她参与借调期间的工作则是与学校发展主任一起发展教师在英文教学方面的想法和做法,因此重新思考自己作为科主任的角色:

> 借调期间在角色上的转移能令我思考在学校时应该怎样做。……以往在学校里与上任科主任或其他主任的合作,一直都是由科主任想好了,然后在会议上向其他老师颁布……

但却很少在影响他们教学方面下功夫。不是做不到,而是没有注意作为科主任有这个角色。……但在借调期间,与其他借调老师和学校发展主任合作,则令我发觉这点。(借调教师 2:4-5)

总括而言,这种由角色转变带来的反思机会让借调教师总结自己的经验,重新检视自己的信念、能力及处事方式,也提高了他们观察事物的敏感度。可以以一位借调教师的话作为简单的总结:"常留在自己的学校里,便没有机会抽离。……当站在外面回望时,便会有不同的观点"(借调教师 6:11)。

借调教师因为要适应新的工作,而需要提升一些已有的技能,甚至是学习新知识、新技能。当中最直接的影响是本学科知识,因为借调教师最常参与的是有关教与学及学科发展的工作,例如备课、示范教学等。当他们向其他人介绍或进行专业讨论,这个叙述过程其实是让他们重新组织一些他们本已熟知的知识,使之更加融会贯通。他们亦常透过"计划"例会上的交流、观察学校发展主任主持学校改进活动、参与学校的行政会议,在工作过程中点点滴滴地学习。而当在工作之中要处理一些本来不太熟悉的范畴,便需要学习新的知识和技能。另外,借调教师在工作期间需要与不同背景、不同性格、不同工作习惯、不同意见的人沟通和工作,因而有机会实践和磨炼人际沟通技巧。有借调教师便认为自己因而更能坦然接受不同的意见,对人亦多了包容,多了耐性和欣赏(借调教师 2:5,7)。

就"计划"而言,学校教师参与借调,为改进学校的行动贡献最新的前线经验,这个过程亦为教师提供了专业发展的平台。教师参与借调期间拓宽了视野,有更多反思,在知识、技能上亦因角色需要而有所提升。这些学习机会,都是蕴含于真实环境之中,让借调教师在亲身经历之中反思和学习,因此是更具意义的学习过程。一位借调教师认为,从亲身经历中学习有较深的感受和更大的效益,日后向其他人分享所得经验时,也会有更大的感染力(借调教师 5:4)。借调教师参与借调工作期间，他们的能动性在各方面都得到伸展，在推动"计划"学校发展以外，亦成为推动其所属学校发展的一股动力。

六、结　语

校本的改进工作本来就是一种复杂的"目标性活动"，因为学校里的相关者对改进目标的阐释和行动策略的选择都会不同。当学校要在教育改革的浪潮中找到改进的方向和焦点时，大学的适时引导应有利于学校检视自身的发展能量和找寻改进的切入点。不过，大学与学校的协作为校本改进工作增加了变数。这些变数是大学成员（学校发展主任和借调教师）和他们对教育的看法、对学校改进的理解、对改进目标的阐释，以及他们代表的大学团队的价值取向和行事规则及方式。作为独立的个体，他们还把个人的文化和历史经验带进协作关系里。这种协作于是便成为一个持续的协调过程，即双方在协作互动中不断地找寻合意的行动方案、策略和方法。

"计划"在学校进行的改进工作，可从"活动理论"的讨论框架和其变革能动者的实证经验中做出一些概括性的结论。

从"活动理论"的角度观之，大学与学校的成员合作，是能让参与变革的能动者增加类别和增强力量的。大学成员，尤其是学校发展主任，因为掌握较多的文化工具，又能较熟练地运用这些工具，所以在"活动"的实践中会多扮演引导和教导的角色。借调教师则是学校发展主任和协作教师之间的桥梁。他们的努力，是在"临近发展区"里引导学校教师伸展能力，试图达至经过双方协议而订立的个别改进目标。当教师的能力得到伸展，而"活动"的成果又能有效地在学校社群中得到扩散，学校的发展能量便会得到提升。通过这样的成果"分配"，"活动"便能奏学校改进之效。所以，任何提升学校整体发展能量的改进计划，需要先设法伸展个别教师能力，让其能力有所提升，再通过教师组合（如核心小组、学科组）的力量将"活动"成果扩散，学校的整体能量可望提升。

在"活动理论"的视域里,校本改进工作的过程有最少两种含义:①它是一种"仲介行动"(mediated action)的过程;② 它是大学成员在"临近发展区"里帮助学校的协作教师伸展能力而同时伸展自身能力的过程。在"计划"的实践中,"仲介行动"是指学校发展主任和借调教师运用各种文化工具(思维和物质方法)引导自己和协作教师达至改进工作的目标。在此实践过程中,过去的观察多关注文化工具的类别和作用,即如何改良程式和技巧、什么物质材料适用于什么改进行动,试图透过回答这些问题从而为改进工作研制良方。这种取向是为了增强改进工作的效能,自然无可厚非。不过,在找寻和研制良方之时,能动者仍需切记:所有"仲介物"都承载着自身的文化和历史。它们的效用,其实是在与能动者的互动中产生的。因此,不同的人有着自己的文化和历史经验,所以他们和文化工具所产生的关系也因人而异。在改进工作中没有绝对的良方,因为这种工作是要靠能动者运用策略和创意,互相体谅,才能成就的。校本改进工作始终是一种协作。

校本改进工作"活动"是一个学习如何发展的"活动"。学校发展主任在"临近发展区"内帮助教师伸展能力,其实是一种互动式的学习。从上文的分析可以看到,"临近发展区"不是一个独立、脱节和无序的学习片段,而是使人在学习过程中不断地超越自己的实际能力而迈向进步。让教师踏出第一步而能站稳,再走下一步,正是大学成员帮助他们伸展认知和心理机能时应该确认的。学校发展主任用了不少文化工具引导教师达至目标。教师在踏出下一步前能否切实地"掌握"这些文化工具而能稳步向前,往往就决定了"活动"的真实效益。在帮助他人的时候,学校发展主任亦会意识到自己力有不逮,需要增能。对此,"计划"已有一定的途径,让学校发展主任在有需要时获取适当的支援。支援学校发展主任的增能,最重要的做法是确认改进工作是一种试验和创新的工作,因此没有必须依从的绝对"正确"的方案。

"计划"的"活动"实践工作,主要是靠学校发展主任和借调教师进入学校评估形势、厘定工作范畴及与学校教师共同协作,达至工作目标。以上工作,无一不需要学习。学校发展主任和借调教师进入学校之前要为改进工作做好准备,在"活动"实践期间要取得学校成员的信任,并与校内关键人物保持友善的工作关系。初入职的学校发展主任和借调教师会被安排与资深的同事合作,透过团队工作学习;而有个别学校发展主任更有意识地传递经验,为新人示范,甚至试图把隐含的经验启示明确地呈现在同事眼前,供他们参考(SDO2:1)。此外,"计划"亦会为协作的专科教师组织校外的学习社群,让大家通过互相学习和观摩而拓宽视野、深化对教育革新的理解。这当然对"活动"的实践工作更有利。

"活动"的实践过程是学校发展主任、借调教师和学校教师互相学习的过程。大家虽按角色而有分工,但这些角色也会因工作情境而变换:作为引导者的学校发展主任会因应形势而变为暂时的学习者;作为学习者的学校教师会因更贴近工作情境而成为引导者;作为桥梁的借调教师也会因其经验而成为引导者。这种因情境而变换角色的自然安排,需要协作中的能动者有较强的应变能力、谦虚的态度和专业的自信才能配合。所以,在"临近发展区"内伸展能力,不只是一种简单的"教者施、学者效"的作业。因为在"活动"实践期间的角色分工,是情境性的角色分工,而引导者与学习者的角色,也是各人在"活动"纵横交错的实践过程中轮流扮演的。

"计划"鼓励其团队成员从它的"经验贮存库"中提取智慧,亦期望他们能不断地往"贮存库"里投放新经验,尽量丰富为团队提供的学习材料。团队的发展能量的不断提升,还需要靠成员之间的持续互动和分享。"计划"所鼓励的,是一种持续探索的精神。学校发展主任和借调教师在学校的工作,包括他们确定的改进工作切入点、行动方案、文化工具的取舍和与学校教师的合作节奏,都以他们的专业决定为依归。"计划"的管理层甚少过问,只会适时提点和支援。于是,学校发展主任和借调教师便能有一颇大的专业和心理空间与学校教师进行协作。在调节工作的策略和处理计划与学校不同的规则和期望时,他们可以有足够的自由度就真实的实践情境做出回应。"计划"的"非责难文化"让学校发展主任和借调教师没有后顾之忧，也是他们发挥所长的保障。

能动者还要学习在"活动"后如何"分配"其成果。"活动理论"视达至"活动"目标为"活动"的其中一个阶段。"活动"达至目标后，各能动者亦会按自己的情况来分享成果、各取所需。除了有关校本改进工作的需要外，各人的需要也会按他们其他的身份而有别，如有些学校发展主任、借调教师和协作教师同时也可能是关心学习差异的教育工作者、推动保障弱势社群权益的社区成员等。"活动"的成果是要经过另一层的"分配"才能让社群分享的。能动者经合作取得成果，自然会愿意与其他学校成员分享。"计划"则刻意地将这些成果在学校和社区里扩散，希望影响校内和校外的教育工作者。因此，无论是在学科组里的分享或是在大规模的教师发展日里的报道，"活动"成果的"分配"是"计划"的常规作业，旨在收近者试用、远者借鉴之效。至于"活动"成果应该用什么形式"分配"给什么人才算最有效，则是大家需要不断探索的课题。"分配"不只决定"活动"的效果，还影响受众的发展，故应是能动者必须学习掌握的工作。

协作式校本改进工作使学校发展主任和借调教师徘徊于不同身份之间，这对在学校任职多年而新入职"计划"的成员尤甚。诚然，丰富的学校经验能让这些学校发展主任和借调教师掌握一般的学校形势，有利于前期工作的开展。不过，他们亦需要刻意地超越学校教师的习性，试图从更宏观的角度看待自己的工作，并理解校内不同工作范畴对学校整体发展的影响。在建构"计划"的团队成员身份期间，学校发展主任和借调教师会借助于改进工作经验丰富的同事，通过观察和实地工作，逐渐熟习一套技能和词汇。能帮助他们建构身份的，还有学校的协作教师。学校发展主任和借调教师既然是大学派来的，那么学校教师自然会为他们的身份赋予不同的意义。无论是学者、专家或改善学校教育的同路人，学校教师所赋予学校发展主任和借调教师的身份意义都会引起被赋予者一定的心理反应。当然，大家的共同身份是改进学校的能动者；但因为学校发展主任和借调教师都有自己独特的背景，故短暂的怀疑和困惑在所难免。"由混乱到寻找到自己的历程都不容易"（SDO1:18-19），因为这个身份建构的历程正在不断地延续。换言之，学校发展主任和借调教师的典型仍在建构中。

在过去11年里，"计划"的发展方向不断地因应教育情势的转变而调整，它的改进工作的焦点亦由协助学校面对教育改革转移到协助学校成员面对新的教育情境带来的多种挑战。作为一个整全的学校改进计划，它仍然以学校整体能量提升为工作目标。在试图达至这个目标的同时，"计划"也不断地增加关注点，如学习情境（如小班教学）、学习能力差异、特殊需要教育等，在不同的工作范畴中协助学校教师伸展能力。从"活动理论"的角度观之，"计划"已成为一个专为教师和学校学习发展而建构的学习网络，让大家通过多形式、多层次的目标性学习而提升自己的发展能量。大家都意识到，教师的能力伸展是学校能量提升之本。所以，学校发展主任、借调教师和学校教师在协作中所做的每一个专业决定都会对校本改进工作有一定的影响。这些决定都是他们互动学者的结果。他们的学习，既是为了自身和学校群体的发展，同时也体现了他们行动的意义。

参考文献

[1] 钟亚妮.大学-学校协作情境下的教师学习：香港与北京的个案研究[D].香港：香港中文大学，2007.

[2] 操太圣，卢乃桂.伙伴协作与教师赋权：教师专业发展新视角[M].北京：教育科学出版社，2007.

[3] Roth W M, Lee Y J. "Vygotsky's Neglected Legacy": Cultural-historical Activity Theory[J]. Review of Educational Research，2007，77(2):186-232.

[4] Vygotsky L S. Mind in Society: The Development of Higher Psychological Processes[M]. Cambridge, MA: Harvard University Press, 1978:85.

[5] Roth W M, Tobin K G. At the Elbow of Another: Learning to

Teach by Coteaching[M]. New York: Peter Lang, 2002.

[6] Engeström Y. Learning by Expanding: an Activity Theoretical Approach to Development Research[M]. Helsinki, Finland: Orienta-Konsultit, 1987.

[7] 卢乃桂,张佳伟.院校协作下学校改进原因与功能探析[J].中国教育学刊,2009(1):34-37.

[8] Shaffer D W. Pedagogical Praxis: The Professions as Models for Postindustrial Education[J]. Teachers College Record, 2004, 106(7):1401-1421.

[9] Giles C, Hargreaves A. The Sustainability of Innovative Schools as Learning Organizations and Professional Learning Communities During Standardized Reform[J]. Educational Administration Quarterly, 2006, 42(1):124-156.

[10] Kozulin A. Psychological Tools: A Sociocultural Approach to Education[M]. Cambridge, MA: Harvard University Press, 1998.

[11] Tappan M B. Reframing Internalized Oppression and Internalized Domination: From the Psychological to the Sociocultural[J]. Teachers College Record, 2006, 108(10):2115-2144.

[12] Borko H. Professional Development and Teacher Learning: Mapping the Terrain[J]. Educational Researcher, 2004, 33(8):3-15.

[13] Nelson T G. Sociocultural Dimensions in Teacher Learning[J]. Teacher Education Quarterly, 2004, 31(2):3-5.

[14] Fisler J L, Firestone W A. Teacher Learning in a School-university Partnership: Exploring the Role of Social Trust and Teaching Efficacy Beliefs[J]. Teachers College Record, 2006, 108(6):1155-1185.

[15] 赵志成.优质学校计划:学校改进的知识基础[Z].香港:香港中文大学教育学院,香港教育研究所,2003.

[16] 汤才伟.集体备课和观课与学校改进的关系[Z].香港:香港中文大学教育学院,香港教育研究所,2004.

[17] Pang K K Y, Kong C K, Ho, J W C, Wong, et al. Collaboration and Mutual Learning Netween School Teachers and School Development Officers in an Attachment Experience[Z]. Hong Kong: Faculty of Education, Hong Kong Institute of Educational Research, Chinese University of Hong Kong, 2008.

[18] 汤才伟.利用照片提高学生观察能力的理论和实践[Z].香港:香港中文大学教育学院,香港教育研究所,2004.

[19] 卢乃桂.能动者的思索——香港学校改进协作模式的再造与更新[J].教育发展研究,2007(12B):1-9.

[20] 江哲光,何碧愉.学校改进行动:用"心"的班级经营[Z].香港:香港中文大学教育学院,香港教育研究所,2006.

[21] Curry M. Critical Friends Groups: The Possibilities and Limitations Embedded in Teacher Professional Commúnities Aimed at Instructional Improvement and School Reform[J]. Teachers College Record, 2008,110(4):733-774.

[22] 吴美贤,何碧愉,朱嘉颖.寻找教师专业发展的模式:借调教师计划的效果[C]."学校改进与伙伴协作"两岸三地研讨会,香港中文大学香港教育研究所,2006.

[23] Yee S M L. Careers in the Classroom: When Teaching is More than a Job[M]. New York: Teachers College Press, 1990.

[24] Badali S J, Housego B E. Teachers' Secondment Experience[J]. The Alberta Journal of Educational Research, 2000,46(4):327-345.

(原文载于《香港中文大学教育学报》2010年第38卷第1期,第1—31页,作者为卢乃桂、何碧愉)

第六章
西方变革领导理论对中国学校改革的启示

> 中国自20世纪90年代开始推行素质教育改革,改革的重点逐步由宏观教育体制落实到学校层面。素质教育改革客观上要求学校改变传统组织文化和结构,注重人的全面发展。变革领导理论已被证实为推动学校变革和发展的主要模式。这一领导模式通过促进教师的专业发展,实现学校文化的重塑和教育质量的提升。本文对变革领导理论的核心内容和研究进展进行了阐述,旨在了解并掌握西方"学校领导引领变革"的知识基础,以期对中国学校改革有所助益。

一、引 言

改革开放以来,中国的经济体制发生了重大变革。教育作为意识形态,反映了经济和社会变革的整体脉络。1985年开始,以深化教育体制为主要特点的教育改革浪潮席卷了中国教育系统。进入90年代,国家开始强调教育质量,改革重点聚焦"素质教育"[1],改革趋势逐渐由宏观教育体制落实到学校层变革[2]。素质教育给传统的学校发展模式和师资培养模式都带来了极大的冲击和挑战,它要求学校以变革求发展。具体而言,素质教育改革对学校的冲击主要体现在两方面:首先,素质教育改革要求学校由对教育结果的关注转变为对教育过程的重视,有关学校改进的研究和实践大量开展。其次,素质教育改革要求教师适应新课本、转变原有教学方法和师生关系,这对教师专业发展提出了更高要求。

领导力对学校发展和变革具有实质性影响,对此学界已经形成了共识。20世纪90年代,西方以"重建运动"为代表的第二阶变革浪潮广泛兴起。它强调校长与教师共同领导,关注组织文化重塑和组织成员的发展。在这一阶段,变革型领导理论被引入教育领域,该理论强调通过引导组织成员对学校变革的认同和内在承诺,进而实现组织形式、结构和制度的改变。与以往改革所奉行的由外而内、自上而下的精英主义取向不同,这一领导模式将学校组织成员看作改革方案和计划的策划者和参与者,关注组织的人本发展取向。变革型领导理论长期被公认为是促进学校变革、提升教育质量的主要模式之一,[3][4]对于学校领导学的发展具有开创性和革命性意义。在中国教育改革的时代背景下,有关变革型领导的学术讨论可以为推进学校改革、提高教育质量提供借鉴,值得我们深入研究。

二、变革领导理论的核心内容

变革领导理论最早产生于西方的经济和政治领域。这一理论与传统领导理论的区别在于:强调领导实践,通过提升领导者与追随者共同的价值承诺和潜在能力,实现组织变革和发展的目的。20世纪90年代初,变革领导理论被引入学校领导学的研究领域。研究者认为,变革型领导模式是推动学校改革的有效方式,它有利于实现学校组织的"去科层化"(Debureaucratization),改变组织官僚化结构,从而推动教育改革。在西方提倡学校效能和学校改进的过程中,变革领导已被证实为推动学校变革的主要模式之一。[5]

(一)变革型领导的概念内涵

变革(transform)意味着"某一状态或系统为另一状态或系统的蜕

变或替代品,二者在质上显现出不同状态"[6]。变革与改变(change)的内涵有所不同,改变意味着一个事物代替另一个事物,即数量上的增加或减少,以及从一个地方换到另一个地方等,它强调一种状态或数量上的改变,但并非本质上的改变。

Downton 首次提出了变革型领导的概念,他认为社会中的变革型领导能引发整个权力结构根本性革命或原发性的改变。[7]Burns 认为,变革型领导是指"领导者和追随者在彼此之间创造一种能共同提升他们工作动机和道德水平的关系"[8],其本质在于促进领导者与追随者互相激发和提升,进而将追随者转变为领导者。

20 世纪 90 年代,变革型领导的概念被引入学校领导学的相关讨论中,并在教育领域引起广泛的关注。Leithwood 认为,"学校变革型领导是经过双方协商并且与其他人分享权力的领导模式"。[9]Leithwood、Begley 和 Cousins 认为,"学校变革型领导的核心内涵在于提升组织中个体和群体解决问题的能力,这种能力体现在认同组织所要达成的目标以及实现组织目标的过程"[10]。Sergiovanni 认为,学校变革型领导力激发了教师潜在的教学能力和更高的需求,以及领导和追随者共同的更高水平的内在承诺和表现。[11]Wilmore 和 Thomas 认为,变革型领导者寻求改变学校的途径,他们尝试将学校变为赋予关心、责任、知识丰富、能力和变革取向的社群中心。[12]

综上所述,变革型领导是建立在领导者和追随者共享远景、共同期待和价值追求基础之上的,它通过组织成员的内在信仰激发他们潜在的工作动机和个人能力,进而促使组织文化发生根本性的、彻底的改变。

(二)变革型领导的主要维度

变革型领导的概念提出后,西方学者进一步探讨了这一概念的主要维度。

Bass 和 Avolio 在 1994 年提出了变革领导理论的主要维度,他们认为变革型领导由四个相互影响的维度构成,即理想的影响力、心灵鼓励、智力激发和个体关怀。理想的影响力(Idealized influence)是领导者个人魅力的体现,即领导者在组织中表现出坚定的价值信仰,强调成员之间的信任感和彼此尊重,在困难的问题上明确表明自己的立场,重视决策可能产生的伦理后果,这样的领导者通常被认为是组织行为的道德模范;心灵鼓励(Inspirational motivation)是指领导者能够清晰地阐述学校的发展愿景,对追随者提出较高的行为期待,并为组织要实现的目标赋予意义,鼓励追随者实现有意义的组织目标;智力激发(Intellectual stimulation)指领导者对原有的组织价值、判断和传统发生质疑,激发组织成员思考新的理念和做事方法,并且鼓励追随者表达关于组织变革的观点和想法;个体关怀(Individualized consideration)指领导者重视组织成员的个体需要、能力和志愿,并愿意耐心地倾听组织成员的个人发展要求及对组织发展的建议等[13]。

Leithwood及其同事于1999年对在学校情境中发生的变革型领导行为进行了归纳,提炼出学校变革型领导的主要维度。他们认为学校中的变革型领导实践主要具有三大维度:一是制定方向,即通过全体员工参与决策,形成学校发展的愿景及优先顺序;二是人员发展,即领导者对教员持有很高的成就期待,并且在物质和精神上为员工发展提供保障;三是重新进行组织设计,即通过参与型的决策形成强而有力的校园文化,并建立组织的核心价值。据此,Leithwood及其同事将学校变革型领导具体划分为九个维度[14],如表1所示。

表1 学校变革型领导的概念维度

1. 制定方向 (Setting Directions)	1.1	愿景建立(领导者个人魅力和心灵激励)
	1.2	群体目标确定
	1.3	高成就的期待
2. 人员发展 (Helping People)	2.1	个体关怀/支持
	2.2	智力激励
	2.3	关键价值和实践的榜样

(续表)

3. 重新进行组织设计 (Redesigning Organization)	3.1 建立合作的学校文化
	3.2 建立支持合作的制度
	3.3 与家长和社区建立有利的关系

(三) 变革型领导理论的特点

20 世纪 90 年代,以"重建运动"为代表的第二阶变革广泛展开。这一轮改革浪潮要求改变学校组织的科层官僚体系并构建同僚文化,从而改变学校文化,实现组织变革的最终目的。在这一阶段,变革型领导理论被引入学校教育领域,强调通过激发组织成员的内在动机和能力,实现组织的持续变革和发展的改革目标。

与传统的学校领导理论相比,学校变革型领导理论主要具有以下特点。

第一,变革型领导强调组织成员独特的价值观。与传统领导理论强调领导过程的理性不同,变革型领导理论重视领导者行为的感性和价值意义,强调领导者行为的象征性和文化属性,领导者的领导实践要为组织所需的行为赋予价值和意义。变革型领导的实质是对个体内在价值信仰的回应。

第二,变革型领导是一种"关系领导"。传统领导理论强调等级化的权力关系,领导行为的产生是建立在领导者权力合理性基础之上的;而变革型领导则重视领导关系中领导者与追随者彼此的内在需要和追求,强调构建一种以共同愿景为基础的和谐关系。

第三,变革型领导具有发展取向。传统领导理论强调领导行为发生在为了获得某种有价值的物质时,主体之间进行的契约式交换;而变革型领导理论则将领导看作一种道德事业,强调组织成员的成长和发展,变革型领导者要激发追随者反思他们的内在需要,并引导追随者对幸福机会的追求。变革型领导的最终目的在于将追随者转变为领导者。

第四,变革型领导的根本在于促进组织的转变,在学校改革的背景下具有特殊的重要的意义。变革型领导理论强调通过改变成员的内在需要和工作动机,实现对组织文化和结构进行重塑的目的。它立足于"变",即通过转变学校文化和氛围对组织形成长远而深刻的影响。

概括而言,变革型领导理论秉承了人本主义的核心理念,强调关注组织中主体的内在需要和价值信仰,强调在尊重和信任的基础上发展人,最终促使组织文化和结构发生根本性的变革。这一理论在教育改革背景下,对有效推动学校改进、促进教师专业发展具有开创性意义。

三、变革型领导与学校发展

自20世纪90年代变革型领导概念被引入学校改革领域以来,学术界对其进行了大量经验研究,变革型领导已成为支撑学校改革和发展的重要理论。

(一)促进变革型领导的有效情境

早期有关学校领导的研究侧重探讨"最有效"或"最成功"的领导行为规范和标准,并要求学校领导者按照某些具体的行为标准开展实践工作,以促进教学质量的提升。[14]然而,近年来学术界逐渐认识到"领导力"是一个社会建构的过程,它具有情境性。

变革型领导在急剧变化且不稳定的环境中被认为是最有效的领导实践。[15]当领导者面对一个不稳定、不确定且不断变化的环境时,变革型领导实践被认为是更有效的领导实践活动;而当领导者面对一个稳定的、缺少变化且重复性的环境时,他们容易基于以往的规范做出判断和选择,表现出更多传统的交易型领导行为并强调利益交换。同时,集体主义文化更容易孕育变革型领导行为。[16]在集体主义社会中,人们倾向于将群体或组织看作他们生活中的一个必要部分,无论领导者还是追随者都需要与组织共命运。[17]这一文化背景与变革型领导理论强调分享、尊重、信任的核心价值观相吻合,能够激发组织成员实现共同的发展目标。此外,变革型领导在以分权决策和学习为主要特点、强调开放系统的有机组织中能更有效地发挥作用。[18]

当前中国学校正处于一个快速变革的过程中,无论是教育内容、教学方法,抑或组织文化都处于复杂且不确定的动荡时期。由于受传统集体主义的影响,中国学校内部组织文化强调和谐和分享,同时,教育改革要求学校重视持续学习能力的培养。由此可见,变革型领导理论适应中国学校改革要求,可能为推动学校改进和提高教学质量发挥作用。

(二)学校变革型领导与教师专业发展

变革型领导能有效地推动组织中"人"的发展,它会对教师工作动机、组织承诺、工作满意感、工作流动以及专业知识和技能的发展产生影响。[19][20][21]学校变革型领导强调教师专业能力的发展,对教师的情感和动机也会产生重要影响。[22]

学校变革型领导对教师专业发展的促进作用主要通过如下三种途径实现。

其一,个体关怀。个体支持是指变革型领导者充分了解追随者的需要,并且通过授权为追随者提供自我实现的机会,进而将追随者的需要提升到更成熟的阶段,促使他们获得高水平的道德发展。[13]同时,当面对教师教学行为发生改变时,领导者有意识地让教师了解到他们可能遇到的问题,并且为帮助教师克服可能出现的困难而做出努力[5]。研究发现,"个体关怀"对教师情感方面产生积极影响,能够激发教师工作的满意感,有助于教师对校长工作产生积极认知。[23][24]

其二,智力激发。智力激发是指领导者促使追随者重新审视他们的工作并重新思考工作应该如何做的领导策略。[25]Senge认为领导者的任务就是质疑主流意识模式并培养更系统的思考方式[26]。Argyris和Schon认为,领导者应该鼓励追随者去质疑那些习以为常的工作,并且积极参与"双环"学习。[27]领导者个人的专业发展水平是发挥"智力激发"领导实践的关键,尤其是对于那些处于充满挑战的环境中的领导者而言。[28]研究认为,智力激发能够在学校变革时期促使教师认同改革的理念,并且为教师个人发展提供专业的知识支援。[23][29]

其三,领导者的价值和榜样作用。榜样作用是指领导者为教员提供一个榜样,让他们追随这一价值,[25]即强调领导者通过语言和行为表现出决策过程的透明、信心、乐观、希望、弹性和一致性。领导者在学校里展现出较高的可见度,校长随时与教员和学生进行高质量的交流与互动,这些都能有效地促进教师的专业成长。[30]

(三)学校变革型领导与组织重塑

学校变革型领导的主要功能是重塑组织文化,它使学校形成一种彼此信任、尊重、合作并注重学习的组织文化和组织结构。[31]

组织文化的核心即组织中人的信仰,也就是他们对于学校运作的价值假设,以及他们认为什么是正确的。[11]也有学者认为,组织文化是指校长与教师建立一种关心和信任的氛围,并且表现出愿意根据新的共识而改变其领导实践的意愿。[32]学校变革型领导强调在学校中构建一种以学生为中心并以支持教师专业持续发展为取向的规范、信念和价值。变革型领导者通过与教师分享决策过程,有效地营造合作型组织文化。此外,它对组织结构也具有重要的影响。校长通过允许教员参与决策、群体问题解决策略等方式,建立一种能够促进参与式决策并鼓励教师自主做出选择的学校组织结构。[33]

综上,变革领导理论在学校领导研究中占有重要地位,它强调校长与教师之间的互动和交流,促使教师对学校改革形成内在承诺和追求。如果说传统交易领导理论重视工具理性,那么变革领导理论则强调沟通理性,并认为在彼此沟通、信任的环境中更有利于实现组织变革和发展。传统的中国校长领导实践倾向于交易领导,即领导与下属之间的关系依靠契约交换得以维系,这种领导实践能够维持组织的现状,但难以在教育改革时期满足组织变革和发展的需要。[34][35]因此,在中国教育改革的时代背景下,关注变革领导理论,可能对学校领导的实践活动有所助益。

四、变革领导理论对中国学校改革的启示

20世纪90年代后期,中国开始推行以人的全面发展为基本取向的素质教育改革,这场改革给学校管理带来了新的要求和挑战。改革的政策意图能否得以落实,很大程度上取决于处于改革一线的校长和教师对改革的认识和理解,尤其是教师能否对改革产生内在承诺和动机。然而,长期以来中国的学校管理倾向于一种自上而下的交易型领导风格,教师在学校中的自主权非常有限。这种传统的学校领导模式以强硬和权威的方式要求教师执行改革方案,但是教师并非从心理上认同和接受改革意图。自上而下的交易型领导会对教师的行为产生短期影响,但很难长期而深入地推进素质教育改革进程。

变革型领导是一种自下而上的领导模式,它通过改变组织成员的认识和内在动机,推动组织的发展和变革。该理论为推进学校改革提供了一个全新的视角,对学校改革,尤其是校长在学校改革中如何激发教师工作动力、实现组织变革具有启示作用。

(一)由交易型领导发展为变革型领导

中国大部分中小学校长倾向于交易型领导类型,即通过外部奖惩和利益交换激励教师完成工作。[34][36]交易型领导通常适用于稳定的环境中并以维持组织现状为其主要特点。目前中国的学校正处于急剧变化的教育改革浪潮中,交易型领导显然不利于组织发生彻底性改变。学校改革的顺利实现有赖于教师的观念和行为发生根本性转变。变革型领导从更高的层次提升教师对组织的承诺和工作的内在动机,它能促使教师的行为在学校变革中发生改变。[23][29]因此,在中国学校变革的发展阶段,我们迫切需要思考的是如何促使校长由交易型领导者向

变革型领导者过渡,切实落实教育改革的政策理念。

(二) 关注学校"生活世界"的构建

西方领导学家 Deal 和 Peterson 认为,学校领导实践包括两方面的内容:第一,技术性角色,即人力资源管理、财务管理、课程和教学管理以及教师和学生评价等;第二,象征性角色,即学校文化建设、关系建设以及赋予学校发展和教师工作深层价值和意义。教育领导学家 Sergiovanni 在 Habermas 理论的基础上认为,学校教育活动同时涉及生活世界和系统世界[①],但这二者在现实的学校管理中从来都不是平衡存在的,理想状态下的学校管理实践往往将价值构建置于领导工作的核心地位,而工具性管理技术则需要服务于学校教育活动的价值和终极目标。变革型领导理论强调学校教育活动主体之间的意义构建和内在价值生成,它引导组织成员在彼此理解、充分沟通的基础上,塑造学校共同的发展目标和改革方向。从本质上看,变革型领导理论关注领导者的"象征性角色",并重视学校教育活动作为"生活世界"的塑造和形成。应该说,变革型领导的基本理念与当前中国教育改革尤其是课程改革背后的价值相符合,它对中国校长在变革时期构建学校教育活动的生活世界具有重要指导意义。

(三) 鼓励参与,激发教师内在的工作动力和能量

变革型领导理论以自下而上发挥影响力为取向,重视教师对学校教育活动的认知和参与。教师是学校活动的重要主体,学校发展和变革的愿景是由全体成员共同协商而产生的,领导者与追随者是为了实现组织共同的教育价值和理想而开展教学和管理工作。变革型领导理论要求校

---

① Habermas 用结构-分析方法对社会系统进行剖析时,将整个社会分为两大部分:生活世界(life world)和系统世界(system world)。生活世界主要指社会文化领域,分为私领域(例如家庭)和公领域(例如学校)。生活世界以沟通理性为基础,主体之间理解和交往的媒介是语言和象征符号。系统世界是指社会生产领域,主要分为市场和国家两个领域。系统世界以工具理性为导向,强调为达成经济或政治目的而采取某种手段或方法的效能;在系统世界中,主客体间的关系会受到金钱和权力的操控。

长理解、欣赏并接受教师的意见,转变教师的认知,促使他们追求更高层次的自我实现,从而促进学校的发展和组织变革。在变革型领导理论中,校长不再是全能的英雄式人物或超人形象,学校中每位成员都要为组织的发展和变革承担相应的责任。因此,校长在实践中要创造教职员工合作、分享决策、互相学习的机会,从而激发自下而上的实质性的学校变革,并且促使教师在教学理念和行为方式上发生相应的变革。

Fullan 认为,社会组织越复杂,越需要精密的领导力来推动变革。[37]面对充满矛盾与困惑的教育变革,传统的学校管理、教学过程和课程设置无不遭遇冲击和挑战,学校领导者必须根据变革所提出的要求做出及时的反应。变革型领导理论为我们研究中国的校长领导实践活动提供了理论依据。面对教育改革所带来的愈发复杂而不确定的环境,教育管理学界需要更多的实证研究。本研究团队将以变革型领导为主要学术视角,开展更为深入的个案研究,为探索具有中国特色的变革型领导提供丰富的知识基础。

参考文献

[1] 王长纯.1978—2002年中国教育改革的四次浪潮[J].首都师范大学学报(社会科学版),2002(4):102-108.

[2] 叶澜.转换思路——开创素质教育新局面[J].山西教育(综合版),2006(2).

[3] Hallinger P. Leading Educational Change: Reflections on the Practice of Instructional and Transformational Leadership[J]. Cambridge Journal of Education,2003,33(3):329-352.

[4] Robinson V M J, Lloyd C A, Rowe K J. The Impact of Leadership on Student Outcomes: An Analysis of the Differential Effects of Leadership Types[J]. Educational Administration Quarterly,2008,44(5):635-674.

[5] Leithwood K, Jantzi D, Steinbach R. Changing Leadership for

Changing Times[M]. Buckingham; Philadelphia, Pa.: Open University Press, 1999.

[6] Cameron K S, Ulrich D O. Transformational Leadership in Colleges and Universities [G]//Smart J (ed.). Higher Education: Handbook of Theory and Research, vol(2), New York: Agathon, 1986:1-42.

[7] Downton J V. Rebel Leadership: Commitment and Charisma in the Revolutionary Process[M]. New York: The Free Press, 1973.

[8] Burns J M. Leadership[M]. New York: Harper & Row, 1978:19.

[9] Leithwood K A. The Move toward Transformational Leadership [J]. Educational Leadership, 1992, 49(5):8-12.

[10] Leithwood K, Begley P T, Cousins J B. Developing Expert Leadership for future schools[M]. London; New York: Routledge, 1994:7.

[11] Sergiovanni T J. Leadership for the Schoolhouse: How is It Different? Why is It Important? [M]. San Francisco: Jossey-Bass Publishers, 1996.

[12] Wilmore E, Thomas C. The New Century: Is It Too Late for Transformational Leadership? [J]. Educational Horizons, 2001, 79(3):115-123.

[13] Bass B M, Avolio B J. Improving Organizational Effectiveness Through Transformational Leadership [M]. Thousand Oaks: Sage, 1994.

[14] Leithwood K, Jantzi D. Linking Leadership to Student Learning: The Contributions of Leader Efficacy [J]. Educational Administration Quarterly, 2008, 44(4):496-528.

[15] Burns J M. Transforming Leadership: a New Pursuit of Happiness[M]. New York: Atlantic Monthly Press, 2003.

[16] Jung D I, Bass B M, Sosik J J. Bridging Leadership and Culture: a Theoretical Consideration of Transformational Leadership and Collectivistic Cultures[J]. Journal of Leadership & Organizational Studies, 1995, 2(4): 3-18.

[17] Hofstede G. Cultures and Organizations: Software of the Mind [M]. London: McGraw-Hill, 1991.

[18] Bass B M. Leadership and Performance Beyond Expectations [M]. New York: Free Press, 1985.

[19] Bogler R. The Influence of Leadership Style on Teacher Job Satisfaction[J]. Educational Administration Quarterly, 2001, 37 (5): 662-683.

[20] Griffith J. Relation of Principal Transformational Leadership to School Staff Job Satisfaction, Staff Turnover, and School Performance[J]. Journal of Educational Administration, 2004, 42: 333-356.

[21] Ross J A, Gray P. Transformational Leadership and Teacher Commitment to Organizational Values: The Mediating Effects of Collective Teacher Efficacy[J]. School Effectiveness and School Improvement, 2006, 17(2): 179-199.

[22] Leithwood K, Beatty B. Leading with Teacher Emotions in Mind [M]. Thousand Oaks, CA: Corwin Press, 2008.

[23] Geijsel F, Sleegers P, Leithwood K, Jantzi D. Transformational Leadership Effects on Teachers' Commitment and Effort toward School Reform[J]. Journal of Educational Administration, 2003, 41(3): 228-256.

[24] Barnett K, McCormick J. Leadership and Individual Principal-teacher Relationships in Schools[J]. Educational Administration

Quarterly, 2004, 40(3):406-434.

[25] Podsakoff Scott B, Philip M. Transformational Leader Behaviors and Their Effects on Followers' Trust in Leader, Satisfaction, and Organizational Citizenship Behaviors[J]. The Leadership Quarterly, 1990,1(2):107-142.

[26] Senge P M. The Fifth Discipline[M]. New York: Doubleday, 1990.

[27] Argyris C, Schon D A. Organizational Learning: A Theory of Action Perspective[M]. Reading, MA: Addison-Wesley, 1978.

[28] Day C, Hadfield M, Tolley H, et al. Leading Schools in Times of Change[M]. Buckingham; Philadelphia: Open University Press, 2000.

[29] Geijsel F, Sleegers P, van den Berg R, et al. Conditions Fostering the Implementation of Large-scale Innovation Programs in Schools: Teachers' Perspectives[J]. Educational Administration Quarterly, 2001,37(1):130-166.

[30] Blase J, Blasé J. Handbook of instructional leadership: How Really Good Principals Promote Teaching and Learning[M]. Thousand Oaks, Calif.: Corwin Press, 1998.

[31] Yu H, Leithwood K, Jantzi D. The Effects of Transformational Leadership on Teachers' Commitment to Change in Hong Kong[J]. Journal of Educational Administration, 2002, 40(4):368-389.

[32] Silins H C, Murray-Harvey R. What Makes a Good Senior Secondary School?[J]. Journal of Educational Administration, 1999,37(4):329-345.

[33] Silins H C, Mulford W R, Zarins S. Organizational Learning and School Change[J]. Educational Administration Quarterly, 2002, 38(5):613-642.

[34] 李剑萍,张涛.山东省普通高中校长领导行为的调查研究[J].当代教育科学,2006(16):14-19.

[35] 张新平.校长角色转型研究——基于伯恩斯变革型领导理论的思考[J].教育发展研究,2008(C2):44-51.

[36] 陆波.高中校长领导方式与教师接受度现状调查及分析[J].当代教育科学,2007(15):34-35.

[37] Fullan M. Leading In a Culture of Change[M]. San Francisco: Jossey-bass,2001.

(原文载于《复旦教育论坛》2010年第5期,第25—30页,作者为卢乃桂、李晓蕾、黎万红)

第 七 章

中国校长培训政策的延续与变革
（1989—2009）

在学校改进和教育变革中，校长扮演着日益重要的角色，而校长培训则被视为成功实现学校改进与教育变革的重要策略之一。有关校长培训的政策则体现了国家对校长培训的基本理解、要求与期望。本文梳理了1989年至2009年中国所颁布的各类有关校长培训的政策文件，从国家对校长培训的定位，校长培训的责任分担与制度建设，校长培训的目标、课程内容与教学法三个维度剖析了二十年来中国校长培训政策的延续与变革，在此基础上对中国大陆校长培训的性质进行解读，提出校长培训正处于关键的转型期，需要深入反思国家在校长发展中的角色定位，从而在政策制定与实施中更好地促进校长领导力的发展。

20世纪80年代中后期以来，有关学校和学校改进的研究和实践均证明了校长是学校成功的关键。[1]各国开始把校长的培养与发展提上教育改革的议事日程，不断投入大量的人力与物力，以期通过对校长的培训与发展，提高其领导力，进而提高教育质量和促进学生发展，[2]中国也不例外。自20世纪80年代末，政府及有关教育部门颁布了一系列政策以指导和确保校长培训的发展，力求通过对校长全面广泛的"轮训"与不同层次的培养，全面提升校长的素质与能力，进而落实素质教育改革，提升教育质量。

政策本质上是"政府所选择做或者不做的事"[3]，是政府带有目的性与指向性的干预行为。有关校长培训的政策体现着国家对校长培训的基本理解、要求与目的。通过对相关政策的梳理与分析,我们可以更清晰地了解国家对校长培训的期望及具体取向。因此,本文通过整理1989年至2009年中国颁布的校长培训相关政策,围绕国家对校长培训的定位,校长培训的责任分担与制度建设,校长培训的目标、课程内容与教学法三个维度,描述并分析了中国大陆校长培训政策的延续与变革,在此基础上,对中国大陆校长培训的性质进行再认识,指出校长培训处于关键的转型期,需要深入反思国家在校长培训发展中的角色。

一、校长培训政策的梳理:分类与分期

1989年所颁布的《国家教委关于加强全国中小学校长培训工作的意见》是中国大陆自改革开放以来第一份系统而完整的有关中小学校长培训的政策性文件,为之后的校长培训发展确定了基本架构。其后二十年间,国家颁布了各类政策文件规范并指导校长培训的发展。根据政策文件的重要性和相关性,我们选择了十二份文件,根据政策内容与重点的变化,依时期及政策类别进行分类梳理,详见表1。

表1 中国大陆校长培训文件及政策重点

文件名称	政策重点	政策类别
《国家教委关于加强全国中小学校长培训工作的意见》(1989)	提出校长培训总体架构;以岗位任职资格培训为主;提出培训和校长的任用与考核相结合	第二类
《国家教委关于开展中小学校长岗位培训的若干意见》(1990)	开展岗位培训的具体要求及其落实	第二类
《全国中小学校长任职条件和岗位要求(试行)》(1991)	规定校长都应接受岗位培训,并获得合格证书	第四类
《中央组织部、国家教委关于加强全国中小学校长队伍建设的意见(试行)》(1992)	对全体中小学校长进行一遍岗位培训,以后每五年轮训一次,形成校长培训制度	第四类

(续表)

文件名称	政策重点	政策类别
《国务院关于中国教育改革和发展纲要的实施意见》(1994)	提出实施"百万校长培训计划",争取1997年左右在全国实行中小学校长持证上岗制度	第一类
《国家教委关于"九五"期间全国中小学校长培训指导意见》(1995)	将校长培训和基础教育改革与发展、普及九年义务教育及全面提高中小学教育质量和管理水平联系起来;探索并逐步形成分任职、提高和高研三个层次的培训;提高培训要求,已接受过岗位培训的校长五年内必须接受累计不少于200学时的提高性培训,并取得结业证书	第二类
《中共中央国务院关于深化教育改革全面推进素质教育的决定》(1999)	将校长培训作为实施素质教育的重要途径	第一类
《中小学校长培训规定》(1999)	校长培训整体架构的建立;将校长培训与教育改革的相关联系建立起来	第二类
《全国教育干部培训"十五"规划》(2001)	校长培训被纳入教育干部培训规划	第三类
《教育部办公厅关于进一步加强和改进中小学校长培训工作的意见》(2002)	培训要积极配合和推动基础教育改革和发展推荐校长培训教材	第二类
《教育振兴行动计划》(2004)	将干部培训与终身教育结合起来	第一类
《全国教育系统干部培训"十一五"规划》(2007)	强调素质教育实施是中心任务;培训层次、培训类别、培训规模均有提升	第三类

注:尽管文件颁布的时间不属于各个五年计划的时间段,但表中所列文件均是指导各个五年计划时期校长培训的重要性文件。

(一)四类校长培训政策

所选取的有关校长培训的政策,根据内容与重点,大致可以分为四类。第一类是国家宏观性的教育政策文件,涉及校长培训的重要发展背景与方向。第二类是由国家教育行政部门直接颁发的指导校长培训实施的文件。第三类是有关教育干部培训规划的文件,2001

年校长培训被明确纳入教育干部培训规划中,因此对这类文件的分析有助于理解国家对校长培训的部署与设想。第四类是有关人事政策文件。长期以来,国家试图在校长培训、任用与考核之间建立制度性联系,因此对人事政策的分析有助于理解校长培训的制度性设计。

从以上分类可见,校长培训政策不是单一的有关校长培训方式、内容的政策,而是与国家重大教育改革政策、教育干部培养规划以及教育人事制度相关的综合性政策群。

(二) 校长培训发展的四个时期

从校长培训政策的内容与重点变化来看,基本上与国家教育规划发展的五年阶段分期一致。这也体现了校长培训的变迁和我国重大教育变革与教育政策发展的线性同步关系。中小学校长培训政策发展具体而言,可分为"八五"(1991—1995)探索期、"九五"(1996—2000)巩固期、"十五"(2001—2005)规范期和"十一五"(2006—2010)深化期,每个时期的重点和特色都有所不同。

"八五"期间的校长培训处于摸索与尝试建立制度的阶段。《国家教委关于加强全国中小学校长培训工作的意见》(1989),从培训目标、培训内容与方式、培训管理与责任、培训提供者、培训教材及培训保障,提供了初步但较完整的校长培训指导架构。这一架构在之后的二十年间未发生重大变化。与此同时颁发的《全国中小学校长岗位培训指导性教学计划(试行草案)》则提出了具体而详尽的培训课程与学时安排。同期的《国家教委关于开展中小学校长岗位培训的若干意见》(1990)则进一步强化了国家及各级教育行政部门在培训中对培训提供者的审核和把关作用。总体而言,"八五"期间的校长培训政策为今后的校长培训发展建立了基本的培训制度,把校长接受岗位培训作为校长的任职条件。

"九五"期间的校长培训处于巩固和提升阶段,国家对校长及校长培训有了新的定位。《全国教委关于"九五"期间全国中小学校长培训指导意见》(1995)将校长培训提升到"事关基础教育改革和发展全局的基础性工作,对普及九年义务教育及全面提高中小学教育质量和管理水平具有重要战略意义"。校长培训之目的不仅仅在于培训校长承担其岗位工作,更加明确了校长培训对提高教育质量的关键意义。在培训层次上,注重巩固岗位培训并兼顾校长培训层次的提升,初步形成任职、提高、高研三个层次的培训体系。

"十五"期间是校长培训规范化的阶段,《中小学校长培训规定》(1999)的颁布,进一步推动了校长培训的规范化和制度化。在这一阶段中,校长培训的效果指向与具体教育改革的目标紧密相连,校长培训被视为成功实施素质教育的重要保障。因此校长培训的发展以提升"校长实施素质教育的能力"为核心,在巩固"八五""九五"岗位培训和提高培训的基础上,重视骨干校长培训,注重纵向层次的提升。

"十一五"期间是校长培训的深入发展阶段,校长培训不仅强调培训"覆盖面提升",同时注重区分不同层次和类别学校校长的需求,强调"面向基层、面向农村、面向薄弱学校"。培训内容根据学校管理中的问题来组织,开办多种"专题"培训来解决学校发展中的实际问题。

二、校长培训政策的延续与变革

本部分主要围绕国家对校长培训的定位、校长培训的责任分担与制度建设及校长培训的内容(包括培训目标、课程与教学法)三个维度,具体分析中国校长培训政策的延续与变革。

(一)国家对校长培训的定位

国家对校长培训的定位,即对校长培训重要性的认识,反映在国家如何将校长培训与教育改革联系起来,并通过政策得以体现。[4]国家对校长及校长培训的认识,在二十年间发生了较大的变化。校长培训的政策与教育改革的日程更紧密地联系在一起。国家在肯定校长在教育系统内完成行政管理工作、落实国家教育培养目标的同时，也更加重视校长对实施重大教育改革（如素质教育、课程改革）以及对教育系统外的作用。

在1989年颁布的《国家教委关于加强全国中小学校长培训工作的意见》中，校长培训被看作是"全面贯彻落实党和国家的教育方针的战略任务"。在《中央组织部、国家教委关于加强全国中小学校长队伍建设的意见》(1992)中，校长培训是"关系到我国中小学坚持社会主义办学方向，认真贯彻教育方针，培养千百万合格的社会主义事业建设者和接班人的战略任务"。自20世纪90年代中期，校长培训开始与国家的教育改革紧密联系起来。在《国家教委关于"九五"期间全国中小学校长培训指导意见的通知》(1995)中，校长培训被看作是"一项事关基础教育改革和发展的全局的基础性工作，对普及九年义务教育及全面提高中小学质量和管理水平具有重要的战略意义"。《中小学校长培训规定》(1999)明确提出"校长培训要坚持为全面实施素质教育服务的宗旨"。《全国教育干部培训"十五"规划》(2001)提出"根据建设社会主义新农村的任务，把中小学校长培训摆在重要位置"。由此不仅将校长培训作为教育系统内部功能发挥的保障，还重视校长培训对教育系统之外的辐射作用。

（二）校长培训的责任分担与制度建设

在这二十年间，中国校长培训的发展是一个责任逐步明确，制度日益完善的过程。1999年所颁发的《中小学校长培训规定》第一次明确了各级部门在校长培训中的责任。"国家、省、地、县"四级中小学校长培训管理体系得以确定下来，形成了国家教育行政学院、教育部中学校长培训中心和教育部小学校长培训中心—省、直辖市所属教育学院、师范院校—地市教师进修学院及师范院校—县级教师进修学校四级培训网络。

其一，校长培训管理责任分担。在1989年《国家教委关于加强全国中小学校长培训工作的意见》中，首先提出"制定切合当地实际的省、地、县三级培训规划及具体措施"。《国家教委关于"九五"期间全国中小学校长培训指导意见》(1995)首次提出"中小学校长培训工作实行国家宏观指导、地方负责，分级管理、分级培训的原则"。在《中小学校长培训规定》中，对国务院教育行政部门、省级行政部门、培训机构的职责和任务做了详细的阐述，在《全国教育干部培训"十五"规划》(2001)中，又进一步强化了对校长培训的责任分担，提出"教育干部培训工作实行分类分级管理。教育部负责制定全国教育干部培训的总体规划、政策协调、业务指导、质量监督检查和相关信息服务工作；各省、自治区、直辖市教育部门负责制定本地区培训规划，落实上级调训计划，组织、协调、实施本地区教育干部培训工作"。在校长培训中，国家逐步加强和完善了以行政部门为主的校长培训责任分担制度。这种强力的干预一方面保障了校长培训的落实与发展，但在另一方面也强化了国家对校长培训的垄断权力。

其二，校长培训的提供。校长培训的提供者由单一走向多元。1989年《国家教委关于加强全国中小学校长培训工作的意见》中提出由"师范院校、教育学院、教师进修学校和其他培训机构"提供校长培训。在1999年《中小学校长培训规定》中，除了师范院校以外的"有条件的综合大学"可以参与提供校长培训。2002年颁布的《教育部办公厅关于进一步加强和改进中小学校长培训工作的意见》中又提倡由单一院校的封闭式培训向校校联合以及委托办学方式延伸。在2007年颁布的《全国教育系统干部培训"十一五"规划》中则明确"鼓励高等学校、科研院所和其他社会机构以不同形式参与教育系统干部培训"。

其三，校长培训制度建设。在中国大陆的校长培训政策中，多个文件都强调要将干部的培训与考核、任用紧密地结合起来，国家在政策上努力将校长培训与校长任用挂钩，从而确立了校长培训的权威性和有效性。在具体的实施过程中，则通过"任命—培训—上岗"的方式来建立校长培训与校长任用的联系。新校长必须取得"任职资格培训合格证书",持证上岗、任职资格培训是校长任职的必要条件;在获得任职资格证书五年以内,在职校长必须参加提高培训,并取得"提高培训合格证书",作为继续任职的必备条件。从培训的结构层次来看,形成了任职、提高和高研三层的校长培训体系,参加培训是校长的权利与义务。

(三)校长培训的目标、课程内容与教学法

其一,校长培训的目标。从校长培训的目标来看,与国家对校长重要性的认识基本一致,呈现出日益与国家重大教育改革及政策的实施紧密相连的趋势。随着国家教育体制改革的深化,校长的工作发生改变,对校长培训的要求不满足于培养《国家教委关于加强全国中小学校长培训工作的意见》(1989)提出的"教育专家"、在《国家教委关于"九五"期间全国中小学校长培训指导意见》(1995)中提出要培养"教育改革和科学管理的带头人",《全国教育系统干部培训"十一五"规划》(2007)又进一步明确提出要培养"专家型校长与实施素质教育的带头人"。2002年"专业化校长队伍"的提出,说明国家对整个校长队伍进行了关于系统培训和提升的战略性思考。

其二,校长培训课程与内容。校长培训主要包括任职资格培训、在职校长提高培训和骨干校长高级研修三个不同层次的培训,在"八五""九五"期间,校长培训多以"意识形态"主导的通识性培训为主,如《国家教委关于加强全国中小学校长培训工作的意见》(1989)中提出校长培训的内容为"政治理论、党和国家的教育方针、政策、法规及教育基本理论、学校管理知识与方法"。这种通识培训的内容随着科技发展和校长工作的复杂性增强,在《中小学校长培训规定》(1999)中就增加了"现代教育技术、现代科技和人文社会科学"等内容。"十一五"期间,校长培训的内容是以素质教育的实施为主线,内容涉及学校管理中具体微观问题,强调根据教育改革与学校发展中出现的新问题,开展专题培训。以意识形态主导的通识性培训逐步向以素质教育实施为主导的专题培训转变。这反映了政策制定者越来越意识到校长培训的内容应该与实践中所面临的问题紧密结合起来，以细分的专题来满足不同层次、不同地区校长的需求。

其三，教学法。泰勒等根据学员参与实践的程度，将教育领导培养项目中的所采用的教学法分为最低程度的参与、边缘性参与和全面参与三类。[5]不同的教学方法将产生不同的知识。① 借助这种分类方式以及对教学法的分析，反观中国校长培训政策中有关教学法的规定，可以看到政府所倡导的校长培训的教学法所处的位置及未来发展的方向。"八五"期间的校长培训主要以最低程度的参与为主，注重讲座和阅读及反思的方式。学习方式由以"业余、自学、短期脱产为主"，"分散自学，集中面授"是主要的方法，面授一直占据着较为重要的地位，辅以研讨、总结与经验交流及论文撰写。在"九五""十五"期间，有关政策中则开始倡导"综合运用理论教学、自学读书、研讨交流、案例分析、考察调研、论文写作等教学方法"，边缘性的实践参与开始受到关注。在"十一五"期间，全面参与的教学法得到重视，"挂职学习""影子校长"等培训方式开始引起关注。

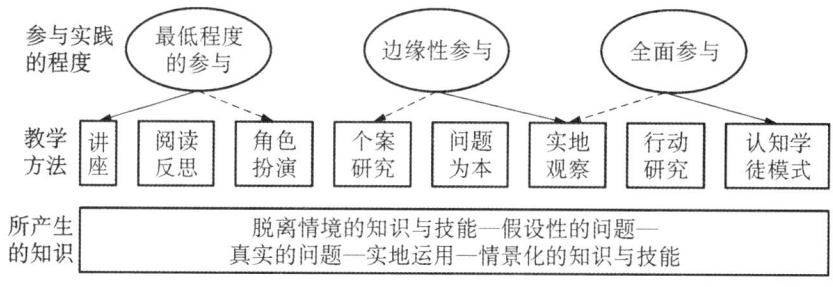

图1　教学法分析维度图

从校长培训政策来看，政策制定者在校长培训教学法的倡导上出

---

① 学员之间是通过所采用的教学方法来区分的，在三者之间并没有绝对的分界点，某一教学方法可能处于不同参与程度的教学法之间（见图1中虚线箭头部分）。

现了从最低程度的参与向全面参与的转变。但是由于全面参与的校长培训在实施的过程中对人力、物力、财力的要求更高,因此,对于"大规模的干部培训"来说,这种更有效的培训方式——"全面参与"的教学法在现实中很难成为普遍实践。随着科技的进步与发展,远程资源开发与利用在校长培训中日益得到重视,在全国教育干部培训"十五""十一五"规划中均提出要充分利用现代信息技术开展远程培训,努力探索干部培训的新模式和新途径。远程培训成为优质资源共享的重要平台,日益受到重视。尤其是中央"大规模培训干部"(2007)战略提出后,远程培训成为扩大校长培训覆盖面的重要手段。

三、讨论与反思

(一)中国大陆校长培训性质的再认识

根据德国的学者休伯对十五个国家校长培训的比较,按培训时间、培训对象,将培训分为储备式培养、入职培训和在职培训三种类型。[6]职前储备式培训通常在任命校长之前,其对象包括立志于从事学校管理的教师或是想提高自身管理能力的教师,入职培训的对象通常都是已被任命为校长的人,时间是在上任之前或是上任初期。在职培训的对象也是校长,培训的时间通常是在校长任职期间。在各国的实践中,有的国家重视其中的一类或两类,也有国家对三类培训均予以同等的重视。相较而言,中国的校长培训主要指入职及在职培训,并不包括职前的储备式培训。在结构上体现为任职、提高和高研三个层次的培训。随着国家的财力增长,对教育的投入增加以及对校长培训的重视,政策上是否会将校长培训从现有的入职与在职培训扩展到职前储备式培训,是下一步值得研究的议题。因为如果形成职前—入职—在职培训的完整体系,就会减轻现有入职培训的压力,同时增加合格校长候选人的数量,从选拔机制上更有利于提高校长的素质。

休伯的研究中对各国校长培训的形式以集权—分权、垄断—市场和自愿—强制来进行分类,即国家对校长培训的提供和管理及培训标准是中央集权式还是分权式;在培训实施中强调市场的作用还是强调国家的垄断作用;校长参与培训是自愿的还是必须参与的。[7]中国校长培训主要由国家提供,首先从政策上确定国家对校长培训的责任与义务(相应也是校长参与的责任与义务);在实施中,由国家授权给指定的地方各级培训机构来承担各个不同层次的培训,参加任职资格和提高培训的校长不能够自由选择在哪一个机构进行培训,国家通过设定统一的培训课程与内容及教学指导计划来确保校长培训的一致性与质量。对照休伯的分类方式,可见中国的校长培训基本上以国家中央集权的方式提供要求与保障,实施中以分权的方式开展培训;校长培训基本上由国家或国家所制定的机构所垄断,市场的自由提供者较少,校长培训在入职及提高培训阶段主要以强制性的方式进行。

(二) 中国大陆校长培训的转型

在"八五"期间,主要进行的是校长任职资格培训,不论是新任职的校长还是任职多年的校长均需参加任职资格培训以获得任职的资格,具有补偿性的特点,培训需求巨大,培训人数多,培训的重点是量的提升。"九五"期间的校长培训,在继续进行任职资格培训的同时,开始对部分已经拿到任职资格培训证书的校长进行新一轮的提高培训。"十五"期间,大部分校长已经获得了任职资格培训证书,任职培训已逐步开始仅限于新任校长,这部分培训量开始减少,而提高培训和高研培训开始逐步增加。"十一五"期间,高研培训及各类专题研修培训开始成为校长培训的重要组成部分。

就任职和提高培训而言,国家提供了大力支持并提出了强制性的要求,要求校长在指定的机构学习国家要求时数的课程与内容,以获得国家要求的任职和继任的资格证书,这是一种闭环式的培训。随着几轮培训的开展,大多数校长满足了国家规定的培训要求,校长培训动机也开始由外部国家强制性要求的动机转向自愿参加的内部动机,培训提供也从国家认可的指定的培训机构开始变得多元,培训内容及时间也变得更加灵活多样,有很大空间对校长的多元需求做出回应。因此,校长培训面临着从以往由国家主导的闭环式培训到满足校长多元化学习需求的开放性培训转向的压力。

(三)国家在校长培训发展中的角色反思

1. 强制推行并提供大力支持

国家主导的闭环式培训在培训的起步阶段能够较好地发挥中国校长培训的后发优势,为校长培训提供了强有力的支持,能在短时间内让如此庞大的校长队伍接受一次轮训本身就证明了中国校长培训的效率之高,也证明了国家支持的力度和决心。同时,国家主导有利于在短时间内建立起强制性的制度培训架构,使得培训有章可循,为培训的有效实施提供了制度性的保障。

但是在制度性的培训架构建立起来以后,则需要将更多的精力及资源投入关注培训的过程并为参训者提供良好的学习机会。[8]就目前的校长培训政策而言,中国的校长培训模式中,过于细致地规定了培训的目标、对象、课程内容与教学法。在存在较大地区与发展差异的情况下,国家层面统一的校长培训政策缺乏灵活性与适应性,往往不能满足各地区、各类别、各层次学校校长的需求,这种"国家层面"的校长培训需求在强有力的政策引导下与校长个人发展与学校组织发展的需求似乎存在脱节的现象。正如一项比较研究指出的,中国的校长较之国外的同行,在参加培训的时间、经费上均有保障,但是校长们的内在动机是普遍缺乏的。[9]随着教育改革的深入及对校长素质要求的急剧提升,如何关注不同校长的培训需求,为不同的校长提供良好的学习机会是校长培训面临的重大挑战。

2. 不同理论视野下的校长培训实施

目前的中国校长培训政策，中央与地方的分工相对明晰。国家层面通过政策制定以及国家级培训机构的示范与统一的教学资料，指导地方的培训机构实施校长培训。目前这种培训的现状似乎更符合结构功能主义的假设，即设计良好的培训能够提升领导和管理能力，进而促进组织的改进，最终提升国家的竞争力。[10]具体而言，在这种功能主义的理论范式的假设下，国家可以通过对培训的目标、对象、课程与内容的具体统一规定来保证培训的质量。培训目标、课程与内容、培训者（专家）等是保障培训质量的重要手段，存在着"放之四海而皆准"的培训模式。国家级的培训机构承担开发和实践示范型培训模式的任务，他们的培训模式与方法被假定为是可以复制的。因此只要控制好以上几个要素，就能保证培训的质量。即便在地方培训机构专家缺乏的情况下，运用现代远程教育技术，开发统一的网上课程，也能够使农村的校长享受到优质的培训资源。这样的方式可以大大提升校长培训的覆盖面，也能让边远地区的校长能够享受到优质的培训，有较高的培训效率。

然而，随着实践的深入和理论的发展，这种结构功能主义的理论受到挑战，设计良好的培训并不必然带来预期的结果。建构主义理论将培训视为"戏剧"，其质量不仅取决于"脚本"（培训的设计），所有的人、观众、技术助理、评论者和演员等对于这个戏剧的影响和效果都有实质性的影响。而且，每个人对此都会有自己的记忆，并具有对演出投入不同程度的意义。[11]在这种视野下，校长培训的实施成效不仅在于国家对整个培训的统一而完美的模式设计，也在于地方培训机构的具体实施、校长积极主动的参与和各方利益关系人的配合。各国的研究和实践均证明，培训的有效性不是"去情景"，而是依赖于其对学校实际"情景"的关注。[12]脱离学校改进的实践来谈校长培训的有效性与质量是不现实的。因此在国家对校长培训的期待与校长发展的实践需求中，地方培训机构作为真实而直接的政策实施者，其能力的培养与提升需要得到更多的重视。

四、结　语

从对1989年至2009年国家颁布的关于校长培训的政策文件的分析可见,国家在对校长培训重要性的认识、校长培训的责任分担与制度建设及校长培训的目标、课程与内容及教学法三大方面均有着延续性的变革,经过二十多年演变,中国大陆的校长培训处于发展的十字路口,我们需要进一步思考国家在校长培训中的角色,在强制推定并提供大力支持的同时,应进一步的强化地方培训机构的能力建设,以促进地方培训机构提供关注学校实际情况的培训来达到校长培训的预期目标。

参考文献

[1] Hallinger P, Heck R H. Reassessing the Principal's Role in School Effectiveness: a Review of Empirical Research, 1980—1995[J]. Educational Administration Quarterly, 1996, 32(1): 5-44.

[2] Bush T. Developing Educational Leaders: Don't Leave it to Chance [J]. Educational Management Administration and Leadership, 2008, 36(3): 307-309.

[3] Dye T R. Understanding Public Policy[M]. Boston: Prentice Hall, 1998.

[4] Walker A, Chen S Y, Qian H Y. Leader Development Across Three Chinese Societies[M]//Lumby J, Grow G, Pashiardis P. International Handbook on the Preparation and Development of School Leaders. New York: Routledge, 2008: 410-434.

[5] Taylor D, Cordeiro P A, Chrispeels J H. Pedagogy[M]//Young M D, Grow G M, Murphy J, et al. Handbook of Research on

the Education of School Leaders. New York: NY: Routledge, 2009:319-369.

[6][7] Huber S G. Preparing School Leaders for the 21st Century: an International Comparison of Development Programs in 15 Countries[M]. London and New York: Routledge Falmer,2004.

[8] Walker A, Dimmock C. Preparing Leaders, Preparing Learners: the Hong Kong Experience[J]. School Leadership and Management,2006,26(2):125-147.

[9] Su Z X, Adams J P, Mininberg E. Profiles and Preparation of Urban School Principals: a Comparative Study in the United States and China[J]. Education and Urban Society,2000,32(4):455-480.

[10][11] Mabey C, Finch-Lees T. Management and Leadership Development[M]. Los Angeles: Sage Publications,2008.

[12] Darling-Hammond L, Meyerson D, LaPointe M, et al. Preparing Principals for a Changing World: Lessons from Effective School Leadership Programs[M]. San Francisco: Jossey-Bass,2010; Walker A, Dimmock C. Preparing Leaders, Preparing Learners: the Hong Kong Experience[J]. School Leadership and Management,2006,26(2):125-147.

(原文载于《清华大学教育研究》2010年第5期,第95—101页,作者为卢乃桂、陈霜叶、郑玉莲)

第八章
中国教研员职能的历史演变

教研员作为教师专业发展的支持者、国家教育质量的保障者,其职能的转变引起了学者的关注。厘清教研员职能发展的历史脉络,有助于对教研员的职能定位做出正确判断。民国时期,中国社会已经出现了教学研究、指导职能等概念,行使该职能者有视学、教育专家、校长、教师等。其时的解放区也存在与国民政府相似的辅导制度与教师联合会,但因缺教师、缺教材等因素,形成了以中心学校教师为主体的指导、研究群体。该群体受到上级行政部门的管理。1949年后,中国教育以老解放区的经验为基础,正式设立教学研究室,教研员在不同时期发展了不同的职能,但均受到行政力量的约束。

一、引言:教研员何去何从?

提高教育质量,促进教师专业发展,已经成为全球关注的话题。英、美等国受新自由主义思潮的影响,重新调整了国家、市场与教育的关系,通过制定一系列标准,进一步强化了教育问责机制。在此背景下,促进教师专业发展也成为提升教育质量的应有之义。在有关教师专业发展的研究中,有一部分研究指向教师的"支持者",希望通过"支持者"来促进教师的改变。这些"支持者"包括督学[①]、校外专业群体、教师同行等。中国也存在类似的人员。其中教研员同时承担了教育质量保障与教师专业发展的双重任务,获得理论界的关注。在教研员职能变迁方面,不同学者存在不同的看法。崔允漷认为,教研员应该成为专业的课程领导者,教研工作的重心需要从执行教学政策走向发展地方课程政策,从研究学科教学走向研究课程发展,从实施"以考代管"走向研究质量检测。[1]丛立新则认为:应尊重、珍重、慎重地对待中国教研制度,思考命题与质量检测的区别,从而保障命题在教研工作中的合法性等。[2]若要对这两种观点做出判断,必须回到教研员的起源问题。只有澄清了教研员产生、发展的历史背景与职能特征,才能对现今教研员的职能走向做出合理性判断。

提及教研员的来历,无论是教育年鉴还是学术论文,都倾向于认同教研员"以俄为师"而产生,具有中国特色。以下是中国教育年鉴(1949—1985)对教研室的产生、教研员的职能的描述:

> 在中华人民共和国成立初期,学习苏联的教育教学经验,结合当时中国的实际,在高等学校建立了教学研究室,作为高等学校教学和科研的基层组织。在中等学校和一些小学,按学科建立了教学研究组,其主要职能是组织教师学习党的教育方针和政策,研究教学大纲、教材和教学方法,钻研教学理论和专业知识,总结交流教学经验,帮助新教师提高业务能力。在省、地(市)、县(区)三级分别成立了教学研究室,其主要职能是负责本地区一部分教学管理、学科教学研究和指导工作,进行各种教学质量检查等。[3]

中国教研室制度是否"以俄为师"?在明确规定建立教研室的政策文本颁布之前,是否存在与教研员职能相似的人员?这类人员的职能

---

① 督学在不同地区有不同的称谓。英国称为督学(inspector),美国除存在视导(supervisor)或管理者(administrator)之外,还存在助手(assistant)、协作者(coordinator)、指导者(director)、课程专家(curriculum specialist)、部门主管(department chairperson)、顾问(consultant)这些称呼。这类人员主要从质量保障的角度为教师的专业发展提供支持。为行文方便,本文将这类人员统称为督学。

发生了何种变化？对确立教研员体制有何意义？本文试图回答这些问题，帮助澄清当前教研员的职能特征。

二、民国时期：由多类人员承担的教学研究、指导

教学研究、指导人员真正出现在民国时期。虽然晚清政府在1906年设视学，用于教育监督与管理。且充任视学者，必须具备相关的教育工作经验和留学经历。然而视学员终究是"行政之耳目"。在"兴学堂"之初，视学员或劝学员虽然对教法有所指导，但主要职能在于"巡视学务""劝学、兴学、筹款、开风气、去阻力"。[4]历经十年之余，当新学堂渐成规模时，对教育研究、指导职能的需求才开始与日俱增。

民国时期承担教育研究、指导职能的人员可分为三类。一是政府教育行政机关之下的教育研究、指导人员，视学即为其中一例；二是民间各个教育组织中的专业人员，以教育家、师范教育学者为代表；三是学校或学区之间的人员，以优秀教师为代表。这三个团体虽然都承担了研究教育教学、指导教师的职能，但由于侧重点不同，给予教师支持程度也有所不同。其中视学主要承担教育检查、管理的职能；教育家、师范教育学者研究教育的诸种问题，大到学制改革，小到教法实施；而优秀教师最接近于教学现场，更多从经验分享的层面指导教师教学。所以前两者兼职教学研究、指导，后者专注于教学的实践研究与指导。

上述三类人员虽然表现出不同程度的教学研究、指导职能，但均受到教育行政的约束。民国时期的视学职能较之晚清，已经发生改变。从监督、兴学为主走向监督与指导并重。视学出席各类会议——既参加由政府机构主持的"各省教育总会联合会"，也参加各种辅导会议。教育家、师范教育学者活跃于各个专业团体中，探索各种课程、教学改革。由于民间专业团体合力不足，未能形成强有力的专业群体。[5]一些热衷于教育事业的专家与政府形成"公议关系"，或者直

接进入政府机构,充任视学。因为专家力量的介入,视学由分区指导转向分区指导与分类指导相结合。同时,政府意识到教师进行教育研究的重要性。如 1911 年在《组织各种学堂职员联合会案》中,提出:[6]

> 谋教育之进步,以身任教育之人联合研究为最要。盖身任教育者,对于其职务必有感受困难之处,彼此切磋则困难解释,而教育得进一步;亦必有堪以自信之处,一经比较,或转未能自信,亟谋所以改良,而教育又进一步。若其为同等之学堂,则凡学级之编制,学科程度之支配,教科书之采用,以及教授管理诸方法,尤宜共同讨论,互师所长,则组织各种学堂职员联合会,其必要矣。

在此背景下,中国部分省、县教师联合会或教育研究部得以成立、推广。处于教师联合会或教育研究部的教师保持定期通信,进行"普通研究和分科研究"。[7]此外,中国南方规模较大的中小学校内部开始设立各种会议及委员会,以处理校务、研究教学。[8]这种以中小学校为主体的教育研究在 20 世纪 30 年代逐渐被行政所干预。1935 年由教育部颁发《初等教育辅导研究办法大纲》(简称《大纲》),要求各省市组织三级(省、市、学区)初等教育研究会,研究小学行政、课程、教学方法、训育方法等问题。《大纲》一经发出,江苏、天津、北京等地按照要求,成立三级教育研究会,会员由行政官员、督学、教育指导员、教育专家等组成。主要研究问题有:学校行政、课程、教学、设备、训管方法等。[9]由此可见,民国政府期间从事教育研究、指导者甚多,但都受到教育行政力量的监督。

三、解放区:由中心学校教师主导的教学研究、指导、分享

解放区的教育不同于民国时期国民政府的教育。解放区存在两大

教育体系：学校教育和社会教育。前者以中心学校①为主，形成学校教育网络；后者形式多样（包括干部教育、群众教育等），教育对象有儿童，也有成人，为社会教育。由于解放区位于中国农村经济不发达地区，并时常处于包围、封锁的战争环境中，所以不同时期解放区的教育发展形势不同，但在教育行政结构层面存有共同之处。负责解放区教育事业的人员中，其"上层人物有过在苏联接受训练的经历，中层干部多为来自国民党统治地区的教育工作者与知识青年"，所以"会或多或少借鉴苏联或国民党统治地区的教育经验"。[10]

解放区存在类似于视学的巡视员，职能在于"考察教育机关，了解学校情况，访问群众，征求意见"，[11]起到上传下达的作用。然而仅仅拥有自上而下的巡视制度，并不能解决师资、教材缺乏等问题。所以解放区也存在"教师联席会"或"教员研究所"之类的组织。如1932年闽西地区规定，"为提高教职员的政治水平和教授研究方法，每月需召开1次教职员联席会议，教职员的调动权属区文化建设委员会"。[12]同时，湘鄂赣省鄂东南苏维埃政府文化部发出《开办小学教员研究所的通知》（简称《通知》）。《通知》说："鄂东南苏维埃政府决定开办小学教员研究所，附设于列宁模范小学内，以模范学校的教育去训练小学教员，同时小学教员可在模范学校内练习教学，以便得到比较丰富的收获。"中华苏维埃共和国中央教育人民委员部则于1934年批准颁布《红色教员联合会暂行章程》（简称《暂行章程》）。《暂行章程》规定，红色教员联合会的任务是团结小学教员研究教授和管理儿童的方法；有组织有计划地领导儿童参加革命，发展苏维埃小学的教育事业；改良教员本身的生活，实行教员互助。[13]由此可见，类似于联合会的组织通过教师互助的方式，旨在解决解放区教师教学困难、师资不足的问题。这是否意味着在巡视制度之下，存在着"自动"的集体组织，可以洗刷"以往上级命令、下级遵办的弱点"？事实未必如此。

---

① 这里的中心学校包括中心小学、模范小学、列宁小学、完全小学、联合中学等。这些学校在解放区拥有较好的师资和较丰富的教学资源。

解放区因人力资源缺乏，不具备开展由多类人员参加的联合会，也无力形成各种民间教育研究团体，但形成了中心学校辅导制度。中心学校既不属于民间研究团体，也不属于行政机构。从中心学校在解放区的地位与功能看，不难发现这种自动的研究集体依旧未脱离教育行政的影响。中心学校集中了学区内较好的教育资源，辅导所在学区的各个学校，指导教师工作，交换教学经验，组织课堂观察等，并负有向上级行政部门反映意见的职能。所以"中心小学辅导制度是教育行政上的一个助手"。[14]

此外，上级行政机关也参与到学区的教学研究、指导活动中来。如1942年，《晋冀鲁豫边区小学暂行规程》规定："小学应以联合学区为单位，建立研究小组，研究儿童生活观察及教导方法。……并请得上级教育行政机关之视导人员参加。"[15] 由此可见，解放区的教员研究所、教师联合会及中心小学辅导制度的主要功能在于促进教师之间的教学合作研究、经验分享，并受到教育行政的监督与管理。

四、1949年后：从优秀教师到教研员

解放区"探索了一条基本上适应人民革命战争与人民民主政治需要、似乎较为符合农村实际与农村群众愿望的教育道路"。[16] 这一道路也为1949年之后教育的发展奠定了经验基础。1949年12月，在第一次全国教育工作会议上，时任教育部副部长钱俊瑞提出："我们的教育必须根据共同纲领，以原有的新教育的良好经验为基础，吸收旧教育的某些有用的经验，特别要借助苏联教育建设的先进经验。"这里的新教育指解放区的教育，旧教育则是"民国时期国民政府管辖的教育"。[17]

20世纪50年代，中国面临着教育统整的巨大任务。如何加速合格教师的培养？如何开发适合的教材？都是当时中国教育需要解决的问题。针对这些问题，中央政府继承了解放区的一些做法。例如1951年暑期，北京市曾就语文、历史、地理三科，抽调一批较优秀的教师成立教

学研究组,解决教材缺乏或不适用的问题,初步统一了教学内容和进度,并推行新的教学法。[18]而将教学研究组织提上议案则在1954年。在这期间,"苏联经验"对中国教研制度的影响主要在于大学层面。中小学教学研究组织的运作可视为对解放区辅导制度与"研究室"的继承。虽然在20世纪40年代到50年代之间,中国政府多次强调向苏联学习①,但20世纪40年代恰是苏联教研制度改革的时期②,而此时的中国早已出现以中小学教师为主体的研究方式。50年代中后期,随着中苏关系的破裂,中国迅速从"以俄为师"转向"以苏为鉴",恰在此时,中国正式确立了教研制度。

1954年,教育部在《关于全国中学教育会议的报告》(简称《报告》)中指出:为了加强中学的业务领导,在地方党委和政府批准之下,可以成立教育研究室,负责管理当地中学的教学研究与教师学习问题。教研室的人员可在当地编制之内,予以调剂。同年6月,中共北京市委颁布《关于提高北京市中小学教育质量的决定》(简称《五四决定》),指出"市教育局、区文教科和学校领导干部,应切实钻研业务,在业务上真正成为名副其实的内行;必须把主要精力迅速地、坚持地放到教学研究和教学领导上去,系统地总结经验,交流和推广成绩优良的学校和模范教师的先进经验,切实改进教学"。《报告》与《五四决定》都强调了政府部门对教育的"业务领导"。这一领导的实施需借助特定的人员。《五四决定》做出后,北京市教育局成立了中小学教学研究室,各区成立教学

---

① 1945年,毛泽东在《论联合政府》中指出:"苏联创造的新文化,应当成为我们建设人民新文化的范例。"1949年10月,刘少奇在中苏友好协会成立大会上指出:"我们要建国,同样也必须'以俄为师',学习苏联人民的建国经验。苏联有许多世界上所没有的完全新的科学知识,我们只有从苏联才能学到这些科学知识,例如经济学、银行学、财政学、商业学、教育学等等。"同年12月,教育部副部长钱俊瑞《在第一次全国教育工作会议上的总结报告》一文提出:我们的教育建设,"特别要借助苏联教育建设的先进经验"。

② 1947年,苏联教育部颁布《关于教师的教学法研究工作的命令》。《命令》开篇便指出:"目前教学法研究工作的组织情况,不能保证有系统地提高教师的教学方法上的水平。"继而宣布废除1938年颁布施行的《中小学校教学法研究工作规程》《农村小学教师联合教学法小组规程》和《区教育研究室规程》,并于1947年颁布了《教育研究室规程》,形成了三级教研体制,对教研室的任务、工作内容、形式、领导、人员编制、经费和设备重新做了界定。

研究组，由业务能力强的优秀教师组织、开展教研活动。1956年，教育部关于建立教学研究组织机构的指示中，提出"各省、自治区、直辖市应该有步骤地建立和健全教学研究室，或者通过教师进修学院加强教学工作的领导"。从此，中国各省加速了教研室的建制。从事教研活动的优秀教师被授予教研员的称号。

自20世纪50年代确立教研室之后，中国逐渐澄清了"教研组"与"教研室"的概念，①附属于行政机构下的省、市、县（区）级的教学研究组织称为教学研究室，学校内部以学科为基础的教学研究组织称为教研组。但教研室定位依旧不清晰。有的设置在教师进修学院之内，有的由教育局（科）直接领导。教研员大多来源于骨干教师或校长，属于教育行政干部编制，通过公开课、集体研讨、经验推广、讲座等形式对教师做出指导。20世纪80年代，"文革"期间被搁置的教研室逐渐得以恢复与重建。此后，教研员的职能在不同阶段发生了改变。

首先，确定了教研员为教师提供业务培养的职能。1980年8月，《教育部关于进一步加强中小学在职教师培训工作的意见》中明确指出："省、地（市）、县教学研究室在提高中小学教师文化业务水平方面积累了较丰富的经验，今后应在开展教材教法学习研究过程中，努力培养教师的业务能力，为教师进一步系统学习文化、专业知识创造条件。"由于当时中国大部分地区在应试思维影响下，片面追求升学率，教研员逐渐沦为"考研员"，主要关注教学常规和考试。[19][20]20世纪80年代中后期，中国教育尝试各种本土实验，教研员在总结、推广优秀教学经验，组织研讨、讲座中发挥了重要作用。即便如此，当时对教研员的职能并没有做出明确界定。其工作常与督导重叠，并作为视察人员中的一分子，在集体视导中扮演"教学视导"的角色。

---

① 20世纪50年代，中国既有隶属于行政机构的教学研究组织称为"教学研究组"，如"1954年暑假后，北京市教育局中教科、小教科分别成立教学研究组，主要学科配备了具有丰富教学经验的专职教研员"；也有学校内部研究各科教学法的组织称为"教学研究组"，如教育部1952年颁发试行的《中学暂行规程（草案）》与《小学暂行规程（草案）》规定：各学科设"教学研究组"，由各科教员分别组织，以研究改进教学工作。

其次,在调查的基础上确定了教研室的地位与教研员的职责。1987年,国家教委中学司对各省、自治区、直辖市的教研室及其工作进行了一次比较广泛的调查。调查结果显示:"各地一般都认为,教研室是从事中、小学教学研究和教学业务管理的机构,是同级教育行政部门在教学工作方面的助手""教研员队伍中有一部分行政编制"。在此基础上,国家教委于1990年6月颁布《关于改进和加强教学研究室工作的若干意见》,规定:"教研室是地方教育行政部门设置的承担中小学教学研究和学科教学业务管理的事业机构""教研室的教学研究人员原则上应按中小学教学计划规定的课程门类进行配备"。教研员应承担"为教育行政部门决策提供依据""组织教材""教学检查和质量评估""研究教育""组织教学研究活动""总结、推广教学经验""指导教师"等职能。

再次,对教研员的任职条件与资格做出规定。国家教委基础教育司于1998年起草的《教研室工作规程》,对教研员的学历、教育观念、知识、能力、态度及思想作风做出了规定。2001年6月,教育部颁布的《基础教育课程改革纲要(试行)》指出:"各中小学教研机构要把基础教育课程改革作为中心,充分发挥教学研究、指导和服务等作用。"由此可见,随着教育改革的深入,教研员的专业引领职能越来越受到重视。但从教研室的工作环境、工作制度而言,不难发现其行政职能未减。例如教研室一般设置在当地教育局内,教研室实行主任负责制,主任由当地行政部门任命或聘任。教研室须建立定期向当地教育行政部门和上级教学研究部门汇报工作。

五、结 语

(一)中国教研员由"旧经验"与"新经验"相互作用而产生

如果把民国时期国民政府管辖的教育称为旧教育,那么由此得到的经验可视为"旧经验";相对应地,解放区的教育工作可视为"新经验"。教研员由这两种经验相互作用,于特定历史环境下而产生。民国时期,新式学堂得到大力发展,教育系统的日益成熟催生了教学研究、指导职能。在国民政府区域内,存在多种人员进行教学研究、指导。但因经济、战争等因素,解放区主要依靠中心学校实现优秀教学经验的传播、指导,开发适合战时需要的教材。在这种情况下,形成了一批固定的人员,一方面负责学区内教学工作的指导、研究,一方面向上级行政部门汇报工作。这类人员就是中心学校的教师,也就是后来的教研员。

(二)中国教研员与苏联经验:"实"与"名"的关系

中国教研员并非"以俄为师"而产生。诚然,中华人民共和国成立初期借鉴了苏联的若干经验,如形成权力集中的管理模式。[21]但具体到教育领域,中国的教育实践并非是对苏联的复制,有来自于解放区的经验,具有中国传统。[22]中国教研员的产生即为一例。解放区中心小学的优秀教师通过会议、公开课等形式对区内教师进行指导,实现优秀教学经验共享,并从事教材、教法研究等。鉴于当时的历史环境,中心小学优秀教师的职能尚未被体制化。1949年后,在"以俄为师"期间,苏联的教研体制被引进。中国的教研之"实"与苏联的教研之"名"得以统合,并形成了三级教研体制,却不乏中国特色:教研员通过命题、教材分析等途径加强对教师的问责;通过集体研讨、经验分享等途径促进教师的专业发展。

(三)中国教研员具有专业与行政的双重职能

中国于20世纪50年代正式确立了教研室组织。这一组织依附于教育行政机构,至20世纪90年代为止,仍有一部分教研员属于行政人员编制。教研员职能常与教育督导重叠,或被教育行政机构其他部门所调用。具体到操作层面,教研员在推广优秀教学经验、编辑教材、指导教学、质量保障等方面起到了促进作用。虽然在20世纪90年代后期,教研员逐渐退出行政编制,却不可能去除行政职能。首先,从教研室的组织属性来看,"教研室是地方教育行政部门设置的承担中小学教学研究和学科教学业务管理的事业机构"。何为事业单位?依据《事业单位登记管理暂行条例》的解释,事业单位是国家为了社会公益目的,由国家机关举办或者其他组织利用国有资产举办的,从事教育、科技、文化、卫生等活动的社会服务组织。教研室由国家行政部门设置,自然受到行政约束。其次,从资源供给与问责的角度来看,教研室享受国家财政全额拨款,国家作为资源提供者,会对教研员产生教育问责。最后,从教研员职能的演变历程来看,虽然社会结构发生了重大改变,但中国的教学研究一直处于教育行政领导之下。所以,中国教研员具有专业与行政的双重职能,且专业职能受行政职能领导。

参考文献

[1] 崔允漷.论教研室的定位与教研员的专业发展[J].上海教育科研,2009(8):4-8.

[2] 丛立新.教研员角色需要彻底改变吗[J].人民教育,2009(2):52-56.

[3] 《中国教育年鉴》编辑部.中国教育年鉴 地方教育(1949—1984)[M].长沙:湖南教育出版社,1986:753.

[4][6][7] 朱有瓛,戚名琇,钱曼倩,等.中国近代教育史资料汇编·教育行政机构及教育团体[M].上海:上海教育出版社,1993:61-62,195,346.

[5] 聂劲松.中国百年教育研究制度审视[D].长沙:湖南师范大学教育科学学院,2009:52.

[8] 吴研因,翁之达.三十五年来中国之小学教育[M].国立武汉大学,1931.

[9] 宋恩荣,章咸.中华民国教育法规选编(1912—1949)[G].南京:江苏教育出版社,1990:266-270.

[10][16][17] 陈桂生.共和国黎明时分"新教育"与"旧教育"观念的再认识[J].全球教育展望,2009(8):40-45.

[11] 李才栋,谭佛佑,张如珍,等.中国教育管理制度史[M].南昌:江西教育出版社,1996:706.

[12][13] 皇甫束玉,宋荐戈,龚守静.中国革命根据地教育纪事1927.8-1949.9[M].北京:教育科学出版社,1989:32,94.

[14][15] 中央教育科学研究所.老解放区教育资料[M].北京:教育科学出版社,1986:424,441.

[18] 北京市教育志编纂委员会.北京市普通教育年鉴(1949—1991)[M].北京:北京出版社,1992:4.

[19] 李志宏.我经历的30年基层教研工作变迁[J].基础教育课程,2009(3):40-42.

[20] 王培峰.教研员职能转变的定位与路径[J].中国教育学刊,2009(2):81-84.

[21] Schurmann F. Ideology and Organization in Communist China (2ed.)[M]. California:University of California Press,1970:315.

[22] Price R F. Convergence or Copying:China and the Soviet Union [M]//Hayhoe R,Bastid M(Eds.). China's Education and the Industrialized World Studies in Cultural Transfer. London:M. E. Sharpe,1987:158-183.

(原文载于《全球教育展望》2010年第7期,第66—70页,作者为卢乃桂、沈伟)

第 九 章
作为教师领导的教改策略
—— 从组织层面探讨欧美的做法与启示

按英格索的划分,教师领导可以在三个大的领域发挥影响:在教室的自主、影响学校政策与实践的能力(即组织层面)、对专业组织的控制(如执照、证书等)。欧美国家有关教师领导的研究进行了 20 多年,积累了较为丰富的文献。回顾在中国出版的教师领导研究,大多限于心理学的角度和在班级层面的讨论,至于有关教师领导在学校组织和专业系统层面的研究却不多见,对该理论的系统的整理也颇匮乏。有鉴于此,我们特从组织层面来论述教师领导的文献,从而阐明其产生的背景、理念与实践以及对中国教育改革的启示。

一、产生背景

教师领导在美国、澳大利亚、加拿大和英国等欧美国家作为教育改革的策略是近 20 年来的事,这一理念是随着教育改革策略的转变而产生的。各福利国家对教育这一公共部门的改革先是采用市场化、权力下放和问责制的策略,提高外部标准和加强对结果的控制。这种从上至下的官僚改革模式导致教师被技工化,去技能和失权,招致教师们的强烈反对。于是,改革的策略转而依靠教师的参与和教师素质的提高。

以美国为例,三次教改浪潮中的第一波浪潮主要借助的是标准化的问责制。这种政策保证了一些学生获得知识与技能,同时也增加了学生的成就差距。对教师而言,管理主义下的问责制造成了他们的去专业化与失权。因此,第二波教改浪潮便转向建设学校效能,促进好的实践。《准备就绪的国家:21世纪的教师》指出,强加的标准和考试不足以改变学校,因此呼吁重新振奋教师队伍,使该专业获得新的发展。教师应该成为课程、教学、学校再设计和专业发展的领袖;改进学生的真正力量在于教师,必须委以新的责任。《明天的教师》也建议,教师的领袖角色有利于人们加入和留在这一专业里,削弱教师的孤立,建立更好的教师培训与专业发展的模式。简言之,教师领导有助于教师的专业化。

在实践层面,联邦和州都采取了各种途径来实现教师领导。契约学校运动目的之一就是将教师从外部的控制中解脱出来,参与学校的设计,更好地回应学生的需要。国家教育协会的《教师教育的倡议》(*Teacher Education Initiative*)将教师领导列为重构大学教师教育课程的原则之一。《显示结果:1991政府教育报告》(*Time for Results: The Governors' 1991 Report on Education*)同意如果教师愿意提供学校层面的领导并对学生成就负责,便减少对教师的管制。强化教学专业中心(The Center for Strengthening the Teaching Profession/CSTP)于2004年组织了相关的会议和工作坊,甚至设立教师领导的基金"领袖机遇"。

以芝加哥为例,1988年12月,州长汤普森签署了《芝加哥学校改革法案》,在每所学校创立了由家长、教师、市民和校长组成的"地方学校委员会"。权力由州的中心办事处转到了每所学校,建立去中心化的、民主的组织与管理模式。校本管理赋权给教师,使其担当前所未有的领袖角色。教师参与领导的相关组织还有"专业人士领导委员会"和"芝加哥教师联合会"。

二、概念解析

既然教师领导源于教改策略的转变,那么就要把它放在变革的脉络中去理解它。莫菲将美国的三次教改浪潮比较之后,发现变革的模式发生了变化,由科层模式转为市场模式和专业模式的结合,并希望最终过渡到专业模式,如表1所示。

表1 20世纪80年代以来美国教育改革浪潮的比较

	第一波	第二波	第三波
比喻	修理汽车零件（修理取向）	购买汽车（重构取向）	重新思考运输方式（重新设计取向）
哲学	扩展中央控制	使专业人士与家长得到权力	使学生得到权力
假设	对工人的低要求和生产工具低质素是造成问题的原因	系统故障是造成问题的原因	照顾儿童不同取向之间缺乏协调,以致造成零碎现象
变革模式	由上向下（科层模式）	由下向上（市场模式）;横向（专业模式）	组织与组织（专业模式）
政策基制	规定(订定规制及奖赏);量度表现	权力分配	
变革点	系统本身;渐进式改善	以专业人士及家长为主;激进变革	以学童为主;革命性变革
变革领域	标准的设定	管理及工作架构	传递结构

在这一过程中,学校的隐喻由工业社会的工厂转变为后工业时代的"社群"。从组织的角度看,自科学管理时期开始的等级制的官僚组织模式让位于更关注能量建设、更有机、更去中心化、更受专业人士控制的体系。其基本转变是"用权力控制"到"赋予权力"。

在社群式的学校里,领导又是怎样的?教师领导是什么?以下逐一解释这三个相关概念。

(一)社群

关于社群的论述可以追溯到杜威的《学校与社群》。所谓社群,就是一个有意义的关系网络。假如一所学校里的,各个系或学科组内的教师相互孤立,不能在专业上开放地、真诚地交流,就不能算作"有意义的关系网络"。类似的隐喻还有专业工作场地、学习型组织、合作体系、民主社群、专业社群、专业学习社群、专业实践社群等,尽管这些词强调的是不同的侧面,其共同点都是强调集体、共同的利益与分享,相互依赖于互惠。

(二)领导

关于"领导"的概念解释成百上千,然而,有两点是得到广泛认同的。首先,领导是一种集体的功能,需要人们的互动。在一个"社群"里,组织的原则之一就是领袖的社群,即所有社群成员都能在某时以某种方式成为领袖。领导的目的在于"提升专业性""重新分配权力"和"增强同僚互动"。目前有关领导的议论如分散的领导(dispersed leadership)、分享的领导(shared leadership)、分布的领导(distributed leadership)、集体的领导(collective leadership)、平行的领导(parallel leadership)等,都试图超越传统等级制的组织模式的局限。它们之间的区别只在于教师在权力分享上的程度,或称"领导密度"。所以说,新的领导概念强调的是集体,而非个人、角色或等级。这种理解将教师领导的概念置于领导的核心地位。

其次,领导涉及有意地影响他人的行为。与所有来源的领导的一样,教师领导需要对他人的信念、行为和价值观产生影响。不同之处在于,这种影响是如何产生的以及其目的是什么。例如,处于正式行政角色的人通过职位获得更大的权力,而教师则通过其专业知识和道德力量对学生和同事产生影响。

(三)教师领导

教师领导在学术界没有通用的概念,已达成的共识是:这一概念中的领导在本质上是非等级制的,既非以职位为主,亦非以权力为本。它更少强调"体系中的正式角色"与"合法权力",而是基于专业知识和"晓以道义的劝告"。概念有很多,仅我们看到的就有30多种,下面试图对其进行梳理。

第一类学者使用了要素综合法。布兰科（LeBlanc）和塞尔特（Shelton）搜集了13种对教师领导的定义,然后综合出一个定义。其缺点是:无所不包、宏大、抽象,但没有抓住教师领导最根本的特征,而且不够简洁。

第二类来源分析法的代表有哈里斯。他从教师领导这一概念的来源,即"从哪里来"出发,探讨教师领导的本质。哈里斯认为,教师领导源自分布的领导。所谓分布的领导,指的是学校内一种不同的权力关系,在这种权力关系下,领导者与服从者的分界趋向模糊。他进一步用行动理论和活动理论来解释分布的领导。因此,分布的领导有助于澄清教师领导的概念,原因有三。首先,基于活动理论,教师领导包括了学校中个体在教学变革过程中所做的引导与动员其他员工的活动。例如,在学期开学的聚会上,两位教师准备了一个"视觉化活动":每位教师代表20名学生,通过站在不同的位置来呈现全校学生从A到F的成绩分布。两位教师通过让所有教师的亲身参与,激发他们研究学生的成功与失败,这就是教师领导。其次,它指出了领导是一种社会分配。领导的功能延伸于一些人的工作之中,领导的任务通过多个领导者的互动完成。就是说,活动的不同部分由不同的人来领导,领导是一个流动的、突现的、集体的现象。再次,它还暗示了领导是相互依赖而不是单向的依赖,不同类型、不同角色的领袖需要分享责任。过去将领袖与追随者简单地对立,暗示了追随者对领袖单向的依赖。例如,在中国,一位年级组长要在本年级进行一项学生评价的改革,他本人是改革的发起者和方案的设计者,是年级里领袖和学校里的中层干部,为改革争取合法化和资源。接下来,方案需要各个班的班主任去实施、调整、反馈和修改。班主任便在班级层面上发挥了教师领导的功能。年级组长和各班班主任相互依赖,是不同角色的领袖。领导存在于年级组长和班主任的工作中,是集体的功能。

哈里斯将教师领导定义为:不论职位或任命,教师对领导的行使。

第三类社会建构法的使用者有默勒(Moller)等。这类定义的优点是考虑到教师领导是一种社会构建的过程、一种文化现象,受情境、教师的经验、知识、价值观等的影响,反映了当事人的声音和特定环境下的意义。然而,完全情境化的概念很难用到另一个情境中,因此不可转移,只服务于各个特殊的研究。

我们认为,哈里斯的定义是最清晰、最简洁的,把握了"教师领导"一词的来源和主要特征,并较具可操作性。我们在他的基础上略做修改,加上凯迪指出的新型领导的本质,使表述更加完整:教师领导是不论职位或任命,教师对领导的行使。它的本质特征是提升教师的专业性,重新分配权力和增强同僚互动。

另外一个重要的相关概念是领袖教师。根据上节对教师领导的定义,可以简单地将领袖教师理解为不论角色与职位,行使领导的教师。根据这一定义,不必纠缠于校长或系主任等算不算教师,只要在教师中有实际影响力的人,其主要工作是教学或改进教学就可以算作领袖教师。在欧美,领袖教师的角色非常多元化,包括系主任、委员会主席、教师/校长选拔委员会委员、同行导师、年级领袖/学科领袖、学校改进小组成员、学区委员会成员、俱乐部主持、学校社群联系人等等。甚至没有任何头衔,只要能引领教育实践和专业发展就是领袖教师。

三、意义与启示

欧美国家的教师领导是在去中心化、校本管理、分权、教师赋权等背景下产生的,其目的在于发挥专业人士在学校改进中的作用。在中国,分权的程度远远不及欧美,学校的权力仍然集中在区、市一级的教育行政部门和校长手中。教师组织的力量还没有大到能影响地方甚至国家的教育决策。新课程改革赋予教师许多新的角色,如教师作为学习者,教师作为学生学习的引导者、组织者,教师作为研究者,等等。然而,教师作为领袖却从未出现在政策中,在主流的学术刊物上也十分鲜见。然而,教师领导一直就存在,即使是在一个高度官僚化的体系中。我们有一些传统的领袖教师的角色,如各级教研员、特级教师、各级学科带头人、年级组长和教研组长等中层干部等。还有一些没有任何头衔或职位的教师,在默默地改进教与学的实践,影响着同行。

教师是学校最宝贵的资源,而领袖教师是一所学校的核心力量。所有的改革最终都要依靠一批领袖教师去带动、引导和帮助其他同事来实施。尤其是课程改革,涉及的是教与学,是教师们的专业,无法通过行政指令来达成。当课程改革落实到学校时,行政权力便让位于专业权威和道德力量,而这两者正是教师领导的基础。领袖教师们不仅领导和运作着学校,处理一些行政事务,还帮助教师们的专业发展,促进合作的文化,改变教师专业发展的生态环境,最终使学生受益。对教师自身而言,教师领导这一理念也有助于教师重新审视自己的角色和自己的专业。因此,发现和研究真正有影响力的领袖教师,探索能鼓励和发挥教师领导作用的组织形式应引起学术界和学校的重视。

参考文献

[1] Barth R S. School: A Community of Leaders[M]// Lieberman A. (Ed.). Building a Professional Culture in Schools. New York: Teachers College Press, 1988.

[2] Engestrom Y. Activity Theory and Individual and Social Transformation[M]// Engestrom Y, et al(Eds.). Perspectives on Activity Theory. Cambridge: Cambridge University Press, 1999.

[3] Fitch-Blanks C. Elected Teacher Leaders' Perceptions of Teacher Leadership in Changing Schools[D]. Illinois State University, 2004.

[4] Gonzales S, Lambert L. Teacher Leadership in Professional

Development Schools Emerging Conceptions, Identities, and Practices[J]. Journal of School Leadership, 2001, 11(1):6-24.

[5] Harris A. Teacher Leadership as Distributed Leadership: Heresy, Fantasy or Possibility[J]. School Leadership and Management, 2003 (3):313-324.

[6] Ingersoll R M. Teacher's Decision-making Power and School Conflict[J]. Sociology of Education, 1996,69(2):159-176.

[7] Katzenmeyer M, Moller G. Awakening the Sleeping Giant: Helping Teachers Develop as Leaders[M]. Newbury Park,CA: Corwin Press, 2001.

[8] Keedy J L. Examining Teacher Instructional Leadership within the Small Group Dynamics of Collegial Groups[J]. Teaching and Teacher Education, 1999,15(7):785.

[9] LeBlanc P R, Shelton M M. Teacher Leadership: the Needs of Teachers[J]. Action in Teacher Education, 1997,19(3):32-48.

[10] Lieberman A. Expanding the Leadership Team [J]. Educational Leadership, 1988,45(5):4.

[11] Little, J. W. Constructions of Teacher Leadership in Three Periods of Policy and Reform Activism[J]. School Leadership and Management,2003,23(4):401-419.

[12] Murphy J. The Educational Reform Movement of the 1980s: a Comprehensive Analysis. [M] // Murphy J (Eds.). The Educational Reform Movement of the 1980s: Perspectives and Cases, Berkeley, CA: McCutchan Publishing,1990.

[13] Ogawa R T, Bossert S. Leadership as an Organizational Quality [J]. Educational Administration quarterly, 1995,31,(2):224-243.

[14] Sergiovanni T. Leadership: What's in it for School? [M].

London;Now York:Routledege Falmer,2001.

[15] Sergiovanni T J. Building Community in school[M]. San Francisco: Jossey-Bass,1994.

[16] Sergiovanni T J. The principalship: A Reflective Practice Perspective(2nd ed.)[M]. Boston: Allyn and Bacon,1987.

(原文载于《教育发展研究》2006年第9A期,第54—57页,作者为卢乃桂、陈峥)

第十章
学校符号化结构与领袖教师的沟通行为
——以院校协作式学校改进为背景

在院校协作式的学校改进中,负责协作计划的校内领袖教师起着重要作用。在推动学校改进计划的过程中,领袖教师需要与相关人员开展大量的沟通活动,而这些沟通行为又与学校的符号化结构也即沟通规则系统密切相关。学校的沟通规则系统分为正式沟通规则以及非正式沟通规则,领袖教师的沟通行为要建基于学校已有的各类沟通规则;同时在学校改进的契机下,领袖教师又会重新构建学校的沟通规则系统。

一、研究背景

大学参与中小学学校改进,通过协作提升学校教育质量已经成为学校改进的重要方向。在大学和中小学学校的协作关系中,负责协作计划的校内"领袖教师"[①]扮演着举足轻重的角色,他们的个人能动性与学校结构之间存在着一种张力,本文即从结构化理论的视角对这二者之间的张力进行分析。吉登斯(Giddens)认为,"行动和结构二者的构成过程并不是彼此独立的两个既定现象系列,即某种二元论,而是体现着一种二重性"。[1] 在结构二重性观点看来,社会系统的结构性特征既是个体行动的结果,又

---

① 本文的领袖教师是指在院校协作的学校改进项目中,负责推动协作计划的中小学校内教师,与他们原有的职务及职位无关。

是其得以完成的中介。吉登斯指出，个人能动性的三个要素是沟通、权力的运作和约束与认可；它们对应于结构的三个维度：符号化、支配化和合法化。[2]本文重点探讨的是领袖教师的沟通行为与学校符号化结构之间的关系。①

在院校协作式学校改进中，领袖教师需要与大学专家，中小学校长、教师、学生等进行大量的沟通，沟通是改进活动，使活动顺利进行的前提。学校的符号化结构表现为学校的沟通规则系统，连接领袖教师沟通行为与学校符号化结构的是学校中各种具体的沟通规则。在学校改进过程中，领袖教师的沟通行为是在学校已有沟通规则的基础上进行的。但领袖教师并非被动地处于已有沟通规则之下，而是在与大学协作进行学校改进的契机下，重新建构学校的沟通规则。吉登斯将规则分成两类：一类是可以产生深层次影响的，行动者以默契的方式来把握，通常形成于一些非正式场合，对个人约束力较弱；另一类对行动者的影响是表层的，通常能用话语和文字形式表达，表现为正式的法律规定等，对行动者的约束力很强。在院校协作情境下，学校的沟通规则也可分为两类：正式沟通规则和非正式沟通规则。本文将采用个案研究的方法对领袖教师的沟通行为以及两类沟通规则之间的关系进行探究。

文章以北京市一项院校协作式学校改进项目（T 项目）为分析对象，选取其中三所项目学校（S 校、W 校、N 校）进行研究。本研究所要关注的重点是校内主要参与和负责协作项目的领袖教师。S 校在开展院校协作的过程中，其领袖教师的成员是教科研主任（Q 老师）所领导的一个课题团队，这是一个正式的团队，也是临时性的团队，其伴随课题的发展而产生，也会随着课题的结束而解散。W 校是由五位教师组成的编书委员会，是临时的、非正式的团队。N 校是由两位科目主任

---

① 结构化理论认为可以将符号化的结构分析为语义规则（或惯例）系统，将支配化的结构分析为资源的系统，将合法化的结构分析为规则的系统。文中所提的学校符号化结构是指学校一系列正式以及非正式的沟通规则。"领袖教师的沟通行为与学校符号化结构的关系"旨在分析领袖教师在院校协作进行学校改进过程中的沟通行为与学校沟通规则之间的相互作用。

(科研主任 D 老师、德育主任 Z 老师)组成的正式、固定的团队。按照正式—非正式、临时—固定这两个维度可以对这三所学校在院校协作过程中领袖教师的构成进行划分(见图1)。

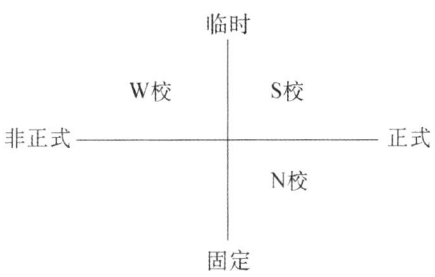

图 1　三所个案学校在院校协作过程中领袖教师的构成①

表 1　研究中接受访谈人员

个案学校	受访者代码	资料分析主题代码
S 校 (共 13 人)	负责 S 校的大学专家(H 教授)、校长(L 校长)、副校长(S 老师)、教科研主任(Q 老师)、课题组成员中新加入成员 3 人(SN1、SN2、SN3)、课题组成员中比较有经验的老师(SE1、SE2、SE3、SE4)、没有参加课题组的老师 2 人(S1、S2)	CT(与他人沟通所采用的方式); CR(与他人的沟通规则); CE(对学校沟通规则的影响)
W 校 (共 7 人)	负责 W 校的大学专家(S 教授)、校长(B 校长)、编书委员会成员(W1、W2、W3、W4、W5)	
N 校 (共 7 人)	负责 N 校的大学专家(E 教授)、校长(Y 校长)、副校长(A 老师)、科研主任(D 老师)、德育主任(Z 老师)、一般教师(N1、N2)	

注:SL-CT:此编码的含义是 S 校 L 校长的访谈资料中关于"与他人沟通所采用的方式"的内容。下文中出现的编码含义类此。

二、领袖教师的沟通行为与学校的正式沟通规则

学校的正式沟通规则表现为学校定期的会议制度、总结制度以及

---

① 通过对 T 项目的调研,本研究还未发现在该项目中存在担任非正式但固定领导工作的领袖教师。

汇报制度等。在院校协作开展学校改进之前,三所个案学校都已经有一些固定的沟通制度。如每周都固定安排一次全校教师会,每周开展年级组、教研组以及备课组会议等。N校每周的班主任例会以及每天的晨检活动也都是固定化的沟通制度。在院校协作开展学校改进之后,领袖教师们在已有的沟通制度基础上开展工作,同时也对沟通制度做了一些改变,出现了一些新的趋向。

(一)领袖教师的沟通行为对原有沟通制度的影响

通过分析资料我们发现,领袖教师对正式沟通制度的影响主要体现在会议制度上。在院校协作中,三所个案学校会议的方式和内容都发生了变化,这种变化主要体现在会议内容更讲究实效,方式也比较灵活多变。

1. S校——教研组会议内容的改变

S校与大学的协作主要是通过一个校本课题研究,课题组由科研主任Q老师负责,课题组的研讨与学校原有的教研组活动紧密联系。由于校本课题是分学科进行的,因此校本课题的研讨大多放在教研组会议的时间。校本课题的进行一定程度上影响了教研组会议的内容。S校过去的教研组会议主要是开展一些本学科教学理论的探讨,在与大学协作开展课题研究之后,在大学专家H教授的指导下,Q老师组织的教研活动开始通过"课例研究"[①]来引导教师在实践中学习教学理论。

2. N校——班主任例会方式和内容的改变

班主任例会是N校德育主任Z老师负责的工作。参与T项目之后,通过和大学专家以及其他学校的教师交流,Z老师开始尝试改变班主任例会的方式和内容:从原来单一的"领导讲话—教师做笔记"变为

---

① 所谓"课例研究",是指每门学科选出一些有代表性的课,第一步,让老师自己设计教案;第二步,教研组以及大学专家参与内部讨论;第三步,请区教研员以及外校的特级教师参与讨论。以课例为载体,通过三次"磨课"的过程,让教师的教学水平得到提升。

班主任共同交流、讨论;会议内容也从简单的布置工作到有主题的讨论交流,并发展出"小问题"研讨(NTNZ-CE)。

"小问题"研讨是 Z 老师对班主任例会内容进行的一个调整。研讨的问题主要是班级管理中常常遇到的且比较棘手的问题。通过在班主任会议上交流、研讨这些"小问题",达到经验分享、共同探讨的目的,尤其对于新班主任的成长很有帮助。访谈中一位新班主任 N2 老师提到了班主任例会对其工作的帮助:我们这个年级四个班主任都是新班主任,我感觉在这一年内我们成长得很快,而这跟"小问题"研讨的班主任例会有很大关系(NN2-CE)。

在对 Z 老师的第二次访谈中,她还提到班主任例会总共有 40 分钟时间,现在事务性工作的说明已压缩到 5—10 分钟,其他时间主要是让大家学习和讨论(NZ-CE)。

3. W 校——间接影响会议内容及形式的改变

在院校协作开展学校改进的过程中,W 校的领袖教师是编写组的五位教师,他们只是一般的教师,并不像 S 校的 Q 老师或者 N 校的 D 老师与 Z 老师有正式的领导职位,可以在所负责的工作中做一些改变。但编写小组的五位教师,通过参与编书工作,不断与大学教师、学校领导以及学校教师进行沟通。通过沟通与写作,其自身的能力得到了提高。同时,他们在参与学校会议讨论时所做的发言也对其他教师产生了一定影响。

另外,由于学校校长和副校长每次也会参与编写组的会议,对大学教授引领编写组开会的方式有所了解,这也影响到他们自己组织会议时的方式。比如负责 W 校的 S 教授提到学校研讨会也开始有了主题设计,改变了以往会议内容的随意性(BS-CE)。

(二) 发展新的正式沟通制度

领袖教师的沟通行为除了对原有的正式沟通规则产生影响之外,有些学校在这一过程中还产生了新的沟通制度。

上文提到,S校的教研组活动在校本课题的影响下形成了以"课例研究"为主的会议形式。L校长指出,这种变化应该固定,并编制"科研月报表",形成每个月汇报科研进展的制度。此外,每学期还要举办"科研月",为教师们进行科研交流提供平台。N校的科研主任D老师在院校协作式学校改进中发展了新教师班和青年教师班。D老师尽量安排时间开展两个班的活动,让教师们能有固定的时间进行学习和交流。

(三)小结

领袖教师的沟通行为对学校正式沟通规则的影响着重体现在学校的正式会议制度上。值得关注的是,领袖教师所影响或发展的正式沟通制度都集中在教师专业发展领域,如教师科研、培训以及规范等。这其中的原因主要在于院校协作策略的确定。院校协作策略是大学专家的协作理念与学校实际情况相结合的产物。大学教师的主要关注点在于教师发展,而学校也认为教师是学校发展的中坚力量,因此院校协作的具体策略都集中于教师发展领域。如负责S校的H教授提供的协作策略主要是围绕校本课题开展一系列观课、培训活动,旨在提高教师的教学水平。N校的E教授协助学校的科研、德育工作,通过举办相关讲座等来提高教师的科研水平。W校的S教授除指导编写组的编书工作外,也协助学校的教师专业发展做些工作。在这种情况下,领袖教师对学校符号化结构所产生的影响自然也指向教师发展领域。虽然韦斯特(West)和霍普金森(Hopkins)[3]指出学校改进需要超越只是教师专业发展活动的状态,他们称这一现象为"备受推崇的教师发展活动"(a glorified staff development activity)。但阿迪(Adey)认为,现在教师专业发展在所有的学校改进计划中仍然处于核心地位。[4]被调研的三所个案学校也反映出同样的情况。院校协作式学校改进强调整全式的学校改进,但切入点仍然是教师发展。由此也反映出,在院校协作式学校改进中,领袖教师开展工作虽依托学校多种多样的规则和资源,但对学校结构的影响并不是全面和发散的,而是集中于与教师相关的学校结构。

三、领袖教师的沟通行为与学校的非正式沟通规则

非正式的沟通规则对教师的约束力较弱,但影响却是深层的。哈格里夫斯(Hargreaves)将教师们存在的共同价值和规范分为以下三种:自治,忠诚,平庸化。[5]下面即对领袖教师沟通行为与这三种非正式沟通规则的关系分别进行探讨。

(一) 自治(autonomy)

哈格里夫斯认为,在学校中,教师们一般认为在课堂怎么教学、怎么管理学生是教师的个人选择,并且不愿意在公开的、严肃的场合讨论。[6]教师中存在的"自治"规范一定程度上对领袖教师在校内推动学校改进产生影响作用。

访谈中,S校一位没有参加课题组的S1老师提到,参与课题研究的教师与没有参与课题研究的教师之间对于课题进展一般很少交流:两个人的关系除非很好才会交流对课题组的看法,一般教师之间不会说这些(SS1-CR)。

而在N校,原来的班主任例会也仅限于德育主任布置工作任务,教师们之间的交流较少。N校的Y校长也提到:一般来讲,教师的自我保护意识很强,不太愿意把自己的心里话讲给别人听,特别是同事(NY-CR)。

教师们习惯关起门来授课,而院校协作式学校改进的核心就是要影响教师的教学理念、提升教师的专业素养。S校的协作策略是通过校本课题推动教师的专业发展。在课题组会议上,沟通教学策略是必须做的工作。因此,如何克服"自治",让教师们能够在专业教学上有所交流和改变就成为亟须解决的问题。为此,Q老师主要采用"录课"和"主题讨论"两种方式促进教师们对于教学的思考和相互交流。

1. 录课

录课即是对参与课题的教师的课堂教学进行录像,然后基于录像

和教师进行讨论。录课之后,通常要对该教师的课堂教学进行点评。由于录课真实记录了课堂教学的状况,教师们也能通过看录像反思自己的教学。如果发现课堂教学中确实存在点评中其他人所提的问题,也比较容易接受。

2. 主题讨论

在课题组讨论时,一般都会选择某个主题进行讨论。教师们可以围绕这一主题谈谈自己在课题实施中的相关经历,这样比较容易在讨论中达成共识。有些问题可能是大家没有意识到的,大家在一起一说一讨论,就会意识到问题,形成一些统一的看法(AH - CE)。

N中学的德育主任Z老师,在一次班主任例会上,采取小问题探讨的方式,让大家互相交流班级管理的经验。这也是一种主题讨论的形式,班主任之间针对学生管理中常出现的小问题互相切磋,促进了专业交流。

(二) 忠诚(loyalty)

哈格里夫斯认为忠诚是指对所属团队的忠诚,比如不会在学生或者校长面前谈论另一个教师。[7]

W校编写组成员W2老师提到:在编写书的过程中,一般会找关系比较好的老师。如果有的老师不配合也不能去告诉校长。有的人不愿意写,拖拖拉拉,你又不能去告状,说他不写,这算什么事(NTWW2 - CR)。

哈格里夫斯和麦克米兰(Macmillan)提出的教师中存在的"巴尔干文化(balkanized culture)"与忠诚也是紧密联系的。[8]教师们在学校中既不是独立工作,也不是和所有老师一起工作,而是被分为若干个"次级团队",如从属不同的学科、年级等。而忠诚即体现对团队的忠诚。如在S校访问S2老师时,她提到,在全校教师大会上教师们一般不会提意见,而在教研组(一个学科)内部则会畅所欲言(SS2 - CR)。

领袖教师对教师沟通中存在的这一问题已经有所考虑,主要采用的方式是增加不同团队的交流机会以及注意沟通方式等。

1. 增加不同教师团队的交流机会

S校的课题组由不同年级、不同科目的教师构成,课题组的研讨增加了不同团队教师之间的交流。N校科研主任D老师所开展的新教师班和青年教师班学习活动,将不同年级、不同科目的教师混合在一起学习,有的时候两个班会一起上课,这样不同资历的教师之间就可以有比较充分的交流机会。

2. 注意沟通方式

领袖教师在与他人进行沟通时也应注意沟通的方式方法,这样才能打消教师的戒备心理。N中学的N1老师认为,D老师和Z老师作为新上任的领导,在沟通时总是以商量或者请教而不是命令式的语气,这样教师就比较容易接受:首先从行事的角度来讲,不是她压你,而是在跟你商量,比较人性化,这样就容易接受;同时对老教师也抱有一种尊重的态度(NN1-CE)。

(三) 平庸化(mediocrity)

"平庸化"是哈格里夫斯提出的学校教师中存在的第三种规范。"平庸化"是指希望所有教师都保持基本一致的步调,不要太突出。[9]比如教师们都不会太早到学校,不会在中午吃饭的时间还备课,等等。这一规范在沟通中就体现为教师们在讨论中谁都不愿主动发言,谁都不愿被表扬,教师之间缺乏有效的沟通。在这种"平庸化"的氛围中,领袖教师如何让教师勇于改变,勇于在讨论中表达自己的意见,也成为院校协作式学校改进中需要克服的问题。我们的调研资料显示,领袖教师的做法通常有两种,即调整开会发言的方式以及由学校举办正式的优秀教师表彰活动。

1. 调整开会发言方式

N校的科研主任D老师提到,当教师们都不愿意发言时,只能采取点名发言的方式,后来便开始采用小组讨论的方式,派小组代表发言(ND‐CE)。

2. 由学校举办正式的优秀教师表彰活动

如N校就曾"大张旗鼓"地对教师所写的教科研案例进行评奖,并在这一基础上举办了一次演讲活动,老师自己讲出教学经历中真实感人的故事。这样正式的公开表彰和演讲可以有效改善学校中"平庸化"的交流风气,让教师们更敢于表达自己的想法,对其他教师也能起到激励作用。

(四)小结

哈格里夫斯(Hargreaves)和富兰(Fullan)指出,教师发展可以从知识与技能的发展、自我理解和生态改变三个视角来理解。[10]教师中存在的非正式沟通规则是教师学校生态的一部分,比较难改变。学校改进的策略若要在学校中得以实质推行,必然会触及教师们已有的非正式沟通规则。从上文分析可以看到,领袖教师们通过种种方式试图改变学校中存在的自治、忠诚和平庸化对学校改进造成的制约作用。虽然经过领袖教师的努力,这些非正式沟通规则仍然存在,但对于教师生态而言,只要发生些许改变就可能产生深远的影响。

四、结　语

在院校协作式学校改进中,领袖教师的沟通行为是在学校已有沟通规则的基础上进行的。学校中的沟通规则包括正式沟通规则,即学校中正式的、固定的沟通制度,如会议制度、备课制度、教研制度等;也包括非正式沟通规则,表现为一些不成文的沟通规则,如自治、忠诚和平庸化等。这些沟通规则一方面为领袖教师沟通行为中的沟通内容及渠道提供了基础,另一方面也影响到领袖教师沟通行为所能进行的范围和程度。

领袖教师并非被动地处于已有的沟通规则之下,而是在与大学协作进行学校改进的契机下,重新建构学校的沟通规则。领袖教师对于正式沟通规则的影响是在已有基础上的改进和发展。S校的Q老师改变了以往教研组会议中单纯讨论教学理论的内容,形成了以课例研究为载体的教研活动。N校的Z老师改变了班主任例会的方式和内容:从原来单一的"领导讲话—教师做笔记",变为班主任共同交流、讨论;会议内容从简单的布置工作,到有主题的讨论交流,并发展出"小问题"研讨。而W校通过大学教师与编写组成员的开会交流,改变了以往开会内容的随意性,开会内容有了主题设计。与此同时,S校的科研月报、N校的新教师班和青年教师班开展的活动都是新形成的沟通制度。

领袖教师对学校非正式沟通规则的影响是寻求一些变通的方式,通过跨学科交流以及改变发言方式等促进教师的有效沟通。虽然学校的正式沟通规则和非正式沟通规则依然存在于学校改进的过程中,但沟通规则的系统,也就是符号化结构实质上已经起了变化。领袖教师的沟通行为与学校的符号化结构通过学校的具体沟通规则发生着相互作用,这是结构二重性在符号化结构中的体现。

在分析资料中我们也发现,领袖教师的沟通行为也受到领袖教师所拥有的权力以及行为所受约束的影响。也就是说领袖教师的沟通行为与其在学校所占有的资源以及其职责规范是紧密联系的。S校的教科研主任Q老师,以及N校的教科研主任D老师、德育主任Z老师都有正式职位。学校的很多会议或者教研活动、班主任例会等都由其负责,因而可以对学校的沟通规则(无论正式还是非正式)产生较大影响。但W校编书委员会的成员只是临时任命的非正式领导团队,对学校沟通规则所产生的影响就比较小,只能通过在会议或讨论中较好的表现,间接地影响学校的沟通规则。因此,领袖教师的沟通行为与权力运用和行为约束与认可是密不可分的。在今后的研究中,我们还将继续对领袖教师的权力运用和学校的支配化结构,以及领袖教师的行为约束与认可和学校的合法化结构这两对关系进行探讨。

参考文献

[1] 吉登斯.社会的构成:结构化理论大纲[M].李康,李猛,译.北京:生活·读书·新知三联书店,1998:89.

[2] Giddens A. Central Problems in Social Theory: Action, Structure, and Contradiction in Social Analysis[M]. London: Macmillan, 1979:81.

[3] West M D, Hopkins D. Re-emphasising School Effectiveness and School Improvement[M]// Reynolds D, et al. Making Good Schools: Linking School Effectiveness and School Improvement. London; New York: Routledge, 1996:107.

[4] Adey P, Hewitt G, Hewitt J, et al. The Professional Development of Teachers: Practice and Theory[M]. Dordrecht: Kluwer Academic Publishers, 2004:5.

[5][6][7][9] Hargreaves D H. Interpersonal Relations and Education[M]. London; Boston: Routledge and K. Paul, 1972.

[8] Hargreaves A, Macmillan R. The Balkanization of Secondary School Teaching[M]// Siskin L S, Little J W. The Subjects in Question: Departmental Organization and the High School[M]. New York: Teachers College Press, 1995:141-171.

[10] Hargreaves A, Fullan M. Understanding Teacher Development[M]. New York: Teachers College Press, 1992:1-2.

(原文载于《教育发展研究》2011年第2期,第6—11页,作者为张佳伟、卢乃桂)

第十一章
中国内地教师继续教育中的权力关系与教师领导

在教师专业发展中最少有三股权力在运作：教育行政部门代表的国家权力、大学专家具有的权威和教师作为专业群体的自主权力。教师作为专业群体的自主是教师领导的主要内涵之一。很多在教师继续教育中出现的表面现象与问题，如教师进修的积极性不高、教师培训的质量不佳都与教师领导在三者的权力关系中受到压抑有关。本文分析了中国内地教师继续教育中国家、专家、教师三方的权力关系，并指出教师领导的现状与未能顺利发展的原因，最后提出建议。

教师专业发展不仅指教师自发的、基于个人兴趣的学习，还包括制度化的、有组织的学习。在中国内地，后者称为教师继续教育。根据《中小学教师继续教育规定》（教育部第7号令，1999年9月13日）第2章第9条，中小学教师继续教育分为非学历教育和学历教育。非学历教育包括：新任教师培训、教师岗位培训、骨干教师培训。学历提高须得依赖高等教育机构和大学的教学与研究人员，而其他培训则由教育行政部门及其下属的二级业务部门负责。在内地，教育行政部门有一套独立的教师培训体系，主要是教研室、教科室、教师继续进修学校和人事部门。这些机构代表了国家的权力与意志，它们推行国家的政策，完成各种计划和工程。我们认为，在教师继续教育中有三股权力在运作：行政部门及其人员代表的国家权力、来自大学的专家的权威以及教师作为专业群体的专业自主的权力。我们曾指出,教师领导不仅指领袖教师对同侪的影响,更重要的是教师作为专业群体的自主与选择。从外部强加的培训与要求不能满足教师的真实需要,也没有尊重教师作为专业人士的基本权利。权力-强迫型的教师继续教育注定是低效的。国家、大学、教师这三者的权力关系深刻地影响着教师继续教育的手段与目的,面貌与本质。在新课程改革中,教师的继续教育得到前所未有的重视,这是否意味着教师的权力得到了加强,并迈向教师领导的教师专业发展呢?所谓教师领导的教师专业发展,即教师对自己的专业发展有相当的自主与选择,能根据自己的实际需要选择学习内容、形式、时间、考核办法等,并有机会参与专业发展的设计,而不是被动接受他人规定的培训。

本研究旨在描绘教师继续教育中国家、专家、教师三者的权力关系,指出在这一权力关系中教师领导的真实状况,并分析成因,提出建议。2007年3月至5月之间,我们按分层目的抽样的原则,选择了中部某城市的两个区作为个案:一个是首批国家级的实验区,另一个是省级课改实验区。在学校、区、市、省、国家五个层面上搜集有关教师继续教育的政策、制度、计划、项目、会议记录、会议录音、工作总结、图片等资料,并深入不同学校访谈教师、学生及教育行政人员共70人次。

一、国家在教师专业发展中扮演的角色

国家通过政策、制度、官僚体系、人员来定义、规范、控制教师的继续教育。在新课程改革中,这些政策、制度、官僚体系和人员的工作方式都有所改变。在这些改变的背后,国家扮演什么角色?其权力的技术是否因为新课程改革而有所改变?下面先概述政策、制度、官僚体系与人员的改变,然后分析国家运用的权力的技术及其在教师继续教育中扮演的角色。

（一）国家对教师继续教育的改革

随着新课程改革对教师素质的要求的提高，国家积极作为，完善了教师继续教育的政策与制度，整合培训机构，改变工作方式。首先，随着素质教育和新课程改革的进行，国家对教师专业发展的界定更为全面。1999年6月13日，《中共中央国务院关于深化教育改革全面推进素质教育的决定》[①]（中发〔1999〕9号）第17条扩大了教师专业发展的内涵[②]，相比1993年2月13日《中国教育改革与发展纲要》[③]（中发〔1993〕3号）第5章第40条，这份文件对教师专业发展提出了新的要求：① 终身学习的自觉性；② 现代教育技术；③ 参与科研；④ 保护学生合法权益。在政策的指引下，评价教师的标准和骨干教师的选拔不再只看个人的教学水平，还要看其与同侪的合作、科研、师德、师生关系等。与此同时，国家推出了一系列的改革：《国务院关于基础教育改革与发展的决定》（国发〔2001〕21号）第4条，《中小学教师继续教育规定》[④]（教育部第7号令，1999年9月13日），教育部的《中小学教师继续教育工程方案(1999—2002)》。这些政策完善了教师教育的各项机制，为教师专业发展提供了更多的机会。在这些政策的指引下，各地纷纷打造师资队伍建设工程，制定相应的"十一五"计划。

另外一个大的改革是对教育部门所属的培训机构进行整合，优化资源配置。许多地方将教师培训、教研、教科研、电教、电大等机构整合起来，构建教师终身学习体系，使培训基地成为区域教师学习与资源中心。与此同时，教育行政部门所属的培训人员也相应地调整了工作方

---

① 见中华人民共和国教育部网站。
② 建设高质量的教师队伍，是全面推进素质教育的基本保证。教师要热爱党，热爱社会主义祖国，忠诚于人民的教育事业；要树立正确的教育观、质量观和人才观，增强实施素质教育的自觉性；要不断提高思想政治素质和业务素质，教书育人，为人师表，敬业爱生；要有宽广厚实的业务知识和终身学习的自觉性，掌握必要的现代教育技术手段；要遵循教育规律，积极参与教学科研，在工作中勇于探索创新；要与学生平等相处，尊重学生人格，因材施教，保护学生的合法权益。
③ 见中华人民共和国教育部网站。
④ 见中华人民共和国教育部网站。

式,更趋于校本研修,更注重学校之间、培训人员之间、教师之间的合作与研究。

在策略上,各地都大力培养各级骨干,通过这些精英的示范、引领、辐射带动提高全体教师实施新课程的能力。

(二)权力技术趋于强化

福柯指出权力主要有三种技术:等级监督、规范化裁决和考试制度。[1]在国家积极作为,完善教师继续教育,提高教师实施课改能力的同时,也强化了权力技术的运用。

所谓等级监督就是每个人都受到下级和上级的监督,不留下任何"阴影区"。在中国内地,教师中负责教学、科研和继续教育的管理人员有备课组长、教研组长、教导主任与教学副校长。这样就形成一个等级制,监督既会从上而下,也会从下而上。特别是到了考核评估的时候,这个等级制的等级监督功能便会显现。不过,总的来说,这种等级监督还是较为松散的。

所谓规范化裁决就是建立一套规范参照系统来控制人的行为。对于教师而言,除了标准的课程与考试,一个是通过各种常规检查来建立工作的常规,另一个是由专业技术职务等级制度和学分制构成的继续教育的规范。不仅是教师,学校也要应对来自教育局的各种常规检查:日常规、周常规、月常规与学期常规。而教师的专业发展——学什么、怎么学也有统一的要求与规定。尤其是教师继续进修学校的培训,尽管是学分制,但公共课占绝大多数,选修课极少。这就是规范化裁决,大家都要学一样的内容,做一样的事,达到差不多的结果。不过,课程缺乏多样选择的情况在慢慢好转,规范化裁决的加强主要表现在教师评价标准的提高上和各种常规检查上。

考试制度兼具等级监督和规范化裁决的威力。为了保证新课改的顺利实施,国家加强了对教师的考核。专业技术职务等级与收入福利挂钩,教师们一辈子要为考核而奋斗。在每一次申请高一级职称时,都要先参加教育学、心理学、计算机等几门学科的考试,考过之后才有资格申请。申请的其他条件还包括思想品德、教学和科研等三方面。所谓科研主要看发表文章,教师们为了发表文章自己掏钱在一些应急性的刊物上发表文章,不仅文章质量不高,而且发行量也极小。教师参加培训也要计学分并与评职称挂钩,比如,在教师继续进修学校的一门课程结束时要参加结业考试。

教育行政部门的业务人员代表着国家的权力与意志。尤其是教研员,由于与教师接触的时间和机会很多,他们最直接地代表了国家部门对教师的权威和控制。在教师的专业发展中,教研员可以说是最重要的一类人。在学校和教师眼中,教研员是重要的资源和领导。但是教研员的水平良莠不齐,自身专业发展的机会也较有限,导致在部分教师的印象中他们的行政权力大于专业权威。

(三)国家扮演的角色分析

国家是积极的改革者,为教师继续教育的发展做出了许多努力。不过,国家也扮演了立法者和垄断者的角色。国家规定了教师专业发展的内涵,建立了一套独立的、附属于官僚体系的机构,对教师进行在职培训,规定了教师培训的内容、形式和考核办法。行政部门制定了评价教师的标准,对教师的日常工作和职称等级进行严格的考核。像教研员这样的业务官员不仅代表了专业的权威,还掌握了专业发展的资源。

值得注意的是,为了保证新课程的落实,国家在积极地推行教师继续教育的同时,也强化权力技术的使用,使教师专业发展呈现出权力-强制的取向。可是,国家所给予教师的支持却相对显得不足,出现权责的失衡。我们访谈了两个区的区教育局计财科、区教师进修学校、区教研室、市教科所和学校的相关负责人员,他们反映的最突出的问题是经费不足和专业支持不够。

教师继续进修学校选修课少的主要原因就是经费不够。开设选修意味着要分更多的班级,聘请更多的教师,使用更多的教室和设备,而教师继续进修学校现有的经费只够开设百余人的大班,尽量让教师进修学校本校的教师上课而不外聘,同时还需要节约水电和纸张等。

区教研室的情况不容乐观。在我们调查过的两个区中,条件较好的一个区教研室能基本保证每门学科有一名专职的教研员,每位教研员有一台电脑;在条件较差的那个区,教研室不能保证每门学科有专职的教研员,某些主科初高中共配备一名教研员。而且教研员的办公设备十分简陋,都不能保证每人一台电脑。除了编制和办公条件,教研员自身的专业发展也深受经费的限制。由于人手少、工作忙,教研员很难抽出时间参加培训。另外,培训名额和费用也不够。有的教研员工作了一二十年,只因为新课程改革才出去培训过一次。

新课程改革对学校和教师在科研和教研方面提出了更高的要求。不仅学校纷纷申请各级课题,教师们也在申请。可是,大多省、市级的课题都没有经费,需要学校和教师自筹。不仅经费稀缺,专业支持也匮乏。大多数学校、教师甚至教研员都不知道如何做科研,缺乏基本的科研方法的训练。

二、大学专家:权威大于影响

除了教育行政部门组织的培训外,大学也承担了部分教师培训,主要是学历提高,如教育硕士学位课程。骨干培训班也会请大学专家讲学。有时学校或教师继续进修学校等部门也会邀请大学专家给教师开讲座。在这些过程中,教师是否在专业上得到提高?专家与教师之间会形成怎样的权力关系?

我们访谈过的教师普遍反映,学历提高的培训模式存在三个问题:① 课程安排得太紧,没有吸收的过程;② 以专家灌输为主,课上很少讨论发言;③ 专家讲授的内容偏向理论,不仅脱离学校教师的实际,其理论也难以令人信服。这种模式以讲授灌输理论为主。在学习过程中,教师缺乏提问、讨论、理解和反思的时间与机会。

反过来,大学的专家不了解中小学教师,把教师的不专心听讲归因为他们的短视与只顾眼前。讲座大多也没有图文并茂的课件。

在影响教师专业发展的诸多力量中,专家的影响甚微。这不仅因为他们自身缺乏实践经验,其理论脱离学校实际;在培训过程中也不了解教师这一群体的特点和需要。他们之所以被称为"专家",主要是因为受国家的委托和自身的社会地位,而并非因为其知识水平,所以说他们的权威大于实际影响。

三、教师在专业发展中的处境

上两节分析了国家和专家在专业发展中扮演的角色。在这样的权力情境中,教师这一群体对自己的专业发展拥有的自主权较少,主要表现在如下三个方面。

首先,许多教师称教师继续教育是"为了生存的发展",主要有四个原因:① 制度化的在职培训与教师的直接利益挂钩,如学分与工资挂钩,人为地造成一种"为了生存"的印象,令教师感到反感。强迫而又不免费,更引起情绪上的对立。② 教师的收入偏低,对生活没有安全感,强化了他们参与在职培训的功利动机。③ 某些培训的质量不高,缺乏选择,让教师觉得只是出于生计所迫才去学习。④ 有些学习机会不均等,引起教师的不满。继续教育给教师的总体印象是强迫、被动、无用。在收入水平偏低、医疗得不到保障的情况下,专业发展沦为教师的"生存"手段,而非发自内心的需要。

其次,行政的过多干预导致教师的声音受到压抑。比如,由于机构较多导致重复培训;市人事局的统一规定导致教师继续进修学校不得不开设"一刀切"的课程;教育行政部门掌握了各种专业上的评审权和决定权导致学校和教师通过社交手段来赢得竞争;校级领导控制了进修的信息和名额导致大部分教师对某些培训毫不知情;等等。行政的干预是强大的,它左右着教师专业发展的机会、职称的评定、各种评选的结果等方方面面,它像一只无形的手,无处不在。

再次,教师们普遍反映在继续教育中"没有选择"。教师继续教育学校的课程以强迫的公共课为主,选修课少。不仅如此,专业发展的机会也鲜有选择,校领导或区教研员掌握了决定权,如培训的机会;再者,优秀的骨干教师常常兼任多项行政职务,不堪重负,又担忧专业发展机会太少,便转而求仕途。他们在职业发展的道路上难以选择。

四、教师继续教育中的权力关系分析

在教师继续教育中,国家扮演了垄断者和立法者的角色,对教师继续教育的发展起着主导作用。在新课程改革中,国家一方面积极作为,出台一系列的政策和工程,改进教师培训的方式,推动了教师继续教育的发展;另一方面,为了提高教师继续教育的质量,运用了更加严格的权力的手段。在新课程的旗号下,国家对教师提出更多要求,实施了更多控制,如要求教师做研究者,对教师评价增加了更多的考核指标。在权力的另一端,国家的责任却显得有些失衡,不仅表现在对教师继续教育投入的不足,还欠缺对教师专业上的支持。国家规定政府每年按教师工资总额的1.5%投资教师继续教育,专款专用,财政拨款。但从我们调查的一个区来看,受工资水平的限制,教师每年人均继续教育经费不到100元,而且经费的使用权不在学校和教师,而在区教育局。根据该区教育局计财科的工作人员反映,该市其他几个区的情况基本也是如此。虽然教师继续教育的经费总数不算很少,一个经济水平中等偏下的区一年有八九十万,但这笔经费和以教师培训之名向教师收的钱常常会被挪用,用于政策开了口子而财政无法保证的地方,如教师的课时费和津贴。另外,教育局也会拿出一部分用于维持正常的办公,因为财政给教育的拨款整体不够。这就不难理解,为什么要求教师们做科研、做课题,却让学校和教师自筹经费;为什么有的学校领导叫教师"混票"去听课。除了经费不足,对怎样做科研也缺乏指导。再者,国家的各部门如人事部门与教育部门重复培训教师,这也是国家责任缺失的一种表现。

大学专家对教师的影响相对是最小的。不管是在学历提高的培训中,还是专家主导的改革中,大学的专家对中学教师的现实状况和需要缺乏深入的了解。大学的专家更像是计划经济下知识的销售者,因为受国家委托,不太重视教师的反应。教师在学历提高中经历的是与工作无关的理论满堂灌和高强度的培训与考试。

在国家、专家与教师形成的权力关系中,教师处于最无权的地位。教师专业发展带有强烈的行政主导的色彩,在制度化的学习中,他们几乎无甚选择与自主。缺少选择的课程、不能选择的机会和难以坚持的教学道路都使教师处在一种去专业化的状态,[2] 主要是专业上的不确定感包括迷惑、焦虑、专业失败、积极情感边缘化和失去自我包括受到羞辱、失去教育价值、失去和谐、责任感的改变等。在访谈中,我们多次听到教师们谈到不想去的培训非要他们去,想去的培训却又偏偏没有名额和经费。有的教师因为参赛资格的问题与领导或同事产生矛盾,工作的积极性受到打击。更多的教师对走教学这条路来出人头地不抱太大希望,因为机会实在太少,更愿意走行政这条路。对于职称考核要求的论文,大多数教师采取了应付的态度,花钱了事。各种消极的情绪弥漫在教师群体当中。

五、权力关系下的教师领导与教师专业发展

从三者的权力关系出发,本研究突出了教师作为一个专业群体在其继续教育中的权力问题:自主与选择。在文章的第一段我们指出,教师专业发展中的教师领导不仅指领袖教师对同侪的影响,更重要的是教师作为专业群体在其专业发展中的自主与选择。尽管教师领导不一定与合法权力有关,但在一个集权的学校教育体制下,合法权力仍然是

重要的。广大的教师在专业发展中应该具有什么权力？当他们不能选择学习的内容、培训的方式，而且不知道有什么机会，被强迫重复和无意义培训的时候，合法的权力仍然是一个重要的议题。这种权力同样与职位、与角色无关，是每一位教师作为专业人士应有的权力，这些权力是实现教师自主的专业发展的必要条件。教师自主与选择的缺失必然导致权力-强制型的教师专业发展，这种专业发展的后果已无须赘述。

教师的自主与选择应该作为一个基本原则体现在教师继续教育的方方面面。例如教师评价制度的设计，它不仅仅是一个权力的技术，任由行政部门随意添加指标。新课程流行"教师作为研究者"，行政部门便把发表文章作为职称评定和骨干选拔的硬指标之一。发表文章不等于做研究，在大多数教师不知道怎么做教学研究的情况下，要求教师在公开刊物上发表文章必然导致教师花钱选择在劣质、发行量小的刊物上发表论文了事。再比如教师继续教育的学分制并不是真正意义上的学分制，只有必修没有选修，学分变成了强迫控制的手段，而不是自主和选择的机会。教研员也应有一定的自主空间，除了完成上级下达的任务，也应多考虑教师的需要。在学校这一层面，学校领导应该公开进修机会，让教师公平竞争。在进修和工作有冲突的时候，应听取教师的意见，尽量协调。大学专家不能不顾教师的反应，对他们灌输书本知识，应将理论与中小学教师的实践结合起来。

六、结　语

从教师领导这一视角来研究教师专业发展，就是为了批判地认识现实中的教师专业发展。从批判的角度出发，就会发现在教师专业发展中存在着不对称的权力关系。这些不对称的权力关系广泛地存在于各种培训场所、模式与活动中，不仅没有使教师得到发展，反而使他们无声、无权、去专业化。选择教师领导这一视角就离不开"权力"一词，因为领导总是与权力相关。等级制的权力能带来习得的遵从，而平等主义的权力关系"使个体感觉更自由地去参与反思实践与实验学习"[3]。权力-强制取向的教师继续教育依赖的是等级制的权力,而教师领导的教师继续教育则需建立在平等主义的权力关系上。教师领导能否在教师专业发展中实现,一个关键的、根本的问题就是国家、专家、教师三者是否能建立较为平等的权力关系。如果教师继续在其专业发展处于无权、被动的地位,那么权力-强制取向的教师继续教育将难以改变,许多美好的承诺将落空。

不仅如此,这种权力-强制取向所体现的官僚管理与新课程改革的精神也是相悖的。新课程改革提出三级课程管理模式,提倡教师作为研究者与课程的设计者,就是留出空间,赋权给地方、学校和教师参与改革的设计,有一定的自主来满足地方和学生的需要。用 Vonk 的话说,就是变革的邀请模式,即参与者被纳入教育规划、合作、不同教育团体间分享权力与责任。[4]这种模式强调的是教师的自我决定以及他们在决策中的核心地位。同样,教师被视为能创新的领袖,有反思自己行为的能力,也知道自己专业发展的需要。教师拥有教育过程并能评估其效率。理想的景象是既能满足教师与学校的需要,也能满足地方教育当局和国家的需要,多方共同决定教师专业发展的性质和方法,使教师在这一过程中增权。Hawley & Valli 指出,让教师参与过程的设计与组织会提高其动机水平与投入感。[5][6]相反,如果教师不能决定自己的专业发展,他们会变得愤世嫉俗,不关心学校改进工作,抵制那些他们认为是强加的东西。[7][8][9]缺乏教师的参与,也会"极大地降低学校与学区理解与成功管理学校变革的能力"。[10]

综上所述,教师领导的教师继续教育才符合新课程改革赋权地方、学校和教师的大方向。若想增强教师实施新课程改革的能力,就要让培训更贴近教师工作的实际,满足他们的需要。而做到这一点就要调整国家、专家和教师三者失衡的权力关系,让教师对自己的继续教育有更多的选择和参与。

参考文献

[1] Foucault M. Discipline and Punish[M]. London: Penguin, 1977.

[2] Jeffrey R J, Woods P. Feeling Deprofessionalized: the Social Construction of Emotions During an OFSTED Inspection[J] Cambridge Journal of Education, 1996,26(3):325-343.

[3] Smylie M A. Teacher Learning in the Workplace: Implication for School Reform[M]//Guskey T R, Huberman M. (Eds.). Professional Development in Education: New Paradigms and Practices. New York: Teachers College Press, 1995.

[4] Vonk J H. Some Trends in the Development of Curricula for the Professional Preparation of Primary and Secondary School Teachers in Europe: A Comparative Study[J]. British Journal of Education Studies, 1991,39(2):117-137.

[5] Hawley W D, Valli L. The Essentials of Effective Professional Development: A New Consensus[M]//Darling-Hammond L, etc. (Eds.) Teaching as the learning profession: handbook of policy and practice. San Francisco: Jossey-Bass Publishers, 1999:127-150.

[6] Hodges H L B. Using Research to Inform Practice in Urban School: Ten Key Strategies for Success[J]. Educational Policy, 1996,10(2):223-252.

[7] American Federation of Teachers. Principles for Professional Development[M]. Washington,D.C.: Author, 1995.

[8] Guskey T R. Professional Development in Education: In Search of the Optimal Mix.[M]//Guskey T R, Huberman A M (Eds.). Professional Development in Education: New Paradigms and Practices. New York: Teachers College Press, 1995.

[9] Hargreaves A. Development and desire, a postmodern perspective.

[M]//Guskey T R,Huberman A M (Eds.). Professional development in education: new paradigms and Practices. New York: Teacher College Press,1995.

[10] Pink W T,Hyde A A. Doing Effective Staff Development[M]//Pink W T,Hyde A A(Eds.). Effective Staff Development for School Change. Norwood,N.J.: Ablex,1992.

(原文载于《复旦教育论坛》2008年第5期,第61—66页,作者为卢乃桂、陈峥)

第十二章
赋权予教师：教师专业发展中的教师领导

教师专业发展中的教师领导有两个方面的意义：一是领袖教师对其专业群体的引领，二是教师自主的专业发展。鼓励同侪协作，发挥优秀教师的示范—引领—辐射等作用固然重要，但教师的自主才是专业发展持续且有效的基础。在中国内地，教师在职的专业发展受到行政部门的主导，骨干教师们在各种专业发展活动中发挥着重要作用，然而也呈现出等级制、精英化与工具性等特征。此外，由于处处受到行政干预，教师的专业发展充满着功利色彩、被迫与被动。我们认为，只有赋权予教师，留给教师自主发展的空间并提供更多选择，才能促成教师持续而有效的发展。教师领导的专业发展应成为教师专业发展的原则之一。

教师领导的定义是"不论职位或任命，教师对领导的行使。它的本质特征是：提升教师的专业性，重新分配权力和增强同僚互动"[1]。正如《明天的教师》所建议，教师领导对教师专业发展有重要的意义，教师的领袖角色有利于吸引人才加入和留在这一专业里，减轻教师的孤立感，建立更好的教师培训与专业发展模式。我们认为，教师专业发展中的教师领导应有两个方面的意义：一是领袖教师对其专业群体的引领，二是每一位教师自主的专业发展。只有从这两个方面来论述，才能全面体现教师领导对教师专业发展的意义。本文将从教师在职专业发展的角度来探讨教师领导对教师专业发展的意义与影响。

在中国内地,教师领导在教师专业发展中长期扮演着重要的角色。选拔与培养各级骨干教师,发挥他们示范—引领—辐射的作用,一直是教育人事部门的主要职责之一。在内地,骨干教师是特指受到行政部门认可的、具有各种头衔的教师,如学科带头人、优秀青年教师、优秀班主任、特级教师、名师等。有时,也专门有一种荣誉称号叫"骨干教师"。近年来,随着新课程改革的推进,骨干教师在教师专业发展中的作用得到进一步研究与加强。《关于基础教育改革与发展的决定》(国发〔2001〕21号)第29条规定"加强骨干教师队伍建设。实施'跨世纪园丁工程'等教师培训计划,培养一大批在教育教学工作中起骨干、示范作用的优秀教师和一批教育名师。在教育对口支援工作中,援助地区的学校要为受援助地区的学校培养、培训骨干教师"。某省《省教育厅关于加强和改进中小学校长教师新课程培训工作的意见》(2004)也指出要"突出重点,倾斜农村"。重点抓好新课程培训者培训、骨干校长培训和骨干教师培训,努力建设一支高素质的培训者队伍和骨干校长教师队伍,充分发挥各级骨干校长、教师在新课程实施中的带头和辐射作用。调查之后,我们发现,内地教师专业发展的一个本质特征就是强烈的行政主导。专业发展中的教师领导也呈现出一些相应的特征:等级制、精英化与工具性。在教师自主这第二个意义上,教师专业发展也显得被迫多于自愿,被动多于主动,为了生存多于为了事业。

一、中国内地教师领导的特征

中国内地的教师专业发展基本上是行政主导的。教育行政部门有一套相对独立的教师培训体系:有市/省级教育学院,负责职前与职后学历的满足,也兼有在职培训的功能。职后有各级的教研单位,以区教研室为主,开展常规的教学研究与教师培训工作。还有各级的教育科研单位,负责教师的科研工作。各级的教研与科研单位隶属于该级教育行政单位,是它们的二级业务部门。如区教研室是区教委的二级业务部门。除此之外,教师继续进修学校也完成了为小学教师补偿学历的历史使命,专门负责教师的在职培训工作。还有,各级教育人事部门都要负责选拔与培训骨干教师的活动,如组织优质课比赛,评选名师、优秀青年教师、学科带头人等。当然,教师的职称评定也由区级以上的人事部门负责。随着教育的发展,尤其是新课程改革的需要,这个独立的体系逐渐开放,与大学甚至公司合作培训教师、进行教研与科研活动。

在这样一个比较集权的教育管理体系下,最能体现教师领导的也只有教师的专业发展领域。由于许多教研活动都是在区这一层面进行,校际交流比较多,因此,教学上出类拔萃的教师们有多种渠道与机会发挥他们示范—引领—辐射的作用。比如,区教研员的核心小组,区/市/省的优质课、研讨课、送教支教等等。从好的方面看,骨干教师队伍有利于发挥优秀教师的才干,激励带动这一专业群体,促进一线教师间的交流与分享。在新课程的实施中,骨干教师们率先学习、研究、使用新教材,是实验者、探索者、示范者,是专业上的领袖。从批判的角度出发,我们发现,这种选拔骨干、发挥其功能的策略带来不少弊端。

(一) 等级制

内地教师在职称上有较多的层级。以中学为例,有中教三级、二级、一级、高级。每一级又有8—10档,每一档的收入都有差别。此外,由于应试的原因,各种学习与评选的机会也向高中教师倾斜,人为地在小学、初中和高中教师间形成等级。骨干教师队伍也如此,由于受到行政主导,分出校级、区级、市级、省级乃至国家级。以学科带头人为例(以下简称学带),就有校学带、区学带、市学带。省级以上的有省骨干教师、省特级教师、省优秀青年教师等。评区学带必须是校学带,同理,市学带必须是区学带。而且各种荣誉相关联,为了评这个必须有那个,结果是各种荣誉像滚雪球一样高度集中到个别人身上。例如:某区的政策是,评区名师/市优青必须是区学带/区优青,而区学带/区优青必须首先是校学带/校优青。而所有评比的一个前提条件是比赛要取得区级以上的一等奖。区学带须"多次在优质课竞赛和教师技能比赛中获得区一等奖级以上奖励","主要承担区级以上科研课题,教科研成果取得区级以上科研成果奖"。区优青"参加市、区举办的公开课、示范课、观摩课,获得区级一等奖及以上奖励……教学科研论文获得区级一等奖及以上奖励"。而一所学校有多少人能参加区里的比赛,又有多少人能得一等奖呢?一所中等水平的学校在区一级的比赛中一般只有2—3个名额,也就是说,并不是每个学科都能有一名教师去参加比赛。而市里的比赛,一个学科在一个区里面也只有2—3个名额。我们所调查的某中学就好几年没人参加过市里的比赛了。由于各种评选名额有限,学校也往往把光环堆积在少数人,特别是获得区级以上荣誉的教师身上,以期能推出个把名师。

这样做的后果是显而易见的,整个的教师队伍呈现出高度的等级制,普通的教师占绝大多数,得不到社会的承认。因此骨干教师队伍就形成了另外一个特点——精英化。

(二) 精英化

骨干教师队伍的精英化导致专业发展的资源分配极不均衡。这里的精英,指的是获得区级以上的各种荣誉称号的骨干教师。常规的、针对广大的普通教师的教研活动由区教研室组织,而区教研室的情况令人担忧。在条件较好的区,教研室能保证每门学科有一名教研员,大学科如语、数、外有初中与高中两名教研员。在情况较差的区,受人员编制的限制,有的教研员兼任两门小学科,有的大学科只有一名教研员。如初中与高中的英语若只有一名教研员的话,该教研员往往会重视高中的教研活动,减少初中的教研活动。除了编制的问题之外,教研室的条件、设备也不尽如人意。有的区都不能保证每位教研员有一台电脑,配给的U盘存储空间大小只有215MB,复制存放一位教师的课件就满了。作为教研活动的组织者,教研员也没有活动经费,场地和设备就借用学校的,大大限制了教研活动的深度与范围。还有,教研员本身的专业发展也很成问题。受到工作时间与经费的限制,有的教研员工作了十几年,只因为新课改外出培训了一次。教研员组织的活动常常也就是请教师们去某学校听某教师的公开课。据教师们评价,这些公开课的质量良莠不齐,有的甚至很少有什么活动,就是考试之前讲讲重点和题型。在此,我们想说明的是,针对广大教师的、常规的教研活动是低成本、低效率的。

与此相对,骨干教师的培训则别有一番天地。首先,这些骨干教师率先提高了学历,主要是教育硕士班。通过教委与大学合作,教师的学费采取三个三分之一的办法解决,即区里付三分之一、学校付三分之一、个人付三分之一。如某师范大学的教育硕士学费为 15 000 元,区里和学校就要付 10 000 元。按《教师法》的规定,每个区必须拿出教师工资总额的 1.5% 或以上,用于教师的在职进修。一个中等水平的区经费总数约达 80 多万,那么一个区有 50 多名骨干教师读教育硕士的话,就要拿出 25 万多缴付他们的学费。一所学校有 5 个人的话,就要拿出 25 000 元。而一所普通的中学,一年用于教师在职进修的经费只有 20 000 元左右。按规定,教师外出参加区里的教研活动,学校应报销交通费,而许多学校都没有做到。其次,各种骨干培训班也耗资不少。例如,某区的名师研修班有学员 56 人。该区共有 80 多个教育单位,包括高中、初中、小学和幼儿园,只有 28 个单位,即约三分之一的单位有名额。一所学校有一个名额就不错了。该名师研究班的课程包括教育理论部分(由大学知名教授、名师讲授),实践反思部分,实践考察部分(由特级教师组成的专家团指导),还有课题研究。教育部规定参加国家级培训的骨干教师约占中小学教师总数的 0.9%。[1] 这样的骨干培训班,其质量和成本自然大大高于普通教师的培训。特级教师出一次国要花

---

[1] 资料来源于中华人民共和国教育部《关于做好中小学骨干教师国家级培训工作的通知》(教师〔2001〕1 号)。

几万甚至十几万，都由区或市里承担大部分经费。还有许多机构都热衷于办校长培训班，一周的培训费就是几千元。骨干校长的培训费更是动辄几万元。

与骨干培训相比，普通教师的教研活动却是匮乏的。一般他们只有参加区教研员组织的活动，这些活动是免费的。市级的活动也大多是免费的，但省级的活动常常就要收费。比如听某名师的公开课或报告，报名费在几十元至两百元之间，学校经费有限，只能让教师们轮流去听。

教师专业发展中的精英取向是不合理的。从这个意义讲，专业发展中的教师领导有消极的一面。

（三）工具性

我们的骨干教师是不是"领袖教师"？整个教师的专业精英群体与行政权力是什么关系？其专业权威与专业自主性有多大？

据我们的调查，内地的骨干教师队伍在某种程度上都担任着实现行政部门某"计划""工程"的任务。以青年协作组为例，这一组织的成员是35岁以下的骨干教师。大多数的区在做"十一五"教育规划的时候都有教师队伍建设的方案或工程，包括计划培养多少区级的、市级的和省级的骨干。青年协作组的任务往往就是培养区级的骨干。而其他如区/市两级"名师工作室"这样的组织则培养市和省里的骨干。"名师工作室"的任务就是培养特级教师。名师收的徒弟起点极高，至少是区学带，甚至有市学带，职称一般都是高级，学历也大多是硕士。可以说，"名师工作室"培养的是精英中的精英。名师对学校而言也是极重要的资源，特别是在评示范单位的时候。骨干教师往往因为能者多劳而受到制度的剥削。按规定，即便兼任多种职务，也只能拿一份津贴。例如，有的教研组长兼任备课组长，只能领一份津贴。有一位教师兼任了学校的四份职务也只拿一份行政津贴。

工具的本质是"有用"却没有自己的意志。这些被官方冠名为各种骨干的教师,必须努力达到评比的各项要求,然后履行规定的职责。他们的主要功能是在专业上发挥示范—引领—辐射的作用,而非参与学校或地方教育行政决策,或反思当下教育中流行的价值观。领导青年协作组与名师们的,依然是行政部门。

二、失权的教师专业发展

骨干教师领导对他人的领导是教师领导的专业发展的第一个层次。上述概括的三个特点仅就第一个层次而言。从第二层次即教师自主的专业发展来说,内地的教师专业发展充满了被迫与被动。

按行政部门的要求,教师的许多学习活动都与其职称评定挂钩,而职称是个关乎收入与饭碗的问题。教师继续进修,学校采用了学分制,教师每上一次课都要记考勤,考试合格后记学分。达到一定的学分才能评某一级的职称。学分制本身没有问题,问题在于继续进修学校所有的课程都是必修课,没有选修课,只有强迫,没有选择。必选的课程由市人事局规定,所有企事业单位都必须学习,不分职业,不分学科。考试时间和方式也都统一,没有选择的余地。大多数教师反映,这些课程与他们的工作毫不相干,完全出于被迫,而且还要收费。

除了学习,教师的科研也成了他们生存的条件之一。"教师作为研究者"随着新课程的开展已经成为教育界的共识,时代对教师的角色提出了新的要求。然而,这个从欧美舶来的进口货,在原产地也只是对教师的号召和鼓励,在国内已经突飞猛进地上升到学校与教师生存的必需。评中级以上职称、各种骨干教师如学带、优青、特级和名师,科研成果都是必备条件之一。然而,由于大部分学校与教师的科研需自筹经费,且教师们普遍对科研缺乏认识,工作又忙,最后就演变成花钱发表文章了事。据教师们反映,不愁没有发表的渠道,有许多单位组织的论文比赛只要交钱就能得奖,起码也是三等奖。此外,由于这些论文集只是为了应急,所以发行量也不大,起不到传播的作用。

由于评职称存在名额问题,即竞争问题,教师们必须努力为自己争取更多的机会,积攒更多的资历,包括参加各种公开课的比赛、综合素质的比赛(如五项全能)、科研论文的比赛、各种荣誉称号、各种学会的会员、担任一定行政职务等等。所有这一切,让许多教师觉得,他们的专业发展是"为了生存的发展"。在现阶段教师收入仍然偏低,各种福利待遇不全,工资中的级与档又多的情况下,教师专业发展充满了功利的色彩。

除了被迫,教师的专业发展活动中还大量存在被动的情况。以某师范大学的教育硕士为例,教师们反映课程安排得很紧。四天课程,即两个周末一门课,第4天下午就考试,过一段时间还要交一篇论文。课从早上到晚,从早上8点半上到12点,中午休息一小时,下午1点又接着上,一直上到下午5点。有位教师反映,很辛苦,比上班还辛苦。这种教育模式不太好,没有吸收的过程。上课很少讨论发言,一天都安排得很满,有很多东西还没有搞清楚就考试了。教师继续进修学校出于成本的考虑,也基本上是百人以上的大班教学,只能采取讲授式的教学方法。常规的教研活动和骨干教师培训要好一点,上示范课的教师在课前或课后有说课,听课的教师会讨论、发言。但在某些地方的某些学科,教师们经常接不到教研活动的通知,只在考试前讲讲题型与重点。在学校里,校长们可以通过会议宣扬自己的教育思想;在院校合作中,专家通过讲座与著作推销自己的教育理念。这种被迫与被动的教师专业发展剥夺了教师的专业权利,使他们失去了声音。

三、赋权予教师:教师领导的教师专业发展

从批判的角度看,教师领导目前有等级制、精英化与工具性的弊端,教师对自己的专业发展也缺乏自主与选择。整个教师专业发展呈

现出权力-强制取向。[2] Holmes 认为，大多数的专业发展活动是强加，服务于某项改革或组织的目的，可以看作是某种形式的控制。[3] 教师被动发展，而不是主动地发展。专业发展的内容不一定符合教师的专业需要，忽视教师既有的知识与经验，很少帮助教师在课堂上运用通用的理论。这种强加的从上至下的专业发展令教师产生疲惫、困惑和厌倦的感受，导致教师的失权（disempowered）。Lightfoot 指出，"赋权"可以理解为组织内的个人为了争取个人的选择、自主的空间和尽一己的责任而参与组织决策的机会。[4] 因此，赋权的专业发展就是要增加教师的个人选择、自主空间和参与设计的机会。

Clark 从教师思维的角度出发，指出研究证明，教师常常是积极的而不是消极的，是乐于学习而不是抵制变化的，是智慧有识而非无知短视的，是多元又独特而非千人一面的。[5] 教师专业发展应该首先问一个问题："我们做什么能使专业发展项目对专业的教师有用？"答案很简单——"我们必须把专业发展的责任交给教师自己"，这就是"自我主导的专业发展"。原因有三：一是我们必须承认教师的发展是自愿的——没人能强迫一个人学习、改变或成长。相比被迫参与某培训并无权决定时间、过程和目标，当成人能自己选择某一变化，并能控制该变化，他们从中得到的会更多。二是因为每一个教师都是独特的，不可能依靠中心行政发展一个适合所有的人的专业发展项目。为什么不让教师问问自己：我是谁？我需要什么？我如何得到帮助？三是最好的教师一直就是这样做的。

以教师领导的视角反思内地教师专业发展的现状，我们呼吁弱化教师继续教育中的精英取向，加强针对广大教师的、常规的教研活动。教师专业发展也要追求公平与效率的平衡。为了一切的教师才是为了一切的学生。解除一些教师身上的生存的枷锁，提供更多的选择、空间与支持，让教师能静下心来读一本书。比如，教师继续进修学校的强迫课程是否可以让教师在网上学习与考试，让教师能选择考试时间，通过即可，不收费。教科研的论文主要看质量，不必强求公开发表，否则产生一大批除了发表者自己，谁也不会买的劣质刊物。如果是为了交流，可以公布在学科网站上供人阅读、评论。行政部门在与大学合作办班时，不要规定学习的内容与评价方式，给大学多一点自主。这里我们只是提出一些建议，具体的做法可以再结合实际情况摸索。

教师专业发展是"人"的发展，赋权予教师的第一步就是要信任他们，给予他们空间与选择。[6][7]从教师领导的理论视角反思当下的教师专业发展，我们认为，只有赋权予教师，留给教师自主发展的空间并提供更多选择，才能促成教师获得持续而有效的发展。教师领导的专业发展应成为教师专业发展的原则之一。

参考文献

[1] 卢乃桂,陈峥.作为教师领导的教改策略[J].教育发展研究,2006,(9A):54-57.

[2] Richardson V, Placier P. Teacher Change[M]//Richardson V (Eds.). Handbook of Research on Teaching (4th Ed.) Washington D C: American Education Association, 2001:905-946.

[3] Holmes M. Bring about Change in Teachers: Rationistic Technology and Therapeutic Human Relation in the Subversion of Education [R]. Paper Presented to the International Conference on Teacher Development in Toronto, Ontario Institute for Studies in Education, 1989.

[4] Lightfoot S L. On Goodness of Schools: Themes of Empowerment [J]. Peabody Journal of Education, 1986, 63(3):9-28.

[5] Clark C M. Teachers as Designers in Self-directed Professional Development[M]//Hargreaves A, Fullan M(Eds.). Understanding Teacher Development. New York: Teachers' College Press, 1992.

[6] Connelly F M, Clandinin D J. Teachers as Curriculum Planners:

Narratives of Experience[M]. Columbia: Teachers College Press, 1988.

[7] 周淑卿.课程发展与教师专业[M].台北:高等教育文化事业有限公司,2004.

（原文载于《教师教育研究》2007 年第 4 期,第 1—5 页,作者为卢乃桂、陈峥）

第十三章
表现主义中的"教师领导"

教师在学校中担任领导这一现象并不新鲜,但被概念化为"教师领导"是在 20 世纪 80 年代以来英美教育改革中出现的。本文以英美教育改革中"教师领导"相关政策为例,将之置于"表现主义"教育改革的宏观脉络下,分析这一策略的思路,探讨其发挥的作用,运用权力的内外视角说明英美"教师领导"策略实为国家对全体教师实行规训活动的重要一环。

随着教育改革成为席卷全球的潮流,教师日益成为教育改革的关键。[1] 许多国家采取了针对教师的各项措施,以期顺利推进教育改革,提升教育质量。教师领导即是其中一项重要举措。在英国、美国,国家依据各类与教师相关的标准将教师分层,筛选出一部分优秀教师担当"领袖教师"(lead teacher),给予物质奖励,并使之承担课堂之外的部分领导责任,将此作为教育放权中"基于现场的管理"的一部分。在中国,通过骨干教师、优秀教师引领全体教师发展也是政策的一贯诉求。

教师领导往往被视为对教师赋权的回应,并期待通过"赋权"最终实现"增能"。然而它自身嵌植于整个教育改革之中,教育改革自身的逻辑和潜在的假设对教师领导的属性与操作具有重要影响。以下将从当前教育改革所具有的表现主义特征与逻辑入手,进而分析教师领导在这一背景中实际遵循的逻辑与发挥的功能,以期为中国相关政策与研究提供参考。

一、20世纪80年代后英美教育改革的特征:表现主义

在全球化和新自由主义思潮的影响下,20世纪80年代以来,美国、英国、澳大利亚、新西兰等世界主要国家的教育改革呈现出相似的发展趋势。[2][3]鲍尔认为这场世界性教育改革中的关键因素嵌入在市场、管理主义、表现主义三种政策技术中,这三种政策技术结合起来,使公共部门的组织和服务服从于私有的方式、文化和伦理,公共服务变得私有化、商品化。[4]由于表现主义涵盖了市场、管理主义的要素,本文侧重从表现主义的角度来分析这场改革。

(一)表现主义文化及其特征

利奥塔分析后现代社会中的知识合法化危机时,认为表现主义(performativity)是后现代社会不确定性的重要特征。[5]鲍尔以此为起点,将表现主义归纳为一种技术、文化和管制方式,运用评价、比较和展示作为刺激、控制和改变的手段,建立在(物质和符号)奖惩基础上。[6]简单地说,表现主义就是根据个体、组织的表现来判断其价值。

在教育领域,随着新自由主义思潮的泛滥,在英国、美国、澳大利亚等西方主要国家的教育改革中,表现主义渐成一种文化。许多学者探讨了表现主义文化对学校教育的影响,[7][8][9][10][11][12][13]他们的研究凸显了表现主义文化的几个特征。

其一,局限的教育质量观。以市场化、商品化为前设的表现主义将质量看作"投入和产出之间最大值",此时"表现最大化"成为表现主义的一个原则,[14]通过"以最小投入获得最大收益"的方式获得。由此可见,在表现主义中,"质量"与"成本—效益"本质上是相同的。[15]在质量审察中,表现主义追求的主要是经济与效率,质量被定义为手段的有效

性,而将目标的合理性考量排除在外。

其二,追求绝对客观的表现指标。指标本质上是一种信息,是一套等待解读的数据组合,离开具体情境的解读就没有任何意义。[16]然而表现主义却追求用绝对客观、不受时空影响的指标来衡量多元的教育质量,于是当一种结果无法被这种指标所衡量时,就被视而不见。[17]这导致对教育质量的理解越来越偏向可测量的结果,如学生学业成绩、教师培训的投入时间、金钱等,而侧重人文性、过程性、不容易测量其成果的教育则被边缘化。

其三,表现评价的权力分配。在表现主义文化中,个体和组织的价值都由对其表现的评判所决定,因此,谁掌控评判权这一问题至关重要。[18]在当前的教育改革中,一方面,国家往往垄断了各类标准的制定,主导了表现评价活动,并决定随之而来的奖惩,因而在权力关系中占据绝对的支配地位。另一方面,表现主义以建立自由市场、倡导充分竞争为目标,因此在表现主义文化中,表现评价的权力实则掌握在国家与市场两股力量的结合体中。

(二)表现主义教育改革的内在逻辑

在公共服务中,表现主义文化的发展是重振社会的新自由工程的内在组成部分,新自由主义力图将社会变为一个能够提供优质服务与产品的自由市场。因此,表现主义实则以市场化为起点。而要建立一个自由市场,一个必不可少的条件就是建立一套大众可接受的记账及换算单位,以作为市场信息流通及市场交易的基础,[19]这就是国家建立起的一整套教育质量度量标准。有了可供比较的统一的评价指标之后,再给予家长选择的自由,学校教育就成为自由市场中可供挑拣的商品。辅之以评比与奖惩,则实现了通过充分竞争而提升整体教育质量的政策期待。

以 20 世纪 80 年代后的英美教育改革为例。一方面,在新自由主义的思潮之中,市场机制被引入教育领域,相信充分竞争能够带来更高的效能、提升教育质量,因此"市场""选择""竞争"等成为改革的关键词。如美国在公立学校系统中引入私有化的办学手段,兴办特许学校、契约学校,实行学券制,允许跨区择校等;英国则通过《1988年教育法案》将经费和资源管理权移交给学校管理团体和学校员工,鼓励学校自治,同时实行开放入学,为家长提供多样化的选择机会等。另一方面,在国际竞争的驱动下,国家收紧了对教育教学内容的控制,表现为建立各类与教育教学有关的标准。例如英国自1988年开始推行国家课程,建立全国性统一考试;美国自1994年克林顿政府明确提出编定课程标准,"学习机会标准",建立"国家技能标准委员会",试图规范整个国家的教育教学行为;2001年,小布什政府的《不让一个孩子掉队》(*No Child Left Behind*,简称NCLB)教育改革法案规定,到2004年、2005年,美国公立中小学所有三到八年级学生都必须接受各州政府的阅读和数学统考。

松控和紧控两种不同方向的政策通过问责联系起来。通过督导,国家根据标准,如国家课程和统一考试,对各个学校进行表现评估,并公布排名,表现好的学校获得更多的资源,而表现较差的学校则面临惩罚。例如美国NCLB教育改革法案要求各学区要对每所学校的考试成绩提出报告,奖励成绩优秀的学校,惩罚绩效太低而又改善不力的学校,那些成绩不好的学校获得的经费将减少,进行员工调整,甚至面临关闭的后果。

总之,表现主义教育改革以市场化为起点,并以建立自由市场、促进竞争、提高质量为目的,而为达到这一目的,则将一切人与组织予以物化,评估其表现,并辅之以奖惩手段。可以看出,表现主义教育改革洋溢着浓重的工具主义理性。当表现评估从一种技术转而成为一种思维方式后,表现文化对人作为主体的异化就无处不在了。在这样的权力关系中,国家因为掌控着标准制定、主导表现评估、决定奖惩而处于绝对的支配地位。在这样的宏观脉络之下,"教师领导"究竟能否真正赋权于教师呢?

二、"赋权"或"规训":表现主义教育改革中的"教师领导"

作为 20 世纪 80 年代后英美教育改革中的重要策略,当"教师领导"被置于表现主义的宏观背景之下时,它所体现的领导愿景、领导主体以及领导实践中的专业文化无不被打上了鲜明的表现主义烙印。

(一)"教师领导"之愿景

在表现主义文化中,"领导"被异化为一种更具隐蔽性、更加自由化的控制手段,这首先表现在领导表现主义中的"教师领导"愿景的性质上。鲍尔将表现主义政策下的学校领导者和管理者称为"变化的技师""行为技师",因为他们的领导目标是在教师之间营造一种自我管制的态度和文化,同时又顺从于外部政策的指令,[20]使教师们满足于"做对事情"而非"做对的事情"。[21]

表现主义中的"教师领导"也遵循同样的逻辑。国家并不鼓励教师领导者根据自己的判断,出于专业和道德原因确定领导愿景,而是遵循外部政策对教师和教学进行的规定。墨菲发现已有的"教师领导"研究中,极少有"教师领导"自发生成领导愿景的情况,教师领导实践往往围绕外部赋予的目标开展。[22]然而改革赋予的领导愿景以追求学生学业成绩提高为唯一目标,这又是服务于国家在国际经济竞争中的需求,为此教师的教学被化约为简单的类别与数字。当教师领导的愿景更多出于政治性的考量,专业性就被排除在外,[23]此时的"教师领导"类似流水线上的生产管理,目的是保证流水线上其他的工人(教师)保持高效率生产(教学);教师领导者成为工头,他们被赋予的目标是示范并维持由外部定义的有效率的生产。

(二)"教师领导"之主体

虽然当今全球化的教育改革一再强调教师和教学的重要性,但在已有的文本中,对教师专业性的理解却未明确阐释。通过对整个教育改革关键因素的观察和分析,许多研究者都试图从当前教育改革逻辑中挖掘出隐藏的对教师专业性的理解。[24][25][26]他们的研究指向教师在当前改革中的个人主义、竞争性、实用主义、自利取向、自我管制、评判关系、外部定义等身份特征。

在个体层面,国家期待的教师能够"有效率、有责任心、自己承担绩效责任,服从外部政策命令、能够持续进行外部表现评核指标所定义的高质量的教学"。[27]通过表现管理的各种手段,教师只有接受他人对其工作的定义才能继续工作,教师的专业自主受到侵蚀,教师身份由标准导向、被外部定义。

同时,表现主义教育政策把教师看作追求私利的个体。表现管理鼓励教师计算自己在工作中的表现,为自己"增值",提高生产力,争取卓越。表现主义的话语系统实际将学校隐喻为企业,将教师隐喻为工人,将教学变成教师为了一己私利的表现计算,于是教师成为"企业化臣民",他们生活在"自我的企业"[28]中,成为"新自由主义的专业者"。[29]

在政策逻辑中,"教师领导"使部分教师获得了一定权力。然而,从表现主义的视角观之,整个教师群体都挣扎于满足外部政治性标准,而非专业与道德的要求。当整个教师群体都困于专业自主的丧失时,那些被政策所"赋权"的教师也并不会因为成为领导者而逃脱这一困境。在这个意义上,表现主义中的"教师领导"主体并未获得真正赋权。

(三)"教师领导"之教师文化

教师文化是教师之间及与其他同事之间的关系,包含了信念、价值、习惯和教师社群经年累月形成的处理问题的方式。[30]教师文化赋予了教师及其工作以意义、支持和身份,是教师生活和工作中最具有教育意义的一个方面,它为教师发展和教师教学提供了重要的环境。合作的教师文化能够使教师产生集体力量和自信,共同面对和解决变革带来的问题,促进教师专业发展和学校的整体发展。

表现主义教育改革极大冲击了教师之间的合作文化。表现主义的教育改革鼓励教师追求卓越、超越他人,建立在奖励优秀、惩罚落后的基础之上,这造成教师以竞争性个人关系为人际关系的基础。同时,在"基于现场的管理"中,由于资源的划拨与学校表现密切相关,学校校本管理成为学校对自我的管制及对雇员的规训,以保证学校能够在与其他学校的竞争中取得优势、获得更多资源。此时,个体教师的压力在于他们要努力表现,以使群体在表现主义的问责中经受考验,这时,教师之间真实的社会关系有可能被一种"评判关系"所取代,个体作为人的价值被削弱,价值仅仅在于其表现如何。此时,教师不再彼此关心,他们关心的是"表现",个体的表现、群体的表现和组织的表现。此时,教师伦理系统建立在制度化私利、实用、表现价值的基础上,基本取向不再是专业道德,而是企业化竞争。[31]

关于当前教育改革中学校层面"教师领导"的实证研究反映了教师领导者与其他教师之间这种紧张的关系。表现主义教育改革冲击了教师之间合作互信的文化,不利于整个教师群体内持续的交流与反馈,削弱了教师合作的能量,使教师专业自主难以获得适当的发展。[32]

(四)"教师领导"作为规训技术的实现途径与成因

当英美教育改革以市场化为隐喻时,学校成为企业,教育沦为商品生产,教学被分解为简单的指标和类别,教师被看作企业工人,教师实则沦为被规训的对象,在政策技术的操控下顺从外部政策的规定、进行着自我管制。英美教育改革中"教师领导"策略的两条实现途径恰恰体现了福柯所言的权力的规训技术。

福柯认为利用权力达到规训是通过简单的手段实现的:层级监视、规范化裁决以及它们在该权力特有的程序——检查——中的组合。[33]就表现文化中的"教师领导"而言,国家对教师进行资格认证和能力分层(考试);奖励在"考试"中被区分为优秀的教师,命名为领袖教师并给予物质激励,同时惩罚那些表现较差的教师(规范化裁决);最后通过领袖教师管理普通教师（层级监视）实现对全体教师的规训。

"基于现场的管理"策略是"教师领导"得以发挥的重要背景。然而，在一种竞争性的表现主义政策中，"基于现场的管理"自身并不能为学校带来"去管制"的自由，这一制度实则鼓励学校之间进行竞争（追求卓越，比其他学校优秀），为此，学校要规训自己和雇员，为学校的表现及相应获得的奖惩负责。[34]国家没有放弃控制，反而通过制定标准、表现评价、发布评价结果、进行奖惩等问责手段建立了新的控制形式。在这个背景中，"教师领导"表面上给予教师一定的决策权，但实际上，无论是教师领导者还是学校领导者甚至学校自身，都服从于国家另一种"更高级的自由化"[35]控制手段，成为被规训的对象。

从赋权的角度来看，表现主义教育改革中的"教师领导"策略之所以不能真正赋权于教师，源于教师的内在权力遭到破坏。维尔森和库利肯把"赋权"分为外部赋权和内部赋权。从权力的外部视角看，"赋权"是根据个体操控他人的能力来定义的，"赋权"造成行动者之间相互依存的关系；从权力的内部视角看，"赋权"是提升雇员完成工作相关任务的动机的过程，内部视角的权力涉及个体内在的需求，如自我实现、自我决定、能力感、个体效能感等。[36]简言之，外部赋权给予个体操控他人的权力，内部赋权给予个体内在的、来自自我的力量，相信权威来自内在，确信自己的思想和价值是有意义的，能够进行自我激励。真正具有赋权感的个体，理应既获得外部赋权，也获得内部赋权，因为单纯获得操控他人的权力，可能缺乏自我动机、知识和判断力，使外部获得的权力流于形式；同时，个体在一个外在权力受到压制的环境中，也很难充分获得并发展内在权力。

三、"教师领导"赋权与教师的出路何在

表现主义中的"教师领导"采取的赋权思路是一种基于角色、基于个体的赋权策略。对于那些在改革中被选择成为教师领导者的个体教师来说，这种策略并不能保证他们获得真正赋权。因为当整个结构依

然将表现评价的核心权力(制定标准、主导评价活动、决定奖惩)集中在国家手中,基于角色的个体赋权只能让他们获得部分行为层面上的权力,即外部权力。然而,个体行为往往为所属社群的文化所塑造,因此,当弥漫于整个学校和教育系统的是以竞争、个人主义、实用主义等为特征的表现主义文化时,它极有可能将部分教师获得的这一点仅有的行为层面上的赋权效果抵消殆尽,表现为心理层面缺乏效能感、动机、自信,即缺乏内部赋权。而对整个教师群体来说,则既没有获得外部赋权,也没有获得内部赋权。

因此,要通过"教师领导"实现对全体教师的赋权,就需要改变狭隘的基于角色的赋权策略。从赋权的内外视角来看,真正的赋权不只停留在行为层面,还应该激发心理层面的赋权感受,例如具有自我效能感、较高的工作满意度、工作热情和工作动机。[37]而心理层面的赋权感受离不开与他人关系的联结,从这个意义上说,赋权应该是一个关系过程。[38]要实现内部赋权,需要从建设关爱、合作的教师社群入手,使教师能够在所属群体中获得面对问题、面对改变的知识、能力和勇气,这样整个教师群体获得真正赋权才有望成为现实。

参考文献

[1] Lieberman A, Mace D H. Teacher Learning: The Key to Educational Reform[J]. Journal of Teacher Education, 2008, 59(3): 226-234.

[2] Brown P. The "Third Wave": Education and the Ideology of Parentocracy[J]. British Journal of Sociology of Education, 1990, 11(1): 65-86.

[3][6][8] Ball S J. Performativities and Fabrications in the Education Economy [M]//Gleeson D, Husbands C. The Performing School: Managing Teaching and Learning in a Performance Culture. London & New York: Routledge Falmer,

2001.210 - 226.

[4][9][20][26][29][31][34] Ball S J. The Teacher's Soul and the Terrors of Performativity[J]. Journal of Education Policy, 2003, 18(2):215 - 228.

[5][7][14][18] Lyotard J-F. The Postmodern Condition: A Report on Knowledge[M]. Theory and History of Literature, 10. Manchester: Manchester University Press, 1984.

[10][24][27] Sachs J. The Activist Teaching Professional[M]. Buckingham: Open University Press, 2003.

[11][25] Day C. School Reform and Transitions in Teacher Professionalism and Identity[J]. International Journal of Educational Research, 2002,37(8):677 - 692.

[12][37] Day C, Stobart G, Sammons P, et al. Variations in the Work and Lives of Teachers: Relative and Relational Effectiveness [J]. Teachers and Teaching: Theory and Practice, 2006, 12(2): 169 - 192.

[13][15][17] Elliot J. Characteristics of Performative Cultures: Their Central Paradoxes and Limitations as Resources for Educational Reform[M]//Gleeson D, Husbands C. The Performing School: Managing Teaching and Learning in a Performance Culture. London, & New York: Routledge — Falmer, 2001:192 - 209.

[16] Rutkowski D. Towards an Understanding of Educational Indicators [J]. Policy Futures in Education, 2008, 6(4):470 - 481

[19] 曾荣光.《教统会第七号报告书》的深层意义:市场效率的膜拜[M].香港:香港教育研究所,1997.

[21] Agyris C, Schön. Organizational Learning: A Theory of Action Perspective[M]. Reading, MA: Addison-Wesley, 1978.

[22] Murphy J F. Connecting Teacher Leadership and School Improvement

[M]. Thousand Oaks CA: Corwin Press, 2005.

[23] Hargreaves A, Fink D. Distributed Leadership: Democracy or Delivery? [M]//Leithwood K, Harris A. Distributed Leadership: Different Perspectives, 2009:181-193.

[28] Rose N S. Governing the Soul: The Shaping of the Privateself [M]. London: Routledge, 1989.

[30] Hargreaves A. Changing Teachers, Changing Times: Teachers' Work and Culture in the Postmodern Age [M]. London: Cassell, 1994.

[32] York-Barr J, Duke K. What Do We Know About Teacher Leadership? Findings from Two Decades of Scholarship [J]. Review of Educational Research, 2004, 74(3):255-316.

[33] Foucault M. Discipline and Punish: the Birth of the Prison[M]. New York: Vintage Books, 1977.

[35] Rose N. Governing Advanced Liberal Democracies[M]//Barry A, Osborne T, Rose N. Foucault and Political Reason: Liberalism, Neo-liberalism and Rationalities of Government. London: UCL Press, 1996:37-64.

[36] Wilson S M, Coolican M J. How High and Low Self-empowered Teachers Work with Colleagues and School Principals [J]. Journal of Educational Thought, 1996, 30(2):99-117.

[38] Surrey J L. Relationship and Empowerment[M]//Jordan J V, Kaplan A G, Baker Miller J, et al. Women's Growth in Connection: Writings from the Stone Center. New York: The Guilford Press, 1991:162-180.

(原文载于《教育发展研究》2012年第12期,第48—52页,作者为卢乃桂、曾艳)

第十四章
跨边界能量再生与扩散:跨校专业学习共同体中的教育能动者①

流动教师的能动性影响到区域教育协同发展,成为教师轮岗交流政策实施的关键。本研究从文化生态视角剖析教师能动性,诠释由骨干教师担任的领导教师在教育集团内跨校流动中的能量发挥。研究所见,政策导向流动与教师自身利益诉求相一致,可激发教师流动意愿。组织结构的支持降低了流动教师的跨边界焦虑,促使其扎根于流入校实践场域。领导教师基于整体规划路径和过往实践凝聚、发挥及扩散能量,引导群体决策和行动,实现边界跨越提升。

教师轮岗交流作为国家推动义务教育均衡发展的重要政策,引起社会各界的广泛关注。教师轮岗交流旨在优化教师资源配置,促进乡村和薄弱学校发展。自 2014 年教育部、财政部、人力资源和社会保障部联合出台《关于推进县(区)域内义务教育学校校长教师交流轮岗的意见》以来,各地相继出台相关配套政策并开展改革试点,逐步形成县(区)域内教师交流制度化、常态化的局面。政策性的教师轮岗流动弥补了长期以来教师自发流动的不足,将教师由固化的"单位人"转变为流动的"系统人"。

---

① 本文系江苏省高校哲学社会科学研究一般项目"区域性教育共同体的运行机制研究"(2016SJB880010)和教育部人文社会科学重点研究基地项目"城乡教育一体化建设脉络下校长和教师流动途径、机制和成效研究"(14JJD880001)的阶段性成果。本文研究及写作期间受香港教育大学和北京师范大学联合设立的"教师研究与发展项目"资助与支持。

流动教师在流入学校如何发挥能动作用成为决定教师轮岗交流政策实施成效的关键。流动教师被视为突破组织边界的能动者,将积累的教育能量带到薄弱学校和农村学校中发挥乃至在整个教育系统内扩散开来。[1]然而,流动教师在流入学校课程改革中的能动作用常被视为理想状况,其所处的特殊工作情境未被纳入考虑范围。[2]政策制定者和教育管理者对流动教师提出期望和要求的同时,却并未提供充足的指引和支持。多地出现轮岗交流教师诉求被忽视的状况:交流教师参与意愿被忽视,对被动交流持有抵触情绪;配套设施不足,轮岗交流给教师工作生活带来不便;轮岗交流教师的身份被区别对待,在流入学校中缺少归属感。因此流动教师如何扎根于流入学校并发挥能动作用,有待进一步探索。

鉴于此,本研究从文化生态视角切入,致力于探讨跨校专业学习共同体中流动教师对自身能动角色的理解,分析流动教师跨越学校组织边界后能动作用的发挥与扩散,并讨论学校场域对流动教师能动作用的影响。

一、跨校专业学习共同体中的教师能动作用

跨校专业学习共同体可促进区域教育质量和教育公平,化解学校教师工作普遍存在的同质化问题,受到研究者的关注。跨校专业学习共同体作为专业学习共同体的拓展形态,是指不同学校的教师跨越组织边界,持续合作分享教学实践,积极反思,批判性地探讨不同的看法,促进教师发展和学生学习。[3][4]跨校专业学习共同体有助于突破组织边界的限制,将区域内教师群体整合起来,拓展教师学习视野。

共同体成员在不同场景之间建立联结,实现跨边界自由转换和沟通,成为构建跨校专业学习共同体的关键。边界(boundary)可视为社会文化差异导致行动和沟通的中断。[5]中断具有多种发展导向,可能引发进一步断裂甚至对立,也可能因非延续激发创新和新的发展。边界

跨越（boundary crossing）意味着个体在不同的场所之间进行转换和沟通。[6]跨校专业学习共同体中，边界跨越者（boundary crosser）从属于多个不同的学习共同体，拥有多重身份，参与到不同的工作环境中，发挥能动作用以改进教学实践及应对挑战性工作环境。在边界跨越过程中，教师走出"舒适区域"，与其他学校的教师共同组建网状交流系统，围绕共同关心的实践展开讨论，以实现知识在区域乃至更大范围的迁移和流动，进而促进学校改进和教育革新。

流动教师在边界跨越过程中如何发挥能动作用，实现能量再生与扩散，成为研究者争论的焦点。在早期研究中，能动性常被视为内在于个体能力和属性，定位为超脱于所处环境的独立变量。研究者试图通过量化工具来测量教师能动性的水准。[7]随着研究的深入，研究者逐步发现，能动性并非客观的独立存在，而是体现于能动者为一己的境遇做出选择而付诸行动，并受到社会阶层、性别、经济状况、职业条件等社会经济结构因素的影响。在此论断基础上，吉登斯（Giddens）提出结构化理论（structuration theory），为教师能动性的学术讨论和发展奠定了基础。结构化理论致力于探讨结构与能动性的关系，关注社会-经济结构对个体行为的影响，以及在社会结构中个体能动作用发挥的程度。[8]行动者的能动性受到结构影响的同时也会对结构加以改造。从结构化理论来看，教师在边界跨越中能动性的发挥主要依赖于主动性、行动能力和权力。主动性意味着教师跨越边界是一种有意识的理性行动，而不仅仅是回应外部需求。行动能力是指教师在跨越边界中遇到不确定状况时有能力采取相应的行动。权力则意味着教师能够对事件的进展施以影响。

结构化理论赋予教师能动性以动态机制，将能动性视为教师在实践场域中的能动作用，强调个体在实践中的能动作用为组织改变的必要条件。然而，结构化理论缺少时间维度，难以覆盖教师学习和工作历程的发展。教师能动作用的实践现象及在具体的情境中如何实现成为结构化理论难以解释的空缺。

为此，部分研究者从文化生态视角（ecological perspective）切入，关注行动者在实践情境中的能动作用,并给出操作化定义:专业人员共同开展专业实践,基于工作和专业身份发挥影响力、做出判断并表明立场。[9]文化生态视角强调教师在工作环境中采取积极行动,而不是简单地顺应工作环境要求。换言之,多种因素共同塑造了独特的工作环境进而影响教师个体实践行动。[10]教师能动作用投射为教师在以时间为主轴的活动情境中的行动质量。艾莫白(Emirbayer)和米歇(Mische)进一步将时间轨迹引入教师能动作用的概念体系中,将教师能动性具体化为规划维度(projective dimension)、重现维度(iterational dimension)和实践-评价维度(practical-evaluative dimension)的动态交互作用,为教师能动作用的研究提供了分析框架。[11]规划维度是指教师制定未来发展规划,寻找可行性路径,确立对行动的导向。重现维度是指教师基于过去的成就、理解和行动模式,有选择地激活过往的理念和行动资源。在规划未来路径和选择性吸纳过去资源的基础上,实践-评价维度中教师与当前工作情境建立联结,对当前行动情境中的文化、结构和资源加以整合,展开积极的行动。教师在三个维度的动态互动中发挥能动作用。这三个维度的作用强度及交互方式因情境而异,进而影响到教师工作实践路向。艾莫白和米歇的分析框架不仅意味着教师工作历程的拓展,而且有助于分析教师在不同的结构性行动情境中呈现出的差异及所做的转换。这一视角有助于理解个体教师在特定情境中如何发挥能动作用,促成同伴甚至学校生态的转变。

二、跨校专业学习共同体的实践路径:基于教育集团的探索

随着教师轮岗交流政策的实施,全国各地基于地方独特的教育资源布局状况,组建跨校专业学习共同体,推动教育资源的优化配置。基于跨校专业学习共同体的理念,各地在实践中逐渐摸索出集团化办学、定期交流、跨校竞聘、学区一体化管理、学校联盟、名校办分校、乡镇中

心学校教师走教等多种不同的教师交流方式。集团化办学成为东部发达地区学校系统组建跨校专业学习共同体的重要举措,旨在增强优质教育资源的辐射力,推进教育资源优质均衡发展。[12]地方教育行政部门积极开展教育资源布局调整,通过集团化办学整合区域内不同层次的教育资源,组建教育集团,以重塑教育系统生态。集团化办学通常是在教育行政部门的干预下,一所品牌学校和若干所学校组建教育发展共同体,开展统一管理,实现教学理念、师资、优质教育资源的共享,通过品牌学校辐射带动共同体的提升。

响应教师轮岗交流政策,个案学校所在的江苏省N市自2010年起率先启动义务教育优质均衡改革发展示范区建设,开展教育资源布局规划调整。不同类型学校均面临着一定的发展需求,故而在教育局的统筹规划下开展教育资源布局调整,基于跨校专业学习共同体的实践路径组建名校教育集团,提升优质教育资源覆盖率。为了促进新建学校快速提升,缩短建设周期,教育行政部门将新建的分校纳入名校教育集团中。教育集团实行统一管理,派遣骨干教师进入分校承担领导职责,以带动分校生态转变。

本研究从N市选取典型的教育集团作为研究对象,着重探讨骨干教师进入教育集团分校后如何发挥领导者的能动作用,实现跨界提升。个案教育集团由C中心校、K1分校和K2分校这三所学校在区教育局的推动下组建。K1分校和K2分校均属于新成立学校,建校时间分别为5年和2年,由发展相对比较完善的C中心校代管。教育集团设立跨校校长联席会议,定期召集各校领导协同部署工作。教育集团内各学校统一操作规则,按照相对统一的进度开展教学,并通过集团内公开课和青年教师研讨会促进校际交流。C校向集团内K1分校和K2分校输入领导者和一定比例的学科骨干,发挥教育能动者的影响力。

三、文化生态视角下流动教师跨边界能量生成与扩散

跨校专业学习共同体中流动教师发挥能动作用,实现跨边界能量生

成与扩散,成为教师跨边界流动的关键,进而影响跨校专业学习共同体的整体效能。本个案研究中,教育集团成为跨校专业学习共同体的一种独特的本土形态,在教师轮岗交流政策背景下应运而生。本研究主要从文化生态视角出发探讨教育集团内领导教师的能量生成与扩散。

教育集团内中心校的部分骨干教师被任命为领导教师,流动到分校担任中层领导,承担领导职责。教育集团希冀通过此举发挥领导教师的能动作用,带动跨校专业学习共同体的整体发展。教师流动不仅涉及工作地理环境的转变,而且意味着教师能量在新的实践场域沉淀并在共同体层面扩散。领导教师在规划未来路径和吸取实践积淀的基础上,对当前的实践情境中文化、结构和资源加以整合,发挥其专业能量。

（一）规划维度:政策导向下顺应流动

教育集团按自上而下的方式构建中心化的沟通网络,将学校聚合为相互关联的网络状共同体。教育集团内学校通过校长联席会议集中讨论各个学校教师队伍配置与建设情况,依照差异性需求开展教师流动的整体调控。鉴于K1分校和K2分校的教师队伍以新任教师为主,在专业领导方面存在较大缺口,故经集团校长联席会议决定,由C校输出一定量的骨干教师前往担任领导,以带动分校的发展。中心化的沟通网络为校际对话提供了共同协商的渠道,使得各个学校可以根据中长期发展规划提出教师流动诉求,并在集团内部相互协调。

中心校骨干教师流动主要在教师轮岗交流政策导向和教育集团发展逻辑下采取行动。在教师轮岗交流政策层面,教育集团教师流动遵从省教育厅关于教师轮岗交流的政策要求。按照江苏省关于教师轮岗交流的政策要求,学校教师需按照每年不低于专任教师总数的15%、骨干教师按照不低于总数的15%进行交流。在教育集团发展层面,集团的总体发展有赖于教师资源在跨校层面优化配置,以维持教师队伍年龄、职称结构总体平衡。[13]骨干教师流入分校,有助于改善分校资深教师不足的状况，优化教师队伍配置，为分校发展注入动力，进而提升教育集团整体教育质量。基于以上两点，教育集团在确定流动教师人选时虽然也会征求教师意愿，但主要由教育集团领导层统筹决策确定。教育集团领导层将领导能力和教学专业能力作为主要参考指标，以期通过骨干教师的能量发挥，带动分校整体发展和师资队伍建设。

领导教师虽为被动流动，然而流动并不与自身利益诉求相悖。首先，教育集团内教师流动可以满足教师职称荣誉评定的需要。为激励教师跨校流动，市教育局将申报特级教师、市学科带头人等荣誉称号与教师轮岗交流相关联，要求申请者有"在薄弱学校或非热点学校"的交流经历。教师到分校轮岗交流等同于"非热点学校"交流经历，可协助集团内潜在的荣誉称号人选满足此条件要求。同时，流动至分校也意味着获得更大的影响力。骨干教师在中心校的身份是具有一定教学经验的普通教师，按照既定规程工作，影响力相对有限。进入分校后，通常以学校领导或中层领导的身份出现，在学校管理、教学、资源分配等方面获得一定的行政权力，可以将能量扩散到群体、学校乃至跨校共同体层面，"在中心校可能只是普通老师，要服从学校的安排，到那边（分校）可以按照自己的设想去实施，发挥的余地更大"。另外，在分校青年教师眼中，流入的领导教师拥有丰富的教学经验和广阔的专业视野，具有更大的专业权威，可以在专业领域发挥辐射引领作用。K2分校内一位新任教师表示，"我们学校老师缺少经验，希望（中心校）这边的老师尤其是那些有经验的老师过来，带带这些年轻老师，把学科带起来"。

由上可知，教师轮岗交流政策下个案教育集团中领导教师流动主要遵循工具性和政策导向取向，定位为满足教育政策需要、集团整体发展和教师职称评定这三个层面的需求。教育集团致力于在宏观教育政策、中观教育组织和微观教师个体需求间挖掘内在一致性，通过统筹规划全局的行动方案满足各方的利益诉求。校长联席会议作为教育集团中跨校沟通机制，为各方需求的提出和协商提供了组织结构保障。基于内在需求一致性，校长联席会议针对校际差异性需求确立教师流动机制,统筹安排少量领导教师从中心校向分校开展下位流动。统筹安排下的领导教师流动有助于缓解新建校短期内优质师资匮乏的问题,平衡集团内师资配置,并可避免优质教师资源过度稀释引发的"抽血效应"。参与流动的领导教师虽为被动流动,然而流动与自身利益诉求相一致,故可激发教师流动意愿。

(二)重现维度:场域断裂与重连

领导教师从中心校流入分校之后,所面临的不仅是工作环境的变更,更重要的是重新梳理工作转变形成的剖面,将剖面断点整合到新的工作情境中,与新的工作建立联结,以促成教学工作的平稳过渡。

教育集团设置过渡期,以制度化的形式支持教师完成工作交接。领导教师流入分校后,被委以新的教学任务和行政工作。而继任教师对工作的胜任情况依赖于对学生知识基础、学习习惯、发展情况的了解。对此,教育集团为流动岗位设置三个月的过渡期,引导即将流动的教师与继任教师进行工作交接,以缩短教师流动引发的"真空期",消解教师流动引发的师生相互适应问题,维持正常的教学秩序。

同时,教育集团为流动教师提供物质条件支持,促进其工作生活的再适应。相关研究中,工作生活环境的再适应是流动教师关注的重要的保健因素(hygiene factor)。工作环境的变动影响到教师生活习惯、交通及家庭,导致教师在新的工作环境中适应困难。本个案中,教育集团通过打通人事关系,解决交通周转和住房需求问题,降低教师交流对工作生活的冲击,消除教师后顾之忧。教育集团内三所学校属于同一学区,教师人事关系属于同一学校系统,工资待遇亦按照同一标准执行。对此,K2分校的一位英语教师表示:"说起来是中心校和分校,但是感觉并没有什么太大的区别。"故而当教师在集团内流动时,薪酬待遇并未受到影响,其人事关系和日常管理亦无须调整,从而降低了流动门槛。同时,三所学校地理位置相对较近,集团内流动对于日常工作生活影响有限。即便部分教师提出住房需求,教育集团可以为其提供周转住房，消除教师的顾虑。访谈资料显示，一位有4年教龄的语文教师得知自己被选为流动对象时，表现得非常泰然："我是服从学校的安排过来的，我个人认为都一样吧，所以就过来了，没有想太多。"

由上可知，跨校专业学习共同体中教师工作地点的转变引发场域断裂，能否实现场域重连成为流动教师跨越边界过程中身份转型的关键。工作环境变动造成教师工作和生活的实践断面，给流动教师工作带来一定的冲击，引发困扰和忧虑。将实践断面与新的工作场域建立关联，有助于消除教师对流动的顾虑，降低政策性流动引发的不适感。为此，教育集团通过设置过渡期、提供物质条件支持等方式，为流动教师提供组织结构支持，给予教师身份转换的专业空间，促进流动教师妥善处理实践断面，并将自己的工作与新的工作场域相衔接。同时，教育集团按照统一管理模式运作人事关系和薪酬体系，将教师身份从过往封闭的"学校人"重新定位为教育集团内可自由流动的"系统人"。教师在集团内的流动受到规范合法性支持，消除了流动教师因工作地点转换引发的身份困扰，提升了教师在集团内流动的意愿。

（三）实践-评价维度：跨边界能量生成及扩散

领导教师从自身专业素养出发，将未来规划路径和所积累的工作经验整合到当前的工作实践中，应对边界跨越带来的挑战，以胜任新的工作要求，并在具有挑战性的领域挖掘更大的发展机会。

首先，领导教师将所积累的工作经验迁移到分校实践中，为学校教师提供专业引领。领导教师针对分校当前工作零散、碎片化的状况，反思回顾过去积累的经验，为新教师提供指引，发展常态化的工作机制。K1分校和K2分校内教师多为新任教师，对工作缺少整体布局意识，日常工作开展常缺乏明晰脉络。K1分校教科研主任指出："新老师刚来的话还不太清楚工作怎么做，早上、中午、晚上这些时间怎么合理安排"。为此，维持日常教学工作的正常运行成了领导教师的重要工作职责。领导教师依据其在中心校工作的经历，整理出行动时间表，为新任教师提供参考。

其次，领导教师依据专业理解和理念，为教师群体提供宽松的支持性制度框架。分校在学校制度建设方面尚存在一定的可操作空间，分校领导教师可按照自身对专业的理解加以架构。在 K2 分校分管教学的副校长看来，教师工作主要受到专业操守和责任感的指引，在内在动力驱动之下进行，过多的制度约束并不利于其开展工作，"老师的工作本身真的就是一个良心活，没有那么丰厚的报酬，也不需要用那么严苛的制度把老师们框起来"。为此，领导教师更倾向于为教师提供宽松性的制度框架，鼓励教师开展实践创新。当工作中出现问题时，领导教师更愿意选择采取对话方式来协商，"我们大多数老师很积极主动地在做，出现问题的话可以去弹性地交流，没必要那么严，用制度来压人"。分校在教师工作方面的宽松制度也影响到整个教育集团的文化生态环境，教育集团一改过去"大一统"的教学取向，对于不同的教学方法持宽松态度。对此，C 中心校校长表示："只要有利于学生课堂上掌握知识，有利于学生兴趣发展，基本上都不会阻止，不会把老师们的想法给否定掉的。"

再次，借助积累的社会资本带动学科发展。学校发展依赖于其所处的社会资本网络，对于新建学校而言尤甚。领导教师进入分校之后，积极建立并发展社会资本，与高校、教育行政部门、教育机构和周边学校发展合作关系。K1 和 K2 两所分校因领导教师所拥有的社会资本在学科发展方面出现了迥异的趋向。K1 分校输入的两位数学学科领导教师，与校外学者和专家有着广泛的联系，并与国内某知名互联网学习平台有合作关系。凭借领导教师所积累的社会资本，K1 分校教师获得更多的校外学习机会，数学学科在短时间内获得快速发展。K1 分校内一位数学教师对此深有感触："有专门的领导在，学校会侧重于数学，有专家引领，很多活动也会放在我们这边，很快就把学科带起来了。"与 K1 分校相异，K2 分校目前在数学学科尚没有专门的领导教师，整体处于相对松散无序的状态，学科层面的群体能量较为欠缺。为此，K2 分校一位数学老师感叹道："没有一个带头的人可以带动整个学校，老师们只是关注自己的事、自己所教班级的成绩这些细小的方面。"

领导教师基于整体规划路径和过往实践在当前情境下凝聚、发挥及扩散能量,以专业资本塑造领导力,进而促进学校乃至教育共同体的发展。[14]然而,领导教师能动性的发挥也受制于主动性、行动能力和工作压力等因素。第一,学科领域差异影响到领导教师行动能力范围。领导教师隶属于某一学科,而在学校管理特别是教学管理中,常需涉足其他学科的知识领域。学科领域差异导致部分领导教师在开展教研管理工作时往往停留在表面,难以深入了解其原委,行动受到一定阻碍。第二,管理经验的不足致使部分领导教师影响力有限。本个案中部分领导教师由于从事学校管理工作的经验不足,当独自面临新的陌生情境时,感觉工作开展无从下手。新转入K2分校的教务主任对于工作开展心存顾虑,"我刚接手教导教务工作,很多杂事琐事,以前没处理过,没什么经验,很多事情一头雾水"。第三,工作压力激增给领导教师的主动性带来一定的负面影响。分校管理体制和机制尚不健全,许多问题有待解决。在学校管理事务繁杂的情况下,领导教师自身的教学和科研的工作量仍需要按照规定完成。多重工作任务之下,领导教师的生活世界受到挤压,在忙碌中主动性逐渐受到磨损。

由上述分析可知,跨校专业学习共同体中,流动教师基于所积累的经验,对当前所处情境中的资源和结构进行重构,进而影响同伴的工作方式和学校文化,促进能量再生和扩散。教育集团中领导教师有选择性地汲取过往的工作经验和阅历,针对当前场域做出一定的调整和转换,实现基于场域的能量再生。同时,跨校专业学习共同体赋予领导教师发挥能量的空间和机会,领导教师将视野拓展至同伴、学科、学校乃至整个教育集团的发展上,将实践行动整合到流入学校中,实现经验在更大范围内的迁移与扩散,促成能量跃迁。然而,流动教师能动作用的发挥亦受制于实践场域情境因素,其主动性和行动能力受到一定影响,并在实践行动中逐渐损耗。为此,在实践中如何通过鉴别并消除结构性障碍,从而保持并提升教师能动性尚有待进一步探讨。

四、结　语

能量再生与扩散关系到流动教师在流入学校的工作成效，成为教师轮岗交流政策实施的关键。当前研究主要关注教师流动意愿和态度，探讨如何激励教师参与轮岗交流，扩大教师流动比例。少有研究关注流动教师经历组织跨界后的工作生活状况及实践行动。研究者和学校管理者对流动教师能动作用关注不足进而影响到教师轮岗交流政策的实施成效。对流动教师跨边界能动作用的讨论有助于创设教师专业能量流动机制，进一步完善教师轮岗交流政策。

本研究从文化生态视角诠释教师能动性，将流动教师在地实践行动的分析置于时间轨迹之下，诠释领导教师在本土跨校专业学习共同体内部如何流动并发挥能动作用。研究所见，个案所在地的地方学校在教师轮岗交流政策指引下组建教育集团，发展出跨校专业学习共同体的地方独特形态。教育集团通过校际协商通道协调宏观教育政策、中观教育组织和微观教师个体需求这三方诉求，统筹安排少量骨干教师向下位流动，通过个体能量发挥辐射带动集团内薄弱学校的发展。政策性的顶层流动安排与流动教师自身利益诉求相一致，激发教师参与流动的意愿。教师跨界流动在短期内引发教师工作生活实践断层。教育集团通过设置缓冲期和提供指向性条件支持以缓解教师对流动的顾虑和不适，并通过统一管理模式运作人事关系和薪酬体系使得教师认同从"学校人"到流动的"系统人"这一身份转变，推动教师与新的工作场域建立实践连接。流动教师在新的工作环境重新凝聚整合过往资源，依据整体规划路径积极建构实践的意义，从而再生并扩散能量，促进教育集团生态转变。

教师能动性为流动教师跨越组织边界发挥领导作用提供了可能的渠道，并为教师流动政策实施成效的提升明确了指向。本个案中出现的教师能动性受到限制的状况可以从以下四个方面入手改进。第一，将流入校和流出校视为有机连接的学习共同体，在协同创生愿景下发展校际沟通机制,明确各方对教师能量的诉求,有针对性地统筹规划教师流动,激发教师主动跨界迁移并发挥能量。第二,关注流动教师工作生活诉求,完善配套措施和支持性条件,提升流动教师对跨界流动的认同感,促使流动教师顺利完成场域迁移、扎根实践并主动发挥专业影响力。第三,建立学科间的沟通渠道,推动学科整合融通和学科间的相互理解,通过多元主题集成促进多学科教师参与和联动,拓展领导教师的专业空间,提升其领导行动能力。第四,教师应正视其作为流动的"系统人"的角色,将自身专业发展与政策性流动相关联,主动在更大的教育系统内进行流动,在流动过程中实现能力提升。

需要说明的是,本研究旨在基于文化生态的视角建立分析框架,剖析流动教师在教育集团中能动性的发挥,推动跨校专业学习共同体中教师能量生成与扩散的理论建构,提升教师轮岗交流的实效。教师轮岗交流在国内广泛存在,然而受到社会文化情境的影响,其表现形态呈现出较大的差异。本研究通过目的性抽样所选取的教育集团个案仅为我国东部地区呈现的一种典型形态,并不具备一般性和推广性。后续可以借助本研究梳理的分析框架,从中国内地不同情境脉络下选取更多的个案来丰富教师轮岗交流的研究,并提高能量理论的适用性。

参考文献

[1] 叶菊艳.从"学校人"到"专业人":教师流动与教育变革实现的源动力[J].全球教育展望,2014,43(2):82-94.

[2] Leander K M, Osborne M D. Complex Positioning: Teachers as Agents of Curricular and Pedagogical Reform[J]. Journal of Curriculum Studies, 2008, 40(1):23-46.

[3] Harris A, Jones M. Professional Learning Communities and System Improvement[J]. Improving Schools, 2010, 13(2):172-181.

[4] 乔雪峰,黎万红.从特质视角到发展视角:专业学习社群的研究路

径[J].全球教育展望,2013,42(3):73-81.

[5] Akkerman S F, Bakker A. Boundary Crossing and Boundary Objects[J]. Review of Educational Research, 2011, 81(2): 132-169.

[6] Akkerman S, Bruining T. Multi-level Boundary Crossing in a Professional Development School Partnership[J]. Journal of the Learning Sciences, 2016, 25(2):1-45.

[7] 张娜,申继亮.小学教师专业发展能动性差异特点分析[J].教育研究与实验,2012,(3):72-76.

[8] Hitlin S, Elder G H. Time, Self and the Curiously Abstract Concept of Agency[J]. Sociological Theory, 2007, 25(2): 170-191.

[9] Eteläpelto A, et al. What is Agency? Conceptualizing Professional Agency at Work[J]. Educational Research Review, 2013, 10(4): 45-65.

[10] Biesta G, Tedder M. Agency and Learning in the Lifecourse: Towards an Ecological Perspective[J]. Studies in the Education of Adults, 2016, 39(2):132-149.

[11] Emirbayer M, Mische A. What is agency? [J] The American Journal of Sociology, 1998, 103(4):962-1023.

[12] 孟繁华,张蕾,佘勇.试论我国基础教育集团化办学的三大模式[J].教育研究,2016,37(10):40-45.

[13] 周钧.农村学校教师流动及流失问题研究现状与发展趋势[J].教师教育研究,2015,27(1):60-67.

[14] 叶菊艳,卢乃桂."能量理论"视域下校长教师轮岗交流政策实施的思考[J].教育研究,2016,37(1):55-62.

(原文载于《教育发展研究》2017年第24期,第1—7页,作者为乔雪峰、卢乃桂)

THE EDUCATIONAL
WAYFARERS

教师专业发展

第十五章
教师专业发展理论基础的探讨

教师专业发展是教育改革的重要议题。从认识论、理性和权力三个方面分析西方国家教师专业发展政策与实践的理论基础,哈贝马斯的知识与兴趣理论为理解教师专业发展提供了实证—分析、诠释和批判的三种视角,三种视角互相补充,各自展现着不同认知旨趣下思考问题的方式,并由此形成相异的政策与实践。全球竞争的社会情境对于教师的身份和角色都有影响。教育政策的改变导致教师专业发展呈现出标准化的趋势,建基于技术认知兴趣的策略尤为受到重视。标准化的改革剥夺了反思的时间,使教师不得不承担更多外来的责任和压力,顺从一些外在强加的要求,从而减少了教师的创造性和自主权。

20世纪中叶以来,随着全球政治、社会、经济与文化生活的急剧变化,社会对人才、教育质量以及教师的素质都提出了新的构想和要求。为了回应时代和社会的要求,教育事业也要不断改革。在诸多教育改革和学校变革的政策与实践中,教师的专业发展(professional development)是学校发展和教育改革成败的关键。[1]

教师专业发展在不同国家、地区有不同的形式和导向,研究者与实践者对此也有各自不同的看法。由于人们"缺乏(对教师专业发展的)共同理解……因而使之面临合法性的威胁,难以确立该研究领域的要素,也难以界定教师发展的过程";[2]教师专业发展研究的范围太宽泛,相关文献本身就存在问题,有些甚至是相互矛盾的,因此,有必要对该领域进行自我批判和理论建设。[3]本文尝试从认识论、理性和权力三个方面对西方国家教师专业发展政策与实践的理论基础进行初步分析,以期对该领域的发展有所助益。

一、教师专业发展的认识论基础

认识论(epistemology)一直是哲学中的重要研究问题,我们信奉和采用的认识论视角或范式会影响我们对问题的理解及行动。哈贝马斯关于知识与兴趣的论述为我们的分析提供了精辟的认识论基础。哈贝马斯认为,知识是人类活动的产物,而这些活动由自然需要和兴趣所驱使。人类知识根据三种认知兴趣而建构:技术认知兴趣(technical cognitive interest)、实践认知兴趣(practical interest)和解放认知兴趣(emancipatory cognitive interest)。这三类兴趣分别发展出实证—分析科学(empirical-analytical sciences)、历史—诠释科学(historical-hermeneutic sciences)和批判社会科学(critical social science)。[4]根据以上哈贝马斯知识建构兴趣的理论,下文将从三个方面对教师专业发展政策和实践的认识论基础进行分析。

(一)教师专业发展的实证—分析视角与技术—科技认知兴趣

哈贝马斯指出,人们用工具改造自然界时,形成技术认知兴趣,它指导人们用工具和技术规范的知识去处理和认识自然。其所涉及的对象领域是关于事物和事件的现象领域,关心对客观化过程进行技术处理,并引出实证—分析的科学,即自然科学。

在技术认知兴趣的驱使下,人们从自然科学的实证—分析视角看待教师及教学,认为借助于数学等工具,教学及教师发展是可观察、可分析的,存在与具体情境毫不相关的普遍理论。因此,教学和教师的发展被简化为可以独立测量的一系列变量。根据这种技术认知的兴趣,人们试图通过运用适当甚至不适当的技术和方式去实现某些既定标准,教学理论变为通过最有效的方式去获得预定结果。[5]不少国家颁布的各类教师标准即技术认知兴趣的产物。在英国,"以标准为导向"是包括教师专业发展在内的教育改革策略之一。[6]在美国,以标准为导向的策略、学校为本的策略和以发展为导向的三种策略共同支持和促进教师的学习和专业发展,但尤以标准导向的策略更受人们关注,其目的是为教师专业表现确立目标。[7]

尽管上述标准的制定在某些方面有利于改进教师实践,但这类改革的假设前提在于教学的改进来自既定期望和制定标准性的政策;这种通过制定教师标准而试图促进教师专业发展的推动力,将会对教学和教师教育产生更强的外部控制。[8]

(二)教师专业发展的诠释视角与实践认知兴趣

哈贝马斯认为,实践认知兴趣指导人们认识自身的交往活动。实践认知兴趣以语言为媒介,关涉人及其表现,关心人与人之间的可能的理解。它引导出历史—诠释的科学。该视角强调,人们在交往中对日常生活事件进行诠释;人类获得的经验意义、情境性知识和现实建基于主体之间的相互理解。

在实践认知兴趣指引下,人们关注的焦点逐渐从教师个体成长转向教师之间或与其他教育持份者之间的协作式发展。不少研究者以教师团队为分析单元探讨教师学习,认为建立在互惠基础上的有效同僚视导和伙伴协作有利于分享和建构教师专业知识。这类研究关注教师团体在探究和改进实践时的协作交往,以及建立和维持交往沟通的规范与信任感,[9]注重在开放的氛围中,教师和其他同事展开平等对话,透过彼此的分享,增进专业技能。而要提升教师的合作性专业发展,则可以经由创建学习社群的方式来达成。通过建构强有力的专业发展社群,学校能够为教师提供互相学习的机会,让教师在团队中以同事身份共同工作。另外,创建支持性的人际关系,形成共同的愿景和价值,以此为教师提供和谐的学习和发展情境等理念都受到人们关注。

(三) 教师专业发展的批判视角与解放认知兴趣

哈贝马斯提出的解放认知兴趣以自我解放为目的,与之相对应的是批判社会科学。这种批判视角旨在让个体通过反思认识自己及身处的情境,阐明限制实践活动的知识形式和社会情境,其功能在于理解价值、兴趣和行动之间的关系,并借此改变世界。[10]

在教育领域,行动研究被认为是促进教师发展的有效途径之一。行动研究采用"解放"(emancipatory)的视角改进实践,以解决现实中存在的扭曲、无内聚力、矛盾和不公正等问题。在共享的协作学习的社会过程中,人们能够改变自身实践以及对实践的理解,也能改变生活和工作的情境。[11]运用批判视角理解教师专业发展的意义和价值时,教师发展活动虽然也和教学与学习息息相关,但并不仅仅局限于教学的知识与能力,而是需要更深入地重新理解教育的意义与目的,关心教学过程中的种族、社会和政治脉络性。此种视角认为,教师专业发展需要考虑多个方面,而不应该只关注教学技巧。这需要透过引导教师自觉来发展其专业技能,培养批判意识以及健全的教育观。教师的角色绝不是工厂的技术工人,而是转型的知识分子。

哈贝马斯的知识与兴趣理论为我们理解教师专业发展提供了实证—分析、诠释和批判的视角。上述三种视角互相补充,各自展现不同认知旨趣下思考问题的方式,并由此形成相异的政策与实践。

二、教师专业发展的理性基础

理性(rationality)是指人们有意识地征服现实的心智过程,是合理从事思维和行动的能力。社会学家韦伯所论述的理性可以分为实践理性、理论理性、实质理性和形式理性,或者进一步归结为工具理性和实质理性两类。[12]为了摆脱韦伯工具理性的狭隘视域,哈贝马斯将主客体之间的对象性关系转向主体之间的沟通关系,由此提出交往行动和交往理性。他认为,理性问题首先和主体人的行动相联系,其意义在交往沟通过程中得到表现和实现。[13]

(一)教师专业发展的工具理性基础

工具理性是指选择有效的手段去达到既定的目标。[14]工具理性的基本特征是:合理地采用最有效的达到目的的手段和工具,同时也合理地权衡行为的目的。受工具理性支配,行动者在考虑选择方法和手段时,倾向于把他人或相关事物视为达到目的的条件或手段,根据实现目标的有效程度来选择相应的方式。工具理性是在技术、理性和逻辑的基础上形成的,它以自然科学的模式衡量知识,尤以定量化、形式化作为知识标准,把世界理解为工具,关心的是实用的目的。

当前,在美国教师教育领域中,工具理性或技术理性的主要表现形式包括:能力本位的教师教育、教师能力测验、课程开发与评价的系统管理方式、行为主义心理学,以及教师国家资格认证与各州颁发教师执照的许可要求等。[15]受工具理性驱使,教学工作被肢解为简单的组成部分,然后依此技术性的分析确立教师发展的各项活动,旨在使教师获得明确而可观察的教学技术,并用表现、效率和效能等技术标准衡量教师。[16]

教师发展的工具主义模式有其局限性。它试图在教师发展的情境之外来获取、复制和传播"优秀实践"的组成部件,以此更新教育过程。这只是迎合短期的需要,对具有反省能力的专业人员的发展无益,不利于教师在变动不居的情境中有智慧地行动。

(二)教师专业发展的交往理性基础

哈贝马斯提出的交往行动是指人与人之间透过语言理解和沟通,协调各自行动计划的过程,交往理性是交往行动的内在理性结构。哈贝马斯认为,人类可以透过理性沟通建立共识,在理想的言谈处境中,人们"自由地并且平等地参与了合作探索真理的过程,在这里除了有更好的论点所产生的说服力之外,每个人都没有受到任何力量的强迫"[17]。参与者之间不存在权力与权威的压力,从而能畅所欲言,拥有平等的机会发表各种言辞、做出各种行动。在此情境中,只有较佳的论据能够发挥其力量和作用,这样产生的共识便是真正的、合理的共识。

由于工具理性的一些弊端,教师专业发展的研究者和实践者愈来愈强调交往理性,关注个人在其生活和工作中的意义。因此,同僚指导、师徒制、批判朋友伙伴、行动研究、学习小组等都成为教师学习和专业发展的重要方式。除了以学校为本的教师专业发展,在中小学校、大学和其他团体之间建立伙伴协作关系,以及建立教师与学校之间的网络都是教师专业发展的重要实施策略。[18]以上教师专业发展的理念都体现了交往理性的影响,认为个体教师与教师社群联系起来,通过平等、互惠的有效协作,能够减少教师的封闭与保守。在此种教师发展过程中,互动网络与知识分享是教师专业发展的核心;对话与交流是关键,它发生在教师与同事、研究者、批判诤友或其他人之间。

三、教师专业发展的权力基础

福柯认为,在现代社会中,权力渗透于社会生活的各个方面。规训不仅在监狱里有,在公共教育领域和社会的诸多部门,如学校、医院、工厂、军队和政府机关里都有。权力是各种力量关系多形态的、流动性的场域。[19]他指出,权力问题的关键不在于谁掌握了权力,而在于权力如何发生及如何运作,并由此提出规训性权力。"它逐渐被普遍化,变成一种'纪律—机制',即以普遍化检视为基础,对整个社会构造进行组织,使其变成一种'纪律社会'。"[20]

史密斯等学者认为,国家机构等权力机制对教师和教师教育拥有重要权力。它通过制定课程、对教师进行监督与评核、管理服从与应允三种途径形成针对教师的控制集团。福柯提出的规训性权力不是通过暴力,而是通过层级监视、规范裁决和检查、考试等手段行使权力的惩罚,将个体局限于特定的行为方式之中。就像"全景敞视建筑"(panopticon)一样,社会管制正是让个体都暴露在"权力的眼睛"之下,教师也不例外。通过严格规定的课程、考试、评估和记录,教师也处于被监控之中。[21]由于权力是微观的、具体的,而且具有生产性,是人与人之间的力量关系,因此,教师也属于社会规训机制的一个环节。教师的主要职责是规训学生,同时,作为一名雇员,又受到上一级管理机构的监督,教师感受到的是无处不在的外来权力和控制。[22]

面对这样的权力情境,不少学者都提出各自不同的看法,以改进教师教育、促进教师专业发展。一方面,有学者提出要分享权力与权威,提高个体成员的自主性与选择程度,认为这些都是可能促进教师学习和发展的条件。[23]另一方面,也有学者从批判理论出发,倡导对教师赋权增能(empowerment),发展他们对情境批判和自我批判的理解,以重构实践和实践者,同时也重构实践的情境。[24]

四、全球化背景下的教师专业发展

从认识论、理性和权力三个方面对欧美等国教师专业发展政策与实践的理论基础所进行的阐述可以发现,现时西方国家的教师专业发展领域同时存在三种取向:第一种是国家等权力机构或者其他教育持份者采用自然科学的方法制定各种政策、标准和评估机制,强调公共问责;第二种强调协作、交流与理解,主张在平等、和谐的情境中促进教师发展;第三种则采纳批判理论的观点,强调对教师增能赋权、改善实践并最终使教师获得解放。以上三种视角互相补充,展现了不同认知旨趣下处理问题的不同方式,具有各自的目的和功能。

但是,从世界范围来看,欧洲国家及澳大利亚、新西兰、美国等国的教师教育改革反映了一种国际化趋同(convergence):都日益走向同

一、一致和服从。[25]因此,需要在全球化的背景中理解这种现象的出现。

21世纪,全球化正改变着世界。"全球化是全球社会关系的紧密结合,也就是当地的事件受到远方事件的影响,而远方事件的形成也受到当地事件的影响。此一过程使得地理、空间和时间因素对社会发展的限制降低,促使世界成为一个整体,并调整了以国家为基础的社会思考和行动,朝向国际与全球的观点前进。"[26]其影响面包含政治、经济和文化,教育领域不可避免地受到此种趋势的冲击,从而在不同层面有趋于一致化、同质化的倾向。

在全球化情境下,英国、美国、澳大利亚等国家纷纷进行公共部门改革,使得核数文化(audit culture)和问责(account ability)机制盛行,并对教师专业及其发展产生影响。究其实质,核数文化与问责机制建基于哈贝马斯提出的实证—分析的认识论基础。在此种机制中,人们的理念与实践首先被分解为一系列实证的、可观察的客观行为,即表现指标,并可以操作化地进行评量。此外,根据人们获得的标准化、普遍的单一尺度,所有表现被评估、考核、监察,最后得到奖励或惩罚,由此对客观化过程进行技术控制。

欧美国家对以标准为导向的教师专业发展策略尤为重视。在各类标准中,教师的知识、能力及发展也被分解为多项预先确定的数据,由此引发的一系列管理与评鉴系统皆由工具理性使然。透过自然科学的探究方法而建立起来的标准和指标,国家和政府就可以对教师及其发展的"客观过程"和表现进行"技术控制",以达到教师工作的效率和效能。教师因此而处于无处不在的规训性权力之中,国家等权力机构制定的严格的课程、考试、管理和监督与评价等方式使教师受到多种类型的监督和控制。

当前,教育日益扮演提升国家竞争力的角色,各国因此不断进行教育改革。由于教师专业发展的政策与实践植根于社会和教育系统的特定情境中,作为社会系统管理的两种基本机制,国家和市场两者都影响了教师专业发展的实施,从而给教师工作带来直接和间接影响。[27]例如,教师的工作强度增大,外界课程与监控加强,支持教师学习和发展的资源减少,教学专业的自主与来自政治和社群的监督产生矛盾,教师需要达到标准和问责的要求,等等。以上现象,事实上都是沿着技术认知兴趣、实证—分析视角和工具理性的逻辑而产生的。因此,需要深入剖析教师在教育改革中的角色和地位,以更具综合性的观点来理解教师专业性和教师专业发展。

五、结　语

在后现代社会,教育系统处于不断变化之中,改革成为一种持续的状况。全球竞争的社会情境对于教师的身份和角色都有影响。教育政策的改变导致教师专业发展呈现出标准化的发展趋势,建基于技术认知兴趣的策略尤为受到重视。以标准为导向的改革,把课程及教师专业发展简化为技术和理性过程,这使得学习和教学本应有的强有力的东西有所缺失。此外,标准化的改革亦剥夺了反思的时间,使教师不得不承担更多外来的责任和压力,顺从一些外在强加的要求,从而减少了教师的创造性和自主权。

面对这样的情境,我们需要重新思考:为了应对教育改革,教师需要怎样的专业发展;我们是否为了满足某些具体的目标,而只是重新组织教师的知识与技能,或者,需要一种更有效的方式支持教师发展。这不是一个简单的让工业过程更有效能的问题,而是关涉整个教学专业的文化变革。

长期以来,人们从不同的视角、根据不同的学科和理论背景来理解教师专业发展,使得该领域的研究范围较广,而且同时存在多种取向。纷繁复杂的政策、研究与实践使之"缺少理论基础和统一的焦点"[28]。因此,研究者需要努力阐明各种取向的概念基础,并了解这些差异的性质及其联系,以形成该领域的理论架构。[29]

参考文献

[1] Hargreaves A. Changing Teachers, Changing Times: Teachers' Work and Culture in the Postmodern Age[M]. London: Cassell, 1994; Day C. Developing Teachers: The Challenges of Lifelong Learning[M]. London: Falmer, 1999.

[2] Evans L. What Is It Teacher Development? [J]. Oxford Review of Education, 2002, 28(1): 123-137.

[3] Bolam R, McMahon A. Literature, Definition and Models: Towards a Conceptual Map [M]//Day C, Sachs J. (Eds.). International Handbook on the Continuing Professional Development of Teachers. Maidenhead: Open University Press, 2004: 33-64.

[4] Habermas J. Knowledge and Human Interests[M]. Boston: Beacon Press, 1971.

[5] Popkewitz T S. Paradigm and Ideology in Educational Research: The Social Functions of the Intellectual [M]. London and New York: The Falmer Press, 1984.

[6] Elliott J. Using Research to Improve Practice: The Notion of Evidence Based Practice [M]//Day C, Sachs J. (Eds.). International Handbook on the Continuing Professional Development of Teachers. Maidenhead: Open University Press, 2004: 264-290.

[7] Lieberman A, McLaughlin M. Professional Development in the United States: Policies and Practices[J]. Prospects, 2000, 30(2): 225-236.

[8] Little J W. Looking at Student Work in the United States: A Case of Competing Impulses in Professional Development[M]//Day C, Sachs J. (Eds.). International Handbook on the Continuing Professional Development of Teachers. Maidenhead:

Open University Press, 2004:94-118.

[9] Borko H. Professional Development and Teacher Learning: Mapping the Terrain[J]. Educational Researcher. 2004,33(8).

[10] Popkewitz T S. Paradigm and Ideology in Educational Research: The Social Functions of the Intellectual[M]. London and New York: The Falmer Press. 1984.

[11] Kemmis S, McTaggart R. Participatory Action Research[M]//Denzin N K, Lincoln Y S (Eds.). Strategies of Qualitative Inquiry (2nd ed.). Thousand Oaks, Calif.: Sage, 2003: 336-396.

[12] Foster W. A Critical Perspective on Administration and Organization in Education [M]//Sirotnik K A, Oakes J (Eds.). Critical Perspectives on the Organization and Improvement of Schooling. Boston: Kluwer. Nijhoff, 1986:95-129.

[13][14] Habermas J. The Theory of Communicative Action[M]. Boston: Beacon Press. 1984:1.

[15] Beyei L E, Zeichner K. Teacher education in Cultural Context: Beyond Reproduction[M]. Popkewitz T S (Ed.). Critical Studies in Teacher Education: Its Folklore, Theory and Practice. London: The Falmer Press, 1987:298-334.

[16] Van Mannen, M. Linking Ways of Knowing with Ways Being Practical[J]. Curriculum Inquiry, 1977,6(3):205-228.

[17] Habermas J. Moral Consciousness and Communicative Action [M]. Cambridge Mass: MIT Press. 1990.

[18] Day C, Sachs J. Professionalism, Performativity and Empowerment: Discourses in the Politics, Policies and Purposes of Continuing Professional Development [M]//C Day, Sachs J (Eds.). International Handbook on the Continuing Professional Development

of Teachers. Maidenhead: Open University Press, 2004:3-32.

[19] Foucault M. Discipline and Punish: The Birth of the Prison[M]. New York: Pantheon Books. 1977.

[20] 沃特斯.现代社会学理论[M].北京:华夏出版社,2000:247.

[21] Smyth J, Dow A, Hattam R, et al. Teachers' Work in a Glabalizating Economy[M]. London:The Palmer Press, 2005.

[22] Gore J M. On the Continuity of Power Relations in Pedagogy[J]. International Studies in Sociology of Education, 1995, (2): 165-188.

[23] Smylie M. Teacher Learning in the Workplace: Implications for School Reform [M]//Guskey T, Huberman M (Eds.). Professional Development in Education: New Paradigms and Practices. New York: Teachers College Press, 1995:92-113.

[24] Kemmis S. Exploring the Relevance of Critical Theory for Action Research: Emancipatory Action Research in the Footstep of Jurgen Habermas [M]//Reason P, Bradbury H (Eds.). Handbook of Action Research: Participatory Inquiry and Practice. London: Sage. 2001:91-102.

[25] Delandshere G, Petroskyb A. Political Rationales and Ideological Stances of the Standards Based Reform of Teacher Education in the US[J]. Teaching and Teacher Education, 2004, 20, (1): 1-15.

[26] Giddens A. Runaway World: How Globalisation is Reshaping Our Lives (2nd ed.)[M]. New York: Routledge, 2003.

[27] 卢乃桂,钟亚妮.国际视野中的教师专业发展[J].比较教育研究,2006(2):71-76.

[28] Fullan M. The Limits and the Potential of Professional Development [M]//Guskey T, Huberman M (Eds.). Professional Development in

Education: New Paradigms and Practices. New York: Teachers College Press, 1995:253-267.

[29] Bolam R, McMahon A. Literature, Definition and Models: Towards a Conceptual Map[M]//Day C, Sachs J (Eds.). International Handbook on the Continuing Professional Development of Teachers. Maidenhead: Open University Press, 2004:33-64.

（原文载于《教育研究》2007年第3期，第17—22页，作者为卢乃桂、钟亚妮）

第十六章
析教师专业发展理论之"专业"维度

目前,国内有关教师专业发展的探讨多集中于教师个体在教学知识、技能等层面的提高,而对于教学作为一专业的关注相对有限。这种倾向不仅对理论发展不利而且亦会在根本上限制实践的良性发展。本文透过特质模式、权力模式及历史发展模式三种理论,分析这一现状产生的原因及带来的问题,以申明教师专业发展之"专业"内涵的重要意义。

教学工作只是一个"准专业"或者是"半专业",这一观点似乎已成共识。不仅如此,此论断也可能变为最终确诊书,断定教学与专业的绝缘。于是,教学专业的议题被束之高阁,研究的注意力转向了教师专业发展的路向,而有关于教学专业化的理论则由于其过分关注诸如收入、社会地位等外在条件的改善而受到研究者和实践工作者的冷落。而事实上,教师专业发展并不能简约化为教师发展,丢了"专业"这一重要内涵的教师发展在理论上不完整,于实践更无益。本文将试图呈现目前国内有关教师专业发展研究中将教师专业发展与教师专业化相混淆的情况,进而澄清两者的概念及其理论联系,并力求在此基础上指出探讨教学之专业维度的重要意义。

一、教师专业发展研究的两种历史路向

事实上,不论从理论研究、政策制定还是实践发

展的层面来看,使教学成为一个专业都先于教师专业发展发轫而起。早在20世纪五六十年代,在专业社会学的带动下,学者们即开始探讨教学是否为一专业的问题。然而在初期,"专业"这个词被认为强调权利多于责任。若一个职业要争取成为"专业",则被看作是在争取提高地位和收入,改善工作条件。[1]而对于教学这样一个一贯以奉献为特色的行业而言,追求自利的举动则更易招致反感。可见,教学专业化之路开始便困难重重。在这种情况下,1974年霍伊尔(Hoyle)提出"专业主义"和"专业性"这两个概念,用以区分在探讨教学与专业之间的关系问题中所对应的两种不同含义。一方面,"专业主义"(professionalism)用来表示为提高本职业的社会地位、收入和改善工作条件所采取的策略和手段。而实现此一目标的过程则被称为"专业化"(professionalization)。另一方面,当要指称在教学过程中教师所运用的知识、技能以及程序时,则使用"专业性"(professionality)这一概念。[2]这一概念上的界分是为了理论研究的推进,但在实践中两者本身是有机结合体。而从根本上说,教师专业性乃是专业主义的基本构成。

根据这一概念上的区分,加之理解的深化,学者们开始对之前的思路进行反思。他们认为教学工作有其自身的特点,片面地追求成为像医学、法律等已获社会广泛认可的专业(established profession)既不现实又无必要。出于对教学工作之独特性的关注,研究的视角被拉回到教学工作本身。因循霍伊尔早先的区分,1980年以"教师的专业发展"为主题的《世界教育年报》指出教师专业化存在两个目标。其一,视教师为社会上职业层序以至社会分层中的一个阶层,因此专业化的目标就在于争取专业的地位与权力及求集体向上流动。其二,教师亦是一个在教室内教导学生及提供教学服务的工作者,因此他们亦必须以提高教学水平及扩展个人知识及技能为发展方向。为了与前者区分开,将这个以发展教师"专业能力"(professional competence)为目标的取向称为"专业发展"。[3]至此,以教师专业发展为主题的研究日渐兴起。但显然,这一研究路向最初是在教师专业化的框架内延伸并得以展开。

通过以上对研究发展的简要回顾，发现教师专业化与教师专业发展作为理论研究的对象存在十分紧密的联系。甚至可以说，教师专业发展是人们在促成教学为一专业的过程中批判地反思所得来的结果。虽然教师专业发展着意强调教师教学能力和水平的提高，但把教学作为一真正专业的诉求却是其中不可忽视的前提。

二、既有研究所存在的偏颇

然而，在教师专业发展研究日益蓬勃的同时，"专业"这一内在维度却渐被遗忘。某些研究者不了解教师专业化与教师专业发展理论之间的关系和发展脉络，简单地套用本土固有的解释，使得对教师专业发展，尤其是"专业"概念的理解上出现混淆和使用上的偏颇。这主要表现在以下几个方面。

（一）名实不符

教师专业化与教师专业发展两个概念交叉使用，界分模糊。一方面，以教师专业化为名，指教师专业发展之实。不少研究用教师个体的知识、技能上的成长和进步来定义教师专业化。反之，另外一些讨论却又以"专业地位的提升""专业自主的建立"来解释教师专业发展，甚至将教师专业发展阶段等同于教师专业化发展阶段。[4]诚然，专业化与专业发展理论同根同生，无法截然两分，但对两者不加界分地使用，说明对概念本身的理解尚有不明之处。而概念的混用对理论的发展可谓是百害而无一利。

（二）此"专业"非彼"专业"

由于我国特有的语言体系和历史传统，"专业"一词通常是指一种知识、课程的组织形式，或是指高等教育培养学生的各个专门领域。它是我国 20 世纪 50 年代仿效苏联进行院系调整和高等教育改革时从俄语翻译而来,大体相当于《国际教育标准分类》的课程计划(academicprogram)或美国高等学校的主修专业(major)。[5] 由于这种思维方式的存在,我们更容易把化学、英语、生物等具体学科看作专业。很多研究者在论证教师专业发展的时候,想当然地沿用这一解释来定义专业,例如有研究强调教师应当有"双专业",指的是教师应当既掌握学科知识又有教育学的背景。此时,就是把专业理解为某一学科(教育学也是一学科)。[6] 当然,这一建议本身无可厚非,但它恰好说明我们对于"专业"这个概念所拥有的独特的理解方式,而这一认识却与教师专业发展中所强调的"专业"含义有天壤之别。后者更多的是一种社会学概念,与"职业""工作"等相关联,对应于英文中的 profession 一词。可见,两个"专业"实际上所关心的话题和指称的对象可谓是大相径庭。

除此之外,"专业"一词的日常用法还包含另一含义。在中文里不论是专业、专业化和专业发展都不可避免地包含有"专门化"的意思。"专"本身有"单纯""独一"之意,所以我们会把"专业"解释为专门的领域。以至于有研究干脆以"专门化"取代"专业化"。日常语言的使用体现了我国固有的文化心理中对"专业"这一概念的认知和体验,也反映出对教师专业化之专业含义的陌生。诚然,一个西方概念的植入,必然首先要以本土化的概念加以理解,但在这个过程中对于本土化概念的不慎运用,也自然导致对于所释概念的理解偏差。

(三) 内外有别

其实,目前大部分的研究对教师专业化与教师专业发展还是做出了区分,通常认为"教师专业化"强调的是教师群体的、外在的提升;而"教师专业发展"则是教师个体的、内在的专业性提高。教师专业发展与教师专业化之间的内外之分被广为接受,事实上这也是与西方相关领域理论研究的发展脉络相契合的。当专业社会学研究逐渐式微之时,西方的学者们开始从关注教师专业地位之提升、收入之增长及政治权力的获取等一系列外铄的方法转而探求教学工作自身的独特性,并希望借此促进其专业水平的提高而最终获取社会对其专业地位的承认。而当我们同时面对两者的时候,历时性的发展过程已被滤去,只剩下两个共时性的结果。在这种情况下,习惯于反身求诸己的中国人无疑对提高教师自身的教学水平更加关心。这种文化传统自然而然地将研究的视线集中于促进教师的内在修为,然而这一偏爱却在无形中造成对专业这一"外在"维度研究的不足。

三、概念混淆的原因分析

教师作为教育改革的核心因素越来越受到重视,关于教师专业发展的研究也日益丰富,在这种情况下对于概念和基本理论的澄清和梳理就尤为必要。片面地强调教师专业发展的个体和内在向度不利于理论和实践的健康发展。以下本文将通过分析现状的形成原因以期揭示问题的根源并讨论未来可能的发展方向。

(一)特质模式作为理论来源

"专业"这个现象之所以会受到社会学的关注,主要是因为那些被认许为专业的职业群体可以得到较多的经济资源、社会声望及政治权力,处于社会分层的较上层。20世纪70年代之前,社会学者着力于建立一套具有普遍性的"专业特质",借助这个特质将"专业"同其他职业区别开来。这种取向的研究理论被归为"特质模式"。[7]尽管在专业的构成要素这个问题上不会有一致的答案,[8]但人们仍然根据医学、法律等较成熟专业的特征,总结出各种专业特征清单。其中,一套专业知识和一个服务的理想是一个专业必须具备的核心特质。

从特质出发来理解专业的构成是以功能主义为其理论基础,认为专业是表现出重要社会功能的职业。为了能够发挥好这种社会功能,专业人员就需要掌握相当程度的技能和知识。而知识的获得和特殊技能的发展需要通过接受正规的高等教育来实现。最重要的是,人们相信一个专业能够为社会提供服务。基于这一信任,专业获得自我管理的权力并同时运用这个权力确保服务的质量。他们的收入和声望则反映社会的信任程度,由此,专业人士则应完全出于利他宗旨来提供服务。[9]但是长期以来,收入微薄、社会地位不高、工作受控却是所有教育工作者不得不面对的现实。在这种情况下,越来越多的研究开始为争取教师地位、收入以及自主权的提高而努力,专业化理论逐渐形成并成为研究者早期关注的重心。[10]

(二)特质模式的缺陷

随着有关研究的发展,教育领域的研究者们开始对特质模式加以反思。首先,他们认为把既定专业的特征普遍化,并认定为所有专业共有的特质。这种对客观性和标准化特性的膜拜,导致对教学自身特征的漠视。[11]其次,专业特质的真确性受到质疑。相对于其他职业群体,专业是否真的更能体现其所声称的各种特质?即便如此,仍有一个更根本的问题需要回应,即这些特质是否为专业的真正本质?曾荣光通过对专业的两大核心价值的分析,认为无论是所谓的专业知识还是服务理想都不能构成专业的本质,相反它们只是专业为了争取其地位所创造出来的手段。最重要的问题是,这一模式忽视了不同专业演进方式的独特性,将其应用于教育领域是对教学工作自身特征的漠视,这对教学专业自身的发展极为不利。

在特质模式所列举的种种评量标准之下,教学充其量只能算作是半专业、准专业。[12]不论从专业知识、专业自主权抑或是专业道德规范都不能与成熟的专家专业相媲美,在争取专业地位的过程中乏力无术。[13]于是,在理论和实践双重受挫的情况下,关于教育专业的研究逐渐转为向内,在教师专业化的论域中开始生发出教师专业发展这一理论路向。它强调立足于教学自身的特点着力提高教师的教学水平、专业知识与技能,此路向又被称为教育学的路向。[14]

此一转向标示了一个由外铄到内发的转变,同时也完成了由社会学视角到教育学视角的转换。教学所独有的特性成为研究的重点,这个时候专业的含义主要表示的是"好的""专长的"意思。在语义上接近中文"专业的"本义,即说明其状态是较优等的,专门的,而非业余的。遗憾的是,随着这一转向的展开,出现了批判和否定专业化理论的趋势。当人们对忽视教学专业特性及教师教学知识与技能提高的做法给予强烈批评的同时,[15]将其中的精华也一并否定。可是,教师专业化理论提示了教师专业发展所指的另一维度,即一个不同于"好的""专长的"之意的"专业"(作为名词)的路向,而这一含义恐怕又是我国传统文化积淀中所没有的。由专业化到专业发展的转向在西方教师研究的进程中是一个批判反思和扬弃的过程,可对于何为专业的思考和论证恰是我国研究中所缺失的。正因为如此,它更应该引起我国学者的重视,毕竟教师专业发展不仅仅只是教师发展。不能因为关注教学的独特性,便忽视把教学作为一专业,促进其在经济收入、社会地位及政治权力等方面的提高和改善。对"专业"维度的悬置会使得教师专业发展理论的本意不得彰显。

四、教师专业化的现实困难

然而,除了理论发展过程所带来的一系列问题之外,使教学成为一专业仍面临一些现实困境。在某种程度上,这些现实中的困难也使得理论上的悬置成为无奈的选择。

(一)教师工作的现状

尽管有研究表明自改革开放以来,我国教师的社会地位和经济收入已经有了长足的提高和改善,但是实际情况仍与专业的要求有很大距离。第一,教师的社会地位和待遇与其他行业相比,与其社会贡献不符。第二,教师的工作仍旧受制于学校组织的科层管理,在决定和选择教学内容、教学方式和教学评价等方面自主权有限。尽管近年来的教育改革倡导权力下放的观念,但权力下放到学校层面之后是否能贯彻到个体教师身上,尚存疑问。第三,虽然教师总是被推向改革的浪尖,但他们却不是改革的共同决策者和参与者,而只是改革的对象和执行人。在这个过程中,教师更多的是根据所谓的专家指导被动地吸收各项改革的动议,执行改革的措施。因而,实际上教师的工作中仍然面临"去专业化"的挑战。[16]

(二) 有限的自主权

与特质模式不同,权力模式认为构成专业的本质是权力。一职业是否能成为专业的关键在于相对于其服务对象、协作行业以至国家科层,它是否能成功地建立起权威及支配关系甚至制度。而教师在教育改革甚至在日常教学中始终是无权的角色,直到现在其自主权仍然仅被局限于教室之内。如果连基本的自主权都无法控制,奢求教学成为专业则无从谈起。以此入手,越来越多的学者开始关注教师的自主权问题,提倡赋权增能,希望能从改变权力关系的角度推进教师专业化的发展。[17]

尽管对权力关系的关注在理论层面有了很大进步,但不能否认实践中这条路上仍然荆棘载途。首先要面对的最大阻力就是国家,在现代教育制度之下,为公民提供受教育机会已成为一般国家的必要义务,也因此形成国家对学校教育的垄断。正是因为教育对国家而言极其重要,所以国家权力必须将其纳入国家机器的一部分。在这种情况下,教师想要取得对其职业的控制权必须应对强大的国家权力,而这几乎是没有悬念的战斗。通常他们只能采取工会主义及集体谈判的斗争策略,这些专业化策略离专业主义的路向相差甚远。可见,在构建"专业"这一社会现实的路上,面对国家权力,教学专业要想建立起各项"专业支配制度"可谓长路漫漫。

(三) 文化心理习惯的约束

同许多教育中的概念一样,"教师专业化"和"教师专业发展"都是自外引入的概念,对它们的理解和诠释必然带有本土文化的影子。而且诚如前文所说,我们缺少由专业社会学转换为教育学视角的自觉探索过程,这就使得容易将两者简单地做内外之分。而在文化传统的影响下,又习惯性地偏重于个体内在因素的能动作用。这一路径的选择也恰好契合了我国传统的文化思维习惯,由内而外,内圣而外王是中国传统文化中一直所推崇的原则。我们相信,只要教师的教学知识和技能有所提高,责任感增强,就会得到社会的承认和信任,继而获得更多自主权和威信,那么成为一个专业便也顺理成章了。固然这反映了一种美好心愿,希望通过教师内在素养的提升自然而然地达到专业化的目标。这一假设的路径是否可行目前尚未可知,但内外之别毕竟只是为研究之便所做的界分,既然两者原本就共享着一个目标,一条腿走路总不稳妥。

按照权力模式的观点,由于大众相信并接受专业对所谓的围内知识的垄断,所以赋予专业成员以自主权,审核执业者的资格与能力,判断其专业水平与操守,同时又须形成强迫会员资格及建立具有制裁权的专业组织。换句话说,凡与本专业相关的事务,专业应享有权威及发言权,这一权力在很大程度上应独立于国家权力之外。这一理解方式在根本上属于公共领域的范畴,而对公共领域的理解和接受对处于向现代化转型过程中的中国社会来说仍需时日。可见,传统观念与社会转型之间的张力给理解和接受专业这一维度提出了很大的挑战。

五、结　语

尽管教师的实际工作与专业相去甚远,但在各相关政策文本中早已把教师职业认定为专业。1993年颁布的《教师法》已明文规定:"教师是履行教育教学职责的专业人员。"这一举措显示了政府力求推进教师专业化的意识和决心。1995年,国家又颁布《教师资格条例》开始推行教师资格证书制度,在某种程度上使教师专业化得到法律和制度上的保障。而近期,有关制订教师专业标准的讨论亦可作为促进教师专业化发展的信号。

同时,在有关于教师专业化和专业发展的研究中,自主权和赋权增能逐渐成为关键词,这都是在理论层面提高教师专业化程度的努力。研究者开始意识到在权力缺失的情况下谈教师专业发展将会是无力的。然而,不能否认的是权力关系的改变不是一朝一夕所能完成的,启发教师对自主权的觉醒并建立专业信心是重要的环节。

虽然本文强调应重视教师专业发展中的"专业"维度,厘清其概念及理论发展脉络,但这并不是要以西方概念框比中国实践情境。因为专业化本不是一个普遍的、唯一的过程,即使同一行业在不同的历史阶段、不同的国家都会有不同的发展路径,教师专业化所追求的不是达致与传统专业完全相同的职业结构。诚如历史发展模式所指出的,须从教师这个行业所处的特殊历史、政治、经济脉络入手,去探讨教师专业化的路向[18]。在当下中国社会情境中,教师的社会经济地位相对不高,个体教师层面对专业的自觉意识不强,国家权力在教育领域仍占绝对主导地位。甚至就连医学、法律这些在西方已被认可为专业的行业,目前在中国也不过刚刚开始其专业之路。更重要的是,独特的文化传统使得我们对"专业"有着不同于西方的理解。毕竟"专业"是西方工业社会初期涌现出的社会现象,将其直接扣到中国的情境中不明智。同样,对我们来说,要想真正地理解教师专业发展和教师专业化,恐怕还应躬身自行。

显然,在这个过程中忽视或片面否定"专业"这一向度不利于教学专业化的发展。"专业"维度与关注教学的内在特性是统一的有机整体,并无矛盾。朝向"专业"方向前进,意味着教师作为群体对涉及其工作的事务享有权威,能够自主地决定和处理其业内事务,而非仅仅服膺于外部的指导和管理。也只有获得自主权,教师专业发展才能持续有效地提高。

参考文献

［1］Lees D S. The Economic Consequences of the Professions［M］. London：Institute of Economic Affairs，1966.

［2］Hoyle E. Professionality，Professionalism and Control in Teaching［J］. London Educational Review，1974，3(2)：13－19.

［3］Holye E. Professionalization and Deprofessionalization in Education［M］//Hoyle E，Megarry J. World Yearbook of Education 1980：Professional Development of Teachers. London，New York：Routledge，1980：43－53.

［4］熊焰."教师专业化"运动及其述评［J］.广东教育学院学报，2005，25(6)：44－48.

［5］陈霜叶，卢乃桂.大学知识的组织化形式：大学本科专业及其设置的四个分析维度［J］.北京大学教育评论，2006(4)：18－28.

［6］张传燧.教师专业化：传统智慧与现代实践［J］.教师教育研究，2005，17(1)：16－20.

［7］曾荣光.教学专业与教师专业化——一个社会学的阐释［J］.香港中文大学教育学报，1984，12(1)：23－41.

［8］Seddon T. Education：Deprofessionalised? Or Regulated, Reorganised and Reauthorised［J］. Australian Journal of Education，1997，41(3)：228－246.

［9］Kennedy A. Continuing Professional Development (CPD) Policy and the Discourse of Teacher Professionalism in Scotland［J］. Research Papers in Education，2007，22(1)：95－111.

［10］Darling-Hammond L. Teacher Professionalism：Why and How［M］//Liberman A E. School as Collaborative Culture：Creating the Future Now. London：Falmer Press.1990.25－50.

［11］操太圣，卢乃桂.论教学专业化的理论挑战与现实困境［J］.教育研究，2005，(9)：36－41.

[12] Etzioni A. The Semi-profession and Their Organization: Teachers, Nurses, Social Workers[M]. New York: the Free Press,1969.

[13] 操太圣,卢乃桂.追求特质的虚妄:关于教师专业化困惑的思考[J].教育理论与实践,2006,(9):45-49.

[14] 王建军.课程变革与教师专业发展[M].成都:四川教育出版社,2004.

[15] 荀渊.从政策转变看教师专业化的发展[J].教师教育研究,2004,16(2):50-54.

[16] 黎万红,卢乃桂.沪港两地教育改革下的教师专业性[Z].香港:香港中文大学香港亚太研究所,2005.

[17] 操太圣,卢乃桂.伙伴协作与教师赋权:教师专业发展新视角[M].北京:教育科学出版社,2007.

[18] 曾荣光.香港教育政策分析:社会学的视域[M].香港:三联书店(香港)有限公司,1998.

(原文载于《教师教育研究》2008年第6期,第1—6页,作者为卢乃桂、王晓莉)

第十七章
国际视野中的教师专业发展

教师专业发展在当前教育改革中具有重要地位。本文介绍西方国家教师专业发展领域的最新进展,探讨教育政策环境对教师专业发展的影响。文章阐述教师专业发展的界定、目的、功能、影响因素及其评价,指出教师学习和学习社群在西方学术讨论中已经成为探讨焦点。国家和市场对西方国家教师专业发展的实施有重要影响。

一、教师专业发展与教育变革

在诸多教育改革的政策与实践中,各地学者都认识到教师专业发展的重要性。如果要使学生取得更大进步,教师专业得到持续、高质量的发展是必要的。斯帕克斯(Sparks)和赫希(Hirsh)指出:如果要为学生在日益复杂的世界中做好生活上的准备,学校成员的专业发展以及组织的重要变革都是必要的。教师专业发展在所有教育改革策略中居于中心地位——没有它,改革策略就仅仅只是理想而不能变为现实。[1]教师专业发展是学校发展和教育改革成败的关键。[2]

随着教师教育改革的推进,人们希望教师通过专业发展提升自身素质,从而为学生的学习准备高素质的教师,促进学生的发展。阿迪(Adey)阐述了教师专业发展在学校改进中的地位,认为教师专业发展是所有学校改进计划的中心。[3]笔者对阿迪所做示意图稍加修改，用图1表示教师专业发展与教育改革、学校变革之间的关系。

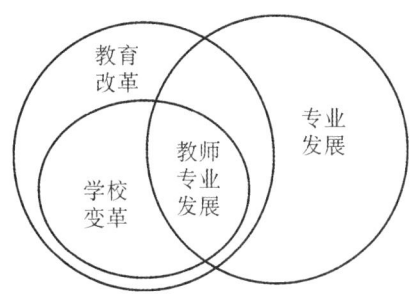

图1　教师专业发展与教育改革和学校变革

(资料来源：Adey. The Professional Development of Teachers：Practice and Theory，2004：5)

二、教师专业发展的性质、实践与评价

(一) 教师专业发展的界定

对于教师专业发展的界定，学者有不同的论述。哈格里夫斯(Hargreaves)和富拉恩(Fullan)指出，教师发展可以从知识与技能的发展、自我理解和生态改变三个方面来理解。[4]伊文思(Evans)提出教师发展最基本的是态度上和功能上的发展。前者是教师在态度上的改善过程，后者是专业表现改善的过程。其中态度上的发展包含智识性发展和动机性发展，功能上的发展体现为程序性发展和生产性发展。[5]哈格里夫斯认为，教师专业发展不仅应包括知识、技能等技术性维度，还应该广泛考虑道德、政治和情感的维度。[6]

戴(Day)综合众多学者的观点提出一个颇具包容性的界定：教师专业发展包涵所有自然的学习经验和有意识组织的各种活动，这些经验和活动直接或者间接地让个体、团体或学校得益，进而提高课堂的教育质量。教师专业发展是一个过程。在该过程中，具有变革力量的教师独自或与人一起检视、更新和拓展教学的道德目的；在与儿童、年轻人和同事共同度过的教学生活的每一阶段中，教师不断学习和发展优质的专业思想、知识、技能和情感智能。他们的学习和发展具有批判性，因为教师不只是知识和技能的受容器。[7]

综上所述，我们可以把教师专业发展理解为教师不断成长、不断接受新知识、提高专业能力的过程。它包含教师在教学生涯过程中提升其工作能力的所有活动。在这一过程中，教师通过不断的学习、反思和探究来拓宽其专业内涵、提高专业水平，从而达至专业成熟的境界。教师专业发展强调教师的终身学习和终身成长，是职前培养、新任教师培养和在职培训，直至结束教职的整个过程。教师专业发展不仅包括教师个体教学生涯中知识、技能的获得与情感的发展，还涉及与学校、社会等更广阔情境的道德与政治因素。

（二）教师专业发展的目的、功能与影响因素

关于教师专业发展的目的与功能，学术界也是众说纷纭。格伦迪（Grundy）和鲁宾逊（Robison）认为，教师专业发展有三个基本目的与功能：一是拓展，指教师在原有认知基础上引介和增加新的知识与技能；二是更新，指用最新成果取代过时的内容，是对原有知识与实践的转换与变革；三是成长，指教师专业知识与技能程度的提升。他们认为，专业发展是教师专业生涯的内在组成部分，教师知识技能与判断力的不断拓展、更新和成长有助于改进教学实践。[8]戴和萨克斯（Sachs）提出，教师专业发展的基本功能包括三个方面：通过改善实践促进教育政策的推行；通过改进教师表现提高学生的学习成就；提升教学专业的身份与地位。[9]

影响教师专业发展的因素十分复杂，包括教师自身的专业知识能力、个人和专业经历、情感和心理因素等个人因素。此外，学校等环境因素也会对之产生影响。格伦迪和鲁宾逊提出：教师专业发展有两个推动力：一是来自系统的推动力，包括学校和社会等因素的影响；二是个体自身的推动力，受到教师生涯发展阶段和生活经验的影响。[10]

凯尔克特曼（Kelchtermans）认为，虽然教师专业发展是一个高度

个体化的学习过程,但它不是在真空中发生的,而是个体教师与情境交互作用的结果。这种情境可以从空间和时间两个维度来考虑。教师专业发展的空间情境是指教师工作于其中的社会、组织和文化环境。教师的工作情境由不同层面构成。例如,教师与同事、家长、校长等人员形成的多重社会交往,学校中特有的文化,包括规范、价值、习惯与传统等,学校政治与组织架构等等。同僚关系与协作是学校发展、成功实施革新以及教师发展的重要决定因素;冲突也是社群的中心。因此,对教师发展有影响的工作情境不能视为单一线性的因果性影响,而是一个充满阐释与意义的相互交往的过程,通过意义建构的过程进行调控。[11]

凯尔克特曼提出教师专业发展的时间情境由教师个人生活经历和教学生涯构成。教师在某一时段的学习有其先前的经历,也有对未来的期望。过去、当下和未来构成了教师的工作时间。不少学者通过叙事—传记的方法对教师经验进行记述,对教师专业生活和教师教学生涯阶段进行了大量研究。这些研究展现的不只是一系列事件的时间线索,而是有意义的叙事建构;通过反思,教师将其体验建构为有意义的故事,同时也不断地建立和再建立教师身份以及教学理论。[12]古德森(Goodson)还认为,教师的"生活故事"应该放到更广阔的社会历史情境中去理解,从而建构其"生活史"。[13]

综上所述,教师专业发展受到特定情境(时间和空间)的影响,个体教师的专业发展也可能影响学校的变革。由于专业发展的内容和目标涉及教师和学校,个体的专业发展和组织的发展需要综合起来进行考虑。[14]

(三)教师专业发展的实施与评价

1. 教师专业发展的实施

自20世纪40年代早期以来,学者们根据各自的视角、目的和需要采用多种方法和途径对教师专业发展进行了大量而丰富的研究。90年代至今,教育界日益清晰地认识到专业发展在学校发展和教育变革中的中心地位。教师专业发展逐渐走向以学校为本,逐渐融入教师和学校的生活,也日趋系统化。斯佩克(Speck)在斯帕克(Sparks)和赫什(Hirsh)观点的基础之上对20世纪60年代至90年代教师专业发展的范式转移进行归纳和总结,详见表1。[15]

表1

从	至
个体发展	个体与组织发展的平衡
零星、片断式	清晰、连贯、系统的计划
以学区为中心	以学校为本
成人的需要和满足	学生的需要和学习成就;工作行为的改变
脱离工作的培训	多种形式融入工作的学习
专家的知识传递	教师对教学与学习过程的学习
普通教学技能	普通与具体内容技能的结合
培训者	咨询者、计划者、协调者、培训者
专业发展部门的功能	管理者与教师的多重责任
针对教师	针对影响学生学习的每一个人
可有可无的附加物	成长必不可少的过程
衡量个体成就	衡量学生成就

教师专业发展的实施是多向度的。戴和萨克斯认为教师专业发展的实施主要有三种策略:一是以学校为本的(school-based)教师专业发展,把学校视为教师探究和发展的场所。二是伙伴协作(partnerships),注重学校与大学和其他团体之间的协作,旨在通过平等、互惠的有效协作提高学生的学习成就,改善教师实践。三是网络(networks),建立教师和学校之间的网络,借此减少教师的封闭与保守。网络可以分布于学校内部,也可延伸至地区甚至全国。网络把个体教师与教师社群中的学习机会联系起来,致力于课堂及学校改进。[16]

当前教师专业发展领域中,教师学习和教师学习社群(teacher

learning communities)的理念备受关注。不少学者都提出教师作为学习者(teacher as learner)的概念,意在强调教师专业发展是一个学习过程,专业发展就意味着教师的学习。[17]教师学习既涉及个体特征,也涉及社会文化的特征。一方面,研究者集中关注个别教师的学习和发展。在优质专业发展活动中,个别教师通过有意义的学习,能够增进教学学科知识、加强对学生的理解,进而改进教学实践。舒尔曼(Shulman)等提出教师发展和学习的特征包括愿景、动机、理解、实践和反思,教师学习应该致力于认知、性向、动机、表现和反思这五个范畴的发展。[18]另一方面,诸多研究考虑教师所处的工作情境,注重构建教师学习社群和网络,以此为教师发展提供支持性的环境。这类研究关注教师团队探询与改进实践时的协作交往以及交往沟通规范和信任的建立与维持,并且表明:强有力的专业发展社群有助于改进教学和促进教育改革。[19]在学习社群中,教师拥有言说和学习的机会,共同探讨学科知识、学生与教学,在交流与对话中重新认识和理解实践、持续学习并改善实践。教师专业学习社群的建构也能让学校成员产生信任感和归属感,有助于在学校中建立协作的文化、共享的愿景和价值。

总之,以个体为分析单元,探究个别教师的课堂实践与专业学习,以及以团队为分析单元,关注教师学习社群对教师学习的作用,这两种研究取向都为我们理解教师的学习和发展提供了颇有价值的洞见。[20]

2. 教师专业发展的评价

实施教师专业发展的各种政策和策略,其最终目的是改善和提高学生的学习。一些研究者开始通过经验性研究评价教师专业发展活动对教学或学生成就的影响。古斯基(Guskey)为教师专业发展的评价提供了一个包容性的架构,以此了解专业发展活动的影响和有效性。他认为,专业发展是一个动态的过程,随着时间的推移而不断变化,需要考虑组织的不同层面。专业发展受到内容、过程与情境的影响。这些因素决定了专业发展活动对参与者的知识与实践等方面产生的影响。古斯基指出:为了适当地评价专业发展的复杂过程,必须考虑五个关键层面——参与者的回应、参与者的学习、组织支持与变化、参与者应用新知识和技能的情况、学生的学习结果。这个评价过程不仅能够让人们理解教师专业发展活动的影响,而且能够让人们从中学习进而改善随后的专业发展实践。[21]

有学者认为,在以上古斯基所提出的五个评价层面的基础上,还需要增加一个层面,即关注评价前的先在条件。[22]这些先在条件包括:专业发展活动背后的动机和原因、选择某一特定形式的原因、影响活动选择及发展的政策背景和其他因素。因此,评价教师专业发展活动首先需要考虑先在条件,随后对古斯基提出的五个层面进行评价。此外,从综合的角度来看,教师专业发展活动的评价还需要考虑成本和效益问题,但目前对这一问题的研究甚少。[23]

三、西方国家教育政策环境对教师专业发展的影响

教师专业发展不仅仅是个别教师在知识、技能与实践方面的学习和提升,它发生在变动不居的社会之中,受到各种情境因素的影响。本部分从国家和市场两个角度探讨教育政策环境对教师专业发展的影响。

哈贝马斯(Habermas)在对社会系统层面的管理机制研究中提出,国家(state)是以权力为中介的行政管理系统,市场(market)则是以金钱为媒介的经济系统。系统通过权力和金钱的机制达到。[24]教育处于社会系统之中,教师专业发展的政策同样受到国家和市场这两种力量的影响。

国家对教师专业发展的影响主要表现为制定各种教师和教学的标准与规定。当前,美国教师专业发展的策略主要包括:以标准为导向的策略,其目的是为教师的专业表现确立目标;学校为本的策略,关注教学实践发生的学校和社群层面的变革;以发展为导向的策略,关注个体教师的能力发展与学习需求。这三种策略共同支持或促进教师学习与

发展。[25]利特尔(Little)认为,美国教师专业发展主要有两股推动力:一是植根于教学实践,认为教学改进源自教师对学生学习的深入理解,教师需要在实践中学习和向实践学习;二是倾向于对教学和教师教育进行更强的外部控制,认为教学改进来自于既定期望、制定标准性的政策并以此对实践进行控制。[26]埃利奥特(Elliott)提出英国教育改革(包括教师专业发展)的政策主要有两种模式:以标准为导向和以教育学为导向。[27]这些学者的共识在于,都认为"标准"的制定是教师专业发展领域中一个重要取向。美国州际初任教师评价与支持联合会(Interstate New Teacher Assessment and Support Consortium, INTASC)和全国教学专业标准委员会(National Board for Professional Teaching Standards, NBPTS)制定的标准就是其中的代表。标准的制定与实施能够为教学专业提供质量保证机制,有助于提高教师素质,进而为学生提供优质教育。但与此同时,不少学者也注意到教师和教学标准存在的弊端。美国、英国、澳大利亚等国制定的一系列教师和教学标准,使得国家对教师专业发展的影响日趋加强,以达到问责(accountability)和表现主义(performativity)的目的。[28]标准与考试、问责和表现主义这样的政策环境给教师的专业身份和专业发展带来的影响已经引起了一些学者的关注。

市场对教师专业发展的影响主要反映在工商管理模式和管理主义(managerialism)等方面。随着"新右"公共部门的改革,欧美等国教育改革政策的核心变为授权代理、地方分权和市场化。[29]这样的社会情境为教育领域中产生工商管理模式与管理主义提供了条件。生产工商管理模式强调效率、效能,以达到外界确定的目标并参与公共问责。管理主义则通过市场拓展等组织手段去监管公共服务。萨克斯指出,当前占优势地位的话语反映了强烈的管理主义思想,因而产生教师身份的"企业化"概念——教师被认为是理想教育服务和产品有效的、负责的提供者。这些产出必须有好的质量,必须满足顾客(消费者)的需求。政府对质量控制和评估的过程必须确保有效的表现以及产品质量。教师因此被视为执行他人制定的行动与计划的技术性实行者。[30]管理主义实行以后,教师、学校讨论和关注的重点由教学转移到管理系统和教学成果的问责上。由此产生的后果是:在日常工作中,教师花在处理文件、撰写报告的时间比花在备课上的时间还多,教师制订课程和备课的责任变得愈来愈不重要,相反,在技术和管理工作上的负担却愈来愈重。[31]教育政策制订者耗费在管理系统上的投资十分庞大,但用在协助教师备课、促进教师专业发展和引发动机等方面则相对较少。[32]管理主义的出现衍生了一连串与传统教师专业概念相互矛盾的问题,使教师专业性和专业发展形式都有所改变。

英国、美国、澳大利亚等国家进行的公共部门改革及其保证政策使社会日益成为一个"核数社会"(auditsociety),人们关切的是效率、效能和经济,通过公共问责使改革的实践和过程更加透明。[33]在这样的政策环境中,国家和政府制定的标准和规则让教师感受到外界强加的监察与控制;而市场的运作机制在属于公共领域的教育活动中推行,难免产生不协调。因此,在西方国家,国家与市场这两种机制并不能解决教育政策实施中的一些问题,反而使教学专业、教师的专业身份和专业发展等方面产生不少冲突。教师专业发展日益满足的是标准制度和对政府的问责。[34]

四、结　　语

在过去的几十年中,许多国家的教师专业发展发生了不少变化,终身学习已经成为每位教师的必需。教师专业发展不仅注重个体教师的知识、态度和实践的提升和改进,还考虑教师工作环境中的学校组织文化和结构。探究教师学习和专业学习社群在教师专业发展领域中已经成为焦点。

教师专业发展的政策和实践植根于社会和教育系统的特定情境之中。国家和市场是社会系统管理的两种基本机制,两者都影响了教师专业发展的实施。美国、英国、澳大利亚等国家的教育改革逐渐从地区转向中央集权与控制,同时与以标准为基础的问责相联系。一方面,西方国家提高了教学标准,制定教师标准,对教师专业发展的干涉日趋加强,以达到问责和表现主义的目的;另一方面,在教育市场化的改革情境下,工商管理模式和管理主义在教育活动中出现。在国家与政府的监管与控制、市场与管理主义的双重影响之下,教师专业性和教师专业发展的形式都有所改变。教师、教学专业应该做出怎样的回应,教师专业发展在其中应扮演怎样的角色,这些都是教育者需要考虑的重要问题。

参考文献

[1] 袁贵仁.全面落实以人为本的科学发展观,努力造就让人民满意的教师队伍——在2005年度教师教育工作会议上的讲话[EB/OL]. http://www.moe.edu.cn/edoas/website18/info10410.htm.

[2] 卢乃桂.信息社会的人才要求[J].教育研究,2000,(11):8-11.

[3][4] Speck M, Knipe C. Why Can't We Get it Right? Professional Development in Our Schools. [M]. Thousand Oaks, Calif.: Corwin Press, 2001.

[5] Evans L. What is Teacher Development? [J] Oxford Review of Education,2002,28(1),123-137.

[6] Hargreaves A. Development and Desire: a Postmodern Perspective. [M]//Guskey R, Huberman M (Eds.). Professional Development in Education: New Paradigms and Practices New York: Teachers College Press, 1995:9-34.

[7][14] Day C. Developing Teachers: the Challenges of Life long Learning[M]. London: Falmer, 1999:4.

[8][10][34] Grundy S, Robinson J. Teacher Professional Development: Themes and Trends in the Recent Australian

Experience. Day C, Sachs J (Eds.). International Handbook on The Continuing Professional Development of Teachers. Maidenhead: Open University Press, 2004:146 - 166.

[9][15][16][28][29] Day C, Sachs J. Professionalism, Performativity and Empowerment: Discourses in the Politics, Policies and Purposes of Continuing Professional Development [M]//Day C, Sachs J (Eds.). International Handbook on the Continuing Professional Development of Teachers. Maidenhead: Open University Press, 2004:3 - 32.

[11][12][17] Kelchtermans G. CPD for Professional Renewal: Moving beyond Knowledge for Practice[M]//Day C, Sachs J (Eds.). International Handbook on the Continuing Professional Development of Teachers. Maidenhead: Open University Press, 2004:217 - 237.

[13] Goodson I F. (Ed.) Studying Teachers' lives[M]. London, New York: Routledge, 1992.

[18] Shulman L S, Shulman J H. How and What Teachers Learn: a Shifting Perspective[J]. Journal of Curriculum Studies, 2004, 36(2), 257 - 271.

[19] Little J W. Locating Learning in Teachers' Communities of Practice: Opening up Problems of Analysis in Records of Everyday Practice.[J]. Teaching and Teacher Education, 2002, 18, 917 - 946.

[20] Borko H. Professional Development and Teacher Learning: Mapping the Terrain.[J]. Educational Researcher, 2004, 33(8), 3 - 15.

[21] Guskey T R. Evaluating Professional Development [M]. Thousand Oaks, Calf.: Corwin Press, 2000:82.

[22][23] Muijs D, Day C, Harris A, Lindsay G. Evaluating CPD: an Overview[M]//Day C, Sachs J (Eds.). International Handbook on the Continuing Professional Develpment of Teachers. Maidenhead: Open University Press, 2004:291.

[24] Habemas J. The Theory of Communicative Action[M]. London: Bacon Press, 1987:274.

[25] Lieberman A, McLaughlin M. Professional Development in the United States: Policies and Practices[J]. Prospects, 2000, 30(2):225-236.

[26] Little J W. "Looking at Student Work" in tie United States: a Case of Competing Impules in Professional Development[M]//Day C, Sachs J (Eds.). International Handbook on the Continuing Professional Develpment of Teachers. Maidenhead: Open University Press, 2004:94-118.

[27] Elliott J. Using Research to Improve Practice: the Notion of Evidence-based Practice [M]//Day C, Sachs J (Eds.). International Handbook on the Continuing Professional Development of Teachers. Maidenhead: Open University Press, 2004:264-290.

[30] Sachs J. The Activist Professional[J]. Journal of Educational Change, 2000, 1(1):77-94; Sachs J. Teacher Professional Identity: Competing, Discourses, Competing Outcomes[J]. Joumal of Educational Policy, 2001,16(2):149-161.

[31] Apple M W. Is There a Curriculum Voice to Reclaim? [J]. Phi Delta Kappan, 1990,71(7):526-530.

[32] Darling-Hammond L. The Future of Teaching[J]. Educational Leadership, 1998,46(3),4-7.

[33] Ground water-Smith S, Dadds M. Critical Practitioner Inquiry:

towards Responsible Professional Communites of Practice.[M]// Day C,Sachs J（Eds.）.International Handbook on the Continuing Professional Development of Teachers.Maidenhead：Open University Press，2004：238-263.

（原文载于《比较教育研究》2006年第2期，第71—76页，作者为卢乃桂、钟亚妮）

第十八章
英、法教师专业化历程的解读及其启示

教师专业化的过程是一个在特定社会、文化和历史脉络中社会建构的过程。英国资产阶级的需要推动了教学职业的专业化,也为教师自治组织的发展提供了空间;法国的教师专业化过程则是教育体制纳入国家科层的过程,国家控制了教师的培训机构、内容以及教师组织。这两种不同的社会现实的构建是两国不同脉络下不同利益群体之间互动的产物。文章认为追求教师专业化应充分考虑本国已有的社会脉络和教育文化传统,也应注重教师和其他利益相关者之间的沟通,倾听不同的声音。

一、"专业化"的澄清

我国早在1993年出台的《教师法》中就将教师的身份明确定位为"专业人士",但在笔者看来,此处的"专业人士"所指的更多是拥有一技之长(speciality)的人员,并非西方所言的专业(profession)。

专业化(professionalization),即一个职业朝成熟专业努力的过程。这就涉及到底一个成熟的专业具有怎样的特质的问题。实际上,这也是20世纪功能主义学派的努力方向。他们试图通过对一个专业的特点、角色和社会功能进行研究,以得出专业的最本质的特征。在这类研究中,医生和律师的职业特点通常被当作标准的专业特征,而一个职业试图专

业化就被人们当作是该职业希望获得像医生、律师那样的地位和收入。而要想赢得社会尊重和认可,从业人员本身需要不断更新自己的专业知识和专业技能,努力提高专业服务质量和实践标准。

因而,教师专业化可以从两个方面来理解:[1]一是教师群体努力去满足成熟的专业所拥有的各种特征,特别是其制度上的特征,如一个自治的专业共同体、一套专业知识及相应的培训机构、一套专业资格准入和授予的机制;二是教师群体努力提升专业知识和技能,即提升教师的"专业性"(professionality)。为了区分这两个方面,在如今的西方文献中,教师专业化主要指上述第一个方面;而第二个方面则被称为"教师专业发展"。

根据以上对"教师专业化"的理解,可以看出,教师专业化实际上是一个制度化的过程。[2]如果依照伯格和卢克曼(Berger & Luckmann)所认为的,制度化即"不同行动者彼此形成相互接纳(reciprocal)的习惯化互动(habitualized action)的过程"[3]来看,那么在教师专业化过程中至少涉及教师、国家、教师实践的接受者①、专业培训机构②几类行动者之间的互动。因为由谁来决定何种知识被纳入怎样的培训机构当中,谁来认可这种培训和资格都牵涉一系列的博弈过程,最终也影响到不同国家中教师所拥有或所感知到的自主权。鉴于篇幅,本文从专业中最重要的专业培训和专业自主两个角度来比较分析英法两国的教师专业化历程。

二、英法两国教师专业培训的演变

一个成熟的专业应拥有一套成体系且经过科学验证的专业知识,专业人员通过长期专业训练理解和掌握这些知识,并能将其灵活运用

---

① 鉴于教师职业的特殊性,在国家实行义务教育之后,教师服务的接受者即客户是很难确定的,家长、学生,甚至是国家都可以算是客户。

② 在不同社会、不同时期,教师培训机构也有所不同。应该说,大学作为生产知识的地方,若承担教师培训,是有利于提升教师专业地位的。这也是目前许多国家在教师专业化中的一个举措,将教师培训纳入大学。此外,这些专业培训机构的归属(即国立还是民办)也影响到教师的自主权。

到各种专业实践的场合中。[4]实际上,专业知识也是专业人员获得信任和尊重的源泉。单纯从教师专业地位来看,由大学提供教师培训是有利于提升教师专业地位的。然而在英国和法国,教师培训纳入大学的过程却是一波三折,并反映出两国教师与国家和市场之间的关系。总的来看,在法国,国家控制了教师的培训机构、统一考试和教师资格的授予,民间对教师的信任在于教师掌握着培养国家公民的知识。而英国则在其深厚的专业传统中,教师作为专业人员受到社会信任,教师培训中市场化程度也较法国更强。

(一)英国教师培训的演变

自中世纪以来,英国的学校教育多由教会举办,教师多由牧师担任,并采取师徒制培养模式,教师资格的审核也由教会控制。随着17世纪中后期资本主义的发展,开始建立新式学校,并在民间自发成立新的教师培训学院培训教师。在18世纪上半叶,中学教师的培训主要依赖这些民办教师培训学院。直至1852年曼彻斯特大学开始为在职小学教师提供夜间培训,1879年剑桥大学开始为中学教师提供课程并颁发资格证书,1883年伦敦大学也为本校毕业生及拥有相应资格证书的学生设置教育文凭考试。1890年负责起草初等教育法的克罗斯委员会(Cross Commission)提交报告要求大学开设日间培训学院,更是大大促进了大学在教师培训中的作用。至1900年,已有19所大学开设了日间培训的教育学院。《1902年教育法案》颁布后,中等学校生源的增加提高了教师的需求,大学也更多地涉足中学教师的培训。当时有许多言论赞同把教师培训放入大学,认为这样可以提升教师的专业性和地位,但师范学院对此表示不满,认为过于学术化的课程远离教学实践。[5]此后,大学和师范学院分别培训教师就成为英国教师教育中的双轨现象。

如今不同的政党对于到底该由谁来培训教师也存在着分歧。从总体上说,英国的保守党重传统的学术训练,认为教师培训应该在大学中学习学术性知识。但撒切尔夫人上台后,在教师教育中引入市场竞争机制,将教师培训越来越多地转入学校本位的培训。这种改变表面上看似乎为了关注实践,但在某种程度上也削弱了教师的学术性基础及其所拥有知识的可信任程度,[6]因而也可以看作是英国政府希望教师顺从地落实课改的一种策略。

(二)法国教师培训的演变

法国大革命之后,为了培养法国公民,由国家开办了师范学校负责培养小学教师(instituer/institutrice)。然而在19世纪,教会办学的力量仍在盛行,因此,法国小学教师的专业化的过程伴随着国家、教会、教师和家长之间的互相妥协和斗争,[7]而中学教师(professeur)则仍然以学术性知识为主,由各区的教学中心(Centres Pedagogiques Regionaux, CPR)负责培训,注重精英教育。法国教师培训中的这种小学和中学教师分开培训的双轨制度也在20世纪上半叶经由日本引入了我国。

"二战"后,法国经济有了很大的发展,为了培养更高素质的人才,在20世纪60年代,大学开始提供教师培训,为有意担任教师的学生开设职业培训课程,学生在修习本专业课程时可以选择课程总量的10%为职业培训课程。至1989年法国政府才通过成立每学区一所"大学师范学院"(Institut Universitaire de Formation des Maîtres, IUFM)负责中小学教师培训,有意从教的人员在获得大学学位和教师资格证书后再进入IUFM培训2年,培训内容由国家统一规定,体现了很强的标准特征。应该说,IUFM的成立是法国教学专业化中的一大突破,经过培训的来自不同背景的教师不仅获得了相似的学术标准,也养成了较一致的精神气质。[8]

三、英法两国教师专业自治权的演变

教师专业自主权可以体现在两个层面:一是在团队层面上,如有自治的专业组织,并由专业组织制定职业操守对专业人员进行规范、约束和纪律制裁;二是在个人层面,如专业实践者在面对任务时有权凭借专业知识进行自主行动,其工作的好坏则由同行进行评议。在一个职业专业化的过程中,专业协会的成立是必不可少的,它也保障了个人层面的专业自主。

在英国,早在19世纪中期就开始发起建立教师专业协会,负责教师注册。经过长达150多年的努力抗争,英国政府在《1998年教学和高等教育法案》中终于决定成立教学专业议会(General Teaching Council,下文简称GTC)。该组织于2000年9月1日正式投入运作。①而在法国,与英国GTC职责相当的教师专业协会却一直没有成立,国家控制着教师培养的数目、内容和考试,教师作为国家公务员,承担着执行国家所有教育政策和培养国家公民的责任。

那么为何英法两国呈现出如此不同的态势?在笔者看来,这是在两国特定历史文化脉络中不同利益团体与教师之间互动的结果。在这种互动中,教师、教学服务的接受者和国家是重要的行动者,他们之间的权利关系并不是一种简单线性的A(国家或教学服务的接受者)对B(教师)的强制和操控,而是一个复杂的互动过程。因此,分析为何英法两国教师享有不同的专业自主权,就要回溯两国教师专业化历程中行动者之间如何进行互动。

(一)英国教师专业权力的获得——市场力量主导下利益相关者的制衡

英国一直以来都有着专业参与治国的传统,强大的议会力量也鼓励专业的发展。[9]这都与其资产阶级的壮大有关。在17世纪中后期,英格兰与荷兰、法国等国家的战争造成了国库空虚,给资本家以金钱优势换取政治权力的机会,代表资产阶级利益的国会力量不断壮大,金钱的权力也由此渗透进政治领域。工业化的发展和社会分工的深化,催生了各种专业人员,如律师、会计师等。为了对抗强大的资本家(专业人员的雇佣方),这些专业人员倾向于联合起来组成专业组织,以维护

---

① 这里的英国主要指英格兰。在苏格兰,1965年就已成立GTC。

专业人员的地位和利益。

在早期资产阶级所办的学校中,教师本身也主要出身于资产阶级,一些先行者决定仿照律师、医生那样成立自己的专业组织以提高教师的专业素质和社会地位。早在1845年,一所私立学院的校长约翰·帕克(John Parker)就发起成立教师学院(college of preceptors)以作为推动建立教师专业协会的阵地,并且利用议会的力量逐渐剥夺教会授予教师资格的权力。在个人主义及密尔(John Stuart Mill)反对国家干预思想的影响下,政府也奉行对教育的不干预和放任自由(Laissez-faire)的方针。民间办学的潮流使得英国学校教育体制呈现出多样化和专业化的特征,并进一步弱化国家对教育的控制。

20世纪初英国建立国家教育体系实行义务教育后,国家逐渐加强了对教师的干预和控制,但教师群体内部试图成立"教师专业注册委员会",加强自治的呼声一直不断。因而在英国,20世纪教师专业化的历程呈现出来的是一幅教师与国家之间斗争和妥协的图景,提升教师工资待遇则成为国家缓解与教师矛盾及抑制教师呼吁自主权的主要策略。

"二战"后,随着人口出生高潮的到来和教育的扩张,教师队伍严重短缺;"人力资本理论"的提出也使得世界各国开始重视教育。"二战"后到20世纪70年代,可以说是英国教师专业自主的"黄金时期",教师获得了有限度的专业认可和自主权。[10]但这段时期也有大量不合格的人员进入教师队伍,严重影响了教师的整体形象。20世纪50年代,教师组织又开始对政府施压,正式提出应该建立GTC负责教师的注册、纪律处分、专业培训等事宜。此后政府也着手对成立GTC进行系列的论证,但随着石油危机和财政危机的到来,新上任的首相詹姆斯·卡拉汉(James Callaghan)对教师专业人员并不客气,在削减工资的同时也对教师成立GTC的呼声不予理会。

1979年保守党政府上台后,政策气候大变。特别是进入80年代后,新右派政府对教师工会有着极其不信任的态度。《1987年教师待遇和条件法案》(the Teachers' Pay and Conditions Act)减少了教师的权利,并提高消费者的选择,《1988教育改革法案》则规定实行统一课程和国家考试,并对学校表现进行排名,进一步给教师带来了极大的压力,教师不满情绪更加高涨。

此时的利益相关者群体大致可以分为如下几类:政府试图提高教育质量,满足消费者需求,并且增强国家竞争力,因此实施了一系列标准化的课程改革和教师培训;以家长为主体的教育产品的消费者,更加关注的是教育质量而非教师是否落实了国家规定的标准,纷纷通过各种形式向议会施压,希望能够提高教师专业素质;以专业人员自称,但却对自己专业权力丧失而愤愤不平、士气低落的教师,此时他们也主动联合起来致力于成立专业自治组织。这三股力量在新自由主义和新管理主义的氛围中,反而形成了合力,共同促成了GTC的成立。

2001年开始正式运行的GTC负责教师的注册,制定教师专业操守准则并对违纪教师进行纪律制裁。然而,在教学标准的制定、教师行为标准、教师培训和招募等核心问题上,GTC只有建议权,并没有最终的决策权。而这仍然是由教师专业的特殊性所决定的。

(二)法国教师专业自主权的获得——国家力量的推动

在法国,教师专业化的过程是教师与教会、家长和国家互相斗争和妥协的过程,也是法国国家教育体制科层化的过程。[11]

如前所述,大革命后新生资产阶级政权十分重视教育对培养国家公民的作用。1833年基佐担任教育部长,法国政府开始系统地干预公立学校体系,全国性的师范培训体系和公立学校监控体系逐渐建立。在这样的制度下,法国教师开始发展出对学术能力和教学技能的关注,教师也开始重塑自我形象(self-image)和身份,逐渐由教会神职人员过渡到专业人员。[12]但由于拿破仑在位时将小学教育举办权让给教会,在教会免费就读的吸引下,世俗(lay)教师所提供的教学服务缺乏竞争力。

为改变家长的观念,提高自己的社会声望,世俗教师主要采取了两种策略:一方面努力动员国家采取各种行动以限制家长对教育的控制,另一方面则积极采取行动赢取家长支持和信任。通过这两种策略,教师逐渐获得了对课堂的控制权,[13]家长甚至纷纷向教师咨询自己子女毕业后的职业选择。应该说,至19世纪末小学教师获得其公务员身份时止,地方对教育和教师的控制彻底被消除。在新的工资标准的引入下,教师的地位也有了很大提高。此外,政府还出台政策赋予教师评估新课程文本的权利并允许来自不同地区的教师每年进行若干次的集会以讨论共同的教育和教学问题。

在专业化的过程中,法国教师也试图成立专业协会,最初也获得了政府的支持。19世纪80年代一系列新式教师组织,如"教学圈"(Cercles Pedagogiques)和"教师友好协会"等(amicales)纷纷成立。这些协会进一步促进了法国教师专业化的进程,并强化了教师对自己专业身份的感知和认同。但1887年教育部长斯普勒(Eugène Spuller)上台后,认为公务员自治意味着一种无政府状态,并可能谋取私利,对工会进行了镇压。由此,教师的结社权被剥夺,直至1946年《公务员身份地位法》颁布之后,法国公务员工会(Syndicat)才正式获得法律上的承认。但法国教师工会更多是争取福利待遇,并不同于英国的教学专业议会。教师工会中的领导也由国家任命,经费由国家支付,加入工会的教师则除了在工作上更有保障外,还可以更快获得晋升,因此,教师对加入工会的积极性很高。从这个意义上也可以说,法国教师工会其实是国家对教师的更为隐蔽的控制。

尽管如此,法国教师并不打算从国家手中争取如英国教师那样所获得的专业自治权,因为国家的"保护"让他们享有不同于英国教师的权利:首先,法国教师准入门槛较高,"公务员"的身份及培养国家公民的重任使得法国教师地位声望较高,并免受家长、学校和地方行政权力的干预,课堂上有较高的自主性,而不像英国教师那样接受多方利益群体的问责;其次,法国奉行"内行管理内行"的原则,各学区的教育行政官员均由拥有多年教龄并拥有博士学位的教育专家担任,当教师面临被指控的时候也有申诉委员会保障其权利。针对法国教师对自己专业责任如何感知的实证研究也显示,法国教师对自己的角色有着清晰的界定(吃透大纲,帮助学生获得知识和发展学术能力,通过国家考试),他们甚至认为自己除了学生之外,不需要对其他人负责,哪怕是政府。[14]

四、英法教师专业化历程对我国的启示

由上所述,并不存在着一个普遍性和标准化的教师专业化的模式。不同国家教师专业化更多是一个独特社会、历史和文化情境下的社会建构的过程。然而在当前世界性教师专业化的浪潮中,各国却纷纷出台各种各样的教师专业标准,将教师的专业能力划归为可操作的标准化的知识和技能,或者照搬他国的所谓成功经验。这其实是推崇工具理性和技术认知旨趣的产物,而忽视了教育本身是一个人与人沟通的活动,教师本身是活生生的充满实践智慧的意义体,也忽略了本国长期历史积淀下来的教学智慧和教育文化。当然,笔者并非反对建立教师专业能力的相关标准,一个好的标准能够帮助教师进行合理的专业定位并引导和规范教师培训与教师专业发展。但在制定标准时,应在理清本国教师职业演变的历史脉络的基础上,澄清教师"专业"在本国究竟有哪些内涵,并且加强教师与国家和其他利益相关者之间的沟通,发出教师的声音,并通过语言理解和沟通理性的运用,协调各自的行动计划,[15]以实现教师乐教、学生乐学的最终目的。

参考文献

[1][4][6] Hoyle E, John P. Professional Knowledge and Professional Practice[M]. London & New York:Cassell,1995.

[2] 曾荣光.香港教育政策分析:社会学的视域[M].香港:三联书店(香港)有限公司,1998.

[3] Berger P L, Luckmann T. The Social Construction of Reality: a Treatise in the Sociology of Knowledge [M]. New York:

Doubleday & Company, Inc,1966.

[5] Patrick H. From Cross to CATE: the Universities and Teacher Education Over the Past Century[J]. Oxford Review of Education,1986,12(3):243-261.

[7][13] Meyers P V. Primary School teachers in Nineteenth-century France: A Study of Professionalization Through Conflict[J]. History of Education Quarterly,1985,25:1/2,21-40.

[8] Holyoake J. Initial Teacher Training: the French View[J]. Journal of Education for Teaching,1993,19(2):215-226.

[9] Tomlinson J. Professional Development and Control: the Role of General Teaching Council[J]. Journal of Education for Teaching,1995,21(1):59-68.

[10] Grace G. Teachers and the States in Britain: A Changing Relation[M]//M. Lawn & G. Grace(Eds.). Teachers: the Culture and Politics of Work. New York:Routledge,1987:193-228.

[11] Bourdoncle R,Robert A. Primary and Secondary School Teachers in France: Changes in Identities and Professionalization[J]. Education Policy,2000,15(1):71-81.

[12] Toloudis N. Instituteur Identities: Explaining the Nineteenth Century French Teachers' Movement[J]. Social Movement Studies,2008,7(1):61-76.

[14] Osborn M J, Broadfoot P M. Becoming and Being a Teacher: the Influence of the National Context[J]. European Journal of Education,1993,28(1):105-116.

[15] Habermas J. The Theory of Communicative Action[M]. Boston: Beacon Press,1984.

(原文载于《比较教育研究》2010年第2期,第64—68页,作者为卢乃桂、叶菊艳)

第十九章
规限的专业性:中国香港及内地教师评鉴工作比较

中国香港及内地在20世纪90年代末起均积极推动教育改革,以发展优质/素质教育为主要的发展方向,以期培养适切的人才,提高两地的国际竞争力。基于此,两地均强调课程改革,引入新的教学法,如专题研习/研究性学习,强调问责性的评核机制。面对教与学的种种改革,教师的工作出现了新的转变及挑战,本文比较两地在教改情境下,如何透过教师评鉴保证及提升教育质素,两地教师如何以不同策略做响应,呈现两地教师在工作评鉴下的处境。

一、教师专业性及其相关讨论

有关教师专业性的讨论,是指与教师专业相关的成员如何看待专业性的内涵,他们如何通过话语及行动,不断关注及讨论教师工作的处境。[1][2][3]对于教师专业性这一概念,不少学者提出这是一个由社会所建构恒久转变的状态。[4][5][6]赫尔斯拜(Helsby)和迈科络(McCulloch)认为教师专业性在不同时期被不断地予以新的定义。[7][8]这一概念被过去及现在的意识形态、政策及其实施所形塑,呈现出多元及情境化的度向。[9]

霍伊尔(Hoyle)认为与专业性相关的议题应包括社会功能、知识、前线工作者的自主性、集体自主性及专业价值。[10]哈格里夫斯(Hargreaves)认为近年来有关教师专业性的讨论围绕着专业技能及社会地位作基础。[11]赫尔斯拜和迈科络则提出专业性关乎教师的职业地位及声望,指的是教师有能力去控制及发展有助于学生发展的知识及行动。[12]弗隆(Furlong)则进一步把专业性的讨论归类为三个方面:首先是专业知识,是指与教学相关的一系列知识;其次是责任及权威,是指教师对于学生的责任及对工作的控制权;[13]最后是自主性,是指教师在工作中的自主性。本文有关专业性的度向,亦将建基于弗隆的理解。

近年来,在全球化及管理主义的主导之下,有关教师专业性的讨论日益强调问责性,[14]服从于复杂的产出检测,高度依赖量度表现的指针。这种论述压抑了教师批判性思考及反思的发展。[15]其他相关论述,尤其是教师所重视的工作自主性、学生的关顾等均被边缘化。[16]

在以上强调问责以及国家主导的过程及产出标准下,教师工作密集性成为教师工作的主要特质,[17][18][19][20]这冲击着教师的工作士气,[21]不少教师感到挫败及士气低落。对于日渐强化的政府管制,拜克(Beck)称之为"被管治的专业"(governmental professionalism),[22]但艾闻斯(Evans)却认为教师的专业性应透过他们的实际工作过程予以体现,她主张实践的专业性(enacted professionalism)。[23]到底教师的工作是在规管下越来越非专业化,还是可以通过实践工作重新体现,仍是个争论不休的话题。

近年,有关教师专业性的争论主要围绕"非专业化"(deprofessionalization)、"再专业化"(reprofessionalization)及"多元取向"而展开。[24]自20世纪80年代始,不少学者提出教师非专业化的趋势。他们认为在教育改革下,教师的工作出现非技术化及高度密集化的趋势,教师被视作企业的工人。[25]近年各国的教育改革普遍存在对教师不信任的现象。[26][27][28][29]面对众多外界的监察,教师的专业性被贬。[30][31]斯迈丝(Smyth)和夏克劳克(Shacklock)提出了"被期望的(preferred)教师",指的是教师服务于消费者的需要、满足于政府预设的表现。教师变成

被规范下的"技术员",他们的工作被分割成众多精细定义的小部分,以便于外界问责。[32][33][34]

部分学者在近几年的研究中,则发现部分教师经过一段时间适应了教育改革措施后,出现再专业化的现象。[35]奥兹加(Ozga)和劳恩(Lawn)认为视教师专业无产阶级化是过度简单化教师的专业性,亦忽视了教师的自主性以及他们抗衡教育改革政策的主动性。[36]戴(Day)的研究亦指出,尽管教师的工作近年受效益理性所宰制,削弱了教师的自主性,[37]但也有一些教师主动保护他们的真实自我(substantive self)。[38]在一段时间适应了教改的要求后,教师能策略地重新定义工作,使他们重视的价值及身份得以维持。[39][40][41]

部分学者则持多元取向,认为在教育改革背景下,有的教师感受到被非专业化,有的教师则能从中找到自主空间。斯迈丝也提出由上而下的教育改革政策对于大部分教师而言是非专业化的现象,仍有少部分教师经历了再专业化的过程。[42]不同的时期、不同的情境,教师对于由上而下的教改政策对其专业性的影响都有不同的看法。

综上所述,学者们对于教师专业性的争论不休,既然教师专业性是一个社会建构的概念,在不同时期、不同的社会情境会有不同的理解,本研究把教师专业性的讨论放在香港与上海两地同时强调教育改革的特定情境下,透过探讨两地的教师评鉴机制,试图响应有关教师专业性的讨论,并提出有关政策建议。

二、香港与内地教育改革的政策情境

综观两地近期教育改革的重要政策,不难发现存在不少共通的地方。首先,面对全球化的现象,教育改革的目的是提高国际竞争力。香港在最近的教育改革文件中提出"世界正经历着前所未有的变化……全球一体化的趋势对香港构成很大的挑战……在这样的大变动之中,每一个人都需要迎接新的挑战"[43]。在内地方面,近年经济发展迅速,成为全球发展的热点,教育被视为国家现代化发展的基石。[44]如何通过教育改革提升国家的竞争力,成为两地共同关心的议题。

同时,两地均以提高教育质素为主要目的。香港发表了优质教育的报告书,期望通过落实这一计划,推广学校质素文化,鼓励学校追求卓越,改善教育质素。[45]在内地方面,自1996年起提出素质教育的构思并开始有计划、有步骤地实施从应试教育向素质教育转轨,积极推行一系列改革,扭转只重学科分数的片面培养观,着眼于促进每个学生的发展,以综合素质提高和教育教学的整体效果全面、合理、科学地评价教育质量。[46][47]

两地均强调以教师专业发展作为教育改革的核心。在香港方面,高中新学制及课程的改革文件中明确指出,为配合新高中课程,教师须提升专业能力,教师被视为主要的改革促进者。[48]在内地方面,教育部也发表关于大力加强中小学教师培训工作的意见,确定教师在素质教育改革过程中扮演着重要角色,要积极提升教师质素,努力造就一支高质素、专业化的教师队伍[49][50]由此足见两地对于教师专业发展的重视。下文将循两地如何通过教师评鉴提升教学质素做讨论。

三、形式化的教师评鉴

在评鉴指针方面,香港的教师评鉴制度基本上是校本的,故此,不同学校有不同的指针。师资师训委员会曾提出教师能力指针,把教师的能力分割成具体的技能,但学校少有引用,故此,讨论香港学校的教师评鉴,宜从个别学校的案例中做分析。[51]本研究以香港的HKA校和HKB校为例,据它们的教师工作表现评核表所见,教师的评鉴以教学为主,其中HKA校会兼评教师在其他工作方面的表现,如训导、辅导、课外活动等,视乎教师参与哪一项工作。其中教学工作,两校均有独立的观课表,反映两校均非常重视教师的课堂教学表现。

在内地方面,教师的评鉴主要是评价教师在"德、能、职、勤"四方面的表现,然而,不同学校对于这四个方面的诠释可能不尽相同。但大体而言,"德"指的是教师的职业道德,即要求教师具有端正的教学思想,个别学校可能明确指出尊重国旗、严肃参与升旗典礼。"能"指的是在学期内教师能完成教学任务,完成学校的各项工作,不会对学校的各项检查造成负面影响,如备课充分细致,批改作业认真,听课、家访、辅导及各业务工作记录齐备,确保期末考的学区排名等。部分学校把教师的科研文章及各项比赛的奖项均列入其中。"勤"是最简单的一项,指的是有没有迟到、早退、缺课等记录。"绩"则明确指各公开试成绩、学区统考、高考等,部分学校把学生各类竞赛得奖也列入其中。对于四个方面的比重,各校不尽相同,笔者比较了数所学校的评鉴标准及比例发现,大部分学校均以清晰的分数评核教师的表现,如CMA校以1 000分为总分值,绩占700分,德占100分,能占100分,勤占100分,明确反映了各公开试成绩在教师工作评鉴中的重要位置。

2008年,国务院颁布《关于义务教育学校实施绩效工资的指导意见》,规定70%的工资属基础性部分,标准由政府确定,按月分发。由于是学校自行决定30%绩效工资的部分,不同学校可能有不同的方案。绩效工资的部分多关注教师能否认真完成常规的工作及公开试表现。[52]部分地区则扣除教师工资的30%待绩效评估后再做第二次分配,故不少教师戏称是"拿自己的钱奖自己"。[53]不少校长反映,"教师的工作不像工人生产产品,无法计件,不好量化",教师的职业道德、育人效果等也没有量化指针。[54]

在操作方式方面,两地均主要是由上而下的,以校长、副校长及科主任的考核为主。在香港方面,主要是校长、副校长及科主任每年对教师做一至两次观课,对于教师课堂表现做出评断。至于教师整体的工作表现,则主要是由科主任撰写他们在科内的工作报告,然后与教师面谈,一般而言,教师少有提出修订。偶有教师提出修订,对科主任而言是很大的挑战,反映出双向协议并非常用的模式。

在内地方面,亦是以领导评价为主,[55]部分学校可能引入同事评价及学生评价,但研究显示,后两者并非主流。[56]不少学校组成考核评比小组,由校长、副校长、教务处负责人、教研室负责人等组成。[57]教师认为评鉴结果主要是由学校领导组成的考评小组做出,部分学校甚至不向教师具体告之评价的结果,教师普遍感到评价制度缺乏透明度,更谈不上对评价政策的制订与实施的参与。[58][59]

在发展取向方面,香港师资师训委员会提出教师能力指针,把教师的能力分割成具体的能力,是典型的把教师视为技术工人,其能力可分割成细化的趋向。[60]内地方面,教师评鉴似有进一步标准化的倾向。2011年内地试点教师职称制度改革,教师每5年一次定期注册考核,不达标者退出教师队伍。[61]部分教育界人士认为,首次建立教师退出机制,让愿意从教、有能力从教的优秀教师进入教师队伍,具有积极意义。同时也可能促使保守的教师改一改多年不变的教案,在教学上做出转变。[62]两地的改革,无论是教师能力标准的制定,或者是五年一次的重新考核,都反映了对于教师的管治,日趋强调割裂的技能与政府管治。

四、公开试成绩、获奖与行政表现

上文描述了两地教师评鉴的主要方向及指针,然而,无论是香港的粗略评估,还是内地越来越细化的评核标准,两地教师心里都很明白,教师年度评核只是形式化的活动,对于他们的升迁影响其实不大。[63]在实际工作层面,自有相同与不同的因素影响教师的升职。

首先,公开试成绩成为评价教师工作的重要标准。在香港方面,自从教育统筹委员会1997年提出优质教育的主张,并在报告书中大力提倡增值的观点。学校对于每一学科能否增值的关注度都非常高,部分学校在外墙拉起大型海报宣传各科的增值表现,充分反映公开试成绩对于教师工作的重要性。教师倘在公开试成绩负增值,结果是在全体教职员会议中被公开该科表现,另要单独面见校长做检讨或批评。庆幸的是,在香港公开试成绩未与教师的升职或工资挂钩。但公开比较与批评以及面谈检讨,亦足以牵动香港教师的心灵。

在内地方面,公开试成绩是教师众多工作表现指针最重要的影响因素。[64][65][66][67][68][69]教师的公开试成绩与他们的奖金收入挂钩,故此,无论教师的评鉴体系如何多元或仔细,在一线工作者心中,学生的公开试成绩都是评断教师工作表现的最重要指针。[70]笔者多年来在内地的田野工作研究显示,即使在近年的新课程改革中,鼓励教师以学生为中心的活动教学,教师以两种课堂手段努力保住公开试成绩。亦即是在公开课或领导来观课时,以课程改革的口号,即学生为中心的活动教学取向展示教学。在日常的课堂中,则仍以旧的单向教学法操练考试成绩,公开试成绩牢牢牵引着教师的工作方向。[70][71][72]

在香港方面,对于教师的升职,教师在行政组别中的行政表现占最重要的位置。一般而言,教师的升职由校董会决定,获得升职机会的教师,都是在校内的行政组别中已具备一定年限的行政经验及贡献。如中、英、数等主科的科主任,其他科的科主任多必须兼任其中一个行政组别的组长,如训导组、辅导组、课外活动组、职业辅导组等等。经验所见,香港教师的升职机会与他们的课程教学表现或公开试成绩没有明显的关系,他们在个别行政组别的行政能力表现,反而是判断他们工作能力的重要层面。故此,有升职机会的教师一般都清楚了解应把工作精力大部分花在行政工作上,只要教学不出大问题,一般都不是重要的关注点。

在内地方面,教师在不同比赛中的获奖,不同层级骨干教师的荣誉,都深深影响教师的升职机会。据笔者在内地多年的田野工作所见,教师的获奖成为他们升职的重要资本。各类型的比赛,如基本功大赛、示范课比赛等,尤其是不同层级的骨干教师比赛,成为教师们竞逐的重要资本,直接影响教师的升迁。故此,不少骨干教师花了很多时间与精力准备各种公开课比赛。这些在多方合作下栽培出来的教师领导(teacher leader),被期望对于该校的其他教师发展起辐射作用,亦即是骨干教师作为教师领导,在校本的教师发展计划中,起着领导其他教师进行专业发展的重要作用。然而,被访者告知笔者,骨干教师的精力多集中于参与不同层级的比赛,在层层比赛之后,他获取的骨干教师层级越高,对于学校而言,是一种荣誉;对于他个人而言,亦对于升职有重要的帮助。但在实际的学校工作中,他们甚少把注意力放在校内,多把注意力放在区或市一级,以获取更高的荣誉,这些骨干教师在区/市一级的活动能力越强,所累积的社会资本越高,则获取更高一级荣誉的机会更大,学校一般都予以支持,对于他们在校内的角色,反而不太关注。故此,政策期望这些骨干教师对于校本教师专业发展所起的领导作用并非真正发生。[73]

由此可见,除却公开试成绩以外,两地对于教师升职的条件因素,其重心有不同的倾向,教师的课堂教学表现未必是教师升职的重要考虑,很大程度上,它只是一种历史上由来已久但偏向于形式化的评鉴方式,两地教师心中很清楚,时间及精力的安排应放在什么地方才能为自己的工作带来更好的发展机会。

五、规限的课堂教学

虽然教师的教学表现未必是影响教师升职的主要考虑,然而,课堂教学作为两地教师工作的核心,仍存在明显的由上而下统一化的倾向。在香港方面,教师的课堂教学一般都是由校长、副校长、科主任每年的观课考核以保证质素。原来各校有不同的评课表以评核教师的课堂表现,但自从教育局开展学校表现评量(俗称自评外评)以来,学校的课堂教学评核渐趋统一化。梁建新的研究显示,学校在被通知将接受学校表现评量以后,大多会积极访寻该表现评量中外评小组使用的评课表。[74]一般而言,学校自被通知将于三年后做学校表现评量,各科组内的观课,即放弃原来校本的评课表,改以学校表现评量的观课表为准则。基于此,香港学校的观课表渐次出现了统一评课取向的倾向。

学校准备教育局的学校表现评量一般为期三年,前面两年多时间主要做学校自评,按教育局制定的评核标准,评估学校自己的表现,最后一周是教育局外评小组到校做外评,其中包括观课及检查相关文件报告等活动。在整个学校表现评量过程,外评小组的评价凌驾于学校自评之上,也即是说,外评的评分成为学校表现评量的最后决定。梁建新的研究显示,个案学校 HKC 在外评小组到访前,科主任会组织组长开会,商讨选择什么课题较有利于外评组来观课时获取最理想的成绩。[75]笔者的田野观察显示,为获取最佳成绩,有经验的科组长会特别提醒组员在外评小组观课期间,充分体现评课表的主要要求。外评小组由于其评课及走访学校的形式所限,有可能他们只观察 15 分钟便转往其他地方做观察。深具经验的教师指出,该评课表有四个重心,分别是信息科技教育、师生互动(包括生生互动)、公民教育及照顾个别差异。故此,他们指出,教师的课堂教学要获得优秀的成绩,就必须注意在外评小组观课的时间内,即使是 15 分钟,都能体现出以上四个重点。故此,近年不少科主任在教师的观课活动中,均强调必须具备信息科技教育及师生互动、生生互动的元素。

尽管部分教师视外评小组的观课是一场表演,会尽量配合他们的要求,外评过后,他们又回到自己原来的教学模式。然而,不少学校为下一轮的学校表现评量做准备,都会持续地以学校表现评量的评课表来评核教师的工作。笔者在 HKD 校观察所见,各科除持续使用学校表现评量的评课表外,校长、副校长及科主任均强烈要求教师的课堂须具备师生互动、生生互动的元素。未能配合者一般都评价较低,在这种大趋势下,教师们的教学取向都必须臣服于学校表现评量评课表的权威之下。

在内地方面,课堂的评鉴必须与近年来课程改革要求的以学生为中心及活动教学的取向相配合。笔者的田野工作所见,各参与者,如教研员、校长、教务主任、科主任及教师均指出课堂表现评核必须符合新课程要求。然而,笔者在广东省的研究所见,不少教师在经历了第一轮为期三年的新课程改革后,指出对于课改要求的以学生为中心及活动教学充满了疑问,到底活动教学到什么程度才是合适的?过多的活动会否影响学生对知识的掌握？教师理解的活动教学往往被教研员批评，甚至有些教研员规定教师的课堂教学串讲比例不能超过25%，到底怎样才是活动教学合适的度？当学生参与活动很愉快时，如何确保他们掌握充分的知识以致在公开考试中不落后？一连串的问题使教师心中布满了问号。然而，配合中央实施的课程改革是硬道理，故此，不少校长、教务主任、科主任及教师均指出，对公开课，他们会以新课改的标准评鉴及准备课堂教学，但在日常的课堂中，教师们仍多是以原来的方式教学，以确保学生的公开试成绩。笔者在北京的田野工作观察到的是更明显的前者取向，亦即只有在公开课体现新课改的精神，日常课堂仍是以传统方式保障公开试成绩。

在职业学校，课堂教学的规范化更明显，由于政策要求职业教育必须重视动手能力的培养，这里的动手能力指的是非常狭隘的操作能力，如打字速度、拉电线是否平直、是否懂得捧餐盘等等。尽管教师未必认同狭隘的动手能力对于学生终身学习及工作发展有帮助，但官方政策的要求是无可选择的。无论是口头上或是实质课堂教学上都要认同甚至服从训练学生动手能力的取向。由此可见，两地教师的课堂教学，在官方政策的主流论述之下，都无可选择地走上统一化的倾向。[76][77][78][79][80]

六、结　论

由两地教师评鉴工作的现状与发展趋向所见，量化指针及割裂的技能成为两地教师评鉴的主要特征，两地教师工作呈现出非专业化的现象。[81][82][83][84]教师被视为可被量度的技术员，[85][86][87]教师的工作朝着官方期望的取向发展。[88]

值得注意的是，两地教师的升职与课堂教学表现相关度不高，公开试成绩、教师比赛获奖以及行政工作表现，才是教师升职的主要影响因素。有经验的教师心中明白，把时间精力放在行政工作方面、操练公开试、积极参与各种教师竞赛,才能确保他们工作上的发展机会。此等评核标准均影响着教师们放在实质教学上的时间与精力。虽然升职与课堂教学表现关系不大,然而,两地教师的课堂教学明显受官方的期望所牵引,教师们别无选择,在多重学校质素保证机制之下,服膺于官方的要求。两地教师在重重质素保证及评鉴机制之下,呈现出明显的"规限的专业性"。

教师评鉴制度如何改变现时由上而下的模式,平衡质化与量化的度向,让教师有更多的参与,升职制度更多考虑教学的表现以及对校本教师发展的贡献,给予教师更大的专业自主空间,真正赋权教师,发展教师领导,让教师有更大的再专业化空间,这些都是两地教师专业发展值得进一步思考的方向。

参考文献

[1][4] Hanlon G. Professionalism as Enterprise: Service Class Politics and the Redefinition of Professionalism[J]. Sociology, 1998,32: 43-63.

[2][24][30] Webb R, et al. A Comparative Analysis of Primary Teacher Professionalism in England and Finland [J]. Comparative Education, 2004, 40(1):83-107.

[3] Stronach I, et al. Towards an Uncertain Politics of Professionalism: Teacher and Nurse Identities in Flux[J]. Journal of Education Policy, 2002, 17(1):109-138.

[5] Whitty G. Making Sense of Educational Policy Studies in the Sociology and Politics of Education[M]. London: Paul Chapman Publishing,2002:64-78.

[6] Helsby G, McCulloch G. Teacher Professionalism and Curriculum Control[M]. Goodson I. Hargreaves A (Eds.). Teachers' Professional Lives. London: Falmer. 1996.

[7] Helsby G. Multiple Truths and Contested Realities: the Changing Faces of Teacher Professionalism in England[M]//Day C, et al. (Eds.) The Life and Work of Teachers: International Perspectives in Changing Times. London: Falmer Press,2000:93 - 108.

[8][15][20][35][42] Smyth J. Teachers' Work in a Globalizing Economy[M]. London: Falmer Press, 2000.

[10] Hoyle E. Teachers as Professionals[M]//Andeson L (ed.). International Encyclopedia of Teaching and Teacher Education. Oxford: Elsevier Science Ltd.,1995:11 - 15.

[11] Hargreaves A. Changing Teachers, Changing Times: Teachers' Work and Culture in the Postmodern Age [M]. London: Cassell,1994.

[12] Hargreaves A, Goodson I. Teachers' Professional Lives: Aspirations and Actualities[M]//Goodson I F, Hargreaves A (Eds.). Teachers' Professional Lives. London: Falmer Press, 1996.

[13] Furlong J. Reforming Teacher Education, Re-forming Teachers: Accountability, Professionalism and Competence[M]//Philip R, Furlong J (Eds.). Education Reform and the State: Twenty-five Years of Politics, Policy and Practice. London: Routledge Falmer, 2001.

[14][16][31] Smyth J, Shacklock G. Re-making Teaching: Ideology, Policy, and Practice[M]. New York: Routledge, 1998.

[17] Helsby G. Changing Teachers' Work[M]. Buckingham: Open University Press, 1999.

[18][28][85] Apple M. Teachers and Texts: a Political Economy of Class and Gender Relations in Education[M]. New York and London: Routledge & Kegan Paul,. 1986.

[19] Ball S. Staff Relations During the Teachers' Industrial Action:

Context, Conflict and Proletarianisation[J]. British Journal of Sociology of Education.,1988,9(3): 289-306.

[21][37] Day C. Stories of Change and Professional Development: the Cost of Commitment[M]//Day C, et al. (Eds.). The Life and Work of Teachers: International Perspectives in Changing Times. London: Falmer Press, 2000:109-129.

[22] Beck J. Governmental Professionalism: Re-professinalising or De-professionalising Teachers in England[J]. British Journal of Educational Studies, 2008,56(2):119-143.

[23] Evans L. Professionalism, Professionality and the Development of Educational Professionals[J]. British Journal of Educational Studies, 2008, 56(1):20-38.

[25][36][82] Ozga J, Lawn M. Schoolwork: Interpreting the Labour Process of Teaching [J]. British Journal of Sociology of Education, 1988,9(3):323-336.

[26][83] Harris K. Teachers and Classes: a Marxist Analysis[M]. London: Routledge and Kegan Paul,1982.

[27][84] White R. On Teachers and Proletarianisation[J]. Discourse, 1983,3(2):45-57.

[29][40] Troman G. The Rise of the New Professionals? The Restructuring of Primary Teachers' Work and Professionalism [J]. British Journal of Sociology of Education, 1996,17(4): 473-487.

[32][86] Ozga J. Deskilling a Profession: Professionalism, De-professionalism and the New Managerialism[M]//Busher H, Saran R (Eds.). Managing Teachers as Professionals in School. London: Kogan Page,1995.

[33][87] Menter I, et al. Work and Identity in the Primary School

[M].Buckingham：Open University Press，1997.

[34][88] Richards C. Primary Education：at a Hinge of History[M]. London：Falmer Press,1999.

[38] Nias J. Primary Teachers Talking：a Study of Teaching as Work [M]. London：Routledge,1989.

[39] Woods P. Adaptation and Self-determination in English Primary Schools[J]. Oxford Reviews of Education，1994，20（4）：387-410.

[41] Helsby G. Defining and Developing Professionalism in English Secondary Schools[J]. Journal of Education for Teaching，1996，22(2):135-148.

[43] 教育统筹委员会.终身学习全人发展香港教育制度改革建议[Z].香港:教育统筹委员会,2000.

[44][50] 教育部.国家中长期教育改革和发展规划纲要(2010-2020年)[Z].2010.

[45] 教育统筹委员会.教育统筹委员会第七号报告书:优质学校教育[Z].香港:教育统筹委员会,1997.

[46] 中共中央、国务院.关于深化教育改革全面推进素质教育的决定[Z].1999.

[47] "素质教育的概念、内涵及相关理论"课题组.素质教育的概念、内涵及相关理论[J].教育研究,2006(2).

[48] 教育统筹局.高中及高等教育新学制——投资香港未来的行动方案[Z].2005.

[49] 教育部.教育部关于大力加强中小学教师培训工作的意见[Z].2011.

[51][60]师资师训委员会.学习的专业 专业的学习:教师专业能力理念架构及教师持续专业发展[Z].2003.

[52] 陈跃红.怎样把握好绩效考核的"度"[N].中国教育报,2011-

[53] 康劲.教师初尝绩效工资 为何拿自己的钱奖励自己[N].工人日报,2010-01-22.

[54] 教师绩效工资改革有褒有贬量化分配难执行[OB/OL].半月谈,2010-01-13. http://news.jyb.cn/basc/xw/201001/t20100112_335161_1.html.

[55] 张华龙,刘新华.中小学教师评价研究的梳理与反思[J].现代教育科学:普教研究,2010(1).

[56] 汪翠琴.基础教育评价机制的现状与改进[J].教学与管理,2009(21):9-10.

[57] 徐捷.中英中小学教师绩效评价比较研究[J].比较教育研究,2007(7):67-72.

[58] 候定凯,万金雷.中小学教师评价现状的个案调查——从促进教师专业发展的角度[J].教师教育研究,2005(5):49-53.

[59][65] 赵敏,刘胜男.传统文化在教师评价中的现实表征及超越[J].教师教育研究,2011(2):49-54.

[61] 彭薇,李爱铭.在职老师五年进行注册考核,是激励还是增负?[N].解放日报,2011-10-19.

[62] 教师定期注册考核引争议考核能考出好老师吗?[N].光明日报,2011-10-17.

[63] 田爱丽,张晓峰.对现行中小学教师评价制度的调查与分析[J].教育理论与实践,2004(3):26-30.

[64] 刘永然.新课程背景下中小学教师评价探析[J].课程教材教学研究(小学研究),2010(5):11-12.

[67][70][71] Lai M, Lo N K. Teacher Professionalism and Educational Reform: the Experiences of Hong Kong and Shanghai[J]. Compare, 2007, 37(1):53-68.

[68][72][74][76] Lai M. Teacher Development Under Curriculum

[65] Reform: a Case Study of a Secondary School in the Chinese Mainland[J]. International Review of Education, 2010, 56(5-6):613-631.

[66] Liu S, Teddlie C. A follow-up study on Teacher Evaluation in China: Historical Analysis and Latest Trends[J]. Journal of Evaluation and Education, 2005:18.

[69][73] Lo N K L, Lai M, Chen S. "Performing to Expectations": Teacher Dilemma in East Asia and in Chinese Societies[M]//Day C (ed.) The Routledge International Handbook of Teacher and School Development. Routledge, 2011:19-32.

[75] 梁建新.从权力关系的角度看学校表现评量对教师工作的影响[D]香港:香港中文大学,2008.

[77] Lai M, Lo N K L. Decentralization and Social Partnership: the Development of Vocational Education at Shanghai and Shenzhen in China[J]. Educational Research for Policy and Practice,2006, 5(2):101-120.

[78] Lai M, Lo N K L. Perceived Workplace Competencies at Three Sites in the Chinese Mainland[J]. Journal of Vocational Education and Training, 2008,60(2):189-204.

[79] 黎万红,卢乃桂.中国乡镇职业教育——两个广东乡镇发展经验的比较研究[J].教育学报,1996,24(1):25-42.

[80] 黎万红,卢乃桂.教师对职业教育的看法:上海市及深圳市发展经验的比较[J].教育发展研究,2003(10):44-48.

[81] 黎万红,卢乃桂.从青少年的角度探讨上海市及深圳市职业教育的发展[J].青年研究,2003(8):31-39.

(原文载于《教育发展研究》2012年第15/16期,第44—50页,作者为黎万红、卢乃桂、乔雪峰)

第二十章
教育改革及中国香港和内地的教师专业发展

自20世纪90年代开始,中国香港和内地的学校教育系统已经历过一浪接一浪的教育改革,而两地的学校和教师则需要不断地迎接改革的挑战。繁多的改革措施不只要求教师改变其习以为常的教学范式,更驱策他们扮演改革者的角色,参与甚至领导校内改革的非教学工作。

本文从教育改革的角度探讨香港和内地的教师专业发展问题。讨论将集中于情境因素对两地的教师工作和教师专业发展方向的影响。讨论范围将包括在社会、社区、学校系统、学校及课室中呈现的情境因素,及这些因素如何影响教师的工作和教师发展。本文亦将探讨影响教师专业自主性的主导意识及权力形态,并指出,当专业权威呈弱势甚或不存在时,有关的改革措施将以由上而下的方式施加于教师身上。无论社会的情境如何转变,教师的专业发展及教师教育的方向将不断受制于行政指令及官僚体系。在这种情况下,教师专业的保守性将会是在充满忧虑及低沉的士气中不断做自我延续。教师的专业发展只会被视为一种狭隘的知识增长及技能上的改进。检视两地的情况,教育改革乃建基于一种"不足的教学模式",即只肯定教师的知识、技能及素质上的不足,却没有让他们在专业上获得真正的发展。

一、前　言

近年,很多地区投入大量资源以改善教师教育,视教师为教育改革的一个极重要的因素,所有社会皆期望教师可以有能力提供良好的学习环境以引发学生的好奇心、独立自主能力及智性发展。教育品质的改善，实有赖改善教师的招募、培训、社会地位及工作环境。教育界还认为必须培养教师具备适当的知识、技能、个人特质、专业发展的动机，以达到民众对教师的期望。[1]

无论我们视教师为工艺匠、技术工人或专业人士[2]，他们却因为其特定的角色，而获得一定程度的信任和尊敬。现代教育引入了标准化的课程及清晰的教育发展阶梯，普及教育政策进一步使学生的成分趋于复杂，促使教育多元发展。教育的复杂性使教师的工作变得更为分化，要面对的问题更多。所以，教师必须在专业上有所成长，才能改善工作素质。

专业的成长影响教师各方面的表现。近年有关的研究多从教师发展（teacher development）的角度讨论教师的专业成长。教师发展包括课堂教学及其以外的工作范畴，如学科教学组（subject department/panel）、学校与社区等。系统化的教师发展将有助于丰富教师的知识、改善其教学技能、强化其判断能力，以增强他们对于学科教学组、学校发展及教师专业成长的贡献。[3][4][5]

Hargreaves 和 Fullan 从三个不同的取向探讨教师发展与教师教育的关系[6]：首先，教师发展可被视为知识及技能的改进，如增进自我了解、改善工作的生态环境等；其次，是协助教师反省教学上的实用知识，以期转变他们的教学行为；再次，透过发展真正的合作性学校文化，赋权（empower）予教师，以改善他们的工作环境。以上三个取向的关注点，是如何改善教师的"教学机会"，进而改善学生的"学习机会"。

然而，影响教师发展的因素是纷繁复杂的。个人层面的因素可包括教师个人的认知发展、所处的工作发展阶段、改善工作的毅力、挫败感、投入感、期望及实践动机等。情境因素如社会人士对教师及教学的看法、学校系统的素质保证机制、学校文化及领导风格、学科教学组（subject department/panel）内的同僚关系、课堂的教与学环境等，均影响着教师的发展。不同类型的师训课程及一些中介措施,如新老师培训、在职培训、视学、评估、同僚互助计划或自主学习等项目,同时影响着教师发展。教师发展可说是一个朝向更专业化发展的持续转变过程。

本文将探讨香港及内地的教师发展问题,有关讨论将集中于情境因素对两地的教师教育及教师专业发展路向的影响。讨论范围将包括在社会、社区、学校系统、学校及课室中呈现的情境因素如何影响教师的工作和发展。本文亦将探讨影响教师专业自主性的主导意识及权力形态。本文指出,当专业权威呈弱势甚或不存在时,有关的改革措施将以由上而下的方式施加于教师身上。无论社会的情境如何转变,教师的专业发展及教师教育的方向将不断受制于行政指令及官僚体系。在这种情况下,教师专业的保守性将会是在充满忧虑及低沉的士气中不断做自我延续。教师的专业发展只会被视为一种狭隘的知识增长及技能上的改进。检视两地的情况,教育改革乃建基于一种"不足的教学模式"(deficit model of teaching),即,只肯定了教师的知识、技能及素质上的不足,却没有让他们在专业上获得真正的发展。[7]

二、教师与教学

香港和内地同时经历着急速的社会转变。经过 150 年英国殖民统治后,香港在 1997 年回归,正处于一种政治调适的过程。在内地,最明显的转变是经济上尝试转向"市场经济"发展。

强迫教育政策的实施使在校学生的成分更趋复杂化。香港的教育界期望教师能照顾不同学生的多元需要,营造理想的教学环境引导学生学习,辅导学生成长,与同僚及家长合作,并实现近年纷繁的教育改革措施。内地的教育界则期望教师能解决普及教育所带来的各种问题。与香港相比较,内地对教师的个人素质的要求更高。1991 年的守则列明,教师须具高度的道德及政治意识,对社会主义表现忠诚,公平及耐心地对待学生,并尊重家长及自己的职业。守则在 1997 年做重新审订,进一步肯定上述的要求。

首先,两地教师的社会地位相对而言是相当高的。在香港,一项比较不同行业从业员的收入及受教育年数的研究发现,在 153 项职业中,大学教师排行第五,中学教师排行第十三,小学教师排在第二十五。[8] 在北京,一项调查(访问 1 632 人)发现,在 50 项职业中,大学、中学、小学教师的地位也相当高。大学教师排行第三,中学教师排行第九(两者均较排行第十的高级官员高),小学教师排行第十三(较排行第十八的运动员和排行第二十二的艺员为高),[9] 反映出两地教师相较于其他行业的社会地位亦不算低。

有趣的是,即使教师的社会地位不低,却只有少数人愿意投身这一行业。在香港,尤其当经济繁荣之际,无论教师初入行的薪酬有多高,工作稳定性多大,著名大学的毕业生投身教育界的人数却不断下降。相对于商界,教师行业的晋升机会确实较少,薪酬的增幅也较窄。在内地,教师行业一般被视为次等,参与者皆为学业成绩稍逊,而又没法找到更理想的工作的毕业生。在北京,一项对 3 000 名非师范学院学生进行的调查显示,其中只有 3.7% 的人愿意投身教育界,有 48.9% 的学生却希望投身商界及从事有关外贸的工作。[10]

其次,在薪酬方面,教师的工作可说是获得了一定程度的肯定。在中国,法例列明教师的薪酬必须与公务员相等。[11][12] 在经济困难时期,两地教师工作的稳定性进一步备受肯定。就学生问题而言,相对于西方社会,两地教师所面对的问题并非年轻怀孕、暴力和吸毒,而只是围绕在学业欠佳、行为偏差及破碎家庭等问题上。

在这种情况下,社会环境仿佛是有利于教师专业发展的。然而,政府由上而下地推动各项教育改革,却未必能实在地改善教育素质。当学校要不断地在政令下进行被动的改革,其成效应是相当有限的。香港及内地的经验正好说明这种情况,下文将进一步做阐述。

三、"优质教育"与学校系统的改革

(一) 香港教育系统的改革措施

在1996年,香港教育系统由1 095所政府教育署管辖的中小学组成,当中有近900 000名学生,超过42 000名教师。在教师群中,小学教师占19 000人,中学教师占22 000人,其中超过1 000名教师服务于特殊教育学校。[13]1990年初,政府推出了一系列的教育改革措施,以改善教育系统中的各种问题。[14][15][16][17][18][19][20]

在香港,教育改革的目的是在学校教育系统中提供优质教育。为发展优质教育,香港可谓处于多重的吊诡当中,这包括在改革过程中同时出现精英与平等的教育观念、保守与人道化的教学模式、管理上的权威与民主、官僚的操控与专业的自主等多种矛盾。这种吊诡的体现,莫如一方面成立优质教育发展基金(提供50亿的基金支持学校的教育改革)以鼓励富有创意的改革项目出现,而另一方面却由教育当局在学校系统中开展"素质保证视学"(Quality Assurance Inspection)。

林林总总的改革新措施增加了教师的工作负担及挑战。部分改革措施要求他们达致一定的水平;一些则挑战他们的工作模式,迫使他们转变自己的角色。某些改革措施,如"学校管理新措施"要求教师在决策过程中有更多的参与,借此提高学校管理中的绩效责任。学校每年须向当局及公众提交校务报告,以更多的评估交代学生学业成就及进展。另一些改革措施,如"目标为本课程"的实践,是在几个重要的年级(小三、小六及初三)设定一系列学生学习目标,增加了课堂的复杂性及多元性,引发出在备课、教学及评估等方面浩繁的工作量。"优质教育计划"[21]则进一步要求教师发展出新的教学意念,以协助学校取得新成立的优质教育基金的资助。"素质保证视学"的开展,是一个冗长且巨细无遗的检查过程。在当局的全面监察下,受检学校须展示由管理到教学各层面的具体工作,参考和接受官方的评价。作为优质教育计划的一部分,近日被强调的"资讯科技教育"[22],期望教学不单是从电脑中复制知识,而是促使学校的教与学环境做重要的范式上的转变。

(二) 内地学校系统的改革措施

内地教育系统有中小学大约 710 000 所,学生约 2 亿人,教师约 10 100 000 人,其中中学教师 4 300 000 人,小学教师 5 800 000 人。[23]由于教育系统的庞大,牵涉的参与者众多,"多元"及"差异"两个概念将有助于理解其现况。[24]在内地,确保学生入读及完成学业已是殊不简单的事,招募合格的人才任教师,协助他们的专业发展,对于教育事业而言,是更巨大的挑战。

过去 10 年,透过改革政策及立法,政府试图促使教育系统进行实质的转变。众多改革政策都主要指向普及义务教育、增加教育投入、发展职业教育、招聘高素质的教学人员、通过立法使教育能顺利进行等。根据 1985 年颁布的《教育体制改革决定》,强迫教育将根据不同地区的发展水平逐步实践。同时,政府还重新引入普通教育与职业教育并存,比例相等的双轨系统。[25]1993 年的《教育发展纲要》进一步提倡多渠道集资办学(如容许学校收学费及征收教育附加费),确保行政及管理权下放至学校,关注地区差异,保障贫穷地区的教育发展,落实教师薪酬的提高等。[26][27]政府同时制定有关的教育法规,以确保这两项文件提及的教育改革(包括有关教师专业方面的改革)得以落实。

经历了近 50 年的改革,现时的内地教育系统形成了学校管理和财政责任的权责下放,同时试图提升教育素质的特质。教育素质要提升,将必然引发教育界对学校教育目标的重新检讨,从而拓宽社群对教育目标及教育工作本质的理解。这是香港和内地的教育改革相似的地方。所不同的是,内地教育界视素质教育为"应试教育"的一个对立体。所谓"素质教育"是否定"应试教育"的一种工具,它强调个人的全面发展,要求学校教育除了发展学生的认知和学术表现外,还须关注他们的道德及政治取向、美感以至身体健康。

在香港和内地,教育素质的改善采取由上而下的方式进行,透过强调特定的标准、素质保证、投资效益以提高学校及教师素质,却从没有减少官僚架构对于教育的控制。在教育政策的构思、设计及完成过程中,两地的学校管理层及教师从一开始便只是服从于政策指令,始终充当着被动接受者的角色。在香港,新意念及专有名词随着新政策不断涌现,但这些意念却甚少得到本土教育实践的验证。不少改革意志只是外国教育意念的快速引入,或仓促地接受商界对于素质及效率的看法。[28]在内地,行政指令仍是改革的主导模式,以中央政府所定的政策为改革的依归。诚然,学校系统的发展,必须建基于我们对该学校系统的了解,而解决的方法也必须依靠深入了解地方问题所在的地方智慧。故此,中央政府的改革策略只是企图以较通性的方法来指导地方政府去解决问题。故此,中央改革策略很难适当地回应不同地方的多元性需要。

四、应试教育与教师的挫败感

两地教育改革的经验指出,过于浩繁的改革措施,往往分散了教师的注意力,以至未能让他们有效地完成教学的基本任务。

香港近年众多的改革措施改变了教师的工作性质,导致他们的传统角色——传道、授业、解惑——只是现代教师繁忙工作中的一部分。传统教学法在纷繁的新责任出现之后发生了本质上的转变。教师们的工作时间越来越长,且需兼顾很多非教学性的工作,教育改革进一步加剧了他们的"工作的密集性"倾向。[29][30]由于教师对于各项改革措施的认识不足,他们须花大量的时间及精力,以尝试—错误—学习的方式完成工作,促使教师进一步受制于日趋复杂的管理机制。

内地教师同样经历工作性质的转变,常规的工作已没法满足发展素质教育的期望。作为发展策略,发展素质教育的目的是转变学校过分重视应试教育及学生考试成绩的倾向,期望学校能转向关注学生的认知、社交及心理和生理发展。为实现素质教育，教师须对教学内容进行改革。这种改革要求他们把知识应用到学生的生活中去，打破学科界限以培养学生对世界更全面而整合的理解，并设计新的评核方法。[31] 在有关素质教育的指令下，教师须发展出对工作的新理解，重新剪裁教学内容、设计新的教学及评估方法，以配合新世纪发展的需要。

其实，香港及内地提倡"优质教育"（和"素质教育"）皆建基于对教育现况的一种不满。香港的社会人士除了关注学生英语水平日降外，也质疑教师的素质，这些质疑并不是针对他们的学科知识，而是针对部分教师英语水平不足，在英语教学的学校环境中，这将直接影响学生的英文程度。故此，近日倡导设立"语文基准测试"以评估教师的英语水平。

在内地，校长及教师最近才被赋予有限度的专业自主权。然而，对于大部分教师而言，学生的分数及合格率仍然是他们最关心的专业成就指标。为配合素质教育的发展，政府已进一步设定教师的资历要求以及培训合格教师的时间表。合格的教师应有助于学校实践素质教育。从改革的延续性而言，更重要的应是教师对改革的认同及各具体措施的了解。这些专业上的要求却非培训合格教师所能保证的。然而，为保证教育素质，两地政府进一步积极地发展更有系统性的监察机制。

（一）学校督导

细悉其动态，两地的改革政策均可以转化为一种对于学校及教师更有系统性的控制。学校督导便是其中一例。作为行政管理的方法，学校督导由来已久，近年更发展成为一个庞大及复杂的系统。在香港，新开展的"素质保证视学"是一种费时及昂贵的间歇性督导，目的是监察学校各方面的工作，从它的工作规划到行政管理，从人事管理到评估，以及不同学科的教与学等。[32] 大批的官员、专家、前线工作者、社区人士被聘入实施这项计划。在1997—1998年度，已有26所学校（包括8所中学、15所小学、3所特殊学校）经"素质保证视学"后表现令视导组满意。在众多的指标中,其中各校表现最强的是"学校领导能力",表现最弱的是"自我评量机制"。[33]

在内地,督导也是很普遍的活动。在学校层面,政府官员到学校视学是行政管理的一部分,范围包括学校的整体工作,如财政及人事管理、课程实施、教与学、体育活动甚或卫生情况等。[34]督导小组依据教育政策及法规还对地区的基础教育做出检查。自1993年起,政策要求地方政府发展出学校素质指标,显示督导小组工作将配合各地的学校教育发展而有所调整。近日更成立了国家教育督导小组,以指导及监察地方督导小组的工作,进一步反映出中央政府对学校督导工作的关注。[35]

(二) 与工作有关的满足感和挫败感

在两地的学校环境中,教师工作满足感和挫败感的来源有所不同。在内地,教师满足感源自良好的人际关系,在教学中能适当地应用其知识及技能,对学生有权威感,学生表现出正面的学习成果,合理地评估学生的表现,个人成就得以被肯定等。此外,与学生及同事的关系经常被视为他们工作力量的主要来源。[36][37][38][39][40]在香港,教师则重视与同事的关系、社会地位、工作稳定性、课堂内的决策自主权、对于学生具权威感等。[41]对于内地教师而言,挫败感大多源自教学技巧不足;而最重要的因素是薪酬太低和工作条件欠理想;对于香港教师而言,挫败感则源自工作的密集性倾向[42],缺乏自主,发展空间不足,以及得不到适当的专业支援等。

内地的教师最关注的专业问题是自己的教学能力,这种心态实与教师工作表现评估有关。因为在这类评估中,学生的学业成绩往往是重要因素。在内地,教学能力是指掌握及运用教材,了解学生的个别需要,具备清楚流畅的语言表达能力等。这些素质能让教师恰到好处地对学生进行指导。不少教师认为自己在这方面表现欠理想,未能适当地改善学生的学习表现,易生挫败感。新入职的教师在这方面的挫败感尤其明显。校方多会安排有经验的教师指导他们两三个月,余则有待新教师自己去摸索。若表现一直欠理想,将安排他们调往其他学校或同校的其他工作岗位任职。

除了专业问题外,内地教师挫败感的最主要来源是经济收入及工作条件欠理想。在权责下放的情况下,内地不同地区,包括城乡之间,教师的待遇出现很大的差距。教师的收入需靠兼职、额外工作津贴或校办企业收益分红等方式做补贴。长久以来,微薄的收入使很多人对教师行业望而却步。即使政府对于教师薪酬的水平有所规定,并承诺做出调整,然而大部分教师却认为,他们的收入未能达到备受尊重的水平。若把教师的薪酬以现时的生活水平衡量并与其他行业比较,他们的收入并不可观。最近一项有关南京市教师对于收入的看法的调查显示,88.7%的中小学教师认为自己的收入低于收入中位数,83.6%的教师不满意自己的收入。面对不断增长的生活开支,微薄的收入很难让教师维持在一定的生活水平。[43]低薪酬以及恶劣的工作环境成为内地教师流失问题的主因。

在一些贫穷地区,为补正规教师的不足,地方社区聘任了一些民办教师。1996年,全国约有两百万名民办教师。[44]无论是薪酬或是社会地位,民办教师和一般公办教师的待遇实有一段距离。若不认真把他们纳入正规的公办教师编制中,国家的标准薪酬调整政策对民办教师的收入是没有正面作用的。[45]1993年的教师资格规定中,规定了取消民办教师。1996年的文件声称已处理了民办教师的问题。然而,在贫困地区,虽然民办教师已改称公办教师,但实际的工作条件却没有太大的改善。

尽管有不少法规限制,一些管理较差的地区甚至有拖欠教师薪酬的现象出现。这与复杂而不清的责任分配、绩效责任、管理制度有很大的关系。财政上的失误、公共资源分配缺乏问责、部门间财政责任的不协调等,都是构成拖欠教师薪酬的原因。[46]

与其他地方比较,香港教师的薪酬并不逊色。以1998年的薪酬计算,大部分未曾受训、任教于政府及津贴中学的教师每年可获约34 000美元的薪酬。高级中等教师的收入中位数是每年约85 000美元,中学校长是每年约136 000美元。教师薪酬标准是与政府公务员的薪酬系统挂钩的,较高于工商界的平均收入。此外教师薪酬每年还有固定的增薪点,比例一般贴近通货膨胀指数。

教师能赚取不菲的薪酬是有代价的,如要应付极为繁重的工作。对于香港的教师而言,在一周(五个工作日)或一循环周(六个工作日)内,他们平均最多要上30节课。大部分的教师还担任班主任、学科教学组(subject department/panel)成员、工作小组成员,如学生辅导、训导、课外活动、学校管理及资讯科技小组等;其他非教学性的工作,如实践新教育政策、收生、处理各类学杂费津贴、安排学生的公民教育活动及社会服务,训练学生参与校际比赛,组织毕业生及校友活动,参与家长教师会的工作等。[47] 还有一些教师会因学生的行为问题而要与警方合作。一项访问了1 133名教师的研究显示,教师大都视教学为最重要的工作,但大部分的教师却需要参与2至3项非教学性的工作。[48] 在这种情况下,工作的密集性倾向很自然地成为香港教师工作的重要特征。

教师普遍认为他们在学校的工作没有获得充分的肯定,这是工作缺乏满足感的一个来源。一项访问1 500名教师的研究显示,教师大都感到他们的收入不高,升迁机会不足,在参与教师评估方面的角色非常有限。在学生学业表现差的学校,教师的这种感受尤其突出。

除了缺乏工作满足感外,部分教师还认为自己的工作自主性不足,缺乏足够的发展空间。大部分学校未能建立客观的教师评审机制,而评核教师表现的方法,如查看教师批改的作业、观课、教师的年度评审报告,都因为欠透明度和缺乏申诉的渠道而效能不张。又因为缺乏监察的机制,教师既感无奈,亦觉自己的工作自主性受到限制。对于缺乏教学及课堂管理经验的新教师而言,面对重重的监察,屡生挫败感。教师大都认为,在面对不断涌现的挫败感之际,却又缺乏适当的校内专业支援。

教师认为校内专业支援不足的主要原因是学校领导层不了解教师在教学上的实际需要。据一项调查了50所香港中学的学校效能研究显示，教师与校长对于"教学领导能力"持有不同的看法。所谓"教学领导能力"，是校长在教学上领导和支援教师的能力，以及教师自身在教学上所发挥的能力。教师的不满是源自他们对校长教学领导能力和参与领导教师教学的程度一种失望。接受调查的校长一般认为自己已能提供高于教师期望的领导。从接受调查教师的角度看来，他们所能获得的引导及专业支援是相当不足的。

其实，教师及校长对于教学领导能力的看法有很大的分歧。在有关教学领导能力的问卷的十二项选择中，校长最重视的是"提供学习诱因""鼓励决策参与""为教师提供诱因"三项；教师则重视"提供学习诱因""维持高透明度""提高学业水平"三项。其中两者同样重视的，就只有"提供学习诱因"这一个选择。由此可见，教师及校长对于教育领导能力及如何促进优质教学持很不同的看法。在学校环境中，如果两者的看法不能达致一定程度的共识，校长实难以担当改善教育素质、为教师提供适当专业支援的角色。

校内专业支援机制的形成还需靠校方尊重及培养教师专业自主，让真正的合作性同僚关系能够得到发展。教师认为控制严密的教学环境，根本就未能充分尊重教师的专业自主性。校内的种种审查机制，只是千方百计令教师就范和顺从。因此，教师的专业发展空间就因为多种限制而缩小，他们的专业自主性也因此而减弱。教师认为，只有对教师的工作给予充分的尊重及信任，才能提供适当的空间让他们建立专业自信。教师大都期望学校能发展出融洽的合作关系，让教师有所交流，共同寻找解决问题的方法。

由于缺乏适当的专业支援，教师对工作难免充斥着不满，甚或成为促使教师离职的原因。一项调查608位教师的研究发现，大部分的研究对象都有想过离职的问题。在这些教师当中，不乏工作年资颇长以及位居要职者。[49]

（三）教师离职状况

在过去十年，香港教师的离职率颇高，近来则呈稳定的趋势。在高峰期，教师流失率维持在10%—11%。1996年，教师行业的总流失率是8.6%，流失的教师当中56.2%属于小学教师，66.3%属于中学教师。他们离职的主要原因是退休、移民、转换职业及继续进修，当中10.6%的小学教师及23.4%的中学教师选择投身其他行业。

有关内地教师流失率的数字不全，数据亦欠完整。在20世纪90年代官方发表有关教育发展的数字中，有关1994年的数字曾有提及普及教育阶段的教师流失率，计有195 000名（3.52%）小学教师及141 500名（5.42%）中学教师离职。[50] 如果把中小学一起算，每年离开教师行业的人数应有40万。

引发教师离职的原因很多，其中最主要的是薪酬微薄；其次是工作条件差，如现在一些学校的校舍仍有危楼存在。此外，不少教师还需任教与所学无关的科目，如在职业学校里，职业课多由"文化课"[①]教师转任，而教师任教的科目则视学校开设的课程而定。[51]

自20世纪80年代起，教师转入商界的现象逐渐普遍。内地在引入市场经济以后，商界的发展机会日增，加上教师的工作条件欠佳，故流进商界的人便越来越多。此外，仍留在教师行业者出现了流动的现象，如从贫穷地区流向富裕地区、农村流向城市、从低工资的学校流向工资较高者。即使未转职的教师，亦不是每一位都愿意长留于这一行业。一项在上海城郊乡镇进行的研究显示，被访的教师当中有25%经常想到转职的问题，62%曾打算离职。

---

① 文化课教师即任教普通/通识科目（general subjects）的老师。职业高中的职业课多由任教普通科目的教师转任，如数学教师任教会计课，物理教师任教电子课等。在一些农村学校，由于难以招聘教师，教师所学与任教科目不配合的情况将更严重，如语文教师任教制衣课，音乐教师任教市场管理课等（Lo & Lai，1998）。

五、分隔系统中的课堂教学

大部分教师视课堂教学为最重要的工作。他们多认为在课堂内，自己在一定程度上拥有诠释教学内容的自主性，并能引导学生学习，激发学生的智慧，为他们解答学习的困惑，而享受教学的成果。

然而，在香港及内地，课堂教学却受到考试制度的牵制，教与学的品质同时亦受制于学校之间以至于学生之间的学业成就的分隔现象。

（一）香港学校的结构分隔

在香港，大部分学校均由政府资助，学生基于居住地区被分派到区内不同的学校。教育机会的差异受父母的社会经济地位、住区品质、学校声望以及学生学业成绩影响。香港的中学是按学生的学业能力而划分为五个等级，每个等级约占20%的学生。第一级的学校招收全港学业成绩最高的20%的学生，第五级招收学业成绩最差的20%的学生。这种分隔现象在1997年的教学语文政策颁布后更形激化。在这一政策下，部分学校维持以英语作为教学语言，大部分则须转用母语（广东话或普通话）教学。在香港，英语是备受重视的语言，商界及政府部门均非常看重员工的英语能力。基于这个历史原因，有条件以英语教学的学校常被视为水平较高的学校。政府坚持让大部分学校实行母语教学，而其中114所维持以英语作教学语言，其实是以行政指令来强化存在已久的高度分隔现象。

香港学校制度的高度分隔性是有实证研究根据的。一项以50所中学约30 000名学生为对象的学校效能研究显示，学业成绩最强的学校和最弱的学校之间的差距越拉越大。当学校处于这种高度分隔的情况，而当局又没有计划以积极性歧视的政策支援低等级学校，这些学校的教师需面对的问题是更多和更复杂的，如学校及课堂内了无生气、充满焦虑、低自我观、行为偏差等。在这类课堂，教师难以鼓动学生积极参与课堂学习;相反地,他们需花大部分时间以各种课室管理手段处理学生的行为问题。对于那些没有意识到这类学生的特殊学习需要,没有调节自己的教学法做适当配合的教师,尤其感到失望与挫败。

在这些招收低学业成绩学生的学校中,教师所面对的两难情境,在以上的研究中获得了大量的实证支持。研究的结果显示,教师认为倘他们做出努力,应是可以改变现况的。但研究同时显示,即使校长能提供教师所期望的教育领导,对于改善学生的学业成绩却只有极少的影响。当高等级学校的教师在课堂上为他们的学生"详细分析教学内容""组织小组讨论及活动"时;低等级学校的教师却在课堂上花上不少时间"处理学生违规行为""把英文生字翻成中文",以确保学生可以继续学习。不难想象,低等级学校的教师经常感到教学及工作上的失望、无能为力、精疲力竭和挫败感。

然而,这并不代表任教于高等级学校的教师事事顺畅。由于工作密集性非常高,精疲力竭及挫败感也成为教师压力的重要表征。课堂教学与繁重的非教学性工作对教师构成一种沉重的负担。一般而言,教师对自己能在课堂里发挥"教学领导能力"的评估较他们的学生的评估为高。对于什么是体现"教学领导能力"的因素,教师和学生也持不同的看法。教师重视的,是"能鼓励学生的学业成就"和"能维持一定程度的学业水平"。至于"常出现于学生群中"和"鼓励学生参与决策"却不很重要。反观他们的学生却重视"自己的参与决策机会"、"教师能具备调控学生进度的能力"、"为个别学生提供学习诱因"(对于中等及较低成绩的学校)及"发展学生学习的自主性"(对于学业成绩较高的学校)。在十二项有关"教学领导能力"的因素中,师生共同认为重要的就只有"为个别学生提供学习诱因"一项。当师生对于"教学领导能力"有不同的看法时,教师可能经常采用学生并不欣赏的教学法施教。

(二)内地学校的结构性分隔

即使内地学校教育近年开始重视发展"素质教育",它依然受制于测验和考试,学生的学业成绩仍是学校及教师最主要的关注点。在这个重视高等教育的社会里,很多教师及家长的最高期望是让自己的学生和子女挤进高等院校。要确保学生能循着教育的阶梯晋升,测验及考试是实质的准备工作,强化学生未来的升学机会。

香港和内地学校的结构性分隔是建基于学生的学业成就。教育机会的差异受学校所处地区的经济水平、住区品质、家庭背景、学校的声望等因素影响。学校间的素质差异很大,少数的学校拥有世界级的设备,一些则只能在危房校舍中教导着弱势群体的学生,这反映出地区差异引发的重大差距。在学校系统内,最好的学校被称为重点学校,其他学校的素质则视学校坐落地区而定。一项在上海市内和郊区进行,探讨普及九年义务教育中两个主要阶段——小六及初三——学生学业成绩(小六,被访者1 317人,初三,被访者1 345人)的研究显示,市内与郊区、重点与非重点学校之间的学生学业成绩有显著的差异(谢安邦、谈松华,1997)。市内及重点学校的学生成绩显著地高于郊区及非重点学校。此项研究主要测试小学生的语文、数学、道德(包括艺术能力)及科学知识;中学生则被测试语文、数学、英语、科学、艺术、道德及劳动技能等七个科目。[52]结果显示市内学生的学业表现高于郊区学生,重点(绝大多数位于市内)学校学生学业表现大大优于非重点学校。研究结果有助于解释家长为何想尽办法把孩子送进重点学校就读。有些家长甚至不惜以赞助费的名义,向学校捐献自己一至两年的工资,让子女能进入学生素质较佳的学校就读。

对于在非重点或郊区学校任教的教师而言,他们的经验与香港同类教师的经验相差不远。九年义务教育改变了学生的成分,不少学生因跟不上学习进度而要不断面对挫败。他们更不理解现今的学校教育对于他们日后工作、谋生和晋升的关系。在这类学生群中,大部分是拜义务教育所赐才能继续他们的学业。现在学校因义务教育的实践而招收了学业成绩较逊的学生,故其教学模式亦需做出改变。在课室内,教师需调节他们对学生的期望而因材施教,否则教学易流于失效,甚或促使学生流失。教学模式的转变是先要求教师接受学生学习的局限性，改变教学策略，以使大部分学生能安心学习。倘学校只重视考试成绩及合格率，便易于忽略学生的自尊、焦虑及挫败感等问题。政府近日制定了有关的指引，如要求减低学生的功课量，规定学生做功课所需花费的时间，禁止把正规课程延伸至课外活动范畴等，[53]反映出内地的教师可能始终未能调节其自身的教学取向。

内地教师的保守取向与他们对新教学法存疑应有一定的关系。在内地，教师培训以师训教育为中心，以课本为知识的基础，[54]故其有一定的保守性。教师所采取的旨在发展新意念的新教育法，突破考试限制的求知教学范式，均无助于学生在考试中获取好成绩。由于考试结果是晋升另一教育阶段的先决条件，教师于是将注意力集中于指导学生应付考试上。尤其当评核教师工作的指标是基于其学生的考试成绩时，由考试主导教与学的情况更是不可避免的。普及强迫教育为学校带来了重大的转变，教师却未能在专业信念及教学法上做出适当的调节，最终会使课堂教学充斥着失效及挫败感。

在大力推展优质教育的政策下，两地学校的教与学环境一般没有显著的转变。教学方式依旧，教师间少有谈及优质教育的课题，这可说是教学保守性的一种体现。面对浩繁的教育政策，教师由于对新教育意念欠缺充分的理解，未能适时做知识的更新，无所适从。两地教师在适应学校教育变迁中力有不逮，不免使大家对教师教育的素质有所质疑。

六、两地教师教育的问题

两地对教师发展（teacher development）有一个共同的假设，即以多种形式的教师教育改善教师的教学知识和能力，是教师发展的灵丹妙药。这种假设却低估了不同课程背后的教育哲学及目标。一般的看法认为，教师队伍的素质可从合格教师的比率中反映出来。教师在受训后,掌握了一定的知识以满足工作的需要,获得认可的资历,个人以至整体师资队伍的素质皆可获得改善。然而,我们总把教师教育只看作知识及技能的培训,实在是忽略了教师工作的复杂性,亦低估了教师教育在教师发展过程中的角色。再者,把教师素质等同于教师资历,其实也假定每一项师训课程都具有良好的素质及有一定程度的效能。

在香港,并非所有教师都已受专业训练①。在1996年,曾受师训的教师在小学占84%,在中学占76%。近年,有关当局非常重视提高教师的学历。1992年《教育统筹委员会第五号报告书》中,提出要改善教育专业的素质,可说是提高教师学历的重大尝试。该报告提出一系列的方法提高小学教师的学历,如以远距教育的方式进行在职培训、合并四个原来由政府管理的教育学院为香港教育学院等,以扩展教师的职前训练。报告期望在15年内,直至2007年,不少于35%的小学教师能拥有大学学位。在1997年回归以后,政府颁布了更具宏图大志的师资改善计划。有关当局把小学教师35%学位化的时间表提前至2001年,申明在不久的将来,所有的新任教师都必须是大学毕业兼受正规教师训练。[55]

最近,决策层及学术界讨论有关受训学位教师的政策中,曾就学校教育不同阶段的师资资历问题引起辩论,而师训应采用的模式——四年的教育学士学位课程或是三年学科课程加一年的学位教师教育文凭课程——也成为教育界的讨论话题。在试图提高教师资历之余,教育界亦关注师训课程的素质。近日有关当局曾审查一系列由海外大学提供的教育学士学位课程,并公布了素质备受质疑的课程名单。教育素

---

① 在香港,教师教育主要提供三类学校的教师资历。大部分(84%)在小学的教师是有资历持有证书,亦即是以前由政府所办的教育学院(现合并为香港教育学院)各类非学位课程毕业。小学学位教师是指那些毕业于本地或海外院校以不同的方式提供的小学学位课程者。在中学,70%的学位教师是毕业于本地或海外高等院校。他们的教学资历即学位后的教育文凭(PGDE/PGCE)是从本地大学取得。本科学位加上学位后的教育文凭的模式为中学教师提供了学术范畴及教师培训的整全学习课程。近年教育学位课程日增,中学教师亦有选择以此途径获取教学资历。在中学的多数非学位教师即持有证书学历者。

质备受质疑的不单是海外院校所提供的课程。三年前，一个本地在职教育学士学位课程因豁免学生的学分过分宽松而遭批评。另一本地的学位教师教育文凭课程竟被发现在学历评审委员会通过其水平合格前已招了生，最后因未达水平而要颁授较低证书的困窘情况。1999年的特首施政报告，提出由2004年开始，全港中小学教师职前培训课程都会是学位课程，[56]而对学位教师教育文凭的发展却未有提及，这可说是政府将摒弃师资培训的多元发展的一种表现。到底何种教师应具备何种资历？香港又应循什么途径有效地培养高素质教师？这确实需要大家对本土的教学需求、教师教育课程的特定目标及国际发展的趋势做更深入的探讨。

在内地，政府透过颁布政令及执行法律来制定全国教师资历的标准，关注点也是合格教师的比例①。

经过长时间的努力，内地的教师在不同程度上能达到基本资历的要求。在1995年，小学、初中、高中的合格教师比例分别为88.9%、69.1%、55.2%。政府确信在20世纪末，合格教师的比例将提高至在小学占95%，在初中占80%，在高中占70%。到底教师的素质能否达到政府的期望，仍是未知之数。然而，近来提高高中教师学历的步伐却明显减慢了。

整体而言，内地的师训是一个多类型及多层次的分工系统，而培训在职教师的责任则由一些学术水平不高的教育学院及成人教育学院肩负。虽然一些大学亦有提供课程给在职教师修读，但其主要目的是在提高学历而非基本的再培训。师训系统内的明显分工及其一定的封闭性是构成合格教师不足的主要成因。

在封闭的师训系统内，师训机构——师范大学、师范专科院校、中等师范学校——其实是培训教师的唯一场所。这严重限制了合格教师的来源及素质。当教师来源单一，师训机构所能招收及培养的学生便

---

① 完成中等师范学校的课程是小学教育的基本要求；完成师范专科院校课程是初中教师的基本要求；高中教师则要完成师范大学提供的学位课程(中华人民共和国教师法，1993：8)。

成为影响学校素质的主要原因。有人不禁质问,要学生在16或18岁时决定自己日后的职业,是否能让师范院校招收到素质很高的人来就读?若否,那下一代的教育素质又如何能保障呢?事实上,师范大学近年在招生方面遭遇重重困难。地方上遇到的问题是,由地方师范院校培养的教师,最终亦只能培养学生考进自己的母校就读。学科知识和教学法的"再造",就不断地延续着一个恶性循环。近年这个封闭的系统招来了多方面的批评,也有不少学者就改革现况而提出其他的培训方式及选择。其主要的建议是在教师教育中引入综合大学的参与。提倡者认为,容许综合大学毕业生加入教育行业,最低限度会是在教师的本科知识方面较有保证。这些毕业生的知识面也较广,接受适当的培训后,他们也可以成为高素质的教师。

在讨论开放教师教育系统的同时,内地的决策阶层和师范院校领导仍非常关注如何提高教师的政治及专业道德,使他们成为政治上合格的教师。长期以来,政治的忠诚被视作专业的美德;为此,师训课程中必须包含政治学习,以确保教师的政治素质。不同层次的学校教育中,教师和准教师需要不时接受政治教育,这也体现出对于教师意识形态上的控制。

回顾内地的教师教育发展,教师教育这个教育范畴实有需要为自己在教师专业发展的策略中定位,同时亦应厘清自己在学术探究领域中可能做出的贡献,否则它将会滞留在职业训练的层面,而缺少培育"灵魂工程师"的知识基础和启迪作用。当教师教育只被视作生产合格教师的工具,缺少创造知识的真正力量,它将会变成纯粹为"学校工厂"生产工具的机器,最后亦只会受学术界的百般质疑和歧视。内地的教师教育发展,需先调节国家赋予它的角色,认真回应教师专业发展的真正需要。若想成为学术领域的一个整合部分,教师教育必须发展其特有的知识内涵和探索方法。作为一个实用的学术探究领域,教师教育其实可以在其他学术领域中找到合适的伙伴,借助它们的力量而有所发挥,这种的结合,其实是体现了综合大学的力量。

在不同层次,香港和内地的教育均有其共同的关注点。首先,双方均关注教师的学历,视教师教育为生产合格教师的机器。香港非常重视提高教师的学历,主流意识认为学历与素质有很大关系。在内地,提高教师学历被视作达到国家基本要求的手段。然而,两地的教师教育都只是专注于教师知识及技能的改进,认为只有这样,教师队伍的素质才能得到保证。但是在政策层面而言,两地却没有关注到教师教育课程的目的性,没有把教师教育放在推动教师专业发展以实现优质教育的策略性地位上。在香港,有关当局只期望以最快的速度增加受训教师的数量,却没有关注到如何发展不同的教师教育课程以切合不同层次的教育需要。在内地,封闭的师训系统仍是主导的发展模式,以达到国家设定的目标。在此等工具理性主导的教师教育发展下,我们很难期望有比较改革性的取向出现。

其次,两地同时以提高教师学历为主要的发展方向,但却没有在确保教师再教育的质素方面做出努力。在香港,师训课程部分由政府提供;部分由于某些指定院校替政府办课程,或以最低价投得课程的开办权。然而,这个持续教育的系统却没有充足的机制评估学员的表现,确保课程素质及系统地整合不同的课程,让校长和教师能通过进修而取得更高层次的学历。在内地,一般的大学也开设有关教育的高级学位课程,却只有水平不高的"教育学院"为教师提供在职持续进修的培训。"教育学院"是一种成人教育机构,在师资和设施上都未达大学水平。但因为内地的师训分工,它们仍承担了学位教师在职培训的重要责任。如香港和内地仍需要发展出一套有效的在职教师的培训系统。

两地教师教育的主要目的是满足政策要求,补现况的不足,提供教师工作需要的知识及技能,但在强化教师专业发展的持续教育方面肯定有很多不足之处。其实,持续教育课程有助于满足教师终身教育的需要。两地教师的终身教育却只是纸上谈兵,反映出有关当局对于这方面的发展,无论在理念或实施方面都欠缺清晰的目标,对于推动教师工作向更高层次发展缺乏长远的计划。教师持续教育其实是在一个缺乏系统性考虑课程提供、效能评估及奖励机制的环境下运作的。无怪乎教师对于参与持续教育不抱太大的期望。

七、结　论

香港和内地均积极推展优质教育,以期在后义务教育阶段鼓励学校进行改革,使之从考试的束缚中解放出来,以改善教育素质。两地发展优质教育的目的是提高国际竞争力,倡导学生的全面发展,反映出对教育的关注面已然拓宽。两地的决策阶层开始意识到,以往的精英教育取向已不能满足资讯社会对新一代人才的需求。

理论上,优质教育计划的拓展为教师专业发展提供了大好机会,因为它尝试改变固有的教学信念及实践方式。教师可以透过专业的对话及反省,发展出新意念,加深他们对教育的了解,从而改变过去只重视知识及技能的教师教育模式。新的意念可以把教师的精力及时间引入一种新的教学生活中,如:激励学生的想象力,培养他们的创造力,以建构一个全新的教与学环境。可惜的是,政策及改革的举措并没有提供适当的环境容许以上的情况发生。

优质教育的推行,采纳了由上而下的取向。在香港,优质教育是由政策报告及行政手段来诠释其概念和策划其行动的。在内地,推动素质教育的情况亦颇相似。作为学校的改革计划,优质教育的政策是强加于学校及教师之上的。在改革的过程中,无论从概念化到实际行动,教师及学校只能被动地接受官方的指令。更讽刺的是,优质教育计划的目的是把学生及教师从考试的束缚中解放出来,而新的政策反而对教师有更多的控制。决策阶层期望学校能培育具创意、能合作和善沟通的学生;然而,他们却不相信教师在没有严谨的监控下是可以自主地实践教学改革的。

于是,控制成为两地教育改革过程中一个重要写照。学校视导、素质指标和教师语文基准日益彰显,反映出官僚控制的进一步强化。纵使控制在两地是以不同的方法表达,教师们却不难在优质教育的推行中感受到它的存在,如两地对教师资历的要求,香港的教师语文基准测试,内地的政治教育,都在素质保证及维持公众利益的面纱之下,对教师施加各种控制。各类控制教师的手段是由公众对教育的所谓不满来证立,如香港学生的英语水平低落,内地初中的生源高流失率等。决策者认为此等问题与教师有极大的关系,如认为学生学习效果差是与教师的知识、技能及素质欠佳有密切关系。在这种似是而非的看法的延伸下,加强控制以改善教师素质便变得言之成理了。

现今要评论优质教育的成效尚言之过早。然而,可以确定的是,这一计划未能在素质保证以外,为促进教师的专业发展而提供必需的推动力。由于改革政策没有考虑到普及义务教育对于教与学的实质影响,未能为改变教师的态度及教学范式提供适当的条件。两地教师仍维持其保守的教学取向,首先,是过分强调学生的学业表现。在香港,教师、校长及学生对于教学的领导能力各持不同的看法。对于学生的学业表现,内地的教师则把所有的注意力都放在如何应付考试及提高合格率上。两地学校系统面对高度分隔的情况下,教师面对众多的问题,分散了他们对教学的注意力。在新改革措施涌现下,教师工作密集性的情况更加恶化,他们的工作只能充斥着挫败感,更是精疲力竭。

其次,教师在教学上的保守性,是根植于教师工作中单一的、不断自我延续的教学取向。教学的常规工作,指的只是时间表、学科课程、纸上的测验。当许多不确定因素影响着教学情境时,教师却缺乏适当的专业支援,他们最理想的避风港还是回到课本、指引、测验及考试等高度规限的常规工作中去。

此外,教师的保守性同时反映了两地教师教育的问题。一般认为,教师教育是教师专业发展的灵丹妙药,可以改善教师的知识及技能。当教师的教学取向倾向于保守时,我们尤其期望教师教育能改善以上的不足。到底怎样的教师教育才能切合不同层次教育的需要?封闭的教师教育系统如何吸引更多人投身教师行业?这些是要经过开放论证才能回答的问题。基于教师教育所负的重担,以及人们对其效能的错误期望,两地持续教师教育的发展只能继续保持其混乱的状态。

以上是对于香港和内地教师专业发展及教师教育的粗略描述。本文的目的是指出教育改革的局限性和一些对于教师工作的错误假设。基于本文的一些观察,笔者建议日后的改革应多引入教师的参与,建立新的教师专业意识。期望两地的教师能透过实质的参与,进一步了解自己的专业情境,发展赋权的策略。实证研究显示,香港大部分教师仍视教学是有意义的工作,同事间的支持是他们工作力量的重要来源。在内地,权力下放已开始赋予某些学校较大的空间,让新意念得以浮现,革新得以实践,这对于教师专业发展是很有帮助的。面对教学情境的种种转变,两地教师都应在工作过程中争取机会不断更新知识,在工作环境中建立真正的合作文化,共同解决面对的问题。对于两地而言,共同意向、同僚关系(collegiality)以及发展空间相信是教师专业发展的三大要素。要使教师发展从现存的工具理性及强迫取向中转向,一方面需重新整合正规及非正规师训课程的角色,落实发展教师的终身教育;另一方面需在教学情境中为教师提供充足的发展空间。教师的发展既然是根植于他们的工作情境,教师需要在课堂、学科教学组(subject department/panel)及学校内的工作过程中,透过真正的参与以自我赋权,自行界定他们的自主性及同僚关系。

参考文献

[1] Delors J, et al. Learning: the Treasure within Report to UNESCO of the International Commission on Education for the Twenty-first Century[M]. Paris: UNESCO Publishing, 1996.

[2] Cummings W K, McGinn N F (Eds.). International Handbook of Education and Development: Preparing Schools, Students and Nations for the Twenty-first Century[M]. Oxford: Pergainon, 1997.

［3］Anderson L W. Teacher Preparation for Post-modern Schools: The Necessary Integration of Training and Education[M]//Cummings W K, McGinn N R(Eds.). International Handbook of Education and Development: Preparing Schools, Students and Nations for the Twenty-first Century. Oxford: Pergamon, 1997.

［4］Tatto M T. Limits and Constraints to Effective Teacher Education[M]//Cummings W K, McGinn N F (Eds.). International Handbook of Education and Development: Preparing Schools, Students and Nations for the Twenty-first Century. Oxford: Pergamon, 1997:213-230.

［5］Verspoo, A. Pathways to Change: Improving the Quality of Education in Developing Countries[Z]. Washington D.C.: World Bank, Discussion Paper No.53, 1989.

［6］Hargreaves A, Fullan M (Eds.). Understanding Teacher Development[M]. New York: Teachers College Press, 1992.

［7］Hargreaves A. Realities of Teaching[M]//Anderson L W (Ed). International Encyclopedia of Teaching and Teacher Education. Oxford: Pergamon, 1995:80-87.

［8］Tsang W K. The Class Structure in Hong Kong[Z]. Hong Kong, Hong Kong Institute of Asia-Pacific Studies at The Chinese University of Hong Kong. (Occasional paper No.17), 1992.

［9］Lin N, Xie W. Occupational Prestige in Urban China[J]. American Journal of Sociology, 1988,93:804-807.

［10］杨德广,晏开利.中国当代大学生价值观研究[M].上海:上海教育出版社,1997:394.

［11］中华人民共和国.中华人民共和国教师法[M]//孙琬钟.中华人民共和国教育法律法规全书(上卷).北京:中国法律年鉴社,1998:

7-10.

[12] 管培俊.跨世纪的中小学教师队伍建设[J].人民论坛,1997(9):14-16.

[13] Education Department, Statistics Section. Teacher Survey 1996[Z]. Hong Kong: Education Department, Statistics Section, 1997.

[14] Education Commission. Education Commission Report No. 4[Z]. Hong Kong: Government Printer, 1990.

[15] Education and Manpower Branch, Education Department. The School Management Initiative: Setting the Framework for Quality in Hong Kong Schools[Z]. Hong Kong: Government Printer, 1991.

[16] Education Commission. Education Commission Report No. 5: The Teaching Profession[Z]. Hong Kong: Government Printer, 1992.

[17] Education Department. General Introduction to Targets and Target-related Assessment[Z]. Hong Kong: Education Department, 1992.

[18] Education Commission. Education Commission Report No. 6: Enhancing Language Proficiency[Z]. Hong Kong: Government Printer, 1996.

[19] Board of Education. Report of the Subcommittee on Special Education[M]. Hong Kong: Government Printer, 1996.

[20] Board of Education. Subcommittee on Review of School Education, Report on Review of 9-year Compulsory Education[M]. Hong Kong: Government Printer, 1997.

[21] Education Commission. Education Commission Report No. 7: Quality School Education[Z]. Hong Kong: Government Printer, 1996.

[22] Education and Manpower Bureau. Quality Education: Policy

Objective for Education and Manpower Bureau[Z]. Hong Kong: Education and Manpower Bureau, 1998.

[23] Ministry of Education, The People Republic of China. Educational Development in China[Z]. Beijing: Ministry of Education, 1998.

[24] 胡鞍纲,王绍光,康晓光.中国地区差距报告[M].沈阳:辽宁人民出版社,1995.

[25] Central Committee of the Chinese Communist Party. Decision of the Central Committee of the Communist Party of China on the Reform of the Educational Structure[M]. Beijing: Foreign Languages Press, 1985.

[26] Lo L N K, Lee C H. In rural China, Which Road to Relevant Education?[J]. Educational Leadership, 1996,53(8):60-63.

[27] Pepper S. Regaining the Initiative for Education Reform and Development[M]//Lo C K, Pepper S, Tsui K Y(Eds.). China Review 1995, 18.1-18,49, Hong Kong: The Chinese University Press, 1995.

[28] Lo L N K. Policy Change and Educational Development in Hong Kong[J]. The American Asisn Review, 1997,15(4):325-370.

[29] Apple M W. Teachers and Texts: A Political Economy of Class and Gender Relations in Education[M]. London: Routledge, Kegan Paul, 1986.

[30] Apple M W, Jungck S. You don't Have to be a Teacher to Teach this Unit: Teaching, Technology and Control in the Classroom[M]//Hargreaves A, Fullan M G(Eds.). Understanding Teacher Development. New York: Teachers College Press, 1992:20-42.

[31] 中华人民共和国国家教育委员会.关于当前积极推展中小学实施素质教育的若干意见[M]//孙琬钟.中华人民共和国教育法律法规全书(上卷).北京:中国法律年鉴社,1998:325-329.

[32] Lo L N K. Quality and Equality in the Educational Development of Hong Kong and the Chinese Mainland[J]. Education Research Journal，1999,14(1):13-48.

[33] Education Department. Quality Assurance Inspection: Annual Summary Report, 1997/1998[Z]. Hong Kong: Education Department，1998:4.

[34] 中共中央、国务院.中国教育改革和发展纲要[Z].1993-2-13.

[35] 中华人民共和国国家教育委员会.关于建立国家教育督导团的通知[M]//孙琬钟.中华人民共和国教育法律法规全书(上卷).北京:中国法律年鉴社,1998:415.

[36] 高丽君.情感交流是实现素质教育的基础[M]//毕洁光.中国教育改革与发展论文选(上卷).北京:光明日报出版社,1998:33-34.

[37] 顾明远.提高教师的素质是迎接二十一世纪教育中的优先课题[M]//国家教委国家教育发展研究中心中国教科文组织全委会秘书处编.未来教育面临的困惑与挑战.北京:人民教育出版社,1991:99-104.

[38] 刘云杉.我国中小学教师权威状况探析[J].教育理论与实践,1997(4):34-39.

[39] 陶然,赵更群.中国教师百科全书[M].北京:中国国际广播出版社,1994.

[40] 赵爱红.论教师的工作积极性[M]//毕洁光.中国教育改革与发展论文选(上卷).北京:光明日报出版社,1998:944-945.

[41] Brown H O. Teachers and Teaching[M]//Postiglione G A, Lee W O (Eds.). Schooling in Hong Kong: Organization, Teaching and Social Context. Hong Kong: Hong Kong University Press, 1997:104-105.

[42] Lo L N K, Tsang W K, Chung Y P, et al. A Survey of the Effectiveness of Hong Kong Secondary School System[Z]. Hong

Kong: The Chinese University of Hong Kong.

[43] 程凤春.对中小学教师流失问题的思考[J].北京师范大学学报(社科版),1996(3):36-40.

[44] 马书义,徐锐知.民办教师待遇亟待提高[J].人民教育,1996(3):20-23.

[45] 柳斌.全国师范教育工作会议上的总结报告[M]//国家教育委员会师范教育司.全国师范教育工作会议文件汇编(1-5次).长春:东北师范大学出版社,1996:206.

[46] 李岚清.优先办好师范教育,为落实科技兴国战略打好基础[M]//国家教育委员会师范教育司编.全国师范教育工作会议文件汇编(1-5次).长春:东北师范大学出版社,1996:176-181.

[47] 邓薇先.优质小学教育[M].香港:新雅文化事业有限公司.

[48] Tai W S, Cheng Y C. The Job Characteristics of Secondary School Teachers[J]. Hong Kong Educational Research Journal,1994,9(1):77-86.

[49] Wong K C, Li K K. Teacher Turnover and Turnover Intentions in Hong Kong Aided Secondary Schools[J]. Hong Kong Educational Research Journal,1995,10(1):36-46.

[50] 中华人民共和国国家教育委员会.关于1994年教育事业发展的统计公报[N].中国教育报,1995-3-29.

[51] Lo L N K, Lai M H. The Meaning of Relevance Education and the Efficacy of Vocational Education in Rural China[D]. The Comparative and International Education Society 42nd Annual Conference, March, Buffalo, USA, 1998.

[52] 谢安邦,谈松华.全国义务教育学生质量调查与研究[M].上海:华东师范大学出版社,1997.

[53] 中华人民共和国国家教育委员会.国家教育委员会关于全面贯彻教育方针,减轻中小学生过程课业负担的意见[M]//孙琬钟.中华

人民共和国教育法律法规全书(上卷).北京:中国法律年鉴社,1998:322-324.

[54] 陈永明.中日两国教师教育之比较[M].上海:华东师范大学出版社,1994.

[55] The Hong Kong Special Administrative Region of the People Republic of China. Address by the Chief Executive the Honorable Tung Chee Hwa at the Legislative Council Meeting on 8 October 1997[Z]. Hong Kong:The Hong Kong Special Administrative Region of the People Republic of China,1997.

[56] 董建华.1999年施政报告:培育优秀人才,建设美好家园[EB/OL].http://www.info.gov.hk/pa99/chinese/speechc.htm.

(原文载于《教育研究集刊》2000年第7期,第85—112页,作者为卢乃桂、黎万红、许庆豫)

第二十一章
论教师的内在改变与外在支持

> 本文介绍了一些国家和地区近些年来教育改革的脉络及遇到的困境,揭示了教师在教育改革中的重要作用,并分析了教师的专业发展和内在改变问题,探讨了在大学与中小学结成协作伙伴关系的改革实践中,教师改变的可能性及其范式的转移。

随着教育改革的深入发展,各国政府都程度不同地将改革重点从过去的体制变革转到课程与教学改革上来。在这一改革浪潮中,作为具体实践者的教师越来越受到重视,他们或被认为是改革的重要力量而被寄予高度的期望,或被视为改革的障碍而被要求自我改造。但无论如何,教师要不断调整和改变自己旧有的观念与行为,以适应教育改革的需求已不可避免。

一、学校改革及其困境

在现代求新求变的社会环境里,各国政府不遗余力地推行教育改革计划,希望借此改进学校教育,提高学生的学习成就,最终建立起本国庞大的人才库,以确保在全球化市场中有较强的竞争力。如美国在近 20 年的时间里,就前后经历了三次教育改革浪潮的洗礼。[①] 同样,几乎每一个国家或地区都举起

---

① 第一次改革重点在集权、提高标准、推广考试和批评教师质素;第二次改革强调分权、教师的赋权增能、校本管理和择校;第三次改革关注系统化的学校结构重整。

教育改革的大旗,都将教育改革和学校改进纳入政府优先考虑的议程。

就学校教育而言,要求其进行全面改革的呼吁不绝于耳。人们或者批评现行公共教育系统过时了,认为教师与学生在学校中的生活方式及其在课堂上的互动模式与百年前并无本质区别,学校完全在利用"现代"的内容和方式处理"后现代"的挑战,因而注定未能培养适应社会发展所需的"高增值"人才①或具有"兼容性"的新型人才[1];或者提出要用私立学校、学券以及完全自由的选择制度来作为公立教育体制的重要补充甚至替代。当然,是否一定要追求彻底的替代性变革,仍是个有待商榷的问题。但无论如何,学校都不可能一如既往地自我封闭,固守早已被科技、社会变革及其产生的巨大压力所冲破的领地。相反,学校若希望促进未来教育的发展,就必须以开放的心态,积极面对周围世界的繁杂、艰难和迅速变迁的现实,进而做出自身的调整和改革。

从西方一些发达国家的经验来看,学校改革自 20 世纪 80 年代以来大致经历了三个阶段的发展:第一阶段关注组织变迁、学校自我评估以及个别学校与教师对变革的归属感;第二阶段自 90 年代始,尝试将学校效能与学校改革这两个不同的关注点合并起来考虑;目前进行的第三阶段则更加关注具体教育情境,关注课堂教学和学生学习效果。由此可见,人们对学校改革所追求的目标发生了位移,开始从过去对体制等外在因素的强调转到对课程教学等教育核心因素的关注。

虽然教育改革有其必要性和紧迫性,但由于教育活动本身的特殊性和高度复杂性,其变革不可能一蹴而就,因此理想中的改革成效很难轻易见到。换言之,虽然各种类型和名目的教育改革计划不断登台亮相,并在瞬间引人注目,然最终总是归于沉寂。如一项研究指出,各种关于教育、教与学的陈旧态度在改革之后依然根深蒂固,年级制度、分科教学、固定课表以及科层管理结构等"学校教育的基本元素"也未因此受到根本性的冲击。[2]个别学校虽一度表现出色,显示出改革的巨大

---

① 根据 Henry Levin 的研究,高增值人才至少具有以下 12 种能力,即主动性、合作性、能在团体中工作、朋辈间培训、检讨、推理、解决问题、做决定、获取和使用资料、计划、学习能力、掌握多元文化的能力。

功效,但随着时间的推移,变革的能量逐渐"损耗",最终总是回归当初,与其他传统学校并无二致。[3]而更大的困难还在于,即使有一些比较成功的经验,却根本无法推广,始终不能在"规模"上突破。有人在总结前两个阶段的学校改进成效时也指出,这些改革"没有取得特别的成功",对学生成就产生的影响远不如预期。[4]

造成改革困境的原因很复杂,难以一一描述,但改革策略的缺失无疑是其关键性问题之一。过去30年来影响最大的教育改革策略包括以下4类:一是整理部件(fix the parts),即关注课程革新和/或教学方法的实施;二是整理人员,突出教师专业发展;三是整理学校,强调学校自我解决问题之能量的发展;四是管理系统,要求整个教育系统不同门类和层次之角色、规则及其相互关系的改变。[5]理想的模式自然是关注各层面的连贯性和连接性,将学校改进作为一项有机的整体来对待。

但现实情况并非如此,过去众多的学校改革措施是将着力点放在教育体制层面,而没有深入课堂层面的教与学。这些改革基本上奉行一种由外而内、自上而下的改革原则,是一种将教师排除在外的(teacher-proof)改革形态。在这里,教师仅仅被视为现成改革方案的执行者,而不是有关方案和计划的参与决策者和筹划者,改革本身被看作一件产品,而被忽视了它具有人性的一面。在此前提下,学校改革的不彻底也就不足为奇了。

二、教师的专业发展和内在改变

教师专业发展本身属于教育改革的内容之一,两者很难分开,因为说到改革结果的成与败总是分别指向教师发展的贡献或不足,而开展任何改革计划时,总是希望同时达到教师个体的成长和学校整体的改进两个目标。有人指出,"除非教师发展项目指向全校的改进,否则只会沦为一些边缘化的活动"[6]。还有一些研究者表示,在确定教师发展与学校改革两者之轻重缓急次序时,应该将前者置于优先地位,将后者作为其有益的延伸,而非相反。[7]但事与愿违,教师,甚至是教学,一向都被教育改革所忽视。

将教师排除在外的改革注定是要失败的。事实上,任何组织、材料、课程以及教学策略本身都没有能力去自我规划、启动或推行,所有这些事情都是由人来完成的。只有改革实践中的人才有能力开发和执行计划,最终导致积极正向的变革。因而,无论是"外加式"还是"自发式"学校变革,都无可避免地与学校教师的知识、能力、态度和情感等因素纠缠在一起。

不过,这些似乎显而易见的道理却在改革实践中被忽视。是故,改革者必须清楚地知道参与者的感觉,并注意提高他们的自尊和自信。

随着20世纪90年代以来对西方重构学校运动的深入反思,关于改革的人性因素这一论题日益受到重视,研究者开始尝试在组织结构的再造和文化再生之间达致一种新的平衡,而文化的再生或改变归根结底是对人的改变。只是凡亲身参加过教育改革的实践者,或者对教育实践有比较清晰认识的人都不会否认,在专业发展过程中,要改变教师的行为和观念异常艰难。即使在教学中引进"良策",但由于教师常常不能"从实践中去理解设计背后的理念、导致成功或失败的原因和条件",结果"环境一变,或是新计划一完结,教师又再面临困境而不知所措,或是故态复萌"。[8]

因此,普遍的观点认为,教师在本质上是保守的,是抵制或抗拒变革的。由于每一个人都有自己的舒适地带,有自己熟悉的活动范围和经验,在其中就会觉得安全、舒适和稳妥,一旦逾越,则可能会遇上困难、麻烦、危险和挑战。因此,一定意义上讲,大多数教师抵制变革是由于他们对未知的恐惧或对超越自我舒适地带的忧虑,他们本能地担心人际或组织的变革会给自己带来潜在的威胁和影响。

进一步分析,则教师可能由于以下原因而抗拒变革:① 缺乏对改革者的信任;② 坚信变革是不必要的;③ 坚信变革是不可操作的;④ 经济利益受到威胁;⑤ 成本较高;⑥ 担心失败;⑦ 担心失去既有的地位和权利;⑧ 固有的价值和理念受到威胁;⑨ 对外在干涉的不满等。[9]另外,相对来说,选择教师职业的人更喜欢安定的生活节奏,崇尚精雕细琢的教学艺术以及体味独处的快乐,一旦改革影响到教师在这些方面的喜好,也会遭到他们的抵制。

那么,这是否表明教师在本质上一定是抗拒改变的呢?也不尽然。

关于教师与学校改革的关系,除了上面将教师改变作为学校变革的一部分,将教师作为变革的对象去理解外,还有一个关注视角是将教师作为变革的主角,甚至就是"革新者"本身。有研究表明,对于教育改革来说,依靠行政体制的力量只可获得片刻的改进,而充分发挥教师专业主动性则可保长治久安。[10]因而要积极发展教师领导的学校改进计划或内发式的学校变革方案。学者们甚至在20世纪80年代呼吁政府把教师看作解决教育问题之出路的力量,而非导致问题产生的根源,这直接成为美国第二次教育改革的核心理念。在中国内地,教师专业性或专业精神同样被一些学者视为学校改革或教学改革成功的决定性因素之一,认为它有助于教育质量的提高和课程改革的成功。

持这种观点的研究者从其日常经验发现,教师并非一定抵制变革,他们不是因循守旧的群体,而是无时不在改变,"他们重组课堂,开展不同的活动,试用不一样的课本,改变课程主题的次序,尝试不同的沟通技巧等"[11]。教师自己也认为其改变是与时俱进的,他们会根据课堂中学生的不同而调整自己的行为,会尝试各种不同的新活动以帮助学生更加投入学习,而且这些都是教师自愿进行的。

自愿进行的改变通常具有自发性,而非外来的、强加的。因此,有学者指出,依靠外力改变学校文化是不可能的,只能诉诸"文化的内在转变"。换言之,就是提醒改革者,应该设法将"自上而下的、自外而内的"各种改革计划转变为教师自己的需求,让教师自己去发动、指导和维持,并使他们在此过程中感觉到有能力和信心。许多研究已经显示,让教师自我制定专业发展的目标和自我指导专业发展活动,对于促进教学实践之有意义的、持续的改变具有决定性的作用。但问题是,如果没有人帮助教师对实践进行反思,没有人向他们教授崭新的教学策略,没有人提供激化改进的元素,大多数教师不会在行为上发生改变。

这就关涉教师的内在改变与外在支持的问题,两者之间的辩证关系要求政府或者学校在组织教师专业发展活动,期望从外面提供激化改进的元素,以促进教师不断进步时,必须考虑到这些元素是否能够使教师产生信心和乐于尝试。因为一所学校最终改进的成功,"不在有多少'外援',而在校内教师的能量增长和学校协作文化的建立"[12]。

三、外在支持的新范式:院校协作

在具体讨论院(大学)与校(中小学)建立伙伴协作关系之前,我们首先分析一下目前各国实施的、主流的教师专业发展模式,即由地方政府发起的、指令性的教师发展模式,以及由大学提供课程、工作坊、研讨会和讲座等形式的发展模式。从中不难发现,在由政府、大学和中小学教师组成的决定教师专业发展之优先次序和目标,以及确定资源分配等问题的三角关系中,基本上还是由前两者从各自的利益出发,设定在职教育的议程,教师依然处于弱势地位。

上述两种专业发展模式秉持的基本理念,在于分别将教师与学生看作现成知识的传授者和接受者,因此专业发展计划强调对固定答案的追求,采取的发展措施主要在于传递信息、提供观念和训练技能,而忽视了对教学进行更深层次的思考、不断地尝试和实验,以及开展批判性反思和讨论等现代教育改革所主张的信念、知识和实践。另外,大学提供的课程过于学术化,与教师实际的工作情境相去甚远;工作坊和假期讲座的内容虽然跟实际情况密切一些,但在贯彻过程中又通常缺乏跟进和支持,参与的教师既无法保证会付诸实践,就更遑论去影响其他同事,改进整个学校的教学文化了。

总之,这两种模式所持的俱为技术性取向,即将教师的角色定位为"技术操作员""传递科层制定之课程的非人性的工具"的层面上。

尤为重要的是，由于这些计划通常是出于补救的目的而进行的，是以摧毁教师的既有信心为开端的，并在所谓"专业发展"的过程中，要求教师接受一套现成的、权威的、"真理式"的知识，使教师固有的实践理论遭到忽视，固有的教学行为和观念受到批判。教师接受这种外接式的专业发展模式，无异于接受被"规训"。

如果这些教师专业发展模式在本质上只是"外加式变革"的一种表现形式，并不能让教师从中获得赋权感，那么，我们对教师自觉自愿地改变自己的期望还有实现的途径吗？

在审视各国学校改进的具体实践中，我们发现，学术界和一些民间团体也在利用自己的专业或经济力量为教育变革推波助澜。这些主要由大学主导的学校改革模式在一定程度上形成与政府主导之变革模式并驾齐驱的局面，它们希望通过"提供专业协助"和发展"校际支持网络"来扩展教育改革的成果。[13]其中影响广泛的如美国的"精英学校联盟""跃进学校计划"；加拿大的"教育联盟"；英国的"面向全体儿童的优质学校计划"；中国内地的"新基础教育"研究，香港的"优质学校计划"等。

这些改革计划的共性在于建立了研究者与实践者之间的伙伴协作关系，他们坚信，真正的变革应该基于研究形成的方案，然后通过大学专家与学校（中小学）教师和校长"一起做"，而非"要他们做"，最终达致目标的实现。从一些具体的经验分析可知，成功的院校协作关系体现着互相尊重、互相信任、共同探究、彼此沟通、平等对话、民主决策、共生共进、取长补短等特征。这种对待教育变革和教师的认知取向显然有别于前面提及的传统对待改革的态度，在此似乎暗示了在改革情境里面，教师可能面对的不同境遇。

院校协作关系自20世纪80年代以来发展迅速，它不仅是改革的手段和方式，而且本身就是改革的重要内容。我们据此将其粗略分为两类：

其一，"院校协作"作为推动学校变革与教师发展的一种手段。它仍然以学校及其教师为主要改革对象,突出学校教师和领导在教育实践中扮演的关键角色,从提高人的素质入手,最终使教育质量提升。大学专家在此过程中的作用在于向教师提供必要的专业帮助。从这一视角出发,教育改革的主要精力集中于强化教学专业的知识基础、鼓励教师对学校决策的参与、促进教师的专业发展、鼓励教师从事教育探究等。

其二,"院校协作"作为教育改革的内容之一。它强调机构或组织的变革,即不单关注大学专家与教师之人际间的结合,而且关注大学与中小学这两类不同组织之间的变革,希望通过这种制度性的变革,能为教师改变与学校变革营造一个支援性环境,这是一种更为激进的观点,实现的难度也更大。

无论哪一种观点,从支持教师专业发展、促进教师内在改变的角度来看,都突出了教师的主体地位,重视教师的实践知识,希望在研究者与实践者之间建立起临床伙伴式、特别是共同学习式之合作研究模式,最终拉近长期形成的研究者与实践者之间的距离之深意。

在实践中,大多数院校协作式改革也都将学生的学习作为关注的最终目标,因此能直面课堂,针对具体教学展开工作。或通过大学专家的"建设性批评",帮助教师自我反思;或采取共同上课的方式,一起体悟与交流,以促成共享的生成性对话,在沟通与交往中,促进教师新知识的建构。

当教师不再被视为知识的纯粹接受者,而是创造者,强调其在专业发展过程中与大学专家的对话和互动时,则前面所言传统的教师专业发展对教师产生的"规训"作用将可能消解。这一点似乎可以通过更多的比较成功的"院校协作"关系提供经验上的佐证。

四、结 语

虽然从理论上讲,大学与中小学建立伙伴协作关系,有利于教师的专业发展和内在观念的变化,而且相较于目前主流的教师专业发展模式,它们还体现出一种范式的转移。不过其最终的实现并非易事,需要"院""校"双方在具体实践中不断努力,小心经营,才有可能见到成效。

一些研究提醒人们注意,大学与中小学毕竟属于生产不同文化资本的不同"场域",它们在协作过程中,会非常自然地在对"意义"之界定上产生分歧和冲突。还有一些研究表明,就大学与中小学这两个机构来说,大学更为保守,缺少负担,通过协作而发生改变的空间较小。就协作的人员而言,中小学教师倾向于将大学人员视为"专家",而非讨论、对话的"诤友";大学人员也似乎习惯于以"专家"自居,对中小学教师的一些意见采取"听而不闻"的态度,这种"有效沟通的缺失"以及传统科层体制的痼疾成为真正的、平等的伙伴关系形成与发展的最主要障碍。

至于如何建立和发展"院校协作"关系,一些建议指出,大学与中小学双方需要调整各自的角色和责任,超越各种可能的限制,通过开展行动研究、合作探究等不同的变革方案,以切实帮助教师的专业成长,充分发挥并落实其宣扬的理念,而不是限于口号式宣称和形式上的相似。其中一个重要的关注视角在于强调大学研究者与中小学工作者之间权力关系的变更,即从传统的诉诸权力(power over)转变为共享权力(power with),相信教师通过权力共享可以释放出更大的潜能,从而有利于学校的改进和学生学习成就的提高。

可见,院校协作作为教育改革和教师改变的一种外在支持方式,其本身的实现并非坦途,而需要吸纳更多的有助于教师发展的元素来配合,如方式要植根于教学工作或直接与之相关联、内容基于课堂教与学、注重发展教师的专业社群、要考虑组织的具体情境、要强调教师的反思和自身能力、学校管理从集权转向分权等。一句话,只有真正地增强教师的赋权感,使他们对各种教学活动充满信心,对教师最终实现其自身及学校文化内在转变的希望才不会落空。

参考文献

[1] 卢乃桂.信息社会的人才要求[J].教育研究,2000(11):8-12.

[2] Tyack D, Tobin W. The "Grammar" of Schooling: Why has it been so Hard to Change? [J]. American Educational Research Journal, 1994,31(3):453-479.

[3] Fink D. Good Schools/Real Schools: Why School Reform doesn't Last[M]. New York: Teachers College Press, 2000.

[4] Hopkins D, Reynolds D. The Past, Present and Future of School Improvement: Towards the Third Age[J]. British Educational Research Journal, 2001,27(4):459-475.

[5] Sashkin M, Egermeier J. School Change Models and Processes: A Review and Synthesis of Research and Practice [C]. Washington D C: US Department of Education, 1993.

[6] West M. Quality in Schools: Developing a Model for School Improvement[M]//Hargreaves A, et al. (Eds.). International Handbook of Educational Change[M]. London: Kluwer, 1998.

[7] 成虹飞,黄志顺.从教师成长看课程改革的意义[J].应用心理研究季刊,1999(1):69-97.

[8] 汤才伟,陈可儿,赵志成.推动学校改进:阻力与突破初探[M]//优质学术计划资料册.香港:香港中文大学教育学校大学与学校伙伴协作中心,2002:18-23.

[9] James C R, Connolly M. Effective Change in Schools[M]. London, Routledge Falmer, 2009.

[10] Firestone W A, Bader B D. Redesigning Teaching: Professionalism of Bureaucracy? [D] Albany: State University of New York, 1992.

[11] Richardson V, Anders P L. A Theory of Change [M]// Richardson V (Ed.). Teacher Change and the Staff Development Process: A Case in Reading Instruction New York & London:

Teachers College Press,1994:199-216.

[12] 赵志成.怎样学得更好[N].教协报,2002-1-21.

[13] Slavin R. Sand, Bricks and Seed: School Change Strategies and Readiness for Change[M]//Hargreaves A, Lieberman A, Fullan M G, et al.(Eds.). International Handbook of Educational Change. London: Kluwer Academic Publishers, 1998.

(原文载于《教育研究》2002年第12期,第55—59页,作者为卢乃桂、操太圣)

第二十二章
挑战、支持与发展：伙伴协作模式下的教师成长

教育改革需要在教师愿意承担新的角色和责任的基础之上进行。大学与中小学伙伴协作模式有利于打破学校及教师固有的平衡状态，并在以平等、民主为价值诉求的协作环境中，化解教师面对改革创新的保守态度及可能出现的负面情绪，使教师在"高挑战、高支持"的理想情境中获得积极的心理和情绪体验，进而提升其专业知识、能力和自主意识。

教育改革需要在教师愿意承担新的角色和责任的基础之上进行，否则改革效果难臻理想。近年来，有关大学与中小学伙伴协作式学校改进计划日益增多，在以平等、民主为价值诉求的协作环境中，教师的专业知识、能力，以及自主意识均得到了提升，学校工作也取得了明显的改进。本文希冀通过分析参与大学与中小学伙伴协作计划的学校（A校和B校，其中A校为香港一所小学，与香港一所综合大学的教育学院建立了伙伴关系；B校为上海的一所小学，与上海一所师范大学的教育研究机构建立了伙伴关系），探寻在其协作过程中，教师所面临的工作挑战、获得的专业支持以及经历的情感慰藉，并尝试构建教师成长的理想空间。

一、教师保守性的表现与成因

教育教学活动具有情境性的特点，教师要面对

许多可预测和不可预测的、随机性的、偶然性的变化。为适应和促进教育教学工作,教师需要主动地研究各种新的情况,不断反思自己的教育教学行为。但现实中有些教师天天备课、讲课,却很少考虑教学内容的重组、教学过程的优化、教学策略的变革以及学生兴趣的激发,其每天所做的无非是对固定流程的依循。[1]

教师无意于改革创新,趋向于保守重复,原因主要包括以下几个方面。

(一)个人利益的得失

任何变革都只能是一种非"帕累托最优",它不可能做到使所有人在同样的时间内获得同等的收益。因此,由利益冲突而引发改革受阻的现象非常普遍。事实上,每一个利益团体都会根据自己特殊的利益追求和价值取向而选择支持或反对某一项改革。在学校变革中,同样存在着诸多利益团体,而改革也可能因为触动了他们的切身利益而遭到抵制。

(二)稳定生活的追求

虽然学校之间的竞争在加剧,但始终都不会像商场上那样残酷和激烈,表现不佳的学校不会立即面临倒闭,教师也不会立即面临失业的危机。因此,从事教职的人更容易趋于守成,而不是主动地改变自己。在一定意义上,教师不愿改变恰恰是因为他们担心过去的知识和经验变得无效,而对新的东西又一无所知或知之甚少,正是这种对未知的担忧造成了教师选择保守的立场。

(三)组织结构的阻碍

组织结构的阻碍主要体现在时间和空间两个方面。在时间方面,以节次为单位的课程安排,容易造成工作的零散,使教师之间缺乏交流和学习的时间。在空间方面,学校按班级划分成相对独立的教室。由于教师对教室的利用是临时的,因此他们在匆忙之间所能交谈的话题只能是那些简单的、琐碎的日常事务,而非需要较长时间进行深入讨论的专业论题。[2]另外,教研组、年级组的存在也使得一部分人接触频繁,容易封闭在各自的小圈子里。

(四)学校文化的影响

作为一个组织,学校总是或强或弱地建立有自己特色的组织文化。在组织中,一个人地位和权力的获得通常也是通过认同、适应组织文化实现的。萨拉森指出,同大多数组织一样,学校总是以选择最少的变化,甚至以保持不变为行事原则。学校成员习惯于以旧有的眼光看待新出现的问题,并通过对既有权力关系的操纵,而对变革的正当性给出不同的解释,从而成功地将各种变革因素过滤掉。[3]

由此可见,教师趋向于保守,既有个人的因素,也有结构性原因;既有利益的考量,也有文化的影响。但就深层变革所碰到的困难来看,深植于教师个体思想深处的价值观念以及教师作为感性的人其在面对变革时自然而然出现的情绪反应是其中最大的阻力。

二、变革压力与教师的负面情绪

任何教育改革计划的实施,其所产生的作用在于对学校及其教师所表现出来的稳固的平衡状态产生冲击,使之从静止不变走向变动不居。也是在这个意义上,伙伴协作关系中的大学专家都强调了自己作为"外力"对学校教师的观念所起的刺激和碰撞作用。如B校参与改革计划的大学专家虽然也认同教师自我反思的重要性,但更认识到这种反思的有限性。在他们看来,如果缺乏外在的冲击力,完全依靠教师自己的力量,是不可能出现真实的高层次反思行为的,至少是很难实现的。因此,他们强调在将"老师的被动转为主动"的过程中,需要一个外在的冲击力,去"唤醒"教师的意识,去"碰撞"教师固有的教育观念。

同样,在 A 校参与改革计划的大学专家也关注自己作为外在的激化、改进力量在教师专业发展过程中的重要作用。他们虽然同情中小学教师的负担重,认为外来机构或人事的介入,或多或少都影响着他们的原有工作,但同时也相信,没有激化、改进的元素,学校和教师是不会进步的,关键在于这些外来的激化元素是否使中小学教师有信心并乐于尝试。但实践证明,并非每一位教师都能很快进入状态,主动地与大学专家进行观念上的沟通和碰撞,进而在教学工作中体现改革的理念与精神。

一般而言,当按照新的改革理念鼓励学生自己去探究和建构知识的时候,教师的"主导"角色将发生动摇,转变为学生学习的"协助者",这对习惯于全面控制课堂教学内容、教学步骤的教师来说,需要一定的时间去适应。同时,作为有经验的专业人士,这些教师已经形成一套自己所独有的教学模式和理念。因此,当教师被要求放弃自己所熟悉的教学方式,去接受一种陌生的甚至结果亦不明朗的改革方案时,难免不知所措。

当教师面对变革产生的负面情绪不断积聚,其参与变革活动的自信心将受到打击,进而可能转化为抗拒变革的行为。因此,在学校变革中,有教师直截了当地拒绝参与某项改革计划,其不合作的态度异常鲜明;也有教师千方百计地寻找借口,如缺乏时间或精力有限等,从而达到委婉地拒绝参与变革项目的目的;还有的教师虽然碍于行政压力不得不在口头上表示愿意参加变革计划,但他并不真正将之落实到行动中去。[4]

抗拒现象的存在突出了学校改进和教师发展不仅仅是认知发展的问题,而是更多地涉及教师情感因素的调适和满足。从实际情况看,教育变革特别是教师改变的问题,首先需要处理的应该是人们面对失去确定、可预测性和稳定的威胁而自然出现的情感上的反应,否则对未知的"恐惧感"可能会使行动之前形成的理性方案形同虚设。

但在改革实践中,情感因素往往又最常被人所忽视,教师一再被告诚要讲求理性,不可被其情感所左右。至于教学过程中情绪的作用以及教师在情绪管理中遭遇的困境,特别是负面的情绪,更是少有关注。[5]而实际情况却是,表现为高度焦虑等特征的负面情绪,会使教师不能有效地处理课堂中出现的种种问题。

三、专业支持与教师技能提升

作为有情感诉求的人,教师更需要适宜的专业支持。一般来说,一项专业发展计划的制订和实施应包括不同阶段,而每一阶段也应有不同的目标和工作重点,如发展意识、建构知识、将新知识转化为实践、实践新方式和反思等。同样,教师在实现上述不同阶段的目标时,也应获得不同的支持和帮助,亦即需要有不同的专业发展策略。[6]概括而言,本研究所关注的改革计划主要采取的专业发展方式包括以下三个方面。

(一)工作坊和报告会

为使学校及其教师能够认识和了解改革计划的基本理念,参与伙伴协作计划的大学专家采用了不同的推介措施。在香港,大学专家主要通过工作坊将改革理念从活动中引出来。工作坊在香港是一个相当流行的教师发展模式,它在发展教师专业意识和建构专业知识等方面的效果明显。而且,工作坊能够让教师有充分的机会参与,在活动中体验新的学习方式,在实践中感知改革理念。在上海,大学专家主要采用做报告的形式,让教师了解改革的背景、意图和基本观念。其形式虽然简单,但符合内地教师发展的通常做法,中小学教师较易接受这种听讲式的专业发展形式。

(二)研究课

研究课是协作双方就某一堂课的教学情况进行讨论和分析,以达到改进教学和促进教师发展的目的。这种研究课为大学专家与中小学教师设置了最基本的专业交流和讨论的舞台,教师教学观念和行为受到的持续挑战和最终可能发生的改变也主要在研究中逐步强化和最终实现。它对于发展意识、建立知识、将新知识转化为实践、实践新方式以及反思五个专业发展的目标都有一定的效果。

具体来说,在 A 校参与的香港项目中,大学专家实质上充当了"客座教师"的角色。他们平均一两周就会到 A 校带领学生做专题研习,而 A 校的教师则成为协助人员,帮忙组织和协调各小组学生的讨论,他们通过现场观看,了解大学专家如何带领学生开展教学活动。

B 校开展的研究课基本上沿用内地常用的教师上课、教师说课和大学专家评课的步骤,但专家的评课不限于具体教法与过程的讨论,而是与教师一起对教学实践做批判性反思,找出教学行为、言语背后的教学价值观及存在的问题,并与教师一起探讨新的教学价值观的依据及其合理性,进而在教师的头脑中重建课堂教学价值观,并在教学中有意识地进行实践。

(三) 校际交流

举行参观活动,加强校际交流是教师专业成长的有效学习方式。被参观的团体通常会将自己最优秀、最具特色的部分呈现出来,参观者则可以获得最直接而有效的经验。每学期安排适当的外出参观,不但可以纾解教师的工作压力,还可以增加其教育见闻。由于参加伙伴协作计划的学校有几十所之多,因此,大学专家除与各校单独交流外,还充分利用自己作为整个改革计划之核心的角色,尝试建立校际的专业发展网络。

香港的计划主要采取了预备工作坊、分享会、联校教师发展日等方式,组织教师去内地及国外参观交流,组织本地区不同学校之间的研讨互动,从而扩大改革成效的辐射作用。上海的计划则主要通过举办共同体会议,让教师通过观摩、上研究课、撰写研究论文等途径,提升其教学技能。可见,校际交流包含许多不同的教师专业发展策略,其对于发展教师的专业意识、增进教师的专业知识和能力、促进理论与实践的相互转换等均具有明显的影响力。

四、支持、挑战与教师的心流体验

在伙伴协作过程中,大学专家作为一种体现专业权威的外在力量进入学校甚至课堂,其任务之一就是帮助那些缺乏自我认知的教师对自己拥有的知识和能力产生清晰的认识。当教师意识到自身不足,他们也就找到了专业成长的可能空间。

从大学与中小学之间的互动关系来看,大学专家向中小学教师提供的是一种专业性挑战,针对的对象是教师在教学过程中所表现出来的具体行为。在挑战过程中,中小学教师所表现出来的各种习以为常的行为被问题化,行为背后的理念被揭示出来,这让教师有机会深刻地审视自己的角色、行为和观念。其结果因为学校改进项目的开展和大学专家的介入,教师的工作"负担"明显增加,当然,这些"负担"与其说是由于量的增加而造成的,毋宁说是由于对质的追求而导致。

但需要明确的是,工作挑战带给人们的不仅仅是身体的劳累,也有可能是精神的愉悦和自我实现的幸福感。讨论工作与个体心理体验的"心流理论"(the theory of flow)表明,工作挑战对于个体成长是必不可少的刺激因素,虽然有时候它会使人们感到焦虑不安、不知所措,甚至痛苦不堪,但也有令其全心投入、享受幸福的时刻,关键在于个人拥有技能的高低。但如果缺乏必要的挑战,即使个人技能高超,其带来的心理体验也绝对不是快乐,而是冷漠;而当个人拥有的技能本已有限的话,其所能体验的更是只有厌倦而已。[7]

从心理学的角度来看,"心流"是一种最佳的心理体验,它表示人们被某项活动深深吸引,并完全沉浸其中所表现出来的一种忘我的精神状态。处于此种状态的人可以在工作的挑战和所需技能之间达致平衡。巴克的研究表明,工作中拥有"心流"体验的教师会完全沉浸在教学中,充分享受着工作带给他的快乐,其内在的工作动机也相当高。更为重要的是,其学生在此过程中也能体验到学习的乐趣。[8]

可见,适当的压力和挑战并非坏事,关键是教师需要通过适当的专业发展途径,获得足够的知识和能力储备,并在思想观念上认同变革的主旨。实践中,只有那些对学校变革做好准备、具有高涨热忱和意愿的教师才可胜任改革背景下的教学工作,才能促使改革目标的达成。就此而言,这些外力带给教师的,与其说是压力,毋宁说是一种动力。而那些有着积极情绪体验的教师会产生更多更好的教学理念,他们会开发出思路更加开阔的应对技巧,从而解决更多的难题。这样,在班级教学活动中,教师积极的情绪体验和教学能力增长之间就形成了良性的循环。[9]

那么,如何在变革进程中增强教师的正面情绪体验,而不是相反呢?这需要同时关注教师的认知需要和情感需要。前者可以通过专业挑战,促进教师的自我反思而达到目的,其针对的对象是教师具体的教学行为。后者则是为教师创建一个安全的工作环境,使其减少负面的情绪体验,其关注的对象是教师作为完整的"人"本身。

如果我们以"工作挑战"与"专业支持"为分析向度,则可以得出教师成长的四种不同的情境:高挑战与高支持、高挑战与低支持、低挑战与高支持、低挑战与低支持。教师在上述四种情境中会有不同的情感体验,分别是"欣喜""焦虑""厌倦"和"冷漠",而在专业成长方面也有不同的体现,分别为"迅速的进步,杰出表现""冲突士气低落""缓慢、不均衡的进步、自足"和"停滞不前、表现不佳"。可见,理想的教师成长情境应该是"高挑战、高支持"。

五、结　语

在大学与中小学伙伴协作式改革计划中,大学专家与中小学教师所秉持的教师发展观存在差异。一般来说,教师希望发生在自己身上的是渐进式的变革,无论是从速度上还是程度上,但大学专家所希望的改变则激进得多,其追求的是教师固有信念和价值观的改变。这种巨大反差可能使教师遭遇情感危机。而且,相对于决策者和大学专家来说,教师处于弱势地位,前者关于根本性变革的理想会作为一种强势话语成为后者必须遵照执行的指示。在这种情况下,教师压力增加,各种负面情绪也接踵而至。

当教师处于"高挑战、高技能"的状态时,他就会出现忘我的沉浸体验,产生强烈的进取意愿。这种正面的情绪体验反过来又会促进教师更投入于教学工作,且令其学生在此过程中享受到学习的愉悦。就此而言,大学与中小学建立伙伴协作关系,共同推动学校改进计划,显然是增加了新的学校变革的挑战,这将有利于打破学校及教师固有的平衡,进入变革的"解冻"状态。同时,也因大学专家向中小学教师提供了必要的支持而有效地减少了变革的阻力。

本研究结果表明,参加改革计划的教师都需要在一个"真正"安全的环境中去尝试、探索和学习,设计不足、管理不善的"伙伴关系"不仅不能提供给教师适当的帮助,反而可能产生相反的效果。如大学专家无意于创设和谐的合作和发展环境,倾向于以权威的身份向教师提出各种强迫性要求时,其结果就会因危及教师的安全而有可能将教师推进更深程度的自我封闭和彼此疏离之中。而大学专家只向教师提供支持,强调经验和知识的分享,而非从不同的方法和视角向教师提出专业上的挑战,也会弱化教师的成长,因为后者会在"合作性同情"中安于现状。因此,理想的状况应该是高度挑战与高度支持的平衡,如此,教师则可以获得积极的心理和情绪体验,其在专业上也会取得迅速的进步。

参考文献

[1] 吕达,刘捷.超越经验:在自我反思中实现专业发展[J].教育学报,

2005(4):65-70.

[2] 许志庭.从结构主义的观点论重塑教师专业发展的学校组织再造[J].国民教育研究学报,2004(13):123-146.

[3] Sarason S. The Predictable Failure of Educational Reform: Can We Change Course Before It's Too Late[M]. San Francisco: Jossey-Bass,1990.

[4] Janas M. Shhhhh, The Dragon is Asleep and Its Name is Resistance[J]. Journal of Staff Development,1998,19(3):13-15.

[5] Sutton R E, Wheatley K F. Teachers' Emotions and Teaching: A Review of the Literature and Directions for Future Research[J]. Educational Psychology Review,2003,15(4):327-358.

[6] Loucks-Horsley S, Hewson P W, Love N, et al. Designing Professional Development for Teachers of Science and Mathematics[M]. Thousand Oaks, CA:Corwin Press,1998.

[7] Csikszentmihalyi M. Flow: The Psychology of Optimal Experience[M]. New York,London:Harper & Row,1990.

[8] Bakker A B. Flow Among Music Teachers and Their Students: The Crossover of Peak Experiences[J]. Journal of Vocational Behavior,2005,66(1):26-44.

[9] Hawkey K. Emotional Intelligence and Mentoring in Preservice Teacher Education: A Literature Review[J]. Mentoring & Tutoring,2006,14(2):137-147.

(原文载于《教育研究》2006年第10期,第27—31页,作者为操太圣、卢乃桂)

第二十三章
从教师合作看我国校本教研及其对学习共同体发展的启示

实践社群视角下,教师合作是特定社会性结构下教师进行意义协商的过程。本研究从社群形态、沟通规范以及实践定位三个维度诠释校本教研中教师合作过程。研究所见,教师合作处于结构化组织系统及制度下,按照自上而下模式运作。教师建立起相对稳定的等级制角色定位。校本教研定位于示范性教学模式的再生产,教师的自主性和专业判断较为有限。

一、前　言

教师合作备受全球各国研究者关注,研究从教师文化、合作类型、合作效果、教师赋权等多个方面对教师合作详加探讨,分析教师合作的发展策略和影响因素,丰富了教师合作的理论体系。[1]然而,研究大多将教师合作视作理想的政策工具,忽略了社会情境脉络和复杂互动沟通过程,限制了研究视野和深度。教师合作常被置于预设流程中,多流于形式。为弥补教师合作互动过程研究的不足,本研究从教师专业对话切入,诠释教师沟通规范和沟通协商过程。

本研究以中国内地校本研究为例,采用个案研究方法。研究者以江苏省N市H小学教师作为研究个案,通过目的性抽样选取18名教师就校本教研开展状况和教师态度进行深入访谈,并通过学校网站、教师博客、学校教务处收集相关文本资料。多种途径所得资料相互比照和验证,政策文本为资料分析提供背景说明,访谈资料对合作状况及教师感知深入剖析,文本资料进一步补充验证。

本文首先回顾国际视野下教师合作的相关研究并建立分析框架;其后阐释中国内地教师合作的政策情境,进而结合我国校本教研深入讨论教师互动过程;最后,对教师合作状况做进一步阐释,回应教师合作的学术争论并提出政策建议。

二、国际视野下教师合作的主要议题

近些年来,教师工作受到重新审视,定位从单打独斗转向协同合作。教师与同侪分享教学实践和经验,开展专业对话,激发专业反思,实现共同发展和突破。[2]然而教师合作受制于诸多因素,过程和结果可能偏离预期规划。在实践情境下,教师合作衍生出虚假合作、群体性思维、小集团化等诸多异形变体。尤其是管理主义和市场化改革情境下,教师合作停滞于表面形式,较难开启深层对话。

鉴于教师合作显现出不可预测的发展走向,研究者逐步放弃将教师合作视作价值无涉的表单式工具,转而关注特定情境脉络下多主体互动的社会建构过程。[3]研究者尝试从实践社群视角切入,关注社群内部的社会关系和互动沟通,以弥补教师合作过程讨论的不足。[4]实践社群视角下,教师合作可视为教师群体在特定社会性结构下进行意义协商,共同建构教学实践。许多研究提出,教师合作过程可进一步从社群形态、沟通规范和实践定位三个维度做深入思考。

首先,社群形态点出教师合作所处的社会情境脉络,划定教师合作的边界范围。[5]社群成员围绕共同认可的知识领域,分享理念和见解,保持持续对话。教师群体共同承担责任,坚守承诺,形成群体内聚力,建立亲密信任的人际关系网络。社群意味着共同的沟通平台和身份意识,为群体互动赋予意义。

其次,在特定的社群形态下,教师群体就沟通规范达成共识,以维持意义协商的持续进行。沟通规范直接影响到参与方式和沟通渠道,与教学实践息息相关。社群成员对教学实践持有不同的理解和认识,在沟通过程中扮演着不同的角色,发出多种声音。[6]社群建立初期,参与者曾就框架性的合作规则达成一致。然而,教师合作并不拘泥于预先设定的合作规则,而是在实践中逐步发展出共同理解和认识,修正已有的框架,形成共同认可的沟通规范。

再次,经由长期持续性沟通,教师合作发展出独特的实践定位。实践定位维度打破了将教师合作"传奇化"的倾向,聚焦于教师合作的发展走向。[7]教师合作中存在诸多不确定因素,发展走向未定。社群成员对教学实践有不同的理解和诠释,多种观点在互动中相互撞击,亦可产生新的发展路向。教师合作可能导向实践的革新,也可能导向保守的再生产,甚至出现倒退的迹象。[8]

综上所述,社群形态、沟通规范、实践定位三个维度进一步拓展了对教师合作的理解,为教师合作过程的诠释提供了分析框架。社群形态塑造了教师合作所处的情境边界,沟通规范有助于诠释教师合作的互动规则,实践定位明确了教师合作的发展走向。鉴于教师合作具有情境依赖性,下文将在教师合作过程分析框架的引导下,结合中国内地校本教研个案分析中国内地教师合作过程,以回应教师合作的学术讨论,并提出相关的政策建议。

三、中国内地教师合作的政策情境

教师合作被视为重要的政策议题提上议事日程。为了促进教师专业发展,国家制定政策文件对教师合作加以引导。2010年教育部《关于深化基础教育课程改革,进一步推进素质教育的意见》提出,各地要大力推进以校为本的教学研究制度,促进教师的学习、研究和交流。学校需要进一步完善教研工作机制,建立服务学校的专业支持网络。教育部于2012年出台的《中学教师专业标准(试行)》也明确指出,教师应该具有团队合作精神,积极开展协作与交流。从以上政策文件可知,在教育改革层面,教师合作成为推进课程向纵深发展的重要策略。在教师工作层面,教师合作被视为教师工作不可或缺的部分,纳入专业标准之中。对教师合作的研究有助于深入了解相关政策的落实状况,为政策实施和改进提供建议。

教师合作在校本教研中体现最明显,深深嵌入教师日常工作中,与教师专业发展、教师学习和教学密切相关。学校设置了系统的教研体系,为教师合作提供支持性平台。围绕教学实践,教师有组织地开展观课议课、公开课、师徒制、校本课题等一系列的教师合作活动。校本教研强调独特的情境脉络,教师合作呈现出特殊的现实表征。鉴于教育政策及学术讨论对教师合作的关注,下文将教师合作的学术讨论置于中国内地校本教研情境中,对教师合作的互动过程做进一步讨论。

四、实践社群视角下的校本教研

理想的校本教研强调学校依托自身资源优势和独特的情境脉络,有针对性地围绕自身问题开展研讨,在同侪合作对话中实现共同发展,提升教学质量。[9]本研究将从社群形态、沟通规范和实践定位三个维度出发,探讨个案学校校本教研中教师合作的真实过程。

(一)社群形态:结构化的沟通平台

社群形态的讨论有助于反映教师合作所处的社会性结构,呈现教师合作实践的表现状态。个案所见,校本教研在结构化的组织系统及制度下运行。

首先,校本教研系统由片区教研部门、学校教导处、教研组/备课组三个层级组成。片区教研部门统筹规划片区教研发展;学校教导处负责贯彻上级命令,安排学校教研活动;教研组/备课组则专门落实实施教研活动。校本教研系统为教师提供了结构化的交流平台。三级组织架构之下,教研活动制定固定的时间表和教研计划,有序运作。

其次,教研主题由区教育局统一安排并逐层推行。区教育局根据特级教师和教研员的教学经验和理念,结合当前教育政策热点重点,将学生课前预习作为支撑教师教学的重要环节,确定在全区推广"以学定教"的教研主题。为推动教师把握教研主题,区教育局在学期初组织教师统一培训,传达"以学定教"的理念精神。学校教导处根据学校教学状况,将"以学定教"主题与学校现有的课前预习模块关联起来,要求校内教研组/备课组进一步落实。在教导处的统筹安排下,教研组/备课组的组长根据教研主题制定详细的组内研讨计划,组织教师参与研讨。

再次,在教研主题框定的范围内,教研活动在校内各教研组/备课组全面推开。为推动"以学定教"教研主题顺利进行,学校教导处将其进一步操作化为"看、画、做、疑"的示范性流程。"看"是指学生在老师帮助下预习教材内容,"画"是指学生画出书中的重点难点,"做"是指试做课后基本练习以衡量自学状况,"疑"是指对不懂的地方提出疑问。为协助教师掌握"看、画、做、疑"的示范性流程,校本教研将其纳入教学设计范畴,在结构化的三轮次备课制度中运作。第一轮备课以教师个体为主,参考区本教案和教辅资料,初步解读课程内容。第二轮备课以教研组/备课组为主,结合学校小班化教学特色,对课程内容进行任务分工,由教师分别备课,形成校本教案。其后,教师根据本班情况进一步补充标注,完成第三轮备课。三轮次备课各有侧重,成员围绕教学设计展开讨论,找出教学细节中的纰漏,总体上统一基本思路和教学取向。

综上所述,校本教研中教师合作研讨主题和操作过程均处于预设的结构性框架之下。地方教育局制定统一的教研主题,辖下所有学校教师均有针对性地围绕该主题展开教研。集体备课制度通过任务分工合作,对教案进行流程化设计,协助教师开展教学。教师群体的分工合作,有助于教师从冗繁的教学资料中脱身而出,减轻教师工作负担。然而,教学研讨的大部分时间精力围绕具体化操作展开,对话的潜在空间也受到一定挤压。

(二) 社群中等级化的角色定位

对沟通规范的探讨,有助于挖掘教师群体所认可的互动原则。个案所见,社群成员经由长期合作建立起相对固定的角色期望和角色定位。校本教研中,教研员、学校领导、骨干教师、普通教师和青年教师通过不同方式参与合作,显现出等级化的角色定位。

教研员是校本教研的话语主导者。教研员经由长期实践积淀,积累了丰富的技术性知识,被视为课程教学专家。教研员对"以学定教"的教研主题做出定位,诠释其内涵,为教师提供指引。日常研讨中,他们直指教学中存在的问题,为教师提供指导性意见。然而,由于教研员同时负责监督、视导、出考题等工作,其行政权威的身份使教师心存敬畏。其建议常受到过分推崇,忽视了其他潜在的可能性。

学校领导在校本教研中扮演着"守门人"的角色。他们拥有全局性视野,整体把握学校教科研的方向,权衡学校内外的各种需求,为校本教研提供支持。学校领导通过社会资本和人脉关系,邀请资深教师、专家和教研员进入学校指导教师教学,对教学模式精细打磨。部分教研活动中,学校领导亦亲身参与其中。学校领导的参与,虽有助于提振教研士气,同时也隐含行政权力侵入教师合作的生活世界。部分教师视之为行政干预和监督,在沟通协作过程中有所顾虑,出于自我保护而选择沉默。

骨干教师为教研活动规则的阐释者和成功实践者。骨干教师被视为社群的中流砥柱,在校本教研中起到示范和带动作用。实践情境下,骨干教师熟谙游戏规则,掌握"看、画、做、疑"教学流程的精髓,贯彻上级设定的教学理念并付诸行动。他们以切身经历诠释校本教研的要义,呈现上级部门所期望达到的状态。其教学经验亦成为普通教师借鉴模仿的对象,在学校中被广泛推行。

普通教师和青年教师在校本教研过程中扮演着学习者的角色,对校本教研持有多种不同的认识和理解。部分教师认为,在教研员、骨干教师和学校领导的引领下,避免使用"摸着石头过河"的试错方式,可以快速提升教学技能。多数教师乐于和资深教师共同研讨,以获得专业支持和引领。[10]亦有教师反映,当缺乏专业指引时,教研活动易停留在常规工作上,难以获得更宽的视野,被戏称为"萝卜炒萝卜"。亦有部分教师反映,青年教师尤其是新任教师碍于面子和权威,多充当旁观者,且他们少有机会发声,因此成为被动的学习者。

由此可见,参与者因职称、地位等表征差异,在合作过程中呈现出等级制的角色定位。专家扮演着权威的角色,为教师群体提供专业引领。普通教师尤其是青年教师虽乐于参与教师合作,但话语权比较有限,倾向于遵循专家的见解。社群内教师虽有不同见解和视角,但大多数维持和谐的状态,回避争论。意见不一致时,普通教师和青年教师倾向于屈尊权威的意见,以避免挣拗的出现。

(三)实践定位:教学模式的再生产

地方教育局主导下的校本教研奉行实用主义原则,紧密围绕日常教学实践展开,为教师提供更加安全高效的方式来提升教学技能。[11]校本教研致力于推行最优化的技能训练体系,使成员能够在短期内迅速掌握实用的教学方法和操作技能,熟练运用于日常教学中。

首先,校本教研注重知识技能从经验教师向青年教师的单向传递,形成教学模式的再生产。教师合作主要围绕"看、画、做、疑"的示范性教学模式展开,发现青年教师在应用这一模式中存在的问题并加以纠正。经验教师致力于为青年教师提供指导,帮助他们提高教学技能。在研讨过程中,青年教师将自己真实的教学表现呈现在同侪面前,与示范性教学模式加以比照。青年教师只需要按照路径要求行事,模仿套用教学程式即可维持常规教学。由于缺乏经验阅历,部分青年教师对教学理念的内涵并不能完全理解,只得选择全盘接受,其后在教学中慢慢体会。

其次,校本教研中教师深层次专业思考和实践探索较易被忽视。校本教研以技术性话语取代教学的伦理关注,偏重提升教学技能,忽略多元教学理念发展。即便教师有不同的见解和理念,也并不情愿在教研中提出,而更愿意选择通过课堂教学加以验证。由于长期处于选择性发展氛围中,教师教学技能获得迅速提升的同时,多元教学理念发展缓慢,思维受到一定局限。一位教师对所处状态做出形象的比喻,"我觉得我们就是井底之蛙,就在自己这块天地蹦,怎么蹦也蹦不出这块范围"。

再次,示范性教学模式再生产也需要教师在课堂教学实践中做适当调整。由于实践情境、学生反应情况和接受能力的差异,同样的教学模式在不同的班级实施起来效果也会有所不同。许多教师发现,完全按照示范性教学模式开展教学,可能会把学生强行推向特定轨道,有灌输"填鸭"的危险。为此,教师需要在教学中有所取舍,而不能完全照搬示范模式。大多数教师采取保守策略,依旧使用示范性教学模式的框架,而在具体操作上做出略微调整。

由上可知,个案中的教师合作主要遵循示范性教学模式的再生产,教师在合作中自我选择空间比较有限。教师合作围绕操作化程序的习得及实践运用展开,通过实地演练发现技能运用的不足,进而强化合法化的技能程序。教学模式的再生产对内容进行选择性过滤,注重操作技能的提升,而对多元教学理念关注不足。由于长期采用同样的流程教学,教学设计日渐趋同,教师多元教学理念、专业判断和专业权威后继乏力。

五、结　论

随着全球教育改革浪潮的推进,教师合作被视为教育质量提升、学校改进和教师发展的重要途径,成为教育政策关注的焦点。各国相继发展出多种类型的教师合作。然而，受工具理性导引，教师合作多被视为教学技能和学生成绩提升的手段，更关注结果和效能，少有研究关注教师合作过程。教学变革路径往往预先设定路向，其后教师合作在官方预设的主题及确定的模式下进行。

本研究从实践社群视角切入，将教师合作视为特定社会性结构下教师意义协商的过程，从社群形态、沟通规范、实践定位三个维度探讨校本教研中教师合作过程。研究所见，校本教研处于由地方教育主管部门、学校教导处、教研组/备课组组成的结构化组织系统及制度下，按照自上而下的模式运作。地方教育主管部门负责统一安排教研主题和内容，下达给辖区学校。学校教导处进而将统一的教研主题操作化为示范性教学模式，传递给校内教研组/备课组系统。其后，教研组/备课组通过多轮次集体备课进一步将示范性教学模式落实到各学科教学。

在教师合作过程中，参与者因职称、地位差异而建立起相对稳定的等级制角色定位。教研员为教师群体提供专业引领并对教研内容有最终解释权，学校领导主导校本教研的方向，骨干教师成为成功践行者起到示范作用，普通教师则通常扮演着学习者的角色。不同角色教师的交流以维持和谐状态为主调，避免出现挣拗。

校本教研定位于示范性教学模式的再生产，教师在合作过程中专业自主性和专业判断空间比较有限。示范性教学模式在教师合作过程中被复制和强化，教师教学呈现同质化的趋向。校本教研形成选择性过滤机制，强调教学技能的掌握，对多元教学理念的发展空间关注不足。与教学技能娴熟相比，教师的多元教学理念和专业判断力难以获得相应的提升，成为教师专业发展的瓶颈。

为此，校本教研的改善需要摒弃单纯的技术取向，关注教师合作作为建构相互尊重信任的学习社群的发展方向。教师合作应给予教师更大的专业自主空间，通过交流对话不断拓展见解和视野，获得全方位的提升。如何使教师合作突破简单的技能操作，发展为批判性思考和专业对话，成为有待进一步思考和探索的路向。

参考文献

[1] McLaughlin C. Towards an Ecology of Teacher Collaboration on Research[M]//Mockler N, Sachs J (Eds.). Rethinking Educational Practice Through Reflexive Inquiry. Dordrecht, Heidelberg, London & New York: Springer Science + Business Media B. V. 2011.

[2] De Lima J Á. Forgetting about Friendship: Using Conflict in Teacher Communities as a Catalyst for School Change[J]. Journal of Educational Change, 2001,2(2):97-122.

[3] 乔雪峰,黎万红.从特质视角到发展视角:专业学习社群的路径研究[J].全球教育展望,2013,42(3):73-81.

[4] Wenger E. Communities of Practice: Learning, Meaning, and Identity[M]. Cambridge, England: Cambridge University Press,1999.

[5] Wenger E, McDermott R A, Snyder W. Cultivating Communities of Practice: a Guide to Managing Knowledge[M]. Boston, MA: Harvard Business Press,2002.

[6] Grossman P, Wineburg S, Woolworth S. Toward a Theory of Teacher Community[J]. Teachers College Record, 2001, 103(6):942-1012.

[7] Little J W. Locating Learning in Teachers' Communities of Practice: Opening up Problems of Analysis in Records of Everydaywork[J]. Teaching and Teacher Education, 2002, 18(8):917-946.

[8] Hager P. Current Theories of Workplace Learning: a Critical Assessment[M]//Bascia N, Cumming A, Dannow A, et al. (Eds.). International Handbook of Educational Policy. Dordrecht, Boston MA and London: Kluwer,2005.

[9] Huang R, Bao J. Towards a Model for Teacher Professional Development in China: Introducing Keli[J]. Journal of Mathematics Teacher Education,2006,9(3):279-298.

[10] Gu L, Wang J. School-based Research and Professional Learning: an Innovative Model to Promote Teacher Professional Development in China[J]. Teaching Education,2006,17(1):59-73.

[11] Li L C, et al. Evolution of Wenger's Concept of Community of Practice[J]. Implementation Science,2009,4(1):11-18.

(原文载于《教师教育研究》2013年第6期,第74—78页,作者为乔雪峰、卢乃桂、黎万红)

第二十四章
怀智兴教：对中国大陆教师培养中一些问题的探索

> 本文旨在探讨本科师范教育在中国大陆的一些重大发展性问题。讨论的中心将围绕本科师范院校所处的学术与行政环境、师范教育课程改革等问题展开。文章将会关注有关师范教育的三方面问题：一是师范教育在高等教育中的角色；二是师范教育的课程改革及其重点；三是师范教育的管理。通过分析相关师范教育改革措施，认为改革一方面要考虑到师范院校在高等教育机构中所面临的困境，另一方面也要注意到其自身从课程设置到计划管理中产生的种种问题。

本文旨在探讨本科师范教育在中国大陆的一些重大发展性问题。讨论的中心将围绕本科师范院校所处的学术与行政环境、师范教育课程改革等问题展开。众所周知，中国大陆的师范教育有如下特点：以学科为中心；注重理论基础；国家统一管理。这样的办学方式确保了师范教育在巨大的社会经济变革中也能稳步发展，但它却很难顺应中国高等教育在最近十年内所发生的重大转变。

在过去的一百年中，师范教育在中国走过了一条十分艰难的道路。1897年，第一所师范学院在南洋公立大学成立；1902年，京师大学堂出现了师范培训机构。从此，人们就一直在努力寻求适合中国师范教育的培养模式。随着时代的变迁，尽管在重大历史事件和统治阶层的意识形态影响下，受推崇的师范教育模式层出不穷，但它们的目的却始终如一，即兴邦振国。各种外国观念与方法的实验来得匆匆，去也匆匆。这些尝试包括19世纪末从日本引进的教学法，[1][2]20世纪20年代从美国引进的教育理念，[3]以及在20世纪50年代大规模借用的苏联模式。[4]从20世纪80年代至今，我们一直在努力寻找有中国特色的师范教育模式。中国的教师队伍约1 200万人，要为如此庞大的群体构造出一个本土化的培养模式，的确是项非常浩大的工程。

我国的师范教育者们已经意识到：国家正处在全球化进程中谋求长远发展的关键时期，我们要致力于培养出色的人力资源来增强我国在世界范围内的竞争力。高质量的教师队伍是提升民族教育质量的关键，会对国家的命运产生深远的影响。在很多西方国家，历来对于教师素质、师资培养、教学方式等课题有着密切的关注。[5][6][7][8][9][10][11][12][13]在中国，政府对师范教育工作高度重视，调用政府力量和公众基金来大力发展师范教育。

本文将会关注有关师范教育的三方面问题：一是师范教育在高等教育中的角色；二是师范教育的课程改革及其重点；三是师范教育的管理。通过分析相关师范教育改革措施，本文认为改革一方面要考虑师范院校在高等教育机构中所面临的困境，另一方面也要注意其自身从课程设置到计划管理中产生的种种问题。师范教育是在承办机构既定的结构中试图着自我改良，这样的背景环境是分析上述问题的前提。我相信中国大陆的师范教育改革为世界范围内的教育研究者提供了一个很好的研究个案，具有启发借鉴意义。

一、政策情境脉络

自21世纪初中国基础教育课程改革实施以来，政府下达了多项可观的方针政策，并通过多种渠道加强师资力量的培养。其中最为显著的是《2003—2007振兴教育行动计划》[14]，以及《教育部直属师范大学师范生免费教育实施办法(试行)》[15]。

《2003—2007振兴教育行动计划》是一项综合性方针,从学校课程改革的实施到"世界一流大学"的建设,都在这项政策中提到。它为教师培养设想了一个更为灵活开放的体系,明确了师范教育专科、本科、研究生三级培养制度的确立,鼓励综合性大学开办教师教育,并提出以"终身学习观"为基础的教师专业发展方向。

政府期望提高教师素质的努力在《教育部直属师范大学师范生免费教育实施办法(试行)》中进一步得到体现。该政策在2007年开始实施,并即将出台新教师教育课程标准。政府希望通过提供四年免费的师范教育、一套专门为师范生精心编排的课程以及毕业后一份有保障的工作,能吸引更多成绩优秀的学生加入教师行业。学生在入学之前,要与当地的教育主管部门签订合同,同意毕业后回当地至少从教十年。

免费师范生会享受到一些特殊的优惠政策。他们所学习的课程将有别于一般的师范生,因为他们的课程更加强调教育学习与教学实践。教学实习在四年课程中将会占去半年的时间。这些学生由"国家名师"指导,并有专人负责督导他们的学习。毕业后的师范生会回到生源所在地的学校工作,免去了在这个竞争白热化的就业市场中找工作之苦。对于那些热爱教师工作的学生而言,尤其对于那些家庭贫困付不起学费的学生来说,这一新政策为他们提供了一个很好的机会。2007年9月新学期开始时,超过一万名的免费师范生已经进入大学深造。

六所教育部直属师范大学对这一政策均给予了热情的回应,并为这些免费师范生专门设计了新的课程计划。相较于以前,教育类课程比重增加,分为四个学习领域:教育理论、教育探究、教学技能和教育实践。其中值得一提的是教育实践,它包括学校经验以及教学实习,在新的课程结构中占据了前所未有的重要位置。在其中几所师范大学所提出的课程计划中,教育实践占总学分的将近一半。[16][17][18]

"师范生免费教育"这一政策至少具有两方面的重要意义。首先,它体现了政府通过恢复师范教育"免学费"的办法来吸引优秀学生从教的坚定决心。[19]其次,实施办法中特别强调了教育实践在师范教育中的重要性。新推出的课程计划大大提升了学校经验与教学实习在教师培养中的地位,成为解决中国师范教育顽疾的一项大胆举措。在如今这个积极回应师范教育需求的政策环境下,当前的改革将有望迎来累累硕果。而改革的成败首先在某种程度上决定于师范院校如何认识自己在高等教育中的角色并积极采取应对策略。从这个角度来讲,我国师范院校面临的很多问题与国外同行是一样的,但也因具体国情不同而有所分别。

二、师范教育在高等教育中的角色

在美国,师范教育和大学之间是互惠的共生关系。师范教育在大学里可以获得地位和学术认证,反过来又为大学提供学生与社会利益。在这一交换中,"大学冒着有损其学术身份的风险,而师范教育则顶着削弱专业使命的压力"[20]。追根溯源,这些风险一方面来自于师范教育被贬抑的学术地位,另一方面还在于大学维持其运行所需的花费。

师范教育在大学机构中的卑微地位可以归结为以下几个原因。最主要的原因是长期以来一直存在并带有一定误导性质的观念,即受过一定教育的任何人都可以从事教学。另外一种观念,认为只有成绩不够优秀的学生或女性才愿意从事教师这一行业,更加深了人们对前一个观念的肯定。除此之外,由于教师这一行业还没有形成特殊的专业术语,教学给人的印象往往是随意的、非科学的。由于大多数人都上过学,多年来对教师的观察使他们将教学工作想象得很简单。[21]在这种"长期的观察"(apprenticeship of observation)中,学生是以观众的身份来看待教学的,使得很多人,包括一些大学教授,都认为教学本身谈不上是一门"学术"。

欧内斯特·博耶通过检视当代高校学者的工作,重新为"学术"分类和定位,指出有四种不同的学术同时在大学里发生:发现的学术(scholarship of discovery)、综合的学术(scholarship of integration)、应用的学术(scholarship of application)与教学的学术(scholarship of teaching)。博耶提倡我们要用更开放的视角来看待学术,他对学者在大学里的工作进行了评论:"诚然,学术意味着原创性研究。但是学者的工作同时也意味着从某项研究中走出来,到现实中去寻找适切的联系,在理论与实践之间搭建桥梁,再把所学的知识有效地与学生分享。"对于博耶来说,发现的学术是指学者专业学科内的原创性研究,如哲学、化学、历史、遗传学等领域,目的是推动知识的进步。"它与学者们所说的'研究'是意义最相近的。"[22]综合的学术是指研究者整合自己与他人的研究成果,通过对现有知识的阐述,希望可以跨越学科之间的界限来获得更广泛全面的理解和认识。应用的学术旨在促进理论与实践的联系,能运用相关知识来解决实际的问题。学者们通过实践加深了对知识的理解,并运用新的知识为公众利益服务。教学的学术包括学者们围绕教学所做的一切工作。要求对学科本身有着丰厚的知识储备,并对教学进行缜密的计划与不断的反思。教学不仅是传送知识,而且在转变与扩展知识。博耶强调不同种类的学术都应当受到尊重,鼓励大家各展所长、各尽所能为学术、教育和社群服务。

然而在现实情况中,由于推动知识进步是大学的一项主要功能,因此大学十分注重"发现的学术"和"综合的学术"。而师范教育所强调的是"应用的学术"和"教学的学术",这样就导致师范教育领域里所产生的知识得不到足够的重视。师范院校以及综合性大学里的教育学院为了维持其在大学里面的学术地位,不得不以牺牲本科教学为代价来投入很大精力去扩展硕博点,而忘记了自己"培养人民教师"的专业使命。

自从20世纪90年代开始,中国的师范教育格局已经开始悄然发生变化:一是政府鼓励优秀综合性大学开办教师教育,二是师范大学寻求向"综合性""研究型"大学转变。

2000年,北京大学首次创办教育研究生院。这对师范大学是一个明晰的信号,提醒它们国家已经对师范教育采取了更加开放的办学政策,以及这一领域内即将到来的竞争①。继北大之后,其他顶尖的大学也纷纷开展了教育学科点,吸引了很多本来应该在师范院校任职的高学历人员。

对此,师范大学也做出了回应,将自身全面向教育市场开放。20世纪90年代正值社会向市场经济转型,这为高等院校开设新的学科与专业提供了一个大好机会。金融与商业管理、信息科学与旅游管理等都是新兴的专业,并在大学内找到了各自发展的空间。师范大学是这个蓬勃发展的市场的受益者之一。而曾经在师范大学里举足轻重的教育学院,如今却已被湮没在各学院大楼中。

这一时期大学内的结构调整导致了中等级别学术单位的激增。有关数据表明,教育部直属的六所师范大学内有很多与教育学院具有同等级别的学术单位:北京师范大学27个、华东师范大学23个、东北师范大学19个、华中师范大学24个、西南大学32个、陕西师范大学25个。[23]在这种情况下,教育学院的边缘化趋势愈发明晰,因为师范教育已经不再是师范大学的核心研究领域。

除了"综合化",师范大学还在努力向"研究型大学"的目标前进。因为政府鼓励建设"世界一流大学",并以雄厚的资金援助作为后盾。而衡量一所大学的主要标准之一就是其学术研究的水平。由此各个高等教育机构,包括师范大学,无不希望通过提高其研究水平及产出来提升竞争力。

在师范大学寻求"研究型大学"这一身份的过程中,它们清楚地意识到研究项目的广度与深度以及研究结果的质量将是评价研究能力的

---

① 北京大学于2000年10月成立教育研究生院,被视为综合性大学里开设教育研究类课程的先导者。而其实在综合性大学里首先开办教育学院的是在1998年与杭州大学合并之后成立的浙江大学。北京大学的教育学院是在它原有的高等教育学院的基础上建立的,这在当时的中国大学里是非常普遍的学术研究单位。北京大学的做法很快就激发了其他的高等教育院校对于教育研究与师范教育的热情。

重要标准。在高等教育研究领域内,像信息科学、药物学、环境科学以及金融都是优势学科,而像教育研究、师范教育这些领域在接受研究认可时则处于劣势地位。在中国,有不少学者认为应该把"前沿性知识"的创造作为一流大学的核心任务,而持有这一观点的人通常只是在他们各自的专业领域内来看待"前沿性知识"。[24]这种"前沿性知识"类似于"发现的学术"及"综合的学术"。而师范教育领域内的研究则通常属于"应用的学术"与"教学的学术",很难称之为"前沿性知识"。师范教育的学术取向已经和大学的发展志向发生了冲突。

三、师范教育课程改革及其重点

在《教师教育课程标准》(征求意见稿)中,已经详细阐明了师范教育的培养目标以及课程内容大纲①。这份课程标准的蓝本中强调了三个新理念:以学生为本、以实践为主、终身学习。这些理念贯穿于学前、小学与中学的师范教育中。课程目标强调培养未来教师尊重学生的个体差异,了解学生的不同认知发展阶段与学习方式,理解学校的本质与作用,并且能够解决实际的教育问题。

新的课程标准将有助于改进我国师范教育中一些长期存在的问题,如缺乏学术严谨与专业性。[25]在师范教育课程中体现为对学生关注不够、实际操作训练少、专业准备不足。在美国也存在类似的情况,[26][27]有学者批评美国的师范教育课程是无趣、肤浅、割裂、无方向、不切实际的。②[28][29][30]很明显,新的课程标准旨在将师范教育调整到实用性的方向上来。但是,师范教育课程内部的分割与教学的枯燥仍是亟待解决的问题。

新的课程标准强调师范生专业知识与实践能力的培养。教学实习

---

① 师范教育的新课程应当包括各个不同院校所提出的为"免费师范生"设计的课程。这里只集中讨论教师教育课程标准是为了论述的清晰性起见。

② 关于师范教育课程的四个不足之处的归纳,出自艾伦·汤姆的一篇《教师教育改革建议》。

从原来的四周分别延长到十周(面向要进入中学任教的师范生)与十二周(面向要进入小学任教的师范生)。通过给学生更多的时间到实习学校锻炼,希望促进他们从反思与建构的视角来认识教学。而在这种从过去以学科教学为本的传统做法到注重实践、反思与合作的建构主义方法的过渡中,增加教学实习时间只是"万里长征的第一步"。我们要思考的问题还包括:师范生如何获得更多在真实课堂内授课的机会(现在的实习期内学生平均只有两三次讲课机会)。[31]师范生如何发掘与应对教学中的问题?他们反思什么?如何反思?在什么样的情况下适合进行合作探究?教育实践计划包含了哪些内容?而在真实的学校现场是怎样的情景?

格饶史曼和她的同事通过比较神学、教学与临床心理学三门专业的培训方式,提出有助于理解专业实践的三个核心概念:教与学的展示、教与学过程的分解、接近实情的教与学。

教与学的展示指的是使用实际的例子使初学者观察并理解专业实践的方法。这些例子可以包括:观察教师在课堂内的工作;对教学进行录像;教案和学生作业的展示。这些展示使得专业实践变得具体化,初学者可以在真实的场景中亲自观察并学习实践。

类似地,利用教与学过程的分解,初学者先分别掌握教学实践的各个组成部分,然后再形成一个系统连贯的对教学过程的理解和把握。它使得初学者能够反复练习教学中的各个具体环节,并由此获得对教学更具体深刻的认识。

接近实情的教与学是教学中的模拟练习,目的是在大学教室里营造出真实课堂内的教学场景,给学生提供上台教课的机会,有更大的自由来进行各种教学尝试。这种模拟练习需要其他学生和指导老师做角色扮演。

教学实践有助于学生深入体会教学工作的复杂性。[32]学生通过亲身体验看到拥有学科知识和真正会教这些知识之间还有很大的距离。在我们期待教师教育新课程标准发布的同时,有这样一个重要问题:未来的教师应该具备什么样的知识来进行教学?

舒尔曼将教师应具备的知识分为七类:教育目的知识、教育情境知识、关于学生及其特性的知识、教学内容知识、课程知识、一般教学法知识和学科内容知识。[33][34]这一思想在中国大陆只是被一些学术文章所引用,[35]还没引起教育界更广泛的关注。

舒尔曼提出的"教学内容知识"非常重要,被称为"教师独有的知识领域"。教学内容知识"实际上是学科内容知识、一般教学法知识、课程知识三者的整合,它帮助教师把握某一特定的知识点如何呈现以及如何适应不同学生的需求等"。在学科教学中,教师除了要掌握学科内容的知识,还应该对专业学科有着较深入的理解,在讲解时能够辅以丰富的例证,预想到学生可能会有的一些典型理解模式,并知道如何分析与纠正学生错误的理解。教师还应学会欣赏与回应学生不同的学习与解决问题的方式,灵活运用教学策略与评估方法,尽量满足不同学生的学习需求。这种教学内容知识的积累与运用需要教师自身不断地进行学习与反思。

师范教育中另外一个需要关注的因素——社会公平,还没有体现在这次师范教育课程改革中。新课程标准的蓝本将"尊重学生个体差异"写到课程目标中,但是诸如学生成绩差距与教育期望的差距仍然是师范教育不可回避的问题。我们把教师培养目标着重放在教师专业知识和技能上,而对于如何在教学中体现并讨论社会公平的问题还没被提上议程。无论如何,在今天教育体系中仍存在众多不平等现象的背景下,师范教育再也不能回避其"通过教育促进社会公平"的历史责任。

四、师范教育的管理

师范教育的管理可以从三方面来看:谁来负责、怎样分工和根据谁的权威来管理。在师范大学的制度化环境里,一个好的管理模式来自于每个责任团体的尽忠职守。这就需要一个强有力的领导团体,及时地指导工作并给予发展计划的支持。反过来讲,一个差的管理模式往往没有责任团体,因为它没有明确的权力代表、实际的项目内容、凸显的课程定位。在中国的高等教育机构内,师范教育运行的现实情况介于前面提到的最优和最次之间。

显然,师范教育的管理是有一个由政府到大学层次分明的体系。政府授权大学开办师范教育、分配学生与资源、为毕业生授予学位。大学的领导机构负责大学的管理并保证运行的质量。大学的领导者立足于全校的制度环境中来看待师范教育发展,并努力平衡师范教育与大学里其他专业之间的需求矛盾。按照行政级别往下走,师范教育的管理责任开始分散在各个学术与行政单位里,但这些任务会因为分配不明而彼此交叉重叠,也就是在这一层面的管理出现了问题。相关的机构包括行政部门(如教务处和学生处)和学术部门(如教育学院与其他涉及师范教育的学院),容易引起冲突的事务包括资源分配、劳动力预算、人事安排以及各个单位的角色与责任。而教师个人也会受到影响,包括发挥作用的空间与个人晋升机会等方面。

在师范教育的管理中最明显的一个问题就是教学工作和教员管理是分散在各个学科院系的。通常来讲,公共课如思想政治、体育与大学英语等必修课,是由教务处来负责的。而中文、数学等学科教学是在各院系进行,包括教学法课与教育实习也由各院系负责。教育类课程,如教育社会学、教育心理学、教育研究、教育技术等,是由教育学院提供。这种分工的不合理之处在于很大一部分师范教育课程包括教学实习都是由各个学科院系负责的,它突出体现了师范教育中对学科知识培养的偏重。

我们看到在这种课程设置中,教育学院并没有发挥它应有的主体作用。教学法课和教学实习与其他教育类课程分割开来。有学者认为这种分工是合理的,因为既然各院系的老师对学科内容最了解,也就理所当然最清楚怎样教好这门学科。这种看法是基于对教学狭隘的理解,即认为教学就是传递知识。通常在某院系内负责学科教学法的老师只有一两个人,由于分散在不同的学院,这些老师之间很难有机会进行合作与交流。与在院系内的其他同事相比,教学法老师的工作关注的是如何教这门学科,而不是发展学科知识。而在面临评职晋升等人事问题时,教学法老师明显处于劣势,因为他们工作的重要性总是处在次要地位。

由于师范教育长期以来对学科知识培养的倾斜,导致教学法知识和教学实践技能准备不足。这种以学科为本的取向也对师范毕业生的自身定位造成了一定影响。在被问及自己的专业时,很多人是以学科来定位的,而不是学科教育。这种学科观念一直延伸到中小学里,使教师难以应对如今多元课堂、知识迅速发展及基础教育课程改革的需要去进行跨学科的多种能力的专业发展。

总的来说,在目前师范院校的管理中是以行政力量为主导的,并由政府赋权,来自专业知识的指导相对较少。作为政府权力的合法代表,大学领导者掌握着极大的权力来控制校内单位的运行。他们在权责分配、资源配置和奖励机制上拥有很大的决策权,大学教师却很难有提出异议的机会。在仲裁机制不够健全的情况下,对于重大管理问题的处理经常受到高级行政人员的左右。

近期中国大陆的诸多政策给予了师范教育高度的重视,希望通过教育改革来使整个民族在全球经济中扮演一个更活跃的角色,这是一项大胆且有深远意义的举措。政府与教育研究者已经充分认识到,教师的素质是决定教育改革成败的关键。

本文是对中国师范教育政策与实践的回顾,通过三个方面来分析中国师范教育的特征:师范院校所处的组织环境;即将出台的新教师教育课程标准;师范教育管理中的结构性约束。读者可能注意到,本文通篇都在分析师范教育中存在的问题,但是并没有给出解决症结的方法。或许因为相关的问题很多是由结构性制约引起的,而这些制约又深植于文化和社会背景中,所以很难找到一个一劳永逸的解决办法。但是,虽然面临的问题如此复杂,以下还是有几个可能的解决方案。

首先,师范教育通过进行课程改革来确立自己的专业性。师范教育的课程应既包含专业知识,又要紧密联系教育现实。课程设计要向跨学科的方向努力。同时,我们应提供给学生更多在真实课堂中进行教学实践的机会,加强和中小学的联系,发展更广阔的实习网络。大学老师也应到学校中参与指导实习,观察发现真实的教育教学问题,为提升和改进师范教育提供实证参考。通过师范生和大学老师共同对实习经验的反思才能真正发展学科教学知识。

其次,在师范教育的管理方面,各院校应邀请教育领域的专家带头参与师范教育模式的规划、设计与实施。教育学院应该在师范教育课程的协调与教学方面发挥更积极的作用。一个大胆的设想就是把各院系学科教学法的老师统一安置到教育学院。这样,他们就可以和课程专家合作,为师范教育发展一套经过反复论证、自下而上的坚实的知识基础。选择教育学院作为合作中心是因为它具备最丰富的教育领域的经验,然而若教育学院在大学的权力架构里面威望不够高,我们应考虑建设一个"超级学院"(super faculty)来统筹管理师范教育与教育研究。它将负责改进师范教育模式、督导教育质量、协调院系合作,建设与"研究性大学"目标接轨的教育研究文化,从而提高大学对转型社会的应变能力。

师范教育改革本身是一项复杂而艰巨的任务,需要大学领导者的勇气和决心去面对课程设置和管理上的问题。改革究竟是能产生深远的影响,还只是昙花一现,取决于所有参与者如何具体去做和是否有足够的耐心。我们不仅是要培养善于教学的老师,还应该鼓励他们"为更美好和公平的社会而努力"。[36]

参考文献

[1] Abe H. Borrowing from Japan: China's First Modern Educational System[M]//Hayhoe R, Bastid M (Eds.). China's Education and the Industrialized World. Armonk, NY and

London: Sharpe, 1987: 57 - 80.

[2] 陈永明. 中日两国教师教育之比较[M]. 上海: 华东师范大学出版社, 1994.

[3] Keenan B C. The Dewey Experiment in China: Educational Reform and Political Power in the Early Republic [M]. Cambridge, MA: Harvard University Press, 1977.

[4] Hu C T (Ed.) Chinese Education Under Commumism. 2nd edition[M]. New York: Teachers College Press, 1974.

[5] American Council on Education. To Touch the Future: Transforming the Way Teachers are Taught[M]. Washington, D C: American Council on Education, 1999.

[6] Cochran-Smith M. Teacher Education at the Turn of the Century [J]. Journal of Teacher Education, 2000, 51(3): 163 - 165.

[7] Darling-Hammond L, Bransford J (Eds.). Preparing Teachers for a Changing World. Report of the Committee on Teacher Education of the National Academy of Education [M]. San Francisco: Jossey-Bass, 2005.

[8] de León A G. Higher Education's Challenge: New Teacher Education Models for a New Century[M]. New York: Carnegie Corporation of New York, 2001.

[9] Dill D D, et al. (Eds.). What Teachers Need to Know: The Knowledge, Skills and Values Essential to Good Teaching[M]. San Francisco: Jossey-Bass, 1990.

[10] Furlong J, et al. Teacher Education in Transition: Re-forming Professionalism? [M] Buckingham: Open University Press, 2000.

[11] Labaree D. The Trouble With Ed Schools[M]. New Haven, CT: Yale University Press, 2004.

[12] Wineburg M. Evidence in Teacher Preparation: Establishing a

Framework for Accountability[J]. Journal of Teacher Education,2006,57(1),51-64.

[13] Zeichner K M. Traditions of Practice in U. S. Preservice Teacher Education Programs[J]. Teaching and Teacher Education,1993(9):1-13.

[14] 教育部.2003-2007年教育振兴行动计划[Z].2004-2-10.

[15] 教育部,财政部,人事部,中央编办.教育部直属师范大学师范生免费教育实施办法(试行)[Z].2007-5-9.

[16] 北京师范大学.北京师范大学免费师范生培养方案[EB/OL]. http://www.教育部.edu.cn/edoas/website18/78/info32878.htm.

[17] 华东师范大学.华东师范大学免费师范生培养方案[EB/OL]. http://www.教育部.edu.cn/edoas/website18/05/info33005.htm.

[18] 东北师范大学.东北师范大学免费师范生培养方案[EB/OL].(2007-11-3)http://jwc.nenu.edu.cn/ACTIONSHOWINFO.APPPROCESS? mode=2&info=3623.

[19] 罗云,赵明仁.高等师范教育付费主体变更的政策诉求及逻辑[J].高等教育研究,2008,29(4):51-57.

[20] Labaree D. An Uneasy Relationship: The History of Teacher Education in the University[M]//Cochran-Smith M, Feiman-Nemser S, McIntyre D J, et al. (Eds.). Handbook of Research on Teacher Education: Enduring Questions in Changing Contexts. 3rd Edition. New York & London: Routledge, 2008: 290-306.

[21] Tom A R. Redesigning Teacher Education[M]. Albany, NIY: State University of New York Press,1997.

[22] Boyer E L. Scholarship Reconsidered: Priorities of the Professoriate[M]. Princeton, NJ: The Carnegie Foundation for the Advancement of Teaching,1990.

[23] 朱旭东.论师范大学的"战略转型"及教师教育的组织结构选择[J].当代教师教育,2008,1(1):13-19.

[24] 陈洪捷.论高深知识与高等教育[J].北京大学教育评论,2006,4(4):2-8.

[25] 潘懋元,吴玫.从师范教育到教师教育[J].中国高教研究,2004(7):13-17.

[26] U. S. Department of Education. Meeting the Highly Qualified Teachers Challenge: The Secretary's Annual Report on Teacher Quality[M]. Washington, D C: U. S. Department of Education, Office of Post Secondary Education, 2002.

[27] The Teaching Commission. Teaching at Risk: A Call to Action [M]. New York: Author, 2004.

[28] Conant J B. The Education of American Teachers[M]. New York: McGraw-Hill, 1963.

[29] Grossman P, McDonald M, Hammerness K, et al. Dismantling dichotomies in Teacher Education. [M]//Cochran-Smith M, Feiman-Nemser S, McIntyre D J, et al. (Eds.). Handbook of Research on Teacher Education: Enduring Questions in Changing Contexts. 3rd Edition. New York & London: Routledge, 2008: 243-248.

[30] Koerner J D. The miseducation of America's Teachers[M]. Boston: Houghton Mifflin, 1963.

[31] 张守波,史宁中.教师专业化进程中的高师院校实践性教学[J].教育研究,2008(7):77-80.

[32] Darling-Hammond L. A Good Teacher in Every Classroom: Preparing the Highly Qualified Teachers our Children Deserve [M]. San Francisco: Jossey-Bass, 2005.

[33] Shulman L S. Those Who Understand: Knowledge Growth in

Teaching[J]. Educational Researcher,1986,15(2):4-14.

[34] Shulman L S. Knowledge and Teaching:Foundations of the New Reform[J]. Harvard Educational Review,1987,57(1):1-22.

[35] 于泽元.教师专业发展视野中的高师课程改革[J].高等教育研究,2004,25(3):55-60.

[36] Cochran-Smith M. The New Teacher Education:For better or for Worse? [J]. Educational Researcher,2005,34(7):3-17.

(原文载于《东北师大学报 哲学社会科学版》2009年第2期,第163—170页,作者为卢乃桂)

第二十五章
教育变革中的教师专业身份及其建构

> 教师专业身份是教学专业的核心。持续的教育变革改变了教师的生存状态和意义感受,也要求教师专业身份进行相应的建构。教师专业身份的建构既包括社会和文化制度的要求,也关涉教师个人的教学理念和专业承诺,体现了个人与社会、工具和本体价值的统一。

教育变革不仅改变了教育者、研究者等做什么,也改变了人们对"我"是谁的认识。[1]换言之,教育变革不但改变了教育的内容构成和组织形式,也改变了各种主体的生存状态和意义感受。教师作为有效教育改革运动的关键,正在以新的话语形式来谈论自己和别人,来思考关系与行动。

据此,本文尝试揭示教育变革与教师专业身份的内在关联,审视教师专业身份的内涵和教育变革中教师专业身份建构的复杂性,以求得理论与实践的启迪。

一、教师专业身份:
教育变革不可回避的问题

在全球化和信息化社会中,教育成为各国培养人才以增强国际竞争力的重要手段。社会对人才素质、对教育变革所提出的要求最终能否实现,教育改进能否产生积极的变化,很大程度上取决于教师的素质及其实践。[2]教师由此被视为变革的力量。

教育变革改变了教师专业生活的相对稳定性,要求教师承担新的角色,通过不断的发展以跟上社会变化和知识更新。教师专业发展成为教育体制重构的核心要素,被视为改革措施有效实施的关键路径。教育变革中的教师专业发展也被赋予了鲜明的时代特色,即与改革密切联系,成为"关注改革的专业发展"。[3]

不过,受工具理性的影响,当前的教师专业发展仍受国家和市场这两股力量所主导,采用自上而下的形式,注重知识和技能的掌握。在这种指令型的制度框架和权威性的专业话语中,教师成为教育改革的对象和工具,只是被期望忠实地执行预设的角色。因此,教师的专业自主受到限制,教师个人的实践知识、教育观念和对变革的主观认识被忽视。可以说,在这种专业发展范式下,教师是权力和技术控制的受害者、被异化的执行者。[4]这种忽视教师视角的变革实际上隐含着一种危险,即教师的关键作用可能与教育变革的本意背道而驰。

更重要的是,理解教师发展不仅指理解教师应掌握的知识和技能,也包括理解教师是什么样的人及其工作环境。[5]作为教学专业的核心,教师专业身份是教师生活和工作的组织原则,它为教师怎样行动、怎样理解自己的工作和在社会中的位置提供了参照框架。[6]教师对自己身份的理解关涉到其教学效能、专业发展及应对教育变革的态度和能力。因此,教师专业身份及其建构也应成为教师专业发展的重要旨趣。此外,教学具有很强的情境和个人属性。教师也不是完全受外来的规约所束缚,教师对自己是谁、应该成为什么样子有自己的思考,[7]这些甚至可能与政策规定和理论研究者的主张相背离。而且,教育变革影响了教师的理想信念和专业实践,要求教师专业身份进行相应的转变乃至重构。我是谁、我将变成谁、我想变成谁等问题也就走入了教育实践和理论研究的视野。

二、教师专业身份:内涵与特征

当前,"身份"已成为众多研究领域探讨的热点。身份也被视为教育研究中有效的分析、解释工具,[8]是理解学校教育实践和分析教育政策实施的重要中介。通过解读教师身份,既能关注个体教师,也能认识他们所处的社会环境和制度结构。

"身份"是一个复杂而模糊的词汇,具有很强的文化属性,是哲学、社会学等学科共同的研究对象。因此,在不同的语境中,人们对身份的认识存在很大差异。一般而言,身份是人们对"某人是谁"的理解,是人所赋予自己的以及被别人所赋予的各种意义。[9]换言之,身份将自我置于社会系统中,给自我理解以结构和内容。[10]它既包括个体对"我是谁"的理解,强调个人的独特性及自我反思的过程,也包括他人对"我是谁"的认识,关注个体与社会、文化之间的互动。

在身份的形成上,存在着两种相对的观点:本质主义和建构主义。前者认为身份可以是单一的、确定的,而后者则认为身份既不是人类固有的特征,也不完全是社会赋予的东西,而是个体利用可获得的文化资源努力去建构的。身份的形成过程是个人试图理解自己同时也被他人或环境所理解的一种持续的建构过程。因此,身份在根本上属于一种"关系型"现象。[11]

在教育领域,身份也是教师在教学实践中经常遇到并试图回答的问题。尽管教师专业身份已被视为一个独立的研究领域,[12]但受不同的认识论和价值观的影响,人们对教师专业身份的内涵见仁见智。如蒂克尔认为,教师专业身份指他人对教师的理解和期待、教师本人基于其实践经历和个人背景认为在专业工作和生活中什么是重要的。[13]萨克斯则认为,教师专业身份常被用来指一系列由外部人士或教学同行所赋予教学专业的特征,使得教师能够与其他群体相区分。[14]

借鉴相关研究,本文将教师专业身份理解为是在课堂实践或学校社群的语境中,教师自己及社会他人对"教师是谁"这一根本问题的认识和回答。教师对诸如在"我"的教学故事中"我是谁"、在学校中"我是谁"、在学生的故事中"我是谁"等问题[15]的回答构成了教师专业身份的个人向度。社会他人对"教师是谁"的回答更多包含了社会文化、制度等对教师的期待和规定,构成了教师专业身份的社会向度。前者体现了教师个人及教师群体的自主性,是教师专业身份的内在品性。后者多见于教育政策、制度、文化传统所赋予教师的角色,关涉到教师群体的社会地位。

"身份"较易与"角色"概念混淆,但二者实际分属不同的范畴。身份组织意义,而角色组织功能。[16]角色可以被赋予、被指派,身份则需个体的涉入。"教师角色"与"教师专业身份"这两个概念不仅体现了研究视角的不同,更表达了对教师不同的价值预设。教师角色受工具理性所主导,体现了社会、文化、制度等外在结构对个体的限制;而教师专业身份则蕴含了更多的价值理性,既看到了结构对教师个体的制约,又彰显了教师在教育及专业发展中的能动性。

三、教育变革中教师专业身份的建构

教育变革使教师专业身份的重建变得迫切,同时也为其提供了必要的哲学基础和社会条件。不过,在教师专业身份建构的过程与路径方面,也存在着相互竞争的话语系统。一些学者认为,教师的自我概念或形象、自我反思等个人因素决定了教师专业身份的形成与发展。另一些学者则认为,教师在社会制度和文化环境中是完全被动的,"教师就像一团被环境所塑造的黏土,他们的身份通过其日常生活烙刻在其身上"[17]。这两种观点尽管各自看到了教师专业身份建构中的不同侧面,却将其极端化,割裂彼此。

实际上,教师专业身份是由个体和教育内外的社会、结构关系共同塑造的。综观相关研究,宏观的制度背景、学科和个人被视为其中的重要因素。本文即从这三个层面来简要审视教育变革中教师专业身份的建构。

(一) 制度层面

教学尽管带有很强的个人色彩,但却是一项制度性工作。[18]因此,教师必须根据既有的制度、文化来理解和界定自己。教师专业身份的建构总是基于由规范、传统和制度规则等所构成的理解系统,承载着沉重的社会现实。

教育是提高国家竞争力的重要手段。在很多国家,教育及教育改革已经成为国家政策的重要组成部分。教育改革的路向无不反映国家发展的路向,教育改革的时间表又会反映执行国策的迫切性。[19]政策中关于教育、教学和教师的公共叙事影响到教师对自己专业身份的理解,甚至直接规定和控制着教师的专业身份。

自20世纪80年代以来,教育放权成为一种全球化的趋势。政府在赋予教师更多权力和责任的同时,也通过各种表现性问责来加强对教育的控制。各种高风险评价方式不仅影响到学生的学习,也规限了教师的思维模式、教育理念和教学实践。在这种强大的制度压力面前,教师最终会在专业身份方面做出妥协。管理主义和表现性是两个密切联系的教育改革策略。管理主义的话语已塑造出一种企业化身份,该专业身份带有强烈的个人主义、竞争性、外部规制性特征。[20]

在这种表现性和管理性的制度氛围中,教师的自主权受到限制,自我反思的空间受到压缩。教师也明显感到去专业化。而且,当教师专业身份在教育变革要求的压力下与旧的模式相脱离时,教师可能会经历一种非常严重的身份危机。在此种情境中,教师可以盲目接受社会的"角色脚本",从而被制度所接受,并获得心理安全;教师也可拒绝社会的规约与控制,以维持其本真的专业身份,但却丧失了大量的心理资本。

(二)学科层面

知识是社会角色的先决条件,[21]教师专业身份的建构有其自身的知识基础和文化机制。

很多研究都表明,学科知识以及围绕学科知识的教学工作是教师专业身份建构的重要基础,教师个人也很容易将所在学科的同事视为参照群体,称自己为某个科目的教师是教师专业身份的一个很重要的方面。很多教师首先是从其所教的学科中发展起专业身份,并且将学科身份视为其首要的身份。反之,当他们不教这门学科时,他们就会把自己视为"局外人"。学科发生变化,例如当课程融合时,就会给教师专业身份带来不确定性。同时,教师常常赋予不同的学科以不同的地位,不同学科地位的教师也表现出殊异的身份建构特征。

上述现象在很大程度上源自不同学科的文化。学科亚文化即学科共享的知识、价值观和实践准则。它不仅影响着教师教什么、怎么教、所使用的语言和做决定的方式,而且也决定着教师对政策指令和改革动议的反映方式。通过沉浸在学科亚文化中,某一科目的教师接受了特定的专业身份。[22]不同的学科犹如独立的封闭世界,持有不同的信念、规范和实践,从而塑造了各具特色的教师专业身份。历时地看,不同学科的教师在以学科为基础的职前教育中,受到不同学科习性的影响,经历了不同的专业社会化,从而很容易发展起对学科的忠诚。

当前,课程整合成为西方主要国家教育改革的重要内容。中国的课程改革也力图改变学科本位、科目过多的状况。但教师普遍持有的是一种学科中心的专业身份,故课程整合与学科中心的教师专业身份之间的矛盾亟待解决。

(三)个人层面

专业身份本身就暗含着个人和情境。尽管教师要在制度框架内活动,并受学科的规限,但教师有自己的生命体验、专业哲学和价值追求,是其身份建构的积极参与者。

能动性指人们超越或塑造其所在环境的能力。教师的能动性则意味着教师在结构框架内积极、有目的地引导其工作的能力。在教育问责强化的时代,尽管教师的能动性可能很脆弱、很有限,但确实存在着。因此,教师对变革和政策的反应也不是机械的、统一的。对个体教师而言,重新认识自己、重新界定与实践及他人的关系是一件非常艰苦乃至痛苦的事情。改革之初,教师可能会为了自我保护而拒绝转变,但也会通过各种调试策略,建构起对变革和政策的独特理解,重新给自己定位,并据之行动。而且,尽管新的法令确立了新的专业规范、期待,但当教师更能确定其作为教师是谁时,外部的调节系统并不能改变教师对专业身份的根本认识。[23]此外,面对教育变革,处于不同职业生涯阶段的教师有不同的专业期望,在教师专业身份建构中会面对不同的难题。

四、小 结

教育变革既挑战了教师已有的专业身份,也转变了自己和他人的期待。教育变革的过程也是教师专业身份重建的过程。教师的工作和生活有其自身的逻辑,教师专业身份的建构有其独特的机制。

教师专业身份的建构既包括社会和文化制度等外界的要求,也涉及学科身份和教师个人教育理念的选择与认同。而且,这几个方面也是密切联系在一起的,体现了一种结构和能动性的关系,表明了个人与社会、工具和本体价值的辩证统一。从工具价值的角度来讲,教师专业身份的重建是回应社会、时代对人才的根本需求,以及教育变革对教师的直接要求,也是教师谋求生存和发展的手段。而从本体价值的角度看,教师专业身份重建本身就为教师专业性的提升、精神空间和生命内涵的拓展提供了空间与可能,是教师专业发展的一个契机。

参考文献

[1] Ball S J. The Teacher's Soul and the Terrors of Performativity [J]. Journal of Education Policy,2003,18(2):215-228.

[2] Torres R M. From Agents of Reform to Subjects of Change: The Teaching Crossroads in Latin America[J]. Prospects,2000, 30(2):255-273.

[3] Sykes G. Reform of and as Professional Development[J]. Phi Delta Kappan,1996,77(7):464-467.

[4][5] Hargreaves A, Fullan M. Introduction. [M]//Fullan M, Hargreaves A (Eds.). Understanding Teacher Development. London:Cassell,1992:1-19.

[6] Sachs J. Teacher Education and the Development of Professional Identity:Learning to be a Teacher.[M]//Denicolo P, Kompf M (Eds.). Connecting Policy and Practice:Challenges for Teaching and Learning in Schools and Universities. Oxford: Routlege, 2005:5-21.

[7] 周淑卿.课程发展与教师专业[M].台北:高等教育出版社, 2004:133.

[8] Gee J P. Identity as an Analytic Lens for Research in Education [J]. Review of Research in Education,2000,25(1):99-125.

[9] Beijaard D. Teachers' Prior Experiences and Actual Perceptions of Professional Identity[J].Teachers and Teaching,1995, 1(2): 281-294.

[10] Gecas V. Self-concept[M]//Kuper A, Kuper J (Eds.). The Social Science Encyclopedia.London:Routledge,1985:739-741.

[11][12] Beijaard D, Meijer P C, Verloop N. Reconsidering Research on Teachers' Professional Identity[J]. Teaching and Teacher Education,2004,20(2):107-128.

[13] Tickle L. Teacher Induction:The Way Ahead[M]. Buckingham, Philadelphia,PA:Open University Press,2000.

[14][20] Sachs J. Teacher Professional Identity:Competing Discourses, Competing Outcomes[J]. Journal of Education Policy,2001,16(2):149-161.

[15] Connelly F M,Clandinin D J. Shaping a Professional Identity: Stories of Educational Practice[M]. NewYork:Teachers College Press,1999:3.

[16] Castells M. The Power of Identity [M]. Malden, Mass: Blackwell,1997:6-7.

[17] Waller W. The Sociology of Teaching[M]. New York:John Wiley and Sons, Incorporated,1965:380.

[18] Little J W. Teacher Development and Educational Policy[M]// Fullan M, Hargreaves, A (Eds.). Teacher Development and Educational Change. London, New York:Falmer Press,1992:170-193.

[19] 卢乃桂.教育改革潮中的教师和教师发展[J].基础教育学报,2001(1):73-100.

[21] 樊平军.论大学学科文化的知识基础[J].江苏高教,2007(6):13-15.

[22] Hilferty F. Theorizing Teacher Professionalism as an Enacted Discourse of Power[J]. British Journal of Sociology of Education,2008,29(2):161-173.

[23] Lasky S. A Sociocultural Approach to Understanding Teacher Identity,Agency and Professional Vulnerability in a Context of Secondary School Reform[J]. Teaching and Teacher Education,2005,21(8):899-916.

(原文载于《比较教育研究》2009年第12期,第20—23页,作者为卢乃桂、王夫艳)

第二十六章
当代中国教师教育改革与教师专业身份之重建

当前中国基础教育改革也注重课程融合,引入研究性课程。教师是教育改革的关键,身份是教师生活和工作的组织原则。教育改革能否成功很大程度上取决于教师专业身份与教育改革要求的匹配程度。但教师仍深受学科亚文化的影响,普遍持有"学科中心"的专业身份。作为当前教师教育的新举措,师范生免费教育政策应加强通识教育,完善学科教育,这有利于教师专业身份的重建,但如何真正淡化学科划界,适切地处理学科与通识之间的关系,从而在整个教师教育中引起示范效应仍需认真对待。

近年来,随着社会经济和科技的迅猛发展,全球化、信息社会等名词频见于各种媒介,教育必然要回应全球化、信息化社会的人才期望。这是教育发展的基本逻辑之一,也是当今世界教育改革的一个典型特征。教师对教育改革的成败无疑是至关重要的,而身份是教师生活和工作的组织原则,[1]关涉到教师的专业发展以及应对改革的态度和能力,教育改革也挑战着教师专业身份。探索适应社会和教育要求的教师专业身份及相应的教师教育日益受到教育理论界和实践界的关注。

一、当今社会的人才期待与教育改革

无论是从历史还是从现实来看,国家发展、人才和教育三者之间天然具有内在的逻辑蕴含关系,这种关系也随着社会的发展而愈益凸显。而且,不同的政治制度和经济模式也赋予教育以殊异的性质与特征。近代,教育因应工业革命的人才需要而逐渐普及化、义务化、制度化,主要强调教育的效率。经过几个世纪的发展,而今,教育已经从重量逐渐过渡到重质。在信息社会中,人才的素质无疑是至关重要的,教育亦成为各国提高国际竞争力的重要手段,也由此要面对各种问责。在这种情况下,教育改革成为提高教育质量、回应社会人才期待的一条可选路径,也成为当代教育的典型特征。在过去20多年中,世界范围内的教育改革此起彼伏、绵延不断,教育改革成为各国教育事业的重要工作,"教育改革的路向无不反映国家发展的路向;而教育改革的时间表又会反映执行国策的迫切性"[2]。尽管受历史文化传统、教育现实等因素制约,各国教育改革的路径各异,但皆殊途同归:全面提高个体乃至民族的素质,"为本国培养有竞争力,能有效地适应21世纪信息社会要求的人才"[3]。

全球化、信息化社会要求教育培养新型的人才是无可置疑的,但只有更详细地了解这种人才的素质才能提高教育改革的效能。不过,人们对此是见仁见智的。从理论上讲,首先,信息社会最重要的资源就是信息,典型的生产方式是信息密集型的。这就要求作为劳动者的个体要具备终身学习的能力、多渠道获取和利用信息的能力、沟通与协作的能力等。其次,在信息社会中,科技的发展也呈现出既高度分化又高度综合的特征。在学科门类不断增加的同时,许多新的边缘学科、交叉学科也不断涌现,知识发展呈现出综合化的趋势。这就要求新型人才也具有较宽广的知识视野,具备熟练运用综合知识以解决现实复杂问题的能力。一项对信息社会所需劳动力素质的实证研究表明,近年来受访的一些"高增值企业"机构要求员工具备原创性、合作性、小组工作、训练同侪、评估、理性分析、解决问题、决策、获取及使用信息、规划、学习和尊重多元文化等能力。[4]

二、教师及其专业发展:专业身份的视角

教师承担着人才培养这项艰巨的社会职责,也是教育改革运动的关键。[5]社会对人才素质和教育改革所提出的要求最终能否实现,很大程度上取决于教师的素质。"教师决定学校教育改革的成败是不争的事实",因为"教师是教学质素的保证人和学校教育改革的仲裁者与执行者,教师自身的专业质素往往决定改革的成败"。[6]离开教师的积极参与和专业素质的不断提高,任何教育改革都很难取得成功。可以说,"教师既是被批评的对象,也是教育改革的希望"[7]。因此,教育改革中的教师和教师专业发展受到广泛关注,并成为教育改革的策略或途径。

对教师与教师专业发展可从不同的角度来审视,如教师知识、教师情绪、教师信念、教师学习等。当前,"身份"已成为众多研究领域关注的热点问题,是教育研究中有效的分析、解释工具,是理解学校教育实践和分析教育政策实施的重要中介。[8]教师专业身份也是研究教师专业发展的一个重要视角。教师对自己身份的理解关涉到其教学效能、专业发展及应对教育改革的态度和能力。[9]教育改革能否成功,很大程度上取决于教师专业身份与改革要求的匹配程度。反过来,教育改革也要求教师专业身份进行相应的转变乃至重构。这既体现在政策文本中,也是实践的现实需要。因此,教育改革到底需要什么样的教师专业身份,这一身份应如何建构等问题是值得深入探讨的。

(一)身份与教师专业身份的内涵

"身份"本身就是一个模糊和复杂的词汇,具有很强的文化属性。因此,在不同的语境、不同的文化背景中,人们对身份的理解存在很大差异。不同的学科,如社会学、哲学和心理学等,对其内涵的解读也是不同的。但一般而言,身份是人们对"某人是谁"的理解,是人所赋予自己的以及被别人所赋予的各种意义。[10]身份既包括个体对"我是谁"的

理解,也包括他人对"我是谁"的认识,即个性和社会性两个方面。与对身份内涵的理解相对应,在身份的形成上,存在着两种相对的观点:本质主义和建构主义。前者认为,身份可以是单一的、确定的;而后者则认为,身份是个体利用可获得的文化资源努力去建构的东西,身份的形成过程也是个人试图理解自己同时也被他人或环境所理解的一种持续的建构过程。后一种观点获得越来越多人的认可。

身份是教育领域不可回避的问题,也是教师在教学实践中经常会遇到并试图回答的问题。[11]当前,尽管人们对教学是否是专业、教师是否是专业人员仍持疑义,[12]但教师专业发展已成为既定的事实,成为教师发展的大趋势。因此,在学校教育的背景下,在教师专业发展的脉络中,众多学者在教师专业身份的形成、特征等方面做了很多研究,使得教师专业身份成为一个独立的研究领域[13]或身份理论的一个"亚领域"[14]。结合上述对身份的理解,借鉴相关研究,本文将教师专业身份初步理解为在课堂实践或学校社群的语境中,教师自己及社会他人对"教师是谁"这一根本问题的认识和回答,即被自我和他人认为是某类教师。教师自己对诸如在"我"的教学故事中"我是谁"、在学校中"我是谁"、在学生的故事中"我是谁"等问题的回答构成了教师专业身份的个人层面。[15]社会他人对教师是谁的回答更多包含了社会、制度等对教师的期待和规定,构成了教师专业身份的社会层面。这两个层面不仅反映了研究视角的不同,更表达了不同的价值预设。前者体现了教师个人及教师群体的自主性,是教师专业身份的内在品性;后者多见于教育政策、制度、文化传统所赋予教师的角色,关涉到教师群体的社会地位。

(二)教师专业身份的建构

与上文对身份的理解一致,本文也主张教师专业身份是通过建构而成的。在此,笔者将重点关注教师专业身份建构的内容维度、影响因素。

教师专业身份的建构既是一种社会现象,也是一种教育现象。作为一种社会现象,教师专业身份的建构必然具有社会性、公共性的一面,难以回避对其所处社会、制度和文化的承诺,同时也要受其规约,因此要体现社会的公共价值取向。但作为一种关涉人的教育现象,教师专业身份的建构有其个体性、独立性的一面,要遵循教育内在的规律,因此也有其自身的逻辑。总体上看,教师专业身份的建构也可从个人与社会这两个密切相关的向度来分析。个人层面的教师专业身份建构主要是从教师的立场出发,来探讨教师个人与教师群体是从哪些方面来反思和认定自己的专业身份的。社会层面的教师专业身份的建构主要是教育政策、历史文化、制度环境等对教师的角色规定。当前,在教师的专业地位已或多或少得到政策承认的情况下,教师是如何理解自己的专业身份的,这种理解又是如何促成其身份建构的等,这些问题应该受到重点关注。对此,学者们进行了诸多探索。

Newman通过研究发现,教师主要从如下三方面来认识自己的专业身份:一是我是一个怎样的教师?二是我对教学的信念是什么?三是在我的课堂中,我要和学生做什么?[16]Enyedy等人主要从教师与学生、学校和课程之间的关系来理解教师专业身份。[17]Sikes对教师专业身份的研究也显示,教师主要围绕学科、师生关系、角色或角色观念来理解自己的专业身份。[18]综上所述,个体层面教师专业身份基本上是在学校或课堂的场景中,围绕着个人的教育理念、师生关系、学科等内容维度进行建构的。

尤其值得注意的是,课程内容作为教师工作的重要背景,是影响教师专业身份建构的重要因素,称自己为某个科目的教师是教师专业身份的一个很重要的方面。很多教师首先是从其所教的学科中发展起专业身份,并且将学科身份视为其首要的身份,[19]不同学科的教师是根本不同的。反之,这就意味着当他们不教这门学科时,他们就会把自己视为"局外人"。[20]当外界的要求与教师已持有的专业身份不一致时,教师会产生一种身份上的冲突乃至危机。学科发生变化,例如当课程融合时,就会在很多教师中引起不确定,从而影响到教师专业身份。[21]与此同时,学科的地位和同一学科教师的同侪关系也会影响到教师专业身份的建构。教师常常赋予不同的学科以不同的地位,有经验的教师甚至发现其学科的社会地位比学科的内在价值更重要。[22]

"学者们是以一定的学科为其身份基础而系统地进行有关知识的学习和研究的,因此学科和知识影响着学者的身份"[23],教师的工作和生活也有其自身的逻辑,教师专业身份的建构有其自身的知识基础和文化机制。知识以及围绕学科知识的教学工作是教师专业身份建构的重要基础。Hilferty 就运用学科亚文化理论对此进行了解释。[24] 他认为,学科亚文化包括学科共享的知识、价值观和实践准则。这种文化不仅仅影响着教师教什么、怎么教,其使用的语言和做决定的方式,而且也决定着教师对政策指令和改革建议的反映方式,更影响着教师专业性的实现。通过沉浸在这种学科亚文化中,某一科目的教师接受了特定的专业身份。不同的学科犹如独立的封闭的世界,教师所认同的是某一学科教师的共同身份,而不是整个教师群体的共同身份。Grossman 等人的研究也证明,学校学科是中学教师教学的特定的背景,不同的学科亚文化持有不同的信念、规范和实践,这些都直接或间接地影响到教师的工作及对实践的反应。[25]

(三)当前中国教师的专业身份:学科中心

与上述诸多理论和经验研究的结果相一致,简单地看,当前中国教师普遍持有的是一种学科中心的专业身份。当然,这种身份不是一朝一夕形成的,而是历史演化与现实需要共同促成的。

自 1949 年以来,在中国的基础教育中,学科本位不仅体现在教育制度、政策文本中,更是在大众生活中逐渐根深蒂固。学校基本上是围绕着学科来组织的,各学科之间在地位、资源等方面泾渭分明。面对各方面的压力,在工具理性的支配下,学生的考试成绩是教师最为关心的,也是学校、教育系统乃至整个社会对教师评价的主要依据。教师的主要职责就是传授学科知识,想方设法提高所教课程的成绩。教师的工作和生活基本以所任教学科的课堂为轴心,其专业身份是与学科密切结合在一起的,某某科教师也成为对教师的典型称谓。这就导致了学科教师之间相互孤立甚至互相排斥,不但不能有效合作,更没有能力进行跨学科教学。这不仅不利于学生掌握综合知识,也使得教师形成了很强的学科依附,窄化了自己的知识视野和生命内涵。而自 20 世纪 90 年代以来,课程整合是西方主要国家教育改革的重要内容。[26]教育部颁发的《基础教育课程改革纲要(试行)》也"倡导学生主动参与、乐于探究、勤于动手,培养学生搜集和处理信息的能力、获取新知识的能力、分析和解决问题的能力以及交流与合作的能力",明确提出要改变课程结构过于强调学科本位、科目过多和缺乏整合的现状,注重课程融合和知识整合,设置综合课程,引入研究性学习。显然,学科中心的教师专业身份与新课改要求是不相称的,也必然会影响到课改的成效。有学者就指出:"对中国教师来说,适应教育和课程改革的要求是一件很难的事情,因为教师需要彻底改变传统的教学方法,将学生引入一个未知的、更加宽广的教育领域……中国教师当前面临的主要问题是不具备应对改革的能力。"[27]根除教师队伍中的"学科本位"的情结成为新课程实施的当务之急。[28]

如此看来,在一定意义上,教育改革的过程也是教师专业身份重建的过程。这一重建也体现了个人与社会、工具和本体价值的统一。从工具价值的角度来讲,教师是特定社会的成员,教师专业身份的重建是应社会、时代对人才的根本需求,以及教育改革对教师的直接要求,同时也是教师谋求生存和发展的手段。而从本体价值的角度看,教师专业身份重建的方向本身就预示了教师专业性的提升,精神空间和生命内涵的拓展,是教师专业发展的一个契机。

三、教师教育改革:教师专业身份的重建路径

教育改革改变了教师习以为常的专业身份和工作生活,既挑战了

教师已有的专业身份,也转变了自己和他人的期待。教育改革使教师专业身份的重建变得迫切,同时也为其提供了必要的哲学基础和社会条件。

(一)中国教师教育现状及其对教师专业身份的影响

改革所需要的教师专业身份不是事先就可预备好的,需要在改革中并通过改革来重建。教师专业身份的重建有赖于各种途径,如各种培训、学习和实践等。根据时空条件和范式,教师专业身份的重建可明显分为职前和在职教育这两个阶段。其中,师范教育是教师职前教育的主要途径,师范高校的院系也是师范生专业社会化的重要场所。由此看来,职前教育对教师专业身份的形成是至关重要的,影响也是非常深远的。因此,塑造适当的教师专业身份应该成为教师职前教育的重要任务和内容[29],也理应成为衡量师范院校教育质量的重要指标。

中国自2001年正式启动基础教育课程改革,也非常重视教师实践新课程的能力。教育部颁发的《基础教育课程改革纲要(试行)》明确要求:"师范院校和其他承担基础教育师资培养和培训任务的高等学校和培训机构应根据基础教育课程改革的目标与内容,调整培养目标、专业设置、课程结构,改革教学方法。"为此,教师教育也进行了诸多探索,尝试教师教育的新范式和新理念。但教师教育的改革具有相对滞后性,与课程改革的要求仍存在很大差距。受苏联教育制度影响及现代型知识观的束缚,长期以来,为了适应基础教育分科教学的需要,中国师范教育仍处于理智取向阶段,教师的培养按学科来划分,注重系统的学科知识的传授,目的在于培养专家型教师或者说是学科专家。所谓的通识教育在很大程度上也仍是唯智型的,并且随意性强。"知识是专业的基础"[30],学科知识固然是教师专业身份建构的重要条件,但师范院校的分科建制使得师范生知识结构单一,综合性知识缺乏,学科本位严重。而且,教师教育课程受到排挤,师范院校的师范性、教育专业性并不明显。这种培养模式尽管可以满足教师数量的要求,但却很难从根本上改进教师的专业素质。虽然教育研究者也逐渐认识到高师院校课程改革要注重专业身份的建构[31]，不过总体而言，"构建自我身份是中国高师课程欠缺的部分"[32]。

学科的形成主要是知识不断专门化的结果，知识的专门化又是大学学科文化生成的前提，因此，学科文化在本质上是一种以学科知识为本的文化。[33]更重要的是，大学学科文化具有明显的身份性，高师院校不同的学科、院系必定存在不同属性的文化，不同学科的学生生活在不同的文化圈中，经历不同的学科社会化，从而形成不同的"学科归属感"[34]和"学科习性"[35]。对当前的教师职前教育来说，更具讽刺意味的是，师范毕业生并没有什么教育理念，对教育类的课程不感兴趣甚至排斥，"师范生毕业时觉着自己是中文系毕业的而不是中文教学系毕业的"。可见，师范生在学校时即深受学科亚文化的影响。实际上，正是师范生的学科社会化导致了中小学中学科亚文化的起源[36]，进而建构了学科中心的教师专业身份。

（二）教师教育改革与教师专业身份之重建

近年来，世界教师教育在政策和制度层面都在不断进行改革，其中一个重要趋势就是淡化学科界限，注重拓宽教师的知识领域，以提高教师个人与群体的专业化水平和综合素质。中国很多有识之士也提出了教师教育应朝着通识教育的方向发展。如叶澜教授就认为："未来教师的专业素养在知识结构上也不同于今日教师。它不再局限于'学科知识＋教育学知识'的传统模式，而是强调多层复合的结构特征。"[37]换言之，作为专业的教师，不能只满足于掌握狭隘的学科知识和机械的教学技能，还必须有一定的科学文化素质，要掌握基本的教育知识、教育理念。石中英教授在考察了当今社会的知识状况后指出，实施跨学科教学"要求进一步改革现行的师范教育和继续师范教育模式，从传统的'专才模式'发展为新的'通才模式'"[38]。

免费师范生教育政策的出台正是顺应了这一趋势。免费师范生教育是当前中国教师教育改革中的重要议题,也是教师教育中的一项政策创新。根据教育部的要求,六所教育部所属师范大学也相继推出了配套方案,并凸显了各自的特色,如为免费师范生重构课程体系、实行院校合作、重视教育实践、实行学科的交叉与融合等。其中,不同的方案都强调要构建一个完整的培养体系,重视通识教育课程与完善学科教育课程的结合,优化和整合教学内容。这体现了教师教育的新探索,是推动和引领教师教育改革的重要力量,也有助于跨越学科界限,拓宽师范生的知识视野,重建未来教师的专业身份,适应了当前的社会发展和教育改革对教师教育的要求。

不过,尽管社会对新型人才的需求是迫切的,教育及教师教育的改革也适时而有针对性,但学科本位的教师专业身份的形成既是历史的积淀,也有其现实的社会根源和制度基础,更牵涉高校之间、院系之间的人事分配、经费划拨、利益分割等问题。因此,教师专业身份的重建是一个复杂的社会系统工程,而不仅仅是教师个人和教育内部的事情,也不是单靠几项研究、几个政策就可自上而下、由外而内一蹴而就的。加之教育资源的限制,与整个基础教育的需求相比,这六所高校所培养的免费师范生也是非常有限的。此外,专科、专业教育与通识、广博教育之间的矛盾是通识教育固有的内部矛盾之一。[39] 免费师范生教育能否及如何适切地处理学科与通识之间的关系,既提高学生的通识素养,又适应分科教学的需要,并凸显师范性、专业性,进而推动我国教师职前教育的整体转型等现实问题需要不断探索。

参考文献

[1] MacLure M. Arguing for Yourself: Identity as an Organising Principle in Teachers' Jobs and Lives[J]. British Educational Research Journal, 1993(4):311-322.

[2] 卢乃桂.教育改革潮中的教师和教师发展[J].基础教育学报,2001(1):73-100.

［3］卢乃桂.信息社会的人才要求[J].教育研究,2000(11):8-12.

［4］黎万红,卢乃桂.工作间电脑化与职业教育——香港经验的初探[Z].上海:1997沪港教育合作与发展研讨会,1997.

［5］George J, et al. Teacher Identity in an Era of Educational Reform: The Case of Trinidad and Tobago[J]. Compare: A Journal of Comparative Education,2003(2):191-206.

［6］卢乃桂.教学质素及教师专业——对香港一个职业群的反思[J].教育曙光,1994(35).

［7］荷姆斯小组.明日之教师[M].台北:师大书苑有限公司,1995:17.

［8］Gee J P. Identity as an Analytic Lens for Research in Education[M]//Secada W G. Review of Research in Education. Washington, D. C: AERA,2001:99-125.

［9］Twiselton S. The Role of Teacher Identities in Learning to Teach Primary Literacy[J]. Educational Review,2004(2):157-164.

［10］［18］［21］［22］Beijaard D. Teachers' Prior Experiences and Actual Perceptions of Professional Identity[J]. Teachers and Teaching, 1995(2):281-294.

［11］［15］Connelly F M, Clandinin D J. Shaping a Professional Identity: Stories of Educational Practice[C]. New York: Teachers College Press,1999.

［12］Sachs J. Teacher Professional Identity: Competing Discourses, Competing Outcomes[J]. Journal of Education Policy, 2001,(2): 149-161.

［13］Beijaard D, et al. Reconsidering Research on Teachers' Professional Identity[J]. Teaching and Teacher Education,2004(2):107.

［14］Luehmann A L. Identity Development as a Lens to Science Teacher Preparation[J]. Science Education,2007(5):822-839.

［16］Newman C S. Seeds of Professional Development in Preservice

Teachers: a Study of Their Dreams and Goals[J]. International Journal of Educational Research, 2000(2):125 - 217.

[17][19] Enyedy N, et al. Complex Dilemmas of Identity and Practice [J]. Science Education, 2006(1):68 - 93.

[20] Helms J V. Science and me: Subject Matter and Identity in Secondary School Science Teachers[J]. Journal of Research in Science Teaching, 1998(7):811 - 834.

[23][33] 樊平军.论大学学科文化的知识基础[J].江苏高教,2007(6):13 - 15.

[24] Hilferty F. Theorizing Teacher Professionalism as an Enacted Discourse of Power [J]. British Journal of Sociology of Education, 2008(2):161 - 173.

[25][36] Grossman P L, Stodolsky S S. Content as Context: The Role of School Subjects in Secondary School Teaching[J]. Educational Researcher, 1995(8):5 - 23.

[26] Hargreaves A, et al. Learning to Change: Teaching beyond Subjects and Standards[M]. San Francisco: Jossey-Bass, 2001.

[27] 卢乃桂.教师专业化与教师应对教育改革的能力[J].开放教育研究,2007(2):9 - 14.

[28] 钟启泉.序言[M]//邓志伟.新课程与教师专业发展.南宁:广西教育出版社,2004:2.

[29] Michele P M. Developing Identity: the Transition from Student to Teacher[Z]. Chicago: The Annual Meeting of American Educational Research Association, 2003.

[30] 朱新卓.教师专业化的现代性困境[J].高等教育研究,2005(1):47 - 52.

[31] 曲铁华,冯茁,陈瑞武.教师专业发展与高等师范院校课程改革[J].教育研究,2007(9):71 - 76.

[32] 于泽元.教师专业发展视野中的高师课程改革[J].高等教育研究,2004(3):55-60.

[34] 刘清池.大学学科文化的内涵分析[J].江苏高教,2007(3):26-29.

[35] 孙进.德国的学科文化研究:概念分析与现象学描述[J].比较教育研究,2007(12):8-12.

[37] 叶澜.新世纪教师专业素养初探[J].教育研究与实验,1998(1):41-46.

[38] 石中英.当代知识的状况与教师角色的转换[J].高等师范教育研究,1998(6):53-58.

[39] 曾荣光.寻找香港高中通识教育的意义[Z].香港:香港中文大学教育学院,香港教育研究所,2006:8.

(原文载于《教育研究》2009年第4期,第55—60页,作者为卢乃桂、王夫艳)

第二十七章
西方教学伦理研究的路向与问题

教学专业化的努力，以及有效教学实践范式之弊端的不断凸显，推动了教学伦理研究的发展。相关文献回顾表明，教学内在的道德本质与其作为专业所需满足的外在标准，为教学的伦理特性提供了辩护。作为哲学—规范探究的补充，实证研究深化了我们对教师伦理实践复杂性的理解。当前，有待思考的问题是如何寻求有效教学与合伦理教学的平衡，及如何拓宽实证研究论域，并将相关发现更好地纳入哲学—规范探究的话语体系之中。

作为一种实践活动，教学从来都不是价值无涉的。有关教学伦理的讨论，也未淡出过学者的视野。在中国，最近几年也不断有论者提出以"教师专业伦理""教师专业道德"等词语取代以往常用的"师德"概念。这种转换，被认为适应了教学专业研究的整体话语体系。

然而，本土探讨所需契合的"整体话语体系"为何？当前教学专业伦理研究的现状如何？类似的问题却鲜被述及。本文尝试梳理该领域的发展脉络，从辩护方式、探究路径及当前聚集内容等几方面展开，力图勾勒既有研究图景，并提出亟须思考的问题。

一、教学伦理研究的"源"与"流"

追溯教学伦理研究的传统,有关教学与伦理[①]关系的理论探究并非一个新近出现的话题。古希腊《美诺篇》(Meno)中,有苏格拉底与美诺对"美德是否可教"的辩论。近代赫尔巴特的《普通教育学》,将伦理学作为确定教学论目标的伦理基础。尔后,在《教育中的道德原则》一文里,杜威提出道德教育三位一体的观念。约半个多世纪之后,彼得斯也在《伦理学与教育》(Ethics and Education,1966)一书中,对教育作为一个道德概念做了深入、透彻的辨析。可以说,论者们一直都在从各个角度对教学与道德进行着深切的思考。

然而20世纪80年代以前,除了上述几位有代表性的人物外,有关教学与伦理关系的探析大部分是围绕道德教育进行的。对教学的分析,并未特别关注教师行为所反映出的道德价值,教师被理所当然地认作坚守高尚道德标准的人,充当着学生的道德榜样。[1][2]此后,至少两种动力催生了人们对这一被悬置问题的兴趣。首先,发轫于20世纪80年代的教学专业化运动,促使众多学者呼吁教学专业的伦理建设。鉴于专业的核心特质之一是自治,而自治理念的一个重要特征是专业成员基于以服务对象为中心的理念,自行管理本行业伦理。重视教育者的伦理教育,制定伦理规范,有助于教学专业地位的提升。其次,教学作为一种技术努力的观点越来越为人批判。此前,旨在追求技术上卓越的教学研究已进行了几十年,但时间与精力的投入,并未带来学校教育质量的提升,也未达成类似于过程公平、后进学生转化等教育诉求。反思单纯探讨教学有效性的课题的流弊,一些研究者更倾向于把教学

[①] "伦理"(ethics)一词源于希腊"ethos"一词,"道德"(morality)则源于拉丁文"mores"。"ethos"和"mores"在希腊与拉丁文中,均指性格、习俗或习惯。关于两个词的一般区分是,将道德定义为一系列正确行为的原则,即与正确行为或好品格的观念有关的信念与实践;而将伦理定义为对道德判断的研究,即从诸如同情、自由、善、正义、理性、责任或美德等道德原则的角度,对正确行为问题所进行的研究(Duval,1999,p.80,p.187)。一般情况下,"伦理"和"道德"两个词往往被交替使用。本文亦不对二者用法做严格区分。

作为一项"道德的技艺"进行看待,并力图将有效性教学植于学校整体的道德品性之上。[3]

伴随理论界对教学专业伦理关注的增多,可以说,当前的研究已呈现出多样化的态势。学科定位方面,教学伦理或被作为一门应用伦理学,探析一般伦理原则在教学中的应用;或被纳入教学专业化或教师专业性的论述之中,阐明立足于本行业的伦理建设的必要性与路径。探究方式上,很多学者尝试突破思辨研究的局限,将视野转向实践。他们关注教师工作的伦理复杂性,透视教师教学活动中蕴含的伦理意义,理解教师实际遭遇的伦理困境,分析解困策略,并以此为基础回应并丰富已有理论。就此而言,如果说早期的教学伦理更偏重于规定性(prescribed),当前的研究则同样重视实行的(enacted)教学专业伦理。

二、教学作为道德的事业:内在本质与外在诉求

教学何以是一项道德的事业?大致可以按内、外两个角度对已有辩护进行划分。植根于内部角度的论证,着眼于教学活动本身的特性,认为伦理是其本质所在。外部角度的辩护,则更注重专业的伦理品性,强调伦理对教学专业的重要价值。

教学目的具有道德的规定性。教学以更好和更坏或好和坏的观念为先决条件。正如通常情况下人们所理解的那样,它表明了一种影响其他人朝向好的而非坏的方向发展的有意识的努力。不仅如此,无论是教学中涉及的关系,还是活动过程本身,都含有道德的意蕴。教学是在人与人的交往过程中建构形成的,它是一个关系概念。[4]师生关系是教学中最重要的关系,具有不平等性,教师在接受控制学生向预期方向发展的权力时,需要承担起相应的道德责任,以一种在道德上可以得到辩护的方式行使权力。[5]由过程观之,教学中同样渗透着丰富的道德意义。课堂中的惯例程序,教师在课堂中的姿势、身体动作、面部表情甚

至是说话的语气等一系列习惯,都体现着教师内在的道德。而这些惯例与习惯,不仅有秩序维持的工具性价值,也蕴含着教师如何看待学生的尊严与价值这一象征性意义,二者共同构成了教学的道德层次(moral layeredness)。[6]在此种道德的教学关系与教学过程中,学生们建构了一种共享的道德,学会了尊重、合作、公正、责任等美德。

内部角度的辩护,背后隐含着两种假设:教学的道德性是由教师这个"人"所决定的;教师的道德品格会对学生的道德发展产生影响。然而,两种假设都是以哲学为基础的,并未得到实证证实。与以上可能受到质疑的论述方式不同,许多学者立足于专业的视角,认为伦理要求是教学专业需满足的外在标准,可进一步区分为两个向度。其一,伦理为教学成为专业提供了必要条件——任何专业都具备道德的内核,并以实践标准的形式加以表述,教学要成为专业,同样需要获得这种道德上的肯定。[7]此种观点可归为教学专业化取向。其二,教师专业性以伦理为基础——索科特(Sockett)认为教师专业性包括团体、知识、问责与理想四个方面。具体言之,教师是专业团体中的一员,团体提供了一个关系架构。以此为基础,相关各方立足于信任与同僚合作建立道德的联系,并在其中建构个人的生命架构。教师的知识或专长从属于道德的标准,他们本着求真与扬善的态度获得、传递知识并运用技能。此外,个体教师和专业团体必须向个人和公众进行道德问责。他们在理解自身的道德角色时,也不得不考虑实践、服务的理想及终极目的之间的关联。由此,伦理构成了教师专业性的基础。[8]与专业化取向不同,这种论述可归入教师专业发展范畴。

三、教学伦理探究路径:哲学思辨与实证理解

伦理学作为对道德判断的研究,从同情、自由、善、正义、责任等道德原则的角度,对正确行为问题进行探析。[9]自产生之时,它便带有浓厚的哲学思辨色彩。教学伦理也不可避免地受到了此种思辨传统的影

响，而基于哲学—规范（philosophical-normative）逻辑展开。类似文献旨在确定"应然"（ought）的问题，努力为那些应该指导教师实践的伦理价值提供辩护。如索克特、诺丁斯（Noddings）、坎贝尔（Campbell）等力主一种伦理学立场，论证教师美德（virtue）、[10]教师关怀的重要意义。[11]以斯特赖克（Strike）、索尔蒂斯（Soltis）为代表的研究者则从义务论与功利主义，[12]正义伦理、关怀伦理与批判伦理[13]等"对立"的伦理学立场出发，分析虚拟的教学案例或相关教育政策，期待教师能从多角度审视个人的伦理实践。而像夏皮罗（Shapiro）等综合运用了关怀、正义、批判、专业伦理等多种伦理学视角，力图为教师思考专业实践中的伦理困境提供理论指导。[14]

但是越来越多的研究者指出，哲学思辨层面的教学伦理对于教师实践的助益有限。从根本上讲，教学伦理并不是由一系列适用于教学专业的伦理规范或行为与道德气质（disposition）的条例所界定的，也不是由普遍的适用于所有道德实践的核心原则所反映出来的。相反，它是被教师个体或团体在日常工作中所践行的，体现为实践中对善的实现与恶的抑制，[15]表现在教师的目的、态度、话语、行为中。倾听教师的声音，对于更好地理解教学伦理至关重要。

事实上，在教学实践中，教师们很少思考诸如美德、关怀、正义等抽象的伦理学概念。他们关注的是与学生的互动，实际的教学，合作的责任，对于自己班级及学校的责任与投入感等现实存在的具体问题。[16]与教学伦理相关的信念，也并不是如理论者分析的那样孤立存在的，而是与教师对教学、教育和社会的信念交织在一起的，它们构成了一个复杂的信念丛。不同的教师对什么构成好的、对的与道德的教学有不同的理解，他们实践自己心中合伦理教学的方式也不尽相同。[17]对诸如何为公平、[18]何为关怀、[19]教师作为学生道德榜样[20]等一系列问题，教师们存在着理解上的差异。可以肯定的是，并不存在一种适应于所有教师、所有情景的"应然"的教学伦理。

四、实践中的教学伦理：困境与解困

当我们将视野转向真实的教学时，会发现实践中的伦理问题是相当复杂的。在确定的情景中，应该如何做以及最好的行动过程是怎样的往往是令教师困惑不堪的问题。也正是由于伦理困境的存在，教学的道德维度才更加清晰起来。当前，教师的伦理困境及解困路径已成为关怀实践的研究者特别聚集的问题。虽然他们切入的角度不同，各种分析类别间也存在交叉，但大致可以按来源、所涉利益相关方、内容等几个方面做出总结。

外部的规范、要求及个人的伦理信念构成了伦理困境的主要来源：其一，不同规范间的冲突会导致困境出现。教师在处理相关教学问题时，需要与不同人群交往。人与人之间的伦理规范、工作内部的专业规范、机构性规定、社会一致规范、自我保护规范等，是不同交往情景中所需遵守的。在具体的场景中，可能会有多个规范同时发挥制约作用，而它们又可能是彼此冲突、无法同时遵循的，此时教师便面临着规范相互冲突所带来的伦理困境。[21] 其二，外部要求与个人伦理信念的冲突。特别是在问责备受重视的教育改革背景下，许多教师认为全国性课程中所强调的统一考试及新的评价方式与自己所持有的教学信念相悖，他们难以同时履行自己所坚守的正义、关怀与诚实原则，往往挣扎于外部要求与自身专业人员意识相矛盾构成的紧张状态之中。[22]

另外，教师需要对不同的利益相关者负责，这使他们面临着"忠诚"冲突。他们既需要对群体学生负责，又不能无视个体学生的需要；他们既需要与同事保持良好的关系，又要尽可能使学生免受来自于同事的不良影响。他们是忠诚于组织的规定，还是凭借个人的专业知识反抗不利于学生发展的要求？是考虑家长的意见修改课程内容或评价手段，还是从最有利于学生的角度出发安排相关内容与评价？[23] 实践中到底忠诚于谁，以谁的利益为核心，往往是教师无法回避的棘手问题。再者,伦理困境所涉及的具体内容也不尽相同。教学过程中有关打分、学生分班或分组、学生赋权、与学生交往、关注学生个别差异、少数族群学生教育、处理学生问题行为、尊重个人宗教信仰、教学内容选择等一系列的问题,都可能使教师陷入困境。[24]总之,教学中但凡涉及实践选择的场景,无一不伴随着伦理的不确定性,它们构成了教师日常工作的一部分。

伦理困境的存在会对教师的道德感、伦理有效性,甚至是伦理专业性产生冲击,[25]有必要在理论上为教师伦理困境的解决提供指导。纳什(Nash)提出了三种道德语言:引导教师思考与精神-哲学、小团体构成的具体世界、机构的世俗多元世界三个层面相关的道德。通过反思"我信仰什么""我是谁""共通的道德是什么"等问题,帮助教师形成可以在道德上得到有力支持的伦理决策。[26]也有论者力主伦理规范的重要性,期待经由建设完备的伦理规范为教师伦理困境的解决提供导引。另有人认为伦理困境的解决依靠教师对伦理学理论的具体应用,因而,最重要的是使教育者掌握诸如义务论、功利主义等相关的伦理学理论。其他研究者则支持运用实际的伦理困境案例来提升教师的伦理思考能力。也有文章设计了解决伦理困境的路径,包括整合困境信息、思考各方参与者、指导反思决策影响等步骤。[27]也许正如不存在一种"普适"的教学伦理一样,如何解决真实情景中的伦理困境,同样未有确定答案、真正的解答。

五、结 语

值得思考的是,我们强调教学的伦理方面,并非要否定或取代有关教学有效性的讨论。教学的有效性与伦理性正如一枚钱币之正反两面,仅仅合乎伦理的教学,便冒了"伦理上使人振奋""事实上一事无成"的危险。[28]但如果仅仅注重效率,而无视教学的道德本性,便可能沦为"失却灵魂的行动"(action without soul)。如何平衡教学的有效性与伦理性,如何使教学在目的善与手段善间达到平衡,恐怕是一个需要教育理论与实践者深入思考的重要问题。

综观我国当前的教学伦理相关著述,不仅未特别触及教学有效性与其伦理性关系的探讨,而且在研究的问题域上也有待拓宽。更为重要的是,相关研究的哲学思辨色彩依然浓烈。从话语体系上适应国际研究趋势固然重要,但仅仅如此恐怕还不够。深切关怀教师的伦理实践,透析教学中效率与道德问题的互动与共生,以实证研究为理论思辨提供经验源泉,进而形成切合现实的理论以引领实践,也许是一条可以参酌的路径。

参考文献

[1] Campbell E. The Ethics of Teaching as a Moral Profession[J]. Curriculum Inquiry,2008,38(4):357-385.

[2] Fenstermacher G D. Philosophy of Research on Teaching:Three Aspects [M]//Wittrock M C. Handbook of Research on Teaching. Washington D C.:American Educational Research Association,1986:37-49.

[3][13] Strike K A, Ternasky P L. Ethics for Professionals in Education:Perspectives for Preparation and Practice[M]. New York:Teachers College Press,1993:3-4,69-83.

[4][11] Noddings N. The Caring Teacher [M]//Richardson V. Handbook of Research on Teaching (4th Ed.). Washington D C:American Educational Research Association,2001:99-105.

[5] Tom A R. Teaching as a Moral Craft[M]. New York:Longman,1984:79-80.

[6] Hansen D T. From Role to Person:the Moral Layeredness of Classroom Teaching [J]. American Educational Research Journal,1993,30(4):651-674.

［7］Soder R. The Rhetoric of Teacher Professionalization［M］// Goodlad J I, Soder R, Sirotnik K A. The Moral Dimensions of Teaching. San Francisco: Jossey-Bass Inc., 1990: 35-86.

［8］［10］Sockett H. The Moral Base for Teacher Professionalism［M］. New York: Teachers College Press, 1993: 16.

［9］Duval R S. Encyclopedia of Ethics［M］. New York: Book Builders Incorporated, 1999: 80.

［12］肯尼斯 A. 斯特赖克, 乔纳斯 F. 索尔蒂斯. 教学伦理［M］. 洪成文, 等译. 北京: 教育科学出版社, 2007.

［14］Shapiro J P, Gross S J. Ethical Educational Dilemmas in Turbulent Times: (Re) Solving Moral Dilemmas［M］. New York: Lawrence Erlbaum, 2008.

［10］［15］［25］Campbell E. The Ethical Teacher［M］. Philadelphia: Open University Press, 2003: 9.

［16］Aurin K, Maurer M. Forms and Dimensions of Teachers' Professional Ethics-case Studies in Secondary Schools［J］. Journal of Moral Education, 1993, 22(3): 277-296.

［17］Sanger M G. Talking to Teachers and Looking at Practice in Understanding the Moral Dimensions of Teaching［J］. Journal of Curriculum Studies, 2001, 33(6): 683-704.

［18］Colnerud G. Justice in Classrooms［EB/OL］. http://www.liu.se/forskning/nera/presented-papers/1.173821/Colnerud2006.pdf.

［19］Vogt F. A Caring Teacher: Explorations into Primary School Teachers' Professional Identity and Ethic of Care［J］. Gender and Education, 2002, 14(3): 251-264.

［20］Bergem T. Examining Aspects of Professional Morality［J］. Journal of Moral Education, 1993, 22(3): 297-312.

［21］［23］Colnerud G. Ethical Conflicts in Teaching［J］. Teaching and

Teacher Education,1997,13(6):627-635.

[22] Callahan S. When Portfolios Become a Site of Ethical Conflict: Using Student Portfolios for Teacher Accountability[J]. Educational Assessment,2001,7(3):177-200.

[24] Tirri K. Teachers' Perceptions of Moral Dilemmas at School[J]. Journal of Moral Education,1999,28(1):31-47;Tippins D J, Tobin, Kenneth G, et al. Ethical Decisions at the Heart of Teaching[J]. Journal of Moral Education,1993,22(3):221-240.

[26] Nash R J. "Real World" Ethics [M]. New York: Teachers College,1996.

[27] Warnick B R, Silverman S K. A Framework for Professional Ethics Courses in Teacher Education[J]. Journal of Teacher Education,2011,62(3):273-285.

[28] Luttenberg J H, Bergen T. Pragmatic, Ethical and Moral: Towards a Refinement of the Discourse Approach[J]. Journal of Moral Education,2004,33(1):35-55.

(原文载于《全球教育展望》2011年8期,第10—14页,作者为卢乃桂、王丽佳)

第二十八章
教师应对教学道德冲突的策略及其实证研究

社会转型带来的价值多元和课程改革的不断推进,使得教师工作中道德冲突频发并日益激化。而教师却又普遍缺少解决此类争端的有效办法。借由"道德信念模型",对中国教师解决道德冲突的策略进行质性研究,发现教师倾向于采取"规避"而非"商谈"的方式。我们应从转变观念和提高能力两个方面改进现有的教师教育和教师培训的内容与方式,以帮助教师解决实践中的难题。

教师往往要承担多重任务,而且还被要求对不同的利益相关者负责,所以他们在工作中会遭遇各种冲突。[1]其中的大多数又被教师界定为道德上的冲突,但他们却不清楚如何妥善摆脱此类困境。[2]但恰恰是通过道德冲突的发生,人们才能认识到自己所持的价值观念,尤其是那些基础性的道德信念。[3]而且,透过对价值冲突的分析,也可以凸显和把握隐含在教学中的道德维度和议题。[4]因此,对道德冲突的研究既有实践效用又有理论价值。

但是,目前国内在此领域仍以理论研究为主,缺乏实证层面的探讨,这在一定程度上使得理论也难有实质的推进。其实,除了规范性的理论研究之外,伦理与道德议题同样也可以通过经验的方式加以探讨。据此,本研究尝试以教学中发生的师生道德冲突为抓手,深入考察教师处理道德冲突的策略,并借此分析指导教师选择策略的教学观念,由此,为教师解决教学工作中的道德冲突提供帮助,并进一步为组织相应的教师教育课程和项目提供依据。

一、教学道德冲突应对策略的理论探讨

近年来,教学中的道德维度日益受到关注,透过教师专业化和对教学概念的内涵分析,教学中的道德议题得以重新阐释。既有研究已经证实教师在日常工作中时常面对各种道德困境,并做出道德决策,[5]只不过多数教师往往缺乏处理此类困境的准备,有时会悬置应当承担的道德责任,从而妨害到学生的利益。然而,尽管其存在和研究价值都得到承认,但由于道德总是以内隐的方式弥散在教学过程中,所以要在经验层面对其发生作用的机制加以研究又并非易事。[6]幸运的是,柯尔伯格运用道德两难法(moral dilemma)对道德认知的成功研究提供了方法上的有效参考。

道德两难(冲突)指的是两种道德原则同时出现在一个事件中,而行为者只能选择其中之一的情况。因此,研究者通过分析其选择和辩护理由,可以对行为者所持的道德原则及其道德思维方式进行探讨。而在教育领域,研究者则借助于发生在教学中的道德两难(冲突)来研究影响教师道德决策的因素,进而分析教师的道德思维系统。其中,瑞士学者奥泽(Oser)可谓是开先河者。20世纪90年代初,其团队即开始就"教师道德决策"进行实证研究,并在此基础上提出了"道德信念模型"(ethos model),见图1。

研究者认为"公正"(justice)、"关怀"(caring)和"真诚"(truthfulness)是指导教师工作的基本道德原则,教师应力求使三者协调一致。而在具体的教学情境中,这些原则往往存在冲突,需要教师做出决策。由此,研究者根据教师不同的决策模式和理由,归纳出五种解决道德冲突的策略。一是规避(avoiding),即避免对冲突做出决策。教师倾向于忽视冲突情境中的道德意义和可能后果,不愿意承担责任。二是寻求庇护(security-seeking),即教师虽然同意应当立即解决道德冲突,但他们

图 1　教师道德信念模型[7]

并不认为这是自己的责任,而倾向于委托给其他权威人士来处理。三是独揽(single-handed),即教师不仅能够果断做出决定、解决冲突,而且认为这是自己作为教师的本责,无须与其他参与者商讨。四是不完全的商谈(incomplete discourse),即教师在解决冲突的时候愿意邀请其他人参与决策过程,能够倾听包括学生在内的各方的意见,但他们仍然认为学生作为未成年人,没有能力担当最终的决定。五是完全的商谈(complete discourse),这类教师相信每个人都有参与讨论解决冲突的权利和能力。同时,他们认为解决争端的程序要比结果更有价值,各方交流和讨论的过程本身即是解决冲突的最佳途径,因而这个过程应对所有相关者开放。完全的商谈策略也被作为教师道德冲突解决策略的理想形态(ideal type)。[8]

此后,有研究者就教学道德冲突展开研究,其中马斯罗瓦蒂(Maslovaty)进一步把"寻求庇护"细分为"委托给家长"和"委托给管理者"两种次级策略。同时,其研究结果也表明,不同文化情境下的教师对教学道德冲突会采取大致相同的策略。[9]胡苏(Husu)和蒂里(Tirri)等人的实证研究也发现大部分教师能觉察到教学中的道德冲突,但他们由于教学信念和所处的制度环境不同而会采取不同的策略。[10]这些研究成果为探讨我国教学道德冲突及教师应对策略提供了研究基础和方法依据。

二、本研究采取的方法

为了解教师在教学实践中如何理解和处理所遭遇的道德冲突事件,本研究采取质性的个案研究策略。目前,相关实证研究不多,因此需要通过目的性抽样的方式选取能够为研究问题提供最大信息量的研究对象。[11]首先,研究者在 A 市小学、初中、高中三个学段各选择一所学校,其中既有示范性学校又有普通学校。其次,根据教龄、性别、学科以及是否为班主任等标准再对教师进行抽样,最终选定 16 位教师参与研究。

研究表明,对大多数人来说,准确地表述内心的道德直觉和认识并非易事,同样,教师也缺乏表达自己道德观念的语言。因而,如何设计收集资料的方法,能够将内隐的道德观念外显化就显得尤为重要。借鉴柯尔伯格道德两难法,研究者首先请教师自陈从教经历中印象最深、体验较大、不知该如何决定的冲突或犹疑不决的事件,进而,根据事件的具体情境和脉络,请教师分析当时的决策过程和原因。这样做首先给教师提供了表达道德观念的途径和载体,使受访教师通过回忆教学生涯中的"关键事件"(critical incident),来反思道德决策的依据。事实表明,教师对自己经历的"故事"总是如数家珍。其次,通过回顾其亲身经历,能够有效避免教师按照社会规范所期许的方式来阐释自己的道德观念,从而使我们准确把握其道德决策的真实过程和机制。再者,采用教师自陈的方式而不是预先设计的两难情境问卷,有助于了解教学专业生活的真实状态而非假想情境。

三、中国教师应对策略的实证分析

通过对访谈资料的分析,我们发现师生之间的冲突在教学工作中最为常见,其发生的频率不仅大大高于教师与家长以及同事间的冲突,而且对教师情绪、身份认同和职业满足感的冲击也最为致命。其中主要存在三种亚类型的冲突,分别关涉教师对传道、授业和学生管理三种责任的履行。同时,研究还发现教师能够针对不同的类型而采取不同的策略。

(一) 规避:无奈的退路

教师工作的核心与基础是教学,多数教师认为自己工作的价值体现在学生的进步上。然而,在实际工作中教师的热情有时却抵不过学生低迷的学习动机。于是,教学责任与学生自主之间的平衡,就时常叩击教师的职业"良心"。在努力与挫败的反复中,有些教师选择坚持,而另一些则无奈地放弃。这种情况,不仅发生在薄弱学校的教师身上,在示范性学校的教师中也不鲜见。而且,相对于老教师而言,年轻教师更容易放弃。

H校是A市省级示范校,闻老师进校只有不到两年的时间。她之所以选择教师这份工作,正是被教学的成就感所吸引,但工作后,她才体会到现实与理想的差距。对科代表栽培的失败成为她转变策略的直接动因。

> 我也觉得是我的一个失败吧。他很聪明,所以我就选他当物理科代表了,但他觉得无所谓,没有学习的动力。我找他谈了很多很多次,从高一到现在,火也发过了,软磨硬泡过了,逼他到我这边来做作业。我想尽了各种办法就是没用。有一次,我刚拉他在我这边补完习,因为第二天有一个大考,结果转眼我就看见他在楼下踢足球。我就在操场上冲他发火……出了校门在没有人的时候,我就哭了。我付出了很多努力,可他就是看不到。你说,老师能够怎么样?……①

闻老师讲述时语气平和,透露出些许的遗憾和颓丧。在面对教学

---

① 本文中的引述直接采用教师自己的语言,未经修改,下同。

责任与学生自愿之间的冲突时,闻老师经历了几种策略的转换。最初,她采取了"不完全商谈"的方式,不仅找学生谈心,而且还多次与学生父母进行沟通,希望三方能够共同来解决问题。然而,她发现"对儿子宠爱有加的父母也没有发言权"。于是,闻老师只好采取"独揽"的策略,用各种方式"逼"学生学习,因为对她来说"让学生学好"是教师当仁不让的责任。然而,"踢球"事件的发生却使冲突激化,造成她单方面的坚持化为了泡影,以至于最后不得不选择听之任之。

事实上,学生的学习不仅被看作教师的首要职责,而且学习成绩也成为评价教师绩效的重要标准。但即便如此,如果学生都丧失了学习的自主与自愿,多数教师只能选择回避。同校一位有5年教龄的毛老师就认为高中学生的学习习惯和认知方式已基本成型,教师只起到辅助的作用。"讲什么要看学生的意愿,天生就不要学习的学生,老师根本管不了呀,有什么办法啦?"可以说,他的观点较为集中地体现出规避策略的特点。

相比来看,薄弱学校的教师则面临学生更为严重的厌学情况。然而,迫于教育行政对"合格率"的要求,教师们要"反过来求学生读书"。孟老师负责两个年级四个班的物理教学,还兼班主任工作。她认为:"学生根本不要学,无所谓的,家长也没有办法。只有教师有压力,要想把一些本来就不合格的学生教得合格非常困难,这跟教师的水平没有关系。"教学对教师来说已毫无成就感,不过是"保护好这份工作"罢了。"并不是老师把他放弃,真的没办法,老师能帮助的都在帮助。"可见,在这场角力中,教师感受到的更多是无奈。

如果说在敦促学生学习方面,教师采取规避策略还略显犹疑和无奈的话,那么,在促进学生价值观形成方面,他们则更容易回避,并将其归咎于家庭和社会的反向作用。教师常常认为,学生价值观的形成是一个复杂且漫长的过程,而其中教师的作用微乎其微。毛老师的观点体现了一种较为典型的看法:"我没有办法教育啊!前面十几年都是这样的,你要我在三年的几节课内,用几句话把他的人生观、价值观扭转过来。那怎么可能啊!"而且,教师在道德教育的过程中缺乏多样的有效手段和方法,任教于小学的丁老师在进行价值观教育时也总是捉襟见肘:"我唯一能做的就是说说说,我说破天,小孩子还是做,说了不听,不听那我只能放弃。"

我国的文化传统中,教师有较强的传道职能,他们被要求担当起社会主义核心价值观的代言人和传输人的角色。然而,这一宏大的愿景落实到个体教师的工作中就略显尴尬。教书育人是教师的基本责任,也是教师建构自我专业价值和身份的主要依据。教师将心力主要投入这两方面的工作中,所以,即使与学生的自主性相背,多数教师仍然尝试采取商谈、独揽等方式来解决。遗憾的是,由于缺少有效的教学指导方法,教师的自我效能感在反复的挫败中逐渐减弱,从而无奈地选择规避策略。

(二)独揽:底线的捍卫

由于教师与学生之间在学习目标和价值观等方面存在差异,在学校生活中双方也会就学生的行为规范问题产生较为激烈的直接冲突。从小学到高中,从薄弱校到示范校,不同教龄、科目、性别的教师都曾遭遇过学生的无理顶撞。对待此类冲突,几乎没有教师会选择"规避",而都是倾向于即刻解决。教师普遍认为"现在的学生不像以前的学生跟老师关系很亲近",加之"独生子女娇生惯养",所以"不听老师的,管多了反而会顶的"。因此,一般情况下,教师即使在当时感到"委屈"和"受伤害",也多会先尝试迂回和延迟解决的方式来化解冲突。然而,矛盾一旦激化,教师则采取"应激式"的独揽策略,强行压制学生的顶撞。

有一次,J校孟老师上课时有学生转头讲话,当她轻轻地把学生的头转过来,示意其专心听讲时,学生却说了句"老师你打我"。孟老师当时就中止了教学,在全班学生的面前"说了他"。孟老师认为,这一"挑衅"必须立刻解决,否则不但会影响其他学生对教师的尊重,更严重的是可能会影响到"自己的饭碗"。不少受访教师都提到有学生把老师告倒下岗的事情,可见类似的事件并不在少数。J校的张老师把这种现象解释成学生的"维权"意识增强,但教师却无力承担"维权"的后果。而H校的曾老师却认为,媒体和舆论对个别恶性事件单方面报道也起到推波助澜的负面作用:"媒体对这些细枝末节宣传太多,可能一个反面的例子给学生留下的印象非常深,其实很多都非常极端。但现在学生的是非观没有,判断能力比较差。"以至于个别学生已经学会以此来威胁老师。加之"师德一票否决制",以及对"体罚"界限的划定与评价的模糊性,都使得教师"处于弱势,批评学生之后会胆战心惊。到处都是雷区,如履薄冰"。因此,多数教师认为处理此类突发冲突必须当机立断,商谈无用。

(三)商谈:不懈的坚持

大部分受访教师倾向于选择"规避"和"独揽"来解决工作中的师生冲突,很少将此类问题委托给家长或者同事来解决。然而,研究也发现,在中国教师的工作实践中并不缺乏"商谈"策略的运用。

P校的市级优秀班主任蓝老师一向被大家称为"妈妈老师",在访谈过程中话不多,温柔的她看上去甚至有些腼腆。有一次,她教育一名做功课拖拉的小学四年级学生,而这位男生不仅顶撞她,甚至冲到教室后面拿了扫把扔向她。尽管蓝老师当时受到很大冲击,但是她没有"一气了之"。首先,她对整个过程进行了反思,"觉得自己处理得有点问题,当时很多话可能在刺激他。如果能站在学生的角度想矛盾也不会激化"。其次,她认为应该要进行后续解决。

> 我问他作业怎么没有做好,他说:"你知道吧,老师,爸爸妈妈经常吵架,妈妈说要开煤气。"我就说:"可能有时候爸爸妈妈吵架也是因为你的问题,你想想看,他们在单位里工作很忙,回家看到你作业做得很慢,肯定火上来了,对不对?"他说:"对的对的。我妈妈身体也不大好。"他从小是妈妈带大的,他对妈妈还是偏爱的。我说:"你既然这么体谅妈妈,就要动作

快点。这样的话,妈妈看到你做得快心情就好,也不会和爸爸吵了,对不对?"他说:"这倒是对的。"

蓝老师在处理师生冲突时并没有认为教师应该高高在上,学生应当听话,而是把学生看作一个有自尊、有自我需求、有情绪的个体。在这种观念的指导下,蓝老师坚持采取商谈的方式,首先了解学生的具体情况,以自己的真诚关心换得学生的理解和信任。进而,通过引导和说服使学生与自己达成共识,在今后的学习中提高完成作业的效率。

应该说这种近似于"谈心"的教育方式在我国学校教育实践中并不鲜见。然而,本研究的个案教师能够有意识地采取商谈策略并且获得成效的,只有蓝老师一位。可见,商谈策略的实施和效果不仅受到教师个人教学观念和能力的限制,也在很大程度上依赖于其他相关者的意愿和能力。没有家长和学生的配合,教师也难唱独角戏。① 而且,我国教师惯用的"思想工作"式的说服教育,其目的主要是获得学生的理解并接受自己的指导。教师更关注的是说服的结果而较少意识到学生参与这个过程本身的重要性,因而这一教育方式实际上与本文所倡导的商谈策略有实质的差异。

四、总结与启示

通过实证研究发现,冲突情境在教师的工作中时有发生,其中尤以师生间冲突为主。教师在访谈过程中能够快速提取相应的经验和事件,这显示出教学的道德冲突给教师信念带来的影响之深。事实上,也正是这些令教师无法释怀的踟蹰,才凸显出教学工作的道德本性。[12] 而对于冲突的解决,教师总体上倾向于根据不同的类型采取不同的策略。一般来说,涉及与学生行为管理有关的师生冲突,教师会采取"独揽"的

---

① 前文谈及的 H 校闻老师由最初的商谈转为规避的过程,就在一定程度上说明了这个问题。

方式。而如果与学生在价值观方面发生分歧,教师则更容易选择"规避",不主动承担"传道"的职责。更为突出的是,商谈策略在教学实践中遭到搁置、被边缘化,这不仅会造成学校价值教育实际上的真空,更严重的是,会使得教师对教学工作内在价值的信念在不知不觉中被消磨。"我批评也批评过了,'买通'也'买通'过了,用尽所有的方法来想让学生好一点,方式方法也是可以接受的。但最终的结果全是负面的,时间长了,就会出现职业倦怠。"

然而,不论是现行的教育政策制度还是各种教师教育项目,"师德"始终被看作首要内容。从我国的文化传统来看,教学的价值性和教师所承担的道德责任向来被视作根本。那么,为什么今天的教师在应对教学中的道德冲突时,却仍然表现出态度上的"无可奈何"和方法上的"捉襟见肘"?究其原因,既有的研究往往将注意力集中于教师个人品德的提升,[13]而相关的教师教育项目也多采取宣讲的方式,倡导学习模范教师的品行。在强调责任内化的同时,相对忽略了对教师日常工作中的道德实践的研究和具体能力的培养,以至于道德冲突的解决和道德责任的履行仅仅依赖于个体教师的责任感和经验,而在集体层面却普遍存在无意识和没办法的情况。[14]

其实,强调教学具有道德性,其意义并不指向教师个人的德性,而认为教师承担道德责任,也不是要求教师成为圣人。关键在于提醒教师有意识地从道德后果的角度来理解教育、进行教学。[15]实证研究发现,同一教师处理不同类型的冲突时倾向于做出较为一致的策略选择。例如,H校的毛老师在处理不同类型的师生冲突时都选择规避。也就是说,教师个人对教育和教学所持的基本观念在根本上决定了其对日常工作中道德情境的甄别以及道德策略的选择。事实上,教师在践行"授业"职责的时候,都或多或少会遇到学生缺乏学习意愿和兴趣的情况。但由于对教学职责,尤其是对自己与学生关联程度的界定有所不同,教师承担教学责任的程度也就表现出一定的差异。同时,如果教师个人都不认同学生具有参与决策的权利和能力,也就不会采取商谈方式解决道德争端。因此,在进行教师教育时,一方面应考虑适当下调对教师个人崇高品性的诉求,另一方面,应结合其教学实践的难题来开发课程,逐步拓展教师对蕴含于教学实践中道德议题的理解,并着重于培养和转换教师的教学观念。

除此之外,尽管教师切身地感受到冲突带来的后果,尤其是对学生成长可能产生的负面作用,但是他们或多或少都表现出一定程度的无能为力。当然,其中既存在诸如"一位教师对几十名学生""有限的教学时间""师德一票否决制"等制度性的原因,也有来自媒体和家长等社会性因素的负面影响,但也反映出教师教育和教师培训在相关技能和方法上未能提供适当的支持。因此,除了观念层面的转变,相关的教师教育课程与培训项目也应考虑加强和提高教师在实践中解决道德冲突的能力。

参考文献

[1] Colnerud G. Ethical Conflicts in Teaching[J]. Teaching and Teacher Education,1997,13(6):627-635.

[2] Lyons N. Dilemmas of Knowing:Ethical and Epistemological Dimensions of Teachers' Work and Development[J]. Harvard Educational Review,1990,60(2):159-180.

[3] Kohlberg L. The Psychology of Moral Development:the Nature and Validity of Moral Stages[M]. San Francisco:Harper & Row,1984.

[4] Joseph P B, Efron S. Moral Choices/Moral Conflicts:Teachers' Self-perceptions[J]. Journal of Moral Education,1993,22(3):201-220.

[5] 科林·马什.初任教师手册[M].吴刚平,何立群,译.北京:教育科学出版社,2005:365.

[6] Damon W. Teaching as A Moral Craft and Developmental Expedition[M]//Oser F K, Patry J L. Effective and Responsible

Teaching: the New Synthesis. San Francisco: Jossey-Bass Publishers, 1992:139-154.

[7] Oser F K. Professional Morality: A Discourse Approach (the Case of the Teaching Profession)[M]//Kurtines W, Gewirtz J (Eds.). Handbook of Moral Behavior and Development. New Jersey: Lawrence Erlbaum Associates, 1991:191-228.

[8] Oser F K. Morality in Professional Action: A Discourse Approach for Teaching[M]//Oser F K, Patry J L. Effective and Responsible Teaching: the New Synthesis. San Francisco: Jossey-Bass Publishers, 1992:109-125.

[9] Maslovaty N. Teachers' Choice of Teaching Strategies for Dealing with Socio-Moral Dilemmas in the Elementary School [J]. Journal of Moral Education, 2000, 29(4):429-445.

[10] Husu J, Tirri K. Teachers' Ethical Choices in Sociomoral Settings[J]. Journal of Moral Education, 2001, 30(4):361-375.

[11] Patton M Q. Qualitative Evaluation and Research Methods[M]. London: SAGE, 1990:169.

[12] Hansen D T. Teaching as A Moral Activity[M]//Richardson V (Ed.). Handbook of Research on Teaching. Washington, D.C.: American Educational Research Association, 2001:845.

[13] 王晓莉.教师对教学专业伦理的理解及其影响因素:中国内地D市的个案研究[D].香港:香港中文大学,2009.

[14] Tirri K. Teachers' Perception of Moral Dilemmas at School[J]. Journal of Moral Education, 1999, 28(1):31-47.

[15] Bergem T. Examining Aspects of Professional Morality[J]. Journal of Moral Education, 1993, 22(3):297-312.

(原文载于《课程·教材·教法》2011年第9期,第84—89页,作者为王晓莉、卢乃桂)

第二十九章
教育改革背景下的教师专业性与教师责任

教育改革不仅影响了学校教育的运作方式,也改变了工作于其中的教师的专业性及其责任承担。管理主义的专业性、商业式的专业性,正在取代建立于知识、自主与伦理基础上的传统专业性。作为专业性之核心的教师责任在变革中亦发生着增加、加剧、缩小等变化。考察教师专业性作为地方性概念及教师自身建构的概念,是宏观视角下的备择路径。对教师责任的理解,则需要引入共享责任的观点。

有关教师专业性的大部分研究,在一定程度上受到了霍伊尔(Hoyle)关于"professionalism"与"professionality"两个术语之区分的影响。[1]在他的观点里,前者指"职业成员提升其地位、工资与工作条件时运用的策略与辞令";而后者则是"教师在教学过程中运用的知识、技能与程序等"。透过分析有关何为教师专业性的诸多争论,越来越多的研究者指出,很难对以上两个概念做出明确区分,因为教师组织、政府等运用的与地位、薪水等相关的策略与修辞,往往首先与教师在教学过程中运用的知识、技能与程序联系在一起。就此而言,与其徒劳地区分它们,不如在专业性(professionalism)的概念中包括前述两个术语中的所有声称与争论。[2]由此,教师专业性(teacher professionalism)的概念在学界渐被广泛认同与使用。

伴随教育改革的推进与深入,近年来国际范围内有关教师专业性的讨论集中关注教师的工作改变及其呈现出的专业性形态,特别注重从实践的角度考察教师如何落实专业工作中的核心向度。在我国,最近一些年有关教师专业、教师专业发展的论述亦在不断增多,大部分的研究聚焦教师专业发展的困境与出路。虽然也有论者在教师专业性的概念下探讨相关理论议题[3][4],但相较而言,集中关注教育改革背景下教师专业性及其核心构成之转变的文章却并不多见。

本文通过阐述教育改革背景下的教师专业性,特别是其责任维度,力图呈现该论域的样貌及可能的研究进路。

一、教师专业性的概念及其改变

就教师专业性的讨论而言,它首先是一个社会学的话题,社会学家试图寻找到将专业与其他职业区分开来的标准,同时也在对以标准的方式区分专业与非专业进行着不断的批判。在社会学视角之外,霍伊尔及其同事总结了理解教师专业性的其他角度:其一,纯粹语言学的视角,它以一种客观的方法考察"专业"这一词语及其在相关话语中的运用。其二,对隐喻或意识形态目的之分析。如分析政客如何运用专业这一术语抚慰教师协会,使他们接受政府动议。其三,分析职业中的成员如何看待自己作为专业人员的角色。其四,以一种归纳的方式关注那些通常被冠以专业的行业的成员如何开展实践。其五,历史的视角,如哈格里夫斯(Hargreaves)将教师专业性的发展划分为前专业时代、自主专业时代、合作专业时代、后专业时代等四个阶段。[5][6]

虽然存在着理解教师专业性的不同视角,各种观察角度下亦会形成不一致的专业性界定,但在现实的公共与政治议论中,教学却很早便被看成一专业。而教育研究者也越来越倾向于不去定义教师专业性到底为何,而是将它理解为一个社会建构的概念。[7]既然为社会所建构,要理解当前的教师专业性,便不得不考察宏观层面上的教育改革对它的影响。

20世纪80年代以来,在新自由主义与新管理主义的影响下,教育中的去中央化与权力下放不断被提出,学校在享有更高的财政自主与实地管理权的同时,也承担起相应风险。[8]与此同时,准市场机制的引入,在赋予家长、儿童以更多选择自由的同时,却将学校置于无情的竞争之中,教师们面临着重重压力。[9]与以上趋势似乎矛盾的是,包括国家统一课程、检查、全国教师教育课程、与表现相关的教师工资等在内的新式评价程序与管理实践,正以全新的方式控制着学校教育与教师工作。[10]学校与教师被要求承担的责任越来越多,它们不仅被期待生产出适应国家发展战略的人才,也被认为在发展民族身份、公民资格、社会融合及社会正义中发挥重要作用,教育被赋予的价值与受到的关注均呈上升趋势。[11]

在此背景下,教师专业性的概念不断被结构化并趋于正规化。它受到政府政策目标的极大影响,成为国家政策强加的、用来控制教学专业的工具。[12]当前,政府的一系列动议正在破坏教师作为受尊重的专业人员所应享有的信任与工作自主的合法性;各种立法及机构设立,也使教师丧失了自主定义其专业性概念的能力,并将他们在政策影响上边缘化。[13]"管理主义的专业性"[14]"商业式的专业性"正在取代建基于专业知识、行业自主、服务伦理之上的传统专业性。[15]诸多研究发现,在政府"再专业化"(reprofessionalization)的幌子下,教师的课程与评价技艺正被他人设计的统一计划取代,他们正经历着"去专业化"(deprofessionalization)的过程。[16]

二、教师专业性的核心维度与教师责任

教育改革在挑战传统教师专业性的同时,也改变着专业之核心向度的意涵。一般认为,知识、自主与责任构成了教师专业性的三个重要维度。[17]具体言之,专业实践须建立于一系列技术性或专长性知识基础之上,专业人员通过专家式的长时间训练,可以理解专业领域知识,并

按照指导专业行为的伦理规范明智地将知识运用于实践之中。在自主方面,专业人员在不确定的环境中工作,为了有效地开展实践,他们必须不受官僚与政治压力的影响,按照服务对象的最佳利益开展工作。既然专业人员享有自主,与其相伴的必将是从业者以负责的方式行事,承担起对服务对象的责任。这意味着实践者的行动最终需要由一系统价值观所导引,它们将服务对象的利益放在首位。[18]

对于教师而言,其承担的责任与他们所扮演的不同角色密切相关。由于角色的复杂性,教师的责任范围十分广泛,不仅涉及专业内的,也涉及专业外的;即使是专业内的责任也有主次之分。[19]粗略划分,教师的责任可从对象上分为对个人的责任、对其他人的责任、对工作场所/学校的责任、对教育领域的责任、对社会的责任。其中,对学生的责任位列首位。[20]从范围上分析,伊劳特(Eraut)认为教师责任包括以下方面:其一,服务于服务对象的道德承诺;其二,自我监督的专业责任与定期回顾个人实践有效性的责任;其三,扩展个人知识库、反思个人经验与发展个人专长的责任;其四,贡献于个人工作之组织的服务质量的专业与合同式责任;其五,反思与讨论专业之于整个社会之改变的责任。[21]

与专业性其他维度相比,教师责任更容易受改革形塑,因为责任是伦理/道德在工作实践中的具体展现,而伦理与道德本身即是社会的产物,受到教育改革之核心价值的影响。诸多研究揭示出,面对表现式管理与教育的仿市场化运作对教师工作的冲击,新的教师责任实践体系正在出现。它基于自利、实用主义与表现式价值,传统上建立于专业判断之上的责任履行正在被关注个体表现所取代。[22]

三、教育改革中的教师责任重构

当前,教师责任出现了从专业性,即通过自我管理向学生、个人及同事负责,到向类似于教育局、教育检查部门等机构负责的状态。同时,在政策与学校改革不断强调教师对学生学习负责的动议之下,教师的责任范围亦在发生改变。

（一）教师责任的增加、加剧与扩展

对责任的判断可以基于不同的标准。特维斯（Twiss）提出了三种责任：其一，描述式责任，考察在行动与结果间是否存在着因果关系。其二，规范式责任，基于对规范式标准的遵守（如道德标准）。其三，角色责任，与规范式责任关系密切，是履行与一些社会角色及社会关系相关的义务，如雇主—雇员、家长—孩子、教师—学生。因而，个人可能因为自己导致了一种结果，或是情景中可应用某一规范性期待，或是因个人社会角色的界定而感到责任。[23]

按照角色责任这一维度考察，当前对教师角色的期待正呈现出扩大化的倾向，与之相伴的责任也发生着改变。研究者认为，这些变化主要涉及角色增加（role increase）、角色加剧（role intensification）及角色扩展（role expansion）三个方面，这些变化发生在教学、机构、合作、学习四个领域中。[24]

当角色增加时，教师所需完成任务的数量增多，他们被要求做更多的事情，并需要在更复杂的水平上完成这些任务，来自于地区、州、国家政策上的期待也越来越高。此时，教学变得忙碌与密集化，它几乎成为一种不可能完成的工作。另外，教师在课堂之内的角色责任可能加剧，他们被期待回应更大的压力并遵守多样的创新，教学活动受外部的计划与要求所统治。角色扩展指的是教师在课堂之外的责任拓展。教师被要求参与课堂之外的活动，通过这些活动努力在同年级和不同年级水平上调整学习经验。扩展的角色往往是高度合作的，并与共同追求教育目标相关，它将教师与其他学校人员联系在一起。在角色不断扩展的情况下，有时可能导致教师们难以辨别其承诺与责任于何处终止，从而同合作与学习的初衷相悖。

（二）教师责任关注的缩小

与责任的增加、加剧与扩展似乎矛盾的是，在各国教育改革越来越

重视以学生在标准化考试上的成绩对教师和学校进行问责[25]的背景下,教师们被迫将更多的精力集中于"高风险考试","为考试而教"导致了责任范围的缩小和履行责任方式的转变。

在纷呈的教育改革动议中,教师们被置于一种"表现主义的议论"中,教学的成功被狭窄地定义为效率与产出,而测量的依据则是学生在考试中的成绩、达标情况以及在检查报告中表现良好。[26]其结果是学校与教师不得不将关注点集中于学生的学业需要,而忽视了学生的发展需求以及社会与情感等多方面需求。[27]

在考试的压力下,即使单在学业方面,教师也难以对学生多样化的学习需要做出灵活反应。他们的教学关注点被迫不断缩小,教学的方式也难以促进真正的学习:①教学内容上,为应付考试,教师将更多的重点放在高风险考试所涉及的材料上,而对其他内容的关注则减少。②教学深度上,由于标准化的考试只考察课程的部分内容,因而花费在考试准备上的精力往往过分强调基本技能学科,而忽视了需要高度思考能力的学习内容。③教学方式上,当基于学生考试合格率评价学校时,学校与教师会对那些不能达到考试标准的学生进行操练,但这些操练并不会提高学生的实际能力。④教学时间分配上,过多的时间被浪费在训练学生如何回答特定的考试项目上,真正有意义的教学被剥夺。⑤学校资源配置上,在强调考试准备的学校中,项目预算被集中于与考试相关的材料上,而不是学生实际所需的资源上。[28][29]真正有意义的教学与学习正在考试的重压下经受挤压。

(三)教师的责任冲突

如前所述,教育持份者的多样使教师需同时向不同方负责,这可能引发责任冲突。另外,被要求负责不等于行动者的实际负责;相反,在没有外部问责的情况下,教师自愿承担的责任可能超出要求的范围。由此,在正式的问责与教师感到应负的责任间未必总是完全重合的。

从持份者角度考察,与其他专业人员相似,教师们必须尊重并回应不同的持份者要求,最近的是学校中的持份者,最远的是国家层面上的持份者。政府官员、管理者、工会等,都认为教师的工作及工作结果与他们利益攸关。[30]而他们在何为成功的工作这一点上可能存在分歧。如国家官员可能对学生的考试成绩最感兴趣;学区的管理者关注的是学生的出勤率与在校数;工会代表则关心教师们工作的时间;就家长而言,他们总是期待教师给自己的孩子以更多的关注,学生也时时对教师提出不同的要求。[31]面对众多的利益诉求,教师们难免会陷入责任冲突之中。对问责背景下教师进行的实证研究已表明,他们一方面希望做出负责任的决定,另一方面又常常感到挣扎于不同的群体之间,难以同时满足各方要求。[32]

与持份者的多样产生的冲突源于外部不同要求的张力相对,在外部要求与教师理解间同样可能出现间隙,从而形成主观与客观责任的冲突。一般而言,客观责任源于社会、组织机构对教师的期待,是外部的责任规定。与之相对,主观责任源于价值观信仰。[33]在教师的工作中,主观责任与客观责任虽并非截然对立,但在具体的教育情景中二者亦难免相互抵牾。研究者发现,虽然不同的持份者在具体的利益诉求上不尽相同,但他们几乎都一致同意学业上的标准化及学生的成绩最为重要。而教师则认为,教育的最首要责任是使学生在学业、个人技能、情感等诸多方面均获得发展,以适应学校及社会中的成功所需。面对社会与政策领域要求教师对学生学业负责之期待的加剧,最让教师们感到困惑的便是如何在个人理解的"好教师"与诸多期待间求得一种平衡。[34]

四、结　语

本文考察了教育改革背景下的教师专业性,特别关注了教师专业性概念在宏观社会与教育变革之中的嬗变。值得注意的是,教师工作的社会建构不仅仅局限于广泛的政策与制度层面,他们同样生存于特定的工作场景之中,部门、地区、学校、教师关系网、学科等方面的差异均可能对教师的专业性产生重要影响。[35]此外,在政府主导的专业性下,伴随着对外部要求越来越清晰的认识,教师们也可能凭借良好的同事合作文化及特殊的学科与专业知识,在政策框架内发展出自己的专业性,进而重新专业化。[36]事实上,按照以上两个方面,即将教师专业性作为一个地方性概念,或探讨教师个人建构的专业性,已成为相关研究的重要路径。

另外,在当前教育改革强调问责的背景下,学校与教师成为问责的中心。而进行问责的一方(如政府、家长等)在占有支配权的同时,却不承担实质性的责任,由此形成了一种责任的不对称。[37]然而,所有的责任关系均是互惠式的。如果正式的权威对下级就某些行动或结果进行问责,那么权威也有平等的及互补式的责任去保证下属有能力完成任务并给予他们足够的支持。就此而言,我们需要发展一种共享的责任概念,其中,包括学生、教师、学校行政人员、家长、政策制定者在内的所有教育持份者将共同承担起提升与保障教育质量的责任。[38]

参考文献

[1] Hoyle E. Professionality, Professionalism and Control in Teaching [J]. London Educational Review, 1974, 3(2):13-19.

[2] Swann M, McIntyre D, Pell T. Hargreaves L, Cunningham M. Teachers' Conceptions of Teacher Professionalism in England in 2003 and 2006[J]. British Educational Research Journal, 2010, 36 (4):549-571.

[3] 操太圣,卢乃桂.论教师专业性的提升[J].高等教育研究,2005,26 (1):53-57.

[4] 王晓莉,卢乃桂.期望中的教师专业性:政策文本分析的视角[J]. 教育发展研究,2009(2):55-58.

[5][18][19][30] Hoyle E, John P. Professional Knowledge and

Professional Practice[M]. New York and London: Cassell, 1995.

[6] Hargreaves A. Four Ages of Professionalism and Professional Learning[J]. Teachers and Teaching: Theory and Practice, 2000, 6(2): 151-182.

[7] Wilkins C. Professionalism and the Post-performative Teacher: New Teachers Reflect on Autonomy and Accountability in the English School System[J]. Professional Development in Education, 2011, 37(3): 389-409.

[8] Champman J, Aspin D. Autonomy and Mutuality: Quality Education and Self-managing Schools[M]//Townsend T (Ed.). Restructuring and Quality. London and New York: Routledge, 1997: 61-77.

[9] Ball S. Education Markets, Choice and Social Class[J]. British Journal of Sociology of Education, 1993, 14(1): 3-19.

[10][26] Fitz J. The Politics of Accountability[J]. Peabody Journal of Education, 2003, 78(4): 230-241.

[11] Bell L, Stevenson H. Education Policy: Process, Themes and Impact[M]. Abingdon: Routledge, 2006: 74.

[12] Gray S L, Whitty G. Social Trajectories or Disrupted Identities? Changing and Competing Models of Teacher Professionalism under New Labor[J]. Cambridge Journal of Education, 2010, 40(1): 5-23.

[13][16] Beck J. Governmental Professionalism[J]. British Journal of Educational Studies, 2008, 56(2): 119-143.

[14] Day C, Smethem L. The Effects of Reform: Have Teachers Really Lost Their Sense of Professionalism[J]. Journal of Educational Change, 2009, 10(2): 141-157.

[15] Whitty G. Teacher Professionalism in New Times[J]. Journal of

In-Service Education,2000,26(2):281-295.

[17] Furlong J, Barton L, Miles S, Whiting C and Whitty G. Teacher Education in Transition[M]. Buckingham: Open University Press,2000:4.

[20][27][31][34] Fischman W, DiBara J A and Gardner H. Creating Good Education Against the Odds[J]. Cambridge Journal of Education,2006,36(3):383-398.

[21] Eraut M. Developing the Professions (Professional Lecture)[M]. Brighton: University of Sussex,1992.

[22] Ball S J. The Teacher's Soul and the Terrors of Performativity [J]. Journal of Education Policy,2003,18(2):215-228.

[23] Lauermann F, Karabenick S A. Taking Teacher Responsibility into Account (Ability)[J]. Educational Psychologist,2011,46 (2):122-140.

[24] Valli L, Buese D. The Changing Roles of Teachers in an Era of High-Stakes Accountability[J]. American Educational Research Journal,2007,44(3):519-558.

[25] Ingvarson L, Rowe K. Conceptualizing and Evaluating Teacher Quality[J]. Australian Journal of Education, 2008.

[28] Hursh D. The Growth of High-stakes Testing in the USA: Accountability, Markets and the Decline in Educational Equality [J]. British Educational Research Journal,2005,31(5):605-622.

[29] Amrein-Beardsley A, Berliner D C, Rideau S. Cheating in the First, Second, and Third Degree: Educators' Responses to High-Stakes Testing[J]. Education Policy Analysis Archives, 2010,18(14):1-36.

[32] Callahan S. When Portfolios Become a Site of Ethical Conflict: Using Student Portfolios for Teacher Accountability [J].

Educational Assessment,2001,7(3):177-200.

[33] 库伯.行政伦理学[M].4 版.张秀琴,译.北京:中国人民大学出版社,2001.

[35] Talbertand J E, McLaughlin M W. Teacher Professionalism in Local School Contexts[J]. American Journal of Education,1994,102(2):123-153.

[36] Helsby G. Multiple Truths and Contested Realities[M]//Day C, Fernandez A, Hauge T E, et al. (Eds.). The Life and Work of Teachers. London and New York: Falmer Press,2000:93-108.

[37] Fielding M. OFSTED, Inspection and the Betrayal of Democracy [J]. Journal of Philosophy of Education,2001,35(4):695-709.

[38] Linn R L. Accountability: Responsibility and Reasonable Expectations[J]. Educational Researcher,2003,32(7):3-13.

(原文载于《教师教育研究》2013 年第 1 期,第 1—5 页,作者为卢乃桂、王丽佳)

后记：我们一起走过的路

这套文集是师生共同创作的成果。其中大部分的文章是我于香港中文大学任教期间与博士研究生合撰的。文选包括自 21 世纪初至今的一些中文作品。

学生们的年龄由三十多岁至六十多岁皆有。诸生能力上乘，努力勤奋，就算处境各异，都能专心致志。毕业后各人的际遇不同，有潜心钻研者，笔耕不辍；有贵为领导者，案牍劳形；有期待晋升者，刻苦耐劳；还有功成身退者，颐神养气。细看也觉是寰宇众生的写照。

诸生替这套文集定名为"教育弘道"，你们的美意，使我感动，也让我汗颜。其实，我的学术工作是些搭桥修路的事情，难攀"弘道"的壮伟。不过，我和你们一起走过的治学之路还算是多姿多彩的。在此路上，我的主要工作是陪着你们跑步。我从来没有指定学生的论文范畴及题目，只要是一己的能力可逮，都会试图"陪跑"，让你们带着我在学术的大草原上奔驰。我和你们约好每月会谈一次，每次两小时

（连一起吃午餐的时间便是三小时）；约好了时间，便不会随意改动或缺席。不过，所招回来的博士生都是"骏马"，而我自己亦身兼数职，"陪跑"起来便倍感吃力，因为深知若不能立足于每个课题所涉的学术范畴的前沿而"陪跑"，便有误人前途之嫌了。故"陪跑"也意味着"陪读书"呢！

蓦然回首，昔日每个弟子求学的艰辛历程，在砥志研思过程中的迷失、惶惑、郁闷，继而是理解和通达所带来的怡悦和喜乐，其实我至今还能感受得到。大家都毕业了，没少一人，更还有合意的工作等着赴任呢。有传说谓我们昔日的博士课程是少林式的学术训练，弟子下山前是要"过十关"的。那就让传说留在我们集体回忆的闲趣轶事中吧。

你们都是我的学生，至今仍是。就算你们现在已是博导、"学术带头人"、系主任或院长，我们的师生关系很难改变过来，故请原谅我絮絮的问询与训诲。对我来说，规训不只是对人的约束，还是一种对你们为学修身的期许：治学修身，博文约礼；穷理求真，诚明通达；待人处事，对上不献媚，对下不欺压。身为精英，却绝不会忘记自己对社会中贫苦大众的责任和义务。此寥寥数语，有谁能完全做到？我的期望，是你们都能存养个人清晰的价值，作为解惑和授业的坐标；有所作为，让孩子们学得更好，让他们能成为有见识和有思想的人。

当今时代，变迁便是永恒。我们须明白自己身份上的变化，方可以在时代的洪流中努力奋斗。既然不是士大夫，就不需要用张载的"立心、立命、继绝学、开太平"来鞭策自己。又既然精力和时间都被"造纸"（出版及格的高档学术论文）、评职及欠预示有死线的杂务所占用，于是便需要检视一般人对知识分子的期望——丰富知识、独立思考、批判精神——是否还能适用于自己的境况。无论如何，社会和教育界对我们这些受过高等教育和专门从事教学和教育科研工作的人是有期望和要求的；最低限度，他们希望我们能够为教育事业的改进提供证据和建议。要自问的是：在这个"后真实"年代，我们能承担此重任吗？现今博士的进修弃"博"而重"深"；"深"则是将研究范围细化，包罗众说，再加工修饰，便算是对原创性的要求有交代了。求学是为求真，故大家也会知道：杂思不是观点，畅想不是理论，拼凑起来的信息不是证据，实证研究不是"无数字不欢"的。

我想，作为教育界的"参谋"，我们必须到教育前线观察，在课堂与学校里向教师和校长学习。教育学是一门应用学科乃学术常识。所以研究教育的人们是要立足于教育教学的现实而提出改进建议的。"不接地气"的所谓"博士、教授、专家"只是虚名而已。既无洞见，又何来良方。果真如此，我们在教育界的话语空间也只能越来越小了。

属牛。为犁田拓垦而活着。

当学生们专程赴京提出汇文成书一事，我感到有些突然，反应是：治学还未画上句号，出版文集是否言之过早？程晓樵、操太圣耐心说服，谓文集若能包括一些我个人撰写及与学生合著的学术文章，则可奏以书存意之效。刚同意不久，沈伟便发来已集齐的数十篇中文文章。文集的出版，乃基于一些简单原则：只纳中文文章，不纳演讲稿和演讲记录；内容避免重复；尽量让文章呈现原来的出版面貌。有些与学生们合著的文章因为是用了英文发表，故未纳入此书之中，个别弟子的名字也因此而从略了。

退隐田园后，黎万红深知我不舍师生情，便即发起成立"华人社会教育论坛"，让我能与学生们再一起论学。及后，又再协同程晓樵、马云鹏、陆根书、许庆豫、雷万鹏、操太圣、陈霜叶、叶菊艳、赵明仁等几位弟子，为论坛的发展与策划付出努力。继深圳、苏州、南京、北京、武汉、兰州后，我们又会于今秋在上海聚首一堂。

北京师范大学的朱旭东教授、香港教育大学的张仁良教授、南京师范大学的顾建军教授等，诚邀参与各校的发展工作，让此老牛能有耘耕不辍的土壤，让我铭刻于心。是书蒙南京师范大学教育科学学院资助出版,谨此致谢。

弟子们各奔前程,还是超群的骏马。以前陪着你们跑,现都来搀扶上路了。

古稀七十。

卢乃桂

2019年夏于美东农舍